Ulrich Kobbé (Hrsg.)

Forensische Prognosen
Ein transdisziplinäres Praxismanual

Aufklärung ist – dekretiert Kant (1784) – der Ausgang des Menschen aus seiner selbst verschuldeten Unmündigkeit. Unmündigkeit ist das Unvermögen, sich seines Verstandes ohne Leitung eines anderen zu bedienen. Selbstverschuldet ist diese Unmündigkeit, wenn die Ursache derselben nicht am Mangel des Verstandes, sondern der Entschließung und des Mutes liegt, sich seiner ohne Leitung eines anderen zu bedienen.

Der Versuch, Prognosepraxen kritisch neu zu denken, heißt: Immer geradeaus auf einem Weg der Erkenntnis, einem Haarspalt als Weg, der nicht in der Höhe, sondern – so Kafka (1918) – so knapp über dem Boden gespannt ist, dass er mehr bestimmt zu sein scheint, stolpern zu machen, als begangen zu werden.

Ulrich Kobbé (Hrsg.)

Forensische Prognosen

Ein transdisziplinäres Praxismanual

Standards · Leitfäden · Kritik

PABST SCIENCE PUBLISHERS
Lengerich

Bibliografische Information der Deutschen Bibliothek
Die Deutsche Bibliothek verzeichnet diese Publikation in der Deutschen Nationalbibliografie; detaillierte bibliografische Daten sind im Internet über <http://dnb.ddb.de> abrufbar.

© 2017 Pabst Science Publishers · D-49525 Lengerich
       Internet: www.pabst-publishers.de
       E-Mail: pabst@pabst-publishers.de

Print: ISBN 978-3-95853-243-4
eBook: ISBN 978-3-95853-244-1 (www.ciando.com)

Titelbild: © WoGi – Fotolia.com

Formatierung: μ
Druck: booksfactory.de

Inhaltsverzeichnis

Kurztests

Diskussion

Ethiken

Appendix: Arbeitshilfen

Auf den Schultern von *reason*

Ulrich Kobbé

> *Ein Zwerg,*
> *der auf den Schultern eines Riesen steht,*
> *kann weiter sehen als der Riese selbst.*

Handbücher wie dieses sind immer auch Dokumente des jeweiligen, allerdings nur flüchtigen *State-of-the-Art*. Zugleich ist das Thema der Prognose mehr als nur ein wissenschaftlich-ehrgeiziges Kabinettstück: Die Konsequenzen einer ›richtigen‹ und einer ›falschen‹ – ›falsch-negativen‹ wie ›falsch-positiven‹ – Prognosestellung sind einerseits für die Gesellschaft und potentielle Opfer immens, andererseits für ›fehlbeurteilte‹ Täterpersonen ebenso fatal, für beurteilende Fachleute eine wiederkehrende und doch immer neue Herausforderung. Der editorische Kunstgriff zum obigen Aphorismus folgt mitnichten einem spöttischen Impuls, erst recht keiner sprachspielerischen Laune, sondern dient der selbstironischen Distanzierung, der Immunisierung vor der nachwirkenden prognostischer Entscheidungslast, vor dem impliziten Fatum des Projekts ›Prognose‹ wie vor der Ethik seiner Konsequenzen.[1]

Der Wissenschaftssoziologe Merton zitiert in diesem Zusammenhang nicht nur das – im Original effektiv unbelegte – Bonmot vom Zwerg auf den Schultern eines Riesen, sondern reflektiert das Diktum und seine Geschichte auf ebenso belesene wie selbstkritisch-bescheidene Weise:

> In der Frage des wissenschaftlichen Fortschritts gibt es sich bescheiden, aber zuversichtlich: Jede Generation von Wissenschaftlern stützt sich auf das, was ihre Vorgänger geleistet haben, und selbst wenn die jeweils Modernen bloß Zwerge sind, d. h. wenn sie nur weniges zu dem bereits angehäuften Schatz der Erkenntnis beigesteuert haben und überhaupt weniger Geistesgröße besitzen als die alten, so erfreuen sie sich doch eines größeren Blickfeldes als diese, eines Mehr an Erkenntnis, über das die Alten nicht verfügten. Ein Fortschritt – dies scheint das Gleichnis sagen zu wollen – lässt sich allemal verzeichnen. Stets sind die Letzten die Obersten (Merton, 1980, 7-8).

Entsprechend fußt dieses Manual – das Literaturverzeichnis zeugt eindrucksvoll davon – auf einer Reihe wissenschaftlicher Vorarbeiten, als Kompendium im Wesentlichen auf zwei Sammelwerken:

1) auf dem Handbuch von Nedopil (2005) über Prognosen in der Forensischen Psychiatrie und
2) auf dem Handbuch kriminalprognostischer Verfahren von Rettenberger & von Franqué (2013).

> Doch das Bild hat seine Tücken. Wie eigentlich gelangt der nachgeborene Zwerg auf die Schultern des Riesen? (Merton, 1980, 8).

Die Erarbeitung des Konzepts zu diesem Handbuch und die Verknüpfung zahlreicher AutorInnen und Inhalte konnte nur Dank des kollegialen Entgegenkommens der angefragten KollegInnen gelingen, die sich – um eine hinreichende Aktualität zu garantieren – der Anstrengung und Disziplin unterzogen, die gesetzten Deadlines zu respektieren und einzuhalten. Im Ergebnis gelang, ab der ersten Herausgeberkonferenz am 03.06.2016 eine Vielzahl unterschiedlichster Beiträge von insgesamt 46 KollegInnen bis zum Abgabetermin im Jahr 2017 zu akquirieren. Dafür gilt allen Beteiligten ein engagierter Dank des Herausgebers! Worum es letztlich gehen muss, ist nicht nur in der Prognosestellung, sondern auch im interdisziplinären Diskurs, die dialektische Praxis von Anpassung und Kooperation, von Verhaltensattribution und -erwartung (Kobbé, 2001). Gerade vor dem Hintergrund vorheriger Handbücher besteht das Risiko, sich mit den immerselben Wissenschaftsideen und -jargons zufrieden zu geben, sich und andere mit denselben Argumentationsmustern zu langweilen.

> Aber wenn wir sie [die Alten] für Riesen erachten und uns selbst für Zwerge, wenn wir uns einbilden, alle Wissenschaften hätten ihre höchste Vollkommenheit schon jetzt erreicht, so bräuchten wir nur noch so zu übersetzen und zu kommentieren, was sie geleistet haben (Merton, 1980, 52).

Insofern es nicht darum gehen kann, sich zu wiederholen, »die Sprache von Riesen in die Clichés von Zwergen zu verwandeln« (Merton, 1980, 96), soll dieses Manual keineswegs bisherige Kompendien ersetzen, sondern diese aktualisierend vervollständigen, etwas Zusätzliches, Alternatives, Neues beitragen, andere Perspektiven einnehmen, zugleich auch Grenzen wissenschaftlicher Sätze im Futur aufzeigen, zur Zurückhaltung in Bezug auf vermeintlich sichere – und langfristige – Verhaltensprognosen mahnen. Die riesige Wissenschaftspyramide betreffend, wendet Merton (1980, 8) ein:

Was geschieht, wenn die Riesen, auf deren Schultern die ganze Pyramide ruht, selbst ins Wanken geraten oder gar stürzen?

Auf den Schultern von ›Riesen‹ befindlich einen Überblick über die aktuell verfügbaren Theorien, Erkenntnisse und Praxen der Prognosestellung zu versuchen, folgt in empirischen Erkenntniswissenschaften immer der akademischen Konvention und garantiert als axiomatische Basis, sich auf den Schultern von ›reason‹, von wissenschaftlicher Vernunft, eines verbindlichen und sicheren Wissens zu vergewissern. Gerade diese objektivierende Urteilskompetenz jedoch erweist sich nicht nur als eine Art akademischer ›Wechselbalg‹, sondern präsentiert sich – mehr oder weniger bedingungslos – als sowohl Fetisch wie auch Hure der forensischen Psychiatrie (Kobbé, 1991; 1998). Dies jedoch hat sich, wie mehrere Kritiken ausweisen, als mathematisch-statistische Einseitigkeit (z. B. der unkritischen Nutzung von Basisraten, der Überinterpretation von Forschungsresultaten) in den Prognosewissenschaften als sich selbst infrage stellendes Bias, als systematischer Fehler, erwiesen und verlangt eine Korrektur.

> Mein Verstand schreitet nicht immer voran, er geht auch im Krebsgang (Montaigne, 1952, 1045 f.)[2]

Die Notwendigkeit entsprechender Berichtigungen, also auch Richtigstellungen und Richtungsänderungen, betrifft durchaus auch die – durchaus heikle – Frage des bio-psycho-sozialen Paradigmas, des in den letzten Jahren mehrfach kognitiv, emotional, biologisch gewendeten psychologischen Subjektmodells: Wenn denn ›der‹ Mensch über irrationale Verarbeitungsmechanismen verfügt, über einen virtuellen Ort, an dem das Subjekt seine Phantasmen lebt, dann wäre dies mit Freuds axiomatischer Schlussfolgerung eines sog. ›Unbewussten‹ nicht nur »ein anderer Schauplatz« (Freud, 1900, 541), sondern ein (je)dem Subjekt ganz und gar ureigener Persönlichkeitsanteil, eine Art intrapsychischer ›Wesenskern‹. Was einerseits als – je nach Modell – Irrationales, Psychodynamisches, Impulshaftes, Unbewusstes, Verdrängtes … nach sicherer Diagnose- und verlässlicher Prognosestellung verlangt, bedingt andererseits zwar systematisch vorgehende, empirisch basierte, andererseits aber doch ›nur‹ deduktiv-induktiv mit Modellen operierende Psycho-Wissenschaften. Ein adäquates, integriertes bio-psycho-soziales – also ganzheitliches – verbindliches Modell existiert bis heute nicht und der Begriff riskiert, schlagwortartig zu einem harmonisierenden ›Plastikwort‹ zu geraten, »bestens dazu geeignet, vorhandene Gegensätze zu überdecken, notwendige Auseinandersetzungen zu verhindern und fruchtbare Spannungsverhältnisse vorschnell aufzulösen« (Finzen,

1998, 65). Allzu leicht tendieren – trotz der »Notwendigkeit eines (erklärenden) ›doppelten Diskurses‹« (Devereux, 1972, 11), trotz der versuchten ›komplementaristischen‹ Methode *pluri*- oder *trans*disziplinärer (statt *inter*disziplinärer) Diskurse – einzelne Fachrichtungen zu vereinseitigenden Bestimmungen, so einer kausalistischen[3], einer biologistischen[4] und/oder einer defizitorientierten[5] Determinierung von Affekt, Kognition, Verhalten und/oder Handlung. Eine angemessene transdisziplinäre Prognosewissenschaft müsste sich hinsichtlich des Subjektmodells mindestens an folgenden Fragen bzw. Aufträgen orientieren, nämlich:

> »ob ihr *homo psychologicus* lebensfähig wäre, ob er Gesellschaft entwickeln könnte, ob er Psychologie hervorzubringen und anzuwenden imstande wäre« (Kaminski, 1970, 5).

Indem es keineswegs um statische Qualitäten, sondern um fluktuierende Dynamiken geht, bei deren Erfassung und Beurteilung sich diese Wissenschaften anderer Disziplinen bedienen bzw. mit benachbarten Wissenschaften kooperieren oder fusionieren, wird einerseits die Topologie der traditionellen Bildvorstellungen vom ›kalkulierbaren‹ Subjekt gekippt bzw. in seiner Statik auf den Kopf gestellt, muss andererseits die Begrenztheit der als ›sicher‹ und ›wissenschaftlich‹ geforderten Prognose thematisiert und anerkannt werden. Für den Prognostiker bedeutet dies auch, dass im sog. *worst case* jene Momente einer Fallanalyse aufploppen, in denen nichts mehr sicher scheint und – von den Schultern des genealogischen Riesen herab zitiert – zunächst nur die Gewissheit besteht, dass der Prognose›fall‹ uneindeutig, diffus, widersprüchlich, in der Konsequenz subjektiv unheimlich und damit ›gefährlich‹ ist. In solchen Momenten entsteht für Einzelne (jenseits jeder Räson, jeder reason) eine vage irrationale Anmutung:

> Die Bilder haben sich ineinandergeschoben. Aber es ist nicht so, dass die Welten vertauscht wären: sie sind eins. Ich weiß nun um alles, was da einmal Wirklichkeit war, und ich weiß um alles, was dahinterstand und deshalb als die tiefste, die gültige Wirklichkeit begriffen werden muss, auch wenn wir es, aus Trägheit oder Angst, unwirklich nennen. Es gibt keine Grenzen, an die man sich halten könnte. Es gibt nichts, das fest steht. Es gibt auch keine Tatsachen. Es gibt keine Gewissheit, es sei denn eben diese, dass es keine gibt. Das ist, jedenfalls für mich, der letzte Trost, und er ist, meine ich, nicht der schlechteste (Kobbé, 1948, 26 f.).[6]

Mit dem Topos der Subjektivität des Prognostikers (und seiner ggf. diagnostisch aussagekräftigen ›Gegenübertragung‹) verschiebt – oder akzentuiert – sich diese Thematik: Angesichts des öffentlichen wie institutionellen Drucks zu effizienzbasierten, hinreichend vereinfachten und damit ›logischen‹, irgendwie praktikablen und gesellschaftlich akzeptablen Aussagen erfolgt in den Wissenschaften wie in der individuellen Beurteilungssituation eine Fokussierung auf ›Gefährlichkeit‹ als Heranzoomen jedweder Gefahrenpotenziale (Kobbé, 1998; 2000), als Verdichtung komplexer Zusammenhänge, als Generalisierung prototypischer Gefahren, als Verkürzung von ›Gefahr‹ auf Prozentzahlen, undialektische Kofferwörter, formelhafte Statements (Kobbé, 2006b). Was die involvierten Kollegen betrifft, war und ist deren wissenschaftliche Haltung auf den Schultern des Riesen augenfällig widersprüchlich, haben doch – um im Bild zu bleiben – »einige gesessen; mutigere (und weitsichtigere) standen; und einige lehnten sich bloß an« (Merton, 1980, 154). Die Situation des Zwergs ist folglich keineswegs so eindeutig, (urteils)sicher und komfortabel, wie rational(isierend) erwartet:

> Womöglich wandelt den, der gerade das neu eroberte Blickfeld ausmessen will, Schwindelgefühle an, und er muss alle Anstrengung darauf verwenden, den Halt nicht zu verlieren. An eine Erweiterung des Horizonts ist nun gar nicht zu denken (Merton, 1980, 8).

Vielmehr macht die (In)Fragestellung deutlich, dass forensische Psychologie und Psychiatrie, dass Kriminologie und andere Prognosewissenschaften auch als empirisch fundierte, statistisch abgesicherte Disziplinen keine exakten und keine naturwissenschaftlichen Disziplinen sind: Sie bleiben das, was man ›konjekturale‹ Wissenschaften, mit logischen Modellen, Subjektivitäten und stochastischen ›Wahrheiten‹ operierende Annäherungs- und Erfahrungswissenschaften nennen könnte ... und muss.

> Der Gegensatz der exakten Wissenschaften zu den konjekturalen Wissenschaften kann von dem Augenblick an nicht mehr aufrechterhalten werden, in dem die Konjektur einer exakten Berechnung (Wahrscheinlichkeit) unterzogen werden kann und in dem diese Genauigkeit ausschließlich in einer formalen Logik begründet ist, die Axiome von Symbolordnungsgesetzen unterscheidet (Lacan, 1965, 863).

Dies impliziert, dass wissenschaftliche – prognostische – Erkenntnisse eine Fehlerkultur benötigen und sich – im Sinne einer Fehlerkultur der Expertise – möglichst über eine Zweitsicht als Betrachtung aus der Halbdistanz hinterfragen, beraten und absichern lassen sollten (Kobbé,

1997). Wenn zudem das Adjektiv ›wissenschaftlich‹ zum legitimatorischen Passwort, zur methodisch-sterilen Worthülse, verkommt, bedarf es des Versuchs einer anderen Annährung an das Thema.

> Man sieht: Zum Optimismus hinsichtlich eines kontinuierlichen Anwachsens von Wissen und Erkenntnis gibt das Gleichnis vom Riesen und den Zwergen weniger Anlass, als es zunächst schien. Von einem geradlinigen Fortschritt kann keine Rede sein (Merton, 1980, 8).

Bei kritischer Diskussion der prognostischen Expertisen, wie sie in der institutionellen Alltagspraxis (des Maßregel- und Strafvollzugs) und im ambulanten Betreuungs- oder Behandlungssetting vorgenommen, insbesondere aber in forensischen Begutachtungen zelebriert werden, stellt sich durchaus die Frage einer ggf. elitären und eindimensional verengten Expertenmacht, fallweise auch von Expertenmurks (Kobbé, 2015a). Andererseits gibt es im stationären Straf- und Maßregelvollzug wie in der ambulanten Täterarbeit nicht nur zahlreiche, sondern – und das muss jenen auf Dramatisierung und Skandalisierung ›abonnierten‹ Kritikern oder Medien entgegen gehalten werden – Tag für Tag mannigfach zutreffende (›richtige‹) Prognosestellungen, ohne dass dies als besonderer Verdienst in Anspruch genommen oder dies spektakelhaft inszeniert würde. Auch dieses Manual häuft Wissen an, überlagert alte mit neuen Informationen. Zugleich wird das Blickfeld auch dadurch erweitert, dass ein Blick zurück auf fachlich bewährte Forschungen und Konzepte – hier bspw. mit Referenzen auf Rasch (1982; 1984a; b; 1986; 1999) und Schorsch et al. (1990; 1991; 2017) in ihren Funktionen als *laterna magica* und *camera obscura* (Kobbé, 1993a) – im Sinne einer regressiv-progressiven Umsicht vorgenommen wird. Die sich aufdrängende Frage bezieht sich darauf, wie aus diesen Informationen, wie aus einem Schauer der Modelle, Daten, Konzepte eine prognostische Praxis generiert werden kann, die auf der Höhe der als potentiell (be)drohend antizipierten Gefahr wäre. Anders formuliert:

> Wo ist die Weisheit, die wir im Wissen verloren haben? Wo ist das Wissen, das wir in der Information verloren haben? (Eliot, 1934).

Das Zitat verweist auf jene Crux des wissenschaftlichen Fortschritts, sein Wissen nicht in Verstehen umsetzen, Durchschautes nicht vergegenwärtigen, Aufklärung nicht in Erkenntnis fortführen zu können. Wie also wird der Prognostiker in die Lage versetzt (oder wie versetzt sich der Zwerg in die Lage), auf die Höhe des eigenen Wissens und seiner

Wahrheit zu gelangen? Der allenfalls mögliche Zugewinn an prognostischem Wissen und an Prognosesicherheit besteht in der Tat weniger in einem geradlinigen, mithin eindimensionalen Blick in die Zukunft, als vielmehr in einem prismatischen und zugleich dezentrierten Rundumblick:

> Sehen lernen – dem Auge die Ruhe, die Geduld, das An-sich-herankommen-lassen angewöhnen; das Urteil hinausschieben, den Einzelfall von allen Seiten umgehn und umfassen lernen. Das ist die erste Vorschulung der Geistigkeit: auf einen Reiz nicht sofort reagieren, sondern die hemmenden, die abschließenden Instinkte in die Hand bekommen (Nietzsche, 1889, 987).

Dem Auge Geduld beizubringen, den Gedankenimpuls aufzuhalten bzw. zu korrigieren, auch periphere Wahrnehmungen zuzulassen: Nur mit Anleihen bei anderen, bei nicht nur psychologischen und medizinischen (psychiatrischen), sondern eben auch sozialen, kriminologischen, juristischen, psychoanalytischen, pädagogischen, soziologischen und mathematischen Wissenschaften (Kobbé, 2010a) gelingt jenem Zwerg ein erweitertes Sehen als dem Riesen selbst.

> Wir sind bloß Zwerge und Pygmäen im Vergleich mit jenen Riesen der Weisheit, auf deren Schultern wir stehen; und wir können ohne sie nicht so weit sehen wie sie. Ich bestreite nicht: wir können und sollen nach Erweiterung des Wissens streben, was uns jedoch kaum ohne ihre Unterstützung gelingen wird. Niemandem will ich abraten, Neues zu erfinden; darüber aber sollte er das Alte nicht vergessen und sollte nicht das Wesentliche vernachlässigen, während er nach einem Schemen hascht (Merton, 1980, 95).

So sehr die Prognosewissenschaften in ihrem – durch öffentlichen Druck, aber auch Konkurrenzen um akademische Definitionshoheiten, forcierten – Forschungselan in den letzten Jahren erhebliche Zugewinne an Wissen und Forschungsweisen gemacht haben, so sehr unterliegen sie in ihren Modellen und Methoden sich sowohl überlappenden und überschreibenden als auch sich ignorierenden Moden.[7] Mitunter machen die forensischen *scientific communities* auf den überregionalen Jahrestagungen (ob nun in München, Lippstadt, Berlin oder andernorts) den Eindruck, als immunisierten sie sich gegen konkurrierende Paradigmen, als organisierten sie sich im akademischen Widerstand gegen eine vernünftige Praxis, als sei eine transdisziplinäre Verbundenheit des panoramischen Blicks, des (selbst)kritischen Zweifels (und Erstaunens), des nachdenklichen Reflektierens und coolen Wertschätzens nicht (mehr) ›in‹. Trotz Mertons exegetischen Nachfragen bleibt folglich offen,

> wie diese Zwerge erhöht und auf die Schultern der Riesen empor-gehoben wurden; dieser Punkt bereitet große Schwierigkeit, die bislang noch nicht bedacht worden ist (Merton, 1980, 48).

Einem gewissermaßen agnostischen Trend entgegensteuernd, leistet – sich – dieser Sammelband, klinisch-prognostisch bedeutsame Texte als Reprint wieder aufzugreifen. Gemeinhin suggerieren neue Prognosein-strumente, aktualisierte Forschungsergebnisse, jedes dieser Ergebnisse überträfe und überschreibe – als eine Art Besuch aus der prognostizier-ten Zukunft – die vergangenen. Doch nehmen wir an,

> dass diese Riesen stolpern oder stürzen sollten, dann gebt acht auf den Zwerg, gebt acht auf den Zwerg. Nichts da, ruft aber der Zwerg. Ich werde sie leiten und führen und vor dem Sturz bewah-ren; wenn sie mich nicht hochhalten, so werde ich sie hochhalten (Merton, 1980, 50).

Der ausgrenzenden Verengung des Denkens infolge eines weithin längst unbemerkten ›Schulen§treits‹ (Konrad, 1995) tritt dieses Manual unter anderem punktuell mit dem Rekapitulieren psychoanalytischer Para-digmen entgegen (Kobbé, 2005a). Die interdisziplinäre 360°-Perspektive ermöglicht und garantiert jenen ausbalancierenden, versuchsweise ganzheitlichen Blick, der zum eingenommenen Platz der Erkenntnis berechtigt und ihn sichert. Denn da, wo prognostische Aussagen eine Zukunft vorwegnehmend ›fabrizieren‹, wo die Prognostiker das gegen-wärtige Wissen in die Zukunft projizierend zu überschreiten suchen, erweisen sie sich unter Umständen am konservativsten, sprich, als un-dialektisch, *worst-case-* und defizitfixiert, adynamisch, *overpredictive…* Dies sei, wendet Merton (1980, 82 f.) ein, nicht unbedingt ein Verdienst des durch glückliche Umstände bevorteilten Zwergs:

> Gleichwohl hielt dieser sich eine lange Zeit auf den Schultern (!) der blinden Welt, während andere zu Fuß gingen … oder man ihnen ein Bein stellte …

Auf den Schultern einer blinden Erkenntniswelt, einer sich verobjek-tivierend blendenden *Overprediction* (Kobbé, 2016), steht jeder – sich zwangsläufig mitunter auch zwergenhaft erlebende – Autor unter re-putativem Erfolgs- und Beweisdruck der vermeintlichen Geistesriesen. Was aber, wenn diese Riesen keineswegs so übergroß oder -gewichtig sein sollten? Wenn »weder Zwerge immer und überall Zwerge noch Riesen immer und überall Riesen sind« (Merton, 1980, 115)? Was, wenn das historische Bild des mythischen Riesen nicht stimmt? Wenn es sich bei dem Riesen um eine ›getürkte‹ Kunst(figur) handelt, wie sie Benjamin (1940, 694) für die Geschichte als Zusammenhang von Puppe und Zwerg thematisiert:

> Bekanntlich soll es einen Automaten gegeben haben, der so konstruiert gewesen sei, dass er jeden Zug eines Schachspielers mit einem Gegenzuge erwidert habe, der ihm den Gewinn der Partie sicherte. Eine Puppe in türkischer Tracht, eine Wasserpfeife im Munde, saß vor dem Brett, das auf einem geräumigen Tisch aufruhte. Durch ein System von Spiegeln wurde die Illusion erweckt, dieser Tisch sei von allen Seiten durchsichtig. In Wahrheit saß ein buckliger Zwerg darin, der ein Meister im Schachspiel war und die Hand der Puppe an Schnüren lenkte.

Zu dieser Apparatur stellt sich Benjamin »ein Gegenstück in der Philosophie« vor, mit dem er die Geschichte hinsichtlich ihres verleugneten Agens dekonstruiert. Auf die Aufklärungsphilosophie der prognostischen Wissenschaft(en) transponiert ginge es also darum, dass deren Kombination aus methodischen Paradigmen und statistischer Basisratenautomatik – mit einer darin enthaltenen Art von »›suspendiertem‹ Glauben« (Žižek, 2003, 8) – jene klinische Subjektpsychologie »in ihren Dienst nimmt, die heute bekanntlich [als] klein und hässlich [verrufen] ist und sich ohnehin nicht darf blicken lassen« (Benjamin, 1940, 694), d. h. sich also als »ein privates obszönes Geheimnis« (Žižek, 2003, 8) der Gefährlichkeitsprognose erweist. Wenn also nicht ein Wissenschaftsriese, sondern darin ein Zwerg agiert, stellt sich an die Praktiker die alles mitentscheidende Frage:

> Wollen sie, dass unsere Augen die Dinge aus eben dem gleichen Abstand betrachten wie jene? Das ist unmöglich; im Sehen haben wir den Vorteil, auf ihren Schultern zu stehen (Merton, 1980, 84).

Nicht unbedingt muss es dem Zwerg darum gehen, weiter (in die Zukunft) zu sehen. Unter Forschungsgesichtspunkten kann es – was höchst selten praktiziert wird (Albrecht et al., 1991; 1993; Kobbé, 1992b) – darum gehen, aus der Distanz die eigene institutionelle Prognosepraxis zu beforschen und (sich) Rechenschaft abzugeben, welche prognostischen Kriterien *de facto* verwendet werden. Dass wissenschaftlich fundierte Prognosen mit Weitsichtigkeit und gleichermaßen Selbstbeschränkung zu tun haben (Kobbé, 2005c; 2012), macht auf den undialektischen Impact des historischen Aphorismus' aufmerksam: Die Autoren der nachfolgenden Beiträge stehen – analog zur These von Renn (2006) – eben nicht nur auf den Schultern von einzelnen, wenigen Riesen, sondern primär auf den Schultern zahlreicher Zwerge, nämlich auf deren wissenschaftlich-analytischem Detailwissen, deren subjektpsychologischem Erfahrungswissen, deren therapeutischem Spezialwissen, deren gänzlich banalem Alltagswissen, das Generationen von ihnen (uns also) zur riesigen – und durchaus auch rissigen – Pyramide angehäuft haben. Um wen es dabei neben dem Zwerg und dem Pygmäen geht, führt Merton (1980, 97) akribisch fort und führt aus, neben dem Zwergling gäbe es

> ebenso wie das Wichtelmännchen und den Wicht, ebenso: Männlein, Dreikäsehoch, Fingerling, Hutzelmännlein, Heinzelmännchen, Klaubautermännchen, Kobold, Querx, Puck, Gernegroß, Mikromorph (zool.), Humunkulus, Kerlchen, Däumling, Tom Thumb [= ein Liliputaner], Hüppauf, Knilch, Knirps, Winzling, Stift und Stöpsel.

Worauf die Artenliste aufmerksam macht, ist die Heterogenität nicht nur der prognostischen Fragestellungen, sondern – jenseits des Trends zur überregulierenden Definition prognostischer und gutachterlicher Standards (Boetticher et al., 2005; 2006; 2007; 2009) – auch der wissenschaftlichen Disziplinen, komplementären Modelle und analytisch-deduktiven Vorgehensweisen. Es stelle sich, so Merton (1980, 50),

> die peinliche Frage, wie die Zwerge, wenn sie einmal in die Höhe gelangt sind, ihre prekäre Situation bewahren.

Als Zwerg geschultert zu werden und sich um einen Ein- und Überblick in die individuelle wie fallspezifische Problematik zu bemühen, ist immer nur ein Versuch und riskiert doch allzu leicht, zur Versuchung des Gutachters zu geraten. Allzu schnell kommt es zu diffusen Austauschprozessen zwischen Staatsanwaltschaft, Gericht und Sachverständigem, zu (ver)führenden Motiven wie »Macht und Einfluss, Reputation, Karriere, Arbeitserleichterung und -beschleunigung«, wie Zeit-, Termin- und Effizienzdruck, denn »eine gründliche Sachverhaltsaufklärung ebenso wie eine Fehlerkorrektur verlangsamen den Prozess« (Fabricius, 2015, 68 f.).

> Gerade der Riese sollte die Schultern nicht hängen lassen, sondern für den Ansturm von seinesgleichen, aber auch von Zwergen, bereit sein (Merton, 1980, 202).

Der Gutachter ist nicht eine Art Avantgarde der Sicherheitsideologie, sondern lediglich Gehilfe des Gerichts. Was die Gutachterszene – gerade wenn Einzelfälle medial inszeniert werden – nicht leistet, ist »die Abschirmung von Wahrheitssuchern gegen Populärapplaus«, sprich, »gegen den Mob« (Merton, 1980, 127). Worum es gehen könnte und müsste, wäre folglich die Aufgabe des – letztlich nicht nur besserwisserischen, sondern auch oberflächlichen – Expertengeistes mit der Option, Anfängergeist zu bewahren bzw. Fall für Fall wiederzugewinnen, sprich, im Sinne der Zen-Tradition neu- und wissbegierig, unverbildet, vorurteilsfrei, offen, geduldig und bescheiden zu sein.[8] Für die gutachtliche Praxis dürfte dies auch die eingespielte, ethisch wie wissenschaftlich angreifbare Gewohnheit infrage stellen, Aktengutachten ohne Untersuchung des Betroffenen zu erstatten (Kobbé, 2015a, 100 f.). Folgerichtig thematisieren Beiträge dieses Bandes eine konsequente – je nach prognostischem Kontext – gutachterliche oder therapeutische Ethik, nämlich die Einbeziehung der Täterperson in den Beurteilungsprozess, mithin die Entwicklung eines dialogischen Prinzips der Erkenntnis.

> Nehmen wir an, dass die Zwerge, man weiß nicht wie, tatsächlich auf die Schultern des Riesen gelangen. Dann entsteht ein neues Problem: Wie sollen sie in ihrer Position verharren? (Merton, 1980, 49).

Das Stichwort einer Behandlungsethik bezieht einen weiteren Aspekt der Gefahrenprävention ein: Auch wenn ›Behandlung‹ in Strafhaft wie in Maßregel als instrumentelle Maßnahme angelegt ist, muss sie sich – wenn sie denn mehr sein soll als eine strukturelle Gewalt- und Abhängigkeitsbeziehung[10] – als ein Therapeutikum begreifen, als jene *tekhne tekhnon* (›Kunst der Künste‹), die eine zwischenmenschliche, subjekt(ivitäts)bezogene Praxis verwirklicht und letztlich kaum etwas Anderes leistet, als »das zerrissene Gewebe der individuell gelebten Geschichte zu flicken« (Caruso, 1972, 142), dies aber prognostisch relevant erledigt (Kobbé, 2006a). Die Prämisse einer persönlichen Untersuchung, einer anamnestischen Exploration, einer klinischen/sozialen/forensischen Diagnosestellung führt idealiter dazu (und setzt zugleich axiomatisch voraus), dass ein Zwerg nur dann weiter als der Riese zu sehen vermag,

> wenn er auf des Riesen Schulter steigen kann (Merton, 1980, 218).

In diesem Sinne wurden jüngere Psychologinnen und Psychologen vom Verfasser in der Planungsphase dieses Handbuchs nach ihren Bedarfen und Erwartungen gefragt. Ergebnisse dieser Umfrage waren (i) die

Einbeziehung weniger bekannter und praxisnaher Beurteilungsinstrumente des Vollzugsalltags, (ii) die Vorstellung differentieller Verfahren zur Klärung sozial erwünschter – mithin verzerrter – Selbstauskünfte in Fragebogenverfahren, (iii) die exemplarische Zusammenstellung von Möglichkeiten der biografischen und klinischen Anamnese (vgl. Kobbé, 1988), zur Behandlungs- und Lockerungsprognose, (iv) die Vorstellung von – bei Rettenberger & von Franqué (2013) nicht referierten – Instrumenten zur Operationalisierung der diagnostisch-prognostischen Erkenntnisse. Zu Recht macht Merton (1980, 218) darauf aufmerksam, dass dieses Konzept

> das Verhalten des Zwerges als kontingentes und nicht als determiniertes darstellt; der Zwerg sieht weiter, wenn er auf die Schultern des Riesen steigt. Damit ist ganz offenbar die stillschweigende Annahme verbunden, dass er nicht in jedem Fall diese Höhe erklettert, sei es, dass er zu kurzsichtig ist, um diese Gelegenheit zur Erweiterung seines Blickfeldes überhaupt wahrzunehmen, sei es, dass [...] ein Riese einfach nicht zur Hand ist.

Wenn es damit insgesamt gelingen könnte, ein dialektisches Denken von wissenschaftlichem Wissen und Wahrheit (Kobbé, 2005b), von konkretem Subjekt und *homo delinquens,* von – vermeintlich – ›richtigen‹ und ›falschen‹ (›falsch-positiven‹ bzw. ›falsch-negativen‹) Prognosen zu entwickeln, wäre dies – da es kein Vorwort vor dem Wort geben kann – zumindest ein einleitender Hinweis auf den Zwergenstatus des modernen Autors, der auf der Schulter von Riesen platziert, alles sieht, was die Riesen sehen, und noch weiter, der den Autoren der Vergangenheit die gebührende Achtung zollt und der Pflicht nachkommt, das neu erlangte Wissen aufzuzeichnen (Merton 1980, 189 f.). Das heißt, es geht immer auch um die Pflicht, als gegenwärtiger Zwerg in der nächsten Epoche ein zukünftiger Riese zu werden. Insofern haben wir

> heute die Ehre, Seite an Seite mit den Giganten zu sitzen, auf deren Schultern wir stehen (Merton, 1980, 222).

Von dieser bevorzugten Warte aus ermöglicht der Blick auf Leitlinien, Standards, Strategien, Verfahren und Methoden der forensischen Prognosestellung jenen punktuellen Ein- und generalisierenden Überblick, den die – bewusst heterogene – Textsammlung dieses Handbuchs als Angebot zur Verfügung stellt.

Die graphische Übersicht über die – in Anlehnung an Kersting (2010; 2016) mehrdimensional als CUBE-System (Abb. 1)[9] darstellbare – Vielfalt der Methoden (1) bis (8), der Merkmale (a) bis (e) und der Beurteilungs-

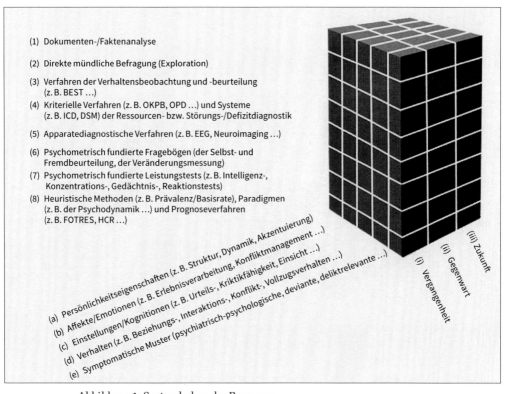

(1) Dokumenten-/Faktenanalyse

(2) Direkte mündliche Befragung (Exploration)

(3) Verfahren der Verhaltensbeobachtung und -beurteilung
(z. B. BEST …)

(4) Kriterielle Verfahren (z. B. OKPB, OPD …) und Systeme
(z. B. ICD, DSM) der Ressourcen- bzw. Störungs-/Defizitdiagnostik

(5) Apparatediagnostische Verfahren (z. B. EEG, Neuroimaging …)

(6) Psychometrisch fundierte Fragebögen (der Selbst- und
Fremdbeurteilung, der Veränderungsmessung)

(7) Psychometrisch fundierte Leistungstests (z. B. Intelligenz-,
Konzentrations-, Gedächtnis-, Reaktionstests)

(8) Heuristische Methoden (z. B. Prävalenz/Basisrate), Paradigmen
(z. B. der Psychodynamik …) und Prognoseverfahren
(z. B. FOTRES, HCR …)

(a) Persönlichkeitseigenschaften (z. B. Struktur, Dynamik, Akzentuierung)

(b) Affekte/Emotionen (z. B. Erlebnisverarbeitung, Konfliktmanagement …)

(c) Einstellungen/Kognitionen (z. B. Urteils-, Kriktikfähigkeit, Einsicht …)

(d) Verhalten (z. B. Beziehungs-, Interaktions-, Konflikt-, Vollzugsverhalten …)

(e) Symptomatische Muster (psychiatrisch-psychologische, deviante, deliktrelevante …)

(i) Vergangenheit

(ii) Gegenwart

(iii) Zukunft

Abbildung 1: Systemkubus der Prognose

bzw. Prognosezeitpunkte (i) bis (iii) verdeutlicht, dass es sich immer um einen Verfahrenspluralismus und um differentielle Urteile handeln muss. Was bei einer solchen Darstellung, aus der verkürzenden Perspektive von den Schultern der Riesen der Gelehrsamkeit zu kurz kommt bzw. gänzlich übersehen zu werden riskiert, ist der einzelne Mensch: Im Zentrum der wissenschaftlichen Anstrengungen stehen immer konkrete Menschen, um deren Persönlichkeit und Eigenschaften, Affekte und Emotionen, Einstellungen und Kognitionen, Verhaltensmuster und Entwicklungsgeschichte es geht.

Allzu leicht ›verschwinden‹ die Individuen im prognosewissenschaftlichen Diskursdickicht einer fiktionalen Kombinatorik aus Tatsachen, Daten, Statistiken, Theorien, Meinungen, Urteilen und Vorurteilen (Kobbé, 2006d). Dieses Fa(k)tum betrifft sowohl die inkriminierten TäterInnen als auch involvierte PrognostikerInnen, sodass die Konfrontation mit dem übergroßen Kubus des prognostischen Wissen(schaft)sanspruchs die Verhältnisse von Subjekt und System – von Zwerg und Riese – verdeutlicht (Abb. 2), diese im oben skizzierten Sinne kippt bzw. in ihrer Statik auf den Kopf stellt.[11]

Abbildung 2: Subjekt vor dem System

Mithin gebieten auch noch so progressive Moden und raffinierte Methoden der Prognostik jene wissenschaftsinhärente – und epistemologisch begründete – Bescheidenheit bzw. Selbstkritik, wie sie Montaigne ebenso lebensnah wie drastisch formuliert:

> Wir mögen auf noch so hohe Stelzen [oder Schultern] steigen, auch auf Stelzen [bzw. Schultern] müssen wir mit eigenen Beinen gehen. Und selbst auf dem höchsten Thron der Welt sitzen wir nur auf unserem Arsch.[12]

Anmerkungen

[1] Wenn bereits das Sprachbild nicht erlaubt, dass die Sprache das Bild metaphorisch überschreitet, sondern dieses vielmehr evoziert, dient auch sonst eine – durchaus als ›flippig‹-unwissenschaftlich kritisierfähige – Comicwahl dem Verfasser (UK) mitnichten der Illustration, sondern der (selbst)ironisch entlastenden Distanzierung im Kontext einer fall- oder diskursanalytischen Arbeit (Kobbé, 1990; 2002; 2013).

[2] Übersetzung des Verfassers (UK). Im altfranz. Original: *«Mon entendement ne va pas toujours en avant, il va à reculons aussi»* (Montaigne, 1952, 1145 f.).

³ So setze sich das Erstellen von Täterprofilen vermittels Tatortanalysen, wie Tondorf (2011, 115 f.) unterstreicht, »der Gefahr aus, als unseriös angesehen zu werden« und müsse als Prognoseinstrument ohnehin ausscheiden.

⁴ Zur biologistischen Entgleisung fachlich gebotener Einbeziehung genetischer Faktoren vgl. Kobbé (1994; 2010b).

⁵ Vgl. die Replik von Albrecht et al. (2003).

⁶ Als entlehnte Textstelle verweist diese Zitation nicht nur auf radikal zu akzeptierende Grenzen der fachlichen Wissenspyramide (Dimension ›Inhalt‹), des Riesen/reason, sondern offenbart auch – vgl. Kobbé (2014, 3) – ein riesiges Darlehen, eine biographisch abgesicherte Schulterung (Dimension ›Beziehung‹)

⁷ Im probatorischen Sprachspiel ist das Thema der *Moden* in den Termini *M/eth/oden* und *Mod/ell/en* bereits ›enthalten‹ bzw. ›rahmt‹ es diese; es ist mithin u. U. keineswegs Artefakt, sondern darin bereits ursprünglich latent mit angelegtes Motto.

⁸ Diese noch ›unwissende‹ Haltung erinnert an das Motiv des blinden Sehers Τειρεσίας (Teresias) im griechischen Mythos, der nicht durch äußere Wahrnehmungen abgelenkt bzw. durch – quasi automatisierte – Vor-/Urteilsbildungen beeinflusst wird (Kobbé, 2006d).

⁹ Sternberger et al. (1962, 88) führen aus, »schon das Verbum ›Behandeln‹ [habe] eine Affinität entweder zu schlechten, harten, gemeinen Subjekten oder aber zu schadhaften, ihrer lebensvollen Selbständigkeit schon beraubten Objekten der Behandlung«. Das heiße im historischen Kontext, »Behandlung von Menschen« sei oft genug »eben nicht weit von Misshandlung entfernt« gewesen (Sternberger et al., 1962, 89).

¹⁰ Abb. 1: Systemkubus der Prognose. Graphik des Verfassers (UK) in Anlehnung an Kersting (2010, 59 Abb. 1; 2017, 293 Abb. 2).

¹¹ Abb. 2: Subjekt vor dem System. Collage des Verfassers (UK) unter Verwendung der Comic-Figur *Julius Corentin Acquefacques* (Mathieu, 2008), dessen Nachname *Acquefacques* sowohl – als Homophon von *Artefakt* – allusiv auf den Artefaktcharakter einer vermeintlichen Totalität des Wissens (Kobbé, 2005b) als auch – in der Umschrift bzw. Lesart *acque = (f)acques* – auf deren tautologische Begründung von Arte-/Fakten als Funktion von Arte-/Fakten verweist (Kobbé, 2002).

¹² Übersetzung des Verfassers (UK). Im altfranz. Original: *«Si, avons nous beau monter sur des eschasses, car sur des eschasses encore faut-il marcher de nos jambes. Et au plus eslevé throne du monde, si ne sommes assis que sur nostre cul»* (Montaigne, 1952, 1209).

Einleitung und Grundlagen

Probleme der Kriminalprognose aus kriminologisch-psychologischer Sicht

Thomas Feltes & Michael Alex

Einleitung

Kriminalprognose hat Konjunktur (vgl. Menne, 2013, 338 ff.), denn bei der Sicherungsverwahrung, im psychiatrischen Maßregelvollzug und auch bei der bedingten Entlassung aus lebenslanger Freiheitsstrafe hängt die Entlassungsperspektive entscheidend von einer günstigen Entlassungsprognose durch Sachverständige ab. Die Probleme dieser Kriminalprognosen sollen im Folgenden behandelt werden.

Gütekriterien für Prognosegutachten

Bezüglich der Qualifikation des Sachverständigen, der das Prognosegutachten erstellt, macht die Strafprozessordnung keine Vorgaben (§ 73 StPO). Im Therapieunterbringungsgesetz vom 22.12.2010 (BGBl. I, 2300 ff.) wird allerdings gefordert:

> Die Sachverständigen, die Aussagen darüber treffen, ob der Betroffene an einer psychischen Störung leidet und infolge dieser Störung mit hoher Wahrscheinlichkeit das Leben, die körperliche Unversehrtheit, die persönliche Freiheit oder die sexuelle Selbstbestimmung einer anderen Person erheblich beeinträchtigen wird, »sollen Ärzte der Psychiatrie sein; sie müssen Ärzte mit Erfahrung auf dem Gebiet der Psychiatrie sein« (§ 9 Abs. 1 ThUG).

Im Umkehrschluss bedeutet dies, dass mit der kriminalprognostischen Begutachtung auch Allgemeinmediziner beauftragt werden dürfen, sobald sie Erfahrung auf dem Gebiet der Psychiatrie aufweisen können. Die hier zum Ausdruck kommende Fixierung auf die ärztliche Grundqualifikation kennzeichnet auch die Gutachterauswahl in den Bereichen, in denen die ärztliche Ausbildung nicht als Auswahlkriterium genannt ist. Kriminalprognostische Gutachten werden in der Regel von Fachärzten für Psychiatrie, teilweise mit Unterstützung von

Psychologen bei Durchführung und Auswertung von Leistungs- und Persönlichkeitstests, erstattet, obwohl seit dem 01.01.1975 nicht einmal für den Fall der Anordnung einer stationären Maßregel ein ärztlicher Sachverständiger gefordert wird (§ 246a StPO). »Rechtsprechung und Kommentare sind offenbar jedoch nicht bereit, mit Traditionen zu brechen, und verlangen, dass – zumindest im Regelfall – einem Arzt die Gutachterfunktion übertragen wird« (Rasch, 1999, 32).

Die erheblichen Mängel bei der Begutachtung von Straftätern, die beispielsweise in einer umfangreichen Analyse von 109 psychiatrischen Gutachten in Mecklenburg-Vorpommern aufgezeigt worden waren, verstärkten die Forderungen nach der Einführung von Mindeststandards für Schuldfähigkeits- und Prognosegutachten (vgl. Tondorf, 2004, 280). Dieser Forderung kam im Jahre 2005 eine an forensisch-psychiatrischen Fragen besonders interessierte interdisziplinäre Arbeitsgruppe aus Juristen, forensischen Psychiatern und Psychologen sowie Sexualmedizinern nach, indem sie zunächst Mindestanforderungen für Schuldfähigkeitsgutachten veröffentlichte (Boetticher et al., 2005). In etwas erweiterter Zusammensetzung hat diese Arbeitsgruppe danach Mindestanforderungen für Prognosegutachten (Boetticher et al., 2006) vorgestellt und in diesem Zusammenhang betont: »Kriminalprognostische Gutachten setzen eine einschlägige Erfahrung in der Exploration von Straffälligen, Kompetenz im eigenen psychiatrischen, psychologischen oder sexualmedizinischen Fachgebiet sowie gediegene kriminologische Kenntnisse voraus« (ebd., 541).

Die Empfehlungen berücksichtigen die von der Rechtsprechung entwickelten Grundsätze (vgl. dazu Becker, 2009, 67 ff.) insbesondere hinsichtlich der Wahl der Untersuchungsmethode, der Nachvollziehbarkeit und Transparenz sowie der Beweisgrundlagen des Gutachtens. Schon der Gutachtenauftrag muss sich danach mindestens an vier Fragen orientieren:

1) Wie groß ist die Wahrscheinlichkeit, dass die zu begutachtende Person erneut Straftaten begehen wird?
2) Welcher Art werden diese Straftaten sein, welche Häufigkeit und welchen Schweregrad werden sie haben?
3) Mit welchen Maßnahmen kann das Risiko zukünftiger Straftaten beherrscht oder verringert werden?
4) Welche Umstände können das Risiko von Straftaten steigern? (Boetticher et al., 2006, 539).

Die Empfehlungen der Arbeitsgruppe blieben nicht unwidersprochen. Bemängelt wurden nicht nur die Legitimation der Arbeitsgruppe und der Verzicht, auch als Gutachter aktive Kriminologen hinzuzuziehen, sondern auch inhaltliche Defizite (Bock, 2007, 269 ff.). Kritisiert wurde insbesondere die Überbewertung von standardisierten Prognoseinstrumenten wie HCR 20, SVR 20, PCL-SV oder FOTRES (s. a. Friedrichsen, 2016, 46 ff.) und die Empfehlung, auf statistische Erfahrungsregeln Bezug zu nehmen, obwohl deren Bedeutung für die Individualprognose gering sei. Einige Mitglieder der Arbeitsgruppe nahmen später zwei Gerichtsentscheidungen zum Anlass, ihrerseits noch einmal darauf hinzuweisen, dass eine unkritische Übernahme gruppenstatistischer Erkenntnisse auf den Einzelfall oder gar mechanistische Übertragung von empirischen Prognosekriterien ohne Bezugnahme auf die individuellen Risiken, Fähigkeiten und Lebenssituationen nicht nur den Anforderungen an Risikoeinschätzungen nicht gerecht würde, sondern auch zu Fehlern bei der prognostischen Beurteilung führte (Boetticher et al., 2009, 478 ff.).

Im Entwurf eines Gesetzes zur Novellierung des Rechts der Unterbringung in einem psychiatrischen Krankenhaus gemäß § 63 des Strafgesetzbuches und zur Änderung anderer Vorschriften, den die Bundesregierung am 13.01.2016 vorgelegt hat (BT-Drucksache 18/7244), wird der neueren Entwicklung insofern Rechnung getragen, als auch Psychologen als Sachverständige in Betracht kommen und forensisch-psychiatrische Sachkunde und Erfahrung beim Gutachter verlangt werden (§ 463 Abs. 4 S. 5 StPO-E).[1]

Die Rückfallhäufigkeit von vermeintlich hoch gefährlichen (Haft-) Entlassenen – zusammenfassende Darstellung von Rückfallstudien

In Deutschland haben sich die Zahlen der aufgrund strafrichterlicher Anordnung untergebrachten Personen seit 1985 deutlich und teilweise um mehr als 300 Prozent erhöht (Feltes & Alex, 2012). Dies wirft die Frage auf, ob es mehr Kranke, bessere Diagnosen oder mehr Ängstlichkeit und mehr Entscheidungen, ›im Zweifel wegzusperren‹, gibt. Die Sicherungsfunktion der langen Freiheitsstrafe wird, wie Heinz (2012, 69) dies beschrieben hat, zunehmend ersetzt durch die Unterbringung in psychiatrischen Krankenhäusern. Die ›Sicherheitsgesetzgebung‹ und Rechtspraxis überschätzen dabei ganz offensichtlich die Verlässlichkeit von Gefährlichkeitsprognosen, deren Grenzen begründet sind in der Anwendung der Basisrate bei seltenen gefährlichen Ereignissen, der Überschätzung der Zuverlässigkeit von Prognosemerkmalen und der Asymmetrie des prognostischen Fehlurteils. Dabei wird die Gegenwärtigkeit der Gefährlichkeit massiv überschätzt. Die ohnehin kleine Zahl der jährlich wegen Sexualdelikten, Tötungsdelikten oder wegen Raubes Verurteilten ist mit 12.757 im Jahre 2009 über 11.351 im Jahre 2011 und 11.189 im Jahre 2014 in den letzten Jahren eher geringfügig gesunken als gestiegen (Strafverfolgungsstatistik 2009, 2011, 2014, Tab. 7.1). Der Boom der Forderung nach Einsperren ist also durch die reale Sicherheitslage nicht begründbar. Wer ›Sicherheit durch Strafrecht‹ verspricht, täuscht und wird zum Totengräber eines rechtsstaatlichen Strafrechts. Das Strafrecht verkommt zum Präventiv-Polizeirecht auf prognostischer Basis mit extrem hohen Anteilen ›falscher Positiver‹.

Die grundlegende Frage, die sich stellt, ist: *Wie können die entsprechenden Prognoseverfahren zuverlässiger gemacht werden?* Obwohl die meisten Prognosegutachten den Tätern ein hohes Maß an Gefährlichkeit und Rückfallwahrscheinlichkeit prognostizieren, haben zahlreiche internationale Studien gezeigt, dass bei Gewalttätern der Rückfall meist seltener ist als die Legalbewährung.[2] Vor allem einschlägige Rückfälle bei Tötungsdelikten und sexuellen Gewaltdelikten sind sehr selten. Insgesamt ist festzuhalten, dass nach den vorliegenden Studien die Rückfallwahrscheinlichkeit bezüglich erheblicher Sexual- oder Gewaltdelinquenz bei 15-25 Prozent liegt, teilweise noch deutlich niedriger, und zwar unabhängig von der prognostizierten Gefährlichkeit.[3]

Erfahrungen mit Prognosegutachten

Generell ist die Eignung von Klassifikationssystemen zur Prognosebegutachtung fraglich. Noch problematischer ist eine Überbewertung von Befunden, die anhand von Checklisten wie PCL, HRC 20 oder SVR gewonnen worden sind, wenn es um die Beurteilung der Gefährlichkeit im strafrechtlichen Sinne geht. Unsere eigenen Erfahrungen als Gutachter sowie empirisch gesicherte Erkenntnisse zeigen, dass die Hauptfehlerquelle vieler Gutachten darin besteht, nicht alle relevanten Tatsachen zu berücksichtigen oder Tatsachen falsch zu interpretieren oder zu bewerten. Auch die schon früh in der Kriminologie beschriebene und kritisierte Tatsache, dass in zuvor erstellten Gutachten (angeblich) festgestellte Verhaltensweisen oder (teilweise weder nachvollziehbare, noch belegte) Interpretationen oder Etikettierungen eines Probanden im weiteren Verlauf einer ›Karriere‹ immer wieder auftauchen und praktisch immer zu Lasten des Probanden Verwendung finden, konnten wir in fast allen Verfahren beobachten. Was also einmal den Eingang in Verfahrensakten über ein entsprechendes Gutachten gefunden hat, bleibt als unstrittig in der Aktenwelt, auch wenn ›Feststellung‹ oder Interpretation möglicherweise Jahrzehnte zurückliegen. Längst zurückliegende Ereignisse werden erneut und immer wieder thematisiert (ein Schema, das der Kriminologie seit den 1960er-Jahren bekannt ist, als erstmals auch in Deutschland sog. ›Aktenkarrieren‹ untersucht wurden). Dabei werden auch offensichtliche Nichtigkeiten massiv überbewertet und strittige Geschehnisse einseitig zulasten der Verurteilten interpretiert.

Auf diese Weise werden ›Aktenkarrieren‹ kreiert, die mit den aktuellen Lebensumständen des Probanden wenig zu tun haben. Selbst bei offensichtlichen Diskrepanzen zwischen früheren Begutachtungen und den eigenen Wahrnehmungen in der Exploration werden die früheren Erkenntnisse des Kollegen oder der Kollegin allenfalls vorsichtig in Frage gestellt, wenn die Widersprüche nicht gänzlich relativiert werden, nach dem Motto ›Eine Krähe hackt der anderen kein Auge aus‹. Hinzu kommt das Problem der ›Haus- und Hofgutachter‹, die spätestens dann als Zweitgutachter vom Gericht beauftragt werden, wenn die Risikoeinschätzung im Erstgutachten nicht den Vorstellungen des Gerichts entspricht.

Häufig wird in Gutachten die mangelhafte ›Aufarbeitung der Tat‹ als negatives Kriterium für die künftige Legalbewährung betont, wenn etwa zusammenfassend festgestellt wird: *›Die mangelnde Offenheit des Probanden und seine wenig selbstkritische Motivanalyse lassen eine zuverlässige Aussage über Wiederholungs- und Missbrauchsgefahren nicht zu...‹*. Empirisch nachgewiesen ist jedoch, dass Rückfälligkeit nicht *»gerade gut mit der Deliktbearbeitung«* korreliert (Kröber, 2007a, 162; s. a. Kröber, 1995, 63-81). Bedeutsamer als die Floskel der ›Deliktbearbeitung‹, mit der gemeinhin Reue und Einsicht (auch in das Urteil) verbunden werden, ist, wie sich jemand zu seiner Tat stellt, wie er mit seiner Täterschaft umgeht und sich emotional und als Person zur Tat bezieht. Zudem werden Anforderungen an Gefangene gestellt, die zur Entlassung anstehen und damit ihre Strafe ›abgesessen‹ haben, die man in dieser Form an unauffällige Normalbürger weder stellen würde noch stellen könnte (Kröber, 2006, 116). Auf diese Weise wird das strafrechtsdogmatische Grundprinzip aufgehoben, wonach von der präventiven Wirkung der Strafvollstreckung auf einen Gefangenen ausgegangen wird, bis er erneut eine Straftat begeht – es sei denn, es liegen begründete (!) Hinweise darauf vor, dass er nach wie vor eine schwere (und konkrete) Gefahr für die Allgemeinheit darstellt.

Schon aus methodischen Gründen ist es unzulässig, aus statistisch ermittelten durchschnittlichen Rückfallraten auf die Rückfallwahrscheinlichkeit einer konkreten Person zu schließen. So ist beispielsweise die folgende Aussage eines Erstgutachters weder belegt worden noch tatsächlich richtig: *›Betrugsdelinquenten imponieren in der Regel mit affektiven, neurotischen und anderen Persönlichkeitsstörungen‹*. Selbst wenn sie dies täten, dann sagt dies überhaupt nichts über die konkrete, individuelle Persönlichkeit (und Gefährlichkeit) aus. Ein Gutachter, der aus bestimmten Kriterien eine Individualdiagnose ›folgern‹ will, verkennt ganz offensichtlich den notwendigen wissenschaftlichen Charakter von Prognosegutachten, auf die der BGH seit geraumer Zeit intensiv hinweist (vgl. Tondorf, 2005, 129).

Fast alle der von den Gerichten in Auftrag gegebenen psychiatrischen Gutachten zur Kriminalprognose zeigen das Dilemma der Beauftragung von ihrem Fachgebiet verhafteten Psychiatern auf. War zum Beispiel in einem Erstgutachten die ›narzisstische Persönlichkeit‹ eines Angeklagten als ausschlaggebend für die Delinquenz angesehen worden, so wird in dem späteren Gutachten eines anderen Psychiaters diese Kategorisierung aufgegeben, die fortdauernde Neigung zu Betrugsdelinquenz nunmehr aber mit einem anderen Kriterium (in diesem Fall der ›histrionischen Persönlichkeit‹), gekoppelt mit dissozialen Persönlichkeitszügen und Verhaltenstendenzen in geringerem Umfang, begründet. Zitat: ›*Es handelt sich mithin um delikttypologische Straftatbestände, die entsprechend der gängigen forensisch-psychiatrischen Literatur (schon seit dem 19. Jahrhundert) eng mit der habituellen Persönlichkeitsverfassung des hysterisch strukturierten Täters assoziiert wird.*‹ Bei der Kriminalprognose geht es jedoch nicht darum, die Persönlichkeit nach psychiatrischen Maßstäben zu kategorisieren (das ist im Übrigen auch das vorrangige Ziel des häufig verwendeten MMPI-2), sondern darum, die Wahrscheinlichkeit künftiger Delinquenz zu ermitteln. Es gibt in der Gesellschaft eine Vielzahl von Menschen mit ›narzisstischen‹ oder ›histrionischen‹ Persönlichkeitsanteilen, die niemals mit Delinquenz auffallen, sondern gerade wegen dieser Merkmale hoch angesehen und/oder erfolgreich sind (Künstler, Politiker etc.).

Zusätzlich müssen bei jeder Begutachtung auch protektive bzw. begünstigende Faktoren dargestellt werden, vor allem dann, wenn die Gerichtsentscheidung darauf ggf. Einfluss nehmen kann. Dazu gehören vor allem Faktoren, die eine mögliche Resilienz bzw. Widerstandsfähigkeit bedingen können. So wird die Fähigkeit, Krisen durch Rückgriff auf persönliche und sozial vermittelte Ressourcen zu meistern und als Anlass für Entwicklungen zu nutzen, fast nie in Gutachten beschrieben, auch wenn sie in den Lebensläufen durchaus zu finden ist. Offensichtlich wird dies im Blick der psychiatrischen Gutachter von Negativfaktoren überlagert. Ein solches Phänomen (negative Aspekte überdecken vorhandene positive und werden daher eher wahrgenommen) ist in der Psychologie gut beschrieben, so dass sich die Psychiater dieser Problematik eigentlich bewusst sein müssten.

Wichtig erscheint uns die Einbeziehung und Berücksichtigung dynamischer Prognosemerkmale: Menschliches Verhalten ist einem ständigen Veränderungs- und Anpassungsprozess unterworfen und viele in den üblichen Prognoseverfahren erhobenen Merkmale sind viel zu statisch und oftmals historisch weit zurückliegend, als dass sie wirklich die Bedeutung haben, die ihnen eingeräumt wird. Dies konnten die in den letzten Jahren durchgeführten umfangreichen und teilweise über 50 Jahre reichenden Langzeitstudien zur Karriereentwicklung von Straftätern eindrucksvoll zeigen.[4]

Erkenntnisse aus der eigenen Exploration werden in Gutachten häufig durch Hinweise auf Urteile und Feststellungen des Gerichts relativiert oder gar ersetzt, obwohl diese durch den Verhandlungsablauf geprägt waren. Die meisten Urteile enthalten zudem keine Informationen zu prognostisch wichtigen Stationen im Leben des Probanden. Dabei stellt sich die (theoretisch wie praktisch) interessante Frage, ob die Rechtskraft des Urteils sich tatsächlich auf alle Feststellungen und Bemerkungen des Gerichts im Urteil erstreckt, oder ob der Gutachter nicht vor dem Hintergrund seiner bestimmten Aufgabe und einer anderen als primär juristischen Fragestellung nicht Geschehnisse auch anders interpretieren kann oder sogar muss.

Eine weitere Fehlerquelle stellt die Fehlinterpretation von Testergebnissen dar, die von den Gerichten mangels eigener Sachkenntnis kaum überprüft werden können. Eine Vielzahl von psychiatrischen Sachverständigen neigt dazu, Defizite in der Persönlichkeitsentwicklung (auch durch solche Tests) aufzudecken und die bei den Probanden vorhandenen resilienten Ressourcen zu vernachlässigen, obwohl die Kriminologie die Bedeutung gerade dieser Faktoren inzwischen nachgewiesen hat. Kriminalprognostische Begutachtung dieser Art lässt sich als ›Sammeln giftiger Pilze‹ charakterisieren. Dabei zeigen die bisherigen Erfahrungen, dass die Vorstellung, es ließen sich halbwegs lineare Beziehungen zwischen bestimmten Persönlichkeitsmerkmalen und abweichendem Verhalten ermitteln, angesichts der Vielschichtigkeit der Problematik überholt ist (siehe bereits Rasch (1999, 48 ff.). Kriminologisch kann aus einer schnellen Abfolge von schweren und schwersten Rückfalltaten nicht auf eine Charaktereigenschaft des Delinquenten geschlossen werden. »Es müssen Alter, soziale Situation und die jeweiligen situativen Faktoren, welche die Taten begünstigen, neben individuellen, die Täterpersönlichkeit prägenden Gesichtspunkten, zumindest mit berücksichtigt werden« (Frommel, 2010, 285).

Obwohl Prognosegutachten über Probanden aus dem Strafvollzug oder der Sicherungsverwahrung immer ›psychisch gesund‹ definierte Personen betreffen, gibt es eine Tendenz bei psychiatrischen Sachverständigen, bei der Begutachtung von Strafgefangenen ein ›Kranksein‹ zu konstruieren, das dann zur Erklärung für die fortdauernde Gefährlichkeit herangezogen wird. Doch wenn diese Einschätzung richtig ist, stellt sie eher die ursprüngliche Annahme von Schuldfähigkeit infrage, als dass sie Anlass sein könnte, die Inhaftierung fortzusetzen. Nach Rasch würden sich die meisten der in der Sicherungsverwahrung Untergebrachten wahrscheinlich wegen der bei ihnen bestehenden Persönlichkeitsanomalien in psychiatrischen Krankenhäusern befinden, wenn nicht auf Seiten der Psychiater die Tendenz bestünde, Täter mit

Persönlichkeitsstörungen von den Behandlungsmöglichkeiten der Psychiatrie auszuschließen (Rasch, 1999, 130).

Die vermeintliche Objektivierung der Befunde durch neue Erkenntnisse und Instrumente hat die Qualität der Gutachten nicht verbessert, sondern teilweise zusätzliche Probleme geschaffen. Die Bedeutung der Basisrate für die Höhe der Rückfallwahrscheinlichkeit im konkreten Einzelfall fordert vom Sachverständigen Aussagen über die exakte Höhe der Rückfallwahrscheinlichkeit, die nur spekulativ sein können. Wie die Karriereforschung und die Untersuchungen zu ›Intensivtätern‹ aufgezeigt haben, ist deren weitere Entwicklung von so vielen Variablen abhängig, dass genaue Voraussagen gar nicht möglich sind. Unumstritten ist, dass theoriefreie Klassifikationssysteme wie ICD-10 oder DSM-V keine gründliche Diagnostik ersetzen können, zumal die darin angeführten Kriterien selbst unscharf und interpretationsbedürftig sind. Für Staatsanwaltschaft und Gerichte sind diese Systeme aber wegen der einfach nachvollziehbaren Kategorien äußerst attraktiv. So sehr es auch zu begrüßen ist, dass Leistungs- und Persönlichkeitstests ebenfalls zunehmend zur Absicherung von Erkenntnissen aus der Exploration in Sachverständigengutachten einfließen, so groß ist bei allen aufgeführten ›objektiven‹ Verfahren die Gefahr, dass sie missbraucht werden, um die nach wie vor große Unsicherheit bei der Prognose künftigen Legalverhaltens zu kaschieren oder gar ein (aus welchen Gründen auch immer) erwünschtes Ergebnis zu begründen. Damit werden sie zum Alibi, um die Zweifel an der Unzuverlässigkeit von Prognosen zu zerstreuen. Angesichts der fundamentalen Bedeutung der Gutachten für das weitere Leben ihrer Probanden sollten sich die Sachverständigen dieser Risiken bewusst sein. Solange Staatsanwälte und Richter nicht durch umfassende Fort- und Weiterbildung für die Problematik der Ungenauigkeit von Kriminalprognosen sensibilisiert sind, wird die Abhängigkeit der Gerichte von Sachverständigen unverändert groß sein.

Perspektiven

Insgesamt erscheint in Deutschland eine Qualitätssicherung von Prognosegutachten dringend erforderlich. Dabei gibt es aus dem Ausland durchaus Modelle, die auf unsere Situation übertragen werden könnten (Alex et al., 2013, 265 f.). Mehrere europäische Länder beschäftigen sich mit der Überprüfung und Sicherung der Qualität von Gerichtsgutachten. Insbesondere in den skandinavischen Ländern spielt die Gewährleistung einer gleichbleibenden Qualität von Gerichtsgutachten eine wichtige Rolle im Justizsystem. Gerade das norwegische Modell wäre geeignet, dem in Deutschland und Österreich bestehenden Durcheinander im Sachverständigen(un)wesen Einhalt zu gebieten und die Qualität von Gutachten, die für die betroffenen Personen über ihr gesamtes Leben entscheiden können, zu verbessern (vgl. Alex et al., 2013, 266).

Zumindest im Bereich der Kriminalprognose ist die bisherige Fixierung auf ärztlichen Sachverstand nicht sachgerecht und immer wieder kritisiert worden.[5] Ziel der kriminalprognostischen Begutachtung ist nicht, Aussagen über den psychischen Gesundheitszustand der Probanden zu treffen, sondern darüber, wie hoch die Wahrscheinlichkeit für erneute Delinquenz ist. Dabei können Faktoren ausschlaggebend sein, die wenig oder gar nicht in Verbindung mit der psychischen Disposition oder gar ›Krankheit‹ der Betroffenen stehen, wie etwa das Alter, der soziale Empfangsraum, die Resilienzentwicklung oder die beruflichen Perspektiven. In diesen Bereichen kann auf Erkenntnisse der kriminologischen Forschung zurückgegriffen werden, um Vorhersagen zum künftigen Legalverhalten machen zu können. Deshalb ist anzustreben, dass kriminologisch ausgebildete Sachverständige (ggf. zusammen mit Psychiatern oder Psychologen, sofern es Hinweise auf psychische Störungen oder Krankheiten gibt) mit der Erstellung von Prognosegutachten beauftragt werden. Des Weiteren sind die Anstrengungen der psychiatrischen und psychologischen Berufsverbände zu verstärken, dass nur noch als ›forensische Psychiater/Psychologen‹ zertifizierte Sachverständige als Gutachter für Staatsanwaltschaft und/oder Gerichte tätig werden, weil auf diese Weise die Qualität der Gutachten über die bisher veröffentlichten Mindeststandards hinaus verbessert werden könnte. Schließlich sollte die norwegische Praxis Anlass für Überlegungen geben, auch in Deutschland eine unabhängige Kommission, die die Qualität forensischer Gutachten prüft, zu installieren. Mit der Einführung einer solchen Kommission wären einheitliche Standards wesentlich schneller erreichbar als durch Appelle inoffizieller Arbeitsgruppen. Hier sind die psychiatrischen und psychologischen Fachverbände aufgerufen, gemeinsam mit den wissenschaftlich tätigen Kriminologen die Einrichtung einer Fachkommission nach norwegischem Vorbild voranzutreiben.

Durch entsprechende Fort- und Weiterbildungsangebote muss die Sensibilität von Staatsanwaltschaften und Gerichten für Fehlerquellen bei der forensischen Begutachtung von Straftätern geschärft werden, damit künftig ausschließlich Sachverständige beauftragt werden, die zertifiziert sind und/oder über profunde kriminologische Kenntnisse verfügen.[6] § 73 StPO ist nicht mehr zeitgemäß. Die immer größer gewordene Bedeutung von Prognosegutachten erlaubt es nicht mehr, den Gerichten völlige Freiheit bei der Auswahl von Sachverständigen für Kriminalprognosen zu lassen. Kriminalprognostische Gutachten setzen eine einschlägige Erfahrung in der Exploration von Straffälligen, Kompetenz im eigenen psychiatrischen, psychologischen oder sexualmedizinischen Fachgebiet sowie vertiefte kriminologische Kenntnisse voraus. Daraus folgt, dass nur hoch qualifizierte Sachverständige mit forensisch-psychiatrischem, forensisch-psychologischem oder kriminologischem Hintergrund für kriminalprognostische Gutachten in Betracht kommen. Das muss sich auch im Gesetz niederschlagen ebenso wie die Einführung einer interdisziplinären Fachkommission nach norwegischem Vorbild. Dabei dürfen die engen Grenzen jeder Vorhersehbarkeit menschlichen Verhaltens nicht außer Acht gelassen werden, wenn die Abhängigkeit der Justiz von Sachverständigen wieder auf ein vertretbares Ausmaß reduziert werden soll. Zu befürchten ist allerdings, dass die weitere Entwicklung der Digitalisierung und der ›künstlichen Intelligenz‹ noch mehr computergestützte Prognosen über das künftige Verhalten von Menschen zur Folge haben wird, obwohl bisher weder die Effektivität dieser Methoden belegt ist, noch die datenschutzrechtlichen Bedenken ausgeräumt sind.[7] Erforderlich wäre stattdessen eine Rückbesinnung auf den Grundsatz der Verhältnismäßigkeit, dem wirksam nur durch die (erneute) Einführung von gesetzlichen Fristen für die Dauer der Unterbringung in der Sicherungsverwahrung oder dem Maßregelvollzug Rechnung getragen werden könnte. Andernfalls bleibt die Abhängigkeit von Prognosegutachten mit ihren Unsicherheiten letztlich unangetastet.

Anmerkungen

[1] Zur Verbesserung der Qualität forensischer Gutachten bieten im Übrigen die *Deutsche Gesellschaft für Psychiatrie, Psychotherapie und Nervenheilkunde* (DGPPN) sowie die *Fachgruppe Rechtspsychologie* in der *Deutschen Gesellschaft für Psychologie* (DGPs) gemeinsam mit der Sektion *Rechtspsychologie im Berufsverband Deutscher Psychologinnen und Psychologen* (BDP) Weiterbildungsprogramme mit der Möglichkeit der Zertifizierung an: DGPPN-Zertifikat ›Forensische Psychiatrie‹; ›Fachpsychologin/Fachpsychologe für Rechtspsychologie‹ der Föderation Deutscher Psychologenvereinigungen, näher dazu Nedopil et al. (2005, 137 f.). Als Fachpsychologen für Rechtspsychologie sind derzeit bundesweit etwa 250 Psychologinnen und Psychologen zertifiziert, davon ca. 80 (auch) für Gutachten zur Schuldfähigkeit und ca. 90 (auch) für die Erstattung von Gefährlichkeitsprognosen (abrufbar unter: *www.bdp-rechtspsychologie.de* oder *www.dgps.de/dgps/fachgruppen/*). Bei der DGPPN sind derzeit etwa 230 Fachärztinnen und Fachärzte für Psychiatrie Inhaber des Zertifikats ›Forensische Psychiatrie‹ (abrufbar unter: *www.dgppn.de*). Angesichts der wachsenden Bedeutung kriminalprognostischer Gutachten sind diese Zahlen so gering, dass auch künftig davon auszugehen ist, dass viele Gutachten zu Schuldfähigkeit und

Kriminalprognose von unzureichend qualifizierten Sachverständigen erstattet werden, abgesehen davon, dass Staatsanwaltschaften und Gerichte nicht verpflichtet sind, zertifizierte Sachverständige zu beauftragen.

[2] Steadman & Cocozza (1974); Thornberry & Jacoby (1979); Rusche (2004); Kinzig (2010); Harrendorf (2012, 61); vgl. auch Tippelt et al. (2012, 97); Alex (2013); Müller & Stolpmann (2015, 25-47).

[3] Harrendorf (2012, 61); vgl. auch Tewksbury et al. (2012, 309); Tippelt et al. (2012, 97); Jehle et al. (2013, 227 ff.); Broadhurst et al. (2016); Caldwell (2016).

[4] Vgl. Stelly & Thomas (2005); Kerner (2004); Laub & Sampson (2003; 2006).

[5] Vgl. Alex (2012, 447 f.); Alex & Feltes (2011, 280 ff.); Feltes & Alex (2012, 73 ff.); Feltes & Putzke (2005, 76 ff.); zuletzt Brettel & Höffler (2016, 67 ff.).

[6] Allerdings ist der Ruf nach qualifizierter Fortbildung nicht neu und in der Vergangenheit weitgehend ins Leere gelaufen (vgl. Tondorf, 2004, 281).

[7] Vgl. ›Der Spiegel‹ vom 21.05.2016, 15; Pressemitteilung der Landesbeauftragten für den Datenschutz Niedersachsen vom 04.05.2015; Alex & Feltes (2016, 453-575).

Immanente Grenzen der Kriminalprognostik – und ihre rechtlich-ethischen Probleme

Dirk Fabricius

Voraussagen, ein Individuum werde (auch) in der Zukunft Straftaten (nicht) begehen, treffen in vielen Fällen voraussehbar nicht zu. Weitere Forschung und Entwicklung von prognostischen Verfahren wird daran nichts ändern, lautet meine Prognose.

Damit steht jeder Prognostiker bzw. kriminalprognostisch beratene Entscheider vor dem Dilemma, entweder dem Probanden Spielraum für weitere Straftaten zu schaffen, potentielle Opfer dadurch zu schädigen, oder aber den Probanden seiner Freiheiten zu berauben, obgleich er keine Straftaten begehen würde. Das ist ein moralisches Dilemma. Einige rechtliche Überlegungen sollen die Orientierung in diesem Dilemma erleichtern.

Kriminalpolitik und institutionelle Situation haben eine Kriminalprognostik etabliert, die voreingestellt ist, was den Prognostiker in ein weiteres Dilemma verstrickt. Er wird angereizt und gedrängt, wissenschaftlicher, akademischer Objektivität, Neutralität zu entsagen und damit mehr Schaden – Freiheitsverluste bei Gefangenen und im MRV – anzurichten als nötig.

Wahrheit, Richtigkeit, wissenschaftlicher Gehalt kriminalprognostischer Aussagen

Sowohl bei Prognose wie Retrognose (oder Rekonstruktion) geht es darum, von gegenwärtig feststellbaren, beobachtbaren, beweisbaren Tatsachen auf verborgene, nicht unmittelbar wahrnehmbare, vergangene oder, im Fall der Prognose, noch nicht gegebene, zukünftige Tatsachen, Verläufe, Ereignisse zu schließen. Bei der Kriminalprognose sind dabei zum einen Merkmale des Individuums – Prädiktoren 1. Klasse i. S. Volckarts (1997, 13) – der Umstände (2. Klasse; ebd.) und Wechselwirkungen zwischen diesen (3. Klasse; ebd., 37) festzustellen oder für die 2. und 3. Klasse gegenwärtige festzustellen, vergangene zu rekonstruieren bzw. zukünftige vorauszusagen.

Deduktion, Induktion und Abduktion im Prognose-Prozess

Aus den Prädiktoren wird – in allen Varianten der Kriminalprognose (Volckart, 1997, 3) – syllogistisch, deduktiv, auf Rückfall/Nicht-Rückfall geschlossen. Die Brücke zwischen diesen Klassen von Tatsachen stellen Erfahrungssätze her, aus der Erfahrung, induktiv, gewonnene Regelmäßigkeiten, sie bilden den Obersatz. Der Untersatz, die Feststellungen oder Prognosen zu Täter- und Umstände-Merkmalen, ist abduktiv gewonnen. *Dieser Mensch gehört in eine Kategorie (Menge, Klasse) von Menschen, die (immer wieder) Straftaten begehen, also wird er zukünftig Straftaten begehen, d. h. rückfällig.*

Diese Bohne kommt aus dem Sack, in dem die meisten Bohnen schwarz sind, also ist sie schwarz: Wann wäre ein solcher Schluss eines blinden Forschers wahr, akzeptabel oder zurückzuweisen?

Anders als beim Würfel, bei dem die Wahrscheinlichkeit, dass eine Eins oben liegt, von der physikalischen Beschaffenheit abhängt, ist die Frage beim Rückfall, ob es sich bei dem Probanden um einen Würfel handelt, mithin eine Eins (= Rückfall) in Frage kommt, oder eine Münze, wo es keine Eins, sondern nur ›Kopf oder Zahl‹ gibt. Zu behaupten, der Proband habe genetisch, physiologisch oder psychologisch eine Rückfallwahrscheinlichkeit oder Gefährlichkeit, ist Unsinn. *Die Bohne aus dem Sack* ist *schwarz oder weiß*, aber das ist (für den Blinden) unentscheidbar. Da wir blind für Rückfälligkeit – vorausgesetzt, es gibt sie! – sind, befinden wir uns in der Lage des Blinden.

Was der Gutachter entscheiden soll, ist, in welchen ›Sack‹ der Proband einzuordnen ist, wohl wissend, dass der *Schwarz-Sack* manch Nicht-Rückfälligen enthält und umgekehrt.

Probabilistische Aussagen über Mengen

Erfahrungssätze können sich auf Erfahrungen mit einem Individuum stützen (›*Er tut es immer wieder*‹). In der Regel freilich basieren diese Erfahrungssätze auf Feststellungen und Beobachtungen an vielen Personen, die – nach bestimmten Merkmalen klassifiziert – mit einer relativen Häufigkeit Straftaten begangen haben. Auch der klinische Prognostiker wird Erfahrungen mit ›ähnlichen‹ Individuen heranziehen.

Der Übergang von einem Individuums- auf ein Mengen-Konzept beruht darauf, dass Individuumsmodelle wenig entwickelt, schwer zu validieren und schwer zu erstellen sind. Die Abstraktion vom Individuum lässt den Zusammenhang zwischen Merkmalklasse und Straftatbegehung imperfekt: Verschieden große Anteile von Individuen in der jeweiligen Klasse sind ohne bzw. mit Straftat. Bereits ›retrognostisch‹ – gefragt, ob ein Individuum eine Straftat begangen hat, kann das Auffinden der Merkmale einer ›straftatgeneigten‹ Menge nicht die richtige Antwort liefern. Das reichte nicht einmal, einen Verdacht zu wecken – allenfalls, einen bestehenden zu verstärken. Ein probabilistischer Erfahrungssatz hat eine Fehlerrate.

Die Aussagen sind also – bestenfalls – wahr für die jeweilige Menge. Ein einzelnes Individuum, dem man doch eine Straftat nachweist, aus der Menge ›nicht-kriminell‹ falsifiziert den Erfahrungssatz so wenig wie ein einziges nicht-kriminelles in der Menge ›kriminell‹. Falsifizierend wäre eine Veränderung der relativen Häufigkeiten in der nächsten Untersuchung. Das gilt erst recht prognostisch, d. h. wenn man ›kriminell‹ durch ›rückfällig‹ ersetzt.

Die Behauptungen im Falle eines rückfälligen günstig Beurteilten, der Gutachter habe sich somit geirrt, sind irrig.

Die Aussage für die Zukunft nimmt die Fehlerneigung mit. Darüber hinaus ist aber (stillschweigend) vorausgesetzt, dass sich die in der Vergangenheit gegebenen Umstände und das Individuum nicht ändern werden. Kriminalprognosen liegen ›geballte Modelle‹ zugrunde, denen die Fähigkeit abgeht, genaue Voraussagen zu liefern: »Ein geballtes Modell definiert einen ›Raum‹, in den das Verhalten fallen sollte, und gibt Wahrscheinlichkeitswerte dafür an, in welchen Teil dieses Raums es fällt« (Hofstadter, 1979, 328).

In einem deterministischen Modell kann man gleichsam zielen, bei einem geballten Modell nur kalibrieren: Beim Tontaubenschießen kann man nicht mehr die einzelne Tonscheibe anzielen, sondern kalibriert auf den Raum, in dem die Gesamtheit der Tonscheiben fliegt (Bateson, 1983, 242).[1] Sie lässt sich verbessern, aber Hundertprozent-Treffer bleiben unerreichbar (vgl. Cartwright, 2000, 195). Die im ›Lernen aus Erfahrung‹ gewonnenen Prognosen dürften zum Überleben unabdingbar gewesen sein und induktiv schließende Wissenschaft bedeutet eine Verbesserung dieses Lernens; der Hinweis auf die mangelnde Perfektion und Perfektionierbarkeit liefert keinen Grund, dem zu entsagen (Rose, 2000, 83; Dennett, 1998, 208 ff.). Induktiv gewonnene Erkenntnisse, dabei bleibt es, können nicht verifiziert, aber falsifiziert werden. Trotzdem kann man probabilistische Erfahrungssätze als wahrheitsfähig ansehen (nur letztlich unbeweisbar, weil man nicht sicher sein kann, alle Fälle erfasst zu haben). Aber nur als Aussage über relative Häufigkeiten in Gegenwart und Vergangenheit, als Aussage über Mengen, nicht deren individuelle Elemente, besonders, wenn es um binäre Kategorisierungen geht. Ganz abgesehen davon, dass die Kriminalprognostik häufig mit kleinen Basisraten (Rettenberger, 2009, 14) oder gar Unkenntnis derselben (Volckart, 1997, 46) zu kämpfen hat.

Ergebnis: Der Schluss von der jeweiligen Merkmalsklasse auf das einzelne Individuum geht bei probabilistischen Erfahrungssätzen immer fehl: *non sequitur.*[2]

Daher sollte man anstatt von *Irrtum vs. Wahrheit* von *Richtig/Falsch* sprechen und Richtigkeit als eine dimensionale Größe betrachten. Auf Prognose übertragen: Sie ist richtig, wenn die ›Körbe‹ valide bestimmt sind, wie die Prädiktoren und der Prognostiker im Einzelfall die richtigen ›Körbe‹ in Betracht gezogen und die Prädiktoren objektiv und umfassend ermittelt hat.

Allerdings stellt sich die Frage, ob Verbesserungen der Prognostik, insbesondere der Übergang zu All-Sätzen anstelle der probabilistischen, möglich ist oder werden könnte.

Korrelationen, Theorien, Modelle

Gegen Prognosen auf der Basis von Korrelationen allein spricht, dass diese deskriptive Statistik Kausalzusammenhänge nicht identifizieren kann. Gregory vergleicht dies mit dem Vorgehen der assyrischen Astronomen, die systematische, genaue Beobachtungen des Sternenhimmels und dessen Sternbildern – Grundlage der Astrologie – machten, doch eine erklärende Untersuchung der Vorgänge unterließen (Gregory, 1981, 281; s. a. Bock, 2007, 270). »Kausalbeziehungen in der Wissenschaft sehen häufig ganz anders aus, als es zunächst den Anschein hat – denn ›kausale Teile‹ müssen mit Hilfe von konzeptuellen Modellen etabliert werden. Hier liegt ein wichtiger Unterschied zwischen perzeptuellen (auf Wahrnehmung beruhenden) und konzeptuellen Hypothesen. Tag und Nacht folgen aufeinander, aber keines von beidem bedingt das andere. Wir benötigen ein mentales Modell der sich drehenden Erde, um die Ursache konzeptuell zu ›sehen‹« (Gregory, 2001, 156).

Entsprechend sollen theoretische Überlegungen, am besten alternative, vorab als testbare Hypothesen formuliert und erst darauf gestützt systematisch beobachtet werden. Hypothesentesten verlangt die Grundgesamtheit, Vergleichs- und Kontrollgruppen adäquat zu bestimmen. Vieles in der Kriminalprognostik erfüllt diese Standardanforderungen der empirischen Sozialforschung nicht.[3] Auch machen isolierte theoretische Behauptungen (Hypothesen) noch keine Theorie, vielmehr erst ein strukturierter Satz solcher Behauptungen oder ein Modell, an dem Adäquanz und Vollständigkeit der notwendigen theoretischen Sätze bestimmt werden können.[4]

Modelle von Maschinerien, von Lebendigem eingeschlossen, sollten der ›Funktion-Prozedur-Mechanismus‹-Trias folgen, um die Realitätsadäquanz plausibel machen zu können. Damit etwas eine Funktion erfüllen kann – d. h. etwas transformieren, transportieren, translatieren –, die ohne ›Blick in die Box‹ bestimmbar ist, muss es über Prozeduren verfügen und Mechanismen, die diese Prozeduren abarbeiten können. Die Prozeduren beschreiben die ›logische Maschine‹: Das ›Wesen‹ eines mechanischen Prozesses ist ein abstrakte Kontrollstruktur, ein Programm. Diese kann ›substratneutral‹ bestimmt werden: Zahnradgetriebe, Röhren, Transistoren, Neuronen sind prinzipiell gleichermaßen geeignet, das Programm ablaufen zu lassen.[5]

Prognostik auf der Basis eines ›Funktion-Prozedur-Mechanismus‹-Modells (FPM)

Rekonstruktionen der individuellen Taten und des Täters in der Situation muss das Gericht ebenso wie der Gutachter vornehmen. Die Vortat- wie die Nachtat-Situation einschließlich des Verhaltens des Täters und anderer Akteure ist auch für die Prognose jeder Art unabdingbar.[6] Das läuft schon auf ein FPM-Modell hinaus. Ein allgemeines Modell müsste das jeweilige Individuum modellieren und die Begehung von Straftaten unter vergangenen, gegenwärtigen und möglichen zukünftigen Umgebungen und Bedingungen vorhersagen. FPM ist also eine notwendige, aber keine hinreichende Bedingung für ein optimales Modell.

Doch nur, wenn Individuen als entwicklungs- und lernunfähig modelliert werden, es keine komplexen Umgebungen gibt, ließen sich Rückfälle vorhersehen, vorausberechnen. Denn Komplexität geht einher mit Unberechenbarkeit und damit Unvoraussagbarkeit. Allerdings wäre ein solches Modell wenig realistisch.

Komplexe, lernende, evolvierende Systeme

Evolvierende und lernende Systeme haben eine ›offene Zukunft‹. Seien sie biologisch oder kulturell, sie zeichnen sich gerade durch Innovationen, Erfindungen aus: neue Arten, neue Organe, neue Wege der Vermehrung, die man schon kennen müsste, wenn man sie vorhersagen wollte (MacIntyre, 1981, 123 ff.). Entsprechend konstatiert Mayr (1979, 193): »Nichts in der Biologie ist vermutlich weniger vorhersagbar als der zukünftige Verlauf der Evolution« (vgl. Küppers, 1986, 231; Gigerenzer, 2008, 84). Am schwächsten Glied wird die Kette reißen, doch je besser, je homogener die Kette, desto unbestimmbarer wird dies (Bateson, 1983b, 56). Bak (1996) hat von gekoppelten Pendeln über rieselnde Sandkörner, die einen Haufen bilden und von denen eines eine Lawine auslöst, über Waldbrände, Erdbeben bis hin zu Verkehrsstaus gezeigt, dass eine Betrachtung des einzelnen Sandkorns, Baumes, Verkehrsteilnehmers wenig bis nichts zur Vorhersage taugt. Modelle komplexer Systeme, die in sich ebenfalls – wenn auch in reduziertem Ausmaß – komplex sein müssen, sind häufig auch nicht mehr falsifizierbar (Bischof, 1989,

466; s. a. Maynard Smith & Szathmáry, 1999, 140), weil unberechenbar. Wegen der Unberechenbarkeit (auch physikalischer) komplexer Systeme lassen sich die Determinanten nur (allenfalls) retrospektiv, niemals prospektiv bestimmen.[7]

Prognose der Prognostik

Ein in den Dimensionen Funktion-Prozedur-Mechanismus entworfenes agentenbasiertes, simulierbares Modell, in welches man ein Modell das Probanden ›einspeisen‹ könnte, wäre das Optimum.[8] Doch da die Akteure lernend wären und das System kulturell evolvierend, zudem die einzelnen Agenten in sich komplex und auch das interaktive Netzwerk, in dem sie agieren, wäre der Weg des Probanden über die Zeit unvorhersagbar und unberechenbar. Dass ein solches Modell auf einer entwickelten und reichhaltigen Kriminalwissenschaft beruhen müsste, dürfte nach dem Gesagten erst recht einleuchten.

Modelle lassen sich validieren, je valider, desto besser die prognostische Qualität. Doch bleiben Unvorhersehbarkeit und Unberechenbarkeit, wenngleich ein wenig, reduziert. Ich kenne keine Hoffnungen, keine Ansätze, mathematischen Erfindungen, die der Prognostik diese ihre Grenzen zu überschreiten versprächen. Auch diese Prognose ist nicht wahrheitsfähig, aber richtig.

Ergebnis: *Gegenwärtig steckt man als Prognostiker im Dilemma und für die Zukunft ist eine Aufhebung des Dilemmas durch verbesserte Prognostik nicht zu erwarten.*

Rechtliche Orientierungen im ethischen Dilemma

Im juristischen Bereich sind solche Dilemma-Situationen bekannt, prominent bei den Rechtfertigungsgründen Notstand (§ 34 StGB) und Notwehr (§ 32 StGB): Man rettet etwas, indem man jemand anderen beeinträchtigt, Schaden zufügt, Rechtsgüter verletzt.

Die Nicht-Gefährdung des Lebens (›Lebenssicherheit‹) rangiert vor der *Nicht-Gefährdung* von Freiheit oder Eigentum, jedoch keineswegs notwendig vor *Freiheitsentzug* oder *Eigentumsverlust.* Selbst wenn also der Prognostiker ein Tötungsdelikt des Probanden für wahrscheinlich hält, ist nicht selbstverständlich, dass seine Freiheit aufgeopfert werden darf.

Ein Blick auf die Tabelle verbunden mit der Lektüre der angegebenen Gesetzestexte und jedem beliebigen Kommentar bezüglich der angegebenen Stichworte ergibt:

Rechtlich voreingestellt – default – ist ›keine Aufopferung‹: Die Fortdauer der Freiheitsberaubung des Gefangenen oder Patienten mit Blick

Tabelle 1

Kriminalprognose	Beeinträchtigt (›aufgeopfert‹)	Geschützt (gerettet, verteidigt, gefährdet)
	Freiheit	durch zukünftige Taten geschädigte Rechtsgüter
Notstand (§ 34)		
	Rechtsgut I abstrakt	Rechtsgut II abstrakt
	Grad der Beeinträchtigung RG I	Grad drohender Beeinträchtigung RG II
		Wesentlich überwiegt
		Gefahr gegenwärtig, nicht anders abwendbar
Notwehr (§ 32)		
	Mildestes Mittel. Notwehreinschränkungen (Schutzwehr statt Trutzwehr)	Angriff gegenwärtig
Gefährdungsdelikte (z. B. §§ 315c, 316). Legitimität abstrakter Gefährdungsdelikte ist umstritten; jedenfalls ist Unrecht schwerer, wenn Gefahr konkret.		
		Gefahr konkret: Geschädigter und Rechtsgut bestimmbar
Erlaubtes Risiko (Tatbestandseinschränkung insbes. bei Fahrlässigkeit)		
	Unternehmerische, autofahrerische Freiheit	Asbesttote, Pharma m. tödl. Nebenwirkungen, Feinstaubkranke
Ärztlicher Heileingriff (§ 223 ff.) nicht tatbestandsausschließend		
	Körperverletzung	Hoffnung auf Gesundheit

auf zukünftige mögliche, erwartete Unrechts-/Straftaten ist rechtlich tendenziell abzulehnen.

Diese Vorsicht gegenüber prognostischen Aussagen findet sich auch im Maßregelrecht. Eine Unrechtstat ist vorausgesetzt, eine noch so gewichtige Gefährlichkeitsprognose genügt nicht.

Von der Voreinstellung abweichen darf man umso eher,

- je kurzfristiger und weniger eingreifend der Freiheitsentzug bisher ist bzw. prognostizierbar noch sein wird (neben der Zeit zum Beispiel Lockerungsstatus, offener Vollzug, autonomiefördernde Behandlung/Therapie) (Volckart, 1997, 49);
- wenn von dem Probanden Gefahren für hochrangige Rechtsgüter ausgehen, schon die Einzeltat erheblich wäre (Volckart, 1997, 89). Diese Gefahren sollten möglichst konkret bestimmt werden können und ein Schadenseintritt in naher Zukunft zu erwarten sein.

Diese Abweichungen sind umso eher vertretbar,

- als die prognostischen Methoden und Instrumente wissenschaftlich hochwertig und die Prognostiker gut ausgebildet und neutral sind,
- je valider die Prognose ist, d. h. je gründlicher die Prognosestellung erfolgte (Volckart, 1997, 60).

Im Ausgangspunkt ist die Validierung gegenwärtig fragwürdig: Dunkelfeld, Aufklärungsschranken, Konzentration auf leicht beschreibbare Merkmale (Volckart, 1997, 67). Mit prognostischen Entscheidungen richtet man unausweichlich Schaden an. Soviel kann man sagen, auch wenn im Einzelfall unentscheidbar, bei wem und in welchem Ausmaß. Die Frage lautet: *Womit richtet man, per saldo, am wenigsten Schaden an?* Sorgfältige, wissenschaftlich und rechtlich akzeptable Prognosen in jedem Einzelfall versprechen über die Prognosezeit hinweg eine Schadensminimierung.

Prognosen-Check

Ebene 1: Theoretische Fundierung

Die prognostische Inadäquanz der StGB-immanenten Kriminologie gemessen an einem optimalen Modell ist Resultat eines biopsychologischen Ansatzes, der Soziales und Kriminologie auszublenden tendiert. Die Kriminalprognose im gegenwärtigen strafrechtlichen System verlangt die Wahrscheinlichkeit, mit der ein Individuum zukünftig Straftaten begehen wird, auf der Basis von bestimmten Neigungen, Dispositionen oder Unfähigkeiten, psychischen Störungen dieses Individuums vorauszusagen.

Dies dürfte zum deutlichen ›Übergewicht‹ der individuellen Merkmale (Prädiktoren 1. Klasse) beitragen. Von Übergewicht ist zu sprechen, weil die systemischen und situativen Umstände (Prädiktoren 2. Klasse) und die Wechselwirkungen bedeutsamer sind, die Konstanz der Persönlichkeitsmerkmale wie -störungen überschätzt wird und die Verbindung zu Straftaten insgesamt schwach ist. Die relative Häufigkeit von Straftaten wird nicht von der relativen Häufigkeit von ›Kriminellen‹ oder ›Rückfälligen‹ bestimmt.[9] Die Vorhersagekraft der Instrumente erreicht wenig bis allenfalls moderate Werte (Kindler, 2010, 291). Selbst bei den als hoch angesehenen Werten (Rosseger, 2008, 9) ist der vorausgesagte Anteil von Falsch-Positiven noch beachtlich (Eidt, 2007, 43).

Aber auch der Übergang zur kriminologiebasierten Prognostik würde nur bedingt weiterhelfen, nicht nur für die gegenwärtige, sondern auch für eine bessere, zukünftige.

Kriminalprognose suggeriert, es gebe *das Kriminelle,* und alle Voraussagen in diesem Bereich stützten sich auf eine allgemeine Kriminalitätstheorie. Zudem suggeriert der Terminus, die Menge des Kriminellen in der Welt sei bestimmbar, ihre Entstehung erklärbar, ihre weitere Entwicklung voraussehbar. Vorhersehbar sei auch, wer die Menge vergrößern werde.

Minimale Voraussetzung einer allgemeinen Kriminalitätstheorie wäre ein konsentierter Verbrechensbegriff, der eine Unterscheidung von Abweichung und Verbrechen, Rechtstreue und Konformität gestattete, nicht legalistisch, sondern rechtlich wäre. Eine solche Theorie müsste zudem auch Menschheits-, Kriegs- und Wirtschaftsverbrechen erfassen.

Eine tragfähige allgemeine Kriminalitätstheorie existiert nicht und ist auch nicht zu erwarten (Fabricius, 2015a). Homosexuelle stellten einen großen Anteil der ›gefährlichen Gewohnheitsverbrecher‹ und damit der Sicherungsverwahrten. War die Rückfallprognose jemals eine Kriminalprognose, oder nur unter der Geltung des § 175 StGB? Und was waren die Prognosen, die vor der Abschaffung erstellt und zutreffend homosexuelle Handlungen voraussagten? Hatten die Männer, außer dass sie homosexuell waren, noch ein Merkmal ›kriminell‹ oder ›rückfällig‹, das sie mit der Gesetzesänderung verloren?

Ebene 2: Prädiktoren-Ebene

Die Ausbildung und Erfahrung der ›Rater‹ ist wichtig (Rettenberger, 2009, 12), Erfahrung ohne systematische Rückmeldung macht Fachkräfte selbstsicherer, aber nur zum Teil einschätzungsstärker (Kindler, 2010, 291). Die Aktenanalyse im Bereich forensischer Begutachtung ist ›freihändig‹ und müsste methodisch fundiert werden, zumal manche Instrumente (vgl. Static-99) nur darauf basieren (Rettenberger & Eber, 2006, 355); kriminelle Karrieren konstruieren die Prognostiker durch Übernahme von Aktenetikettierungen (Alex et al., 2013, 263).

Selbstreflexion muss die Gegenübertragungsanalyse – nicht nur der individuell-persönlichen, ideosynkratischen, sondern auch und in erster Linie der institutionell induzierten – einschließen. Prognoseinstrumente haben häufig eine ›Schlagseite‹ (Bock, 2007, 275), schlagen sich

Tabelle 2: Prognosen-Check

Obersatz-Ebene: Wahrheit des Erfahrungssatzes	
Theoretische Qualität	Gegenstandsadäquanz
	Kriminalwissenschaftlich
Methodisch (empirische Sozialforschung)	Angemessene Bestimmung der Grundgesamtheit
	Unausgelesene Stichprobe
Modellbasiert	Systemmodell
	Agentenbasiert
	Modellvalidierung
Operationalisierung	
Prädiktoren-Ebene	
Umfassende Tatsachenermittlung	
Kalibrierung der beteiligten Prognostiker	
Individuelle, soziale, institutionelle Objektivität	
Gewicht des prognostizierten Rückfalls bestimmt	
Gewicht der Freiheitsentziehung bestimmt	
Valide, verlässliche Behandlungs-/Therapieplanung in der Vergangenheit und für die Zukunft	

Je ausgeprägter die Merkmale sind, desto eher ist eine Verschiebung des Umschlagpunktes in Richtung ›ungünstig‹ gerechtfertigt.

auf die Seite der Verfolger einer repressiven Kriminalpolitik. Die Psychopathy ist von der gemeinen Psychopathie nur ein Haar breit entfernt und hat dieselbe Funktion: den Ausschluss bei voller Schuldfähigkeit zu begründen und damit den Ursachen nicht auf den Grund gehen zu müssen – Mosers Streitschrift (1971) ist aktueller, als es uns lieb sein mag.

Hinter dem offiziellen und legitimen Auftrag zur Prävention, Resozialisierung und Besserung liegt ein verborgener, verschwiegener: Exklusion. Institutionelle Anreizstrukturen treiben die Akteure dazu im Widerspruch zum offiziellen Auftrag. Sich dessen gewahr zu werden und die implizite Kognitive Dissonanz auszuhalten, ist die Basis, Möglichkeiten der Aufhebung wenigstens diesen zweiten Dilemmas zu ersinnen und ins Werk zu setzen.

Anmerkungen

[1] Kalibrierung ist verbreitet (vgl. Thornhill & Palmer, 2000, 85).

[2] Das Prinzip *non sequitur* (›es folgt nicht‹) bezeichnet einen Fehlschluss innerhalb der Argumentation eines Beweises, der darauf basiert, dass die geschlussfolgerte These nicht logisch aus den zugrunde gelegten Prämissen abgeleitet werden kann.

[3] Zur Methode der Idealtypisch Vergleichenden Einzelfall-Analyse (MIVEA) vgl. Graebsch & Burkhardt (2008, 329).

[4] Vgl. Dörner et al. (2002, 16); Tooby & de Vore (1987, 203).

[5] Vgl. Langton (1989, 10 f.); Dörner et al. (2002, 19 f.); Fabricius (2011, Kap. 6).

[6] Zur Bedeutung der Rekonstruktion im systemischen Ansatz vgl. Schiepek (1986, 48).

[7] Vgl. Quine (1981, 32); Churchland (1997, 133); Dörner (1999, 762); Mayr (1984, 43); Fabricius & Kahle (2015); Fabricius (2016); Lenhard (2015).

[8] Vgl. umfassend zur Simulation in Sozialwissenschaften Saam & Gautschi (2015).

[9] Siehe z.B. ganz unterschiedlichen Tötungsraten in Kanada und den USA; zum Vorstehenden vgl. Akers (1998, 127); Alex et al. (2013, 259 f., 264); Bock (2007, 272); Hermann (2003, 249); Möller et al. (2010b, 995, 1612); Zimbardo (2007); Lempp (2003, 81); Singh & Rose (2009, 203 f.); Volckart (1997, 47 f.); Kindler (2010, 289).

Forensische Prognosen – eine Einführung

Lutz Gretenkord

> *Wie wolltest du dich unterwinden,*
> *Kurzweg die Menschen zu ergründen.*
> *Du kennst sie nur von außenwärts,*
> *Du siehst die Weste, nicht das Herz.*
> (Wilhelm Busch)

Das Dilemma

Der frühere Chefarzt einer englischen forensischen Klinik soll gescherzt haben:

> Ich könnte die Hälfte meiner Patienten entlassen, ich weiß nur nicht, welche Hälfte.

Der Kern der Botschaft ist, dass man nicht mit Sicherheit sagen kann, ob der einzelne Patient, über dessen Entlassung zu entscheiden ist, erneut Straftaten begehen wird oder nicht. Dafür gibt es viele Gründe, etwa, dass man dem Patienten nicht ›hinter die Stirn schauen‹ kann, vor allem aber auch, dass es nicht nur von ihm abhängt, sondern auch von vielen Zufällen, die kein Mensch voraussagen kann. Der Satz des Sokrates – Ich weiß, dass ich nichts weiß – trifft in diesem Zusammenhang voll ins Schwarze.

Es ist aber schwer, diese an sich triviale Erkenntnis im Alltag zu beherzigen, und in vielen Texten, in denen es um forensische Prognosen geht, wird diese Tatsache noch einmal ausdrücklich festgestellt (Dittmann, 2000, 83; Dahle, 2005, 5; Nedopil, 2005, 48).

Diese Erkenntnis schmerzt besonders, wenn man zwischen zwei Übeln wählen muss, sich also in einem Dilemma befindet. Das Dilemma der Personen, die über die Entlassung eines Rechtsbrechers zu befinden haben, liegt auf der Hand: Entweder kommt es zu gravierenden Straftaten, die hätten verhindert werden können, wenn die betreffende Person nicht entlassen worden wäre. Oder aber ein Mensch wird ungerechtfertigt – und zudem mit hohen Kosten – im Straf- oder Maßregelvollzug belassen, obwohl er nicht rückfällig geworden wäre. In jedem Einzelfall ist die Rechtsgüterabwägung vorzunehmen, welche Folgen einer eventuellen falschen Entscheidung am ehesten in Kauf genommen werden können.

Was sind Prognosen, und wann werden sie gestellt?

Wenn in diesem Buch von Prognosen gesprochen wird, geht es in aller Regel um *Legalprognosen,* d. h. um die Frage, ob jemand gegen ein Gesetz verstoßen wird. In der Praxis sind diese Prognosen vornehmlich bei bereits straffällig gewordenen Menschen zu stellen, man kann dann von *Rückfallprognose* oder noch präziser von *individueller Kriminalitätsrückfallprognose* (Dahle, 2005, 2) sprechen.

Der Gesetzgeber hat in vielen Fällen vorgeschrieben, solche Prognosen zu stellen, insbesondere bei der Anordnung oder Aussetzung von Freiheitsstrafen oder Maßregeln, z. B. bei §§ 63, 64, 66, 56, 57, 57a StGB (Übersicht s. Boetticher et al., 2007, 91). In vielen Fällen wird die Hilfe eines Sachverständigen – meist eines Psychiaters oder eines Psychologen – in Anspruch genommen.

Die Qualität der von diesen Fachleuten erstellten Gutachten wurde oft bemängelt (Leygraf, 1988; Steller, 1991; Nowara, 1995; Dahle, 1997; Volckart, 1997; Kunzl & Pfäfflin, 2011). Um hier eine Verbesserung zu erreichen, hat eine aus Juristen, Psychiatern und Psychologen bestehende Expertengruppe sog. *Mindestanforderungen für Prognosegutachten* formuliert, die den Sachverständigen die Erstellung und den übrigen Verfahrensbeteiligten die Bewertung der Gutachten erleichtern sollen. Hier wird klargestellt, dass das Gutachten »eine Wahrscheinlichkeitsaussage über das künftige Legalverhalten« zu treffen habe, auf deren Basis der Entscheidungsträger die ihm vorgegebene Rechtsfrage zu beantworten habe; der Sachverständige solle sich methodischer Mittel bedienen, »die dem aktuellen wissenschaftlichen Kenntnisstand gerecht werden«, das Gutachten müsse »nachvollziehbar und transparent« sein (Boetticher et al., 2007, 92).

In diesem Beitrag wird zunächst beschrieben, welche Arten der Prognosestellung unterschieden werden. Ferner werden Begriffe erläutert, die für die Prognosewissenschaft von zentraler Bedeutung sind, etwa Basis- und Selektionsrate, Sensitivität und Spezifität. Dann werden einige Fehlauffassungen und Urteilsfehler beschrieben, die auch heute noch in Gutachten zu finden sind. Schließlich wird eine Vorgehensweise zur Erstellung von Gutachten skizziert, die dem aktuellen wissenschaftlichen Kenntnisstand gerecht wird.

Klinische versus statistische Prognose: Eine unendliche Geschichte?

Im Jahre 1954 hat der amerikanische Psychologe Paul Everett Meehl (1920-2003) ein Buch veröffentlicht, das in Fachkreisen ein Klassiker geworden ist: *Clinical versus statistical prediction.* Die fundamentale Unterscheidung zwischen *klinischer* und *statistischer* Prognose spielt gerade auch in Bezug auf das Rückfallrisiko von Rechtsbrechern eine wichtige Rolle, sie wurde in der Folge oft aufgegriffen.

Vor 50 Jahren enthielt Band 11 *Forensische Psychologie* des Handbuches der Psychologie zwei Beiträge zur ›prognostischen Beurteilung des Rechtsbrechers‹, einmal zur ausländischen Forschung (Schneider, 1967) und einmal zum deutschen Forschungsstand (Mey, 1967). Bereits damals stand die Kontroverse *klinische* versus *statistische* Prognose im Fokus.

Grundlage der *klinischen Prognose* sind das Studium des Lebenslaufs und der Familienverhältnisse des Probanden sowie die gezielte Exploration und die Anwendung psychodiagnostischer Testverfahren (Schneider, 1967, 400).

Als Fehlform der klinischen Prognose wurde die *intuitive Prognose* bezeichnet, die etwa auf einer Beurteilung des äußeren Eindrucks und auf der unsystematischen Verwertung eigener praktischer Erfahrungen beruht (Mey, 1967, 513). Es versteht sich von selbst, dass eine solche Vorgehensweise in wissenschaftlich begründeten Gutachten keine Rolle spielen dürfte.

Bei der *statistischen Prognose* werden Untersuchungen zur Rückfälligkeit ausgewertet. Sie hat zum Ziel, »eine breite wissenschaftlich analysierte Erfahrungsgrundlage für den Einzelfall nutzbar zu machen« (Schneider, 1967, 400). Die auf dieser Grundlage entwickelten Prognoseverfahren werden als Hilfsmittel angesehen; vor einer mechanisch-schematischen Anwendung wurde schon seinerzeit ausdrücklich gewarnt.

Im Prinzip lassen sich die beiden Arten der Prognosestellung auf die unterschiedlichen Wissenschaftstraditionen der beteiligten Verhaltenswissenschaften zurückführen (Dahle, 2007, 103). Die *klinische* Prognose entspricht dem *idiografischen* Wissenschaftsmodell der Geisteswissenschaften, etwa der Geschichtswissenschaft, deren Gegenstand einmalige, sich nicht wiederholende Geschehnisse sind. Auch der Kriminalkommissar auf der Suche nach dem Mörder geht nach dieser Methode vor.

Der Begriff *klinische* Prognose weckt die Assoziation, dass es bei dieser Methode um kranke Menschen in einer Klinik geht. Aber auch der Personalchef, der Bewerber nach Auswertung der Unterlagen und einem Interview einstellt, stellt eine in diesem Sinne *klinische* Prognose. Deshalb wird etwa von Dahle (2007, 103) der Begriff *idiografische Prognose* bevorzugt.

Die *statistische* Prognose steht der *nomothetischen* Wissenschaftstradition der Naturwissenschaften nahe. Nomothetisch bedeutet, (z. B. physikalische) Gesetze aufzustellen, die auf viele Sachverhalte anwendbar sind. Insofern kann man die statistische Prognose auch als *nomothetische* Prognose bezeichnen. (Weitere Bezeichnungen: *aktuarische, formale, mechanische, algorithmische* Prognose).

Die Treffsicherheit klinischer und statistischer Prognosen im Vergleich

In dem bereits erwähnten Klassiker (Meehl, 1954) zeigte sich, dass die klinische Prognose meist weniger treffsicher als die statistische Prognose war. Auch in später durchgeführten Untersuchungen schnitten die klinischen Prognosen schlechter ab, zudem wurde die Zufallswahrscheinlichkeit oft nicht oder kaum übertroffen (Lidz et al., 1993; Mossman, 1994; Bonta et al., 1998; Hanson & Bussière, 1998; Grove et al., 2000), Swets et al., 2000; Ægisdóttir et al., 2006).

Ganzheitliche Prognosen

Wie bereits Schneider (1967, 400 f.) ausgeführt hat, stellen statistische und klinische Prognosen keine unüberwindlichen Gegensätze dar, obgleich dies aufgrund einer manchmal allzu polemisch geführten Diskussion so scheinen mag; sie könnten sich in einer *ganzheitlichen Prognose* sogar glücklich miteinander verbinden.

Diese glückliche Verbindung – ein zweistufiges oder zweigleisiges Modell von statistischer und klinischer Prognose – wurde bereits verschiedentlich vorgeschlagen (Endres, 2000; Gretenkord, 2003; Dahle, 2005; Nedopil, 2005), ist aber auch heute noch keineswegs selbstverständlich; in der Praxis ist ein intuitiv-erfahrungsbasiertes Vorgehen nach wie vor weit verbreitet ist (Haubner-MacLean & Eher, 2014).

Prognoseverfahren

Im *Handbuch kriminalprognostischer Verfahren* (Rettenberger & Franqué, 2013) werden 23 der in Deutschland verwendeten Verfahren beschrieben. Dabei kann es sich um Kriterienkataloge oder Checklisten handeln, die zum Ziel haben, das Wissen und die Erfahrung von Fachleuten für die klinische Prognosestellung nutzbar zu machen wie z. B. die sog. *Dittmann-Liste* (Dittmann, 2000), oder um ausgesprochen statistische Verfahren wie z. B. der *STATIC-99* (Harris et al., 2003); ferner gibt es Mischformen, etwa das in den letzten Jahren in der Fachwelt viel diskutierte *Structured Professional Judgement* (Übersicht s. von Franqué, 2013).

Andrews und Bonta (2006, 285-300) unterscheiden vier ›Generationen‹ von Prognoseverfahren. Die *erste Generation* entspricht der klinischen Prognose. Zur *zweiten Generation* werden die statistischen Prognoseinstrumente gezählt. Deren Mängel – Fehlen einer theoretischen Basis, überwiegend statische Faktoren – werden bei der *dritten Generation* vermieden. Als Beispiel führen die Autoren das von ihnen entwickelte *Level of Service Inventory-Revised* (LSI-R; Andrews & Bonta, 1995) an, dessen Items aus ihrer kognitiv-sozialen Lerntheorie kriminellen Verhaltens (Andrews & Bonta, 2006) abgeleitet sind. Bei der *vierten* Generation werden über die Prognosestellung hinausgehend auch Merkmale des Probanden erfasst, die für die Behandlung des Täters relevant sind (Beispiele s. Dahle & Lehmann, 2016, 250).[1]

Einige grundlegende Begriffe

Es gibt grundlegende Begriffe und Konzepte, die man als forensischer Prognosegutachter kennen und auch ggf. erläutern können sollte. Einige davon sollen hier beschrieben werden.

Die Vierfeldertafel (›Konfusionsmatrix‹)

Die *Vierfeldertafel* ist der Spezialfall einer sog. *Kontingenztafel* oder *Kreuztabelle.* Diese Darstellung wird von vielen – auch vom Verfasser dieses Beitrages – als verwirrend empfunden, deshalb wird sie mitunter auch ›Konfusionsmatrix‹ genannt. Hier werden zwei Merkmale in zwei Ausprägungen in einer Tabelle dargestellt.

In Tabelle 1 ist eine solche Vierfeldertafel mit den Merkmalen Prognose und Tatsächliches Ergebnis abgebildet.

Tabelle 1: Vierfeldertafel (›Konfusionsmatrix‹).

		Tatsächliches Ergebnis		*Summe*
		nicht rückfällig	rückfällig	
Prognose	Günstig *(N)*	VN	FN	
	Ungünstig *(P)*	FP	VP	SR
Summe			BR	*n*

In den Zeilen steht die Prognose, die günstig (*N* = *negativ* = voraussichtlich nicht rückfällig) oder ungünstig (*P* = *positiv* = voraussichtlich rückfällig) sein kann. (Dass hier ein unerwünschtes Ereignis als positiv und ein erwünschtes als negativ bezeichnet wird, trägt sicherlich auch zur Konfusion bei.) In den Spalten steht das Ergebnis, also wie viele

Probanden tatsächlich rückfällig geworden sind und wie viele nicht. *V* steht für *valide* (= Prognose ist eingetroffen), *F* für *falsch* (= Prognose ist nicht eingetroffen). Die Anzahl der Beobachtungen insgesamt wird hier mit *n* bezeichnet.

Die *Basisrate* (BR) (auch: *Grundrate, Grundanteil)* besteht in diesem Beispiel aus den tatsächlich Rückfälligen, egal ob sie eine ungünstige Prognose hatten (VP) oder nicht (FN).

Unter der *Selektionsrate* (SR) versteht man den Anteil derjenigen, die von einer bestimmten Entscheidung betroffen sind; in unserem Beispiel sind das die Probanden, denen eine ungünstige Prognose gestellt wurde und die deshalb vielleicht im Freiheitsentzug verbleiben müssen.

Aus der Vierfeldertafel lässt sich eine verwirrende Vielfalt von Indizes ableiten (Gretenkord, 2003, 36-38); hiervon sind einige im Anhang dargestellt. An dieser Stelle soll nur auf die wichtigsten eingegangen werden. Zur Veranschaulichung werden Zahlen aus einer Untersuchung des Verfassers zur Rückfälligkeit von Maßregelvollzugspatienten herangezogen (Tab. 2). Das Rückfallkriterium ist in diesem Beispiel als Eintrag im Bundeszentralregister wegen eines Gewaltdeliktes sowie wegen erneuten Freiheitsentzuges definiert.

Tabelle 2: Vierfeldertafel (Zahlenbeispiel nach Gretenkord, 2003, 267; Erläuterungen s. Text)

| | | Tatsächliches Ergebnis | | *Summe* |
		nicht rückfällig	rückfällig	
Prognose	günstig *(N)*	VN	FN	
		143	8	151
	ungünstig *(P)*	FP	VP	SR
		23	14	37
Summe			BR	*n*
		166	22	188

Basisrate

In dieser Untersuchung hatten 22 von insgesamt 188 Maßregelvollzugspatienten nach ihrer Entlassung – gemäß der genannten Operationalisierung – einen Eintrag im Bundeszentralregister. Dies entspricht einer Basisrate von 22/188 = 0,117 (= 11,7%).

Wenn die Frage gestellt wird, ob ein bestimmter Proband XY rückfällig wird oder nicht, und es ist nur die Basisrate bekannt, so ist die beste Strategie, diese der Prognose zugrunde zu legen. Man könnte also sagen, Proband XY wird nach den zur Verfügung stehenden Informationen mit einer Wahrscheinlichkeit von etwa zwölf Prozent rückfällig werden.

Dieser Art der Prognose bedienen wir uns alle. Die Basisrate, dass ein neugeborenes Kind ein Junge wird, liegt bei etwa 0,5. Wenn der

Verfasser von einer werdenden Mutter gefragt würde, ob ihr Kind ein Junge wird, würde er allerdings nicht sagen, die Basisrate beträgt 0,5, sondern – mit mehr Aussicht auf Verständnis – die Chance liegen bei 50 Prozent oder stehen fifty-fifty. Wenn die Basisrate 0,5 beträgt, kann man eine Münze hochwerfen, die Trefferquote ist dann genauso gut, die Prognose ist dann nicht besser als der Zufall.

Wenn die Basisrate sehr klein ist, ist das etwas anderes. Wenn die werdende Mutter sagt, im Traum seien ihr die Zahlen 3, 6, 14,19, 33 und 42 erschienen, und sie überlege jetzt, diese Zahlen auf einem Lottoschein anzukreuzen und diesen abzugeben; ob der Verfasser ihr sagen könne, ob bei der nächsten Ziehung diese Zahlen gezogen würden? Dem Verfasser ist bekannt, dass die Chance, die sechs richtigen aus 49 Zahlen zu tippen, etwa eins zu 14 Millionen beträgt, das entspricht einer Basisrate von 0,000007 Prozent; an im Traum erschienene Zahlen glaubt er nicht, daher könnte er nur sagen, dass dieses äußerst unwahrscheinlich sei.

Es gibt zwei Möglichkeiten, zu einer Basisrate zu gelangen. Bei Glücksspielen wie dem Würfeln ist es quasi mathematisch vorgegeben, dass jede Zahl gleich häufig auftritt, vorausgesetzt natürlich, die entsprechenden Geräte wurden nicht manipuliert. Die andere Möglichkeit ist die Auswertung von Erfahrungen, also z. B. der Erfahrung, dass etwa die Hälfte der Neugeborenen Jungen sind oder dass vielfach Vorbestrafte häufiger rückfällig werden als sozial integrierte Ersttäter.

Selektionsrate

Die *Selektionsrate* ist in unserem Beispiel der Anteil derjenigen Probanden, denen eine ungünstige Prognose gestellt wurde und die deshalb – das wird jetzt unterstellt – im Maßregelvollzug verbleiben müssen. Diese Entscheidungen werden von den Strafvollstreckungskammern des jeweils zuständigen Landgerichtes getroffen. Bei einer durchschnittlichen Aufenthaltsdauer von etwa fünf Jahren gehen wir davon aus, dass etwa 20 Prozent der gemäß § 63 StGB Untergebrachten in einem Jahr entlassen werden, weshalb dieser Wert in unserem Beispiel als Selektionsrate zugrundegelegt wurde.

In unserem Zahlenbeispiel wurde bei 37 der insgesamt 188 Probanden eine ungünstige Prognose gestellt (19,7%).

Eine perfekte Prognose wäre schon mathematisch nur dann denkbar, wenn die Basis- und die Selektionsrate identisch sind; je stärker diese auseinanderklaffen, desto geringer ist die überhaupt erreichbare Trefferquote (Dahle, 2005, 26).

Treffer- und Fehlerquote

Ein Maß für die Güte der Prognose ist die Gesamttrefferquote, also der richtigen Voraussagen, in unserem Beispiel also 143 VN plus 14 VP, das sind 157 richtige bei 188 Beobachtungen, entsprechend 83,5 Prozent. Die Fehlerquote beträgt 8 FN plus 23 FP, also 31 von 188 gleich 16,5 Prozent.

Sensitivität und Spezifität

Unter *Sensitivität* versteht man den Anteil der zutreffend prognostizierten Rückfälligen an allen tatsächlich Rückfälligen (VP/BR), das sind in unserem Beispiel 14 von 22 = 63,6 Prozent. Mit *Spezifität* bezeichnet man den Anteil der zutreffend prognostizierten Nicht-Rückfälligen an allen Probanden, die nicht rückfällig geworden sind (VN/[VN+FP]), das sind hier 143 von 166 = 86,1 Prozent.

Receiver Operating Characteristics (ROC)

Mit den *Receiver Operating Characteristic*s (ROC) lässt sich die Treffgenauigkeit von Prognoseverfahren unabhängig von der Basisrate erfassen (Mossman, 1994). Es wird eine Funktion grafisch dargestellt, bei der eine *Area under the curve* (AUC) generiert wird; je größer diese ist, desto höher die Trefferquote.[2]

Auswirkungen unterschiedlicher Einstellungen in der Entscheidungspraxis

Die in dem Zahlenbeispiel dargestellte ungünstige Prognose ist nicht das Resultat gerichtlicher Entscheidungen, sondern das Ergebnis der Anwendung eines Prognoseverfahrens, nämlich des EFP-63 (Gretenkord, 2013b). Die tatsächliche gerichtliche Entscheidung wird aber nicht nur aufgrund der Wahrscheinlichkeit erneuter Straftaten getroffen, sondern es spielen auch z. B. der Schwergrad der Straftaten, der Grundsatz der Verhältnismäßigkeit und auch das politische Klima (eher liberal oder eher repressiv) eine Rolle, sowie persönliche Einstellungen und Werthaltungen der einzelnen Richter. Wie sich verschiedene Einstellungen

Tabelle 3: Auswirkungen unterschiedlicher Entscheidungsstrategien (nach Gretenkord, 2003, 286; Erläuterungen s. Text)

Entscheidungs-praxis	Entlassung bei einer Rückfall-wahrscheinlichkeit von unter ...	Sensitivität	Spezifität	Falsch-Positive (FP)	Falsch-Negative (FN)
Konservativ	5%	95,5%	45,8%	90	1
Kompromiss	20%	63,3%	86,1%	23	8
Liberal	35%	22,7%	96,4%	6	17

auf die Entscheidungspraxis auswirken, wird anhand der Zahlen unseres Beispiels (Tab. 3) dargestellt.[3]

Wenn die Entscheidenden für die Entlassung eine hohe Messlatte anlegen (›konservativ‹) und nur solche Probanden entlassen, deren Rückfallwahrscheinlichkeit mit unter fünf Prozent eingeschätzt wird, so würde – bezogen auf unsere Stichprobe von 188 Maßregelvollzugspatienten – nur ein Proband entlassen, der trotz günstiger Prognose rückfällig würde (FN); allerdings würden 90 Probanden im Freiheitsentzug verbleiben, die in den acht Jahren nach ihrer Entlassung nicht rückfällig würden (FP).

Wenn die Rückfallwahrscheinlichkeit bis zu 35 Prozent betragen würde (›liberal‹), würden zwar ›nur‹ sechs Personen sozusagen zu Unrecht im Freiheitsentzug bleiben, aber 17 würden erneute Straftaten begehen. Dazwischen liegt der ›Kompromiss‹ (Entlassung bei unter 20 Prozent Rückfallwahrscheinlichkeit), wie er sich aus der Rechtspraxis (s. o.) ableiten lässt. Auf jeden, der trotz günstiger Prognose rückfällig wird, kommen also etwa drei, die im Freiheitsentzug verbleiben, obwohl sie nicht rückfällig geworden wären.

Irrtümer und Fehler bei der Prognosestellung

Wir gehen von der These aus, dass kein Mensch – also auch kein Prognosegutachter – unfehlbar ist. Einige Fehler sollen im Folgenden besprochen werden.

Fehler: Nichtbeachtung der Basisrate

Es wurde schon oft festgestellt (z. B. Cannon & Quinsey, 1995; Monahan, 1981; Webster, 1997; Cunningham & Reidy, 1999), dass die Basisrate die wichtigste Information bei der Prognosestellung ist, dass sie aber gleichwohl oft ignoriert wird. Je stärker die Basisrate vom Mittelpunkt abweicht, desto sicherer ist die Voraussage, wenn man sich nur darauf stützt (siehe obiges Lottobeispiel).

Dittmann (2000, 78) geht davon aus, dass ›konventionelle Prognosen‹ eine durchschnittliche Zuverlässigkeit – gemeint ist offensichtlich die Trefferquote (VP + VN) – von etwa 70 Prozent haben, und dass sich durch die Anwendung der nach ihm benannten Liste eine solche von 90 Prozent erreichen lasse. Eine solche Aussage ist ohne Nennung einer Basisrate wenig aussagekräftig. Wenn man bei Tötungsdelikten von einer Basisrate für den Rückfall mit einem erneuten Tötungsdelikt von zwei Prozent ausgeht, so liegt man in 98 Prozent der Fälle richtig, wenn man eine günstige Prognose stellt.

In seinem Beitrag ›Das Basisraten‹ kritisiert Kröber (2011) die Verwendung von Basisraten in Prognosegutachten, wobei nicht immer ganz klar wird, ob er sich nur gegen deren fehlerhafte Verwendung oder deren Verwendung überhaupt wendet. Für Letzteres spricht der Satz: »Meist kann man auf die Basisrate ganz verzichten« (Kröber, 2011, 122). Dieser Feststellung wird hier vehement widersprochen.

Exkurs: Von der Basisrate zur Ausgangswahrscheinlichkeit

Im Kern geht es darum, »auf der Grundlage methodisch kontrollierter Vorgehensweisen systematisch den Bestand empirischer Erfahrungen über Rückfälligkeit und ihre Prädiktoren für die individuelle Prognosebeurteilung nutzbar zu machen« (Dahle, 2005, 64). Damit kann man zu einer *Ausgangswahrscheinlichkeit* gelangen, von der ausgehend sich differenziertere, auf den Einzelfall zugeschnittene Überlegungen anschließen. Eine Analogie wäre eine Liste für Gebrauchtwagenpreise (Gretenkord, 2003, 18): Es gibt einen statistisch ermittelten Durchschnittspreis für ein fünf Jahre altes gebrauchsfähiges Auto eines bestimmten Modells. Dieser Ausgangspreis wird durch Extras gesteigert und durch Mängel gemindert, die man ›klinisch‹ einschätzt, um darauf aufbauend zu einem *ganzheitlichen* Preis zu kommen. Das heißt aber nicht, dass man einen solchen Wagen garantiert zu diesem Preis verkaufen kann. Für den potentiellen Käufer spielen noch andere Faktoren eine Rolle, z. B. seine finanzielle Situation.

Bei dem Prognoseverfahren EFP-63, das vier Prädiktorvariablen enthält, kann man das Ergebnis etwa folgendermaßen formulieren:

> Der Pb hat eine Persönlichkeitsstörung, er ist bereits wegen eines Gewaltdeliktes vorbestraft, war während des Freiheitsentzuges nicht gewalttätig und ist jetzt 40 Jahre alt; damit ist er einer Gruppe zuzuordnen, von der 16 Prozent rückfällig wurden (Gretenkord, 2013b).

Wann man unbedingt den Begriff Basisrate verwenden wollte, könnte man sagen:

> Die Basisrate für Probanden mit einer Persönlichkeitsstörung, die bereits wegen eines Gewaltdeliktes vorbestraft sind, während des Freiheitsentzuges nicht gewalttätig wurden und zwischen 35 und 44 Jahre alt sind, beträgt 16 Prozent.

Der Begriff *Ausgangswahrscheinlichkeit* ist allgemeiner, sie kann eine Basisrate sein, sie kann aber auch das Ergebnis einer auf 20 Prädiktorvariablen beruhenden Gleichung sein; deshalb wird hier der Begriff *Ausgangswahrscheinlichkeit* bevorzugt.

Irrtum: Für Kliniker gelten Gütekriterien nicht

Was Kritiker von Basisrateneinschätzungen oder der Verwendung von statistischen Prognoseinstrumenten mitunter nicht zu erkennen scheinen, ist die Tatsache, dass Gütekriterien für jede Form der Prognosestellung zu gelten haben. Auch klinische Prognosen können mehr oder weniger objektiv, reliabel und valide sein. Statistische Prognoseinstrumente entsprechen dem, was apparative Methoden und Laboranalysen in der Medizin sind: Hilfsmittel, die auf dem Hintergrund weiterer Erkenntnisse über den Patienten dem kompetenten und erfahrenen Arzt dazu dienen, eine möglichst treffende Diagnose zu stellen, um darauf die optimale Therapie zu gründen.

Fehler: Der Gutachter übernimmt die Rolle des Richters

Eine viel beschäftigte Sachverständige sprach im Freundeskreis über ihre Gutachten zur vorzeitigen Entlassung von Strafgefangenen und formulierte in etwa, ›den habe ich raus gelassen‹ und ›den habe ich drin gelassen‹; diese Formulierung lässt die Tendenz befürchten, sich nicht mit der Rolle der Gehilfin des Gerichts zufrieden zu geben und sich selbst zur Richterin aufzuschwingen. Es gibt aber auch auf den ersten Blick nicht so leicht erkennbare Formen der Rollenkonfusion.

Bei dem Prognoseverfahren *Integrierte Liste der Risikovariablen* (ILVR; Nedopil, 2005, 292) werden als Ergebnis keine Rückfallprozente genannt, sondern die Begriffe werden mit bestimmten daraus ableitbaren Entscheidungen verknüpft: *Günstig* bedeutet, dass die Entlassung empfohlen werden kann, *ausreichend,* dass die Entlassung mit bestimmten Auflagen empfohlen werden kann usw.

Aber woher weiß der Richter, ab welcher Rückfallwahrscheinlichkeit das persönliche Wertesystem eines bestimmten Gutachters diesen dazu gebracht hat, eine *günstige* Prognose zu stellen? Inwieweit hat der Gutachter andere für die Entlassungsentscheidung relevante Gesichtspunkte berücksichtigt, z. B. die Verhältnismäßigkeit oder das Freiheitsgrundrecht?

Exkurs: Risikokommunikation

Die Rollenkonfusion lässt sich durch eine klare Risikokommunikation verringern. Statt sich nicht näher definierter Kategorien zu bedienen, sollte der Gutachter seine Wahrscheinlichkeitsschätzung in Prozent-

zahlen ausdrücken. Wenn der Sachverständige das Gericht davon über-
zeugen kann, dass die Wahrscheinlichkeit des einschlägigen Rückfalls
bei Herrn XY etwa 20 Prozent beträgt, können die Juristen entscheiden,
ob er aus dem Maßregelvollzug entlassen werden kann oder nicht.

Diese Wahrscheinlichkeitsschätzung muss keineswegs zwangsläufig auf empirischen Daten beruhen. Seinen bereits zitierten Beitrag
leitet Kröber (2011, 121) mit der Feststellung ein, dass Prognosegutachten zu 70 Prozent aus »ordentlichem Handwerk«, zu 20 Prozent
aus »psychiatrisch-kriminologischem Wissen« und zu zehn Prozent
aus »menschenkundlich-therapeutischer Erfahrung« bestünden. Dadurch wird sein Standpunkt sehr gut nachvollziehbar. Auch bei rein
klinischen Prognosen ist die Nennung solcher Prozentzahlen nach
Ansicht des Verfassers möglich und sinnvoll, nicht deshalb, weil man
die Rückfallwahrscheinlichkeit eines Probanden im Einzelfall auf den
Prozentpunkt genau benennen könnte, sondern um seine Einschätzung
möglichst unmissverständlich zu kommunizieren.

Irrtum: Prognosen sind nur für kürzere Zeiträume möglich

Des Öfteren wird die Meinung vertreten, dass Prognosen nur für einen
kürzeren Zeitraum möglich sind. Mit jedem Tag, an dem ein Proband
die Möglichkeit hat, Straftaten zu begehen *(time at risk)*, wächst die
Wahrscheinlichkeit, dass er dieses tun wird. Bei einem als günstig Prognostizierten bedeutet das: Je kürzer der Risikozeitraum, desto eher trifft
die Prognose zu. Bei ungünstig Prognostizierten gilt aber das Gegenteil:
Je länger der Risikozeitraum, desto größer die Wahrscheinlichkeit, dass
die Prognose zutrifft. Es kommt also immer auf die Fragestellung an.
Gerade bei gravierenden Delikten mit niedrigen Basisraten sind Rück-
fallprognosen erst nach längeren Zeiträumen zu bewerten.

Kognitive Täuschungen

Ein Grund dafür, dass klinische Prognosen nicht sehr treffsicher sind,
ist, dass auch Prognosegutachter Opfer von kognitiven Täuschungen
werden können. Die Intuition ist nach wie vor eine »zentrale Fehlerquelle der Kriminalprognose«, wie es Rettenberger und Eher (2016,
50) in einem Aufsatz zu diesem Thema formulieren. Sie beschreiben
Phänomene wie *Ankereffekte* (z. B. dass Entscheidungen von Richtern
über die Strafhöhe von zufällig wahrgenommenen irrelevanten Zahlen
beeinflusst werden), die *narrative Verzerrung* (man neigt dazu, für jede
Situation eine logische Erklärung zu finden, auch wenn man nur wenig
weiß), der *Rückschaufehler* (die Illusion, die Vergangenheit zu verstehen,
fördert die Überschätzung der Fähigkeit, die Zukunft vorherzusagen)

und die *Kompetenzillusion* (man hält sich für kompetent, auch wenn ein Zufallsgenerator eine gleich gute oder höhere Treffergenauigkeit hat), ferner die *Tendenz zur Kriterienreduktion,* der *Primacy-Effekt* und den *Attributionsfehler.*[4]

Hintergrund für solche Phänomene ist die Funktionsweise des menschlichen Denkens; die Forschung dazu wurde – auch für psychologische Laien verständlich – von einem der weltweit renommiertesten Psychologen, dem Nobelpreisträger David Kahneman (2012) in einem Buch beschrieben, das für jeden Prognosegutachter zur Pflichtlektüre gemacht werden sollte: *Schnelles Denken, langsames Denken.* Mit dem *schnellen Denken,* auch als *System 1* bezeichnet, werden automatische, schnell und unbewusst ablaufende Prozesse beschrieben, die rasche Entscheidungen in einer komplexen sozialen Situation ermöglichen. Beim *langsamen Denken* – auch *System 2* genannt – handelt es sich um bewusstes, logisches Denken. Dieses wird als anstrengend empfunden, daher ist bei Entscheidungen, die mit hoher Wahrscheinlichkeit richtig sind und bei denen die Kosten eines Fehlers akzeptabel sind, das schnelle Denken durchaus sinnvoll. Wenn allerdings die Kosten eines Fehlers sehr gravierend sind, was bei falschen Legalprognosen ja unzweifelhaft der Fall ist, sollte man auf jeden Fall das *langsame* – man könnte auch sagen *wissenschaftliche* – Denken einsetzen; das ist mühevoll und kostet Zeit, die ein Prognosegutachter aber auch zugestanden bekommt (üblich sind drei Monate) und die er sich unbedingt nehmen sollte.

Der aktuelle wissenschaftliche Kenntnisstand

Wie bereits erwähnt, heißt es in den *Mindestanforderungen,* dass sich der Sachverständige methodischer Mittel bedienen solle, die dem aktuellen wissenschaftlichen Kenntnisstand gerecht werden. Aber was bedeutet das?

Eine Analyse von bis dahin publizierten Untersuchungen (Sawyer, 1966) hatte erstaunlicherweise ergeben, dass die statistische Prognose auch dann noch treffsicherer war, wenn die klinisch vorgehenden Prognostiker das Ergebnis der statistischen Prognose kannten und es – im Rahmen einer ganzheitlichen Prognose – in ihr Ermessen gestellt war, ob sie dieses berücksichtigten oder nicht.

Aber es gibt auch Belege dafür, dass die Kombination von klinischen und statistischen Methoden treffgenauer sein kann als jede für sich genommen. Dazu zählen die Ergebnisse der *Berliner CRIME-Studie* (Dahle, 2005; Dahle & Schneider-Njepel, 2015; Dahle et al., 2008). Der Unterschied zu vielen anderen Untersuchungen ist, dass die Beurteiler – ausgebildete und gutachterlich erfahrene Psychologinnen für Rechtspsychologie (Dahle & Lehmann, 2016, 254) – ihre klinische Prognose explizit erst nach ihrer Einschätzung der für den jeweiligen Einzelfall geeigneten Basisrate sowie unter Berücksichtigung der Ergebnisse der Prognoseinstrumente *HCR-20* (Webster et al., 1997), *LSI-R* (Andrews & Bonta, 1995) und *PCL-R* (Hare, 2004) stellten. Man kann also davon ausgehen, dass den Beurteilenden die Methodik beider Vorgehensweisen vertraut war. Ferner wurde hier unter klinischer oder idiografischer Prognose ein durchaus wissenschaftlich begründetes, nachvollziehbar in Schritte gegliedertes, auf kriminologischen, psychologischen und psychopathologischen Theorien beruhendes Vorgehen verstanden (Volbert & Dahle, 2010, 92-107). Zudem waren klinische Urteile, die von der statistischen Erwartung abwichen, schriftlich zu begründen. Es konnte eine auch statistisch signifikante Überlegenheit dieser integrativen Form der Einschätzung – die Schneider als *ganzheitliche Prognose* bezeichnet hätte – demonstriert werden (Dahle, 2005, 208).

Ein solches Vorgehen entspricht nach unserer Auffassung dem aktuellen wissenschaftlichen Kenntnisstand. Der Sachverständige sollte in der Lage sein, die für den Einzelfall relevanten Ausgangswahrscheinlichkeiten zu ermitteln *(statistische Prognose),* eine Einzelfallanalyse zu leisten, die mit den Fakten des Einzelfalls und wissenschaftlichen Erkenntnissen im Einklang steht und in sich widerspruchsfrei ist *(klinische Prognose),* und darauf aufbauend seine Schätzung der Wahrscheinlichkeit erneuter Straftaten unter verschiedenen Bedingungen, wozu auch Behandlungsauflagen gehören können, abzugeben *(integrative Prognose)* und diese dem Gericht nachvollziehbar und eindeutig zu kommunizieren.

Ausblick

Wir haben diesen Aufsatz mit dem Stand der Prognoseforschung von vor 50 Jahren begonnen. Wurden seitdem Fortschritte gemacht? – Auf jeden Fall!

Die *klinische Prognose* hat sich zur strukturierten klinisch-idiografischen Prognose weiterentwickelt.

Die *statistische Prognose* hat durch die Fortschritte in der Datenverarbeitung Riesensprünge gemacht, wobei das Potenzial noch keineswegs ausgeschöpft ist. In den USA gibt es ein Werkzeug *(Prisoner Recidivism Analysis Tool)* zur Berechnung des Rückfallrisikos von entlassenen Strafgefangenen, vom Department of Justice in Washington zur Verfügung gestellt (Snyder & Mulako-Wangota, 2011). Vielleicht gibt es so etwas ja auch eines Tages in Deutschland?

Das Dilemma, in dem sich die Entscheidungsträger befinden, lässt sich nicht auflösen, aber mildern. Schon eine geringe Senkung der Fehlerrate – oder auch nur ein einziges vermiedenes Tötungsdelikt – ist von großer praktischer Signifikanz.

Berufsverbände, Ärzte- und Psychotherapeutenkammern bieten mittlerweile Weiterbildungsgänge an und stellen Gutachterlisten zur Verfügung; die so entstandenen forensischen Experten haben in der Regel eine drei Jahre dauernde berufsbegleitende Forensikschulung hinter sich, ferner haben sie sich zu kontinuierlicher Fortbildung verpflichtet.

Vielleicht könnte der Leiter einer deutschen forensischen Klinik heute sagen, wobei diese Formulierung zugegebenermaßen deutlich weniger pointiert als die des eingangs zitierten englischen Psychiaters:

> Unterstellen wir, dass wir 100 Patienten haben, von denen jedes Jahr 20 – meist entsprechend unserer prognostischen Stellungnahme – per Gerichtsbescheid entlassen werden. Vier von diesen werden rückfällig, das sind die Falsch-Negativen. Zwölf Patienten bleiben drin, obwohl sie nicht rückfällig würden, das sind die Falsch-Positiven. Ich weiß aber zum Entscheidungszeitpunkt nicht, wer zu welcher Gruppe gehört, und es wird auch nie möglich sein, das mit Sicherheit vorauszusagen. Die Schätzungen, die ich gerade gegeben habe, beruhen auf einer Untersuchung von Patienten, die in den 1970er- und 1980er-Jahren behandelt wurden; seitdem hat sich aber eine Menge getan, deshalb würde eine entsprechende Untersuchung heute wahrscheinlich eine geringere Quote von falsch Klassifizierten ergeben – statt 16 Prozent vielleicht zehn Prozent? Und wir arbeiten hart daran, diese Quote weiter zu reduzieren, durch bessere Therapie, bessere Nachsorge und – last but not least – bessere Prognosen.

Anmerkungen

[1] Zur Auswahl von Prognoseverfahren siehe Gretenkord (2013a), Dahle (2013).

[2] Näheres siehe z.B. Nedopil (2005, 55-56), Dahle & Schneider-Njepel (2014, 434).

[3] Ausführlicher siehe Gretenkord (2003, 280-287).

[4] Zu weiteren kognitiven Täuschungen siehe Gretenkord (2003, 23-34), Westhoff & Kluck (2014, 107-114).

Anhang

Bezeichnungen in einer Vierfeldertafel und Kennwerte,
die sich aus einer Vierfeldertafel ableiten lassen

Kennwert	Abk.	Formel
Falsch-Positive false positives	FP	
Falsch-Negative false negatives	FN	
Valide-Positive Richtig-Positive true positives	VP	
Valide-Negative Richtig-Negative true negatives	VN	
Basisrate Grundrate Grundanteil Prävalenz	BR	(VP + FN)/n
Selektionsrate selection ratio	SR	(VP + FP)/n
correct fraction (Gesamt-)Trefferquote	CF	(VP + VN)/n
false fraction (Gesamt-)Fehlerquote	FF	(FP + FN)/n
Sensitivität true positive rate valid positive rate	VPR	VP/BR
Spezifität true negative rate valid negative rate	VNR	VN/(VN + FP)
False positive rate	FPR	FP/(FP + VN) [= 1-VNR]
Positive Predictive Power	PPP	VP/SR
Negative Predictive Power	NPP	VN/(FN + VN)
Risk ratio		VPR/FPR
Odds ratio	OR	(VP/FP)/(FN/VN)
FP:VP ratio		FP/VP
Relative improvement over chance (RIOC)		$\dfrac{CF - [(BR)\,(SR) + (1 - BR)\,(1\text{-}SR)]}{[1 - |SR\text{-}BR|] - [(BR)\,(SR) + (1 - BR)\,(1 - SR)]}$

Für den Kennwert (linke Spalte) werden jeweils an erster Stelle die im Beitrag verwendeten
Bezeichnungen verwendet, darunter stehen ggf. weitere gebräuchliche Termini technici. Die
Abkürzungen (mittlere Spalte) entsprechen den Angaben im obigen Text.

Methodische Basics

Die aktuarische Prognosemethodik und die Anwendung aktuarischer Prognoseinstrumente in der Praxis

Martin Rettenberger & Fritjof von Franqué

Einleitung

Das Erstellen kriminalprognostischer Gutachten und Stellungnahmen gehört nach wie vor zu den schwierigsten Aufgaben innerhalb der forensischen Wissenschaft und Praxis. Kriminalprognosen sind nicht nur ein wichtiger Begutachtungsbereich, sondern stellen auch eine notwendige Voraussetzung für die Durchführung wirksamer Therapie- und Betreuungsmaßnahmen bei (entlassenen) straffällig gewordenen Personen dar (Andrews & Bonta, 2010; Hanson et al., 2009) und sind ein wesentliches Element einer an objektiven Kriterien orientierten Ressourcensteuerung in klinisch-forensischen und Strafvollzugseinrichtungen (Eher et al., 2012; Rettenberger et al., 2010; Franqué & Briken, 2016). Einer weithin akzeptierten Definition zufolge versteht man unter dem Begriff der *Kriminalprognose* eine verhaltenswissenschaftlich fundierte Expertise über die Wahrscheinlichkeit, dass eine bereits mindestens einmal zuvor einschlägig in Erscheinung getretene Person erneut strafrechtlich relevante Handlungen setzen wird (Dahle, 2005). Hieran lässt sich ein wesentliches Merkmal forensisch-psychologischer Kriminalprognosen ableiten: Es geht immer um die Rückfallprognose bei Personen, die bereits zuvor Straftaten begangen hatten, und nicht um die Vorhersage der erstmaligen Manifestation kriminellen Verhaltens, weshalb der Begriff Kriminalrückfallprognose eigentlich korrekter wäre.

Die aktuarische Kriminalprognosemethodik

Aktuarische[1] Prognoseinstrumente bestehen aus einer festgelegten Anzahl von Risikofaktoren, die nach einem standardisierten Procedere, das in der Regel in einem umfangreichen Manual festgehalten wird, bewertet werden. Forschung zu und Anwendung von aktuarischen Prognoseinstrumenten weisen eine vergleichsweise lange Tradition in den Verhaltenswissenschaften auf: Als Reaktion auf die schwache

Vorhersageleistung intuitiver Prognosen, wurden bereits vor etwa 100 Jahren die ersten aktuarischen Prognoseinstrumente entwickelt (Burgess, 1928), indem ein aus der damaligen Finanzmathematik bekanntes streng empirisches Vorgehen für die forensisch-kriminologische Prognosepraxis adaptiert wurde (Hanson, 2009): Anhand empirischer Untersuchungen wurden vorhersagerelevante Variablen ausgewählt, von denen die Studienergebnisse annehmen ließen, dass sie tatsächlich mit Rückfälligkeit im Zusammenhang stehen. Die auf diese Weise identifizierten Risikofaktoren (Items) wurden anschließend zu einem Prognoseinstrument zusammengefasst. Ein wesentliches Merkmal der Anwendung des Prognoseinstruments war und ist bis heute, dass von den Punktwerten auf ebenfalls empirisch ermittelte Wahrscheinlichkeitswerte geschlossen wird, die wiederum die Basis für die kriminalprognostische Einschätzung bilden (Dahle, 2005; Hanson, 2009; Meehl, 2013). Ein weiteres Merkmal betrifft die ausgewählten Risikofaktoren: Da es sich meist um relativ einfach zu erhebende kriminologische Informationen handelte, bei deren Erfassung eine möglichst hohe Reliabilität gewährleistet sein sollte, wurden zunächst meist unveränderbare, historisch-biographische Variablen verwendet (z. B. das Alter oder die Anzahl der Vorstrafen).

Es zählt heute zu den am häufigsten replizierten Befunden der Psychologischen Diagnostik, dass aktuarische Prognoseinstrumente eine höhere Vorhersageleistung aufweisen als Verhaltensvorhersagen, die auf klinischer Intuition oder individuellen Erfahrungswerten basieren, deren Vorhersagegenauigkeit nicht selten vergleichbar ist mit dem Zufallsniveau – mit anderen Worten würde eine derart erstellte ›Prognoseleistung‹ auch anhand eines Würfel- oder eines Münzwurfs erzielt werden können (Grove et al., 2000; Meehl, 2013; Quinsey et al., 2006). Obwohl diese Erkenntnis alles andere als neu ist und bereits vor Jahrzehnten auf die genannten Defizite hingewiesen wurde (Meehl, 2013; Monahan, 1981b), ist es erstaunlich, mit welcher Hartnäckigkeit sich intuitive Prognosen bis heute allgemeiner Beliebtheit erfreuen (Rettenberger & Eher, 2016).

Da statische Risikofaktoren für Einrichtungen und FachkollegInnen, deren Aufgabe primär in einer Veränderung und Reduzierung des Rückfallrisikos liegt, nur von untergeordneter Relevanz waren, wurden aktuarische Prognoseinstrumente entwickelt, die dynamische und damit potentiell veränderbare Risikofaktoren enthielten (Andrews & Bonta, 2010). Beispiele für solche dynamischen Risikofaktoren im Bereich der Sexualstraftaten sind die Fähigkeit zur sexuellen und allgemeinen Selbstregulierung (Impulsivität, Defizite im Umgang mit Aggressivität, sexuell deviante Interessen oder das Ausmaß sexueller Dranghaftigkeit) oder das soziale Umfeld des Probanden (Hanson et al., 2007; Rettenberger et al., 2011). Innerhalb der dynamischen Risikofaktoren wird noch einmal in stabil-dynamische und akut-dynamische Risikofaktoren unterschieden (Hanson et al., 2007): Während stabil-dynamische Risikofaktoren eher persönlichkeitsnahe Merkmale beschreiben, deren Veränderung eine längere Zeit intensiver Behandlung und Betreuung in Anspruch nimmt (z. B. bestimmte Haltungen oder Einstellungen, sexuelle Interessen oder psychopathologisch relevante Dispositionen), erfassen akut-dynamische Risikofaktoren eher situative Bereiche, die sich innerhalb relativ kurzer Zeiträume ändern können (z. B. der Zugang zu Opfern oder eine soziale/emotionale Krisensituation).

Vor allem im vergangenen Jahrzehnt wurden intensive Forschungsbemühungen zu dynamischen Risikofaktoren betrieben. So weisen dynamische Risikofaktoren im Vergleich zu statischen Risikofaktoren einen zusätzlichen prognostischen Erklärungswert auf (inkrementelle prädiktive Validität; z. B. Eher et al., 2012; Hanson et al., 2007; Rettenberger et al., 2011). Auch wurden prospektiv-längsschnittliche Untersuchungen durchgeführt, die zeigen konnten, dass dynamische Risikofaktoren durch Interventionen tatsächlich veränderbar sind, auch wenn die Zeiträume, in denen mit einer messbaren Veränderung gerechnet werden kann, länger sind als ursprünglich angenommen (z. B. Hanson et al., 2007; Olver et al., 2007). Von besonderer Relevanz ist darüber hinaus die Erkenntnis, dass diese gemessene Veränderung auch signifikant mit einer reduzierten Rückfallgefahr im Zusammenhang steht (Beggs & Grace, 2010; 2011; Olver et al., 2014).

Aktuarische Prognoseinstrumente in der praktischen Anwendung

Bevor ein aktuarisches Instrument angewendet werden kann, muss der genaue Auftrag geklärt sein, ein für diesen Auftrag passendes Instrument ausgewählt werden und dabei sichergestellt sein, dass die AnwenderInnen die hierfür notwendigen Kompetenzen aufweisen. Anschließend sind die benötigten Fallinformationen und -daten zusammenzustellen bzw. zu explorieren. Die konkrete Anwendungspraxis aktuarischer Prognoseinstrumente umfasst dann die folgenden drei Schritte: Zunächst werden im ersten Schritt die einzelnen Risikofaktoren unter Verwendung des Manuals und der dort üblicherweise ausführlich dargestellten Operationalisierungen bewertet. Anschließend werden die einzelnen Item-Scorewerte zu einem Gesamtwert aufaddiert. Dieser Gesamtwert wird abschließend in unterschiedliche prognoserelevante Informationen überführt, wobei meist zwischen absoluten und relativen Risikomaßen unterschieden wird: Unter absoluten Risikomaßen versteht man die bereits oben genannten empirisch ermittelten Rückfallwahrscheinlichkeitswerte pro Summenwert oder Risikokategorie.[2] Das Vorliegen repräsentativer absoluter Risikomaße, die für die jeweilige Jurisdiktion anwendbar sind, ist folglich eine wichtige Voraussetzung einer sinnvollen Anwendungspraxis, die wissenschaftlichen Kriterien genügen will. Mittlerweile liegen für einen Großteil der international üblichen Prognoseinstrumente nicht nur deutschsprachige Übersetzungen der Instrumente und Manuale vor, sondern auch entsprechende Normwert-Studien (für einen Überblick: Rettenberger & von Franqué, 2013). Bei deutschsprachigen Entwicklungen ist dieser Aspekt in der Regel unproblematisch, da hier bereits bei der Entwicklungsstudie Normwerte generiert wurden (Eher et al., 2012; Gretenkord, 2013b; Rettenberger et al., 2010).

Die Form der schriftlichen Darstellung folgt üblicherweise folgender Struktur:

> Die kriminalprognostisch zu bewertende Person X wird aufgrund der zum Zeitpunkt Y vorliegenden Informationen der Risikokategorie Z zugeordnet (alternativ: wird dem Gesamtwert Z zugeordnet). Die Gruppe der Personen, die im Rahmen der Entwicklungsstudie (alternativ: der deutschsprachigen [Kreuz]-Validierungsstudie) der Risikokategorie Z zugeordnet wurde, wies innerhalb von fünf Jahren nach Entlassung aus dem Strafvollzug eine Rückfallrate von XY Prozent im Hinblick auf neuerliche sexuell motivierte (alternativ: gewalttätige) Straftaten auf. Als Rückfallkriterium wurde eine neuerliche rechtskräftige Verurteilung verwendet, so dass besser von Wiederverurteilungs- anstelle von Rückfallrate gesprochen werden sollte (Rettenberger & Craig, 2017).

Mit der Anwendung relativer Risikomaße sind PsychologInnen in der Regel durch die Erfahrungen mit testpsychologischen Instrumenten vertraut. Neben den hinlänglich bekannten Prozenträngen können auch sogenannte *Relative Risk Ratios* (Eher et al., 2013) nach einem ähnlichen Prinzip verwendet werden: Ausgehend vom ›Durchschnittsstraftäter‹, der über den Median der Gesamtwertverteilung definiert wird, kann für jeden Gesamtwert oder Risikokategorie angegeben werden, um wieviel die Rückfallwahrscheinlichkeit höher bzw. niedriger ist im Bezug zum besagten Durchschnitt. Je nach Anwendungskontext und Auftraggeber können beide Interpretationswege unterschiedlich relevant sein: Während gutachterlich tätige KollegInnen erfahrungsgemäß mehrheitlich auf die absoluten Risikomaße zurückgreifen, sind relative Risikomaße insbesondere relevant für Entscheidungsträger im Straf- und Maßregelvollzug sowie in der forensischen ambulanten Versorgung, deren Aufgabe darin besteht, beschränkte (Therapie-, Betreuungs- und Kontroll-) Ressourcen so zuzuteilen, dass Personen mit höherem Rückfallrisiko entsprechend ein Mehr an Ressourcen erhalten (Rettenberger et al., 2014).

Ein Beispiel: Das Screening-Instrument zur Vorhersage des Gewaltrisikos (SVG-5)

Um die aktuarische Methodik und das praktische Vorgehen besser zu veranschaulichen, soll im Folgenden ein vergleichsweise einfaches aktuarisches Prognoseinstrument vorgestellt werden, das zur Risikoeinschätzung und Ressourcensteuerung für den österreichischen Strafvollzug entwickelt wurde und mittlerweile auch in Deutschland im Strafvollzug und der ambulanten Nachsorge eingesetzt wird: Das *Screening-Instrument zur Vorhersage des Gewaltrisikos* (SVG-5; Eher et al., 2012; Rettenberger et al., 2010). Das Instrument kann bei solchen Personen eingesetzt werden, die aufgrund eines Gewaltdelikts verurteilt wurden, und stellt relative und absolute Risikomaße im Hinblick auf die neuerliche Begehung von Gewaltdelikten zur Verfügung. Es besteht in seiner revidierten Version aus den folgenden fünf Risikofaktoren, die anhand eines empirischen Auswahlprozesses extrahiert wurden: Anzahl der früheren Gewaltdelikte (vor dem aktuellen Delikt), die bisherige Deliktfrequenz, eine Verurteilung aufgrund eines vorsätzlichen Tötungsdelikts, Hinweise auf psychische Auffälligkeiten und das Alter des Probanden zum Zeitpunkt des ersten Gewaltdeliktes. Diese fünf Items werden bewertet und aus den einzelnen Itemwerten ein Gesamtwert gebildet, der zwischen −22 und +16 Punkten liegen kann. Der Gesamtwert kann einer von insgesamt fünf nominalen Risikokategorien (niedrig, niedrig-moderat, moderat-hoch, hoch und sehr hoch) zugeordnet werden. Für diese Risikokategorien wurden Prozentrangverteilungen, *Relative Risk Ratios* und Fünf-Jahres-Rückfallraten empirisch anhand einer repräsentativen Entwicklungsstichprobe aus dem österreichischen Strafvollzug berechnet (Eher et al., 2012).

Die Überprüfung der methodischen Qualität aktuarischer Prognoseinstrumente

Die wissenschaftlichen Qualitätskriterien der Objektivität, Reliabilität und Validität gelten bei Berücksichtigung bestimmter Besonderheiten grundsätzlich auch für die methodische Bewertung von Kriminalprognoseinstrumenten (Dahle, 2005). Im Zentrum der meisten empirischen Untersuchungen steht in der Regel die Prüfung der prädiktiven Validität, d. h. der Übereinstimmung zwischen Prognose und Verhalten (Rückfälligkeit). In den letzten Jahren wurden hierzu eine große Zahl an

Einzeluntersuchungen durchgeführt und veröffentlicht (Rettenberger & von Franqué, 2013).

Zusammengenommen mit der zuvor dargestellten konkreten Anwendungspraxis muss allerdings nochmals unterschieden werden zwischen der Fähigkeit eines Prognoseinstruments, möglichst gut zwischen rückfälligen und nicht-rückfälligen Personen zu diskriminieren (Gail & Pfeiffer, 2005), und zwischen dem Ausmaß an Übereinstimmung beobachteter Rückfallraten (absoluter Rückfallmaße) in einer neuen Stichprobe (z. B. aus Deutschland) mit den Rückfallraten, die in der Entwicklungsstudie berichtet wurden (die z. B. ausschließlich mit Daten angloamerikanischer Stichproben generiert wurden). Dieser zuletzt genannte Qualitätsaspekt wird üblicherweise als *calibration* (Gail & Pfeiffer, 2005) bezeichnet und ist deutlich aufwendiger bezüglich der Untersuchungsmethodik als die zuvor genannte *discrimination*. Insbesondere seit internationale Untersuchungen zeigen konnten, dass sich die absoluten Risikomaße zwischen Ländern und Jurisdiktionen sowie innerhalb eines Landes bei Subgruppen deutlich voneinander unterscheiden können (Eher et al., 2008; Hanson et al., 2016), sind Untersuchungen zu den psychometrischen Qualitätskriterien, die nicht nur die Diskriminierungsfähigkeit, sondern auch die Kalibrierung eines Prognoseinstruments umfassen, unabdingbar.

Neben einer Fülle an Untersuchungen zu (entlassenen) Strafgefangenen liegen mittlerweile auch erste Untersuchungen zu Personen vor, die aus besonderen Sicherungsmaßnahmen (Unterbringung im Maßregelvollzug oder in Sicherungsverwahrung) entlassen wurden. In einer aktuellen Untersuchung aus Österreich (Eher et al., 2013) zeigten die bis dato vor allem bei der Strafgefangenenpopulation untersuchten aktuarischen Prognoseinstrumente Effektstärken bezüglich der Vorhersageleistung bei einschlägigen Rückfällen, die sogar noch über den Werten lagen, die aus Studien mit Stichproben aus dem Normalvollzug bekannt waren. Darüber hinaus konnte bei diesen aus einer Sicherungsmaßnahme entlassenen Personen mit sexuell motiviertem Anlass-Delikt eine Hoch-Risiko-Gruppe identifiziert werden, deren Rückfallrisiko etwa sieben Jahre nach Entlassung bei annähernd 50 Prozent lag – eine Rückfallquote, die im Bereich der Sexualdelinquenz als extrem hoch einzustufen ist, da sich die Rückfallraten ansonsten üblicherweise im einstelligen Prozentbereich bewegen (Rettenberger et al., 2015).

Zusammenfassung und Fazit

Die Forschung zur Erstellung von Kriminalprognosen konnte in den letzten Jahren weitere bedeutende Fortschritte erzielen, die eng mit der aktuarischen Prognosemethodik verbunden sind. So sind Prognostiker-

Innen heute in der Lage, reliable und valide Verhaltensprognosen im Sinne von Wahrscheinlichkeitsaussagen über zukünftiges kriminelles Verhalten von bereits mindestens einmal zuvor einschlägig in Erscheinung getretenen Personen zu erstellen, die deutlich über der Trefferquote intuitiv-erfahrungsbasierter Vorhersagen liegen (Grove & Meehl, 1996; Meehl, 2013; Quinsey et al., 2006). Von den genannten intuitiven Prognosen muss man aufgrund der jahrzehntelangen Forschung im Bereich der allgemein-psychologischen sowie speziell forensisch-psychologischen Diagnostik annehmen, dass sie unabhängig von der individuellen Erfahrung des Prognostikers nicht bzw. kaum über dem Zufallsniveau liegen (Rettenberger & Eher, 2016). Bei all diesen für die Praxis relevanten Erkenntnissen und positiven Entwicklungen muss allerdings berücksichtigt werden, dass die Anwendung aktuarischer Prognoseinstrumente zwar eine zuverlässige und treffsichere Einschätzung eines Wahrscheinlichkeitswertes über zukünftige Rückfälle erlaubt, doch können Wahrscheinlichkeitswerte nicht das bereitstellen, was vom forensischen Sachverständigen in aller Regel verlangt wird: Ein individuelles Erklärungsmodell darüber, warum genau dieser Täter in der Vergangenheit diese Tat(en) beging und mit welchen Mitteln zukünftige Taten verhindert werden können (Boetticher et al., 2007). Es geht bei der Prognosebegutachtung folglich nicht nur um die Abbildung eines möglichst reliablen und validen Wahrscheinlichkeitswertes, sondern um die Ableitung eines idiografischen Verhaltensmodells (Dahle, 2005). Dass Letzteres deutlich schwieriger und aufwendiger ist, liegt auf der Hand, und aus diesem Grunde dürfte die Anwendung standardisierter Prognoseinstrumente innerhalb eines Prognosegutachtens in aller Regel nur einen kleinen, aber aus heutiger Sicht unverzichtbaren Bestandteil ausmachen.

Anmerkungen

[1] Insbesondere in deutschsprachigen Publikationen werden zum Teil auch die Begriffe *statistisch, nomothetisch* oder *mechanisch* synonym zu *aktuarisch* verwendet. Da sich in der internationalen Prognoseforschung der Begriff *aktuarisch* weitgehend durchgesetzt hat, wird in der vorliegenden Arbeit ebenfalls durchgehend von aktuarischer Prognose gesprochen.

[2] Bei manchen Instrumenten werden zunächst mehrere Gesamtwerte in übergeordnete Risikokategorien zusammengeführt; die Rückfallwahrscheinlichkeiten werden dann üblicherweise pro Risikokategorie und nicht für jeden Gesamtwert einzeln ausgegeben.

Verfahren strukturiert-professioneller Urteilsbildung

Fritjof von Franqué & Martin Rettenberger

Einleitung und Überblick

Wissenschaftliche Untersuchungen belegten wiederholt, dass unstrukturierte, klinische Urteile gewalttätiges Verhalten nicht valide vorhersagen können (Grove & Meehl, 1996; Grove et al., 2000). Aus diesem Grunde wurde von einigen Autoren gefordert, auf klinisch-intuitive Urteile gänzlich zu verzichten und stattdessen einem rein aktuarischen Vorgehen zu folgen (Quinsey et al., 2006). Trotz des starken empirischen Arguments für diese Position widersprach eine Gruppe von wissenschaftlich und klinisch Tätigen dieser Ansicht: So bestehe der Wert klinischer Urteile vor allem in der flexiblen Berücksichtigung von individuellen Besonderheiten, wodurch der zentralen Aufgabe von Risikobeurteilungen, nämlich dem Risikomanagement, sehr viel angemessener begegnet werden könne (Ogloff & Douglas, 2003, 352). Die Schwächen eines solchen Ansatzes müssten jedoch durch eine verbesserte Strukturierung kompensiert werden (Douglas et al., 1999; Hart, 1998). Vor diesem Hintergrund begann Anfang der 1990er-Jahre die Entwicklung verschiedener Checklisten, aus denen sich schließlich das SPJ-Modell der strukturierten Urteilsbildung *(Structured Professional Judgement)* entwickelte (Franqué, 2013a).

Ziel des nachfolgenden Kapitels ist es, das Modell der strukturierten oder auch professionellen Urteilsbildung knapp vorzustellen und anschließend einen Kurzüberblick über die hierzulande verwendeten Verfahren dieses Ansatzes zu geben. Prinzipiell existieren weitere Verfahren, die in Bezug zu dem Modell entwickelt wurden, sich jedoch im deutschsprachigen Raum noch nicht durchgesetzt haben. Beispiele hierfür sind

- die *Early Assessment Risk List for Boys* (EARL-20B) für antisoziales Verhalten von unter 12-jährigen männlichen Jugendlichen mit Verhaltensproblemen (Augimeri et al., 2001),
- das *Assessment of Risk and Manageability for Individuals with Developmental and Intellectual Limitations who Offend Sexually* (ARMIDILO-S) für sexuelle Gewalt bei Menschen mit intellektuellen Einschränkungen (Boer et al., 2012),

77

- das *Stalking Assessment and Management* (SAM) für Fälle von Stalking (Kropp et al., 2008),
- das *Promoting Risk Intervention by Situational Management* (PRISM) für Fälle institutioneller Gewalt (Johnstone & Cooke, 2008),
- das *Jail Screening Assessment Tool* (JSAT) für psychische Probleme, Gewalt, Suizid und Viktimisierung bei Personen in Haft (Nicholls et al., 2005),
- das *Brief Spousal Assault Form for the Evaluation of Risk* (B-SAFER) für partnerschaftliche Gewalt (Kropp et al., 2005),
- der *Assessment of Risk for Honour Based Violence* (PATRIARCH) für Gewalt nach einem Ehrenkodex (Kropp et al., 2005) oder
- das *Violent Extremist Risk Assessment* (VERA) für radikalisierte Gewalt (Pressmann, 2009; siehe dazu auch Rettenberger, 2016).

Diese Verfahren bleiben nachfolgend unberücksichtigt. Darüber hinaus existieren weitere Instrumente, die dem Modell der professionellen Urteilsbildung folgen und für Risikoeinschätzungen zu anderen schadenbringenden Ereignissen – z. B. Suizidalität im Allgemeinen (Bouch & Marshall, 2005) oder bei Inhaftierten (Zapf, 2006) – Verwendung finden. Der nachfolgende Text konzentriert sich jedoch ausschließlich auf Verfahren zur Einschätzung des Risikos von Gewalt.

Das Modell der professionellen Urteilsbildung

Zentrale Idee des Modells der professionellen Urteilsbildung ist, die komplexe Aufgabe einer Risikoeinschätzung durch die Bildung von Teilaufgaben zu strukturieren, wodurch sich deren Qualität erhöhen sollte. Verschiedene Autoren postulieren eine unterschiedliche Anzahl dieser

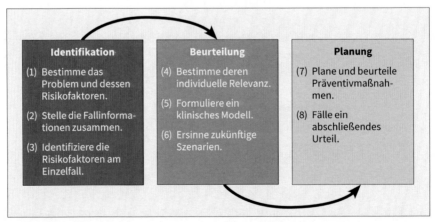

Abbildung 1: Das Modell der professionellen Urteilsbildung (in Anlehnung an Douglas et al., 2013)

Teilaufgaben, wobei die gleichen Inhalte aufgegriffen werden. Für das folgende Kapitel gehen wir von acht Teilaufgaben aus, die in Abbildung 1 schematisch dargestellt sind.

Gemäß der Abbildung lassen sich die verschiedenen Aufgaben unterschiedlichen Phasen zuordnen. Ziel von Phase eins ist es, bekannte Risikofaktoren für den jeweiligen Gewalttyp zu identifizieren, wozu vorab ausreichend Informationen zusammengetragen werden müssen. In der zweiten Phase wird hierauf aufbauend ein individuelles Verständnis unter Berücksichtigung aller identifizierten Risikofaktoren erarbeitet. Dieses Fallverständnis dient dann der Entwicklung eines effizienten Managementplans zur Prävention erneuter Gewalttaten. Abschließend wird dann eine Gesamteinschätzung gefällt, die sich nicht automatisch ergibt, sondern mit Hilfe beschriebener Heuristiken erarbeitet und individuell begründet wird. Für eine ausführliche Darstellung des Modells wird auf Douglas et al. (2013), von Franqué (2013a) und Hart et al. (2003) verwiesen.

Verfahren im deutschsprachigen Raum

Verfahren, die dem Modell der professionellen Urteilsbildung folgen, haben gemeinsam, dass die einbezogenen Risikofaktoren auf der Grundlage umfassender klinischer und empirischer Literaturrecherchen entwickelt wurden. Für jeden Faktor wurde eine operationale Definition erarbeitet, wobei sich dessen Ausprägung durch ein entsprechendes Kodierschema bestimmen lässt. Alle Verfahren beinhalten sowohl statische als auch dynamische Faktoren. Statische Risikofaktoren erfassen die Vergangenheit eines Menschen und geben Auskunft über dessen anhaltende Rückfallneigung, während dynamische Risikofaktoren die gegenwärtige Situation abbilden, damit Auskünfte über das derzeitige Rückfallpotenzial geben und durch präventive Maßnahmen modifiziert werden können (Franqué, 2013a). Alle Verfahren beanspruchen Gültigkeit für unterschiedliche Typen von Gewalt:

- *Gewalt im Allgemeinen:* Jeder tatsächlich ausgeübte, versuchte oder angedrohte physische Schaden an einer anderen Person oder an mehreren Personen (Webster et al., 1997; Douglas et al., 2013);
- *Häusliche Gewalt:* Jeder tatsächliche, versuchte oder angedrohte physische Schaden an einer Person, mit der eine intime sexuelle Beziehung geführt wird oder wurde (Kropp et al., 1999);
- *Sexuelle Gewalt:* Jeder tatsächliche, angedrohte oder versuchte sexuelle Kontakt mit einer Person, die hiermit nicht einverstanden ist oder sich nicht einverstanden erklären kann (Hart et al., 2003).

Nachfolgend werden die jeweiligen Verfahren kurz inhaltlich vorgestellt.

Historical-Clinical-Risk Management-20 Violence Risk Assessment Scheme (HCR-20)

Das HCR-20 (Douglas & Reeves, 2010, 147) ist ein 20 Items umfassen-
des Verfahren zur Bestimmung des Risikos von allgemeiner Gewalt
(vgl. Webster et al., 1997, 23). Die ersten zehn H-Items *(Historical)* sind
statische Items, während die nachfolgenden fünf C-Items *(Clinical)* dynamisch definiert sind und den klinischen Zustand eines Probanden
zum Tat- oder Beurteilungszeitpunkt wiedergeben (vgl. Douglas, 2010;
Webster et al., 1997). Schließlich werden mit Hilfe der sog. fünf R-Items
(Risk) die zum Beurteilungszeitpunkt anzunehmenden, in der Zukunft
liegenden Risikosituationen eingeschätzt. Die R-Items sind ebenfalls
dynamisch definiert. Die Anwendung des Verfahrens beschränkt sich
auf Personen mit gewalttätigem Verhalten in der Vorgeschichte, bei
denen der Verdacht auf eine psychische Erkrankung oder eine Persönlichkeitsstörung besteht. Im Manual selbst finden sich keine Angaben
zur Alters- oder Geschlechtsspezifität (vgl. Webster et al., 1997). Douglas
und Reeves (2010, 150) führen jedoch aus, dass das Instrument prinzipiell zur Beurteilung von mindestens 18-jährigen Männern und Frauen
geeignet ist. Für die Auswertung des Verfahrens werden explizit die
Modellschritte 1, 2, 3 und 8 genutzt. Eine Ergänzung erfuhr das Manual
mit der Veröffentlichung des *Risk Management: HCR-20 Violence Risk
Management Companion Guide* (Douglas et al., 2001), in dem für jeden
Risikofaktor des Verfahrens Vorschläge zu präventiven Maßnahmen
unterbreitet wurden. Hierdurch wurde der Schritt 7 des Modells zusätzlich berücksichtigt. Zum Verfahren wurden über 200 empirische
Studien, darunter auch 22 deutsche Studien publiziert (Douglas et al.,
2002-2014), so dass der HCR-20 insgesamt als ein gut erforschtes und an-
wendungsorientiertes Verfahren gelten kann (Douglas et al., 2002-2014;
von Franqué, 2013b; Douglas & Reeves, 2010).

HCR-20V3

Da es sich beim HCR-20 um das erste Instrument des SPJ-Ansatzes handelte, waren verschiedene Teilaufgaben des Modells der professionellen
Urteilsbildung im Manual erst in ihren Grundzügen enthalten, einige
Schritte fehlten gänzlich. Das Modell entwickelte sich jedoch fort und
wurde auch in differenzierterer Form in Veranstaltungen zum HCR-20
vermittelt. Dies führte zu einer zunehmenden Diskrepanz zwischen
Manualinhalt und den Auswertungsempfehlungen in Seminaren. Aus
diesem Grund und aufgrund neuer empirischer Erkenntnisse (Guy &

Wilson, 2007) wurde eine Revision notwendig. Nach intensiver empirischer und klinischer Literaturrecherche, Austausch mit verschiedenen Anwenderinnen und Anwendern sowie einer ersten Testphase, in der kritische Rückmeldungen zu einem ersten Entwurf eingeholt wurden, erfolgte im Jahre 2013 die Veröffentlichung des HCR-20V3 (Douglas et al., 2013). Die deutsche Übersetzung des Verfahrens wurde im Folgejahr (Douglas et al., 2014) publiziert. Das Instrument beinhaltet weiterhin 20 Items, die jeweils der H-, C- oder R-Skala zugeordnet werden. Mit den Skalen werden weiterhin *Vergangenheit* (statisch definierte Items), *Gegenwart* und *Zukunft* (jeweils dynamisch definierte Items) erfasst, wobei sich die Komplexität der Item-Operationalisierungen, insbesondere durch Aufnahme sog. Sub-Items, deutlich erhöht hat. Einige Faktoren wurden gänzlich durch andere ersetzt. Der HCR-20V3 beinhaltet alle Teilschritte des SPJ-Modells, die umfassend und differenziert dargestellt werden. Die Anwendung des Verfahrens kann bei Frauen und Männern erfolgen, die mindestens 18 Jahre alt sind. Als Anwendungsfelder werden der Strafvollzug, die Allgemeinpsychiatrie und die Forensische Psychiatrie genannt, entsprechend ist die Verwendung des Verfahrens nicht mehr an den Verdacht auf eine psychische Erkrankung oder Persönlichkeitsstörung gebunden.

Als Ergänzung zum HCR-20V3 wurde zur Risikoeinschätzung von Frauen mit Gewalt in der Vorgeschichte von einer weiteren Autorengruppe (de Vogel et al., 2014) außerdem das *Female Additional Manual* (FAM) vorgelegt. Aufgrund der noch jungen Veröffentlichung ist das Instrument noch im geringeren Maße empirisch erprobt, hat jedoch bereits eine Reihe von internationalen Forschungsbemühungen angeregt (Douglas et al., 2002-2014). Ebenso existiert bereits eine erste deutsche Veröffentlichung (Kötter et al., 2014).

Sexual Violence Risk-20 (SVR-20)

Beim SVR-20 (Boer et al., 1997) handelt es sich um ein Instrument zur Beurteilung des Risikos für sexuelle Gewalt. Das Verfahren beinhaltet 20 Risikofaktoren, die den Themengruppen *Psychosoziale Anpassung* (11 Items), *Sexualdelinquenz* (7 Items) und *Zukunftspläne* (2 Items) zugeordnet werden. Eine Besonderheit des Verfahrens besteht darin, dass alle Items gleichzeitig statisch und dynamisch konzipiert sind. Entsprechend wird zunächst das Vorliegen des Risikofaktors in der gesamten Lebensgeschichte beurteilt, während anschließend die entsprechenden Veränderungen des Faktors im letzten Jahr einzuschätzen sind. Das SVR-20 wurde zur Einschätzung von Personen entwickelt, die in ihrer bisherigen Lebensgeschichte sicher oder vermutlich sexuelle Gewalt verübt haben (Boer et al., 1997; Hart & Boer, 2010). Im Manual finden sich keine Angaben zur Alters- oder Geschlechtsspezifität. Hart und Boer (2010) argumentieren, dass das Verfahren für männliche Probanden von mindestens 18 Jahren gedacht sei, da die herangezogene Literatur zur Konstruktion des Verfahrens vornehmlich auf Studien über diese Altersgruppe basiere. Das Verfahren beinhaltet die Teilschritte 1, 2, 3 und 8 des Modells der professionellen Urteilsbildung und nimmt in weniger ausgearbeiteter Form auch Bezug auf den Teilschritt 7. Empirisch betrachtet, scheinen Reliabilität und Validität des Verfahrens mindestens zufriedenstellend zu sein (Rettenberger & Hucker, 2011), allerdings ist die Datenbasis zum SVR-20 im Vergleich zu anderen etablierten Prognoseinstrumenten immer noch relativ klein und scheint gerade in den letzten Jahren zu stagnieren. Dies ist gerade unter Berücksichtigung des Veröffentlichungsdatums ein entscheidender Kritikpunkt (vgl. Hart & Boer, 2010; Habermann & von Franqué, 2013).

Risk for Sexual Violence Protocol (RSVP)

Das RSVP (Hart et al., 2003) ist ebenfalls ein Verfahren zur Einschätzung des Risikos für sexuelle Gewalt. Es besteht aus fünf übergeordneten Bereichen mit insgesamt 21 untergeordneten Risikofaktoren (Hart et al., 2008, 19): Bereich A *Vorgeschichte sexueller Gewalt* (5 Items) beinhaltet ausschließlich statische Items, während die Bereiche B *Psychische Anpassung* (5 Items), C *Psychische Störung* (5 Items), D *Soziale Anpassung* (4 Items) und E *Führbarkeit* (3 Items) ausschließlich dynamische Items umfassen. Das RSVP wurde zur Einschätzung von mindestens 18-jährigen Männern entwickelt, die in ihrer bisherigen Lebensgeschichte sicher oder vermutlich sexuelle Gewalt verübt haben (Hart et al., 2003, 18). Wenngleich das Verfahren von Hart und Boer (2010, 269) als eine gleichwertige Parallelform des SVR-20 angesehen wird, ist das Verfahren in seiner Auswertung deutlich komplexer und berücksichtigt, ähnlich wie der HCR-20V3, alle Teilschritte des Modells der professionellen Urteilsbildung in umfassender und differenzierter Form. Möglicherweise aufgrund der damit einhergehenden komplexeren Anwendung und der späteren Veröffentlichung ist es bislang in deutlich geringerem Maße empirisch überprüft worden (vgl. Hart & Boer, 2010; Jackson, 2016; Sutherland et al., 2012). Insbesondere im deutschsprachigen Raum liegen unserer Kenntnis nach bislang keine Studien zum Verfahren vor.

Spousal Assault Risk Assessment Guide (SARA)

Mit dem SARA (Kropp et al., 1999) wurde ein Instrument zur Einschätzung ehelicher bzw. partnerschaftlicher Gewalt vorgelegt. Das Verfahren besteht aus 20 Items, von denen zehn Items die *generelle Gewaltneigung* und das *allgemeine Ausmaß an Dissozialität* erheben und weitere zehn Items sich mit *früherer und aktueller Partnergewalt* auseinandersetzen. Neun Risikofaktoren sind dabei statisch, acht Risikofaktoren dynamisch und drei Risikofaktoren statisch-dynamisch definiert. Das Instrument wurde für die Risikobeurteilung von erwachsenen (d. h. über 18 Jahre alt) Männern entwickelt, die mindestens einmal im Rahmen ihrer Ehen durch Gewalt auffielen und verurteilt wurden (Kropp et al., 1999). Das Verfahren kann jedoch für jede Risikoeinschätzung zu Gewalt in partnerschaftlichen Kontexten angewendet werden. Der Auswertungsprozess berücksichtigt die Teilschritte 1, 2, 3, 4, 7 und 8 des Modells der professionellen Urteilsbildung in zumindest rudimentärer Form. Zusätzlich bietet das Instrument die Möglichkeit, den Gesamtsummenwert eines Probanden im Verfahren mit drei Normstichproben zu vergleichen (Kropp et al., 1999). Im Falle divergierender Einschätzungen von Prozentrang und Gesamturteil (Teilschritt 8) sollte eine nochmalige Aufklärung und gegebenenfalls Begründung der unterschiedlichen Einschätzungen erfolgen. Damit folgt das Modell der sog. Diskrepanzdiagnostik, wie sie von Boer und Hart (2009) vorgeschlagen wurde. Die internationale Studienlage untermauert die Reliabilität und Validität des SARA. Das Verfahren stellt das international am häufigsten verwendete Instrument zur Einschätzung partnerschaftlicher Gewalt dar (vgl. Rettenberger & Eher, 2013; Kropp & Gibas, 2010).

Manual for the Structured Assessment of Violence Risk in Youth (SAVRY)

Das SAVRY (Borum et al., 2003) dient der Risikoeinschätzung von allgemeiner Gewalt bei Jugendlichen. Das Verfahren umfasst 24 Risikofaktoren, die in die Abschnitte *historisch* (10 statische Items), *sozial-* bzw. *umfeldbezogen* (6 dynamische Items) und *individuell* (8 dynamische Items) unterteilt sind. Darüber hinaus beinhaltet das Instrument sechs *protektive,* ebenfalls dynamisch definierte Faktoren. Das SAVRY wurde für Jungen und Mädchen im Alter von zwölf bis 18 Jahren entwickelt. Die Auswertung des Verfahrens umfasst die Teilschritte 1, 2, 3, 4 und 8 in Grundzügen; hingewiesen wird zumindest auf die Schritte 6 und 7. Wenngleich bislang erst wenige Studien zum SAVRY existieren, sprechen die bisher veröffentlichten Ergebnisse für eine zufriedenstellende Reliabilität sowie eine moderate bis gute prädiktive Validität des Verfahrens (Klein & Rettenberger, 2013; Borum et al., 2008; 2010).

Short-Term Assessment of Risk and Treatability (START)

Das START (Webster et al., 2004) wurde für die Kurzzeit-Risikoeinschätzung von sieben unterschiedlichen Domänen *(allgemeine Gewalt,*

Suizid, Selbstverletzung, eigene Vernachlässigung, Viktimisierung, Substanzmissbrauch und unerlaubte Abwesenheit) entwickelt, wobei für jedes Kriterium eine abschließende Beurteilung erfolgen muss. Dem Verfahren liegt die Idee zu Grunde, dass die verschiedenen Kriterien überschneidende Risikofaktoren aufweisen und daher für das Kurzzeit-Management im klinischen Alltag allesamt relevant sind. Das Verfahren beinhaltet 20 dynamische Items, die als ein Kontinuum von Risiko- zu protektivem Faktor konzipiert sind. Das Verfahren definiert damit Risikofaktoren und protektive Faktoren als entgegengesetzte Pole der gleichen Variablen. Konzipiert wurde das START für erwachsene Personen mit einer psychischen Erkrankung, Persönlichkeits- oder substanzbezogenen Störung. Die Anwendungen können im Rahmen des Strafvollzugs, der forensischen und der allgemeinen Psychiatrie während ambulanter Nachsorge oder institutioneller Unterbringung erfolgen.

Mittlerweile liegt auch eine Übersetzung für *Personen in der Adoleszenz* vor (START:AV), die jedoch noch nicht ins Deutsche übersetzt wurde Vilijoen et al., 2010). Das Instrument nimmt Bezug auf die Teilschritte 1, 2, 3, 4, 7 und 8 des Modells der professionellen Urteilsbildung. Das Instrument erfreut sich einer regen Forschungsaktivität, bisherige Ergebnisse sprechen für eine mindestens zufriedenstellende Interraterreliabilität und Vorhersagevalidität (Nicholls et al., 2011; O'Shea & Dickens, 2014). Eine deutsche Übersetzung wurde am Institut für Forensische Psychiatrie in Haina vorgenommen (Webster et al., 2015).

Structured Assessment of PROtective Factors for violence risk (SAPROF)

Das SAPROF (de Vogel et al., 2009) dient der Erfassung *protektiver Faktoren* bei männlichen und weiblichen Personen, die ein Risiko für gewalttätiges Verhalten aufweisen. Das Verfahren kann nur in Verbindung mit einem Instrument zur Risikoerfassung von allgemeiner oder mit Einschränkung sexueller Gewalt angewendet werden, wodurch eine insgesamt ausgewogene Risikoeinschätzung erreicht werden soll (Rogers, 2000). Der SAPROF umfasst zwei statische und 15 dynamische Items, die jeweils einer internalen, motivationalen oder externalen Skala zugeordnet werden. Wenngleich die Integration des Schutzes im Rahmen des Modells der professionellen Urteilsbildung noch zu wenig geklärt ist, wurden für die Auswertung Analogien zu den Teilschritten 1, 2, 3, 4, und 8 entwickelt. Teilweise wurde auch eine Verbindung zum Teilschritt 7 hergestellt. Nach bisherigen empirischen Arbeiten scheint das SAPROF eine sinnvolle Ergänzung bei der Risikoeinschätzung für allgemeine und sexuelle Gewalt zu sein, wobei die gegenwärtige Anzahl entsprechender Studien jedoch noch relativ überschaubar ist (Yoon et al., 2013).

Diskussion

Der zentrale Vorteil des Modells der professionellen Urteilsbildung ist eine umfassende Würdigung des individuellen Falls vor dem Hintergrund nomothetischen Wissens bei gleichzeitiger Berücksichtigung idiografischer Besonderheiten. Das Vorgehen ist dabei strukturiert und transparent, ohne jedoch an Flexibilität zu verlieren. So können z. B. unterschiedliche klinische Theorien integriert oder mit Hilfe der einbezogenen dynamischen Risikofaktoren Therapie- und Managementeffekte direkt evaluiert werden. Insgesamt besteht damit eine hohe Praxisrelevanz (Hart, 2007; von Franqué, 2013a).

Kritisch hingegen ist, dass mit Hilfe des Modells getroffene Einschätzungen sehr aufwändig sind und AnwenderInnen eine hohe Expertise abverlangt wird, die z. B. verschiedene Schulungen, wiederholte Anwendungen unter Supervision oder umfangreiches Wissen über prinzipielle und lokale Möglichkeiten des Risikomanagements beinhaltet. Vielleicht ist diese Komplexität auch der Grund dafür, dass zu Instrumenten der professionellen Urteilsbildung deutlich weniger empirische Arbeiten als zu aktuarischen Prognoseinstrumenten existieren. Speziell die verschiedenen Teilaufgaben des Modells wurden sehr unterschiedlich untersucht: Während der Identifikationsphase aus unserer Sicht durchaus mehrere Arbeiten zugeordnet werden können (vgl. für die einzelnen Instrumente Rettenberger & von Franqué, 2013), finden sich kaum Studien zur Beurteilungsphase (ein Ausnahmebeispiel ist allerdings bei Sutherland et al., 2012, zu finden). Der Forschungsstand zur Planungsphase ist hingegen sehr heterogen: Während den Managementplänen unseres Wissens nach bislang keine Aufmerksamkeit geschenkt wurde, ist die Bedeutung eines sich nicht automatisch ergebenden, sondern anhand von verschiedenen Heuristiken zu erarbeitenden Gesamturteils im Vergleich zu einem rein automatisierten Urteil zumindest Gegenstand einer Meta-Analyse (vgl. Guy, 2008).

Für die Zukunft des Modells wird die empirische Evaluation der einzelnen Teilschritte von besonderer Relevanz sein. Letztlich sollte der hohe Aufwand einer strukturiert-klinischen Urteilsbildung auch nachweislich zu einer besseren Prävention erneuter Gewalt führen. Davon unberührt ist es jedoch als uneingeschränkt positiv zu beurteilen, nicht nur ein Verfahren zur Prognose vorzulegen, sondern den gesamten Urteilsprozess zu strukturieren und damit für fachliche Transparenz und auch Qualität zu sorgen.

Ist die (vorzeitige) Entlassung verantwortbar? Sieben Schritte zu einer wissenschaftlich, juristisch und ethisch fundierten Entscheidung

Lutz Gretenkord

Einleitung

Auf dem Gebiet der Legalprognose gibt es einen Konsens bezüglich gewisser Grundsätze, die bei der Erstellung von Gutachten zu beachten sind:

- *Gutachten haben wissenschaftlichen Ansprüchen zu genügen.* Die Gutachten sollen transparent und nachvollziehbar sein. Ziel ist es, der Wahrheit so nah wie möglich zu kommen. Dies geschieht im Diskurs mit anderen Menschen. »Alle wissenschaftlichen Aussagen sind nutzlos, wenn sie anderen Menschen nicht mitgeteilt werden können, daher ist die Kommunizierbarkeit wissenschaftlicher Aussagen ein zentrales Kriterium für ihre Qualität« (Westhoff & Kluck, 2014, 14).
- Es muss eine klare Trennung zwischen *Befunden* (juristisch *Anknüpfungstatsachen)* und daraus abgeleiteten *Interpretationen* oder *Bewertungen* geben.
- Des Weiteren wird heute durchweg davon ausgegangen, dass sowohl erfahrungswissenschaftliche Methoden *(statistische Prognose)* als auch auf den Einzelfall bezogene Methoden *(idiografische Prognose)* zum Einsatz kommen müssen, und dass diese miteinander in Einklang gebracht werden müssen *(integrative Prognose)*.
- Die Aufgabe des Gutachters ist, die Erkenntnisse seiner Wissenschaft in die Gutachten einzubringen. In die tatsächliche Entscheidung gehen auch *normative Aspekte* ein, verschiedene Rechtsgüter sind gegeneinander abzuwägen. Sie wird vom Auftraggeber – z. B. einem Gericht – getroffen.
- Schließlich hat sich in der Praxis ein *schrittweises Vorgehen* bewährt, so dass die Vorgehensweise des Sachverständigen transparent wird und besser nachzuvollziehen ist.

Im Wesentlichen sind diese Grundsätze auch in den *Mindestanforderungen für Prognosegutachten* enthalten, wobei hier darauf abgehoben wird, dass sie in der Rechtsprechung entwickelt wurden (Boetticher et al., 2007).

Meist geht es bei Prognosegutachten darum, ob ein im Freiheitsentzug befindlicher Rechtsbrecher vorzeitig oder überhaupt entlassen werden kann, im Strafvollzug also um die Aussetzung einer Reststrafe oder die Entlassung aus einer lebenslangen Freiheitsstrafe und im Maßregelvollzug (§§ 63, 64, 66 StGB) um die Aussetzung der Maßregel, also um eine *individuelle Kriminalitätsrückfallprognose* (Dahle, 2005, 2). Es kann aber auch etwa um die Verantwortbarkeit von Lockerungen gehen.

Mehrfach wurden Vorschläge formuliert, wie diese Grundsätze in der Praxis umgesetzt werden können (z. B. Gretenkord, 2003; Nedopil, 2005; Dahle, 2005; Dahle & Lehmann, 2013; von Franqué, 2013).

In diesem Beitrag wird der Versuch gemacht, unter Berücksichtigung dieser Grundsätze ein Rahmenmodell für die Prognosestellung zu formulieren, möglichst prägnant, transparent und nachvollziehbar. Die Anzahl der Teilaufgaben, in die dieser Prozess der Urteilsbildung aufgeteilt wurde, schwankt zwischen sechs und elf (von Franqué, 2013, 359). Hier wird eine aus sieben Schritten bestehende Vorgehensweise vorgestellt.

Sieben Schritte zur Entscheidung

1. Schritt: Genaue Bezeichnung der Fragestellung

Ein forensisches Gutachten ist eine wissenschaftliche Arbeit. Es handelt sich aber nicht um Grundlagenforschung, sondern um Auftragsforschung. Die Fragestellung wird vorgegeben, vom Gericht oder von Personen, die eine Entscheidung über das Schicksal eines Menschen zu treffen haben.

Nach den *Mindestanforderungen* reicht es nicht aus, wenn im Gutachtenauftrag nur der Gesetzestext wiedergegeben wird, vielmehr soll der Gegenstand des Gutachtens genau beschrieben werden, es soll klargestellt werden, welche tatsächlichen Fragen vom Sachverständigen beantwortet werden sollen; der Gutachtenauftrag müsse sich »mindestens« an folgenden vier Fragen orientieren:
1) Wie groß ist die Wahrscheinlichkeit, dass die zu begutachtende Person erneut Straftaten begehen wird?
2) Welcher Art werden diese Straftaten sein, welche Häufigkeit und welchen Schweregrad werden sie haben?
3) Mit welchen Maßnahmen kann das Risiko zukünftiger Straftaten beherrscht oder verringert werden?
4) Welche Umstände können das Risiko von Straftaten steigern? (Boetticher et al., 2007, 92).

Diese Formulierung wird von manchen Auftraggebern wörtlich in den Gutachtenauftrag aufgenommen, was durchaus der Klarstellung dient. Falls dies nicht der Fall ist, kann es erforderlich sein, Rechtsbegriffe (z. B. *Gefährlichkeit für die Allgemeinheit*) in erfahrungswissenschaftliche Begriffe (z. B. *Wahrscheinlichkeit erneuter gravierender Straftaten*) umzusetzen. Die explizite Definition des Zielverhaltens – also des Verhaltens, dessen Eintretenswahrscheinlichkeit abgeschätzt werden soll – kann zur Vermeidung von Missverständnissen zwischen Sachverständigen und Juristen beitragen.

2. Schritt: Informationsbeschaffung (Anknüpfungstatsachen)

➡ Aktenanalyse

Die vorhandenen Unterlagen – Gerichtsurteile, frühere Gutachten, Berichte usw. – müssen vom Gutachter gewissenhaft durchgearbeitet werden. Alle möglicherweise für die Prognose relevanten Informationen müssen herausgearbeitet werden, getrennt nach den Erkenntnisquellen und unter genauer Angabe der Fundstelle (z. B. ›Strafakte der StA Berlin, Band III, Bl. 54-58‹). Nur so kann der Leser unter vertretbarem Zeitaufwand im Bedarfsfall einzelne Passagen nachvollziehen und überprüfen. Von einem erfahrenen Richter wurde die Meinung vertreten, der Hauptzweck einer Aktenanalyse bestehe darin zu beurteilen, ob der Sachverständige den Akteninhalt verstanden hat, sie anzufertigen sei eine Kunst.

➡ Eigene Erhebungen

Eine gründliche *Exploration und Anamnese* dient nicht nur der Ermittlung objektiver Fakten (Schulbesuch, berufliche Tätigkeiten, Suchtmittelkonsum usw.), sondern vor allem auch der Darstellung der subjektiven Sicht des Probanden, seiner Erklärung des rechtswidrigen Verhaltens, der Erfassung seiner Einstellung zu Autoritäten, seiner Zukunftsvorstellungen und Wertmaßstäbe. Die Äußerungen des Probanden sollten so wiedergegeben werden, dass seine Gesprächs- und Argumentationshaltung deutlich wird, dass z. B. ersichtlich ist, ob er eine Äußerung spontan oder auf Frage gemacht hat; besonders charakteristische Passagen sollten wörtlich wiedergegeben werden.

Eine weitere Methode, die subjektive Sicht des Probanden zu erfassen, sind *testpsychologische Untersuchungen,* z. B. standardisierte Fragebögen; sie haben den Vorteil, dass die Gütekriterien – Objektivität, Reliabilität, Validität, Repräsentativität – transparent gemacht werden, was bei der Exploration viel weniger der Fall ist. Beispielsweise kann die

Neigung zu aggressivem Verhalten sowohl durch entsprechende Frage-bogen als auch in der Exploration ermittelt werden. Der Unterschied ist nicht, dass der Proband beim Fragebogen seine Antworten verfälscht, während der erfahrene Gutachter im Gespräch dessen wahre Einstel-lung ermittelt; in beiden Fällen handelt es sich um Selbstschilderungen, wobei sie im Fall des Tests objektiver zu erfassen sind und etwa mit einer Delinquentenstichprobe verglichen werden können. Der Vorteil der Exploration ist, dass gezielter nachgefragt werden kann und dabei das Verhalten des Probanden beobachtet werden kann. Beide Erkennt-nisquellen haben ihre Vor- und Nachteile, sie schließen sich nicht aus, sondern sollten sich ergänzen. Psychologische Leistungstests können eingesetzt werden, um etwa hirnorganisch bedingte Leistungseinbußen zu objektivieren. Untersuchungen der intellektuellen Leistungsfähig-keit dienen der objektiveren Erfassung von Normabweichungen; unter-durchschnittlich abschneidende Probanden brauchen möglicherweise eine spezielle Förderung, überdurchschnittliche Intelligenz kann ein protektiver Faktor sein (Vogel et al., 2010).

Beim *psychischen Befund* – auch *Verhaltensbeobachtung* genannt – geht es darum, das Interaktionsverhalten, die Art der Selbstdarstellung, den Sprachstil, emotionale Reaktionen und sonstige Besonderheiten zu beschreiben; dazu gehört auch die Beschreibung von Äußerlichkeiten (Gesundheitszustand, Körperpflege, Kleidung, Tätowierungen), die möglicherweise zum Verständnis der Persönlichkeit des Probanden beitragen können. In den *Mindestanforderungen* steht zudem, dass man diese Wahrnehmungen nicht nur beschreiben, sondern auch »(persön-lichkeits-)diagnostisch zuordnen« solle (Boetticher et al., 2007, 97), was der Verfasser nicht für sinnvoll hält; eine solche Zuordnung erfordert schon eine Interpretation des Verhaltens, diese sollte aber erst im nächs-ten Abschnitt – der *Beurteilung* – erfolgen.

In Einzelfällen sind *Zusatzuntersuchungen* angezeigt, das können bildgebende Verfahren sein, fremdanamnestische Angaben oder – falls das Gutachten von einem Psychologen erstellt wird – körperlich-medi-zinische, neurologische oder psychiatrische Untersuchungen.

Der Verfasser hat es sich zur Gewohnheit gemacht, in dieser Phase der Begutachtung sich aufdrängende Hypothesen, was die Diagnose oder Prognose betrifft, soweit wie möglich im Zaum zu halten, also voreilige Schlussfolgerungen *(jumping to conclusions)* zu vermeiden. Dazu werden die bisher geschilderten Teile des Gutachtens zunächst sorgfältig ausgearbeitet und noch einmal gelesen, bevor der nächste Abschnitt – die Beurteilung – in Angriff genommen wird. Erst hier, so das Ideal, kommt es zur Interpretation der zur Verfügung gestellten und selbst erhobenen Informationen.

3. Schritt: Diagnose und Persönlichkeit

Die Stellung einer Diagnose und die Einordnung in ein Persönlichkeitsmodell ergeben sich nicht zwangsläufig aus bestimmten Beobachtungen. Hier sind stets Abwägungen und Bewertungen vorzunehmen. Deshalb sollten sie unbedingt – um es noch einmal zu sagen – von den ›Anknüpfungstatsachen‹ getrennt werden.

In der *Beurteilung* sollten zunächst die wichtigsten Erkenntnisse aus der Aktenanalyse und den eigenen Erhebungen noch einmal dargestellt werden, (erst) hier sollten Widersprüche zwischen den verschiedenen Erkenntnisquellen diskutiert und bewertet werden.

Falls eine psychische Störung diagnostiziert wird, sollte dies nach den Kriterien von anerkannten Diagnosesystemen geschehen; am gebräuchlichsten sind die *International Classification of Diseases* (ICD-10) der Weltgesundheitsorganisation (2011) und das *Diagnostic and Statistical Manual of Mental Disorders* (DSM) der American Psychiatric Association (2003). Dabei sollte angegeben werden, auf welche Ausgabe und welche Textstelle man sich bezieht (also z. B. *DSM-V, 5th edition, text revision, S. 80*). Wenn der Gutachter etwa eine ältere Fassung benutzt, sollte er dies begründen oder zumindest bei Nachfrage begründen können. Keineswegs reicht es aus, schon immer gestellte Diagnosen einfach zu übernehmen; Aufgabe eines unabhängigen Gutachters ist es ja gerade, scheinbare Selbstverständlichkeiten kritisch zu überprüfen.

Wenn ein Mensch einen anderen Menschen beschreibt, legt er – in der Regel unbewusst – subjektive Vorstellungs- und Bewertungsmuster zugrunde, man spricht von *impliziten Persönlichkeitstheorien* oder *Laientheorien*. In der psychologischen Forschung wurde eine Vielzahl von Persönlichkeitstheorien entwickelt, hier werden die verwendeten Begriffe definiert, und es gibt oft Forschungsergebnisse, die auch für die Legalprognose relevant sein können. Der Verfasser hat sich in seinen Gutachten oft auf das wohl am besten beforschte *Fünf-Faktoren-Modell* (McCrae & Costa, 1999) bezogen; die hier zugrundegelegten fünf normalpsychologischen Basistendenzen, die ›Big Five‹ *(Extraversion, Verträglichkeit, Gewissenhaftigkeit, Neurotizismus* und *Offenheit für Erfahrungen)* haben sich bewährt, wenn es darum geht, einen Menschen in einem Klassifikationssystem zu verorten. Oft gibt es auch Testverfahren, welche hierbei Hilfestellung leisten und die Nachvollziehbarkeit erleichtern, bei den ›Big Five‹ etwa das NEO-FFI (Borkenau & Ostendorf, 2008).

4. Schritt: Statistische Prognose

Derzeit ist es noch keineswegs selbstverständlich, dass für ein Gutachten – genau wie bei einer sonstigen wissenschaftlichen Arbeit – die Fachliteratur systematisch ausgewertet wird, wobei natürlich die Quellen nachvollziehbar bezeichnet werden müssen.

Je nach Fall müssen Erkenntnisse über bestimmte Störungsbilder (z. B. typischer Verlauf bestimmter Formen der Schizophrenie) oder Therapiemethoden (z. B. Wirksamkeit antidepressiver Medikamente bei affektiver Psychose) herangezogen werden. Auch hier ist es nach Auffassung des Verfassers oft sinnvoll, Fachliteratur zugrunde zu legen, da die Forschung zu psychischen Störungen nicht so weit gediehen ist wie in der Anatomie, wo es sicherlich in aller Regel überflüssig ist, auf ein Lehrbuch zu verweisen.

Besonderes Augenmerk sollte auf Untersuchungen gerichtet werden, in denen Basisraten für Kollektive mitgeteilt werden, denen der zu untersuchende Proband zugeordnet werden kann, also Rückfallziffern von entlassenen Strafgefangenen oder von im Maßregelvollzug Untergebrachten. Hier sind standardisierte Prognoseverfahren (Rettenberger & von Franqué, 2013) sicherlich hilfreich, wenn nicht unverzichtbar. Ziel dieser Bemühungen ist, zu einer *Basis für die Risikoabschätzung im Einzelfall* (Nedopil, 2005, 195) oder – anders ausgedrückt – zu einer *Ausgangswahrscheinlichkeit* zu gelangen (Gretenkord, 2013a, 28-29; s. auch Gretenkord, 2017, in diesem Buch). Am Ende dieses Abschnittes sollten die Überlegungen integriert und zusammengefasst werden, so dass hier etwa folgender Satz stehen könnte: ›Nach den referierten Untersuchungen ist davon auszugehen, dass der Proband einer Gruppe zuzuordnen ist, deren Risiko, innerhalb von fünf Jahren nach der Entlassung erneut mit einem gravierenden Gewaltdelikt rückfällig zu werden, bei etwa 20 Prozent liegt‹.

Es geht hier also um eine erste grobe Einschätzung der Rückfallwahrscheinlichkeit, um die Setzung eines Ankerreizes, um eine erste »Kalibrierung«, eine »Einschätzung des Ausgangsniveaus aktuarischer Rückfallrisiken« (Dahle, 2013, 342, 243).

5. Schritt: Klinisch-idiografische Prognose

Weder aus juristischer noch erfahrungswissenschaftlicher Sicht reicht es für die Prognosestellung aus, den zu Untersuchenden in eine Schublade zu stecken, sei es eine bestimmte Diagnose oder ein bestimmter Straftätertyp. Es muss also auch eine klinische oder *idiografische Prognose* gestellt werden. Auch hier bietet es sich an, schrittweise vorzugehen, etwa gemäß dem »Prozessmodell der Urteilsbildung idiografischer Rückfall- und Gefährlichkeitsprognosen« (Dahle & Lehmann, 2013).

➡ Entwicklung bis zur Delinquenz – individuelle Delinquenztheorie

Es geht darum, den Probanden zu verstehen, sich ein Bild von seiner Entwicklung und Persönlichkeit zu machen, »ein in sich stimmiges Erklärungsmodell des spezifischen Tatgeschehens« (Dahle & Lehmann, 2013, 348) zu entwickeln. Für dessen Qualität gibt es durchaus einen Maßstab, nämlich die Gütekriterien, die für alle wissenschaftlichen Theorien gelten: Das Konzept sollte auf gültigen Prämissen fußen, auf der Grundlage der vorhandenen Fakten möglichst erschöpfend und spezifisch sein sowie in sich widerspruchsfrei. Hier ist herauszuarbeiten, welche Persönlichkeitsmerkmale vermutlich zum delinquenten Verhalten beigetragen haben (z. B. Impulsivität, Mangel an Empathiefähigkeit, unzureichende Problemlösekompetenz, Drogenabhängigkeit) und welche sonstigen Umstände – persönliche Krisen, soziale Umwelt – zur Delinquenz geführt haben könnten.

➡ Zeitraum von der Delinquenz bis zur Begutachtung –
individuelle Entwicklungstheorie

Anschließend geht es darum, inwieweit Änderungen bezüglich der Persönlichkeitsfaktoren, die als Delikturachen angesehen werden, festzustellen sind. Dies betrifft die so genannten *dynamischen Risikofaktoren,* Merkmale wie Sozialkompetenz oder Empathie, die grundsätzlich beeinflussbar sind; diese werden oft von den *statischen Risikofaktoren* abgegrenzt, die nicht oder kaum beeinflussbar sind, etwa Vorstrafen, männliches Geschlecht oder junges Alter. Insbesondere sind auch die Wirkungen von Interventionen (Programme zur Behandlung von straftätertypischen Problemen oder für spezielle Deliktgruppen wie Sexualstraftäter, Bildungsmaßnahmen, Soziales Lernen in der Institution usw.) abzuschätzen.

➡ Status zum Begutachtungszeitpunkt

Sodann wird der aktuelle Status bezüglich der relevanten Persönlichkeitsmerkmale beschrieben; es ist z. B. denkbar, dass ein Programm zur Verbesserung der Problemlösefähigkeit abgeschlossen wurde, dass auch deutliche Fortschritte erzielt wurden, aber die diesbezügliche Kompetenz nach wie vor gravierende Mängel aufweist.

➡ Zukunftsperspektive

> Hier geht es um die Einschätzung der voraussichtlichen zukünftigen Entwicklung des Probanden sowie seiner Perspektive in Beruf, Freizeit und sozialem Umfeld.

6. Schritt: Integrative Prognose

➡ Wahrscheinlichkeit künftiger Straftaten – Art, Häufigkeit und Schweregrad

> Hier sollen alle Erkenntnisse und Überlegungen, die bisher angestellt wurden, dazu dienen, die Frage zu beantworten, ob – und ggf. welche – Straftaten von dem Probanden zu befürchten sind. Dabei geht es vor allem um die Anlassdelinquenz: Wurde jemand wegen Raubes verurteilt, stellt sich die Frage, ob er erneut eine solche Tat begehen wird. Ist er wegen Körperverletzung und Vergewaltigung vorbestraft, ist die Frage eher, ob ein erneutes Gewalt- und/oder Sexualdelikt zu befürchten ist. Auf jeden Fall ist hier noch einmal genau die Fragestellung des Auftraggebers zu beachten.
>
> Zunächst sollte noch einmal kurz die Ausgangswahrscheinlichkeit, die bei der statistischen Prognose ausgearbeitet wurde, benannt werden, ggf. verschiedene Ausgangswahrscheinlichkeiten für unterschiedliche Deliktarten. Dann werden die Überlegungen, die bei der klinisch-idiografischen Prognose angestellt wurden, dazu herangezogen, die Faktoren aufzuzeigen, die das Rückfallrisiko erhöhen oder vermindern. Hier sind auch die Art, die Häufigkeit und der Schweregrad der grundsätzlich zu befürchtenden Straftaten zu diskutieren. Es könnte etwa folgende Aussage resultieren:
>
> ›Wie dargelegt, gehen wir bei dem Probanden davon aus, dass die statistische Ausgangswahrscheinlichkeit, innerhalb von fünf Jahren nach der Entlassung erneut mit einem gravierenden Gewaltdelikt rückfällig zu werden, bei etwa 20 Prozent liegt. Das Anlassdelikt – die Tötung seines Arbeitskollegen – geschah auf dem Hintergrund von Wahnvorstellungen, die wiederum auf die bei ihm vorliegende Psychose zurückzuführen sind. Diese Erkrankung war nicht konsequent behandelt worden. Mittlerweile ist der Proband aufgrund der stationären Behandlung im Maßregelvollzug krankheitseinsichtig und kooperativ. Unter regelmäßiger Behandlung mit antipsychotischen sind keine Wahnvorstellungen mehr aufgetreten. Es ist zu erwarten, dass sich dies auch im Falle der Entlassung fortsetzt, so dass wir davon ausgehen, dass die Rückfallwahrscheinlichkeit deutlich unter der statistischen Ausgangswahrscheinlichkeit liegt.‹

➡ Maßnahmen zur Verringerung des Rückfallrisikos

In der Regel gehört zum Gutachtenauftrag, dass der Sachverständige auch seine Auffassung dazu darlegt, was getan werden kann, um das Rückfallrisiko zu vermindern. Im Freiheitsentzug können das therapeutische Interventionen sein (z. B. Programme zur Verbesserung der sozialen Kompetenz oder psychologische Einzelgespräche), bei einer Entlassung Auflagen (z. B. regelmäßige Kontrolle der Einnahme antipsychotischer Medikamente oder engmaschige Betreuung durch eine forensische Ambulanz).

➡ Umstände, die das Rückfallrisiko erhöhen können

Falls der Gutachter Umstände erkennt, die sich auf das Rückfallrisiko auswirken könnten, sollte er diese benennen. Offensichtlich ist beispielsweise, dass ein Drogengefährdeter nicht wieder in sein altes Milieu zurückkehren sollte oder dass ein Pädophiler nicht als Jugendtrainer in einem Fußballverein arbeiten sollte.

7. Schritt: Die Entscheidung

Auch wenn es dem Sachverständigen schwerfällt sich einzugestehen, dass er ›nur« Gehilfe des Auftraggebers ist: Die Entscheidung liegt nicht bei ihm, er soll ›nur‹ dazu beitragen, diese auf eine solide Grundlage zu stellen. Seine Aufgabe ist es, die Wahrscheinlichkeit erneuter Straftaten abzuschätzen, ggf. unter verschiedenen Bedingungen, und nicht etwa eine bestimmte Entscheidung bezüglich der Entlassung eines Probanden vorzuschlagen, da hier Werturteile mit eingehen, für die er keine besondere Sachkenntnis beanspruchen kann, die aber etwa in der Ausbildung zum Juristen behandelt werden.

Hier spielt die *Risikokommunikation* eine Rolle. Der Gutachter sollte darlegen, dass die Wahrscheinlichkeit, dass der Betreffende ein erneutes Delikt – im Sinne der jeweiligen Spezifizierung – begeht, nach seiner Einschätzung z. B. unter zehn Prozent liegt. Angenommen, der Entscheidungsträger übernimmt diese Einschätzung, muss dieser entscheiden, ob er dieses Risiko der Allgemeinheit zumuten will oder nicht, wobei natürlich die Dauer des bisherigen Freiheitsentzuges und der Schweregrad der zu befürchtenden Delikte entscheidende Gesichtspunkte sind.

Nach Auffassung des Verfassers sollte der Prognosegutachter nicht nur eine relative Einschätzung treffen (›dieser Proband ist weniger rückfallgefährdet als der Durchschnitt entlassener Maßregelvollzugspatienten‹), sondern immer auch eine absolute, d. h. er muss zumindest auch angeben, wie hoch seiner Auffassung nach die Rückfälligkeit entlassener Maßregelvollzugspatienten im Durchschnitt ist und worauf er diese Einschätzung gründet. (Diese scheinbar banale und selbstverständliche Forderung wird hier erhoben, weil sie nach den Erfahrungen des Verfassers kaum je realisiert wird.)

Ethische Richtlinien

Ethik in der Medizin und in der Psychologie unterscheidet sich nicht von der anderer Berufsgruppen, und auch im forensischen Bereich sind die Würde und das Selbstbestimmungsrecht des Individuums zu beachten. Es geht um Ehrlichkeit und Verschwiegenheit, um Fairness, Toleranz und Offenheit (Kröber, 2007b, 6). In den ethischen Richtlinien bzw. Berufsordnungen von Berufsverbänden, etwa denen des *Berufsverbandes Deutscher Psychologinnen und Psychologen* (2005), werden Grundsätze wie Sorgfaltspflicht, Transparenz, fachliche Kompetenz und die Verpflichtung zu kontinuierlicher Fortbildung thematisiert. Bei Begutachtungen spielt die Aufklärung des Probanden eine ganz wichtige Rolle, wie dies etwa in der *Deklaration von Madrid der World Psychiatric Association* (1996/2005) dargestellt wird.

Die *American Academy of Psychiatry and the Law* (2005) hat ethische Richtlinien speziell für das forensische Setting formuliert und fünf Punkte hervorgehoben: *Vertraulichkeit, Einverständnis, Redlichkeit und Bemühen um Objektivität, fachliche Kompetenz und Vorgehensweisen bei Beschwerden wegen unethischen Veraltens* (seitens des Gutachters).

Wohl die ausführlichste und vollständigste Darstellung der Problematik findet sich in den *Specialty Guidelines for Forensic Psychology* der American Psychological Association (2012). Der Proband ist – so wird hier u. a. ausgeführt – über die Art und den Zweck der Untersuchung aufzuklären, darüber, wer Zugang zu den Informationen haben wird, inwieweit die Privatsphäre und Vertraulichkeit eingeschränkt sind, die Freiwilligkeit der Teilnahme und etwaige Konsequenzen bei Ablehnung der Kooperation. Wichtig erscheint es darüber hinaus, mit dem Probanden über die möglichen Folgen der Begutachtung zu sprechen, worauf etwa Nedopil (1999; nach Tondorf & Tondorf, 2011, 215) hinweist. Zwei Punkte in den *Specialty Guidelines* sollen noch erwähnt werden, die in Deutschland nach der Wahrnehmung des Verfassers bisher nicht diskutiert wurden: Der Gutachter sollte den Probanden über die Kosten aufklären, die für den Probanden durch die Begutachtung entstehen können, und der Gutachter sollte sich bemühen, dem Probanden die Ergebnisse seiner Untersuchungen zu erklären. Auch werden in den Specialty Guidelines Rollenkonflikte thematisiert. Zum Beispiel sollte der Sachverständige es nach Möglichkeit vermeiden, einen Probanden zu begutachten, bei dem er in die Behandlung involviert ist; wenn sich dies nicht vermeiden lässt, soll er auf die damit verbundenen Probleme hinweisen.

Der ideale Gutachter

Die *Mindestanforderungen für Prognosegutachten* (Boetticher et al., 2007) haben nach der Wahrnehmung des Verfassers zur Klarstellung vieler Gesichtspunkte beigetragen, die aus wissenschaftlicher, juristischer und ethischer Sicht bei der Erstellung und Bewertung von Gutachten zu berücksichtigen sind.

Der ideale Gutachter ist mit den Grundlagen wissenschaftlichen Denkens vertraut, und zwar sowohl der statistischen wie der idiografischen Vorgehensweise, ferner versteht er die juristischen Fragen und ist in der Lage, seine Erkenntnisse schriftlich so niederzulegen, dass sie auch von Angehörigen anderer Berufsgruppen verstanden werden können; auf Nachfrage kann er weitere Erläuterungen geben. Dazu muss er auch gegenüber dem Probanden in der Lage sein, denn der Aufklärung vor dem eigentliche Beginn einer Untersuchung kommt eine ganz wichtige Rolle zu, und auch während der Untersuchung müssen entsprechende Fragen und Zweifel mit dem Probanden besprochen werden. Dies ist vor allem aus ethischer Sicht ein wichtiger Gesichtspunkt, wobei der Untersucher natürlich stets die Würde seiner Mitmenschen, insbesondere auch die des von ihm zu beurteilenden Probanden zu wahren hat. Dem idealen Gutachter sollte stets bewusst sein, dass seine Rolle die des keiner Partei verpflichteten unabhängigen Sachverständigen ist, dass etwaige Rollenkonflikte transparent zu machen sind, dass er nicht unfehlbar ist und nie vollkommen sein wird.

Die gutachterliche Tätigkeit ist sehr interessant, aber auch sehr anspruchsvoll. Ein Berufsabschluss als Psychiater oder Psychologe reicht nicht aus: Spezialisierung – z. B. DGPPN-Zertifikat ›Forensische Psychiatrie‹ (Kröber et al., 2001); BDP-Zertifikat ›Fachpsychologe für Rechtspsychologie‹ (Dahle et al., 2012) – und ständige Fortbildung sind unabdingbar. Ein kompetenter Gutachter ist ein Experte im besten Sinne des Wortes, der auf seinem Fachgebiet über überdurchschnittliches Wissen und Erfahrung verfügt, um die Grenzen seiner Kompetenz weiß und auf dieser Grundlage zur Lösung von praktischen Problemen beitragen kann.

Kultursensibel begutachten – aber wie? Eine Befragung von Experten mit Migrationshintergrund[1]

Stefanie Schmidt, Thomas Bliesener & Elke van der Meer

Einleitung

Kriminalprognostische Einschätzungen beziehen sich auch auf Menschen, die durch ihre Herkunft andere kulturelle Wurzeln haben als der Beurteiler selbst. In Berlin haben z. B. 43 Prozent der Strafgefangenen keine deutsche Staatsbürgerschaft (Senatsverwaltung für Justiz und Verbraucherschutz, 2015) und noch mehr einen Migrationshintergrund (MH)[2]. Weil hierbei zahlenmäßig Migranten aus der Türkei und arabischen Ländern die größte Untergruppe darstellen (ebd.) und angenommen werden kann, dass sie sich hinsichtlich kultureller Werteorientierung relativ ähnlich sind (Ingelhart & Baker, 2000; Schwartz, 2006), wird im folgenden Beitrag auf diesen Kontext fokussiert. *Kultur* wird an dieser Stelle nicht nur über die Herkunft definiert, sondern ebenso über eine grundlegend ähnliche Werteorientierung (vgl. Cohen, 2009).

In einer interkulturellen Begegnung entstehen vielfältige, zusätzliche Herausforderungen für die kriminalprognostische Begutachtung. So könnte eine stereotypenbedingte Urteilsverzerrung dazu führen, dass die Eigengruppe bei der Entscheidung über Vollzugslockerungen bevorteilt wird (Wu, 2016). Untersuchungen zeigen, dass dem entgegengewirkt werden kann, wenn diese Herausforderungen reflektiert und kulturbedingte Unterschiede sowie Gemeinsamkeiten bei der Einschätzung berücksichtigt werden (Denson, 2009).

Neben der Reflexion der Herausforderungen im interkulturellen Kontext wirkt eine gute wissenschaftliche Fundierung Urteilsverzerrungen entgegen. Deshalb sollten kriminalprognostische Beurteilungen auf wissenschaftlicher Grundlage stattfinden (Boetticher et al., 2006). Jedoch gibt es bisher nur wenige kriminalpsychologische Ansätze, die dezidiert Einflüsse von Kultur und Migration berücksichtigen (Jones et al., 2002; Put et al., 2013).

Standardisierte Kriminalprognoseverfahren, welche auf gängigen kriminalpsychologischen Ansätzen aufbauen und mehrheitlich im angloamerikanischen Raum entwickelt wurden (Andrews et al., 2011), können dies nicht zufriedenstellend ausgleichen. Erste Studien in Deutschland zeigen, dass relativ breite und häufig verwendete Instrumente zur Kriminalprognose gar nicht (Dahle & Schmidt, 2014) oder nur unzureichend (Schmidt et al., 2016) in der Lage sind, Rückfälligkeit bei arabisch- oder türkischstämmigen Strafgefangenen vorherzusagen.

Deshalb ist das Ziel dieser Untersuchung, migrations- und kultursensible Einflussfaktoren auf straffälliges Verhalten zu identifizieren. Forensische Experten, die selbst einen MH haben, wurden gefragt: *Wie lässt sich die Genese kriminellen Verhaltens bei Tätern mit türkischem oder arabischem Migrationshintergrund erklären?*

Methode

Qualitative Expertenbefragung

In einem explorativen Vorgehen wurden Interviews mit Experten durchgeführt, d. h. mit Personen, die durch ihre Profession ein Spezialwissen zum Thema *Delinquenz* erworben haben und für die die Forschungsfrage berufsrelevant ist (Meuser & Nagel, 2006). Die Experten hatten darüber hinaus selbst einen MH, was ein tiefergehendes Verständnis der kulturbedingten Einflussfaktoren erwarten ließ (Chirkov, 2009). So wurden Methoden der Experteninterviews (Meuser & Nagel, 2006) und der ethnografischen Gesprächsführung (Spradley, 1979) miteinander verknüpft.

Jedes Interview war durch einen Leitfaden strukturiert, wobei ein Prozessmodell idiografischer Kriminalprognosen (Dahle, 2010) als theoretische Fundierung diente. Die Teilnehmer wurden gebeten, von einem konkreten Fall zu berichten, wobei der Täter einen arabischen oder türkischen MH haben sollte. Anhand dieses Falles[3] wurden Leitfragen zu

(a) übergreifenden kulturellen Aspekten,
(b) Risikofaktoren kriminellen Verhaltens,
(c) Schutzfaktoren,
(d) situativen Einflüssen,
(e) Aspekten des Risikomanagements sowie
(f) Kriterien der Urteilsfindung

erfragt. Zwischen Juni 2013 und Mai 2014 fanden zehn Gespräche statt, die zwischen 35 und 81 Minuten ($M = 56{,}7$ Min.; $SD = 12{,}9$ Min.) dauerten.[4]

Im Anschluss an eine zweifache Transkription (Dresing & Pehl, 2013) wurde das Material mittels strukturierender Inhaltsanalyse (Mayring, 2008) mit Hilfe von MAXQDA-12 ausgewertet. Die Leitfragen des

Interviews bildeten dabei die Codes. Eine Mehrfachkodierung war im Sinne des explorativen Charakters und mit Blick auf die Komplexität der Fragestellung möglich (Bortz & Döring, 2006). Schließlich wurden alle Fundstellen paraphrasiert und zusammengefasst (sensu Mayring, 2008).

Quantitative Fragebogenerhebung

Eine Delphi-Befragung (Häder, 2009) erweiterte das qualitative Design (analog zu Ott & Bliesener, 2005). Dies fand im Rahmen einer weiterführenden Studie der Autoren statt (Schmidt et al., in Vorbereitung). Die zuvor interviewten Experten wurden zwischen Juli und September 2016 gebeten, online einen Fragebogen auszufüllen.

Die Aussage *Kriminalität bei Menschen mit arabischem oder türkischem Migrationshintergrund wird begünstigt durch…* wurde mit unterschiedlichen Items ergänzt, unter anderem den aus den Interviews extrahierten migrations- bzw. kultursensiblen Risikofaktoren. Jene sollten auf einer sechsstufigen Likert-Skala (1 = trifft gar nicht zu; 6 = trifft voll und ganz zu) bewertet werden. Die Ergebnisse werden im Zusammenhang mit den qualitativen Befunden dargestellt, wobei Mittelwerte > 4 einer Bewertung als Risikofaktor entsprechen (M = Mittelwert; SD = Standardabweichung; Itemformulierung *kursiv*).

Ergebnisse

Stichprobe

An den Untersuchungen nahmen zehn Männer im Alter zwischen 38 und 65 Jahren (M = 50,1; SD = 9,1) teil. Sie waren in den Bereichen soziale Arbeit bzw. Jugend-/Bewährungshilfe (n = 6), Wissenschaft (n = 2), Sachverständigentätigkeit für kriminalprognostische Fragestellungen (n = 2), Strafvollzug (n = 1), Polizei (n = 1) und Psychotherapie (n = 1) tätig, wobei die Hälfte der Experten Psychologen waren, die andere Hälfte Sozialpädagogen.[5] Sie hatten bereits zwischen zehn und 37 Jahren (M = 19,6; SD = 8,1) in ihrem Beruf gearbeitet. Auf einer siebenstufigen Likert-Skala schätzen die Experten ihr Wissen über Kriminaltheorien allgemein (M = 5,7; SD = 0,7) sowie ihre Expertise für Straffälligkeit unter Zugewanderten (M = 5,9; SD = 0,6) als hoch ein.

Die Experten lebten zum Zeitpunkt der Befragung zwischen zehn und 46 Jahren in Deutschland (M = 36,7; SD = 10,5), wobei ein Teilnehmer in Deutschland geboren wurde. Neben Deutsch gaben acht Teilnehmer Türkisch und zwei Arabisch als Muttersprache an. Ihre Expertise für arabische Kulturen schätzten die Experten auf einer siebenstufigen

Likert-Skala insgesamt als eher mittelmäßig ein (M = 4,7; SD = 1,0); für die türkische Kultur als sehr hoch (M = 6,7; SD = 0,5).

Wenngleich alle Leitfragen in allen Interviews thematisiert wurden, bezogen sich zwei Drittel der Fundstellen auf Risikofaktoren, was mit der fallbasierten Vorgehensweise und der Bedeutung von Risikofaktoren im diagnostischen Prozess (vgl. Dahle, 2010) zusammenhängen mag. Im Folgenden wird deshalb auf Risikofaktoren fokussiert, wobei die Aspekte ausgewählt wurden, die von wenigstens drei Experten genannt wurden.

Übergreifende kulturelle Aspekte

Die Experten betonten übereinstimmend, dass das Verhalten bei Menschen mit MH vor dem Hintergrund einer eher kollektivistischen Werteorientierung zu verstehen sei. Dabei generiere sich die Identität sehr stark aus der Gruppenzugehörigkeit, den klar definierten Rollen und vorgegebenen Verhaltensmustern. Eine solche Orientierung könne im Sinne eines starken Strebens nach Harmonie und Anerkennung bzw. unterstützender Familienverbände ein sehr bedeutsamer Schutzfaktor sein.

Risikofaktoren für Delinquenz und deren Entwicklung

Wenn normabweichende Verhaltensweisen von wichtigen Bezugspersonen (scheinbar) erwartet würden, sei eine enge soziale Einbindung allerdings problematisch.

> Er ist von dieser Gruppe nicht nur abhängig, er ist diese Gruppe. Er ist in einer Familie aufgewachsen, wo er nicht zu Selbstentfaltung großgezogen wurde, zu Individualität, sondern er hat immer eine Position in seiner Gruppe gehabt [...]. Und auf einmal hat er das nicht mehr. Und das ist soziologisch, psychologisch gesehen, sogar ein Angriff nicht nur auf seine Identität, sondern auf seine Existenz (Interview 3, 24).

Damit übereinstimmend wurden auch in der quantitativen Befragung die Items *ein fehlendes soziales Netzwerk außerhalb der eigenen Community* (M = 4,7; SD = 0,9) bzw. *ein Leben in einer Parallelgesellschaft* (M = 4,8; SD = 0,9) als risikobegünstigend eingeschätzt. Deshalb müsse besonders auf die Werte und die strafrechtliche Vorgeschichte der Bezugspersonen geachtet werden. *Einen kriminellen Familien-Clan, der Kinder zur Kriminalität erzieht* (M = 4,8; SD = 1,3) und *eine Einbindung in kriminelle Banden* (M = 5,3; SD = 0,9) werteten die Experten als wichtige Risikofaktoren.

> Die haben ihn besucht in diesem Asylantenheim und die haben ihm erzählt: ›Ja Mensch, wir sind Araber, wir sind die Brüder und komm doch mal und wir helfen dir.‹ [...] Und so gewinnen die sein Vertrauen (Interview 6, 49).

Die Entwicklung von Distanzierungs- und Reflexionsfähigkeit sei bei Delinquenten mit MH häufig deshalb beeinträchtigt, weil sie in autoritären, patriarchalischen Strukturen aufgewachsen seien, bzw. die Erziehung oft inkonsistent sei, was die Experten auch in der quantitativen Befragung als risikoerhöhend bewerteten (M = 4,0; SD = 1,1 bzw. M = 4,5; SD = 0,9). Oft sei dies von häufig erlebter Gewalt in den Familien begleitet (M = 5,0; SD = 1,4). Meist geschehe dies aus Überforderung heraus, werde mitunter aber auch als einzige legitime Konfliktlösungsmethode betrachtet. Um die normative Bewertung von Gewalt zu verstehen, sei es bei Zugewanderten mitunter wichtig, die Migrationsgeschichte wie beispielsweise *eine willkürlich arbeitende Polizei und Justiz in den Herkunftsländern* (M = 3,3; SD = 1,2) zu berücksichtigen:

> In der Türkei wurden sie verfolgt, im Iran wurden sie verfolgt. Und das sind einfach Menschen, die wirklich keine Gesetze kennengelernt haben (Interview 6, 10).

Viele Experten erzählten auch von Fällen, bei denen ein kulturell geprägtes Verständnis von Ehre eine Rolle spiele, was wie folgt definiert werden könne:

> Ehre ist nichts anderes als Ansehen [...] Bei Leuten, die aus diesem Kulturkreis kommen – auf Grund von kollektiven Erziehungsmethoden, kollektiver sozialer Strukturen – ist dieses Dorfauge unglaublich wichtig. Weil natürlich damit ganz viele Normen verbunden sind (Interview 3, 6).

Das Ansehen bemesse sich daran, wie sehr die Sexualität der Frauen kontrolliert werden könne. Zugleich sei »eine Form von Gewalt, Gewaltbilligung, Männlichkeit, sich auch körperlich durchsetzen zu müssen, eher ein normativ erwünschter Kontext« (Interview 2, 4). Die *Identifikation mit einem sehr traditionellen Ehrkonzept* (M = 4,4; SD = 1,3) und *eine Einstellung, auf Provokation mit Gewalt zu reagieren* (M = 4,6; SD = 1,4) wurden auch im Fragebogen als delinquenzbegünstigend eingeschätzt. Durch *eine Erziehung zu dominanter Männlichkeit* (M = 4,1;

SD = 1,6) werde dies erlernt, vor allem wenn Jungen schon früh als Männer wahrgenommen würden und viel Zeit auf der Straße verbrächten.

Einige würden wegen einer traditionellen Erziehung einen Wertekonflikt bzw. eine Identitätskrise erleben, die genauso Delinquenz begünstigen könne (*M* = 4,1; *SD* = 1,2). Wertekonflikte könnten nicht nur zu Irritationen und damit aggressiv-gewalttätigen Reaktionen führen. Dadurch entstehe zugleich eine Orientierungslosigkeit und Kriminalität sei eine Form, diese Spannungszustände zu reduzieren. *Eine sehr traditionelle und extrem religiöse Erziehung* (*M* = 3,6; *SD* = 1,3) könne einigen Experten zufolge wegen der zahlreichen Tabus alternative Lösungen behindern. Eine auf Angst und Schuldgefühle ausgerichtete Pädagogik schränke zudem Ressourcen zum Coping ein.

Ein starkes Festhalten an solchen Normen, beispielsweise durch eine sehr extreme Religiosität (*M* = 3,3; *SD* = 1,7), könne zu einer *Ablehnung westlicher Werte (z. B. Akzeptanz von Homosexualität)* führen (*M* = 4,0; *SD* = 1,3), was wiederum Delinquenz potenziell begünstige.

> Hass gegen die Gesellschaft, obwohl sie Deutsche sind. [...] Die Deutschen muss man immer schlagen. Warum denn? Ja, die Deutschen essen Schweinefleisch, haben immer Hunde, die Hundescheiße liegt immer auf der Straße, die Deutschen saufen immer und das ist alles bei uns verboten (Interview 6, 35).

Dass aber vor allem *eine alltägliche Diskriminierung z. B. auf dem Arbeitsmarkt* (*M* = 4,2; *SD* = 0,8) und insbesondere *eine Diskriminierung durch Polizei und Justiz* (*M* = 4,8; *SD* = 0,7) eine Rolle spiele, betonten viele Experten. Mangelndes Selbstbewusstsein und Wut aufgrund erlebter rassistischer Äußerungen würden teils mit Delinquenz kompensiert. Dies könne zu einer Resignation und damit Rechtfertigung von Straftaten führen, um »dem Staat den Kampf« (Interview 4, 9) anzusagen. So wurde *ein starkes Gefühl, Opfer einer diskriminierenden Gesellschaft zu sein* von vielen Experten als Risikofaktor für Delinquenz eingeschätzt (*M* = 4,5; *SD* = 1,3). In diesem Sinne sei auch die gesellschaftliche Schlechterstellung von Migranten im Vergleich zur Aufnahmegesellschaft ein möglicher Risikofaktor. Sprachdefizite (*M* = 3,4; *SD* = 1,0) oder ein niedriger Bildungsstand der Eltern (*M* = 3,8; *SD* = 1,0) könnten mitunter schwer kompensiert werden und eine schlechte Schulleistung sei ein entscheidender Wegbereiter für Delinquenz (*M* = 4,3; *SD* = 0,9). Perspektivlosigkeit, die mit Delinquenz kompensiert würde, entstehe vor allem auch durch *einen unsicheren Aufenthaltsstatus in Deutschland* (*M* = 4,0; *SD* = 0,5). *Eine heruntergekommene und verwahrloste Nachbarschaft* (*M* = 4,1; *SD* = 1,6), in der die jungen Menschen nicht selten lebten, erschwere zudem den Kontakt zu positiven Vorbildern und sinnvoll strukturierten Freizeitangeboten.

Kriterien der Urteilsfindung

Trotz der genannten Aspekte fordere eine kultursensible Begutachtung jedoch kein grundsätzlich anderes Vorgehen. Denn »die prognostischen Kriterien, die ändern sich nicht [...] sondern die Erklärungsmuster sind anders« (Interview 7, 29). Wie relevant die genannten Merkmale für das Erleben und Verhalten sind, sei im Einzelfall zu überprüfen, denn eine Person sei »nie eine Marionette, nie eine Kopie seiner Kultur« (Interview 2, 3). Viele Experten erachteten es für wichtig, Wissen über kulturelle Besonderheiten zu erwerben. So sagten die meisten, dass die Normen und Rollenerwartungen naher Bezugspersonen direkt in die prognostische Beurteilung einfließen sollten, weil diese oft eine große Bedeutung für Menschen mit MH hätten. Sie rieten explizit dazu, Hausbesuche zu machen und sich den sozialen Nahraum selbst anzuschauen. Denn gerade wegen des Festhaltens an sozialen Rollen und der Harmoniebedürftigkeit sei es bei der Exploration schwer, die dysfunktionalen Entwicklungsbedingungen herauszuarbeiten, was deshalb intensives Nachfragen erfordere.

Diskussion

Da es bisher kaum Ansätze zu einer migrations- und kultursensiblen Kriminalprognose gibt, wurden in zwei aufeinander aufbauenden Studien forensische Experten mit MH dazu befragt.

Als Hauptergebnis zeigte sich, dass prognostische Einschätzungen bei Tätern mit MH

1) *inhaltlich* um migrations- und kultursensible Einflussfaktoren erweitert werden und
2) *methodisch* sensibel gegenüber dem kulturellen Kontext sein sollten.

Hinsichtlich *inhaltlicher* Aspekte benannten die Experten neben vielen bekannten Bedingungsfaktoren (wie z. B. delinquente Peers) auch solche, die in der Literatur zu prognostischen Kriterien (z. B. Andrews & Bonta, 2010) bisher kaum berücksichtigt wurden. So thematisierten sie ein traditionelles Verständnis von Ehre, Wertekonflikte und Diskriminierungserfahrungen als mögliche Wegbereiter für Delinquenz. Teilweise bewerteten die Experten gängige Risikofaktoren, wie die Gewalterfahrung, auch als besonders bedeutsam für diesen kulturellen Kontext. Die Befunde können durch Theorie und Empirie gestützt werden, wenn dabei Ansätze der Interkulturellen Psychologie beachtet werden (Jones et al., 2002). So wurde eine ›Ehrkultur‹ bereits häufig in angrenzenden Fächern diskutiert (Cohen et al., 1996; Uskul et al., 2014). Schüler mit arabischem und türkischem MH befürworteten solche Männlichkeitskonzepte stärker als Schüler ohne MH, was ferner mit Gewaltverhalten zusammenhing (Baier et al., 2010). Wie die Experten betonten auch vorangegangene Studien die Bedeutung eines Werte- und Identitätskonfliktes für normabweichendes Verhalten wie Aggressivität (Phinney, 1992; Shrake & Rhee, 2004). Dabei spielt die erlebte Diskriminierung eine besondere Rolle, denn die Erfahrung von Ausgrenzung kann normabweichendes Verhalten begünstigen (Bar-Tal et al., 2009; Uslucan, 2012). Dessen ungeachtet sollten auch gängige Faktoren, wie z. B. Drogenkonsum, bei der Vorhersage straffälligen Verhaltens beachtet werden. Das bestätigten auch die hiesigen Experten (Schmidt et al., in Vorbereitung).

Bezüglich der Methodik machten die Experten Vorschläge für eine kultursensible Begutachtung. So rieten viele dazu, neben dem Täter das soziale Umfeld mit dessen Wertevorstellungen und Rollenerwartungen stärker als bisher üblich miteinzubeziehen. Auch empirische Untersuchungen legen nahe, dass Menschen in arabischen Ländern (Dwairy, 2002) und der Türkei (Kagitcibasi et al., 2010) sozialen Beziehungen und damit verbundenen Rollenerwartungen eine große Bedeutung bemessen, was ihr Verhalten maßgeblich bestimmt (Markus & Kitayama, 1991).

Als Limitation dieser Studie müssen die geringe Stichprobengröße und das qualitative Vorgehen angeführt werden. Da die migrations- und kultursensiblen Faktoren von den Experten aber auch in einer quantitativen Befragung für die Kriminalprognose für bedeutsam gehalten wurden, ist nicht von einer übermäßigen Verzerrung durch die Interpretation der Interviews auszugehen (Williams & Morrow, 2009).

Für eine verstärkte Ressourcenorientierung bei der Straftäterbehandlung (Ward & Stewart, 2003) wäre über die hiesigen Befunde hinaus Forschung zu Schutzfaktoren unbedingt nötig (Uslucan, 2011).

Ferner fokussierte diese Untersuchung nur auf Herkunft und grundlegende Werteorientierung. Zu beachten ist, dass sich Menschen je nach Bildung und sozialer Schicht hinsichtlich der beschrieben (kulturbedingten) Werteorientierungen unterscheiden können (Sen et al., 2014.). Deshalb sollten in Zukunft unterschiedliche kulturelle Kontexte differenzierter untersucht werden, um Unterschiede und Gemeinsamkeiten migrations- und kultursensibler Faktoren zu ergründen.

Vielversprechend sind die Ergebnisse dennoch, weil gängige Kriminalprognoseverfahren gerade für die hier untersuchte Gruppe derzeit nur unzureichend valide scheinen (Dahle & Schmidt, 2014; Shepherd et al., 2015; Schmidt et al., 2016). Ob die migrations- und kultursensiblen Faktoren tatsächlich prädiktiv valide sind, ist noch zu prüfen.

Die Beachtung dieser Einflussfaktoren könnte aber nicht nur die Prognose verbessern, sondern auch zu ergänzenden Behandlungsmaßnahmen führen (Put et al., 2013). Schließlich könnten die Ergebnisse Grundlage für interkulturelle Kompetenztrainings sein (analog zu Lersner et al., 2016), um die kultursensible und wirkungsvolle Arbeit mit Straffälligen zu unterstützen.

Anmerkungen

[1] *Danksagung:* Diese Studie ist nur durch die Offenheit und das Engagement der interviewten Experten möglich geworden. Dafür bedanken wir uns herzlich.

[2] Menschen mit MH haben mindestens ein Elternteil, das ohne deutsche Staatsbürgerschaft geboren wurde (Statistisches Bundesamt, 2012).

[3] Falls es den Experten nicht möglich war, von einem Fall zu berichten, wurde die Szenariotechnik angewandt (vgl. Kruse, 2011).

[4] Zwei der zehn Interviews wurden fernmündlich per Telefon geführt. Alle weiteren wurden persönlich geführt.

[5] Zwölf Experten wurden um eine Teilnahme gebeten. Sie waren den Autoren bereits bekannt oder wurden online über folgende Verzeichnisse rekrutiert: Fachpsychologen für Rechtpsychologie; Sachverständigenlisten der Psychotherapeutenkammern der Länder; Verzeichnis von Experten im Bereich Migration; Liste von Experten des Bundesamtes für Migration und Flüchtlinge; Expertenliste ›Deutscher Präventionstag‹.

Rezidivraten für kriminelle Rückfälle –
ein kurzer Überblick

Gregor Groß & Susanne Stübner

Begriffsbestimmung

Im kriminalprognostischen Kontext wird der Begriff der so genannten Rezidiv- bzw. Basisrate oftmals synonym mit dem der Rückfallwahrscheinlichkeit verwendet. Es handelt sich jedoch um unterschiedliche Konzepte: Die Rezidivrate ist eine exakt bestimmte Häufigkeit erneuter Ereignisse nach vorangegangenen Straftaten einer über einen bestimmten Zeitraum hinweg beobachteten Gruppe. Bei der Rückfallwahrscheinlichkeit hingegen handelt es sich um eine extrapolierte Annahme künftiger Rückfälligkeit bei einer Gruppe mit bestimmten Merkmalen.

Bestimmt werden hierbei – oftmals ausgehend von einem Indexdelikt – nach einem mehr oder weniger exakt definierten Beobachtungszeitraum anhand eines Rezidivkriteriums, wie z.B. Festnahme, Anklage, Verurteilung oder Haftstrafe, ob ein Straftäter erneut mit einem beliebigen oder näher spezifizierten Delikt abermals strafrechtlich in Erscheinung getreten ist. Inzwischen wurde eine Vielzahl von Prognoseinstrumenten entwickelt, die dazu dienen, anhand bestimmter Kriterien die gruppenstatistische Rückfallwahrscheinlichkeit eines Probanden präziser zu erfassen. Allerdings verzichten die meisten dieser Prognoseinstrumente auf die Berücksichtigung der Rezidivrate. Dies ist verständlich, da die Rezidivraten zahlreicher Straftätergruppen weiterhin nicht bekannt sind. Dennoch sollte nicht übersehen werden, dass das Resultat eines Prognoseverfahrens in hohem Maße davon abhängt, wie häufig das zu prognostizierende Merkmal überhaupt vorkommt.

Testtheoretische Grundlagen

Um den Zusammenhang zwischen der Häufigkeit eines Merkmals und der Zuverlässigkeit eines Prognoseinstruments erläutern zu können, ist es zunächst erforderlich, sich einige testtheoretische Konzepte vor Augen zu führen:

Die Güte eines Testverfahrens wird unter anderem durch dessen Validität bestimmt, der Übereinstimmung eines Testergebnisses mit einem

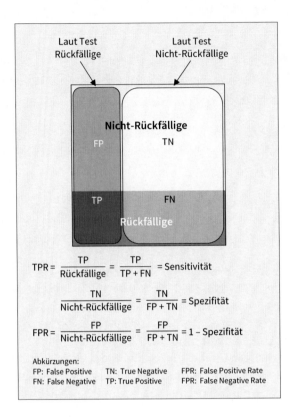

Abbildung 1

tatsächlichen Sachverhalt. Sensitivität und Spezifität als Kennzahlen dieser Validität determinieren somit Gültigkeit eines prognostischen Verfahrens. Im Falle kriminalprognostischer Verfahren beschreibt die Sensitivität das Verhältnis der laut Test rückfällig werdenden Straftäter im Verhältnis zu allen Tatsächlich-Rückfälligen. Die Spezifität hingegen ist die Anzahl der laut Test als nicht rückfällig prognostizierten Personen, geteilt durch die Anzahl aller tatsächlich nicht-rückfälligen Personen. Studien zu kriminalprognostischen Verfahren geben statt der Sensitivität und Spezifität ihrer Verfahren oftmals die *True Positive Rate* (TPR: Rate der richtig als rückfällig prognostizierten Probanden) sowie die *False Positive Rate* (FPR: Rate der irrtümlich als rückfällig prognostizierten Probanden) an, wobei die TPR der Sensitivität entspricht und sich die FPR aus der Differenz der Gesamtpopulation (100%) und der Spezifität ergibt (siehe Abb. 1). Ziel eines jeden Testverfahrens ist eine möglichst hohe TPR bei zugleich möglichst geringer FPR.

Zahlreiche kriminalprognostische Verfahren, wie z.B. die Psychopathieskala (PCL-R) nach Hare (2003) bieten die Möglichkeit, Summenscores zu bilden, wobei üblicherweise höhere Scores mit einer

$$Wb = \frac{Ba \times \text{Sensitivität}}{Ba \times \text{Sensitivität} + Bb \times (1 - \text{Spezifität})}$$

Abkürzungen: Wb = a-posteriori-Wahrscheinlichkeit
Ba = Basisrate (Rückfällige)
Bb = Basisrate (Nicht-Rückfällige)

Abbildung 2

höheren Rückfallwahrscheinlichkeit assoziiert sind. Für europäische Populationen wird beispielsweise ein PCL-R-Score von 25 genannt, um kriminalprognostische Hochrisikoprobanden identifizieren zu können (Hartmann et al., 2001; Mokros et al., 2013). Tatsächlich werden aber nicht alle Personen dieser Hochrisikoprobanden rückfällig, und es befinden sich auch unter Probanden mit niedrigen PCL-R-Scores oftmals Rückfalltäter. Falls das Ziel eines Prognoseverfahrens die Identifikation aller potenziellen Rückfalltäter sein sollte, so wäre es sinnvoll, einen möglichst niedrigen Grenzwert zu wählen, damit alle oder nahezu alle potenziellen Rückfalltäter erfasst werden. Die Rate der fälschlicherweise als ›rückfällig‹ klassifizierten Personen wäre hierbei jedoch enorm. Die TPR und FPR hängen somit vom jeweils gewählten Schwellenwert eines derartig konzipierten Verfahrens ab und nehmen üblicherweise zu, je niedriger der Schwellenwert gewählt wird. Trägt man die TPR und FPR auf die Achsen eines Diagramms ein, so lässt sich das Verhältnis von TPR zu FPR als Kurve darstellen, die als *Receiver-Operator-Characteristics* (ROC) bezeichnet wird. Die Fläche unter dieser Kurve (*area unter the curve* – AUC) kann im Idealfall einen Wert von 1 annehmen, in diesem Fall würde der Test perfekt zwischen Rückfälligen und Nicht-Rückfälligen unterscheiden. Eine Fläche von 0,5 hingegen würde auf ein Verfahren hindeuten, das zwischen Rückfälligen und Nicht-Rückfälligen nicht besser als der Zufall unterscheiden kann. Bei den meisten der derzeit verwendeten kriminalprognostischen Verfahren, die Merkmale zu Summencores addieren lassen, liegen die Werte der AUC zwischen 0,6 und 0,9, wodurch belegt wird, dass sie unter gruppenstatistischen Aspekten Aussagekraft haben.

In gruppenstatistischem Kontext ist jedoch nicht nur der gewählte Schwellenwert eines Instrumentes, sondern auch die Häufigkeit bzw. die a-priori-Wahrscheinlichkeit eines Merkmals – die sogenannte Basisrate – in einer gewählten Population zu berücksichtigen, da insbesondere hohe oder niedrige Werte zu einer Fehlinterpretation der mit einem derartigen Testverfahren ermittelten Rückfallwahrscheinlichkeit führen. Eine Korrektur der Wahrscheinlichkeit kann beispielsweise mit dem Theorem von Bayes vorgenommen werden (Bayes, 1763; Abb. 2).

Um diese Berechnung vornehmen zu können, ist es erforderlich, die möglichst spezifische Rückfallwahrscheinlichkeit einer Population wie auch die TPR und FPR des Prognoseinstrumentes bei einem ermittelten Schwellenwert zu kennen. Allerdings berichten die Handbücher oder publizierte Studien nur selten die Sensitivität und Spezifität ihres jeweiligen Prognoseinstruments bei einem bestimmten Schwellenwert. Ohne diese Information ist eine Anwendung des Bayes'schen Theorems nicht möglich. Allein aus den angegebenen AUCs kann eine derartige Rückrechnung nicht vorgenommen werden.

Als weitere Einschränkung ist zu berücksichtigen, dass die Rückfallwahrscheinlichkeit einer Population nicht nur von der Deliktgruppe an sich, dem Beobachtungszeitraum oder dem gewählten Rückfallkriterium abhängt, sondern auch andere Faktoren spielen diesbezüglich eine wichtige Rolle, wie z. B. die Anzeigebereitschaft der Opfer bzw. die Ermittlungsbereitschaft der Behörden. Die Meldebereitschaft für Sexualdelikte oder für häusliche Gewalt hat sich im Laufe der letzten Jahre immer wieder verändert.

Das gegenwärtige Wissen über die Rezidivrate der Rückfälligkeit bestimmter Populationen kann somit lediglich als Hinweis gewertet werden, ob die mit einem Prognoseinstrument ermittelte Wahrscheinlichkeit eher nach oben oder nach unten korrigiert werden sollte. So ist die einschlägige Rückfallwahrscheinlichkeit mehrfach diesbezüglich vorbestrafter jugendlicher Eigentumsdelinquenten trotz eines günstigen Wertes eines Prognoseinstrumentes sicherlich wesentlich höher als von wegen Kindstötung verurteilter Personen trotz ungünstigem Resultat im Prognoseinstrument.

Letztendlich bietet auch die unter Berücksichtigung der Rezidivrate vorgenommene Kriminalprognose lediglich eine gruppenstatistische Aussage. Eine Beantwortung der Frage, ob ein spezifischer Proband nun rückfällig wird oder nicht, wäre auch mit besonders sorgfältig vorgenommenen Berechnungen nicht möglich.

Ziel der vorliegenden Übersicht

Auch wenn bisher nicht präzise vorhergesagt werden kann, ob ein Proband rückfällig werden wird oder nicht, so trägt die Kenntnis der Basis- bzw. Rezidivrate zumindest dazu bei, die Wahrscheinlichkeit eines Rückfalls etwas näher eingrenzen zu können.

Da kriminalprognostische Gutachter oftmals explizit nach der Rückfallwahrscheinlichkeit gefragt werden, sollen – trotz aller methodischer Einschränkungen – die sich aus Übersichtsarbeiten ergebende Rezidivraten bestimmter Straftäterpopulationen im Folgenden dargestellt werden.

Hierbei ist zu berücksichtigen, dass Studien aus dem deutschen Sprachraum insbesondere den Umstand einer Wiederverurteilung als Rückfall bewerten, Studien aus dem angloamerikanischen Sprachraum definieren oftmals auch andere Kriterien, wie Wiederverhaftung, erneute Anklage, diverse Formen der Unterbringung *(incarceration)* oder eine erneute Haftstrafe *(inprisonment)* als Rückfallkriterium. Gelegentlich wurden auch Selbstauskünfte von Probanden als Rückfallkriterium herangezogen.

Im Folgenden sollen auszugsweise einige Rückfallraten zu erfahrungsweise besonders oft bei Prognosegutachten angefragten Straftätergruppen dargestellt werden. Zu einer genaueren Übersicht darf für die Bundesrepublik Deutschland auf die inzwischen wiederholt durchgeführte Gesamterhebung von Jehle et al. (zuletzt 2016) verwiesen werden.

Allgemeine Rückfälligkeit

Wie vormals in einer Übersicht dargestellt, wurden Straftäter in einem Fünfjahreszeitraum weltweit zu etwa 45 Prozent erneut wegen eines beliebigen Deliktes verurteilt (Groß, 2004), eine bundesweite Untersuchung von Jehle et al. (2016) zu im Jahr 2010 sanktionierten oder aus der Haft entlassenen Personen berichtete erneute Straffälligkeit in 35 Prozent der Fälle in einem Dreijahreszeitraum, vier Prozent der untersuchten Gruppe wurden zu einer weiteren Freiheits- oder Jugendstrafe ohne Bewährung verurteilt, in sieben Prozent konnte die Strafe zur Bewährung ausgesetzt werden. Besonders hohe allgemeine Rückfallraten wurden nach ›einfacher Körperverletzung‹ (39%), ›einfachem Diebstahl‹ (40%), ›Verstößen gegen das BtMG‹ (41%), ›gefährlicher und schwerer Körperverletzung‹ (42%), ›schweren Formen des Diebstahls‹ und ›Raubdelikten‹ (etwa 50%) berichtet, die niedrigsten (unter 20%) nach Straßenverkehrsdelikten (ausgenommen Fahren ohne Fahrerlaubnis) und Tötungsdelikten. Nach Verbüßung einer Jugend- oder Freiheitsstrafe waren die Rückfallraten höher, es kam in 30 Prozent bzw. 21 Prozent zur Verhängung einer erneuten Freiheitsstrafe (Jehle et al., 2016).

Auch in anderen Ländern werden regelmäßig Rückfallstatistiken erhoben, beispielsweise in den USA und in der Schweiz.

Aktuelle Zahlen einer groß angelegten Untersuchung in den USA unter Haftentlassenen weisen auf eine höhere Rückfallquote (55%) hin (Durose et al., 2014). Allerdings ist eine Übertragung der Zahlen aus US-amerikanischen Studien auf europäische Verhältnisse nicht ohne weiteres möglich, da der Anteil der Inhaftierten in den USA mit 716 Gefangenen/100.000 Einwohner nahezu das zehnfache des Anteils der Gefangenen an der Population in Deutschland (79/100.000 Einwohner) beträgt (Walmsley et al., 2013). Dennoch ermöglicht eine solche Untersuchung verschiedener Arten der Rückfälligkeit innerhalb von fünf Jahren zumindest die Betrachtung der Relationen: 76,6 Prozent aller 404.638 Strafgefangener, die 2005 in 30 Bundesstaaten aus Staatsgefängnissen der USA entlassen wurden, wurden erneut festgenommen, 60 Prozent wurden erneut angeklagt, 55,4 Prozent erneut verurteilt, in 44,9 Prozent der Fälle wurde als Sanktion erneut eine Unterbringung oder Haft ausgesprochen, in 28,2 Prozent kam zu einer erneuten Haftstrafe.

Eine Schweizer Studie zu einer Geburtenkohorte (Maillard & Zoder, 2015) berichtete, dass 38 Prozent von Ersttätern innerhalb von neun Jahren erneut verurteilt wurden, 51 Prozent der Wiederverurteilten wurden innerhalb von neun Jahren abermals wegen einer Straftat verurteilt. Sofern die Erstverurteilung auf einer Straftat gegen das schweizerische Betäubungsmittelgesetz beruhte, waren die Rückfallraten höher (51% bzw. 61% bei Drittverurteilung). Die höheren Rückfallraten könnten mit der längeren Beobachtungsdauer erklärt werden.

Allgemeine Rückfälligkeit bei Jugendlichen und Heranwachsenden

Das jugendliche Alter ist ein bekannter Risikofaktor nicht nur für Delinquenz, sondern auch für Rückfälligkeit, wie bereits vormals gezeigt (Übersicht bei Groß, 2004) und erneut bestätigt: Laut Jehle et al. (2016) wiesen die 14- bis 15-jährigen Straftäter eine Wiederverurteilungsrate von 44 Prozent auf, wohingegen bei den über 60-Jährigen lediglich 15 Prozent rückfällig wurden.

Allgemeine Rückfälligkeit bei Frauen

Vormals war bei Frauen noch von einer ähnlichen Rückfallquote ausgegangen worden (Übersicht bei Groß, 2004), nach neueren Untersuchungen werden sie jedoch möglicherweise etwas seltener rückfällig (77,6% vs. 68,1% Wiederverhaftungsraten) als Männer (Durose et al., 2014) bzw. 40 Prozent vs. 26 Prozent bei Ersttätern, andererseits jedoch betrug die Wiederverurteilungsrate bei Wiederholungstätern 51 Prozent bei Männern und 53 Prozent bei Frauen (Maillard & Zoder, 2015). Auch Jehle et al. (2016) berichteten von einer um 16 Prozent geringeren Rückfallrate bei Frauen als bei Männern in einem Neunjahreszeitraum.

Allgemeine Rückfälligkeit nach Unterbringung in einer Entziehungsanstalt gem. § 64 StGB

Die aktuellste bundesweite Rückfalluntersuchung anhand der Auswertung von Bundeszentralregisterauszügen erbrachte bei 2.193 ehemals gemäß § 64 StGB Untergebrachten mit zusätzlicher Freiheitsstrafe eine Rückfallrate in strafbewährtes Verhalten nach drei Jahren von 46 Prozent, nach sechs Jahren von 63 Prozent und nach neun Jahren von 68 Prozent (Jehle et al., 2016). Auch von Dimmek et al. (2010) wurden Rückfallquoten zwischen 37 Prozent und 60 Prozent berichtet.

Eine weitere Studie, aus der sich Merkmale der untersuchten Populationen erkennen lassen, beschrieb die Verläufe von 120 Probanden, die aus einer Maßregel gemäß § 64 StGB zur Bewährung entlassen wurden (Gericke & Kallert, 2007). Hierbei wiesen 44 Personen (37%) nach zwei Jahren neue Einträge im Bundeszentralregister auf (durchschnittlicher Aufenthalt im Maßregelvollzug 25,8 Monaten). Primär Alkoholabhängige hatten eine etwas höhere Rückfallhäufigkeit, ebenso strafrechtlich hoch vorbelastete Verurteilte. Suchtmittelrückfälle während des Vollzuges waren überraschenderweise eher mit einer positiven Legalbewährung korreliert. Das Alter bei Aufnahme war kein entscheidender Einflussfaktor. Wer länger im Vollzug blieb, wurde weniger häufig erneut strafrechtlich auffällig. In 48 Prozent wurde die Maßregel wegen Aussichtslosigkeit erledigt.

Bezzel (2010) berichtete hingegen zu einer Katamneseuntersuchung von 136 aus dem Maßregelvollzug nach § 64 StGB regulär entlassenen Patienten, die mindestens ein Jahr nachverfolgt werden konnten. Als Rückfallkriterium wurden u. a. auch selbst berichtete Straftaten gewertet. 19,1 Prozent der Probanden wurden demnach erneut delinquent, insbesondere in den ersten Monaten nach Entlassung: Über ein Viertel wurden straffällig, die Taten wurden jedoch nicht aktenkundig bzw. die Verfahren wurden eingestellt. Im Unterschied zu der Untersuchung von Gericke & Kallert (2007) wurden hier eher drogenkonsumierende Täter rückfällig, auch bei Substanzmissbrauch in der Therapie fanden sich häufiger Bewährungsversager. Festhalten am alten Umfeld, erfolglose Vorbehandlungen im Maßregelvollzug waren ebenfalls eher mit Rückfällen korreliert. Finanzielle Absicherung und Nachsorge waren in dieser Studie deutlich mit einem Bewährungserfolg korreliert, wohingegen ein positiver Effekt der Nachsorge in einer Untersuchung von Passow et al. (2016) nicht belegt werden konnte.

Allgemeine Rückfälligkeit nach Unterbringung gemäß § 63 StGB

Rückfälligkeit unter Maßregelvollzugspatienten, die gemäß § 63 StGB in Verbindung mit einer Freiheitsstrafe (*n* = 354) untergebracht waren, wurden von Jehle et al. (2016) berichtet: Demnach wurden nach drei Jahren Beobachtungszeit 14 Prozent erneut verurteilt, nach sechs Jahren waren es 23 Prozent und nach neun Jahren 27 Prozent. Ohne Freiheitsstrafe (*n* = 722) betrugen die Wiederverurteilungsraten sechs Prozent nach drei Jahren, elf Prozent nach sechs Jahren und 14 Prozent nach neun Jahren.

Demnach waren 45 Prozent erneut in einem Zeitraum von sechs Jahren straffällig geworden, hiervon 40 Prozent bereits in den ersten drei Jahren. Die Verurteilung zu erneuten Haftstrafen war bei Patienten des Maßregelvollzugs deutlich geringer als nach Entlassung aus der Entziehungsanstalt (nach 3 Jahren 1-4% vs. 23%).

In einer Übersicht (Seifert, 2003) wurden allgemeine Rückfallraten von sieben Prozent bis 47 Prozent genannt, allerdings betrafen die untersuchten Gruppen verschiedene Zeiträume und Settings. Seit Einführung einer konsequenten Nachsorgebehandlung wurden niedrigere Rückfallquoten (2%-24%) berichtet (Übersicht z. B. bei Löprich-Zerbes, 2014).

Eine weitere Untersuchung zu Rückfälligkeit nach Unterbringung gem. § 63 StGB (Stübner et al., subm.) mit $n = 130$ betrachtete den Unterschied zwischen forensisch nachbetreuten Patienten des Maßregelvollzugs und nicht nachbetreuten. Die allgemeine kriminelle Rückfälligkeit betrug nach fünf Jahren Beobachtungszeit unter den Nicht-Nachbetreuten etwa 35 Prozent, unter den Nachbetreuten hingegen nur elf Prozent.

Rückfälligkeit nach Entlassung aus der Sicherungsverwahrung gem. § 66 StGB

Niedrige Rückfallraten wurden auch nach Entlassung aus der Sicherungsverwahrung gem. § 66 StGB berichtet, allerdings an einer sehr kleinen Fallzahl ($n = 39$): Nach drei Jahren wurde in fünf Prozent der Fälle eine Folgeentscheidung ausgesprochen, nach sechs Jahren bei 13 Prozent und nach neun Jahren bei 21 Prozent. Während es sich bei dieser Population überwiegend um Sicherungsverwahrte mit einer günstigen Kriminalprognose handeln dürfte, so wurden in einer Untersuchung von Müller et al. (2013) 25 Fälle aufgrund höchstrichterlicher Entscheidung trotz weiterhin angenommener Gefährlichkeit entlassene Verwahrte über zwei Jahre hinweg beobachtet. 60 Prozent hatten erneut Straftaten begangen, hiervon 16 Prozent bzw. zwölf Prozent schwere bzw. sehr schwere Straftaten.

Gewaltdelikte

Die allgemeine Wiederverurteilungswahrscheinlichkeit nach einem Gewaltdelikt innerhalb von fünf Jahren (incl. sexueller Gewalttaten) wurde auf Grundlage international publizierter Studien 2004 mit etwa 40 Prozent ermittelt (Groß, 2004). Harrendorf (2007) gab anlässlich einer bundesweiten Rückfalluntersuchung einer Population von 75.154

Gewaltstraftätern bei vierjähriger Beobachtungszeit eine Wiederverur- teilungsrate von 44 Prozent an, zudem beschrieb er eine altersabhängig nachlassende Wiederverurteilungsquote, sie betrug bei 14- bis 15-jähri- gen Gewalttätern etwa 64 Prozent im Allgemeinen und etwa 32 Prozent für neuerliche Gewalt, wohingegen über 70-Jährige nur zu etwa sechs Prozent erneut verurteilt wurden, hierunter zu 1,4 Prozent aufgrund erneuter Gewalttaten. Für weibliche Gewalttäter ermittelte Harrendorf (2007) eine etwas geringere Wiederverurteilungsrate:

In der Arbeit von Jehle et al. (2016) werden Rückfallhäufigkeiten nach Gewaltdelikten differenziert nach Art des Deliktes, Art der Vor- delikte und Art des Rückfalls. Es wird beispielsweise aufgeführt, dass nach Tötungsdelikten ohne weitere Vorentscheidungen (n = 370) Fol- geentscheidungen in einem Beobachtungszeitraum von drei Jahren nur in acht Prozent der Fälle festgestellt wurden und neue Tötungsdelikte auch nach neun Jahren Beobachtungsdauer lediglich in 0,3 Prozent der Fälle. Sofern hingegen vor dem Tötungsdelikt eine Verurteilung wegen Raub oder Erpressung erfolgt war (n = 86), so wurden nach drei Jahren in 42 Prozent der Fälle Folgeentscheidungen getroffen, allerdings nur in 1,2 Prozent der Fälle wegen eines erneuten Tötungsdeliktes.

Erneute Tötungsdelikte nach vorausgegangener Tötung bleiben ein eher seltenes Ereignis (Groß, 2004), die Rezidivrate liegt weiterhin deut- lich unter sechs Prozent, hierunter stellt ein wiederholter Infantizid oder Neonatizid sogar ein extrem seltenes Ereignis dar. Harrendorf hingegen berichtete, dass unter den Tätern, die nach einem Tötungsdelikt erneut ein Gewaltdelikt begingen, es immerhin in 11,5 Prozent erneut zu einem Tötungsdelikt kam. »Die Begehung einer Straftat aus einer bestimmten Deliktsgruppe steigert somit die Wahrscheinlichkeit, dass eine erneute Straftat aus derselben Deliktsgruppe stammt« (Harrendorf, 2007).

Sexualdelikte

Die allgemeinen Wiederverurteilungsraten betrugen in einer umfassen- den Kohortenstudie (Langan et al., 2003) zu 9.691 männlichen Sexual- straftätern, die 1994 in 15 US-Staaten aus der Haft entlassen wurden, innerhalb von drei Jahren nach einer verbüßten Haftstrafe wegen Verge- waltigung (*rapist; n* = 9.691) 27,3 Prozent und nach sexueller Nötigung (*sexual assaulter; n* = 6.576) 22,4 Prozent; nach Kindsmissbrauch (*child molesters; n* = 4.295) betrug sie 20,4 Prozent, nach Geschlechtsverkehr mit nicht Einwilligungsfähigen (*statutory rapists; n* = 443) 32,7 Prozent. Die Wiederverurteilungsraten für erneute Sexualdelikte betrugen nach Vergewaltigung 3,2 Prozent, nach sexueller Nötigung 3,7 Prozent, nach Kindsmissbrauch 3,5 Prozent und nach Geschlechtsverkehr mit nicht Einwilligungsfähigen 3,6 Prozent. Sexualstraftäter wurden zwar ins-

117

gesamt seltener erneut festgenommen als Nicht-Sexualstraftäter, allerdings betrug die Rate der erneuten Festnahmen etwa das Vierfache von Nicht-Sexualstraftätern.

Eine Untersuchung zu 4.724 Sexualstraftätern aus der kombinierten Betrachtung mehrerer Datensätze zu kanadischen, US-amerikanischen Untersuchungen und einer englischen Studie berichtete eine Wiederverurteilungswahrscheinlichkeit für erneute Sexualdelikte von 14 Prozent in fünf Jahren, 20 Prozent in zehn Jahren, 24 Prozent in 15 Jahren und 27 Prozent in 20 Jahren (Harris & Hanson, 2004). Einschlägig vorverurteilte Sexualstraftäter hatten nach 15 Jahren eine Rückfallwahrscheinlichkeit von 37 Prozent, erstmals verurteilte Sexualstraftäter hingegen von lediglich 19 Prozent. Therapie senkte die Rückfallwahrscheinlichkeit laut einer Metaanalyse von Hanson et al. (2009) von 19,2 Prozent auf 10,9 Prozent bei durchschnittlicher Beobachtungsdauer von 4,7 Jahren.

Die aktuellsten Raten zur Rückfälligkeit von Sexualdelinquenten können ebenfalls der Untersuchung von Jehle et al. (2016) entnommen werden: Demnach konnten in einem Dreijahreszeitraum nach 1.419 sexuellen Gewaltdelikten in 27,6 Prozent Folgeentscheidungen festgestellt werden, nach Missbrauchsdelikten ($n = 2.005$) in 24,1 Prozent der Fälle und nach exhibitionistischen Delikten ($n = 837$) in 26,6 Prozent der Fälle. In Fällen von sexueller Nötigung und Vergewaltigung ohne weitere Vorentscheidung ($n = 1.183$) kam es nach drei Jahren in 0,7 Prozent zu Folgeentscheidungen im Sinne erneuter sexueller Gewalt und nach neun Jahren in 1,3 Prozent. Weitere Kenngrößen zur Rückfälligkeit nach Sexualdelikten in Abhängigkeit von Index- und Vordelinquenz und Art des Rückfalls können detailliert der o. g. Untersuchung entnommen werden. »Anhaltspunkte für eine Interpretation des exhibitionistischen Delikts als ›Einstiegstat‹ für spätere schwerere Sexualstraten lassen sich nicht finden« (Jehle et al., 2016).

Ein empirischer Nachweis, dass eine antihormonelle Behandlung die Rückfallwahrscheinlichkeit senkt, konnte bisher nicht erbracht werden, da die bisherigen Studien deutliche methodische Mängel aufweisen (Eher et al., 2007). Als psychotherapeutische Intervention konnten kognitiv-behaviorale Verfahren besonders hohe Wirksamkeit belegen (Lösel & Schmucker, 2005).

Die Bestimmung der tatsächlichen Rückfallraten bei sexueller Delinquenz bleibt jedoch weiterhin schwierig, insbesondere da angenommen werden muss, dass eine Vielzahl von Sexualdelikten im Dunkelfeld begangen werden. Eine Untersuchung von Simon et al. (2004) legt nahe, dass nur fünf Prozent aller Fälle von Vergewaltigungen und sexuellem Missbrauch offiziell registriert werden.

Zusammenfassung und Diskussion

Studien zu Rückfälligkeit von bestimmten Deliktgruppen dominieren nach wie vor die Publikationslisten, Studien zu Rückfälligkeit nach bestimmten Störungsbildern oder zu bestimmten sozialen Lebensumständen sind weniger häufig veröffentlicht worden. Das Alter ist weiterhin als ein wichtiges Rückfallkriterium zu betrachten, mit zunehmendem Alter nehmen die Rückfallraten ab. Neuere Studien weisen darauf hin, dass ein männliches Geschlecht auch unter dem Aspekt der Rückfälligkeit als prognostisch ungünstiger Faktor zu bewerten ist. Besonders hohe Rückfallraten finden sich nach Raub- und Eigentumsdelikten. Einschlägige sowie wiederholte Straffälligkeit sowie der Umstand einer stationären Strafverbüßung sind nach wie vor der beste Prädiktor für künftige Straffälligkeit. Dennoch bleibt eine vergleichende Betrachtung der jeweiligen Rezidivraten nach wie vor schwierig, da die Studien unterschiedliche Länder, Zeiträume und Rückfallkriterien betreffen. Insgesamt ist bei längerer Beobachtungsdauer prinzipiell von einer höheren Rückfallrate auszugehen. Die Häufigkeit der Rückfälligkeit nimmt mit der Schwere des Deliktes oftmals ab. Eine Nachbetreuung scheint Rückfälligkeit zu reduzieren, wobei die robusteste Datenlage die Entlassung nach § 63 StGB sowie eine entsprechende forensische Nachsorge betreffen. Die umfassendste Erhebung von Rückfallraten in Abhängigkeit von Indexdelikt, Vordelinquenz, Folgedelikt und Sanktionsart ist der jüngsten Erhebung von Jehle et al. (2016) zu entnehmen. Da es sich bereits um eine mehrfache Aktualisierung von Vorläuferuntersuchungen handelt, ist davon auszugehen, dass die Rückfallraten für die Bundesrepublik Deutschland auch künftig immer wieder erhoben und statistisch ausgewertet werden. Aus derartigen Publikationen können Rückfallraten nach Art des Deliktes, Vordelikten, Geschlecht, Alter und Sanktionsform bestimmt werden.

Die unmittelbare Übertragung der statistischen Erkenntnisse auf den Einzelfall ist nicht möglich. Die statistische Größe betrifft die Gruppe, zu welcher der Einzelfall gehört, eine dichotome Entscheidung (der Proband wird rückfällig vs. nicht rückfällig) kann aus der Rückfallrate nicht hergeleitet werden. Allerdings erhöht eine hohe Basisrate die Grundwahrscheinlichkeit, dass ein bestimmter Proband rückfällig wird. Tatsächlich gibt es nur wenige Deliktformen mit einer in empirischen Studien ermittelten besonders hohen Rückfallwahrscheinlichkeit, auch die Gültigkeit der prognostischen Einzelfallentscheidung ist trotz kontinuierlicher Weiterentwicklung von Prognoseinstrumenten limitiert, wie die überraschend geringen Rückfallraten nach Entlassung aus der Sicherungsverwahrung zeigen – selbst bei ungünstig eingeschätzter Kriminalprognose.

Between a ROC and a hard place: Das statistische Sonderopfer. Ein Grundkurs

Philipp Hintze

Eine Signalentdeckungstheorie

Die konsequentialistische Entscheidung, das Freiheitsrecht eines Menschen dem Anspruch an Sicherheit der Gesellschaft unterzuordnen und ihm durch einen präventiven Freiheitsentzug ein Sonderopfer für die Gesellschaft (Kammeier, 2010, 33 ff.) aufzuerlegen, ist eine juristisch-normative Entscheidung.

Der zugrundeliegende Entscheidungsprozess lässt sich mit Hilfe der sogenannten *Signalentdeckungstheorie* theoretisch abbilden (Abb. 1). Die Gesamtheit der zu beurteilenden Personen besteht aus zwei Gruppen:

1) einer Gruppe, die im Falle einer Entlassung erneut straffällig wird, und
2) einer Gruppe, die im Falle einer Entlassung nicht erneut straffällig wird.

Diese Unterteilung erfordert, dass das Merkmal erneuter Straffälligkeit auf Gruppenebene und nicht auf Individualebene stochastisch ist. Diese

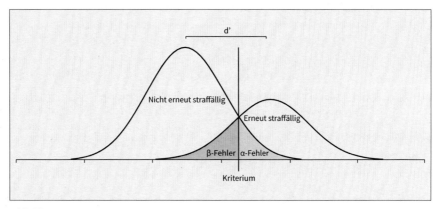

Abbildung 1

vereinfachende (und kritisierbare) Annahme bedeutet, dass bei einer theoretischen Wiederholung des Beobachtungszeitraums die selben Personen (aufgrund ihrer unveränderlichen Eigenschaften) erneut straffällig würden und nicht bei jeder Wiederholung eine andere Gruppe von Personen (aufgrund veränderlicher Interaktionen zwischen Eigenschaften und Situationen). Unter dieser Annahme ist die Zuordnung einer jeden Person eindeutig, dem Entscheidenden jedoch unbekannt. Diesem steht ein ›Signal‹ zur Verfügung, anhand dessen er die Unterteilung vornimmt. Dieses Signal stellt im Falle der gerichtlichen Entscheidung die Gesamtheit der vorliegenden Informationen dar.

Für die Auseinandersetzung mit standardisierten Prognoseinstrumenten sei angenommen, der Summenwert eines solchen Instrumentes diene als Signal für den Entscheidungsprozess. Die Verteilungen der beiden Gruppen überschneiden sich, je nach dem wie gut das verwendete Instrument Personen identifizieren kann, die erneut straffällig werden. Den Grad der Überlappung der beiden Verteilungen beschreibt das Maß d' (sprich: d-Strich, engl. *d-prime*) = Abstand der Verteilungen (Qualität des Signals)/*Verteilungsbreite* (Menge an ›Rauschen‹).

Über α- oder Typ-I-Fehler und β- oder Typ-II-Fehler

Entscheidungen werden getroffen, indem durch den Entscheidungsträger ein sogenanntes Kriterium angelegt wird. Das Kriterium ist der Wert des Prognoseinstrumentes, oberhalb dessen eine Person der Gruppe der erneut straffälligen Personen zugeordnet wird. Dabei sind neben der korrekten Zuordnung zu einer der beiden Gruppen zwei Fehler möglich: Der *α-Fehler* (oder Typ-I-Fehler), eine falsch-positive Zuordnung zur Gruppe erneut straffälliger Personen und der *β-Fehler* (oder Typ-II-Fehler), eine falsch-negative Zuordnung zur Gruppe nicht erneut straffälliger Personen. Der α-Fehler und der β-Fehler hängen zusammen und ihr Verhältnis wird durch das Kriterium bestimmt.

- Ein Kriterium bei einem niedrigeren Wert, entsprechend einer konservativen Entscheidung, reduziert den β-Fehler und damit die Zahl erneut straffälliger Personen, die nicht identifiziert werden. Dies erhöht jedoch den α-Fehler, also die Zahl nicht erneut straffälliger Personen, denen die Freiheit entzogen wird.
- Reduziert man durch eine liberale Entscheidung, entsprechend einem Kriterium bei einem hohen Wert, den α-Fehler, erhöht sich dadurch der β-Fehler, also die Zahl erneut straffälliger Personen, die nicht identifiziert werden.

Die *Receiver Operating Characteristic Curve* (ROC)

Quintessenz dieses Verhältnisses ist, dass Fehler bei dieser Art der Entscheidung *unvermeidbar* sind und lediglich das *Verhältnis* der Fehlerarten beeinflussbar ist. Dieses Verhältnis kann graphisch dargestellt werden, indem die richtig identifizierten Fälle gegen die falsch-positiven Fälle abgetragen werden. Diese Darstellung wird *Receiver Operating Characteristic Curve* (kurz *ROC-curve*) genannt. Die Fläche unter der ROC-Kurve eines Instruments *(AUC oder Area Under the Curve)* wird als Messgröße für seine Vorhersagequalität genutzt. Ein Wert von 0.5 stellt dabei ein nutzloses Instrument dar, da die Zahl richtig identifizierter Fälle gleich der Zahl falsch-positiver Zuordnungen ist. Einen Wert von 1 erreicht ein perfektes Instrument, das ausschließlich richtige Zuordnungen produziert.[1]

Bleibt man bei dieser Abbildung des Entscheidungsprozesses, gibt es zwei Möglichkeiten, den d'-Wert und damit die Güte der Entscheidung zu erhöhen:

1. eine Erhöhung des Abstandes der Verteilungen durch eine Verbesserung der Qualität von Prognoseinstrumenten und
2. eine Reduktion des Signal-Rausch-Verhältnisses durch eine Verbesserung des Umgangs von Sachverständigen mit diesen Instrumenten.

Grundlagenkritik

Die aktuelle Generation standardisierter Prognoseinstrumente hat die Qualität von Prognosen gegenüber rein klinischer Vorhersagen maßgeblich verbessert[2], dennoch ist Kritik an ihren Grundlagen gerechtfertigt. Aus dieser können Möglichkeiten ihrer Weiterentwicklung abgeleitet werden. Ein zentraler Kritikpunkt muss sein, dass standardisierte Instrumente für ihre Punktwerte Intervallskalenniveau annehmen. Die Annahme einer metrischen Skalierung ist die Grundvoraussetzung für die Bildung von Summenwerten und beispielsweise der Anwendung logistischer Regression, um bei der Normierung eines Instruments der Tatsache Rechnung zu tragen, dass in den verwendeten Normierungsstichproben zu wenige Personen mit hohen Merkmalsausprägungen zur Verfügung stehen.

Dass es sich bei standardisierten Prognoseinstrumenten um parametrische Testverfahren handelt, ist jedoch fraglich. Jede Variable in einem gegebenen Instrument müsste in diesem Fall gleichrangig sein und müsste in gleichem Maße Varianz aufklären, eine schwer haltbare Annahme bei der Unterschiedlichkeit der anhand inhaltlicher Kriterien ausgewählten oder aus früheren Instrumenten zusammengetragenen Variablen. Selbst unter Annahme des Intervallskalenniveaus setzt eine logistische Regression voraus, dass ein linearer Wirkzusammenhang zwischen dem Summenwert eines Prognoseinstrumentes und dem Risiko erneuter Straffälligkeit besteht.

Grundlagenforschung

Komplexere Zusammenhänge wurden bisher nicht untersucht. Darüber hinaus werden, vermutlich zur Vereinfachung für den Anwender, Dichotomisierung metrischer Variablen (Alter, Anzahl einschlägiger Vorstrafen) vorgenommen, die theoretisch nicht begründet sind. Eine Weiterentwicklung der aktuellen Generation standardisierter Prognoseinstrumente erfordert die Aufgabe dieser Vereinfachungen, die Untersuchung nicht-linearer Wirkzusammenhänge in Regressionsanalysen *(pattern recognition)* und Regressionsanalysen, die nicht den Summenwert eines Prognoseinstruments für die Vorhersage erneuter Straffälligkeit verwenden, sondern die einzelnen Items, aus denen sich diese Instrumente zusammensetzen. Diese Analysen erlauben, lineare wie nicht-lineare Interaktionsterme zwischen einzelnen Items und auf die erneute Straffälligkeit abzubilden, die bisher in der Konstruktion von Prognoseinstrumenten ignoriert werden, und Regressionsgewichte zu bestimmen, um mit denen die einzelnen Items einem gewichteten Summenwert zu erstellen. Darüber hinaus sind multiple Regressionsanalysen mit verschiedenen Prognoseinstrumenten erforderlich, um festzustellen, welche Kombination von Instrumenten der aktuellen Generation standardisierter Prognoseinstrumente eine optimale Vorhersagequalität liefert.

Die dafür benötigten Stichproben müssen deutlich größer als bisher verwendete Datensätze sein, zumal unabhängige Stichproben für die Modellbildung und Modelltestung erforderlich sind. Durch eine Zusammenarbeit verschiedener mit der Prognoseforschung beschäftigter Stellen könnten ausreichend große Datensätze zusammengestellt werden, die eine substanzielle Verbesserung der aktuellen Generation standardisierter Testverfahren ermöglichen und ihre Vorhersagequalität steigern würden.

Sachverständige über Sachverhältnisse: Empfehlungen

Eine Reduktion des Signal-Rausch-Verhältnisses im prognostischen Entscheidungsprozess kann neben der Verbesserung der Messinstrumente auch durch einen theoretisch fundierten Umgang Sachverständiger mit diesen Instrumenten erreicht werden. Einige Hinweise seien an dieser Stelle gegeben:

- Sachverständige sollten die theoretische Abbildung des Entscheidungsprozesses in diesem Beitrag verstanden haben, insbesondere die Bedeutung des α- und β-Fehlers. Wenn die Ergebnisse standardisierter Prognoseinstrumente berichtet werden, ist es *unverzichtbar,* Konfidenzintervalle anzugeben, diese zu verstehen und den Entscheidungsträgern zu vermitteln. Darüber hinaus müssen Eigenschaften der Normstichprobe (Größe, Erhebungszeitraum, Nationalität, etc.) berichtet werden, mit Hilfe derer das Ergebnis gewonnen wurde. Wurde für die Normierung eine logistische Regression o. Ä. verwendet, sind die Daten der zugrundeliegenden Stichprobe sowie die Passungskoeffizienten des Regressionsmodells *(goodness-of-fit-coefficient)* zu berichten. Diese Angaben sind kein akademisches Schmuckwerk, sondern liefern Informationen über die Zuverlässigkeit der getroffenen Aussage und sind somit Teil eines transparenten Umgangs mit der prognostischen Fragestellung. Einige Instrumente bieten über die absolute Wahrscheinlichkeitsangabe erneuter Straffälligkeit weitere Maße an, die verschiedene Risiken zueinander in Beziehung setzten, wie die *relative risk ratio* im static99, die das Risiko einer Personengruppe mit dem einer als ›durchschnittlich‹ definierten Personengruppe in Beziehung setzt (Harris et al., 2003; Rettenberger & Eher, 2006). Die ›Durchschnittlichkeit‹ ist dabei lediglich als der Median der Verteilung der Normgruppe des Instruments definiert und folgt keiner inhaltlichen Logik. Derartige Maße tragen nicht zu einer besseren Beantwortung der prognostischen Fragestellung bei, haben jedoch das Potenzial, Entscheidungsträger unsachlich zu beeinflussen.

- Sachverständigen muss empfohlen werden, in ihrer Darstellung der Wahrscheinlichkeitsaussage bezüglich des zukünftigen Legalverhaltens des Probanden auf das hier dargestellte Modell des Entscheidungsprozesses in der Signalentdeckungstheorie zurückzugreifen. Damit kann den Entscheidungsträgern neben der Messgenauigkeit der verwendeten Instrumente vermittelt werden, wie hoch der α-Fehler, also die Wahrscheinlichkeit, einen ungefährlichen Probanden weiter unterzubringen, und der β-Fehler, also die Wahrscheinlichkeit, einen gefährlichen Probanden zu entlassen, ausfallen, wenn das Entscheidungskriterium auf den Punktwert, den der Proband in einem standardisierten Prognoseinstrument erreicht, festgelegt wird. Die Entscheidung, wo dieses Kriterium liegt, welches Risiko der Gesellschaft zugemutet wird und welches Verhältnis der Fehlertypen zueinander angestrebt wird, obliegt allein dem Gericht. Dies ist das statistische Sonderopfer.

Anmerkungen

[1] Zur Vertiefung wird in Fragestellungen der Signalentdeckungstheorie das Buch von Macmillan und Creelman (2004) empfohlen.

[2] Vgl. Monahan & Cummings, 1974; Monahan, 1981; Quinsey & Ambtman, 1979; Steadman & Cocozza, 1974.

Basisraten für kriminelle Rückfälle – Ergebnisse einer Literaturübersicht

Gregor Groß & Norbert Nedopil

Die Daten dieser Arbeit entstammen der Dissertation von Gregor Groß, die eine ausführliche Darstellung enthält. Sie kann unter http://edoc.ub.uni-muenchen.de/archive/00001834/ abgerufen werden.

Basisraten bezeichnen das Vorhandensein eines Merkmals in einer Population. Handelt es sich bei diesem Merkmal um eine Straftat, die innerhalb eines Zeitraums in einer Population, beispielsweise in der Bevölkerung eines bestimmten Landes begangen wurde, so bezeichnet man dies als Deliktrate oder als Basisrate der Delikte. Rückfallraten wiederum betrachten das wiederholte Auftreten eines Merkmals unter einer Population von Merkmalsträgern. Die vorliegende Übersicht befasst sich mit *Rückfallraten* (oder synonym: *Rezidivraten*) im Sinne erneuter Straftaten unter einer Population von Straftätern. Diese sind somit ein Sonderfall der Deliktraten. Rückfallraten, die aus Straftäterpopulationen verschiedener Länder gewonnen wurden, werden nur sinnvoll interpretierbar, wenn man die Deliktraten und die Methode ihrer Erhebung kennt. Deliktraten werden, im Gegensatz zu Rückfallraten, inzwischen in vielen Ländern erfasst.

Aus einem Vergleich der Deliktraten lassen sich länderspezifische Unterschiede hinsichtlich der gesellschaftlichen Bewertung von Straftaten erkennen. Eine gute Informationsquelle sind hier die Deliktraten, die von den Vereinten Nationen (UN, 2000) in regelmäßigen Abständen zusammengetragen werden. Diese Raten werden in der Regel als *Kriminalitätsbelastungsziffern* (KBZ) angegeben. Die KBZ besagt, wie viele Delikte es pro 100.000 der Referenzbevölkerung gibt. Die KBZ beispielsweise von Eigentumsdelikten ist in den USA, Kanada, der Tschechischen Republik, Bulgarien, der Slowakei und Estland besonders hoch. Eine besonders niedrige Rate findet sich in Weißrussland, der Schweiz, Norwegen und dem ehem. Jugoslawien. Gewaltdelikte sind nach dieser Statistik besonders hoch in den Ländern der ehemaligen Sowjetunion und in den USA, niedrig hingegen in Kanada und in Westeuropa. Gewalt gegen Frauen wird besonders in den Ländern der ehemaligen Sowjetunion, in den USA, in Kanada, in Südafrika und in Nordeuropa verzeichnet, Korruption besonders häufig in Mittel-, Ost- und Südeuropa.

Auch wenn diese Zahlen eine Orientierungshilfe bei der vergleichenden Bewertung von Deliktraten sein können, so muss berücksichtigt werden, dass diese Zahlen nicht die tatsächliche Delinquenz widerspiegeln, sondern nur die erfassten Straftaten, und die Erfassung wiederum beruht auf der Bereitschaft der Bevölkerung, ein derartiges Delikt anzuzeigen, und der Bereitschaft von Gesetzgeber und Exekutive, ein derartiges Delikt auch als Straftat zu bewerten und zu verfolgen.

Einen weiteren Ansatz zur Bestimmung der Deliktraten liefern Viktimisierungsraten. In den USA werden seit 1972 jedes Jahr Umfragen in etwa 45.000 Haushalten durchgeführt, ob im Laufe des letzten halben Jahres jemand Opfer eines Verbrechens geworden ist (Maltz & Zawitz, 1998). Hierdurch wird erhofft, die Dunkelziffer besser erfassen zu können. Aus dem Vergleich der Deliktraten mit den Viktimisierungsraten lassen sich Dunkelzifferraten in Höhe von etwa 100 Prozent ableiten, vermutlich sind sie noch höher. Die hohe Dunkelzifferrate betrifft auch die Rezidivraten, ist hier jedoch nicht erforscht. Es gibt jedoch Überlegungen, dass sie nicht höher liegt als die bekannte Rezidivrate, wenn sowohl bei der Deliktrate wie bei der Rückfallrate die Dunkelziffern berücksichtigt werden und man zusätzlich von der Annahme ausgeht, dass polizeibekannte Täter häufiger identifiziert werden als Ersttäter. Eher hohe Dunkelzifferraten gibt es bei Sexualdelikten oder Gewalt im familiären Umfeld, eher niedrige Dunkelziffern bei Tötungsdelikten. Eine exakte Benennung der Höhe der Dunkelziffer ist jedoch nicht möglich.

Man unterscheidet Rückfälle im Allgemeinen, einschlägige und spezifische Rückfälle. Allerdings divergiert die Definition von »Einschlägigkeit« in verschiedenen Studien, außerdem lässt sich die Frage der weiteren Gefährlichkeit von Straftätern mit »Einschlägigkeit« nicht ausreichend beantworten. Wenn ein Kindsmissbraucher mit einem Tötungsdelikt rückfällig wird, so muss dies nicht einschlägig sein, ist aber nicht minder gefährlich. Im vorliegenden Vergleich der Studien werden daher, sofern möglich, die Rückfälle folgenden Gruppen zugeordnet: Rezidive insgesamt, das heißt jede Form erneuten delinquenten In-Erscheinung-Tretens. Sie wurde bei allen Straftätern berücksichtigt. Gewaltsame Rezidive (Tötungsdelikte; Körperverletzung; Raub; Nötigung; Vergewaltigung; aber auch Sachbeschädigung und Brandstiftung) werden bei Gewalttätern erfasst. Rezidive mit Gewalttaten und erneute Sexualdelikte werden bei Sexualstraftätern berücksichtigt, wobei alle Formen von illegalen sexuellen Handlungen wie Vergewaltigung, Exhibitionismus, Missbrauch Minderjähriger oder Abhängiger, illegale Pornographie erfasst wurden.

In vielen Studien wird nicht zwischen versuchten und ausgeführten Delikten unterschieden. Eine klare Trennung zwischen versuchten und vollendeten Straftaten ist auch nicht möglich, wenn beispielsweise das Opfer eines Tötungsversuches nur auf Grund des raschen Eintreffens eines erfahrenen Notarztes überleben konnte. Die fehlende Differenzierung muss jedoch bei der Bewertung der Daten berücksichtigt werden.

Die vorgelegten Daten basieren auf einer Literaturrecherche in gängigen Datenbanken Medline, Embase, PsyLit und KrimDok 1990-2000; sie wurde erweitert über Recherchen mit Hife von Suchmaschinen im Internet. Eingeschlossen wurden Studien in englischer, französischer, russischer oder deutscher Sprache bis zum Publikationsjahr 2000. Darüber hinaus wurden 60 statistische Ämter, Polizeibehörden und Justiz- und Innenministerien angeschrieben. Geeignete Daten wurden jedoch nur von wenigen Ländern (Island, Norwegen und der Schweiz) zugesandt. Die Ergebnisse der ersten umfassenden Rückfalluntersuchung im deutschen Sprachraum (Jehle et al., 2003) wurden bei der Errechnung der Durchschnittswerte nicht berücksichtigt, ihre Ergebnisse werden jedoch in den jeweiligen Abschnitten als Referenzwerte angeführt.

Rückfälle werden unterschiedlich definiert. Die niederschwelligsten Rückfallkriterien sind der Verdacht eines Rezidivs oder anonyme Selbstauskünfte von Straftätern. Als nächst höheres Kriterium werden »Wiederverhaftung«, Festnahmen durch die Polizei oder Anklagen durch Strafverfolgungsbehörden klassifiziert. Wiederverhaftungsraten erfassen ein breites Spektrum von Normverstößen, z. B. auch Nichteinhalten von Bewährungsauflagen, und sind deshalb in ihrer Aussagekraft eingeschränkt. Wiederverurteilungen als Rückfallkriterium sind ein noch höherschwelligeres Rückfallkriterium, zumal nicht jedes Bagatelldelikt zu einer erneuten Verurteilung führt. Andererseits sagt eine erneute Aburteilung nichts über die Schwere der Rückfalltat. Die Wahrscheinlichkeit eines Rückfalls mit einer erheblichen Straftat kommt am ehesten in Form einer erneuten Strafhaft zum Ausdruck. Manche Autoren klassifizieren erneute Haftstrafen erst ab einer bestimmten Dauer (mehr als 30 Tage, mehr als drei Monate oder mehr als zwei Jahre) als Rezidiv im engeren Sinne, um den Fokus auf besonders gravierende Straftaten zu lenken; auf diese Unterscheidung wurde mangels ausreichender Fallzahlen in der vergleichenden Übersicht jedoch verzichtet. Eine sehr differenzierte Unterteilung findet sich bei Jehle et al. (2003).

Bei der Interpretation von Rückfallraten, die aus der Literatur zusammengestellt werden, müssen weitere mögliche Fehlerquellen und Unsicherheiten bedacht werden: Unterschiedlich sind die in den Studien gewählten Beobachtungszeiträume von wenigen Monaten bis hin zu mehreren Jahrzehnten, wobei die Rückfallraten mit zunehmender Beobachtungsdauer zwangsläufig höher liegen. Bei Studien mit unterschiedlichen Beobachtungsdauern werden die mittleren Beobachtungszeiträume gewertet.

Weitere Unklarheiten bestehen, weil in einigen Studien die Zeit, die ein Delinquent in Freiheit verbracht hatte *(time at risk)*, nicht explizit berücksichtigt wurde. Dieser Aspekt gewinnt an Bedeutung, wenn lediglich kurze Zeiträume zwischen Verurteilung und Rückfall bestehen. Dann besteht der Verdacht, dass die Gesamtrückfallrate oft auch intramural begangene Delikte erfasst.

Intramurale Straftaten kommen bekanntermaßen wesentlich seltener vor als extramurale, so dass die Werte, die in solchen Studien gewonnen werden, zu einer Unterschätzung der tatsächlichen Raten führen dürften. Zu einer Verfälschung der Daten führt auch der Einschluss von Sanktionen, die sich auf ein Delikt, das vor Studieneinschluss begangen, aber später sanktioniert wurde, beziehen.

Unter Berücksichtigung der Fallzahlen wurden, sofern möglich, Regressionsgeraden ermittelt und in das Diagramm eingetragen. In einzelnen Fällen erfolgt lediglich eine graphische Darstellung der ermittelten Rückfallraten. Die in den Diagrammen dargestellten Regressionsgeraden dienen allerdings nur der Orientierung und der Übersicht, sie liefern keine Aussage von statistischer Präzision. Für die Erstellung einer Metaanalyse sind die meisten der in die Studien einbezogenen Gruppen zu heterogen. Lediglich über Sexualstraftäter und psychisch kranke Rechtsbrecher liegen ausreichend viele Studien mit gut beschriebenen Stichproben vor, welche die Berechnung von Metaanalysen zur Rückfälligkeit von Tätern erlaubten. Diese Metaanalysen wurden in die vorliegende Literaturübersicht mit eingeschlossen.

1   Allgemeine Rückfallraten

In den meisten Untersuchungen über Rückfallraten werden Straftaten ohne Differenzierung betrachtet. Vierzehn Studien aus den USA, Deutschland, der Schweiz, Schweden, Norwegen und Island mit einer Fallzahl von über zwei Millionen Straftätern wurden gefunden, die dieser Frage nachgingen. Es wurden die in den Einzelstudien angegebenen Werte zu den jeweiligen Messzeitpunkten in ein Diagramm eingetragen und in Abhängigkeit von den Fällen in den Studien gewichtet wurden Regressionsgraden gezeichnet. Die Rückfälle wurden nach den Kriterien Wiederverhaftung, Wiederverurteilung oder erneute Haftstrafen geordnet (siehe Abb. 1).

1.1 Festnahmen

Studien zu Rezidiven über erneute Festnahmen finden sich in den USA und in Island. Die Untersuchung von Beck & Shipley (1997) weist mit 108.580 Fällen die größte Fallzahl in einer Einzeluntersuchung auf. Obwohl die Fallzahl der Untersuchung aus Island (Baumer et al., 2000) deutlich niedriger ist, gleicht die dort ermittelte Wiederverhaftungsrate jener, die von Beck in den USA ermittelt wurde. Zwei Drittel der 3.216 Straftäter hatten nach drei Jahren erneut Kontakte mit der Polizei.

1.2 Wiederverurteilungen

Die in Abbildung 1 dargestellten Wiederverurteilungsraten gehen auf Untersuchungen aus den USA, der Schweiz, Norwegen, Island und Deutschland zurück. Die Daten aus den USA (46,8% erneute Verurteilungen in drei Jahren) beruhen wieder auf der Untersuchung von Beck & Shipley (1997). Wilkinson et al. (1997) stellten bei 755 Straftätern in Ohio innerhalb von drei Jahren Wiederverurteilungsraten von lediglich 27,7 Prozent fest, seine Stichprobe war jedoch nicht repräsentativ. Das

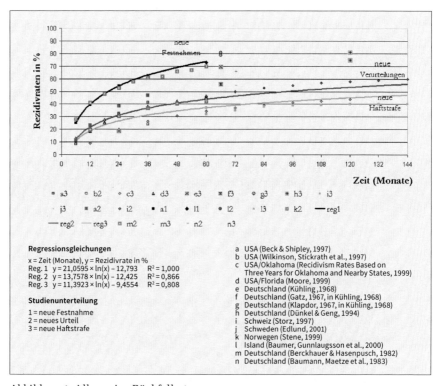

Abbildung 1: Allgemeine Rückfallraten

Bundesamt für Statistik der Schweiz (Storz, 1997) berichtete in zwei Untersuchungen über die Rezidivraten von 6.363 entlassenen Strafgefangenen aus den Jahren 1988 und 1982, von denen nach sechs Jahren in 48 Prozent bzw. 50 Prozent und nach zwölf Jahren 59 Prozent wiederverurteilt worden waren. Eine time at risk war nicht berücksichtigt worden. Nach fünf Jahren betrug die Rückfallrate norwegischer Straftäter, die nur zum Teil eine Haftstrafe verbüßt hatten, 43,1 Prozent (Stene, 1999). Baumer et al. (2000) erwähnen, dass ein Drittel von 3.216 isländischen Straftätern innerhalb von fünf Jahren erneut verurteilt wurde. Berckhauer & Hasenpusch (1982) berichteten, dass unter allen männlichen Straftätern Niedersachsens, die 1974 entlassen worden waren (520 Personen), 72,5 Prozent fünf Jahre nach ihrer Entlassung erneut verurteilt worden waren.

1.3 Erneute Strafhaft

Beck & Shipley (1997) kamen in ihrer Studie auf erneute Haftstrafen bei 41,4 Prozent aller Entlassungen innerhalb von drei Jahren. In Oklahoma (Recidivism Rates Based on Three Years for Oklahoma and Nearby States, 1999) waren nach drei Jahren 26,3 Prozent von 73.492 Haftentlassenen erneut in Strafhaft, in Arizona 25,9 Prozent und in Texas und Colorado über 40 Prozent. Daten aus Florida (Moore, 1999) zeigen, dass dort die Rückfallraten innerhalb von fünf Jahren auf 45,8 Prozent anstiegen.

Aus Deutschland liegen nur wenige Daten vor. Kühling (1968) berichtet von einer Rezidivrate von 55,8 Prozent unter Straftätern der Jugendstrafanstalt Hameln und erwähnt weitere Untersuchungen, die nach einer Beobachtungszeit von ebenfalls fünf bis sechs Jahren Raten zwischen 78,6 Prozent und 81 Prozent ermittelt hatten. Dünkel & Geng (1994) fanden, dass von 510 mehrfach vorbestraften Karrieretätern nach einer Beobachtungsdauer von zehn Jahren 81 Prozent erneut eine Haftstrafe verbüßen mussten. Berckhauer & Hasenpusch (1982) berichten von 520 Personen, die in 43,8 Prozent der Fälle zu erneuten Haftstrafen verurteilt worden waren. Erneute Haftstrafen in der Schweiz mussten laut statistischem Bundesamt (Storz, 1997) nach sechs Jahren 22 Prozent der Straftäter verbüßen bzw. 42 Prozent, wenn die Straftäter bereits zuvor einmal zu einer Haftstrafe verurteilt worden waren. Die weitaus größte Fallzahl zu dieser Fragestellung stammt vom National Council for Crime Prevention aus Schweden (Edlund, 2001). Von 1.844.367 Straftätern wurden innerhalb von drei Jahren 36 Prozent rückfällig. In Island wurde innerhalb von fünf Jahren ein Viertel der Straftäter erneut zu Haftstrafen verurteilt (Baumer et al., 2000).

Zusammenfassend lässt sich abschätzen, dass die Rückfälligkeit allgemein innerhalb der ersten zwölf Monate nach Entlassung aus dem Gefängnis mit 20 Prozent Wiederverurteilungen zu Strafhaft am höchsten ist. Nach einem weiteren Jahr steigt sie auf 30 Prozent, nach fünf Jahren auf etwa 40 Prozent und erreicht nach zwölf Jahren etwa 50 Prozent. Die Wiederverurteilungen liegen etwa um ¹/₃ höher und die Wiederverhaftungsraten sind fast doppelt so hoch wie die Verurteilungen zu neuen Haftstrafen. Die z. T. wesentlich höheren Zahlen früherer deutscher Studien sind darauf zurückzuführen, dass es sich hierbei um eine besonders problematische Klientel unter den Straftätern handelt, da hier Rückfallraten unter »Karrieretätern« (Dünkel & Geng, 1994) und bei Jugendlichen (Kühling, 1968) bestimmt wurden. Die jüngste Rückfalluntersuchung im deutschen Sprachraum (Jehle et al., 2003) ermittelte ähnliche Ergebnisse wie die in dieser Zusammenfassung vorgelegten. Hier lag die Rate für Wiederverurteilungen nach vier Jahren bei 36 Prozent, nach einer Freiheitsstrafe ohne Bewährung bei 56 Prozent und nach einer Jugendstrafe ohne Bewährung bei 78 Prozent.

Zusammenfassend dürften nach fünf Jahren etwa 70 Prozent aller Straftäter erneut festgenommen worden sein; etwa 45 Prozent erneut verurteilt und etwa 38 Prozent dürften eine neue Haftstrafe angetreten haben.

2 Einflussfaktoren auf die Rückfallraten

Die Rückfallraten von Straftätern werden durch eine Vielzahl verschiedener Faktoren beeinflusst, zu ihnen gehören Geschlecht, Alter, Zahl der Vorstrafen u. a.

2.1 Geschlecht

Frauen werden im internationalen Vergleich mit Männern deutlich seltener straffällig. Ihr Anteil an den Tatverdächtigen betrug im Jahre 1999 laut Polizeilicher Kriminalstatistik (BKA, 2000) in Deutschland nur 23,3 Prozent. Frauen werden im Vergleich zu Männern auch um 17 Prozent seltener zu Haftstrafen verurteilt, und ihre Haftstrafen sind bei vergleichbaren Delikten im Durchschnitt um ein Jahr kürzer (Daly, 1994). Bei den Rezidivraten ist der Unterschied zwischen Männern und Frauen nicht mehr so ausgeprägt wie bei den allgemeinen Kriminalitätsraten, dennoch sind die Rückfallraten von Männern etwas höher als die von Frauen. Beck & Shipley (1997) beispielsweise ermittelten die Rückfallraten von ca. 6.400 Frauen in den USA in einem Zeitraum von 36 Monaten: 51,9 Prozent waren wiederverhaftet worden, 38,7 Prozent wiederverurteilt und 33 Prozent wurden zu einer neuen Haftstrafe verurteilt. Jehle et al. (2003) berichteten von 24 Prozent Rezidiven unter Frauen (38% bei Männern). Die Rate (Wiederverurteilungen) betrug

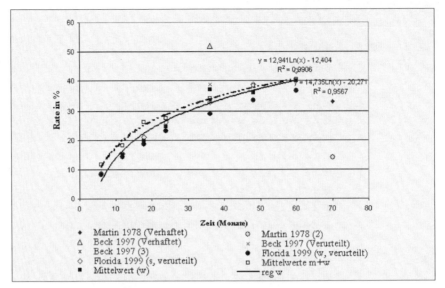

Abbildung 2: Rückfallraten bei Frauen

nach einer Freiheitsstrafe ohne Bewährung 46 Prozent (57% bei Männern) und nach einer Jugendstrafe ohne Bewährung 77 Prozent (78% bei Männern).

2.2 Alter

Die Untersuchungen von Beck & Shipley (1997) sowie von Stene (1999) zeigten, dass die Rückfallraten mit zunehmendem Alter abnehmen, wenn auch nicht so deutlich wie die Kriminalitätsraten in der Gesamtbevölkerung.

Neben dem Alter des Täters spielt auch die Zahl der Vorstrafen, die bis zu diesem Alter verhängt wurden, eine besondere Rolle. Mit 94,1 Prozent erneuter Festnahmen war in der Studie von Beck & Shipley (1997) die Gruppe der Straftäter, die im Alter von 18 bis 24 Jahren auf elf und mehr vorausgegangene Verhaftungen zurückblicken konnten, jene mit den meisten Rückfällen. Auch Jehle et al. (2003) fanden bei Jugendlichen und Heranwachsenden mit fünf und mehr Voreintragungen Wiederverurteilungsraten von 85 Prozent (n = 4.777); bei Erwachsenen (n = 87.434) waren es 61 Prozent.

2.3 Verhalten in der Haftanstalt

Eine quantifizierbare Größe liefert offenbar das Verhalten während der Haftzeit. Straftäter, die während der Haft nicht durch Disziplinar-

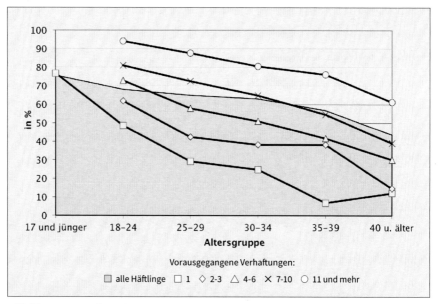

Abbildung 3: Wiederverhaftungen in Abhängigkeit von Alter und Zahl der Vorstrafen (nach Beck, 1997)

maßnahmen auffielen, hatten deutlich niedrigere Rezidivraten als die Gesamtheit der Straftäter; demgegenüber wiesen Straftäter mit elf und mehr Disziplinarmaßnahmen doppelt so hohe Rückfallraten auf (errechnet nach Moore, 1999; s. a. Abb. 4).

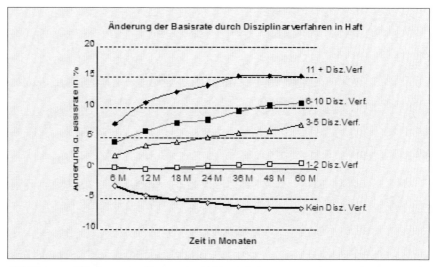

Abbildung 4: Wiederverurteilungen in Abhängigkeit von Disziplinarmaßnahmen während früherer Haftstrafen

3 Verschiedene Delikte

3.1 Gewaltdelikte

Zu den Gewaltdelikten werden hier ebenso wie in der Kriminalstatistik des Bundeskriminalamtes Mord, Totschlag, Raub und Körperverletzung gezählt. Vergewaltigung wird in Kapitel 3.3.4 näher dargestellt. Allerdings schließen einige Autoren Vergewaltigung bei den Gewaltdelikten mit ein, ohne dass nachträglich eine exakte Differenzierung möglich ist.

3.1.1 Erneute Festnahmen

Erneute Festnahmen nach einem Gewaltdelikt können mehreren Studien (Alter et al., 1997; Beck & Shipley, 1997; Greenfeld, 1997; Hanson & Wallace-Capretta, 2000; Stene, 1999; Bala & Donelly, 1979, in Firestone et al., 1998; 1999; 2000; Furby & Weinrott, 1989; Grünfeld & Noreik, 1986) entnommen werden. Eine Zusammenschau bietet ein recht heterogenes Bild, die Rückfallraten reichen von 14 Prozent nach zwölf Monaten bis zu 66 Prozent nach drei Jahren, wobei die meisten Untersuchungen auch Vergewaltigungstäter einschließen.

3.1.2 Wiederverurteilung

Auch bei Zugrundelegen der Verurteilung als Rückfallkriterium finden sich einige geeignete Untersuchungen (Alter et al., 1997; Beck & Shipley, 1997; Bedau, 1982; Gibbens et al., 1977; 1981; Moore, 1999; Soothill et al., 1976; Virkkunen et al., 1996), hierunter auch einige aus Deutschland (Egg, 1998; Kröber et al., 1993). Erneut können die Rezidivraten nach Vergewaltigungsdelikten in einigen Studien nicht getrennt ausgewertet werden. Bei Tötungsdelikten als Primärdelikten finden sich allgemeine Rezidivraten zwischen null Prozent und 15 Prozent nach bis zu drei Jahren. Bei anderen Gewalttaten als Primärdelikt finden sich Rückfallraten bis zu 66 Prozent innerhalb von fünf Jahren.

3.1.3 Erneute Haftstrafen

Einigen wenigen Studien können auch neue Haftstrafen nach Gewaltdelikten entnommen werden (Beck & Shipley, 1997; Canestrini, 1993). Es zeigt sich, dass innerhalb einer Beobachtungszeit von drei Jahren (andere Beobachtungszeiträume wurden nicht angegeben) die Rückfallraten zwischen 21 Prozent und 43 Prozent je nach Primärgruppe lagen.

Die allgemeinen Rückfallraten von Gewalttätern bewegen sich somit zwischen null Prozent und etwa 70 Prozent. Auffällig ist ein rascher

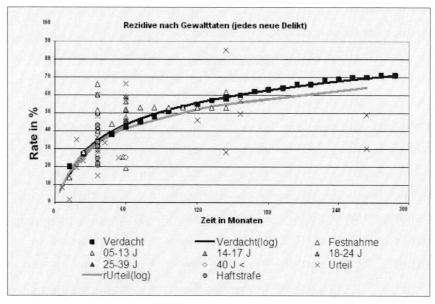

Abbildung 5: Rückfallraten nach Gewaltdelikten

Anstieg der Rückfälle nach der Wiedererlangung von Freiheit, v. a. innerhalb der ersten fünf Jahre. Die aus den o. g. Zahlen errechneten Regressionsgleichungen (Abb. 5) können allerdings nur als grobe Näherungswerte betrachtet werden, da hier nicht zwischen einzelnen Gewaltdelikten differenziert wird, und Brandstifter und Mörder sehr viel geringere Rückfallraten haben als Körperverletzer und Räuber.

3.1.4 Neue Gewalttaten nach primärer Gewalttat

Ein besonderes Augenmerk verdienen gewaltsame Folgetaten nach vorherigen Gewaltdelikten. Der Studie von Beck & Shipley (1997) kann entnommen werden, welche Art von Gewaltdelikten nach welchen Primärdelikten besonders häufig vorkommt. Andere Untersuchungen befassen sich schwerpunktmäßig mit einzelnen Deliktformen, z. B. die Untersuchung von Alter et al. (1997) mit Tötungsdelikten, jene von Barnett et al. (1997) mit Brandstiftern, andere (Firestone et al., 1998; Grünfeld & Noreik, 1986; Hanson & Thornton, 2000) mit Vergewaltigern. Wurde das Kriterium erneute Festnahme wegen eines Gewaltdeliktes betrachtet, liegen die Rückfallraten zwischen null Prozent innerhalb von drei Jahren nach Vorverurteilungen wegen Tötungsdelikten und 33 Prozent nach vorhergehenden Vergewaltigungen innerhalb von zwölf Jahren.

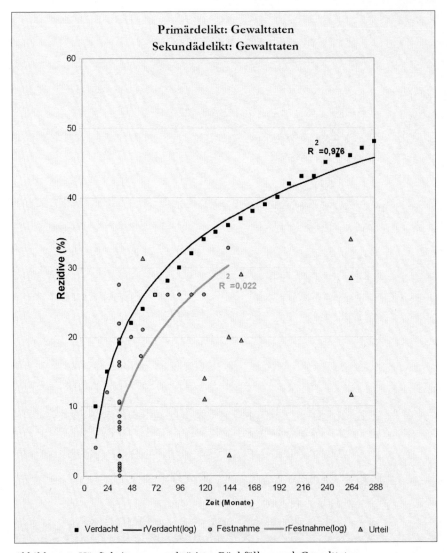

Abbildung 6: Häufigkeit von gewalttätigen Rückfällen nach Gewalttaten

Die Zahlen zu Verurteilungen wegen erneuter Gewalttaten nach Vorverurteilungen wegen Gewalttaten stützen sich überwiegend auf Untersuchungen von Vergewaltigern, ihre Rezidivraten erreichten bis zu 35 Prozent nach 22 Jahren. Darüber hinaus kann lediglich eine Studie von Barnett (1997) herangezogen werden, die sich mit Neuverurteilungen von 186 Brandstiftern in einem Zeitraum von zehn Jahren befasste. Von ihnen wurden elf Prozent mit weiteren Brandstiftungen rückfällig.

Für das Rezidivkriterium Haftstrafe wegen neuer Gewalttaten wurde keine Studie vorgefunden.

3.1.4 Tötungsdelikte nach Mord

Zu dieser Frage konnten die in Tabelle 1 aufgeführten Studien berücksichtigt werden. Die Rückfallraten für erneute Tötungsdelikte liegen zwischen null und sechs Prozent, je nachdem, auf welchen Zeitpunkt sich die Untersuchung bezog und welches Rückfallkriterium zugrunde gelegt wurde. Deutlich häufiger waren die Täter jedoch mit anderen Straftaten rückfällig. Insgesamt wurden bis zu 42 Prozent Wiederverhaftungen berichtet. Erhebliche Straftaten i. S. neuer Verbrechen wurden bei etwa zehn Prozent der Täter registriert. Beck & Shipley (1997) fanden deutlich höhere Raten für neue Delikte insgesamt (42,1% Festnahme; 25,2% Verurteilungen, 20,8% Haftstrafen; Festnahmen wegen erneuter Tötungsdelikte wurden in 6% der Fälle angegeben). Das Ok-

Mord	Stichprobe	Beobachtungs-zeitraum	N	Rezidivrate i. S. beliebiger Delikte	Neuer Mord
Mord 1. Grades (geplant und heimtückisch) ('forethought' or 'express' malice)					
Marquart & Sorensen, 1989	US	1972-87	188	20,2% Haft; 10,6% Kapitalverbrechen	0,053% Mord
Bedau, 1964	New Jersey	1907-60	31	3% Haft	
Bedau, 1965	Oregon	1903-64	15	20%	0%
Vito & Wilson, 1988	Kentucky	1972-85	17	29% Haft, 23% wg. neuer Delikte	0%
Stanton, 1969	New York	1930-61	63	4,80%	0%
Wagner, 1988	Texas, nach Entl.	1924-88	84	8,3% Verbrechen	0%
Oklahoma, 1999	Oklahoma	1985-99	182	35,7% neue Haftstrafe	
Mord 2. Grades (geplant) (deliberation or premeditation)					
Stanton, 1969	New York, nach Entl.	1945-61	514	22,4% neue Delikte (3,3% felony, 6,4% ger. Vergehen; 12,6% wg. Regelverstößen)	0,39%
Bedau, 1982	12 US-Staaten	5-53 Jahre		3,3% Verbrechen	0,60%
		1 Jahr nach E., 1965-75		1,5% Verbrechen	0,30%
		Entl. 1971-74		1,1% neue Delikte, 5,5% techn. Verstöße	
Beck & Shipley, 1997	11 US-Staaten	Entl. 1983, 3 Jahre; 94% unter 45 Jahre	16.000	42,1% Festnahme, 25,2% Verurteilungen, 20,8% Haft	6% Festnahme
Canestrini, 1993	New York	1985-91; Entl. nach Mord, Totschlag; 3 Jahre	5.054	24,5% erneute Haft (15,2% Bewährungsverstoß, 9,4% Verbrechen)	2,40%
Mörder/Totschläger					
Moore, 1999	Florida	Seit 1988, je 2 Jahre		9,6-17,1% Rezidive, die zu neuer Haft oder Bewährungsstrafe führten	
Dünkel & Geng, 1994	D				0%
Langan, 1992	USA	3 Jahre	18	7,9% neue Gewalttaten (Festnahmen)	
Alter, 1997	USA	3 Jahre		34% neue Verbrechen (Festnahme)	0%

Tabelle 1: Rückfallraten bei Tätern mit Tötungsdelikten

lahoma Department of Corrections (Recidivism Rates Based on Three Years for Oklahoma and Nearby States, 1999) berichtete, dass 35,7 Prozent der entlassenen Mörder 1. Grades erneut zu Haftstrafen innerhalb eines Jahres verurteilt worden waren. Die Art der Rückfälle wurde nicht berichtet.

Die allgemeinen Rückfallraten (Wiedereintragungen in das BZR) nach Tötungsdelikten in Deutschland (§§ 211-213 StGB), die sich auf 860 erfasste Personen bezogen (Jehle et al., 2003), unterscheiden sich mit 17 Prozent weder von den Ergebnissen der anderen Studien noch wesentlich von den Rückfallraten insgesamt. Langjährige Freiheitsstrafen von über zwei Jahren Dauer, Sicherungsverwahrung oder eine Unterbringung in einem psychiatrischen Krankenhaus wurden nicht mehr ausgesprochen, ein Hinweis dafür, dass gravierende Delikte nach einem Tötungsdelikt auch hier eher eine Ausnahme darstellen.

3.1.6 Infantizid/Neonatizid

Mütter, die ihre Kinder während oder gleich nach der Geburt töteten, stellen einen Sonderfall unter den Tötungsdelikten dar. Die Polizeiliche Kriminalstatistik der Bundesrepublik Deutschland wies für das Jahr 1997 24 Fälle aus, 1998 20 Fälle. Rückfälle stellen darüber hinaus eine große Ausnahme dar. Eine Übersicht von Resnick (1970) über wiederholten Infantizid zwischen 1951-1968 ergab lediglich zwei Fälle, in denen zwei, und zwei Fälle, in denen drei aufeinander folgende Kinder getötet wurden.

3.1.7 Brandstiftung

Virkkunen et al. (1996) beobachteten bei 114 männlichen Brandstiftern über einen Zeitraum von 4,5 Jahren nach ihrer Entlassung in 25 Prozent erneute Eintragungen in das finnische Strafregister. Barnett et al. (1997) versuchten, Unterschiede hinsichtlich der Gefährlichkeit von psychisch kranken und gesunden Brandstiftern festzustellen. Von den 1983-85 in der BRD verurteilten Brandstiftern wurden bis 1994 elf Prozent der schuldunfähigen, aber nur vier Prozent der schuldfähigen Täter erneut wegen Brandstiftungen verurteilt, bei letzteren wurden jedoch häufiger als bei Schuldunfähigen Rückfälle mit anderen Delikten registriert.

3.1.8 Körperverletzung

Langan & Cuniff (1992) berichteten, dass von 3.440 Gewalttätern 35,4 Prozent innerhalb von drei Jahren erneut verurteilt wurden. Die Rückfälle verteilten sich auf Gewaltverbrechen (14,7%), Eigentumsdelikte

(7,9%) und Drogendelikte (7,7%). Die Rezidivraten i. S. einer erneuten Festnahme lagen in der Untersuchung von Alter et al. (1997) innerhalb von drei Jahren je nach Stichprobe zwischen 40 Prozent und 54 Prozent. Laut Beck & Shipley (1997) wurden von den Straftätern, die bereits wegen Körperverletzung eine Haftstrafe verbüßen mussten, 60,2 Prozent erneut festgenommen, 40,4 Prozent wieder verurteilt und 33,7 Prozent erneut zu einer Haftstrafe verurteilt. 31,5 Prozent der Festgenommenen hatten erneut Gewaltdelikte begangen, 21,9 Prozent erneut eine Körperverletzung. Einschlägige Delikte im Sinne erneuter Körperverletzungen kamen bei dieser Tätergruppe häufiger vor als bei anderen Tätergruppen. Das Oklahoma Department of Corrections erwähnte eine Rückfallrate (neue Haftstrafen) von 27,1 Prozent unter allen 3.133 Straftätern, die nach einer Körperverletzung drei Jahre lang beobachtet worden waren.

Neue Gewalttaten, die zu Festnahmen oder Verurteilungen führen, können demnach in etwa bei 32-35 Prozent der Körperverletzer beobachtet werden.

3.1.9 Häusliche Gewalt

In der Studie von Hanson & Wallace-Capretta (2000) über 320 kanadische Männer, die gegenüber ihren Intimpartnern gewalttätig geworden waren, fanden sich 17,2 Prozent Täter, die innerhalb von 58 Monaten mit weiteren Gewaltdelikten straffällig wurden.

3.1.10 Raub

Langan & Cunniff (1992) gaben bei von ihnen untersuchten Räubern 54,6 Prozent neue Festnahmen innerhalb von drei Jahren an, wobei die Festnahmen in 24,8 Prozent wegen Gewalttaten, 13,3 Prozent wegen Eigentumsdelikten und 11,4 Prozent wegen Drogendelikten erfolgten. Harer (1994) berichtete, dass von 55 wegen Raubes Inhaftierten 64 Prozent erneut festgenommen wurden, acht (14,6%) hatten Straftaten gegen andere Personen begangen; 14 (25,5%) erneut Raub, acht Eigentumsdelikte, elf (20%) Drogendelikte. Das Oklahoma Department of Corrections (Recidivism Rates Based on Three Years for Oklahoma and Nearby States, 1999) berichtete von erneuten Haftstrafen bei 34,5 Prozent aller 3.001 entlassenen Räuber innerhalb von drei Jahren. 58 Prozent der Räuber einer Stichprobe von Alter et al. (1997), die in Minnesota 1992 ohne weitere Auflagen aus der Haft entlassen worden waren, wurden innerhalb von drei Jahren erneut straffällig. Laut Beck & Shipley (1997) betrug die Rezidivrate nach drei Jahren bei Raub (2.214 Personen) 51,5 Prozent (Wiederverhaftungen), 36,4 Prozent (Wiederverurteilungen) und 32,3 Prozent (neue Haftstrafen). Von den Rückfalligen hatten 33,3 Prozent

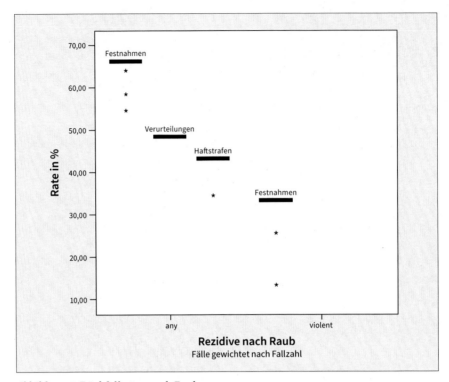

Abbildung 7: Rückfallraten nach Raub

Gewaltdelikte, 38,9 Prozent Eigentumsdelikte und 2,9 Prozent eine Tötung begangen. Die weitere Aufteilung ergab in 1,4 Prozent Vergewaltigungen, 19,6 Prozent Raub und 15,8 Prozent Körperverletzung. Moore (1999) erwähnte aufgrund der Statistik des Florida Department of Corrections Rezidivraten (neue Verurteilungen) zwischen 19,7 Prozent und 41,1 Prozent im Verlauf von 24 Monaten, wobei die Entlassungskohorten in jüngerer Zeit immer weniger Rezidive aufwiesen. Die Größe der Kohorten wurde nicht angegeben. In dem Übersichtsdiagramm (Abb. 7) werden die Raten durch die großen Fallzahlen der Untersuchung von Beck et al. (1997) maßgeblich beeinflusst.

Nach Jehle et al. (2003) lag die allgemeine Rückfallrate (Wiedereintragungen in das BZR) nach Raub (§§ 249-252, 255 und 316a StGB), die sich auf eine Ausgangsstichprobe von 8.327 Personen bezog, bei 50 Prozent.

3.2 Sexualdelikte

Rückfallraten werden bei Sexualdelikten besonders kontrovers diskutiert; in den Medien werden höchst divergierende Basisraten für Rückfälle zitiert. Gerade in diesem Deliktbereich gibt es eine überproportional hohe Dunkelziffer. Darüber hinaus muss berücksichtigt werden, dass Sexualstraftäter eine sehr heterogene Gruppe darstellen und sich z. B. Vergewaltiger und Kindesmissbraucher in vielen Bereichen unterscheiden.

Viele Untersuchungen über Sexualstraftäter berichten über Rückfallraten, um die Effektivität von Therapieverfahren darzustellen. Die gefundenen Studien mussten deshalb dahingehend unterteilt werden in solche, die behandelte, und solche, die unbehandelte Straftäter betreffen. Wegen der Heterogenität der Täter sind weitere Unterteilungen erforderlich. Sie erfolgen hier dahingehend, dass zunächst Studien referiert werden, die nicht zwischen einzelnen Sexualdelikten unterschieden, anschließend werden Studien referiert, die sich mit Rückfallraten bei spezifischen Deliktformen befassen. In beiden Fällen muss zwischen jenen Tätern, die behandelt wurden, und jenen, die nicht behandelt wurden, unterschieden werden.

3.2.1   Alle Sexualstraftäter

Der Einschätzung über unbehandelte Sexualstraftäter liegen die in Tabelle 2 genannten Arbeiten zugrunde.

Aus ihnen ist abzuleiten, dass die Wahrscheinlichkeit, dass ein unbehandelter Sexualstraftäter wegen eines erneuten Deliktes in Haft gerät, insgesamt und ohne Zeitbegrenzung gesehen bei etwa 50 Prozent liegen dürfte. Allerdings sind derartig summarische Aussagen wenig

Autor	Kriterium	Beobach-tungsdauer (Monate)	Rezidive (%)	Besonderheiten
Cornu, 1973	Beschuldigung	60	52,0	
Bala & Donelly, 1979	Festnahme	60	28,0	
Florida Dpt., 1984	Festnahme	30	45,7	nicht therapiebereit
	Festnahme	8	5,0	therapiebereit, unbehandelt
Grünfeld, 1986	Festnahme	60	36,8	
	Festnahme	20	57,1	
Christiansen et al., 1965	Verurteilung	264	24,3	
Radzinowicz, 1957	Verurteilung	48	11,3	
Sapsford, 1978	Verurteilung	24	28,0	
van derWeff, 1989	Verurteilung	72	66,0	
Wilkinson, 1997	Verurteilung	36	20,8	
Broadhurst, 1991	Haftstrafe	84	78,0	Aboriginal
	Haftstrafe	120	32,0	Non-Aboriginal
	Haftstrafe	120	42,0	ohne Vorstrafe
	Haftstrafe	36	63,0	mit Vorstrafen

Tabelle 2: Unbehandelte Sexualstraftäter; allgemeine Rückfälle

hilfreich, weil die Werte je nach untersuchter Population sehr unterschiedlich sein können. 34 Prozent der Sexualstraftäter, das sind 2.057 Personen, wurden in Deutschland (Verurteilte nach §§ 177-178 StGB) innerhalb von vier Jahren wegen erneuter Straftaten verurteilt (Jehle et al., 2003). Beide Zahlen geben über die allgemeine kriminelle Rückfälligkeit Auskunft, nicht jedoch über die spezifische Rückfälligkeit mit einem Sexualdelikt. Die spezifische Rückfälligkeit muss zwangsläufig niedriger liegen, ohne dass aus allgemeinen Rezidivraten ein auch nur ungefährer Schätzwert für spezifische Rückfälligkeit abgeleitet werden kann.

3.2.2 Behandelte Täter

Auch über die Rückfälle behandelter Sexualstraftäter allgemein gibt es eine Reihe von Studien, die in Tabelle 3 dargestellt sind.

Pacht & Roberts (1968) untersuchten mit 461 Fällen die größte Gruppe von behandelten Sexualstraftätern. In seiner Untersuchung erreichten insbesondere Straftäter mit vorangegangenen Bewährungsstrafen und vorausgegangenem Freiheitsentzug hohe Rückfallraten (56%). Für die anderen Täter bewegten sich die Rückfallraten zwischen 14 Prozent (ohne Vordelikte), 21 Prozent (ohne vorausgegangene Sexualdelikte) und 32-34 Prozent (bei vorausgegangenen Verurteilungen, Bewährungsstrafe oder Unterbringung in Haft oder Maßregelvollzug). Die Studie von Mander (1996) umfasste 411 Probanden, von denen nach Behandlung mit kognitiv-behavioralen Methoden 35 Prozent Rezidive im Sinne von neuen Festnahmen nach acht Jahren Beobachtungsdauer aufwiesen. In der Studie von Hall (1986) wurden von 342 Straftätern nach fünf Jahren in Freiheit 41 Prozent wegen neuer Verbrechen festgenommen. Sehr hohe Rückfallraten wurden mit 63 Prozent Wiederverurteilungen von Berner

Tabelle 3: Unbehandelte Sexualstraftäter; allgemeine Rückfälle

Autor	Rezidiv-Definition	Rezidive in %	Beobachtung (Monate)
Berner, 1995	Verurteilung	63,0	60
Cornu, 1973	Beschuldigung	7,4	60
Florida Dpt., 1976	Festnahme	17,9	12
Florida Dpt., 1984	Festnahme	32,2	30
Mander, 1996	Festnahme	35,0	96
Massachusetts, 1979	Verurteilung	55,6	36
Hall, 1986	Festnahme	41,0	60
Pacht, 1968	Verurteilung	56,0	24
Peters Institute, 1980	Festnahme	68,6	120
Wiederholt, 1989	Verurteilung	50,0	12

(1995) für Entlassene aus dem therapeutisch orientierten Strafvollzug in Österreich ermittelt, wobei auch Bagatelldelikte als Rückfälle gewertet wurden. Die niedrigsten Rückfallraten mit 7,44 Prozent innerhalb von fünf Jahren ermittelte Cornu (1973) unter 121 Sexualdelinquenten, die in der Schweiz sich einer chirurgischen Kastration unterzogen hatten, obgleich in dieser Studie ein sehr niederschwelliges Rückfallkriterium (Meldungen aus verschiedenen Informationsquellen) gewählt worden war. Die längste Beobachtungsdauer und die höchsten Rezidivraten gehen aus der Beobachtung des J. J. Peters Institute (1980) hervor, die im Verlauf von zehn Jahren Rezidivraten (erneute Festnahmen) in Höhe von 68,6 Prozent ermittelte.

3.2.3 Behandelte Sexualstraftäter; allgemeine Rückfälle

Insgesamt fanden sich Studien über 2.057 behandelte Sexualstraftäter, welche innerhalb von fünf Jahren Rückfallraten zwischen 7,4 Prozent und 36 Prozent für beliebige weitere Delikte aufwiesen.

Nur eine Untersuchung (Grünfeld & Noreik, 1986) berichtete speziell über erneute Gewaltdelikte von Sexualstraftätern. Unter den 541 untersuchten unbehandelten Sexualstraftätern wurden 17,8 Prozent innerhalb von fünf Jahren wegen Gewaltdelikten wieder festgenommen.

3.2.4 Spezifische Rückfallraten bei Sexualstraftätern

3.2.4.1 Unbehandelte Täter

Zu Rezidiven mit Sexualdelikten bei unbehandelten Sexualstraftätern konnten zehn Studien ausgewertet werden (siehe Tab. 4).

Die Rückfallraten erreichten unter Berücksichtigung des Kriteriums Festnahme maximal 35 Prozent. Bis zu einem Drittel der Straftäter (im Mittel 13,4%) wurde wegen neuer Sexualdelikte wieder verurteilt oder kam ins Gefängnis. Die Rezidivraten von Christiansen (1965) sind sehr niedrig, obwohl der Beobachtungszeitraum mit 22 Jahren sehr lange war. Die von Dünkel & Geng berichteten Rückfallraten deutscher Sexualstraftäter liegen höher als in den meisten anderen Ländern. Die Ergebnisse sind zusammenfassend insbesondere durch die Untersuchung von Christiansen bestimmt, der sämtliche Sexualstraftäter Dänemarks über einen Zeitraum von 22 Jahren beobachtet hatte. Diese Untersuchung wurde 1961 beendet. Werden lediglich Studien seit 1980 mit einer Beobachtungsdauer von fünf oder mehr Jahren berücksichtigt, so ergibt sich eine mittlere spezifische Rezidivrate von 13,0 Prozent (Minimum 7,2%) bei behandelten Sexualstraftätern.

Tabelle 4: Unbehandelte Sexualstraftäter; neue Sexualdelikte

Autoren	Rezidiv-Definition	Rezidive in %	Max. Beobachtungs- dauer (Monate)
Christiansen et al., 1965	Verurteilung	9,7	264
Dünkel, 1994	Haftstrafe	35,0	120
Florida Dpt., 1984	Festnahme	5,0	8,4
Grünfeld, 1986	Festnahme	12,8	60
Kühling, 1968	Haftstrafe	14,1	60
Marques, 1989	Verurteilung	21,0	13
Marques, 1994	Verurteilung	13,0	37
Radzinowicz, 1957	Verurteilung	34,2	48
Romero, 1985	Festnahme	11,3	120
van der Weff, 1989	Verurteilung	24,0	72
Peters Institute, 1980	Festnahme	7,2	120
Rasmussen, 1999	Haftstrafe	7,6	60

Für Stichproben von Tätern, deren Behandlungsstatus unbekannt war, lassen sich zu dem Kriterium »neue Sexualdelikte« als Rezidiv drei Untersuchungen finden (Hildebran & Pithers, 1992; Wille & Beier, 1989, und Rasmussen, 1999). Die von Rasmussen ermittelten Rückfallraten von knapp acht Prozent innerhalb von fünf Jahren unter dem Aspekt einer erneuten Festnahme sind sehr niedrig, es handelte sich hierbei um jugendliche sexualdelinquente Ersttäter. Die in den beiden anderen Untersuchungen ermittelten Rückfallraten von 33 Prozent (Hildebran & Pithers, 1992) und 45 Prozent (Wille & Beier, 1989) beruhen zum einen auf einer längeren Beobachtungsdauer (neun Jahre im Mittel) und zum anderen auf einer größeren Heterogenität der Stichproben.

3.2.4.2 Behandelte Täter

Zweiundzwanzig Arbeiten wurden gefunden, die spezifische Rückfälle bei behandelten Sexualstraftätern untersuchten (Tab. 5).

Hall & Proctor (1986) stellten bei 342 behandelten Sexualstraftätern nach fünf Jahren time at risk 27,5 Prozent Rückfälle mit schweren Sexualdelikten fest. Blain (1960) ermittelte unter 236 »sexual psychopaths« eine Rezidivrate von 22 Prozent (Verurteilungen in fünf Jahren), die Kohorte des Florida Department of Health (Evaluation of Sex Offender Rehabilitation Programs in the State of Florida, 1976) von 199 Tätern zeigte innerhalb eines Jahres 23 Prozent Rückfälle (Festnahmen).

Die längsten Beobachtungszeiten gehen mit jeweils zehn Jahren auf Untersuchungen von Meyer (1992; Therapie mit MPA), das J. J. Peters Institute (1980; vorwiegend Gruppentherapie), Romero & Williams (1983; Gruppentherapie) und mit elf Jahren auf Wille & Beier (1989; chi-

Tabelle 5: Behandelte Sexualstraftäter, neue Sexualdelikte

Autoren	Rezidiv-Definition	Rezidive in %	Beobachtungsdauer (Monate)
Borduin, 1990	Verdacht	75,0	19,2
Cornu, 1973	Verdacht	4,3	60
Fedoroff, 1992	Verdacht	68,0	84
Maletzky, 1980b	Verdacht	12,5	30
Maletzky, 1991	Verdacht	10,0	36
McConaghy, 1988	Verdacht	20,0	12
Meyer, 1992	Verdacht	57,0	120
Florida Dpt., 1976	Festnahme	22,6	12
Florida Dpt., 1984	Festnahme	13,6	30
Kravitz, 1995	Festnahme	3,5	6
Nagayama Hall, 1986	Festnahme	27,5	60
Peters Institute, 1980	Festnahme	13,6	120
Pithers, 1989	Festnahme	33,0	84
Romero, 1983	Festnahme	13,6	120
Berner, 1995	Verurteilung	25,9	60
Blain, 1960	Verurteilung	22,0	60
Gordon, 1989	Verurteilung	10,0	24
Hildebran, 1992	Verurteilung	6,0	84
Marques, 1989	Verurteilung	8,0	13
Marques, 1994	Verurteilung	8,0	35
Wille, 1989	Verurteilung	3,0	132

rurgische Kastration) zurück. Die höchsten Rückfallraten wurden von Borduin et al. (1990) mit 75 Prozent angegeben und auch Fedoroff et al. (1992) berichteten mit 68 Prozent sehr hohe Rezidivraten. Besonders niedrige Rezidivraten mit drei Prozent wurden von Wille & Beier (1989) erwähnt (n = 99, Z.n. chirurgischer Kastration), mit 3,5 Prozent von Kravitz et al. (1995; MPA mit Gruppenpsychotherapie, n = 29, sechs Monate Beobachtungsdauer) und mit 4,3 Prozent von Cornu (1973; Z.n. chirurgischer Kastration, n = 121, Beobachtungsdauer fünf Jahre) genannt.

Bei behandelten Sexualstraftätern errechnet sich hinsichtlich des Kriteriums »Beschuldigung« ein Mittelwert von 19 Prozent Rezidiven (maximal 75%) bei einer durchschnittlichen Beobachtungsdauer von etwa vier Jahren; hinsichtlich des Kriteriums Festnahme ergibt sich ein Mittel von 18 Prozent (maximal 33%) bei einer Beobachtungsdauer von sechs Jahren; für Verurteilungen 13 Prozent (maximal 26%) bei etwa fünf Jahren Beobachtungsdauer. Für Inhaftierungen lagen keine Daten vor. Zusammenfassend fällt somit auch bei Sexualstraftätern die spezifische Rückfallrate mit Sexualdelikten ungleich niedriger als die allgemeine Rückfälligkeit aus. Zusammen gesehen wurden 14,7 Prozent der untersuchten Sexualstraftäter mit neuen Sexualdelikten rückfällig bei einer durchschnittlichen Beobachtungsdauer von 13 Jahren, die Standardabweichung betrug 10,1 Prozent.

Neue Sexual- oder Gewalttaten wurden in der Gruppe von Tätern mit unbekanntem Therapiestatus lediglich von Quinsey et al. (1998) berichtet, die unter 483 Sexualstraftätern in 38 Prozent Rückfälle (Festnahmen) nach durchschnittlich 44 Monaten Beobachtungsdauer feststellten.

3.3 Unterformen der Sexualdelikte

3.3.1 Kindsmissbrauch

3.3.1.1 Allgemeine Rückfälle

Die aktuellste Untersuchung im deutschsprachigen Raum zur Frage allgemeiner Rückfälle ist die Studie von Egg (1998) mit 103 unbehandelten Fällen, er fand eine allgemeine Rückfallrate von 50 Prozent innerhalb von zehn Jahren. Eine weitere Untersuchung von Gibbens et al. (1981), die als Primärdelikt vorwiegend auf Vergewaltigung von Mädchen unter 13 Jahren fokussierten, ermittelten ähnliche Rückfallraten. Insgesamt errechnet sich somit eine Rückfallrate von knapp 50 Prozent innerhalb von zehn bis zwölf Jahren und dem Rückfallkriterium einer neuen Verurteilung für Delikte überhaupt.

Prentky et al. (1997) fanden bei 115 pädophilen Sexualstraftätern nach einer Behandlung im Massachusetts Treatment Center for Sexually Dangerous Persons innerhalb von 14 Jahren (time at risk) und niederschwelligem Rückfallkriterium (verschiedene Informationsquellen) eine Rezidivrate von 74 Prozent. Abel et al. (1988) berichteten von 98 Kindsmissbrauchern, von denen innerhalb von zwölf Monaten 12,2 Prozent wegen eines Rückfalls verdächtigt wurden, ein Wert, der sich weitgehend mit den Daten von Prentky deckt. Für das Kriterium »Festnahme« findet sich die Untersuchung des J. J. Peters Institute aus dem Jahr 1980, welches bei einer Beobachtungszeit von zehn Jahren unter 48 behandelten Tätern mit Kindsmissbrauch eine Rückfallrate von 51 Prozent ermittelte.

Insgesamt ergibt sich somit, ohne Berücksichtigung des Rückfallkriteriums, bei einer Gesamtfallzahl von 261 behandelten Kindsmissbrauchern und einer durchschnittlichen Beobachtungsdauer von etwa 13 Jahren, eine Rezidivrate von etwa 47 Prozent.

Zur Frage von Rückfällen mit Gewaltdelikten unbehandelter Kindsmissbraucher fanden sich keine geeigneten Untersuchungen. Grünfeld & Noreik (1986) beschreiben zwar eine solche Gruppe, benennen aber keine Rückfallrate. Soothill et al. (1976) erwähnten eine Rückfallrate

von 18,4 Prozent im Sinne weiterer Verurteilungen wegen Gewaltdelikten, präzisierten aber keinen Beobachtungszeitraum. Die Frage weiterer
Gewaltdelikte von behandelten Kindsmissbrauchern wurde – soweit
bekannt – ausschließlich von Prentky et al. (1997) bearbeitet, die bei
einer Beobachtung von 115 Kindsmissbrauchern über einen Zeitraum
von 25 Jahren (time at risk) in 52 Prozent einen erneuten Tatverdacht
ermittelten, in 41 Prozent wurden die Täter erneut verurteilt und 38
Prozent erhielten eine Haftstrafe.

3.3.1.2 Rückfälle mit Sexualdelikten

Insgesamt fanden sich sieben Studien über die Rückfallraten von unbehandelten Kindsmissbrauchern (siehe Tab. 6).

Tabelle 6: Unbehandelte Kindsmissbraucher: Rückfälle mit Sexualdelikten

Autoren	Kriterium	Rezidive in %	Beobachtung (Monate)
Egg, 1998	Verurteilung	20	120
Gibbens et al., 1977	Verurteilung	20	144
Gibbens et al., 1981	Verurteilung	29	288
Hanson & Scott ,1995	Verurteilung	35	228
Marshall, 1988	Verurteilung	42,9	54
Radzinowicz, 1957	Verurteilung	27,3	48
Soothill, 1976	Verurteilung	15,5	

Würde man einen Mittelwert über alle Rezidive aller Kindsmissbraucher dieser Untersuchung errechnen, so käme man zu einem Mittelwert
von etwa 45 Prozent nach einer Beobachtungszeit von etwa 22 Jahren.
Diese Mittelwertbildung widerspricht der wissenschaftlich zu fordern-
den Differenzierung.

3.3.1.3 Behandelte Kindsmissbraucher

Die größte Gruppe behandelter Kindsmissbraucher wurde von Prentky
et al. (1997) untersucht. Nach einer Beobachtungszeit von 24 Jahren
wurden 51 Prozent der Täter erneut wegen eines Rückfalls verdächtigt.
Marshall & Barbaree (1988) unterschieden die Täter auch hinsichtlich
des Opfertypus in heterophile und homophile Kindsmissbraucher und
Inzest-Täter. Etwa 18 Prozent der homophilen und 13 Prozent der anderen Kindsmissbraucher wurden innerhalb von vier Jahren eines erneuten Sexualdelikts beschuldigt. Die weiteren Studien sind in Tabelle 7
aufgeführt.

Tabelle 7: Behandelte Kindsmissbraucher; Rückfälle mit Sexualdelikten

Autoren	Kriterium	Rezidive in %	Beobachtung (Monate)	
Cabeen, 1961		3,8	17	*
Marshall & Barbaree, 1988		13,0	34	**
	Beschuldigung	13,2	38	***
		13,3	44	#
		17,9	46	#
Peters Institute, 1980	Festnahme	6,3	120	
Prentky et al., 1997	Beschuldigung	51,0	288	
	Verurteilung	40,0	288	
	Haftstrafe	35,0	288	
Quinsey et al., 1980		20,0	29	#
Rice et al., 1991	Verurteilung	31,0-38,0	30	**
		38,0	46	**
Wiederholt, 1989		64,0	12	#
Wolfe & Marino, 1975	Festnahme	10,5	10	
* primär als »ungefährlich« klassifiziert; ** auch Freiwillige; *** Inzesttäter; # homophile Täter				

Insgesamt handelte es sich um 496 Fälle, von denen bei einer durchschnittlichen Beobachtungsdauer von zehn Jahren im Sinne des Kriteriums »Verdacht« im Mittel 24 Prozent (maximal 51%) rückfällig wurden. Die Daten streuen relativ breit, wobei die Arbeiten von Cabeen (1961) mit einer Rezidivrate von 3,8 Prozent in 17 Monaten und Wiederholt (1989) mit einer Rezidivrate von 64 Prozent in zwölf Monaten das Spektrum abstecken.

3.3.2 Inzesttäter

Firestone et al. (1999) fanden bei 251 Inzesttätern, die in Kanada unter strafrechtlichen Aspekten begutachtet worden waren, ohne Berücksichtigung einer etwaigen Therapie nach etwa zwölf Jahren bei 27 Prozent neue Festnahmen und bei sechs Prozent neue Sexualdelikte.

Gibbens et al. (1978) berichteten von 117 Straftätern, von denen 75 Prozent Eltern-Kind-Täter und 25 Prozent Geschwister-Täter waren. Von ihnen wurden lediglich vier Prozent innerhalb von zwölf Jahren wiederverurteilt. Beier (1995) hingegen ermittelte bis zu 50 Prozent neuer Verurteilungen bei einer Beobachtungsdauer von bis zu 26 Jahren. Allerdings macht die größere Streubreite bei geringer Fallzahl die Ergebnisse von Beier schwer interpretierbar. Marshall & Barbaree (1988) gaben eine Rückfallrate von 13,2 Prozent mit neuen Sexualdelikten unter 25 Inzesttätern nach Behandlung und zweieinhalb Jahren Beobachtungsdauer an, wobei das Rückfallkriterium »Verdacht« war.

Zusammenfassend gesehen ist das Risiko weiterer Sexualdelikte unter Inzesttätern eher gering, der Mittelwert betrug etwa acht Prozent bei einer durchschnittlichen Beobachtungsdauer von etwa zwölf Jahren.

3.3.3 Exhibitionisten

Zu Rezidiven von Exhibitionisten unabhängig von deren Qualität liegt lediglich die Untersuchung des J. J. Peters Institute (1980) vor, welche bei einer Beobachtungsdauer von zehn Jahren unter 39 Exhibitionisten nach Behandlung mit Gruppentherapie und Bewährungshilfe eine Rückfallrate für Delikte insgesamt in Höhe von 77,6 Prozent ermittelte. Aus der Untersuchung von Beier (1995) lässt sich ein mittleres Rückfallrisiko für weitere Sexualdelikte von 47 Prozent ermitteln. Maletzky (1980) berichtete über Exhibitionisten in der US Army, von denen nach einer Behandlung null Prozent bis 40 Prozent erneut wegen eines Sexualdelikts verdächtigt wurden. Marshall (1991) errechnete bei 61 Exhibitionisten Rückfallraten von 32 Prozent bis 57 Prozent. Die Beobachtungsdauer betrug etwa neun Jahre. Unter dem Aspekt erneuter Festnahmen wegen Sexualdelikten ermittelte das J. J. Peters Institute (1980) Rezidivraten von 20 Prozent unter 39 Exhibitionisten nach einer Beobachtungszeit von zehn Jahren. Nach einer Beobachtungszeit von einem Jahr fanden Rooth & Marks (1974) 33 Prozent erneute Verurteilungen wegen Sexualdelikten; Wiederholt (1989) beschrieb sieben Exhibitionisten, von denen fünf erneut wegen Sexualdelikten verurteilt wurden. Aufgrund der geringen Fallzahl in den einzelnen Studien ist eine Differenzierung nach den Rückfallkriterien nicht sinnvoll. Erstaunlicherweise unterschieden sich die Rückfallraten bezüglich dieser Kriterien wenig. Die mittlere Rückfallrate betrug 33 Prozent bei einer durchschnittlichen Beobachtungsdauer von etwa sieben Jahren und einer Fallzahl von 139 Exhibitionisten.

3.3.4 Vergewaltiger

3.3.4.1 Unbehandelte Täter

Die allgemeinen Rückfallraten von Vergewaltigern wurden an insgesamt zehn Arbeiten (siehe Tab. 8) überprüft. Die höchsten Rückfallraten ermittelten bei besonders langer Beobachtungsdauer (22 Jahre) Soothill et al. (1976) und Christiansen (1965), wobei die Untersuchung von Christiansen aufgrund der höheren Fallzahl stärker ins Gewicht fällt. Sie bezieht sich allerdings auf eine Stichprobe, deren Entlassungszeitpunkt über ein halbes Jahrhundert zurückliegt. Gibbens (1977) fand große Unterschiede bei den Rückfallraten, je nachdem, ob es sich um eher gewaltsame bzw. aggressive Vergewaltigungen bei dem Primärdelikt gehandelt hatte, oder um Vergewaltigungen, die nicht von übermäßiger Aggressivität geprägt waren.

Unter dem Aspekt des Verdachtes weiterer Straftaten nach einer (nicht näher bezeichneten) Behandlung von Vergewaltigern berichtete Prentky (1997), dass 71 Prozent der 136 Vergewaltiger in einem Zeitraum von 24 Jahren weiterer Straftaten bezichtigt worden waren. Auch das J. J. Peters Institute (1980) dokumentierte sehr hohe Rezidivraten unter 144 Vergewaltigern innerhalb von zehn Jahren, die wegen weiterer Delikte festgenommen worden waren. Insgesamt ergibt sich bei dieser Gruppe eine durchschnittliche Rezidivrate von 72 Prozent bei einer mittleren Beobachtungsdauer von etwa 17 Jahren.

Tabelle 8: Unbehandelte Vergewaltiger, Rückfälle insgesamt

Autoren	Rezidiv-Definition	Rezidive in %	Beobachtung (Monate)
Bala & Donelly, 1979	Festnahme	19,1	60
Beck, 1997	Festnahme	51,5	36
Burgoyne, 1979	Verurteilung	58,3	60
Egg, 1998	Verurteilung	46,0	120
Gibbens, 1977	Verurteilung	28,0/85,0	144
Greenfeld, 1997	Festnahme	51,5	36
Grünfeld, 1986	Festnahme	61,7	144
Soothill et al., 1978	Festnahme (Anklage)	30,0	264
	Verurteilung	49,0	264
Soothill et al., 1980	Festnahme (Anklage)	49,5	156
	Verurteilung	57,0	156

Die mittlere Beobachtungsdauer bei den unbehandelten Vergewaltigern zur Frage von Rezidiven insgesamt betrug für das Kriterium Festnahme etwa 3,5 Jahre und für das Kriterium Verurteilung etwa zwölf Jahre. Die Rückfallraten im Sinne einer neuen Festnahme oder Verurteilung betrugen etwa 50 Prozent.

Die Rückfallraten mit Sexualdelikten bei unbehandelten Vergewaltigern stellen sich relativ homogen dar (siehe Tab. 8). Die durchschnittliche Rezidivrate mit dem Rückfallkriterium »Wiederverurteilung« betrug nach ca. 15 Jahren im Mittel 14 Prozent (maximal 28,4%), die Arbeit von Grünfeld wurde nicht berücksichtigt, weil dort die Definition des Primärdeliktes relativ weit gefasst war (z. B. Beihilfe zur Vergewaltigung). Die Untersuchung von Beier (1995) bildet hier eine Ausnahme. Er fand nach einer bis zu 30-jährigen Beobachtungsdauer bei aggressiven Sexualstraftätern bei 76 Prozent neue Verurteilungen wegen Sexualdelikten.

Tabelle 9: Rückfälle mit Sexualdelikten, unbehandelte Vergewaltiger

Autoren	Rezidiv-Definition	Rezidive in %	Beobachtung (Monate)
Grünfeld, 1986	Festnahme	21,6	144
Christiansen et al., 1965	Verurteilung	28,4	264
Egg, 1998	Verurteilung		120
Gibbens, 1977	Verurteilung	20,0	144
Soothill et al., 1978	Verurteilung	22,0	264
Soothill et al., 1980	Verurteilung	14,0	156

3.3.4.2 Behandelte Täter

Nach einer Therapie fand Prentky (1997) unter 136 Vergewaltigern bei einer Beobachtungsdauer von 24 Jahren folgende Rückfallraten: Verdacht: 39 Prozent, Verurteilung: 23 Prozent und Haftstrafe: 20 Prozent. Das J. J. Peters Institute berichtete von zehn Prozent Rückfällen unter 144 Vergewaltigern nach einer Beobachtungszeit von zehn Jahren bei ambulanter Gruppentherapie, Wiederholt (1989) beschrieb neun Prozent Rückfälle unter 22 Vergewaltigern ein Jahr nach Entlassung aus einer sozialtherapeutischen Abteilung. Zusammenfassend ergibt sich somit ohne Berücksichtigung des Rückfallkriteriums, dass etwa 22 Prozent der behandelten Vergewaltiger innerhalb von etwa 20 Jahren mit neuen Sexualdelikten rückfällig werden.

Die Gruppe »Rückfälle mit Gewaltdelikten, unbehandelte Täter« wird vor allem durch die Untersuchungen von Beck & Shipley (1997) und von Greenfeld (1997) dominiert, die vermutlich die gleiche Datenquelle verwendeten. Eine weitere Untersuchung von Grünfeld (1986) kommt ebenfalls zu ähnlichen Ergebnissen bei deutlich längerer Beobachtungsdauer (144 Monate). Im Mittel wurden etwa 30 Prozent der Vergewaltiger wegen weiterer Gewaltdelikte nach durchschnittlich etwa drei Jahren festgenommen.

Prentky (1997) ermittelte unter 136 Vergewaltigern nach Behandlung in einer Klinik Rückfallraten von 48 Prozent im Sinne eines Verdachts weiterer Delikte bei einer Beobachtung über 24 Jahre. Firestone (1998) berichtete von 86 erwachsenen kanadischen Vergewaltigern, von denen nach zehn Jahren 26 Prozent erneut wegen Gewalt- oder Sexualdelikten festgenommen wurden.

3.4 Zusammenfassung der Rückfallraten von Sexualstraftätern

Anders als im Falle der Rückfallraten allgemeiner Straftäter ist vermutlich die Heterogenität der Untersuchungen dafür verantwortlich, dass die Unterschiede nach den verschiedenen Rückfallkriterien (»Verdacht«, »Festnahme«, »Verurteilung« und »Haftstrafe«) gering oder widersprüchlich ausfallen. Daher muss in einer Zusammenfassung auf eine Differenzierung bezüglich der Rückfallkriterien verzichtet werden. Unterschiede ergeben sich auch durch die zum Teil sehr unterschiedlichen Beobachtungszeiträume. Es könnte zum Beispiel bei Betrachtung von Tabelle 10 der Eindruck entstehen, dass behandelte Vergewaltiger wesentlich häufiger rückfällig werden als unbehandelte. Bei ersteren ist die Beobachtungszeit jedoch 201 Monate, bei letzteren nur 54 Monate.

3.5 Eigentumsdelinquenz

Obgleich Eigentumsdelikte zu den häufigsten Delikten überhaupt zählen, lagen nur wenige Studien zu Rückfallraten von Eigentumsdelinquenten vor. Moore (1999) berichtete von 47 Prozent Wiederverurteilungen von 5.680 Eigentumsdelinquenten, die vier Jahre lang beobachtet werden konnten. Beck & Shipley (1997) gaben in ihrer Untersuchung an, dass 68,1 Prozent aller Eigentumsdelinquenten wiederverhaftet, 53,0 Prozent wiederverurteilt und 47,7 Prozent erneut in Haft genommen worden waren. Die höchsten Rückfallraten mit nahezu 80 Prozent (78,4% Wiederverhaftung, 59,1% Wiederverurteilung, 51,8% neue Haftstrafe) hatten Täter, die Kraftfahrzeuge gestohlen hatten. Etwas geringer waren die Rückfallraten von Einbrechern (69,6% Wiederverhaftung, 54,6% Wiederverurteilung, 49,4% neue Haftstrafen). Es folgten Hehlerei (67,9% Wiederverhaftungen, 54,9% Wiederverurteilungen, 50,5% neue Haftstrafen) und Diebstähle (67,3% Wiederverhaftung, 52,2% Wiederverurteilung, 46,3% neue Haftstrafen). Die Rezidivraten nach einem Betrug lagen bei 60,9 Prozent (Wiederverhaftung), 47,1 Prozent (Wiederverurteilung) und 43,3 Prozent (neue Haftstrafen). Die häufigsten Rückfalldelikte waren Eigentumsdelikte (50% bis 55% je nach Untergruppe).

Die Rückfallraten liegen somit zwischen 43 Prozent (neue Haftstrafen nach Betrug) und 52 Prozent (neue Haftstrafen nach Kfz-Diebstahl) innerhalb von drei Jahren.

Jehle et al. (2003) berichteten mit 56 Prozent Wiederverurteilungen nach Diebstahl (§ 242 StGB; 185.185 Personen), 54 Prozent nach Einbruch/Bandendiebstahl (§§ 243-244 StGB; 37.079 Personen), 35 Prozent nach Betrug (§ 263 StGB; 54.362 Personen) und 50 Prozent nach Raub (§§ 249-252, 255, 316a StGB; 8.327 Personen) vergleichbare Rückfallraten.

3.6 Drogendelinquenz

Mit 77 Prozent Rückfallraten im Sinne erneuter Verurteilungen (Berckhauer & Hasenpusch, 1982) hatten die Straftäter der Untersuchung, die

Tabelle 10: Überblick über Rückfallraten bei Sexualstraftaten

Therapie	Tätergruppe	Rezidive in %					Beobachtungsdauer (Monate)				
		Mittel-wert	N	Std.-Abw.	Min	Max	Mittel-wert	N	Std.-Abw.	Min	Max
unbehan-delt	Sexualdelikte	34,8	6.593	17,8	5	80	159,1	6.593	96,3	8,4	264
	Vergewaltigung	50,9	5.370	6,2	19,1	85	54,3	5.370	46,2	36	264
	Kindsmissbrauch	48,8	272	9,3	35,5	63	168,5	272	59,9	120	288
	Insgesamt	42,2	12.235	15,9	5	85	113,4	12.235	93,5	8,4	288
behandelt	Sexualdelikte	33,0	5.840	15,8	5	68,6	35,8	5.840	26,9	12	120
	Vergewaltigung	72,3	280	1,3	71	73,6	201,6	280	84,1	120	288
	Kindsmissbrauch	46,4	261	27,9	12,2	74	153,5	261	125,5	12	288
	Exhibitionismus	77,6	39	0	77,6	77,6	120,0	39	0,0	120	120
	Insgesamt	35,5	6.420	18,4	5	77,6	48,3	6.420	57,0	12	288
unbekannt	Sexualdelikte	68,3	231	0	68,3	68,3	120,0	231	0	120	120
	Vergewaltigung	53	86	0	53	53	120,0	86	0	120	120
	Inzest	26,7	251	0	26,7	26,7	144,0	251	0	144	144
	Insgesamt	47,6	568	19,3	26,7	68,3	130,6	568	11,9	120	144
Insgesamt	Sexualdelikte	34,6	12.664	17,4	5	80	101,5	12.664	94,3	8,4	264
	Vergewaltigung	52,0	5.736	7,5	19,1	85	62,5	5.736	58,3	36	288
	Kindsmissbrauch	47,6	533	20,7	12,2	74	161,2	533	97,9	12	288
	Exhibitionismus	77,6	39	0	77,6	77,6	120,0	39	0,0	120	120
	Inzest	26,7	251	0	26,7	26,7	144,0	251	0	144	144
	Insgesamt	40,1	19.223	17,2	5	85	92,1	19.223	87,3	8,4	288

Vergehen gegen das BtMG begangen hatten, eine sehr hohe Rückfallquote. Zu bedenken ist bei dieser Untersuchung, dass sie inzwischen lange Zeit zurückliegt, gesellschaftlich und juristisch die Drogenproblematik teilweise anders betrachtet wird, und die Fallzahl der Stichprobe mit neun Personen sehr gering ist. Aus dem von Moore (1999) zur Verfügung gestellten Zahlenmaterial können Rückfallraten je nach Alter der Beobachteten zwischen 13 Prozent und 45 Prozent errechnet werden. Unter den 5.809 Haftentlassenen des Jahres 1983, deren schwerste Straftat ein Drogendelikt war, fanden Beck & Shipley (1997) 50,4 Prozent Rückfallstraftäter (Wiederverhaftung), 35,3 Prozent (Wiederverurteilung), 30,3 Prozent (neue Haftstrafen), ein im Vergleich zu anderen Deliktgruppen, bei denen sich ein Durchschnitt von 62,5 Prozent errechnete, eher niedriges Ergebnis. Am höchsten waren die Rezidivraten bei Drogenbesitz (62,8% Wiederverhaftung, 40,2% Wiederverurteilung und 36,7% neue Haftstrafen); bei Drogenhandel lagen sie etwas niedriger (51,5% Wiederverhaftung, 34,5% Wiederverurteilung und 29,4% neue Haftstrafen). Gewaltdelikte als Rezidive waren mit 12,2 Prozent eher selten, aber auch Eigentumsdelikte kamen nicht sehr häufig vor (22,9%). Besonders häufig wurden mit 24,8 Prozent erneute Drogendelikte erfasst. Das Oklahoma Department of Corrections meldet 23 Prozent Rezidive bei 8.775 Fällen von Drogenverbreitung und sieben Prozent bei Handel (426 Fälle) (Recidivism Rates Based on Three Years for Oklahoma and Nearby States, 1999)

Die Rückfallrate unter Drogendelinquenten wurde für das Jahr 1982 noch mit 77 Prozent angegeben, derzeit dürften die Rückfallraten im Sinne einer neuen Haftstrafe nach Drogendelinquenz eher zwischen sieben Prozent und 37 Prozent liegen. Auch nach einer Therapie scheinen die Raten in ähnlicher Höhe zu liegen. Die Zahlen von Jehle et al. (2003) für neue Verurteilungen vier Jahre nach einem Delikt gemäß dem BtMG liegen mit 52 Prozent (n = 28.142) etwas höher. Die Einschätzung, dass Drogendelinquenz von einer massiven Rezidivrate für neue Delinquenz begleitet wird, muss insbesondere für die letzten Jahre revidiert werden. Dies könnte unter Umständen auf die inzwischen verbesserten Therapieverfahren und eine veränderte gesellschaftliche Einschätzung der Drogenproblematik und auf die Entkriminalisierung von Substanzabhängigen zurückzuführen sein.

Prognoseinstrumente und Checklisten

FOTRES – Forensisches Operationalisiertes Therapie-Risiko-Evaluations-System

Bernd Borchard & Annika Gnoth

Zielsetzung und Indikation

Forensische Einschätzungen zum (Rückfall-)Risiko eines Täters, zum individuellen Risikoprofil, zum Interventionsbedarf, zur Behandlungsbedürftigkeit, zur Behandlungsfähigkeit und zu Behandlungseffekten sollten aus Gründen der Zuverlässigkeit und der Kriteriums- sowie Inhaltsvalidität anhand eines standardisierten und strukturierten Vorgehens mit klinisch-mechanischer Beurteilung erfolgen (Endrass et al., 2012). Verfahren, die diese Kriterien erfüllen, sind in der Begutachtung und Behandlung von Straftätern zentrale Elemente eines prozess- und inhaltsorientierten Qualitätsmanagements.

Das Forensische Operationalisierte Therapie-Risiko-Evaluations-System (FOTRES, Version 3; Urbaniok, 2016) ist ein operationalisiertes, auf den Einzelfall bezogenes, forensisches Dokumentations- und Qualitätsmanagement-System. Es dient laut Beschreibung des Verfassers der Beurteilung und der standardisierten Dokumentation des (Rückfall-)Risikos eines Täters, der Beeinflussbarkeit bzw. Veränderbarkeit einer Risikodisposition (z. B. durch Therapie), des Therapieverlaufs deliktpräventiver Behandlungen (oder auch des allgemeinen Verlaufs, wenn keine Therapie durchgeführt wird).

Paradigma und theoretischer Kontext

Eine erste Veröffentlichung zum zugrundeliegenden Paradigma stammt aus dem Jahr 2002. Damals noch als TRET (Therapie-Risiko-Evaluations-Test) bezeichnet (Urbaniok, 2002), wurden bereits einige der heute noch zentralen Grundannahmen formuliert. Endrass & Rossegger (2012) informierten über eine konsolidierte Version. Als Online-Verfahren zur differenzierten Abbildung von Fallverständnis, Risikoeinschätzung, Behandelbarkeit und Behandlungseffekten kam 2005 eine erste Version auf den Markt. 2009 folgte das aktualisierte FOTRES 2.0 und 2016 das konzeptionell und technisch deutlich überarbeitete FOTRES 3.

Die theoretischen Überlegungen zu FOTRES wurden zuletzt umfassend von Urbaniok (2016) dargestellt. Ein wesentlicher Grundgedanke ist die Feststellung des Verfassers, dass psychiatrische Diagnosen und persönlichkeitsbedingte Risiken zwei verschiedene Phänomene sind. Persönlichkeitsimmanente Risikoprofile von Straftätern seien durch ein unspezifisches, allgemeinpsychiatrisches Klassifikationssystem häufig nicht abbildbar. Auch wenn z. T. risikorelevante Persönlichkeitsaspekte in einem allgemeinpsychiatrischen Klassifikationssystem erfassbar sind, sei der Zusammenhang zu einem spezifischen Deliktverhalten wenig differenziert und daher ungenau. Urbaniok (2016) will mit FOTRES eben diese Lücke schließen, da allgemeinpsychiatrische Klassifikationssysteme explizit das Ziel haben, psychiatrische Störungen bzw. Krankheiten zu erfassen und nicht darauf ausgerichtet sind, Merkmale zu erkennen, die für die Begehung von Straftaten von Bedeutung sein können. Er fordert die Einzelfall-Beschreibung eines individuellen Risikoprofils anhand festgestellter »risikorelevanter Persönlichkeitsmerkmale in einem eigenständigen forensischen Diagnoseprozess in den Kategorien eines speziellen forensischen Diagnosesystems« (Urbaniok, 2016). FOTRES wurde als dieses spezielle forensische Diagnosesystem entwickelt und definiert – unabhängig von allgemeinpsychiatrischen Diagnosen – mehr als 90 potenzielle Risikoeigenschaften, die gemäß Urbaniok (2016) bei Straftätern vorkommen können.

Die (begründet durch umfassende Fallkenntnis und Fallverständnis) ausgewählten Risikoeigenschaften bilden das Risikoprofil einer Person. Das individuelle Risikoprofil ist die Basis für die Formulierung des spezifischen Deliktmechanismus, mit dem das Tatgeschehen erklärt werden soll. Der Deliktmechanismus verbindet die identifizierten risikorelevanten Persönlichkeitsmerkmale des Täters mit den Merkmalen des Tatmusters. Er hilft zu erklären, in welcher Weise die Risikoeigenschaften zum Deliktverhalten führen. Der Deliktmechanismus ist damit die Basis für das Verständnis des Deliktverhaltens und damit gleichzeitig die Grundlage aller gutachterlichen Schlussfolgerungen. Das gilt in besonderer Weise für die Risikobeurteilung. Jede Beurteilung von Risiko, Interventionsbedarf und Behandlungseffekt sollte ›zieldeliktspezifisch‹ erfolgen, da ein Täter verschiedene Deliktmechanismen (pro Zieldelikt) aufweisen kann, was wiederum direkte Implikationen für die Planung, Durchführung und Evaluation von Interventionen hat. Zudem wird davon ausgegangen, dass das Risikoprofil (pro Deliktmechanismus) Ausdruck einer eher stabilen Disposition des Täters ist, die nur langsam veränderbar sein dürfte. Veränderungen im Rückfallrisiko, also Behandlungs- oder andere Verlaufseffekte, sollten ebenso wie die Beeinflussbarkeit des Täters über eine separate Skala ausgewiesen werden.

Grundsätzlich sind zwei parallellaufende Entwicklungen zu FOTRES zu unterscheiden: Zum einen das FOTRES-Handbuch als ein forensisch-diagnostisches Manual mit Darstellung der theoretischen Konzeption und einer ausdifferenzierten sowie operationalisierten Beschreibung von über 90 Risikoeigenschaften. Zum anderen das Online-Verfahren FOTRES, mit dem der forensische Einzelfall anhand der im Folgenden beschriebenen Skalen inhaltlich und numerisch differenziert abgebildet werden kann.

Aufbau und Konstruktion

Im Zentrum der Entwicklung von FOTRES stand die Inhaltsvalidität. Das Verfahren versucht, eine Verbindung zwischen der klinischen Flexibilität und Kompetenz des forensischen Anwenders mit klar vorgegebenen mechanischen Verrechnungsregeln herzustellen. Endrass & Rossegger (2012) sprechen bzgl. der Entwicklung des Systems von einem klinisch-iterativen Prozess. Auswertungen der Literatur zu forensischen Risikofaktoren und von mehreren hundert forensischen Fällen führten zur Formulierung der Risikoeigenschaften, der Skalen und der mechanischen Verrechnungsregeln, wobei FOTRES 3 mittlerweile ein über zehnjähriger Evaluationsprozess mit kontinuierlicher Fehlerbehebung zugrunde liegt.

So konstruiert unterscheidet FOTRES das *Risk-Needs-Assessment* (RNA) und das *Risk-Management* (RM), die sich jeweils aus zwei Skalen zusammensetzen.

Das RNA beschreibt die Ausgangslage für die Risikobeurteilung zum Zeitpunkt der Anlassdelikte. Hier wird u. a. mit dem *Basis-Risiko* (BR) das grundsätzlich vorhandene, persönlichkeitsbedingte Risiko-Potenzial einer Person dokumentiert (= Disposition für eine Tatbegehung aufgrund des persönlichkeitsbedingten Risikoprofils). Das *Risk-Needs-Assessment* (RNA) setzt sich aus zwei Skalen zusammen:

Basis-Risiko (BR): Das quantitative Rückfallrisiko wird in FOTRES mit dem Basis-Risiko ausgewiesen, das folgendermaßen operationalisiert wird (Urbaniok, 2016, 41):

> Das Basis-Risiko repräsentiert eine langfristig bestehende Disposition des Betroffenen, erneut mit dem Zieldelikt in Erscheinung zu treten. Dabei bezieht sich das Basis-Risiko auf Merkmale, die zum Untersuchungszeitpunkt vorwiegend aufgrund vergangenen Verhaltens beurteilt werden. Die Beurteilung der Merkmale im Basis-Risiko bezieht sich stets auf einen tatzeitnahen Zeitraum.

Es werden hier also nicht Veränderungen bewertet, die sich zum Beispiel durch Therapien im weiteren Verlauf nach einer Tat ergeben haben.

Das Ergebnis des Basis-Risikos ist eine Einschätzung der grundlegenden Rückfallneigung und kann daher auch als Orientierung für die Beurteilung der Notwendigkeit einer Therapie angesehen werden. Das Basis-Risiko beschreibt zudem in standardisierter Terminologie den Fokus einer risikovermindernden Therapie. Es eignet sich daher auch als überprüfbarer Ausgangswert für die langfristige Qualitätssicherung solcher Therapien.

Basis-Beeinflussbarkeit (B-BE): Die Basis-Beeinflussbarkeit ist eine tatzeitnahe Prognose über die Veränderungsmöglichkeiten im Allgemeinen und die Erfolgsaussichten einer Therapie im Speziellen. Die Veränderungsmöglichkeiten werden in FOTRES mit der Basis-Beeinflussbarkeit ausgewiesen (Urbaniok, 2016, 41 f.).

Risk-Management (RM): Das RM dient der Beurteilung des Verlaufs seit den Anlassdelikten. Der Hauptwert des RM ist das *Aktuelle Risiko* (AR). Das AR dokumentiert das Risiko für die Begehung einer – erneuten – Tat zum aktuellen Zeitpunkt der jeweiligen Beurteilung. Das RM besteht ebenfalls aus zwei Skalen:

Aktuelles Risiko (AR): Das Aktuelle Risiko bildet das Risiko so ab, wie es zum Zeitpunkt der aktuellen Beurteilung eingeschätzt wird. Es besteht aus zwei Elementen, die Ansatzpunkte für risikosenkende Entwicklungen repräsentieren. Das Aktuelle persönlichkeitsbedingte *Risiko-Potenzial* (ApR) bildet mögliche Persönlichkeitsveränderungen ab. Die *Selbstkontrolle* (SK) dokumentiert, in welchem Ausmaß risikosenkende Kompensationsfähigkeiten etabliert worden sind. (Urbaniok, 2016, 42)

Aktuelle Beeinflussbarkeit (A-BE): Bei der Bewertung der Aktuellen Beeinflussbarkeit bezieht sich die Bewertung wie bei allen Bewertungen des Risk-Managements auf den jeweils aktuellen Beurteilungszeitraum. Die Aktuelle Beeinflussbarkeit sagt also etwas darüber aus, wie sich die Beeinflussbarkeit aktuell darstellt. Sie dokumentiert damit in standardisierter Form Veränderungen gegenüber der ursprünglichen – tatzeitnahen – Basis-Beeinflussbarkeit, sofern solche Veränderungen in der Gegenwart beschrieben werden können.

Jedes Item auf jeder Skala wird mit einem Wert zwischen 0 (nicht ausgeprägt) und 4 (sehr stark ausgeprägt) bewertet. Der Gesamtwert pro Skala liegt somit (in 0,5er-Schritten) zwischen 0 und 4.

Auswertung und Interpretation

Das Instrument FOTRES wird als Online-Verfahren (www.fotres.ch) anhand der programmierten Verrechnungsregeln automatisch ausgewertet. Die zugrundeliegenden Algorithmen sind online transparent und einsehbar hinterlegt. Der Anwender erhält für den bewerteten Fall optional verschiedene Auswertungsbögen.

FOTRES bildet sowohl qualitativ (Welche Risikoeigenschaften? = Verständnis von Delikt und Person) als auch quantitativ (Ausprägung des Risikos auf einer 9-stufigen Skala) immer individuelle Risiken ab. Daher folgt die quantitative Darstellung von Risiken auf der 9-stufigen FOTRES-Skala der Stanine-Verteilung (Standardnormalverteilung, die in neun Wertekategorien unterteilt ist) und einer Charakterisierung der jeweiligen Risikostufen durch die Beschreibung weiterer praxisrelevanter Implikationen. Die Beschreibung der Risikostufen erfolgt somit durch die folgenden sechs Aspekte:

1. *Stanine-Verteilung:* Theoretische Erwartungswerte gemäß Stanine-Verteilung werden bei Bedarf anhand empirischer Verteilungswerte angepasst.
2. *Benchmark:* Einordung des Risikos im Vergleich zu anderen Risikostufen (Spektrum zwischen Tiefst- und Höchstrisiko).
3. *Risiko-Beschreibung:* Charakterisierung des Risikos der jeweiligen Risikostufe (Spektrum zwischen sehr gering und sehr hoch).
4. *Monitoring in Freiheit:* Notwendigkeit einer engmaschigen Beobachtung/Überwachung, falls der Proband sich mit seiner Risikostufe in Freiheit befinden würde.
5. *(Weitere) Risikosenkung anstreben:* Notwendigkeit einer (weiteren) Risikosenkung.
6. *Chancen für positiven Verlauf:* Erfolgschancen für Deliktfreiheit in Bezug auf das untersuchte Zieldelikt (= Delikt, für welches das Risiko bestimmt wird).

Zur Interpretation der o. g. Skalen im RNA (tatzeitnahe Beeinflussbarkeit) und im RM (jeweils aktuelle Ausprägung des persönlichkeitsbedingten Risikopotenzials und Selbstkontrolle) sind operationalisierte Definitionen der neun möglichen Skalenwerte zwischen 0 und 4 formuliert.

Forensisch-prognostische Relevanz

Sowohl das FOTRES-Handbuch als auch des Instrument FOTRES sind in erster Linie strukturierte Elemente für die differenzierte und inhaltsvalide forensische Fallkonzeption und für ein nachvollziehbares Qualitätsmanagement. Auch wenn FOTRES keine Einschränkung des

Anwendungsbereichs vorgibt, wurde das Instrument primär für persönlichkeitsgestörte Gewalt- und Sexualstraftäter entwickelt.

Gütekriterien

Da FOTRES 3 erst seit 2016 zur Anwendung kommt und es deutliche konzeptionelle Veränderungen zu der Vorgängerversion gibt, können hier noch keine Studien angeführt werden. Für FOTRES 2 berichteten Keller et al. (2011) in Bezug auf die Reliabilität von einigen Schwierigkeiten, die u. a. aus einer ungenügenden Definition der zu bewertenden Zieldelikte resultierte. Nach verschiedenen Präzisierungen konnten Rossegger et al. (2010) von einer zufriedenstellenden Interraterreliabiltät berichten.

Endrass & Rossegger (2012) weisen darauf hin, dass FOTRES für die Einschätzung des Rückfallrisikos (prädiktive Validität) ähnlich gute Werte erzielte wie der VRAG oder der Static-2002. Es sei den Autoren zufolge allerdings schwierig, z. B. für Behandlungserfolge valide Angaben zu machen, da derartige Evaluationsstudien ein chronisches Definitionsproblem aufweisen. Dennoch könne aufgrund des klinisch-iterativen Konstruktionsprozesses von einer guten Inhaltsvalidität des FOTRES-Instruments ausgegangen werden.

Die inkrementelle Validität als Mehrwert gegenüber bisherigen bzw. etablierten Verfahren kann bei FOTRES als deutlich gegeben bezeichnet werden, da es aktuell im deutschsprachigen Raum kein vergleichbares Verfahren gibt, mit dem forensische Einschätzungen über Straftäter detailreich-differenziert sowie operationalisiert und gleichzeitig strukturiert-mechanisch vorgenommen werden können.

Für die aktuell veröffentlichte Version FOTRES 3 stehen weitere Untersuchungen zu Reliabilität und Validität noch aus.

Objektivierter Klinischer Persönlichkeits-Befund (OKPB)

Guido F. Gebauer

Zielstellung

Der *Objektivierte Klinische Persönlichkeits-Befund* (OKPB) dient der Erfassung der Persönlichkeitsstruktur durch klinische Fremdeinschätzung für Probanden, die psychologisch oder psychiatrisch begutachtet werden oder sich in psychotherapeutischer Behandlung befinden. Klinikern soll durch die OKPB-Anwendung die Möglichkeit gegeben werden, ihre Eindrücke auf der Grundlage wissenschaftlich anerkannter Persönlichkeitskonstrukte zu objektivieren. Durch die Vorgabe des OKPB soll dabei eine umfassende und möglichst vollständige Erfassung der Persönlichkeit gewährleistet werden. Das Verfahren eröffnet auch für solche Probanden Möglichkeiten einer psychometrisch fundierten Persönlichkeitseinschätzung, bei denen direkte Selbstangaben fragwürdig sind. Dies betrifft forensische Fälle, wo eine Verfälschungsmotivation bestehen kann, aber auch Probanden, die über keine ausreichenden deutschsprachigen oder intellektuellen Voraussetzungen verfügen, um Fragebögen zu beantworten. Die OKPB-Befunde sollen im Rahmen einer klinischen Gesamtbewertung prognostische und therapeutische Entscheidungen unterstützen.

Theoretischer Kontext

Prozesse der Diagnose-Ableitung

Empirische Befunde zeigen, dass Kliniker konkrete Einzelmerkmale gut beurteilen können (Westen & Muderrisoglu, 2006), bei komplexen Konstrukten aber häufig eine nur mäßige Beurteiler-Übereinstimmung aufweisen (Zimmermann, 1994; Samuel, 2015). Dies stimmt mit kognitionswissenschaftlichen Studien überein, gemäß derer durch komplexe Verknüpfungs-Anforderungen informationsreduzierende Heuristiken aufgerufen werden, die aber zu Fehleinschätzungen führen können (Kahneman & Tversky, 1974; Kahneman, Slovic & Tversky, 1982; Plessner, Betsch & Betsch, 2008). Dies erklärt vermutlich auch, warum in Metaanalysen klinische Prognosen schlechter abschneiden als statistische Prognosen (Meehl, 1996; Grove & Meehl, 1996; Hanson & Bussière, 1998; Hanson & Morton-Bourgon, 2005; 2009; Quinsey & Maquire, 1986). An diesen Befunden setzt der OKPB an, indem er Klinikern Einzelitems vorgibt, deren relativ hoher Konkretheitsgrad der klinischen Beurteilungskompetenz entgegenkommt. Durch eine automatisch erfolgende Auswertung werden zudem mögliche Fehler bei der Integration der Einzelinformationen minimiert.

Inhaltlicher Bezugsrahmen

Auf normalpsychologischer Ebene greift der OKPB auf die sogenannten Big Five *Verträglichkeit, Extraversion, Neurotizismus, Offenheit für Erfahrungen* und *Gewissenhaftigkeit* zurück. Für die Big Five liegen eine hohe internationale Akzeptanz und vielfältige Validitäts-Belege vor (siehe Digman, 1990; 1996; McCrae & John, 1992; Ostendorf, 1990; De Raad, 1998; 2000; De Raad & Perogini, 2002).

Auf psychopathologischer Ebene erhebt der OKPB sämtliche Persönlichkeitsstörungen nach ICD-10, einschließlich der Anhangskategorien *narzisstisch* und *passiv-aggressiv*. Ergänzend werden aus dem DSM-IV die *schizotypische Persönlichkeitsstörung* und aus dem DSM-III-R die *sadistische Persönlichkeitsstörung* übernommen.

Der OKPB beruht auf dem Grundgedanken, dass für ein ausreichendes Verständnis der Persönlichkeit sowohl normalpsychologische Persönlichkeits-Dimensionen als auch psychopathologische Persönlichkeitsmerkmale bedeutsam sind. Auch wenn die Big Five und Persönlichkeitsstörungen miteinander korreliert sind (z. B. Coolidge et al., 1994; Widiger et al., 1994; 2002; McCrae et al., 2001; Reynolds & Clark, 2001; Trull et al., 2001; Saulsman & Pace, 2004; Trull & Widiger, 2013), lassen sich normalpsychologische und psychopathologische Persönlichkeitsmerkmale nicht vollständig gegenseitig ersetzen. Beide Arten von Persönlichkeitsmerkmalen besitzen damit ihre Berechtigung.

Aufbau und Konstruktion

Der OKPB ist ein Online-Verfahren. Nach der Anlage eines Falles geben Einschätzer zunächst Informationen zum Probanden, die der Validierung des Verfahrens dienen.

Im ersten Teil des eigentlichen OKPB werden nacheinander insgesamt 33 normalpsychologische Items zur Beurteilung auf einer fünfstufigen Skala von *starke Ablehnung* bis *starke Zustimmung* vorgegeben. Die Items entsprechen den zum besseren Verständnis weiter spezifizierten Namen der Unterskalen der Big Five im deutschen Handbuch des NEO-

Persönlichkeitsinventar (NEO-PI-R) nach Costa und McCrae (Ostendorf & Angleitner, 2004). Drei zusätzliche Items wurden im Verlauf von Pilotstudien hinzugefügt und seither beibehalten, um die Faktorenstruktur zu verbessern.

Im zweiten Teil des OKPB werden insgesamt 105 psychopathologische Items nacheinander auf einer dreistufigen Skala *(nicht vorhanden/ nicht sicher vorhanden, mit Sicherheit teilweise vorhanden, mit Sicherheit vollumfänglich vorhanden)* zur Beurteilung vorgegeben. Die Items entsprechen mehrheitlich Kriterien für Persönlichkeitsstörungen aus ICD-10, DSM-IV und DSM-III-R. Zusätzlich gibt es einige experimentelle Items, die nicht in die Auswertung eingehen. Außerdem werden die Wender-Utah-Kriterien (Wender, 1995) für eine ADHS im Erwachsenenalter verwandt.

Im dritten Teil des OKPB werden die allgemeinen Kriterien für das Bestehen einer Persönlichkeitsstörung nach ICD-10 erfragt. Die Fragen beziehen sich entsprechend auf Schweregrad und längsschnittlichen Verlauf von möglichen Auffälligkeiten sowie die Abgrenzung von hirnorganischen Persönlichkeitsstörungen, den Folgen anderer psychischer Störungen oder erlebter Traumata.

Auswertung und Interpretation

Die Auswertung erfolgt automatisiert in grafischer und textbasierter Form.

Die normalpsychologischen Items werden rein statistisch durch gewichtete Summenbildung auf der Grundlage einer Hauptkomponentenanalyse ausgewertet. Die Ergebnisse werden, um sie an die Normalbevölkerung anzunähern, auf eine Teilstichprobe von derzeit 844 Fällen bezogen, bei denen nach Angabe der Einschätzer eine im wesentlichen unauffällige Persönlichkeitsstruktur bestand. Hierdurch soll die Verzerrung durch die rein klinische Art der Stichprobe abgemindert werden.

Die Auswertung der Persönlichkeitsstörungs-Items erfolgt nicht anhand empirischer Normen, sondern inhaltsanalytisch durch folgende Operationalisierungsregeln:

- Aus den allgemeinen Persönlichkeitsstörungs-Kriterien nach ICD-10 wird bestimmt, ob eine Persönlichkeitsstörung vorliegt oder nicht.
- Für jede Persönlichkeitsstörungs-Kategorie wird die Anzahl der vollumfänglich erfüllten und der teilweise erfüllten Items ausgezählt. Für die Diagnose einer spezifischen Persönlichkeitsstörung werden nur die vollumfänglich erfüllten Items berücksichtigt. Wird die in den diagnostischen Systemen festgelegte Mindestanzahl an Kriterien erreicht, kann die entsprechende Persönlichkeitsstörung

diagnostiziert werden – sofern die allgemeinen Persönlichkeitsstörungs-Kriterien erfüllt sind.

- Wird die Mindestanzahl erfüllter Kriterien um ein Item verfehlt oder liegen nicht vollumfängliche, sondern nur teilweise erfüllte Items vor, wird jeweils eine Persönlichkeitsakzentuierung festgestellt. Wird die Mindestanzahl in den Kriterien erreicht, aber die allgemeinen Kriterien sind nicht gegeben, wird ebenfalls eine Akzentuierung festgestellt.
- Wenn mehrere Kategorien erfüllt sind, werden auch mehrere Persönlichkeitsstörungen als Diagnose vorgeschlagen.
- Eine kombinierte Persönlichkeitsstörung wird vorgeschlagen, wenn die allgemeinen Kriterien erfüllt sind, die Kriterien für eine spezifische Persönlichkeitsstörung nicht erfüllt sind, aber in mindestens zwei Kategorien eine Akzentuierung besteht.
- Eine nicht näher bezeichnete oder sonstige Persönlichkeitsstörung wird vorgeschlagen, wenn die allgemeinen Kriterien erfüllt sind, aber bei den spezifischen Kategorien keine Auffälligkeiten festgestellt werden können. Die Einordnung bleibt dem Diagnostiker überlassen.
- Die Auswertung gibt ebenfalls auf Basis der klinischen Einschätzungen Hinweise auf Persönlichkeitsänderungen nach Extrembelastung oder psychischen Störungen, hirnorganische Persönlichkeitsstörungen oder das Bestehen einer ADHS im Erwachsenenalter. Bis auf die ADHS werden hierfür erneut stringent die ICD-10-Festlegungen zugrunde gelegt.

Im OKPB sind außerdem sogenannte Zusatzskalen enthalten, die dem Kliniker weitere Interpretationshinweise liefern sollen. Diese Skalen sollen Affinitäten zu *psychosozialen Anpassungsschwierigkeiten, suizidalem Verhalten, Substanzabusus, Abstinenzfähigkeit, kriminellem Verhalten, rezidivierendem kriminellem Verhalten* und *Komplikationen bei Haft und Unterbringung* erfassen. Die Skalen beruhen auf Regressionsanalysen, bei denen vorliegende Verhaltensweisen durch die OKPB-Items statistisch vorhergesagt wurden. Die Zusatzskalen sollen keine definitiven Aussagen ermöglichen, sondern dem Kliniker Anlass geben, sich mit den durch sie implizierten Tendenzen auseinanderzusetzen. Es kann auch von einer Berücksichtigung der eher noch experimentellen Zusatzskalen abgesehen werden.

Forensisch-prognostische Relevanz

Gerade für forensische Begutachtungen und auch für die Behandlung von Straftätern ist eine genaue Kenntnis der Persönlichkeitsstruktur erforderlich. Die Wichtigkeit der Einschätzung der Persönlichkeit für forensische Fragestellungen ergibt sich auch aus Empfehlungen zur

Mindestgüte von Begutachtungen zur Schuldfähigkeit (Bötticher et al., 2007a) und zur Gefährlichkeitsprognose (Bötticher et al., 2007b).

Anwender des OKPB beurteilen jedes einzelne Persönlichkeitsstörungs-Kriterium nach ICD-10 sowie weitere Kriterien. Ebenfalls setzen sie sich mit Items, die die Big Five erfassen, auseinander, so dass auch der Erkenntnisstand der Persönlichkeitspsychologie berücksichtigt wird. Durch die Anwendung des OKPB wird insofern eine hohe Vollständigkeit der Persönlichkeits-Diagnostik gesichert.

Die Verwendung von traditionellen Fragebögen zur Selbsteinschätzung stößt im forensischen Kontext schnell an Grenzen, wenn der Diagnostik-Zweck eine Verfälschungsmotivation bedingt. Außerdem können Persönlichkeitsfragebögen nicht angewandt werden bei Menschen mit unzureichenden Deutschkenntnissen und bei Minderbegabten.

Beim OKPB wird die Einschätzungskompetenz an den Kliniker selbst delegiert. Je angemessener sich ein Einschätzer mit einem Probanden, seinem Lebenslauf, möglichen kulturellen Besonderheiten und zu Tage tretenden überdauernder Verhaltenstendenzen auseinandersetzt, desto eher wird er die OKPB-Items korrekt einschätzen und so zu gültigen Aussagen gelangen können.

Für die forensische Gesamtbewertung sollen Kliniker die sich im OKPB zeigenden Befunde noch einmal in Bezug zur Problematik des Probanden, seiner Lebensgeschichte und seiner Straffälligkeit setzen. Hierdurch wird es erleichtert, Zusammenhänge zur Persönlichkeitsstruktur zu identifizieren und plausibel zu machen, sowie persönlichkeitsspezifische Aspekte von situationalen Aspekten abzugrenzen.

Befunde im OKPB korrelieren mit Merkmalen von kriminellem Verhalten und auch mit klinischen Gefährlichkeitsprognosen (siehe folgender Abschnitt). Es ist entsprechend möglich, die Befunde aus dem OKPB in Gefährlichkeitsprognosen einzubeziehen. Hierbei können dem Kliniker auch die Zusatzskalen Auskunft geben, die allerdings einen noch eher experimentellen Charakter aufweisen und ebenso wie die anderen OKPB-Skalen der weiteren längsschnittlichen Überprüfung bedürfen.

Der OKPB ist kein statistisches Prognoseverfahren, sondern ein klinisches Verfahren zur Erfassung der Persönlichkeitsstruktur, welches in Prognoseentscheidungen mit einbezogen werden kann. Eine (zusätzliche) Umwandlung in ein Prognoseverfahren wäre grundsätzlich möglich, aber hierfür müssten zunächst umfangreiche Rückfalldaten zur Verfügung stehen.

Gütekriterien

Im Vordergrund der OKPB-Entwicklung steht der anhaltende Prozess der Konstruktvalidierung. Die Konstruktvalidität kann nicht durch einen einzelnen statistischen Koeffizienten bestimmt werden, sondern ergibt sich aus dem empirischen Gesamtzusammenhangsmuster.

Inhaltsvalidität

Für die Persönlichkeitsstörungs-Skalen beansprucht der OKPB Inhaltsvalidität, weil die entsprechenden Items und ein Großteil der Auswertungsregeln aus den zugrundeliegenden diagnostischen Systemen (ICD-10, DSM-IV, DSM-III-R) übernommen wurden. Auch für die Big Five liegt eine hohe Inhaltsvalidität vor, da sich die Itemableitung eng an dem bereits etablierten NEO-Persönlichkeitsinventar nach Costa und McCrae (Ostendorf & Angleitner, 2004) orientierte.

Faktorielle Validität

Die Fünf-Faktoren-Struktur der Big Five zeigt sich mit hoher Eindeutigkeit der Interpretation unter Verwendung verschiedener Extraktions- und Rotationsverfahren und in verschiedenen Teilstichproben. Hauptkomponentenanalysen mit Varimax-Rotation in einer weiblichen (N = 2.801) und männlichen (N = 1.439) Teilstichprobe erbrachte Kongruenzkoeffizienten nach Tucker (Lorenzo-Seva & ten Berge, 2006) in Höhe von .99 (Extraversion), .99 (Verträglichkeit) und .99 (Offenheit für Erfahrungen), .98 (Gewissenhaftigkeit), .98 (Neurotizismus). Beim Vergleich forensischer Fälle (N = 1.865) und nicht-forensischer Fälle (N = 2.387) ergaben sich Kongruenzkoeffizienten von .99 (Gewissenhaftigkeit), .98 (Neurotizismus), .97 (Extraversion), .97 (Verträglichkeit) und .96 (Offenheit für Erfahrungen).

Messzuverlässigkeit

Normalpsychologische Skalen

Split-Half-Reliabilitäten. Für die Big Five wurden die Split-Halfreliabilitäten über die Gesamtstichprobe von 4.252 Fällen berechnet, wobei in Teilstichproben ähnliche Ergebnisse erreicht wurden. Für die Berechnung der Split-Half-Reliabilitäten wurden alle 33 Big-Five-Items für jeden der fünf Faktoren mit ihren jeweiligen Faktorwerten multipliziert. Eine Zweiteilung der Items wurde durch Sortieren nach Faktorwerten und alternierende Zuweisung vorgenommen. Danach wurden die Summen gebildet. Es zeigten sich gute Split-Half-Reliabilitäten für *Extraversion* (.85), *Verträglichkeit* (.84), *Gewissenhaftigkeit* (.84), eine befriedigende Reliabilität für *Neurotizismus* (.76) und eine noch ausreichende Reliabilität für *Offenheit für Erfahrungen* (.69).

Zeitliche Stabilität. Es liegt lediglich eine kleine Stichprobe von 63 Fällen vor, bei denen Therapeuten den OKPB nach minimal vier Monaten und maximal 85 Monaten erneut ausfüllten (durchschnittliches Intervall = 21,19 Monate, *SD* = 15,38). Allerdings dürfte sich ein Großteil der Probanden in der Zwischenzeit in Therapie befunden haben, die sich sicherlich auch auf die Korrektur von Persönlichkeitsdefiziten konzentrierte. Die Retest-Korrelationen stellen daher notwendigerweise eine Unterschätzung der tatsächlichen zeitlichen Stabilität dar. Recht hohe zeitliche Stabilitäten zeigten sich für *Extraversion* (.87), *Verträglichkeit* (.78) und *Neurotizismus* (.74). Demgegenüber fiel die zeitliche Stabilität für *Offenheit für Erfahrungen* (.59) und *Gewissenhaftigkeit* (.59) nur sehr moderat aus.

Persönlichkeitsstörungs-Skalen

Interne Konsistenzen. Da teilweise nur sehr wenige Items in eine Skala eingehen, wurde für die Persönlichkeitsstörungs-Skalen auf Cronbachs α zurückgegriffen. Gute interne Konsistenzen zeigten sich für *narzisstisch* (.85), *ängstlich-vermeidend* (.83), *dependent* (.82), *dissozial* (.82) und *passiv-aggressiv* (.80). Befriedigend fielen die Konsistenzen aus für *borderline* (.78), *anankastisch* (.77), *schizoid* (.77), *paranoid* (.77) , *impulsiv* (.76), *sadistisch* (.75) und *schizotypisch* (.74). Unbefriedigend war allein die Konsistenz für *histrionisch* (.63).

Zeitliche Stabilität. Recht hohe zeitliche Stabilitäten zeigten die Skalen *dependent* (.81), *ängstlich-vermeidend* (.79) *narzisstisch* (.79), *borderline* (.79), *dissozial* (.77), *paranoid* (.76), *impulsiv* (.76), *schizotypisch* (.75), *schizoid* (.73) und *sadistisch* (.73). Deutlich geringere Stabilitäten wiesen die Skalen *histrionisch* (.67), *anankastisch* (.65) und *passiv-aggressiv* (.57) auf.

Insgesamt stützen die Ergebnisse der Reliabilitätsanalyse die Messzuverlässigkeit der OKPB-Skalen. Größere Stichprobenumfänge sind für die Erfassung der zeitlichen Stabilität erforderlich. Verbesserungsbedürftig erscheinen insbesondere die Skalen *Offenheit für Erfahrungen* und *histrionisch*. Auffallend sind die eher geringen zeitlichen Stabilitäten der Skalen *Gewissenhaftigkeit, anankastisch* und *passiv-aggressiv,* während die Split-Half-Reliabilität oder die interne Konsistenz dieser Skalen gut ist. Alle drei Skalen verweisen inhaltlich auf eine auf Ordnung und Disziplin fokussierte Selbstregulation, die übermäßig oder defizitär sein mag. Womöglich erklärt sich die eher geringe zeitliche Stabilität dieser Merkmale mit einer besonderen Fokussierung von Therapieprozessen auf einen Ausgleich dieser Defizite.

Kriteriumsvalidität

Für eine Stichprobe von 1.865 forensischen Fällen liegen die *OKPB-Befunde, klinische Einschätzungen zu Einsicht, Therapiefähigkeit, Leidensdruck, Gestörtheit, Schuldunfähigkeit und Gefährlichkeitsprognose* sowie *Angaben zu polymorpher Kriminalität, strafrechtlichen Sanktionierungen, Anpassung in Haft/Maßregel, polytoxikomanen Substanzabusus, Lockerungsverstößen, Bildungsstand* und *sozialer Kompetenz* vor. Diese Informationen wurden mithilfe einer kanonischen Korrelationsanalyse (Thompson, 1984; 2000) mit den Persönlichkeits-Skalen des OKPB korreliert.

Acht kanonische Korrelationen erreichten die Signifikanz, aber auf der Basis des Plots der Eigenwerte wurden lediglich fünf einer Betrachtung unterzogen. Auf die fünfte kanonische Korrelation wurde verzichtet, da diese einen nur noch verschwindenden Varianzanteil erklärte und nach Varimax-Rotation keine sinnvolle Interpretierbarkeit möglich war.

Die vier beibehaltenen kanonischen Variaten erklärten zusammen 27,07 Prozent der Varianz in den Kriterien (Variate I: 17,46%, Variate III: 4,52%, Variate III: 2,19%, Variate IV: 2,90%).

Tabelle 1 zeigt die kanonischen Faktorladungen nach Varimax-Rotation.

Tabelle 1: Varimax rotierte kanonische Faktorladungen: OKPB–Skalen und externe Kriterien, N = 1.865 forensische Fälle (Ladungen ≥ .40 **fett** gedruckt, Ladungen ≥ .30, aber < .40 *kursiv*)

	Kanonische Variaten					Kanonische Variaten			
	1	**2**	**3**	**4**		**1**	**2**	**3**	**4**
dissozial	.59	.74	–.14	–.16	Offenheit f. Erfahrungen	–.03	–.02	.04	.72
impulsiv	.32	.64	.34	–.12	Neurotizismus	–.17	.42	.68	.01
borderline	.28	.55	.54	–.01	Einsicht	–.78	–.09	.19	.18
sadistisch	.55	.25	.03	.14	Therapiefähigkeit	–.82	–.12	.03	.31
passiv–aggressiv	.67	.15	.15	–.08	Leidensdruck	–.55	.15	.47	.27
narzisstisch	.77	.06	–.01	.16	Gestörtheit	.40	.43	.59	–.06
paranoid	.74	.12	.25	.13	schuldunfähig	.16	–.03	.61	.03
histrionisch	.30	.18	.22	–.06	Gefährlichkeitsprognose	.45	.74	.07	.06
anankastisch	.46	–.22	.47	.13	polyvalente Kriminalität	.02	.70	–.33	–.10
vermeidend	–.04	.01	.69	–.06	Sanktionierungen	.05	.64	–.34	–.13
dependent	–.12	–.12	.54	–.18	Haftanpassung	.28	.59	.19	–.01
schizoid	.58	–.06	.40	–.26	Polytoxikomanie	.05	–.44	–.01	.09
schizotypisch	.55	–.05	.60	–.02	Lockerungsverstöße	.04	.27	.03	–.15
Gewissenhaftigkeit	–.07	–.48	–.13	.54	soziale Kompetenz	–.22	–.27	–.41	.76
Verträglichkeit	–.79	–.27	.04	–.12	Bildungsniveau	.21	–.39	–.02	.63
Extraversion	–.04	.34	–.46	.24					

Die *Kanonische Variate I* umschreibt einen Zusammenhang zwischen einer Subgruppe von Persönlichkeitsstörungen, wie *narzisstisch, paranoid, passiv-aggressiv, sadistisch* oder *dissozial,* die sich sämtlich durch eine hohe soziale *Unverträglichkeit* kennzeichnen. Dies konvergiert mit geringer *Einsicht* und *Therapiefähigkeit,* hohem *Leidensdruck* und *Gestörtheit* sowie einer kritischeren *Gefährlichkeitsprognose* hin.

Die *Kanonische Variate II* beschreibt einen Zusammenhang zwischen den OKPB-Skalen *dissozial, impulsiv, borderline, erhöhtem Neurotizismus, erniedrigter Gewissenhaftigkeit, kriminalitätsassoziiertem Verhalten* sowie einer kritischen *Gefährlichkeitsprognose.* Hier zeigt sich eine Risikovariate für delinquentes Verhalten.

Die *Kanonische Variate III* verweist auf einen Zusammenhang zwischen den Skalen *ängstlich-vermeidend, dependent, anankastisch, schizoid, schizotypisch* und *borderline* mit erhöhtem *Neurotizismus,* erniedrigter *Extraversion* sowie erhöhter *Gestörtheit* und *Leidensdruck,* geringer *sozialer Kompetenz* und verminderter *Schuldfähigkeit.* Hier zeigen sich ängstlich-gehemmte, labile Persönlichkeitsmerkmale ohne dissoziale Charakteristika.

Die *Kanonische Variate IV* beschreibt einen selektiven Zusammenhang zwischen *Offenheit für Erfahrungen* und *Gewissenhaftigkeit* mit erhöhtem *Bildungsniveau,* erhöhter *sozialer Kompetenz* und leicht erhöhter *Therapiefähigkeit.*

Deutlich wird, dass die OKPB-Skalen substantielle Zusammenhänge zu den untersuchten externen Kriterien aufweisen.

Resümee

Die Ergebnisse der Konstruktvalidierung stützen die wissenschaftlich begründete Anwendung des OKPB für die klinische und forensische Persönlichkeits-Diagnostik. Weitere Studien – insbesondere zur zeitlichen Stabilität und Kriteriumsvalidität wären wünschenswert – um die empirische Basis der OKPB-Anwendung zu verbreitern.

Deliktorientierter Anamnesebogen

Rita Steffes-enn

Entwicklung und Anwendungsmöglichkeiten

Der nachfolgend vorgestellte Anamnesebogen (Steffes-enn & Dirks, 2014, 139-225) wurde unter Berücksichtigung wissenschaftlicher Erkenntnisse aus der Praxis heraus entwickelt und dient jener systematischen Informationsdokumentation, die für Prognostik und eine auf den kriminogenen Bedarf des jeweiligen Klienten ausgerichtete rückfallpräventive Intervention von Bedeutung sind. Der Anamnesebogen kann sowohl als Gesamtes als auch auszugsweise – zu im Einzelfall relevanten Themenkomplexen, als (Teil-)Ergänzung zu bereits vorhandenen Anamnesebögen oder als Gesprächsleitfaden – genutzt werden. Als deliktorientiertes Dokumentationssystem kann er bei Explorationsgesprächen im Rahmen von Clearing und Prognostik sowie in der rückfallpräventiven Fallarbeit eingesetzt werden. Entsprechend praxiserprobt ist der Anamnesebogen bei sexuell assoziierten Taten, Gewalttaten sowie (symbolischem) Drohverhalten innerhalb und außerhalb des sozialen Nahraums und/oder Stalking.

Zugrundeliegendes Paradigma/theoretischer Kontext

»Ähnlich wie man nicht nicht kommunizieren kann, kann man auch nicht nicht handeln. Wir handeln immer mit einer bestimmten Intention, und wie wir handeln, ist nicht unabhängig von unserer persönlichen Ausstattung, unserem kulturellen Erbe, unserer Biografie sowie unserer augenblicklichen Verfassung« (Musolff, 2006, 124 f.).

Das primäre Ziel in der deliktorientierten Arbeit mit Delinquenten ist die Rückfallvermeidung. Um Interventionen entsprechend auszurichten, erscheint eine deliktisch-verhaltensorientierte Anamnese unter Berücksichtigung allgemeiner und deliktspezifischer kriminogener Risiko- und Schutzfaktoren unerlässlich (Lösel, 1995a; Rotermann et al., 2009). Denn ohne eine Berücksichtigung aller Delinquenz begünstigenden Faktoren werden bei dieser Klientel – wie sich besonders deutlich bei jungen Tätern zeigt – eklektisch zahlreiche Hilfeangebote durchgeführt. Nicht selten ergeben sich hieraus Biografien, in denen verschiedenste Maßnahmen ausprobiert, abgebrochen und mit wechselnden Trägern wiederholt werden. Dies geschieht insbesondere dann, wenn Interventionen ohne hinreichende Berücksichtigung der Grundprinzipien rückfallpräventiven Arbeitens, dem sogenannten R-N-R-Modell (Andrews et al., 1990), durchgeführt werden. Alle drei Prinzipien lassen sich in durchaus wesentlichen Aspekten aus der – Art der – Tat bzw. Tatbegehung ableiten. Neben den Angaben des Klienten sollte möglichst umfassend auf fremdanamnestische Daten und externe Informationsquellen zurückgegriffen werden. Zu externen Informationsquellen zählen u. a. Urteile, Gerichtsakten, therapeutische und (sozial-)pädagogische Berichte, (Jugend-)Gerichtshilfeberichte, (Vor-)Gutachten, Stellungnahmen des Allgemeinen Sozialen Dienstes/der Sozialpädagogischen Familienhilfen usw. Insbesondere die Sichtung der juristischen Akten und dazugehörigen Berichte, kriminaltherapeutischen Stellungnahmen und (Vor-)Gutachten sind in Bezug auf die Tatanalyse von besonderer Relevanz. All diese Informationsquellen sollten möglichst frühzeitig herangezogen werden, um eine auf falschen Annahmen begründete Prognostik und Intervention zu vermeiden (Jöckel & Jöckel, 2004; Leygraf, 2006; Musolff, 2006). Wie McGuire und Pristley (1995)[1] aufzeigten, sind unstrukturiert-beraterische Interventionen, die sich primär an den Vorstellungen der Klienten orientieren, in Bezug auf die Rückfallvermeidung wenig effektiv. Denn in der rückfallpräventiven Arbeit geht es um eine höchstmögliche Kontrollierbarkeit von Rückfallrisiken. Das sog. *Self-Risk-Management* ist jedoch nur möglich, wenn Risiken erfasst und als solche anerkannt werden. Die Bewertung von kriminogenen Risiko- und Schutzfaktoren ist bekanntermaßen jedoch kein einfaches Summenspiel, vielmehr müssen Faktoren nach umfassender Erhebung geclustert, hinsichtlich ihrer wechselseitigen Bedingungen eingehend analysiert und in (weiten) Teilen dynamisch betrachtet werden.

Zur Analyse der Tat haben sich zwei mögliche Herangehensweisen (Abb. 1) in der praktischen Arbeit bewährt:
- die verhaltensorientierte Analyse der deliktischen Phasen: Vortat-, Kontakt-/Kontrollphase, Tat, Nachtatphase;
- die Betrachtung der Entscheidungsmatrix auf dem Weg zum Delikt.

Empfohlen wird, bei der Tatanalyse auch scheinbar irrelevante Nebensächlichkeiten zu erfassen und eine ausführliche Dokumentation der erhobenen Informationen folgen zu lassen. Hierzu bietet der deliktorientierte Anamnesebogen zahlreiche Anregungen ebenso wie zur Erfassung proximaler Faktoren, z. B. kriminalitätsbegünstigender Einstellungen.

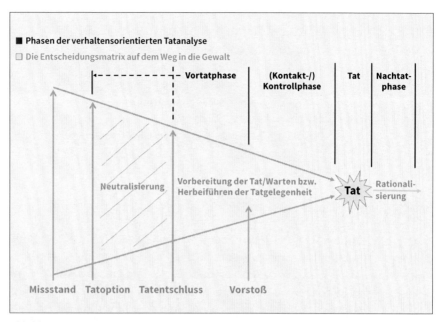

Abbildung 1: Herangehensweisen bei der Tatanalyse (Steffes-enn, 2014)

Aufbau und Konstruktion

Der deliktorientierte Anamnesebogen ist kein validiertes Prognoseinstrument und ersetzt diese also ebenso wenig wie eine klinische Anamnese und Diagnostik. Im hier vorgestellten Anamnesebogen werden primär Aspekte aufgegriffen, die zur vertiefenden Auseinandersetzung mit deliktrelevanten Themen anregen und beim ›Entschlüsseln der Sprache des Delikts‹ dienlich sein können. Das heißt, die dort aufgeführten Themenkomplexe haben sich in der praktischen Arbeit als hilfreich erwiesen, um die dem Delikt zu Grunde liegende individuelle Bedürfnisstruktur des Klienten zu erfassen. Der deliktorientierte Anamnesebogen konzentriert sich primär auf die Erhebung verhaltensorientierter Aspekte, wodurch eine wertfreie umfassende Datengenerierung begünstigt werden soll.

Unterteilt ist der Anamnesebogen in folgende Abschnitte:
1. Stammdaten,
2. Deliktorientierter Teil
   - Sozialisation,
   - Auffälligkeiten in der Vorgeschichte,
   - Brandstiftung und Zündeln,
   - Stalking,
   - Partnerschaft und Sexualität,
   - Freizeit- und Sozialverhalten,

– Suchtverhalten und Substanzmissbrauch,
– Finanzielle Situation,
– Fantasie und Waffen,
– Deliktische Struktur,
– Sexuelle Missbrauchsabbildungen,
– Verhaltensbilanz,
– Rückfallhemmende Faktoren und Ressourcen,
– Fallbesprechung,
3. Tathergangsbezogene Aktenanalyse.

Erfahrungswerte in der praktischen Anwendung

Zunächst muss der oftmals existente Konflikt untersuchender Fachkräfte benannt werden, dem Klient direkte Fragen zu intimen Themen zu stellen und sich somit ggf. grenzverletzend gegenüber dem Klienten zu zeigen. Dieses Dilemma scheint zumindest in der deliktischen Arbeit mit sexuell übergriffigen Personen nicht auflösbar zu sein, da das Delikt selbst bereits den intimsten Bereich von Opfer und Täter tangiert. Zweifelsohne sind die Wirkung der Interaktionen bei Explorationsgesprächen sowie der konstruktive Umgang mit – u. U. speziellen oder auffälligen – (Gegen-)Übertragungsphänomenen im besonderen Maße zu berücksichtigen. Sie können in jede Richtung einen entscheidenden Einfluss auf die künftige Mitarbeitsbereitschaft des Klienten in therapeutischen Bezügen haben.

Weitere Bedenken hinsichtlich des Nutzens, Tatabläufe sowie damit zusammenhängende Kognitionen und Fantasien ausführlich zu thematisieren, können sich auf den Zweifel an der Aufrichtigkeit der Klienten bei der Antwortgebung beziehen. Die praktische Erfahrung in der Anwendung des Anamnesebogens zeigt, dass konkrete Fragestellungen insbesondere bei schambesetzten Themen die Wahrscheinlichkeit erhöhen, umfassende Informationen zu erhalten. Hierzu zählen insbesondere Angaben, mit denen der Klient allgemein eher auf Ablehnung stößt. Eine häufige Klientenantwort auf die Frage, wieso prognostisch relevante, aber schambesetzte und/oder fantasiebezogene Themen zuvor nicht mitgeteilt wurden, lautet schlicht: ›*Es hatte mich niemand danach gefragt*‹. Die Grundannahme, dass Klienten zum Zwecke einer Art böswilligen Manipulation Informationen unterschlagen, erscheint somit meist unberechtigt. Primär ist Scham als entscheidender Faktor für das (Ver-)Schweigen der Klienten zu werten (vgl. Tiedermann, 2013; Martin & Priebe, 2015).

Insgesamt sind Offenheit und Aufrichtigkeit in der delikt- und fantasiebezogenen Arbeit für Klienten kein leichtes Unterfangen und sollten nicht als Selbstverständlichkeit angesehen werden. Vielmehr müssen

Klienten zahlreichen Verlockungen im Sinne der Geheimniswahrung widerstehen. Statt zu erwarten, dass der Klient diesen widersteht, empfiehlt sich, ihm bei offener Mitarbeit eines entgegenzubringen: aufrichtigen Respekt. Hierfür erscheint eine empathische, die Offenheit von Klienten nicht als selbstverständlich voraussetzende, sondern würdigende Haltung dienlich. In der Praxis zeigt sich immer wieder, dass diese Haltung – gepaart mit konkreten Fragen – einen guten Zugang darstellt, die für den Klienten ansonsten unaussprechlichen Themen sprachfähig werden zu lassen.

Anmerkungen

[1]   McGuire & Pristley (1995), zit. n. Mayer, Schlatter & Zobrist (2007, 37).

Der ›Dynamic 11‹

Ralf Kammerer

Zielsetzung

Die Idee, ein Instrument zur standardisierten Beschreibung der Deliktverarbeitung bei Straftätern zu entwickeln, entstand aus der Erfahrung, dass beim Übergang von Straftätern von einem Setting bzw. Betreuungssystem in ein anderes häufig keine Dokumentation darüber vorlag, wie und mit welchem Erfolg mit dem Klienten an seinen Delikten gearbeitet worden war (Kammerer, 2012b). Gerade aber die Deliktverarbeitung oder genauer deren Ergebnis, also der Prozess der Bewusstwerdung über die Entstehung des Delikts sowie die Maßnahmen zur Rückfallprävention, sind einerseits zentraler Inhalt deliktspezifischer Tätertherapien und Behandlungsprogramme (Mayer, 2009; Stüm & Schmalbach, 2012) als auch andererseits Grundlage für die Empfehlung von Vergünstigungen (vollzugsöffnende Maßnahmen, Haftentlassung und/oder Beendigung der Behandlung).

Das Instrument stellt daher den Versuch dar, zu beobachtende Stufen des Deliktbewusstseins und darauf aufbauende Rückfallpräventionsstrategien in eine standardisierte, hierarchische Struktur zur bringen. So sollen Personen, die entweder die Behandlung oder Betreuung des Klienten fortsetzen oder Personen, die – ohne den Klienten selbst direkt zu kennen – über den weiteren Sanktionsverlauf zu befinden haben, sich schnell und umfassend ein Bild vom aktuellen Stand der Deliktverarbeitung machen können. Konkrete Inhalte des aktuellen Deliktbewusstseins des Klienten, die vor allem in der Weiterbehandlung relevant sind, werden in einem separaten Anlagebogen strukturiert festgehalten.

Der ›Dynamic 11‹ ist also kein sog. ›Risc-Assessment-Tool‹, sondern beschreibt die Ausprägung eines risikorelevanten Aspekts und kann damit im Sinne von Gretenkord (2013) gemeinsam mit anderen Instrumenten zu einer vollständigen Prognose beitragen.

Aufbau und Konstruktion

Der ›Dynamic 11‹ ist in neun Level unterteilt. Ab dem zweiten Level kann jeweils noch die Angabe gemacht werden, ob der Beurteiler in absehbarer Zeit bzw. im Zeitraum bis zur nächsten Beurteilung mit einer Verbesserung rechnet oder nicht.

Besonderer Wert wurde auf die Operationalisierung der Level unmittelbar im Instrument gelegt, so dass auch eine mit dem Instrument nicht vertraute Person einen möglichst objektiven Eindruck vom Stand der Deliktverarbeitung erhält. Im Manual (Kammerer, 2012a) werden die Level weiter hergeleitet und erläutert sowie Formulierungsvorschläge für Behandlungsberichte gemacht.

Die Level orientieren sich am grundsätzlichen Vorgehen kognitiv-behavioraler Therapien mit Gewalt- und Sexualstraftätern (Pithers, 1990; Mayer & Kherfouche, 2009). Die Struktur ist hierarchisch. Dies bedeutet, dass die Level zunehmendes Deliktbewusstsein bzw. aufeinander aufbauende Rückfallpräventionsstrategien benennen. Ein höherer Level kann also nur erreicht werden, wenn der Klient den Bewusstseinsprozess des vorherigen Levels bereits – ob selbständig oder in der Behandlung – abgeschlossen hat.

- *Level 0: Verweigerung*
  Klient verweigert die Arbeit am Delikt, so dass eine Einschätzung nicht möglich ist.
- *Level 1: Kognitive Verzerrung*
  Klient attribuiert die Ursachen seines Delikts extern.
- *Level 2: Verantwortungsübernahme*
  Klient sieht sich als Verursacher.
- *Level 3: Einsicht in Rückfallgefahr*
  Klient akzeptiert grundsätzliche Wiederholungsgefahr.
- *Level 4: Risikobewusstsein*
  Klient hat Bedingungsgefüge interner und externer Faktoren seiner Tat verstanden.
- *Level 5: Vermeidung*
  Klient kann und will Risikosituationen aktiv vermeiden.
- *Level 6: Coping*
  Klient hat alternative Reaktionen auf Risikosituationen erarbeitet.
- *Level 7: Kontrolle*
  Coping-Strategien wurden in Freiheit/Alltag geübt und internalisiert.
- *Level 8: Veränderung des Risikoprofils*
  Rückfallrelevante Persönlichkeitseigenschaften haben sich dauerhaft verändert.

Neben dem im Ratingbogen einzutragenden Level soll der Beurteiler im Anlagebogen beschreiben, wie der Klient sein Delikt erklärt und wie die Delikthypothese des Behandlers selbst ist. Es sollen dort auch Coping-Strategien und ggf. Persönlichkeitsveränderungen kurz beschrieben werden. Ergänzt wird das Instrument durch den Selbst-Rating-Bogen. In diesem soll der Klient selbst seinen Stand der Deliktverarbeitung einschätzen und begründen. So können noch bestehende kognitive Verzerrungen und irrationale Überzeugungen des Klienten erkannt und auf dieser Basis behandelt werden.

Auswertung und Interpretation

Das Rating setzt voraus, dass der Beurteiler mit dem Klienten selbst gearbeitet und sein Deliktbewusstsein auf diese Weise kennen gelernt hat. Alternativ muss er den Klienten ausführlich exploriert haben, um eine ähnlich profunde Kenntnis zu erlangen. In beiden Fällen müssen auch die Strafakten, also mindestens das Urteil und der Bundeszentralregisterauszug, möglichst aber auch ggf. existierende Gutachten, Behandlungsberichte und Stellungnahmen anderer Beteiligter bekannt sein. »Der Sachverständige weiß im Idealfall alles über den Probanden, was man über diesen – zumal aus den Akten – wissen kann« (Kröber, 2006, 93). Diese Kenntnis soll dem Beurteiler u. a. auch ermöglichen, eine eigene Delikthypothese zu erstellen, die er der des Täters gegenüberstellen kann.

Die Interpretation des Ergebnisses wird in der Regel durch den nachfolgenden Behandler oder die über den weiteren Sanktionsverlauf entscheidende Person erfolgen. In beiden Fällen muss zunächst die Entscheidung getroffen werden, ob eine (weitere) Behandlung notwendig erscheint. Da deliktspezifische Behandlungen in erster Linie das Ziel haben, die Rückfallwahrscheinlichkeit zu senken (Stüm & Schmalbach, 2012), ist diese zunächst zu ermitteln. Es gibt im Wesentlichen zwei voneinander klar abzugrenzende Methoden der Risikoeinschätzung:

1) Zunächst die aktuarische oder statistische Methode, die sich auf Untersuchungen von Straftätern im Hinblick auf das Vorliegen rückfallrelevanter Merkmalskombinationen beziehen. Der Täter wird hier aufgrund der bei ihm vorliegenden Merkmale einer Vergleichsgruppe und damit einer Risikokategorie zugeordnet. Aktuarische Prognosen sind jedoch keine Individualprognosen und »erklären für sich genommen nichts« (Dahle, 2006, 29).

2) Davon zu unterscheiden ist die klinische Methode. Hier geht es um »ein auf den Einzelfall zugeschnittenes Erklärungsmodell« (ebd., 31) der Delinquenz, also die je situativen Faktoren und Denk- und Verhaltensmuster des Klienten.

Der eher abstrakte Wert, den die meist statischen Faktoren aktuarischer Methoden erbringen, gibt Auskunft darüber, um wen man sich grundsätzlich ›Sorgen‹ machen muss. Die klinische Methode hingegen ergibt auch Hinweise auf dynamische Risikofaktoren wie Fehlhaltungen und risikoträchtige Reaktionsmuster und damit auf Behandlungs-notwendigkeiten sowie -möglichkeiten (Nedopil, 2005). Sie beantwortet also die zweite Frage, nämlich was getan werden muss, um das Risiko zu senken. Als Basis für die Entscheidung über die Behandlungsnot-wendigkeit haben klinische Instrumente daher höhere Aussagekraft, da sie den reinen Situationstäter, der »auch ohne therapeutische oder so-zialpädagogische Intervention eine gute Legalprognose hat« (Urbaniok, 2012, 31), deutlicher herausarbeiten können.

Deliktspezifische Therapien und somit auch die Einschätzung mit dem ›Dynamic 11‹ kommen für Personen in Frage, deren Persönlichkeit einen relevanten Anteil an der Deliktentstehung hat. Mit zunehmendem Level des ›Dynamic 11‹ hat sich die – über den Tatzeitpunkt hinaus the-oretisch weiter bestehende – Rückfallwahrscheinlichkeit entsprechend verringert, da Risikobewusstsein sowie Vermeidungs- und Coping-Strategien aufgebaut wurden.

Der ›Dynamic 11‹ ist ein klinisch-idiografisches Instrument, dem ein kognitiv-behaviorales Erklärungsmodell von Kriminalität zugrunde liegt.

Forensisch-prognostische Relevanz

Außer bei Level 0 gibt es für alle anderen Level Entsprechungen bei be-stehenden und z. T. evaluierten Risikokalkulationssystemen. Es wurden also keine gänzlich neuen Kriterien eingeführt, sondern bestehendes Prognosewissen in eine eigene Struktur gebracht.

Im Hinblick auf die Möglichkeit des Klienten, Gespräche mit dem Gutachter oder dem Gerichtshelfer abzulehnen, und aus der Erfahrung, dass Klienten über verschiedene Vermeidungsstrategien bezüglich einer Arbeit am Delikt verfügen, wurde – um auch dies in der Struktur abbil-den zu können – ein Level 0 eingeführt.

In der Kriminalprognose stellt die Deliktverarbeitung einen wich-tigen, aber nicht den einzigen Parameter der Rückfallprognose dar. Wesentlich müssen die Daten der Delinquenzgeschichte berücksichtigt werden. Besondere Bedeutung kommt psychiatrischen Diagnosen zu – besonders psychotischen Grunderkrankungen und schweren Persön-lichkeitsstörungen. Eine entscheidende Rolle spielen auch Kriminalität begünstigende oder eher sozial-kontrollierende Beziehungen. Darüber hinaus können befriedigende Erfahrungen in Arbeit und Freizeit eine Rolle spielen. Nicht zuletzt ist auch immer der Konsum psychoaktiver Substanzen und deren Einfluss auf mögliche Rückfälle zu berücksichti-gen (vgl. die *Central Eight* bei Andrews & Bonta, 2006).[1]

Gerade in jüngerer Zeit wird postuliert, dass auch ohne Schuldan-erkenntnis rückfallpräventiv gearbeitet werden könne, indem die unerfüllten – mit der Tat auf maladaptive Weise befriedigten – Bedürfnisse des Täters auf sozial adäquate Weise erreicht werden sollen.[2] Dies stellt aus Sicht des Autors eine sinnvolle Ergänzung zur Deliktarbeit dar und kann bei Verweigerung sonstiger Deliktarbeit u. U. die einzig sinnvolle Strategie sein. »Die Auseinandersetzung mit der Tat gehört [aber] zu den dynamischen Risikofaktoren« (Kröber, 2006, 87) und ist der zentrale Punkt, auf dessen Basis *unmittelbare,* sich auf die konkreten Bedingungen und Auslösefaktoren der Tat beziehende Rückfallvermeidungsstrategien aufgebaut werden können. Sie ist damit in der Behandlung und Betreuung von Straftätern in jedem Falle anzustreben und soll in Behandlungsberichten immer Erwähnung finden. Der ›Dynamic 11‹ ermöglicht eine strukturierte und nachvollziehbare Darstellung dieser Prozesse.

Anmerkungen

[1] Die sich auf Risiken *(›risk‹),* Behandlungsziele *(›needs‹)* und therapeutische Ansprechbarkeit *(›responsivity‹)* beziehende RNR-Modell identifiziert folgende acht Hauptfaktoren: (1) Vorgeschichte antisozialen Verhaltens, (2) Antisoziale Persönlichkeit (Psychopathie, Impulsivität, mangelnde Selbstregulationsfähigkeit usw.), (3) Antisozialer Umgang, (4) Antisoziale Kognitionen, (5) Familiäre Probleme, (6) Probleme in Schule und Beruf, (7) Freizeitverhalten, (8) Alkohol-/Drogenproblematik.

[2] Vgl. das ›Good-lives-Modell‹ (Göbbels, 2013; Maruna & Mann, 2006).

Fragebogen zur Erfassung von Tatverarbeitung (TAF-R)

Silvia Müller

Zielsetzung und Indikation

Der Fragebogen zur Erfassung von Tatverarbeitung (TAF-R) wurde als ein wesentlicher Bestandteil des Forschungsprojektes *Tatverarbeitung in Therapie und Prognose* entwickelt. Die Hauptzielsetzung dieses Forschungsansatzes besteht in der theoretischen und empirischen Annäherung an ein komplexes Konstrukt, dessen Bedeutung für die pädagogische, therapeutische und prognostische Arbeit mit Straftätern als wesentlich erachtet wird: die Auseinandersetzung mit den begangenen Delikten. Im Zentrum der Analyse steht die Konzeptualisierung und Weiterentwicklung eines Fragebogens zur Erfassung von Tatverarbeitung gemäß wissenschaftlichen Standards, um Behandlungsprozesse und -erfolge im Verlauf zu erheben. Auf diese Weise können wesentliche Informationen über kriminogene Einstellungen, Handlungsmuster und Verhaltensbereitschaften erfasst werden. Neben dem subjektiven Erleben werden überdies mittels einer parallel anzuwendenden strukturierten Aktencheckliste konkrete Verhaltensweisen des Täters bzw. spezifische Charakteristika des Tathergangs erhoben.

Adressaten dieses Verfahrens sind strafmündige Personen, die aufgrund eines personenbezogenen (u. a. sexuell motivierten) Gewaltdeliktes verurteilt wurden. Anzustreben ist die Testung möglichst zeitnah nach der begangenen Tat, um therapeutische Prozesse und Veränderungen der Einstellung zum Tatgeschehen im Verlauf zu überprüfen. Entsprechende Entwicklungen und Behandlungsfortschritte spielen in der therapeutischen Arbeit mit Straftätern insbesondere im Hinblick auf deren prognostische Implikationen eine wesentliche Rolle. Ermöglicht werden differenziertere Aussagen darüber, welche individuellen Ziele in einer deliktorientierten Behandlung zu setzen und welche therapeutischen Maßnahmen bzw. welche Schwerpunkte hierfür vonnöten sind. Somit können intendierte therapeutische Erfolge sowie Anzeichen noch ausstehender deliktorientierter Behandlungsziele gleichermaßen abgebildet und evaluiert werden.

Theoretischer Hintergrund

Die Behandlung von Straftätern zielt primär auf eine Senkung des Rückfallrisikos durch die Reduktion von Risikofaktoren und die Stärkung protektiver Faktoren zum Schutz potenzieller Opfer ab. Hierbei wird die Bedeutung der Auseinandersetzung mit dem begangenen Delikt sowohl für die Psychodiagnostik, Behandlungsplanung und Legalprognostik unterschiedlich beurteilt: Während weitgehend Einigkeit darüber besteht, dass eine Analyse des Bedingungsgefüges personeller und situativer deliktassoziierter Faktoren für diagnostische und prognostische Beurteilungen unerlässlich ist, fehlt es an Konsens hinsichtlich der *rückfallpräventiven* Funktion von Tatverarbeitungsprozessen (vgl. Hinrichs, 1994; Kröber, 2010; Suhling & Endres, 2016; ausführlich Müller, 2012). Bei bisher fehlenden verbindlichen Beurteilungskriterien wird Tatverarbeitung als komplexes innerpsychisches Phänomen verstanden, als Prozess ohne definierten Zielzustand, bei dem verschiedene Phasen durchlaufen werden und dessen Dauer zeitlich nicht eingrenzbar ist. Durch diese Auseinandersetzung soll der Täter Einsicht in die Hintergründe seines Deliktverhaltens gewinnen, Abwehrmechanismen abbauen und Verantwortung für die begangene(n) Straftat(en) übernehmen. Tatvorbereitende und -initiierende Phantasien und Handlungen (z. B. Kränkungserlebnisse, wahrgenommene Provokationen) werden rekonstruiert, getroffene Entscheidungen und handlungsleitende Impulse als solche identifiziert und motivisch eingeordnet.

> Tatverarbeitung ist ein Prozess, in dessen Verlauf die eigene Täterschaft anerkannt sowie emotional und personal Stellung bezogen wird. Mit professioneller Anleitung und (Unter-)Stützung setzt sich der Täter mit seiner Tat auseinander und wird auf der Grundlage einer Deliktanalyse ›Experte‹ seines eigenen Tatverhaltens. Er macht sich darüber Gedanken, wie es zur Tat kam und welche Folgen daraus für ihn und andere Beteiligte resultieren. Insbesondere setzt er sich mit dem Problem der Selbstverantwortung auseinander und lernt, die Tat aus Sicht des Opfers zu sehen und zu begreifen (Müller, 2012, 184).

Eine endgültige, abschließende Bewertung im Sinne einer Binärentscheidung, wann eine Tatverarbeitung als ›erfolgreich abgeschlossen‹ gelten darf, kann – letztlich auch in Ermangelung einheitlicher gültiger Beurteilungsmaßstäbe – nicht getroffen werden. Wesentliche Kriterien sind das Anerkennen der persönlichen Verursachung, der Funktionalität der Tat und möglicher Handlungsalternativen sowie der Deliktfolgen für alle Beteiligten. Sowohl ein Uminterpretieren des Unrechtsgehalts einer Tat als auch die Umdeutung der persönlichen Vorwerfbarkeit spielen als dekulpierende Strategien zur kognitiven Dissonanzreduktion bzw. Verantwortungsabwehr eine wesentliche Rolle. Als bedeutsam konnte zudem Empathiefähigkeit als mehrdimensionales Konstrukt (generell, dispositionell und situativ, tat- bzw. opferspezifisch) herausgestellt werden. Als konstituierende Komponenten wurden folglich vier Subkonstrukte generiert *(tatbezogene und generelle Verantwortungsübernahme, Opferempathie, Empathiefähigkeit)* und mit dem TAF-R ein Fragebogen zur Erfassung von Hinweisen auf entsprechende Verarbeitungsstrategien der Täter entwickelt.

Aufbau und Konstruktion

Eine erste Fragebogenversion (TAF) wurde einer Stichprobe von 202 männlichen Straftätern vorgelegt, die aufgrund eines personenbezogenen Gewaltdeliktes inhaftiert oder einer gerichtlichen Anordnung entsprechend in extramurale Beratungs- oder Therapieangebote eingebunden waren. Auf der Grundlage der Ergebnisse wurde der TAF durch Aufgaben-, Struktur- und Gütekriterienanalysen im Hinblick auf psychometrische Qualitätsmerkmale (Itemcharakteristika, Hauptgütekriterien) überprüft und relevante statistische Kennwerte der unterstellten Skalenstruktur bestimmt. Die Notwendigkeit einer Weiterentwicklung zeigte sich sowohl bei der Beurteilung der Statistiken auf Itemniveau als auch hinsichtlich der Reliabilität und (faktoriellen) Validität der Subskalen. Nach Berücksichtigung von Qualitätsmerkmalen der Itemcharakteristika und Reliabilitätsanalysen verblieb lediglich eine vergleichsweise niedrige Itemanzahl. Auch wurde aufgrund der empirischen Ergebnisse eine Modifikation für die unterstellte Skalenstruktur vorgenommen: Die beiden grundlegenden Elemente von Tatverarbeitung *(Bereitschaft für Verantwortungsübernahme und Empathie)* wurden als übergeordnete Komponenten beibehalten, jedoch hinsichtlich ihrer Ausgestaltung verändert.

Erneut wurden auf der Grundlage inhaltlicher Merkmale im Rahmen von Literaturanalysen sowie strukturierten Interviews mit Experten Items aus verwandten anerkannten Testverfahren für die Neu- bzw. Weiterentwicklung von Aussagen zur Erfassung der extrahierten Subkonstrukte ausgewählt. Nach weiteren Verfahren der Itemselektion, bei der u. a. Aussagen mit inhaltlich starkem Überschneidungsbereich sowie missverständlicher Formulierung ausgeschlossen wurden, konnten die verbleibenden 72 gesammelten, modifizierten oder neu generierten Items mit Hilfe von Expertenratings thematisch gruppiert und den vier Subskalen zugeordnet werden:

1) *Bereitschaft zu Verantwortungsübernahme, tatbezogen* (VA_tat: 22 Items),
2) *Bereitschaft zur Verantwortungsübernahme, generell* (VA_gen: 18 Items),
3) *Empathiefähigkeit* (EF: 16 Items) und
4) *Opferempathie* (OE: 16 Items).

Zu jeder Aussage wurden standardisierte Itemerklärungen formuliert (vgl. Becker, 2009; Bremer, 2010). Es folgte die empirische Analyse der Daten von 102 männlichen Straftätern, die aufgrund schwerwiegender Gewaltdelikte inhaftiert waren. Da viele der Verfahren, die zur Untersuchung der konvergenten Konstruktvalidität hätten herangezogen werden können, in der Fragebogenentwicklungsphase als Itemquelle dienten, erfolgte die Validitätsprüfung anhand von Persönlichkeits- und tatkonstellativen Merkmalen, für die ein maßgeblicher Einfluss auf die Art und Stabilität von Wahrnehmungs- und Verarbeitungsmustern angenommen werden kann. Diese wurden zu den extrahierten Subkonstrukten in Beziehung gesetzt. Hierfür konnten – neben weiteren psychometrischen Testverfahren – die maßgeblich interessierenden Variablen zu Täterverhalten und Tathergang anhand der strukturierten Aktencheckliste erhoben werden. Systematisch ausgewertet wurden sowohl die Gefangenenpersonalakten als auch vorhandene Gutachten, auf deren Grundlage das Verhalten der Täter vor, während und nach der Durchführung des Anlassdeliktes rekonstruiert und legalprognostisch relevante Kennwerte erhoben werden konnten. Eingang fanden z. B. Informationen zur Tatphänomenologie, um u. a. Rückschlüsse auf Indikatoren für Planungsverhalten, die prädeliktische Täter-Opferbeziehung, perideliktische Intoxikation, Tatmotiv oder die Intensität der Gewaltanwendung zu erhalten.

Auswertung und Interpretation

Als Antwortformat für den TAF-R wurde eine vierstufige Likert-Skala gewählt. Basierend auf der theoretischen Annahme, dass ein dimensional zu erfassendes (nicht homogenes) Konstrukt zugrunde liegt, erfolgt keine Klassifizierung mittels eines Cut-off-Wertes. Vielmehr werden die Subskalenergebnisse durch Aufsummieren der Rohwerte gebildet, wobei aufgrund der positiven Polung aller vier Skalen hohe Werte jeweils für das Vorliegen der tatverarbeitungsrelevanten Facetten sprechen.

Gütekriterien

Hinweise auf eine Einschränkung der Durchführungs- und Auswertungsobjektivität liegen angesichts der streng manualisierten Vorgaben durch Testanweisungen und Itemerklärungen sowie standardisierter Auswertungsmodalitäten nicht vor. Aufgrund der ausstehenden Normierung können Aussagen zur Interpretationsobjektivität für individualdiagnostische Testungen lediglich für deskriptive Kennwerte (z. B. zur Bedeutung hoher Werte in den Subskalen) getroffen werden, welche eine Einschätzung der Tatverarbeitung erlauben. Die Homogenität der Skalen konnte durch Reliabilitätsschätzungen für die untersuchte Stichprobe als mindestens zufriedenstellend bewertet werden, wobei die Aussagekraft und Differenzierungsfähigkeit der Ergebnisse insbesondere für eine der Skalen (VA_tat) durch eine bimodale Verteilung und eine verringerte Variabilität der Daten im oberen Wertebereich als limitiert zu beurteilen ist. Weiteren Untersuchungsbedarf zeigten zudem Berechnungen zur Angemessenheit der gewählten Skalenstruktur. Befunde der Hauptkomponentenanalyse lieferten korrespondierend zu den hohen Interkorrelationen der vier extrahierten Subkonstrukte Hinweise darauf, dass einem Ein-Faktor-Modell gegenüber dem Vier-Faktor-Modell der Vorrang einzuräumen ist.

Da sich der Fragebogen in der Entwicklung befindet und weitere Untersuchungen zur testtheoretischen Güte ausstehen, lassen auch die Ergebnisse zur Konstruktvalidität keine abschließende Bewertung zu. Hinsichtlich der angenommenen Bezüge sowohl zu den persönlichkeitspsychologischen Faktoren als auch den tathergangsanalytischen Merkmalen, die zur Validierung der unterschiedlichen Tatverarbeitungsfacetten herangezogen wurden, waren die Ergebnisse mehrheitlich erwartungskonform.

Forensisch-prognostische Relevanz

Bei der therapeutischen Behandlung von Gewalt- und Sexualstraftätern stehen die Beeinflussung kriminogener Einstellungen, Handlungsmuster und Verhaltensbereitschaften unter rückfallprophylaktischer Zielsetzung im Vordergrund. Deliktorientierte Methoden unterstützen entsprechende Tatverarbeitungsprozesse, bei denen die relevanten personalen und situationsbezogenen Risiko- und Schutzfaktoren sowie deren Interdependenzen identifiziert und in eine individuelle Delinquenzhypothese integriert werden. Zeigt der Täter Einsicht in die Unrechtmäßigkeit seiner Taten und berücksichtigt seine Verhaltensanteile am Zustandekommen der Straftat, ohne die kriminelle Handlung im Nachhinein als Erfolg zu bewerten oder deren Konsequenzen für das Opfer zu bagatellisieren, so wird dies zumindest als Indiz für eine positive Legalprognose gewertet.

Mit dem Tatverarbeitungsfragebogen liegt nunmehr ein Instrument vor, um therapeutische Erfolge abzubilden und Behandlungsmaßnahmen in Bezug auf rückfallpräventive Wirkungen zu evaluieren. Empirische Befunde haben bestätigen können, dass relevante Einzelkomponenten von ›Tatverarbeitung‹ als zentrale Prädiktoren für Legalbewährung identifiziert werden konnten. Für die statistisch-nomothetische Prognosestellung konnte in der beschriebenen Studie erwartungskonform herausgearbeitet werden, dass die Fähigkeit und Bereitschaft zur Verantwortungsübernahme und (Opfer-)Empathie positiv mit der kriterienbezogenen Einschätzung einer eher geringen Wahrscheinlichkeit für Rückfälligkeit korreliert (Müller, 2012).

Zur Erstellung eines individuellen Rückfallvermeidungsplans erscheint es wesentlich, psychologische und situative Tathintergründe und deren zeitliche Stabilität im Therapieprozess zu bestimmen, um vorliegende Konstellationen von Risikofaktoren zu identifizieren und adäquate Konfliktlösestrategien zu erarbeiten. Hierbei ist eine verlässliche diagnostische und legalprognostische Einschätzung als fortlaufender Prozess zu verstehen. Während *kurzfristig* Auswirkungen auf den jeweiligen Behandlungsplan im Hinblick auf indizierte deliktspezifische und -unspezifische Maßnahmen zu berücksichtigen sind, spielt dieser Prozess *mittelfristig* eine nicht unerhebliche Rolle hinsichtlich vollzuglicher und vollstreckungsbezogener Entscheidungen über Lockerungs- und Entlassungsperspektiven. *Langfristig* steht die Zielsetzung der Rückfallprävention im Vordergrund.

RRS – Rückfallrisiko bei Sexualstraftätern

Ulrich Rehder

Zielsetzung und Indikation

Das RRS ist ein ›aktuarisches‹ – d. h. auf statistischer Basis entwickeltes – Prognoseinstrument. Da die Entwicklungsstichprobe aus dem Strafvollzug stammt, ist das RRS zunächst einmal für die Risikobestimmung von erwachsenen ($\geq$ 23 Jahre) Sexualstraftätern in solchen Institutionen geeignet und kann speziell bei der Behandlungsuntersuchung gem. § 6 StVollzG und der Feststellung der Behandlungsindikation gem. § 9 StVollzG eingesetzt werden; für die letztgenannte gesetzliche Aufgabe gibt es im Handbuch Cut-Off-Werte.

Wie sich aus einer Erhebung im niedersächsischen Strafvollzug ergibt (n = 363), gehen die Gerichte bei 12,4 Prozent der Sexualstraftäter von verminderter Schuldfähigkeit aus. Die untersuchte Gruppe enthält somit auch Fälle, die in den Maßregelvollzug der Landeskrankenhäuser hätten eingewiesen werden können. Daneben erfasst das RRS mit seinen drei Faktoren Bereiche, die mit denen anderer, im Maßregelvollzug eingesetzter Prognoseinstrumente übereinstimmen.[1] Von daher dürfte sich das RRS zusätzlich sowohl für die Beurteilung der Rückfallgefahr im Rahmen von Strafprozessen als auch für die Eingangsdiagnose bei einer angeordneten Unterbringung sinnvoll anwenden lassen – zumindest wenn mögliche schwere psychische Störungen bei der Gesamtbeurteilung Berücksichtigung finden.

Aufgrund seiner sechs statischen von insgesamt elf Kriterien erscheint das RRS allerdings für die Durchführung von Verlaufsmessungen oder für die Bestimmung des Behandlungserfolges weniger geeignet.

Zugrunde liegendes Paradigma/theoretischer Kontext

Zukunft ist nicht vorhersehbar. Sicher zutreffende Aussagen zu einem Rückfall lassen sich daher nicht abgeben. Es ist allerdings möglich, Legalprognosen zu stellen, die besser sind als der Zufall. Eine Möglichkeit, solche Prognosen wissenschaftlich abzusichern, besteht darin, Erfahrungen aus vorangegangenen Fällen auf neue Fälle zu übertragen, d. h. statistische Zusammenhänge zwischen Persönlichkeitskriterien sowie

Kriminalitätsdaten einerseits und Rückfällen andererseits zu ermitteln und auf den aktuellen Fall anzuwenden.

Hierzu wurden bei der Konstruktion des RRS statistisch signifikante Korrelationen genutzt: Sechzig aus der Persönlichkeitsuntersuchung von 245 inhaftierten Sexualstraftätern stammende ›Kerndaten‹ der Bereiche

a) Sozialisation,
b) Persönlichkeit,
c) Kriminalität sowie
d) Tatmotivation/Tatablauf und Einstellungen gegenüber Frauen (Rehder, 1996a; b),

wurden in Beziehung gesetzt zu den Kriterien *Rückfall mit einem Sexualdelikt* und *Erneute Inhaftierung,* die jeweils aus den Auszügen des Bundeszentralregisters ermittelt worden waren. Die Prognosewerte des RRS wurden auf der Basis der ermittelten Prädiktoren (Korrelationen zwischen Kerndaten und Rückfall) über multiple Korrelation entwickelt. Diese Vorgehensweise stellt sicher, dass Redundanzen vermieden werden und die Kriterien wenig miteinander, aber jeweils hoch mit den Prognosewerten korrelieren.

Aufbau und Konstruktion

Das RRS enthält elf Kriterien:
1) Alter bei der ersten Verurteilung,
2) Alter beim ersten Sexualdelikt,
3) Depressive Persönlichkeitsanteile,
4) Bindungs- und Beziehungsfähigkeit,
5) ›Hafterfahrung‹ (bis zum letzten Sexualdelikt in Haft verbrachte Zeit),
6) Berufliche Leistungsbereitschaft,
7) Soziale Kompetenz,
8) Zahl der Verurteilungen wegen Sexualdelikten,
9) Bekanntheitsgrad zwischen Opfer und Täter,
10) Planung der Tat und
11) Sexuelle Deviation i. S. des RRS.

Anhand dieser Kriterien lassen sich drei Prognosewerte bilden: Der *H-Wert* dient der Bestimmung der Wahrscheinlichkeit einer erneuten Inhaftierung, unabhängig davon, ob sie aus einer erneuten Sexualstraftat oder einem Aggressionsdelikt resultiert. Der *S-Wert* ist spezifischer, mit ihm lässt sich die Wahrscheinlichkeit eines erneuten Sexualdelikts ermitteln. Der *K-Wert* wurde in der zweiten Auflage eingeführt und stellt die Summe aus dem S-Wert und dem Wert für Kriterium 11 (s. o.) dar.

Die vom RRS erfassten Dimensionen (Rehder & Suhling, 2013) wurden mit einer Faktorenanalyse (PCA; Abbruchkriterium ›Eigenwert ≥ 1‹; Rotation: Varimax standardisiert) ermittelt. Dazu wurden 590 Sexualstraftäter zu Beginn ihrer Strafhaft untersucht. Es ergaben sich drei Faktoren, die 56,0 Prozent der Gesamtvarianz erklären. Tabelle 1 zeigt die Ladungen an.

Tabelle 1: Faktorielle Struktur des RRS (Ladungen mit einem Betrag ≤ 0,25 nicht angeführt)

	Faktor 1	Faktor 2	Faktor 3
3. depressive Persönlichkeitsanteile	.80		
4. geringe Bindungs- und Beziehungsfähigkeit	.80		
7. geringe soziale Kompetenz	.76		
6. geringe berufliche Leistungsbereitschaft	.64		
5. ›Hafterfahrung‹		.78	
1. niedriges Alter bei der 1. Verurteilung		.77	
2. niedriges Alter beim 1. Sexualdelikt		.60	
8. Zahl der Verurteilungen wegen Sexualdelikten		.55	.50
9. geringer Bekanntheitsgrad zwischen Opfer und Täter		.54	
11. sexuelle Deviation (i. S. des RRS)			.79
10. Planung der Tat			.66
Erklärte Varianz (Anteil der Gesamtvarianz)	21,6%	21,3%	13,1%

Faktor 1 – Psychosoziale Beeinträchtigungen: Es gibt zwei Kriterien mit gleich hohen Ladungen: Kriterium 3 (depressive Persönlichkeitsanteile) und Kriterium 4 (geringe Bindungs- und Beziehungsfähigkeit). Auch Kriterium 7 (geringe soziale Kompetenz) lädt noch relativ hoch. Dies sind Persönlichkeitseigenschaften, die eine problemlose Eingliederung in die Gesellschaft erschweren. Das nur wenig schwächer ladende Kriterium 6 (geringe berufliche Leistungsbereitschaft) passt in dieses Bild. Insgesamt kann dieser Faktor angesehen werden als Beeinträchtigung der sozialen Eingliederung, primär wohl aufgrund psychischer Fehlentwicklungen.

Faktor 2 – Verfestigte Kriminalität: Lange Inhaftierungszeiten (Kriterium 5: ›Hafterfahrung‹) und ein früher Einstieg in die Kriminalität (Kriterium 1: niedriges Alter bei der ersten Verurteilung) weisen auf verfestigte kriminelle Verhaltensweisen hin. Bestätigt wird dies durch eine höhere Zahl von Verurteilungen wegen Sexualdelikten (Kriterium 8), ein niedriges Alter beim ersten Sexualdelikt (Kriterium 2) und beziehungslose Sexualdelikte (Kriterium 9: geringer Bekanntheitsgrad zwischen Opfer und Täter). Dieser Faktor zielt nicht ausschließlich auf ›nicht-sexuelle‹ Kriminalität ab, sondern bezieht alle Delikte ein, auch Sexualdelikte.

Faktor 3 – Sexualkriminalität: Sexuelle Deviation i. S. des RRS (Kriterium 11) und Planung der Sexualdelikte (Kriterium 10: Tatplanung) lassen sich als gedankliche Beschäftigung mit Sexualdelikten interpretieren. Das etwas schwächer ladende Kriterium 8 (Zahl der Verurteilungen wegen Sexualdelikten) deutet an, dass diese gedankliche Beschäftigung oft in eine Reihe von Sexualdelikten mündet. Dieser Faktor erfasst ausschließlich Sexualdelikte.

Auswertung und Interpretation

Bei der Auswertung werden zunächst anhand des Auszugs aus dem Bundeszentralregister die Kriterien *Alter bei der ersten Verurteilung, Alter beim ersten Sexualdelikt, Hafterfahrung* und *Zahl der Verurteilungen wegen Sexualdelikten* bestimmt, gemäß Handanweisung kodiert und die Kodierungen in die Spalten für den H-, S- und K-Wert des Auswertungs- und Ergebnisbogens eingetragen.

Danach werden die Ausprägungsgrade der Kriterien *Depressive Persönlichkeitsanteile, Bindungs- und Beziehungsfähigkeit, Berufliche Leistungsbereitschaft, Soziale Kompetenz, Bekanntheitsgrad zwischen Opfer und Täter* und *Planung der Tat* auf einer siebenstufigen Skala beurteilt und deren Kodierungen wiederum in die Spalten für den H-, S- und K-Wert des Auswertungs- und Ergebnisbogens übertragen.

Lässt sich eine Kodierung nicht eindeutig vornehmen, ist es möglich, einen Zwischenwert zu wählen. Anhand der Vorgaben des Handbuchs wird dann die *Sexuelle Deviation im Sinne des RRS* kodiert. Die Kodierungen der drei Spalten werden dann summiert und ergeben H-Wert, S-Wert und K-Wert.

Nach Übertragung der H-, S- und K-Werte in die Ergebnistabellen lassen sich die Wahrscheinlichkeiten für eine erneuten Inhaftierung bzw. ein erneutes Sexualdelikt ablesen. Die Ergebnistabellen enthalten ebenfalls verbale Interpretationsvorschläge.

Neben diesen Hinweisen zur Prognose ist es möglich, die Ausprägungen der drei Faktoren zu berechnen und zu interpretieren (Rehder & Suhling, 2013).

Forensisch-prognostische Relevanz

Das RRS besitzt den gleichen Stellenwert wie andere aktuarische Verfahren, der sich in den Prognoseprozess folgendermaßen einordnen lässt (vgl. Dahle, 2005):

1) Bestimmung der Basisrate für die Rückfälligkeit der in Frage stehenden Deliktgruppe; hier bietet das RRS-Manual aus der Literatur abgeleitete Zahlen an.

2) Durchführung des RRS mit Bestimmung der dort angegebenen Rückfallwahrscheinlichkeiten.

3) Anwendung einer Kriterienliste, z. B. nach Dittmann (Schmitt & Nitsche, 2013), Nedopil (2012) oder Rasch & Konrad (2004).

4) Taterklärung: Welche sozialen, psychischen und situativen Bedingungen haben die Tat ausgelöst bzw. wesentlich zu ihr beigetragen?

5) Klinische Prognose: Wie wahrscheinlich ist es, dass die Bedingungen, die die Tat ausgelöst haben, erneut auftreten?

6) Diskussion der Ergebnisse und abschließende Bewertung

Gütekriterien

Objektivität

Systematische Untersuchungen zur Beobachterübereinstimmung der Fremdeinschätzungen liegen bislang nicht vor. Die meisten Items des RRS sind allerdings anhand der im Strafvollzug vorhandenen Akteninformationen objektiv zu erheben. Auswertungen von Weiterbildungsveranstaltungen mit über 250 Teilnehmern, in denen das RRS auf der Grundlage von Videoaufzeichnungen einer Exploration bzw. des Studiums von Urteilen und psychologisch-psychiatrischen Gutachten angewendet wurde, zeigen, dass die Teilnehmer zu über 95 Prozent zu gleichen Gesamtwerten gelangten.

In einer Studie von Suhling & Rehder (2012) wurde das RRS anhand von Akten durch einen der Autoren sowie eine zuvor geschulte Diplomandin kodiert. Es ergaben sich Abweichungen in durchschnittlich weniger als zehn Prozent der erhobenen Variablen.

Reliabilität

Unveröffentlichte Daten zur wiederholten Anwendung des RRS (im Rahmen der Behandlungsuntersuchung sowie in der Aufnahmeuntersuchung in verschiedenen sozialtherapeutischen Einrichtungen) bei 31 Probanden ergaben Retest-Korrelationen von .96 für den H-Wert sowie jeweils .92 für den S- und den K-Wert.

Validität: Der Versuch, in Deutschland nach dem Inkrafttreten des *Gesetzes zur Bekämpfung von Sexualdelikten und anderen gefährlichen Straftaten* solche Prognoseverfahren zu validieren, die viele statische Variablen verwenden, erscheint schwierig, weil sich statische Prognosekriterien nicht verändern, wohingegen durch die bei einer Indikation durchzuführende Behandlung eine Veränderung der Rückfallwahrscheinlichkeit erfolgt (oder zumindest erhofft wird). Unabhängig davon lässt die Verwendung bekannter Rückfallkriterien (unter Vermeidung von Redundanz bei der Konstruktion durch multiple Korrelation) Validität des Verfahrens erwarten. So bezeichnet Brand (2005, 73) die meisten Zusammenhänge zwischen den RRS-Kriterien und einem Rückfall als »evident«.

Validität

Die konvergente und faktorielle Validität ist belegt durch hochsignifikante Korrelationen des RRS (Rehder & Suhling, 2006) mit
a) den Punktwerten der Kurzversion der *Psychopathy Checklist* (PCL:SV; Hart et al., 1995) und des *SVR-20* (Boer et al., 1997) sowie
b) den Prognosewerten des *STATIC-99* (Harris et al., 2003) und des *Minnesota Sex Offender Screening Tool* (MnSOST-R; Epperson et al., 2005).

Diese Ergebnisse konnten bei einer größeren Stichprobe von 348 Sexualstraftätern bestätigt werden.[1] Die hier ebenfalls geprüften Korrelationen des RRS zu den klinischen Prognosen ›Wahrscheinlichkeit eines erneuten Sexualdelikts‹, ›Wahrscheinlichkeit einer erneuten Inhaftierung‹ und ›Wahrscheinlichkeit erneuter Straffälligkeit‹ erwiesen sich ebenfalls als hochsignifikant. Weiterhin zeigten sich in einer Stichprobe von 100 Sexualstraftätern (Rehder et al., 2004) signifikante Korrelationen zwischen dem zu Haftbeginn bestimmten H-Wert auf der einen und
a) disziplinarischen Auffälligkeiten in Haft sowie – nach der Haftentlassung durch die Bewährungshilfe eingeschätzte –
b) Arbeitslosigkeit,
c) dysfunktionaler Freizeitgestaltung und
d) negativer Lebensplanung auf der anderen Seite.

Darüber hinaus ergaben sich bei 348 Sexualstraftätern im Rahmen der Behandlungsuntersuchung gem. § 6 StVollzG zu den klinischen Prognosen ›Wahrscheinlichkeit eines erneuten Sexualdelikts‹, ›Wahrscheinlichkeit einer erneuten Inhaftierung‹ und ›Wahrscheinlichkeit erneuter Straffälligkeit‹ ebenfalls durchgängig signifikante Korrelationen.

Als weiteres Ergebnis lässt sich festhalten, dass die drei Faktoren des RRS *(Psychosoziale Beeinträchtigung – verfestigte Kriminalität – Sexualkriminalität)* hoch auf drei der vier gemeinsamen Faktoren von SVR-20, RRS und PCL-SV *(Dissozialität – zwischenmenschliche und affektive Problematik – Sexualkriminalität – eingeschränkte Integrationsfähigkeit)* laden. Lediglich am Faktor *Zwischenmenschliche und affektive Problematik* (Markierungsvariable: PCL:SV-Faktor gleichen Inhalts) hat das RRS keinen bedeutsamen Anteil.[1]

In einer Nachuntersuchung der Entwicklungsstichprobe des RRS wurde der durchschnittliche Zeitraum nach der Haftentlassung von 7,6 auf 15,6 Jahre erweitert (Rehder & Suhling, 2008). Die Ergebnisse bestätigen die Prognosen des RRS und zeigen, dass das Verfahren eine sehr gute Langzeitprognose ermöglicht.

Insgesamt kann beim RRS von einer guten konvergenten und faktoriellen Validität ausgegangen werden.

Die kriteriumsbezogene Validität des RRS wurde in einer retrospektiven Studie (Suhling & Rehder, 2012) geprüft. Die Autoren stellten Folgendes fest: Der H-Wert zur Vorhersage erneuter Straffälligkeit und Inhaftierung erzielte gute Werte (Korrelationen mit allgemeiner Rückfälligkeit .41, $p < .001$, Rückfall mit Gewalt- oder Sexualdelikt .49, $p < .001$, erneuter Inhaftierung .40, $p < .01$). S- und K-Wert zur Vorhersage der Rückfälligkeit mit einem Sexualdelikt korrelierten nur mäßig und nicht statistisch signifikant mit diesem Kriterium ($r = .25$ bzw. .29). Anzumerken ist dazu, dass die RRS-Prognosewerte retrospektiv auf der Grundlage von Aktenauswertungen gebildet wurden, die Stichprobe mit $n = 104$ recht klein war und die Basisrate des einschlägigen Rückfalls – die sonst zwischen zwölf und 15 Prozent liegt – sich mit 8,7 Prozent als sehr gering erwies.

Orientiert man sich an der Einteilung von Dahle et al. (2007) zur Prognosegüte, so liefert das RRS – trotz der geringen einschlägigen Rückfallquote der Stichprobe und trotz Anwendung auf der Basis der Gefangenenpersonalakte – gute bis moderate Vorhersageergebnisse. Insgesamt liegen damit die Ergebnisse des RRS – wie auch die der beiden anderen parallel angewandten Verfahren – im Rahmen der von Schneider (2006) angegebenen Größenordnung für Prognoseinstrumente.

Weiterentwicklung des RRS

In der kommenden Neufassung des RRS (Rehder, 2017a) wird es deutliche Veränderungen geben: Die Kriteriumsvariablen werden neu definiert, es werden weitere Prädiktorvariablen eingeführt und eine Kreuzvalidierung wird Grenzen und Möglichkeiten des RRS besser erkennen lassen. Eine faktorenanalytische Untersuchung des Verfahrens wird die Dimensionen aufzeigen und deren Bezug zum Rückfall darstellen.

Anmerkungen

[1] vgl. den Beitrag *Was erfassen Prognoseinstrumente für Sexualstraftäter?* (Rehder, 2017c) in diesem Band.

Die Checkliste antisozialer Verhaltensweisen und Kriminalität (CAV/K)

Sonja Etzler, Stephan Bongard & Sonja Rohrmann

Im Bereich der Rechtspsychologie ist die Vorhersage von kriminellem Verhalten von besonderem Interesse und Relevanz für die Praxis. Studien, die sich mit einer solchen Vorhersage befassen, unterscheiden sich jedoch oftmals maßgeblich darin, wie kriminelles Verhalten definiert und gemessen wird: so werden strafrechtliche Verurteilungen erhoben oder die Anzahl antisozialer Verhaltensweisen erfragt. Die Vergleichbarkeit der Studienergebnisse ist von daher nicht immer gegeben.

Dieser Beitrag wird sich mit der Operationalisierung von kriminellem und antisozialem Verhalten auseinandersetzen. Es wird gezeigt, dass antisoziales Verhalten das inklusivere Konstrukt und somit in manchen psychologischen Fragestellungen die adäquatere Operationalisierung darstellt. Schließlich wird ein neues Verfahren zur parallelen und differenzierten Erfassung von antisozialem und kriminellem Verhalten vorgestellt: Die Checkliste für antisoziales Verhalten und Kriminalität (CAV/K).

Definition von antisozialem Verhalten und Kriminalität

Zunächst gilt es festzuhalten, dass der Begriff Kriminalität kein Rechtsbegriff ist. Auch stellt kriminelles Verhalten keine psychologisch definierte Kategorie von Verhalten dar (Eysenck, 1977). Unter dem Begriff der Kriminalität werden im Allgemeinen Verstöße gegen das Strafrecht zusammengefasst und als kriminelles Verhalten werden »Verhaltensweisen [verstanden], die das Gesetz mit Strafe bedroht« (Meier, 2016). Damit stellen Kriminalität und kriminelles Verhalten soziale Konstrukte dar, welche maßgeblich von der Gesetzgebung des jeweiligen Landes abhängen und die damit rechtlichen und gesellschaftlichen Veränderungen unterworfen sind.

Unabhängig oder zumindest weniger abhängig von den rechtlichen und gesellschaftlichen Rahmenbedingungen kann hingegen antisoziales Verhalten als Verhalten definiert werden, das absichtlich einer anderen Person schadet (Skeem & Cooke, 2010). Antisoziales Verhalten beinhaltet sowohl interpersonell schädigendes Verhalten, das nicht

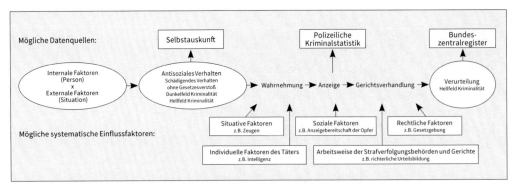

Abbildung 1: Verhaltens-Verurteilungs-Prozess von antisozialem Verhalten, mögliche Einflussfaktoren sowie mögliche Messmethoden zu Forschungszwecken

durch das Gesetz mit Strafe bedroht ist (z.B Manipulation und Lügen) als auch Verhalten, das zwar unter Strafe steht, jedoch im Folgenden nicht verurteilt wird (Dunkelfeld) und schließlich Verhalten, das unter Strafe steht und als Konsequenz auch strafrechtlich verurteilt wird (Kriminalität im Hellfeld). Somit stellt antisoziales Verhalten das inklusivere Konstrukt dar, das sowohl kriminelles Verhalten, als auch weitere Verhaltensweisen erfasst. Antisoziales Verhalten und Kriminalität werden gemeinsam im Folgenden als Devianz bezeichnet.

Zwischen einem gezeigten antisozialen Verhalten und einer möglichen strafrechtlichen Verurteilung (Kriminalität im Hellfeld) stehen eine Reihe von Faktoren, die auf den Verhaltens-Verurteilungsprozess Einfluss nehmen können.

Abbildung 1 zeigt den Verlauf, mögliche Einflussfaktoren sowie verschiedene Methoden zur Erfassung antisozialer bzw. krimineller Verhaltensweisen. In einer gegebenen Situation interagieren Eigenschaften von Person und Situation miteinander und die Person zeigt als Konsequenz antisoziales Verhalten. Nun ist es entscheidend, ob dieses Verhalten durch das Gesetz des jeweiligen Landes unter Strafe steht. Falls dies zutrifft, muss das antisoziale Verhalten von einer dritten Person direkt (Zeuge) oder indirekt (durch Indizien) wahrgenommen werden, bevor weitere Prozesse in Gang gesetzt werden können. Dies geschieht eher dann, wenn das antisoziale Verhalten auf ein direktes Opfer abzielt. Ob das wahrgenommene antisoziale Verhalten zur Anzeige gebracht wird oder nicht, kann beispielsweise durch die Anzeigebereitschaft der Opfer und Zeugen beeinflusst werden oder auch durch das Verhalten des Täters nach der Tat. Auch der Prozess von der Anzeige über die Gerichtsverhandlung bis hin zur möglichen Verurteilung wird multifaktoriell beeinflusst. Als Einflussfaktoren sind hier zu nennen: die Gesetzgebung selbst, situative und soziale Faktoren in Bezug auf

Zeugen, individuelle Faktoren des Täters (zum Beispiel Fähigkeiten des Eindrucksmanagements oder Intelligenz) sowie Arbeitsweisen der Strafverfolgungsbehörden und der Gerichte. Ob das gezeigte antisoziale Verhalten am Ende des Prozesses als offizielle Straftat registriert und zu Kriminalität im Hellfeld wird, entscheidet sich an vielen Punkten im Verlaufe dieses Verhaltens-Verurteilungs-Prozesses.

Viele psychologische Forschungsfragen zielen darauf ab, Eigenschaften der Person (des Täters) zu nutzen, um Kriminalität (z. B. Rückfälligkeit) vorherzusagen (z. B. Hare et al., 1992; Quinsey et al., 1998; Wall et al., 2013). Für solche Studien ist es entscheidend, zu welchem Zeitpunkt des oben illustrierten Prozesses Devianz erfasst wird. Je direkter nach dem gezeigten antisozialen Verhalten eine Erfassung erfolgt, desto eher wird eine Operationalisierung des Verhaltens im psychologischen Sinne erfolgen; je später die Operationalisierung innerhalb des Prozesses umgesetzt wird, desto stärker wird die Variable durch die Einflussfaktoren verändert.

Messung von antisozialem und kriminellem Verhalten

Je nachdem, zu welchem Zeitpunkt Devianz im Verhaltens-Verurteilungs-Prozess gemessen werden soll, stehen verschiedene Methoden zur Verfügung. Das antisoziale Verhalten kann besonders ökonomisch und reliabel durch Selbstbeschreibung erfasst werden. Eine Verhaltensbeobachtung ist zwar prinzipiell möglich, aber technisch wegen hoher Kosten oftmals schwierig umzusetzen. Experimentelle Designs bieten sich aus ethischen Gründen in vielen Situationen nicht an. Nachdem ein antisoziales Verhalten angezeigt wurde, bietet die Polizeiliche Kriminalstatistik (PKS) die Möglichkeit, diese Statistiken für Forschungszwecke abzurufen (Bundeskriminalamt, 2016). Nach einer erfolgten Verurteilung können kriminelle Verhaltensweisen des Hellfelds dem Bundeszentralregister (BZR) entnommen werden. Aufgrund von gesetzlich vorgeschriebenen regelmäßigen Löschungen von Einträgen kann diese Statistik jedoch starken Verzerrungen unterliegen (Götting, 2012).

In manchen Studien kann es notwendig sein, sowohl das gezeigte Verhalten als auch die später erfolgte Verurteilung getrennt zu erfassen und miteinander in Beziehung zu setzen. Dies ist besonders dann von Interesse, wenn untersucht werden soll, welche Drittvariablen (zum Beispiel Tätereigenschaften) den Pfad zwischen gezeigtem Verhalten und Verurteilung beeinflussen. Für diese Zwecke wurde im Folgenden eine Checkliste entwickelt.

Die Checkliste für Antisoziales Verhalten und Kriminalität (CAV/K)

Die Checkliste für antisoziales Verhalten und Kriminalität (CAV/K) stellt ein Selbstbeurteilungsinstrument dar, das sowohl Verhalten, das einer anderen Person schadet als auch dessen strafrechtliche Verurteilung getrennt voneinander erfasst. Sie ist als Selbstbeurteilungsinstrument ökonomisch einzusetzen, sowohl bei Personen in Haft als auch bei Personen der Zivilbevölkerung, für welche noch nie eine offizielle Straftat registriert wurde. Sie bietet im Bereich der Forschung eine differenzierte Erfassungsmöglichkeit der abhängigen Variable Devianz.

Konstruktion

Zur Konstruktion der CAV/K wurden 18 Verhaltensweisen herangezogen, die antisoziales Verhalten in unterschiedlichem Schweregrad beinhalten und möglichst repräsentativ für den Pool an möglichem Verhalten sind. Diese Aussagen werden hinsichtlich zweier Aspekte beurteilt: die erste Beurteilung erfolgt dahingehend, wie häufig die Person ein solches Verhalten in der Regel zeigt. Da Schätzungen von absoluten Zahlen bei einigen Verhaltensweisen kognitiv nicht bewältigbar sind (z. B. Lügen), werden diese auf einer sechsstufigen relativen Häufigkeitsskala von *nie* bis *sehr oft abgefragt*. Die zweite Beurteilung erfolgt dahingehend, ob die Person für ein solches Verhalten bereits strafrechtlich verurteilt wurde oder nicht. Dies wird anhand einer dichotomen Ja/Nein-Skala abgefragt.

Gütekriterien

Zur Untersuchung der Gütekriterien der CAV/K wurde diese zwei Stichproben vorgelegt mit insgesamt $n = 305$ Probanden. Die Stichprobe ›Haft‹ bestand aus $n = 173$ StraftäterInnen aus Justizvollzugsanstalten (30% weiblich) im Alter von $M = 31$ ($SD = 12$) Jahren. Die Stichprobe ›Zivilbevölkerung‹ bestand aus $n = 132$ Personen aus der Zivilbevölkerung (57% weiblich) im Alter von $M = 36$ ($SD = 16$) Jahren.

Neben der CAV/K wurden der ›Fragebogenbogen Psychopathischer Eigenschaften‹ (FPP; Etzler & Rohrmann, 2017), der ›Persönlichkeits-Stil und Störungsinventar‹ (PSSI; Kuhl und Kazén, 2009) und die ›Positive and Negative Affect Schedule‹ (PANAS; Krohne, Egloff, Kohlmann & Tausch, 1996) eingesetzt. Des Weiteren wurden die Gefangenenakten der Straftäter aus der Stichprobe ›Haft‹ durch geschulte Beurteiler analysiert.

Eine Itemanalyse ergab, dass die Itemschwierigkeiten der Skalen *Antisoziales Verhalten* und *Kriminalität* stark streuten und erwartungsgemäß niedrig ausfielen *(Antisoziales Verhalten:* π = 01 bis π = 57; *Kriminalität:* π = 02 bis π = 37). Die Trennschärfen der Skalen fielen zwar niedriger aus als in Persönlichkeitstests, dies wurde jedoch auf Grund der abgefragten seltenen Ereignisse (z. B. Mord) erwartet: für *Antisoziales Verhalten* erreichten sie Werte von *rit(i)* = .17 bis *rit(i)* = .76, für *Kriminalität* erreichten sie Werte von *rit(i)* = .14 bis *rit(i)* = .68. Die Reliabilität beider Skalen fällt hoch aus, mit α = .90 für *Antisoziales Verhalten* und α = .85 für *Kriminalität.* Beide Skalen korrelierten zu *r* = .701** miteinander.

Eine exploratorische Faktorenanalyse (Hauptachsenanalyse mit orthogonaler Rotation) der Skala *Antisoziales Verhalten* ergab drei Faktoren, einen *Gewaltfaktor,* einen *Betrugsfaktor* und einen *Verbalfaktor.* Das Muster der Faktorladungen war jedoch nicht eindeutig genug, um eine Skalenbildung zu rechtfertigen.

Die Analyse der Konstruktvalidität ergab erwartungskonforme Zusammenhänge mit weiteren Konstrukten. Es zeigt sich, dass psychopathische Persönlichkeitseigenschaften hoch mit *Antisozialem Verhalten* (*r* = .63**) und mäßig mit *Kriminalität* (*r* = .35**) korrelierten. Der Antisoziale Persönlichkeitsstil des PSSI korrelierte hoch mit *Antisozialem Verhalten* (*r* = .58**) und mäßig mit *Kriminalität* (*r* = .33**). Negative Affektivität korrelierte mit *Antisozialem Verhalten* zu *r* = 21* und mit *Kriminalität* ebenfalls zu *r* = .21*.

Die Analyse der Kriteriumsvalidität ergab zufriedenstellende Ergebnisse. Es zeigt sich, dass niedrige Bildung mit *Antisozialem Verhalten* einherging, *r* = −.49** sowie mit *Kriminalität, r* = −.44**; ein jüngeres Alter mit höherem *Antisozialem Verhalten* zu *r* = −.30** und mit höherer *Kriminalität* zu *r* = −.23** *assoziiert war. Frauen zeigten niedrigere Werte in Antisozialem Verhalten, r* = −.33**, sowie in *Kriminalität, r* = −.35** als Männer. Ein höheres Strafmaß war nicht mit *Antisozialem Verhalten* assoziiert, *r* = .08, wohl aber mit *Kriminalität, r* = .25. Je höher die Anzahl der im BZR registrierten Gewaltdelikte der Straftäter, desto höher die Testwerte in *Antisozialem Verhalten, r* = .22**, und *Kriminalität, r* = .32**. Eine höhere Anzahl von Erziehungsmaßnahmen in Haft ging zwar mit einem höheren Testwert von *Antisozialem Verhalten, r* = .31**, aber nicht mit *Kriminalität* einher, *r* = .15.

Weitere Ergebnisse zum Zusammenhang mit der Polizeilichen Kriminalstatistik und Einträgen im Bundeszentralregister sowie zur Struktur des Verfahrens stehen noch aus.

Auswertung und Interpretation

Zur Auswertung werden für die Skala zwei Testwerte berechnet. Der erste Testwert für das Antisoziale Verhalten besteht aus der Summe aller Beurteilungen bezüglich des antisozialen Verhaltens selbst (erste Beurteilung). Der zweite Testwert zu Kriminalität besteht aus der Summe aller Beurteilungen bezüglich der Verurteilung (zweite Beurteilung).

Ein hoher Testwert in *Antisozialem Verhalten* besagt, dass die Testperson angibt, häufig verschiedene Verhaltensweisen gezeigt zu haben, die anderen Menschen schaden.

Ein hoher Testwert in *Kriminalität* besagt, dass die Testperson angibt, häufig für antisoziale Verhaltensweisen strafrechtlich verurteilt worden zu sein.

Fazit

Die CAV/K stellt eine kurze Checkliste zur Selbstauskunft über antisoziales Verhalten und dessen Verurteilung (Kriminalität) aus verschiedenen Deliktkategorien dar. Die CAV/K kann zur ökonomischen Erfassung antisozialen Verhaltens und Kriminalität in Forschungsstudien, die die Prädiktoren und Konsequenzen von antisozialen Verhaltensweisen sowie Determinanten deren Verurteilung untersuchen möchten, herangezogen werden. Zukünftige Studien sind nötig, um weitere Ergebnisse zur Kriteriumsvalidität und im nicht anonymen Einzelfallsetting zu erhalten.

Test of Self-Conscious Affects –
Special Population (TOSCA-SP)

Johanna Marie Burkert, Daniela Hosser & Elisa Ewald

Zielsetzung und Indikation

Der *Test of Self-Conscious Affects – Special Population* (TOSCA-SP) ist ein szenarienbasiertes Testinstrument zur differentiellen Erfassung der Neigung zu Scham- und Schuldgefühlen sowie damit einhergehender Verhaltenstendenzen. Ursprünglich als Interview konzipiert, lässt es sich auch als Fragebogen einsetzen und wurde inhaltlich und sprachlich an die Lebensrealität erwachsener Populationen in Strafvollzug und Forensik angepasst. Im Zuge der Straftäterbehandlung sowie in Zusammenhang mit Restorative-Justice-Ansätzen, die auf eine Reduktion von Scham und Förderung von Schuld bzw. Wiedergutmachung abzielen, kann der TOSCA-SP zur Wirksamkeitsüberprüfung eingesetzt werden (Tangney et al., 2011). Die amerikanische Originalversion stammt von Tangney et al. (2008), die deutsche Übersetzung ist über die Autorinnen erhältlich.

Theoretischer Kontext

Scham und Schuld zählen zur Gruppe der selbstbewertenden bzw. moralischen Emotionen (Tangney & Dearing, 2002). Nachdem beide Emotionen lange Zeit als austauschbar betrachtet wurden, wird ihre Unterscheidbarkeit inzwischen durch zahlreiche Studien gestützt (Spruit et al., 2016).

Scham entsteht primär, wenn Misserfolge dem eigenen Selbst zugeschrieben werden, und ist mit Selbstabwertung und erhöhter Selbstaufmerksamkeit verbunden (Lewis, 1971). Betroffene fühlen sich physisch, psychisch und sozial minderwertig und machtlos. Neben der Tendenz zu sozialem Rückzug und (Auto-)Aggression kann (intensive) Scham aber auch Externalisierungsvorgänge und Feindseligkeit fördern, indem Betroffene zum Schutz des eigenen Selbst die Verantwortung für ihr Fehlverhalten anderen zuschreiben (Tangney et al., 2014). Im Unterschied zu Scham resultieren Schuldgefühle, wenn nicht das gesamte Selbst, sondern vielmehr das eigene Verhalten negativ bewertet wird.

Schuld geht mit körperlicher Anspannung, Ruminationsprozessen bezüglich des als Verfehlung erlebten Verhaltens sowie Reue einher. Dadurch motiviert Schuld zu Geständnissen und wiedergutmachenden Handlungen (Tangney & Dearing, 2002; Tignor & Colvin, 2016).

In den letzten Jahren wurden Scham und Schuld verstärkt im Kontext devianter und delinquenter Verhaltensweisen untersucht und in ihrer Rolle als potenzielle Schutz- oder Risikofaktoren diskutiert. Während anfangs Defizite im Erleben selbstbewertender Emotionen als Erklärungen für wiederholte Regel- und Normverstöße herangezogen wurden, lassen sich anhand der bisherigen Forschungsergebnisse differenziertere emotionsspezifische Annahmen ableiten. Das Erleben von Schuldgefühlen infolge von Fehlverhalten erwies sich beispielsweise als protektiv im Hinblick auf das Auftreten delinquenten Verhaltens, die Schwere der Taten und Rückfälligkeit (Tangney et al., 2007). Scham hingegen wird mit niedriger Selbstkontrolle, vermehrter Suche nach Stimulation und psychischen Problemen in Verbindung gebracht (Tangney et al., 2011a). In vielen Studien finden sich jedoch keine direkten Zusammenhänge zwischen Scham und Delinquenz, sondern lediglich indirekte, die über die Tendenz zur Verantwortungsabwehr vermittelt werden (Tangney et al., 2014). Bei starkem Vermeidungsverhalten wirken Schamgefühle mitunter auch protektiv in Bezug auf delinquentes Verhalten, da diese auch eine Konfliktvermeidung begünstigen können. Vor diesem Hintergrund wird die besondere Rolle vom Scham- und Schuldgefühlen hinsichtlich verschiedener Resozialisierungs- und Reintegrationsprozesse während und nach der Haft diskutiert (Hosser et al., 2008; Leys et al., 2012).

Aufbau und Konstruktion

Der TOSCA-SP beinhaltet zehn Beschreibungen affektiv-negativer Situationen aus dem Arbeits- und Privatleben. Jedem Szenario sind vier verschiedene Reaktionen zugeordnet, von denen jeweils zwei der Scham- oder Schuldneigung entsprechen. Auf einer fünfstufigen Antwort-Skala wird jede Reaktion in Bezug auf die Wahrscheinlichkeit ihres Auftretens eingeschätzt (1 = nicht wahrscheinlich, 5 = sehr wahrscheinlich; siehe Tab. 1).

Die englische Originalversion enthält fünf Skalen: *Scham – negative Selbstabwertung, Scham – Vermeidungsverhalten, Schuld – Wiedergutmachendes Verhalten, Schuld – Affekt & Kognition und Externalisierung.* In der deutschen Validierungsstudie konnten faktorenanalytisch jedoch nur die zwei Hauptskalen, *Scham* und *Schuld,* bestätigt werden (Burkert et al., 2016).

Tabelle 1: Beispielszenario aus TOSCA-SP

Sie leihen sich das Auto von einem Freund und verursachen beim Einparken versehentlich eine Beule. Wie wahrscheinlich ist es, dass Sie …

	1	2	3	4	5
… sich wie ein furchtbarer Freund fühlen würden? *(Scham – negative Selbstabwertung)*					
… das Auto zurückbringen würden, aber sich zu schrecklich fühlen würden, um etwas zu sagen? *(Scham – Vermeidungsverhalten)*					
… Ihrem Freund erklären würden, was passiert ist und ihm anbieten, für den Schaden aufzukommen? *(Schuld – Wiedergutmachendes Verhalten)*					
… sich sorgen und fragen würden, ob Sie sich entschuldigen sollten? *(Schuld – Affekt & Kognition)*					

Auswertung und Interpretation

Zur Auswertung werden Summenwerte bzw. Skalenmittelwerte für die Skalen *Scham* und *Schuld* (je 20 Items) gebildet. Höhere Summenwerte weisen auf eine höhere Scham- oder Schuldneigung hin. Bei der Interpretation ist zu beachten, dass der TOSCA-SP insbesondere bei der Schuldskala vor allem Verhaltenstendenzen erfasst, während der negative Affekt im Hintergrund bleibt. Die subjektive Belastung der Personen durch die Emotionen darf deshalb auch bei geringen Skalenwerten nicht unterschätzt werden (Tignor & Colvin, 2016). Nach einer Metaanalyse von Spruit et al. (2016), bei der sowohl Scham als auch Schuld negativ mit Delinquenz korrelierten, bedarf auch die Interpretation des Schamwertes einer genaueren inhaltlichen Betrachtung: Eine hohe Selbstabwertung und eine starke Externalisierung von Verantwortung deuten auf maladaptive Emotionsregulation hin. Das mit Scham einhergehende Vermeidungsverhalten hingegen kann protektiv gegenüber erneutem Fehlverhalten wirken. Eine inhaltliche Analyse auf Szenarien- oder Subskalenebene sollte somit zusätzlich zu den Gesamtskalenwerden erfolgen.

Forensisch-prognostische Relevanz

Prognostische Relevanz

In einer Längsschnittstudie von Tangney et al. (2014) ließ sich die Schuldneigung zur Vorhersage von Rückfälligkeit im ersten Jahr nach der Haftentlassung nutzen. Personen mit hoher Schuldneigung wurden mit geringerer Wahrscheinlich rückfällig. Bezüglich der Schamneigung zeigt sich ein Zusammenhang nur über den Mediator *Externalisierung von Verantwortung*: Bisheriges (kriminelles) Verhalten wird weiterhin gezeigt, wenn die Verantwortung für bestimmte Handlungen anderen zugeschrieben werden. Rückzug und Vermeidungsverhalten als Verhaltenskonsequenz von Scham hingegen wirken sich protektiv auf Rückfälle aus. Untersuchungen im europäischen Raum von Hosser et al. (2008) weisen ebenfalls darauf hin, dass Schuld protektiv im Hinblick auf die Rückfälligkeit nach Haftentlassung wirkt. Hohe Schamgefühle erwiesen sich hingegen als Risikofaktor.

Praktische Implikationen

In der forensischen Praxis können die Ergebnisse des TOSCA-SP in der Behandlungsplanung eingesetzt werden. Spice et al. (2016) argumentieren, dass bei hohen Schamwerten Therapieformen wie *Dialektisch-Behaviorale Therapie* (DBT) indiziert sind (Linehan, 2006). Bei einer hohen Schamneigung in Kombination mit einer niedrigen Schuldneigung sollte wiedergutmachendes Verhalten gezielt gefördert werden (Carpenter et al., 2016). Dadurch können auch Prozesse der Selbstvergebung initiiert oder gefestigt werden. Da Schuldgefühle positiv mit der Fähigkeit zur Perspektivübernahme und Empathie in Zusammenhang stehen, kann ein Training dieser Kompetenzen Schuldgefühle und damit einhergehende Wiedergutmachungstendenzen stützen (Martinez et al., 2014). Weitere Möglichkeiten sind motivierende Gesprächsführung und akzeptanzbasierte Therapieansätze (Tangney et al., 2014).

Gütekriterien

In der ersten deutschen Validierungsstudie (n = 162; Burkert et al., 2016) wurde im Gegensatz zur angenommenen fünfdimensionalen eine zweidimensionale Struktur ermittelt (Interskalenkorrelation: r = .30). Dies steht im Einklang mit weiteren internationalen Untersuchungen zur Faktorstuktur des TOSCA (z. B. Fontaine et al., 2001; Giner-Sorolla et al., 2011). Hinsichtlich der Reliabilität der beiden Skalen ergaben sich gute Werte, die mit Befunden aus anderen Validierungsstudien verschiedener TOSCA-Versionen vergleichbar oder höher sind (Kocherscheidt et al., 2002; Rüsch et al., 2007). Es zeigt sich einheitlich eine höhere interne Konsistenz von *Scham* (α = .88) im Vergleich zu *Schuld* (α = .81). Die diskriminante Validität ließ sich für beide Skalen weitestgehend bestätigen (Burkert et al., 2016). Es zeigten sich statistisch signifikante positive Zusammenhänge zwischen *Schuld* und *Empathie* (r = .36) sowie *Scham* und *Feindseligkeit* (r = .40), als auch negative Zusammenhänge zwischen *Schuld* und *Ärger* (r = −.17), *Scham* und *Stolz* (r = −.28) und *Scham* und *Selbstwert* (r = −.43).

›Reso-Map‹: Ein Instrument für die psycho-soziale Diagnostik im Strafvollzug

Melanie Pracht & Gernot Hahn

Theoretisch-praktischer Hintergrund

Soziale Arbeit gründet wie alle handlungswissenschaftlichen Disziplinen auf dem Dreischritt von Diagnose, Intervention und Evaluation (Pantucek, 2009, 16 f.). Diagnostik dient der Fallkonstruktion, der Begründung und Transparenz von Interventionen und ist Grundlage für die Erfolgsmessung von Veränderungsprozessen (Hahn & Hüttemann, 2015). Als soziale Diagnostik (Salomon, 1926) bezieht sie die Umwelt (Karls & Wandrei, 1994) von KlientInnen, deren AkteurInnen und die Struktur sozialer Lebensräume in die Betrachtung ein, orientiert sich grundsätzlich an der Lebenswelt (Thiersch, 2009) von Individuen. Soziale Arbeit fokussiert auf das Zusammenspiel personaler, interpersonaler, institutioneller und kultureller Aspekte und Dimensionen vor dem Hintergrund eines bio-psycho-sozialen Paradigmas (Gahleitner & Pauls, 2013). Die bio-psycho-soziale Akzentuierung verbindet die personzentrierte Einzelfallhilfe mit grundständiger Sozialberatung »im Hinblick auf die Lebensbewältigung und Integration von Individuen und von Gruppen in besonders prekären Lebenslagen« (Mühlum, 2005, 14). Auf Grundlage der im sozialarbeitswissenschaftlichen Kontext verankerten Problem- und Ressourcenerschließung (Staub-Bernansconi, 2004, 40 f.; Geiser et al., 2009) benennt sie die in den Individuen und in der sozialen Umwelt und Struktur verankerten Risiken, Problemlagen, Bewältigungsmöglichkeiten, Fähigkeiten und Güter. Den betroffenen Individuen kommt dabei eine wesentliche Rolle als Co-Diagnostiker zu, die ihre eigene Sichtweise (Eigendiagnose) einbringen, mögliche Zusammenhänge benennen und diese mit der fachlichen Perspektive abgleichen (Konstruktionsphase) können (Pantucek, 2009).

Das Verhalten einer Person wird im psycho-sozialen Fokus in seiner Entstehung und Entwicklung an die Verhältnisse geknüpft. Durch eine verstärkte Betrachtung dieser Verhältnisse kann die Gefahr einer entmündigenden und stigmatisierenden Diagnostizierung vermieden werden (Röh, 2012, 11).

Eine valide und reliable psycho-soziale Diagnostik kann darüber hinaus ein ›Übersehen‹ relevanter Einflussfaktoren minimieren und somit Fehlinterpretationen vorbeugen (Salomon, 1926).

Standardisierte Ermittlungs- und Auswertungsinstrumente sind erkenntnistheoretisch gesehen notwendig und unvermeidbar. Die professionelle Gesprächsführung durch die Soziale Arbeit *(rekonstruierender Ansatz)* ist zwar grundsätzlich immer entscheidend (Heiner, 2013, 20 f.) und lässt sich nicht durch ein Instrument ersetzen. Allerdings können klassifikatorische Verfahren der psycho-sozialen Diagnostik den rekonstruierenden Ansatz ergänzen und somit zu einer Qualitätssteigerung und Professionalisierung der Sozialen Arbeit beitragen.

Standardisierung der psycho-sozialen Diagnostik

Ein standardisiertes diagnostisches Verfahren für die Soziale Arbeit mit strafgefangenen Menschen zu entwickeln, ist Leitgedanke des *Konzeptionsentwurfes Reso-Map* (Pracht, 2016). Ziel des Entwurfes ist die Bereitstellung eines softwaregestützten Instruments mit Visualisierungsfunktion für die psycho-soziale Diagnostik im Resozialisierungsprozess mit (ehemaligen) Strafgefangenen. Als Ausgangslage bedient sich der Konzeptionsentwurf eines sozialdiagnostischen Verfahrens, des von Pantuček (2012, 239-270) entwickelten *Inklusions-Charts*.

Standardisierung des Übergangsmanagements

Reso-Map soll ein standardisiertes Verfahren im Übergangsprozess fördern, um eine durchgehende, bedarfs- und ressourcenorientierte Hilfe, Unterstützung und Begleitung nach der Haftentlassung sicherstellen zu können (Effektivität). Denn häufig lebten straffällig gewordene Personen bereits vor ihrer Inhaftierung mit über lange Zeit erworbenen multiplen psycho-sozialen Problemlagen (BAG Straffälligenhilfe, 2003; Seelich, 2009, 17 f.) und sind mit einer selbstständigen Wiedereingliederung in ein straffreies Leben überfordert. Eine durchgehende fachliche Begleitung ist daher von besonderer Relevanz, um die Wahrscheinlichkeit des Rückfalls in alte Verhaltens- und Verhältnismuster – und somit die Gefahr des Rückfallrisikos – zu minimieren. *Reso-Map* soll auf validen Erkenntnissen aus Wissenschaft und Praxis relevanter Fachdisziplinen aufbauen und sich an den Prinzipien der Menschenrechte und der sozialen Gerechtigkeit orientieren. Der Konzeptentwurf soll somit an dem Gedanken der *sozialen Inklusion* anknüpfen. Soziale Inklusion meint im Allgemeinen ein Recht auf uneingeschränkte gesellschaftliche Zugehörigkeit und ist einem ressourcenorientierten Veränderungsprozess inhärent.[1]

Art und Umfang der psycho-sozialen Diagnostik sind grundsätzlich von einem *emanzipatorischen Ziel* geleitet (Röh, 2012, 11). Die Inhaftierten sollen folglich motiviert und befähigt werden, an Diagnostik und Hilfeplanung aktiv mitzuwirken. Ziel ist die Förderung ihrer Selbstständigkeit und Selbstverantwortung *(Empowerment)* im Sinne einer erfolgreichen Resozialisierung. Das Ausmaß protektiver Faktoren *(Inklusionschancen)* und Risikofaktoren *(Exklusionsgefahren)* nach einer Haftentlassung (Hahn, 2007) soll mit Hilfe des Instruments *Reso-Map* frühzeitig und umfassend erkennbar und einer gezielten Bearbeitung zugänglich gemacht werden können. Damit wird auch dem Gewicht protektiver Faktoren, wie sie in der Arbeit mit straffällig gewordenen Menschen an Bedeutung gewonnen haben (de Vogel et al., 2010), Rechnung getragen.

Angemessene, kompakte Klassifikationssysteme sollen zu einer Komplexitätsreduktion beitragen, um eine Orientierung über einzelne Lebensbereiche sowie ihre Zusammenhänge (Stichwort: *Interdependenz)* herstellen zu können. Diese Orientierung dient einer gezielten, transparenten und flexiblen Resozialisierungsprognose und Interventionsplanung.

Um eine valide und reliable Informationssammlung zu ermöglichen, sollen entsprechende Kategorien (Lebensbereiche), Indikatoren und Items (notwendige Ressourcen) erörtert, ausgearbeitet, eindeutig definiert und festgelegt werden. Ziel ist die Entwicklung einer systematischen und standardisierten Orientierungs- und Handlungshilfe für die Soziale Arbeit. Die Anwendung des Instruments soll die Kommunikation und Kooperation mit relevanten Akteuren für einen nahtlosen Übergang in adäquate ambulante Hilfestrukturen nach der Haftentlassung fordern und fördern. Das Verfahren soll somit zu einer ›Öffnung‹ der Strafvollzugsanstalten beitragen. Eine erarbeitete *Reso-Map* sollte sowohl der haftentlassenen Person als auch der weiterbetreuenden Fachkraft (z. B. einem *Case Manager)* bzw. der jeweiligen Institution für eine umfassende Orientierung und Weiterentwicklung bzw. Durchführung der Interventionsplanung ausgehändigt bzw. übermittelt werden. Datenschutzrichtlinien wären an dieser Stelle zu berücksichtigen sowie Einverständniserklärungen bei den Betroffenen einzuholen.

Im Falle einer Betreuung durch das Case Management könnte eine komplette Übergabe der Fallbearbeitung bereits während der Inhaftierungs- bzw. Haftentlassungsphase erfolgen. Darüber hinaus wäre es möglich, Datensätze mittels einer ›Identnummer‹ zu anonymisieren, zu komprimieren und (z. B. deliktspezifisch) auszuwerten. Dadurch könnte *Reso-Map,* über eine standardisierte Einzelfallhilfe hinaus, auch der Evaluationsforschung dienen und zu einem wissenschaftlichen Erkenntnisgewinn (für u. a. aktuarische prognostische Verfahren) beitragen. Folgende Teilziele lassen sich aus dem Konzeptionsentwurf komprimieren:

– Standardisierung und Etablierung des Übergangsmanagements; Erfassen, Fördern,
– Erweitern, Herleiten, Aktivieren, Nutzen protektiver Faktoren; Erkennen und Minimieren von Rückfallrisiken;
– Fördern von Selbstverantwortung und Funktionsfähigkeiten;
– Herstellen eines Sozialen Empfangsraums;
– Vermeidung von Hilfeunterbrechung, Versorgungslücken, Doppelbetreuung;
– Schaffen von Perspektiven.

Langfristiges Ziel ist die erfolgreiche Resozialisierung ehemaliger strafgefangener Personen. Diesem Ziel sind ein professioneller und verantwortungsbewusster Umgang, die Senkung der Rückfallquote, die Einsparung öffentlicher Finanzmittel, der Gedanke der sozialen Gerechtigkeit und die Achtung der Menschenrechte sowie der Schutz potentiell künftiger Opfer inhärent.

Leistungsbeschreibung: Softwaregestützte Anamnese, Diagnose, Prognose

Um ein EDV-Programm entwickeln und anbieten zu können, welches den oben genannten Zielen entspricht, bedarf es der umfassenden fachlichen Ausarbeitung valider Klassifikationssysteme. Eine solche Ausarbeitung setzt einen intensiven interdisziplinären Kommunikations- und Kooperationsprozess zwischen Personen und Institutionen aus Wissenschaft und Praxis voraus. Eine Zielgruppendifferenzierung, nach Geschlecht und Alter bzw. Sanktionsform (Jugendstrafrecht/Erwachsenenstrafrecht), sollte vor allem in Anbetracht genderspezifischer und entwicklungsbedingt differenzierbarer Bedarfe, Risiken und Ressourcen der Betroffenen vorgenommen werden.

Valide Klassifikationssysteme und ein konkretes Leistungsangebot können folglich nur im Rahmen eines langfristig angelegten Projektes entwickelt und evaluiert werden. Sie sind nicht Bestandteil des Konzeptentwurfes.Das Übergangsmanagement sollte grundsätzlich langfristig angelegt sein (überleitungsorientierte Gestaltung des Vollzugs) und bereits am ersten Tag der Inhaftierung beginnen (Schreier, 2012, 261).

Daher wird Reso-Map prozessual in drei Phasen differenziert:

1) *Reso-Map I:*   Zugangsphase (Zeitpunkt des Haftantritts)
2) *Reso-Map II:*   Inhaftierungsphase (Haftalltag)
3) *Reso-Map III:*   Übergangsphase (vorzugsweise sechs Monate vor der Entlassung).

Das softwaregestützte Instrument soll entsprechend drei Anwendungsbereiche offerieren, die sich hinsichtlich ihrer Klassifikationssysteme und zugeordneten *Kategorien* (bzw. Dimensionen), *Indikatoren* und *Items* unterscheiden. Ziel dieser Dreiteilung ist eine umfassende psycho-soziale Diagnostik, bestehend aus *Anamnese, Diagnose* und *Prognose*. In der Zugangsphase soll durch den Programmpart *Reso-Map I* eine standardisierte Anamnese erstellt werden können. *Reso-Map I* dient der Entschlüsselung von Lebenslagen strafgefangener Personen vor ihrer Inhaftierung.

Anlehnend an das ›Inklusionschart‹ von Pantuček soll hier das ›Ausmaß der Teilhabe am gesellschaftlichen Leben‹ als Ausgangspunkt ermittelt werden. Diese Ermittlung ist entscheidend für eine reflexive Fallbearbeitung. Interventionen, die im Laufe des Übergangsmanagement geplant werden, können somit jederzeit auf ihre Sinnhaftigkeit und potenzielle Effektivität überprüft werden. Der zweite Programmpart *Reso-Map II* soll eine strafvollzugsinterne *Diagnostik* ermöglichen. Die Kategorien, Indikatoren und Items ergeben sich hier aus dem restriktiven Kontext einer Strafvollzugsanstalt. Kategorien der *Reso-Map II* könnten beispielsweise spezifische Arbeits- und Freizeitangebote oder sozialtherapeutische Maßnahmen darstellen.

Reso-Map II soll während der Inhaftierungsphase beliebig oft angewandt werden können (abhängig u. a. von der Dauer der Haftstrafe). Die jeweiligen Ergebnisse der *Reso-Map II* sollen mittels einer speziellen Visualisierungsfunktion übereinandergelegt und somit verglichen werden können. Dadurch sollen die individuellen psycho-sozialen Entwicklungsprozesse einer strafgefangenen Person während ihrer Inhaftierungsphase nachvollzogen werden können. Zudem soll der Vergleich dazu beitragen, mögliche Bedarfsänderungen zu erfassen, um die Interventionsplanung/-durchführung ggf. anpassen zu können (Stichwort: *Flexibilität*).

Reso-Map III: Wiedereingliederungsprognose

Reso-Map III bildet den letzten Anwendungsbereich des Instruments und dient der Prognose für die Haftentlassungs- und Wiedereingliederungsphase. Die eruierten Ergebnisse aus *Reso-Map I* und *II* sollen hier als Orientierungsbasis herangezogen werden können.

Das Klassifikationssystem der *Reso-Map III* soll sich aus Kategorien, Indikatoren und Items zusammensetzen, welche für eine gesellschaftliche Einbindung (Wiedereingliederung) sowie einen nahtlosen Übergang in außervollzugliche Hilfestrukturen notwendig sind. Hierzu könnten beispielsweise die Sicherstellung eines Wohnraums, dieFörderung sozialer Kompetenzen sowie die Anbindung an eine Institution der Suchthilfe zählen.

Zudem soll das Programm der Sozialen Arbeit spezifische Hilfsangebote und Netzwerkstrukturen aufzeigen können, welche sich für ein erfolgreiches Übergangsmanagement als bedeutsam erwiesen haben. Dies könnten u. a. spezifische Wiedereingliederungsprogramme sein, wie das »Übergangsmanagement B5« oder das »Übergangsmanagement Sucht« (Pracht, 2016, 59 f.). Diese spezifischen Maßnahmen sollten hier demnach aufrufbar oder alternativ in einer entsprechenden Eingabemaske eingefügt werden können. Reso-Map III soll somit vor allem die Kommunikation und Kooperation zwischen Strafvollzug und ambulanten Hilfesystemen fördern und dadurch zu einer Qualitätssteigerung des Übergangsmanagements beitragen. Über die Funktion der wiederholbaren und vergleichbaren Visualisierung (vgl. *Reso-Map II)* soll auch der *Reso-Map III* verfügen. Per Mausklick auf die jeweiligen Kategorien sollen spezifisch definierte und zugeordnete Indikatoren und Items aufgerufen werden können.

Zutreffende Indikatoren sollen aktiviert werden können, indem die Fachkraft diese ebenfalls per Mausklick anwählt und die zugehörigen Items bearbeitet. Das Programm soll daraufhin einen Zahlenwert errechnen, welcher innerhalb der jeweiligen Kategorie zu einer entsprechenden Visualisierung transformiert wird. Jedes Bearbeitungsfeld soll zudem über eine Eingabemaske verfügen, um fallspezifische Informationen und Entwicklungsdynamiken von Risiko- und Schutzfaktoren

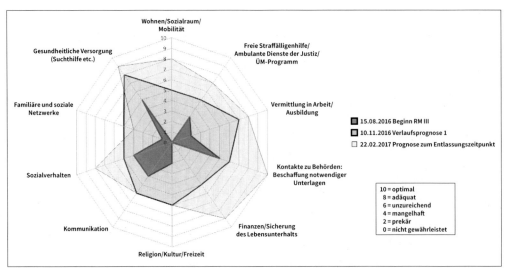

Abbildung 1: Visualisierungsbeispiel *Reso-Map III* (Anklicken der Kategorie *Kommunikation)*

dokumentieren zu können. Diese Option soll den Prognostikern einen gewissen Freiheitsgrad einräumen. Zudem könnte, in Folge einer Fallübermittlung, die weiterbetreuende Person oder Institution von den spezifischen Angaben und fachlichen Einschätzungen profitieren. *Reso-Map III* könnte beispielsweise die Kategorie ›Finanzen/Sicherung des Lebensunterhalts‹ aufweisen. Potentielle Indikatoren und Items wären z. B. die Sicherstellung von Arbeitslosengeld (ALG I oder II), Leistungen nach SGB XII, die Beantragung eines Wohnberechtigungsscheins (WBS) und die Inanspruchnahme einer Schuldnerberatung. Eine weitere Kategorie könnte zudem das Sozialverhalten darstellen, welcher Indikatoren und Items hinterlegt werden, die sich u. a. auf die Sozialkompetenz der Inhaftierten beziehen und (ggf.) vollzugslockernde Maßnahmen berücksichtigen.

Eine Kategorie *Kommunikation* wäre für alle drei Klassifikationssysteme der Reso-Map bedeutsam. In diesem Beispiel unterliegen der Kategorie zwei Indikatoren: *Sprachkompetenzen* und *Medienkompetenzen*. Die hohe Relevanz der Sprachkompetenzen spiegelt sich in den Tabellen 1 und 2 hinsichtlich ihrer vergleichsweise höheren Zahlenwerte wider (1,5 vs. 0,5).

Die Tabellenbeispiele sollen einen möglichen Ablauf veranschaulichen. Die Summe der angeklickten Items (hier hellgrau gekennzeichnet) ergeben in dem vorliegenden Beispiel einen Zahlenwert von 4. Dieser Wert spiegelt sich in der Visualisierung wider (siehe erste Erhebung: *15.08.2016 – Beginn RM III*).

	1,5	1,5	1,5	1,5	1,5
Definition	Deutsche Sprachkompetenz gut bis sehr gut	Deutsche Sprachkompetenz mind. ausreichend vorhanden	Textkompetenz (deutsch) nachweislich vorhanden	Englische Sprachkompetenz vorhanden	Textkompetenz (englisch) nachweislich vorhanden oder Sprach- und Textkompetenz einer anderen Sprache nachweislich vorhanden
Information/ Tendenz *(Eingabemaske Soziale Arbeit)*	– *Muttersprache »Russisch« (Wort und Schrift)* – *Kaum Kontakt zu Personen deutscher Herkunft (Unsicherheit, Scham, sozialer Rückzug); Gespräche werden auf Englisch geführt.* (+) *Klient ist gewillt, an einem Sprachförderprogramm teilzunehmen.*				

Tabelle 1: Items zu *Sprachkompetenzen* (Wert: 3)

	0,5	0,5	0,5	0,5	0,5
Definition	Zugang zu digitalen Medien vorhanden bzw. mit digitalen Medien vertraut	Programmnutzungskompetenz (z. B. Word, PowerPoint etc.)	Verantwortungsbewusster Umgang im Netz: – Basiswissen über rechtlichen Rahmen; – Bewusstsein für Gefahren und Missbrauchspotenzial; – kritische Nutzung	Chancen nutzen: – Soziale Kontakte – Bildung/Informationsgewinnung	Angebote nutzen: – Psychosoziale Hilfe und Unterstützung zur Problembewältigung *(z. B. Online-Beratungsangebote)* – Erleichterung bei der Alltagsbewältigung *(z. B. Job-/Wohnungssuche)*
Information/ Tendenz *(Eingabemaske Soziale Arbeit)*	– *im Rahmen des Projektes XY* (+) *Nutzt Angebot zur Steigerung der Medienkompetenz (z. B. Auseinandersetzung mit Informationsmaterialien/»Medienkompetenzpass« der JVA XY)*				

Tabelle 2: Items zu *Medienkompetenzen* (Wert: 1)

Ausblick

Der DBH-Fachverband für Soziale Arbeit, Strafrecht und Kriminalpolitik e.V. möchte die Rolle als Projektträger für eine konkrete organisatorische und fachliche Umsetzung des Konzeptionsentwurfes übernehmen. Derzeit befindet sich Reso-Map in einer Projektplanungsphase unter der Trägerschaft des Fachverbandes. Das Projekt kann als wichtiger Impulsgeber für die Verbindung zwischen Disziplin und Profession, zwischen Theorie-/Methodendiskussion und Fachverbänden gesehen werden. Die gegenwärtige Pilotphase dient neben der Praxiserprobung des Instruments weitergehend dem Vorhaben, handlungswissenschaftliche Aspekte in die Praxis zu implementieren.

Anmerkungen

[1] Vgl. Arlt, I., Institut für Soziale Inklusionsforschung. Online-Publ.: http://inclusion.fhstp.ac.at/index.php/ueberdasinstitut/inklusion (Stand: 31.01.2017).

Fragebogen zur Beurteilung der Veränderung kriminogener Risikomerkmale

Rita Steffes-enn

Entwicklung und Anwendungsmöglichkeiten

Die veröffentlichte Fassung des Fragebogens zur Beurteilung der Veränderung kriminogener Risikomerkmale (Hoga et al., 2001, 435-442) wurde in der Sozialtherapeutischen Abteilung für Sexualstraftäter der Justizvollzugsanstalt Amberg/Bayern für das dortige Setting entwickelt und dient der Beschreibung konkreter Verhaltensbeobachtungen im Alltag. In der vollzuglichen Praxis wurde der Katalog vor jeder Therapieplanerstellung/-fortschreibung an die Bezugsbeamten des allgemeinen Vollzugsdienstes sowie an alle in den Behandlungsprozess involvierten Fachdienste ausgehändigt und von BezugstherapeutInnen vergleichend ausgewertet. Dieses Vorgehen hat den Vorteil, dass es eine intensive und differenzierte Auseinandersetzung mit dem Klienten abverlangt und weg von vorschnellen Bewertungen bzw. persönlichen Meinungen hin zur Objektivierung durch Darlegung konkret beobachtbaren Verhaltens führt. In der ambulanten Täterarbeit wird der Fragenkatalog in modifizierter Form angewandt und im Netzwerk an verschiedene Fachkräfte ausgeteilt (z. B. BewährungshelferIn). Die vergleichende Anwendung des Fragenkatalogs hat sich sowohl im stationären als auch im ambulanten Rahmen insbesondere in der Arbeit mit Klienten mit stark manipulativen Anteilen bewährt. Er eignet sich aber auch im Rahmen von Fallberatungen/-besprechungen und gutachterlichen Stellungsnahmen als Leitfaden.

Zielsetzung und Indikation

Bei Betrachtung eines Delikts und einer Täterpersönlichkeit zur anschließenden Bewertung von Gefährlichkeit und Veränderbarkeit stellt sich immer wieder auch die Frage, inwieweit das Risiko zu welchen Anteilen in der (Vor-)Tatsituation oder in der Persönlichkeit zu suchen ist. In Bezug auf Risikovariablen, die sich aus der Persönlichkeit heraus ergeben, erscheint die Alltagsbeobachtung im Hinblick auf deliktisch relevantes Verhalten besonders hilfreich, um situations- und zeitüberdauernde Problemstellungen zu erfassen (vgl. Urbaniok, 2012, 27-33). Hier weist u. a. Dahle (2005, 33) darauf hin, dass dynamische Risikomerkmale für Prognostik und Rückfallprävention mindestens ebenso bedeutsam sind wie statische. Die Hilfsfragen im Bogen konzentrieren sich aus diesen Gründen auf Verhaltensweisen im Alltag, die sich allgemein erwiesenen kriminogenen dynamischen Risikomerkmalen zuordnen lassen (Lösel, 1995, 79-111; Andrews, 1995, 35-62; Gendreau, 1996, 144-161). Bei der Bewertung der Risikomerkmale erscheint es jedoch unerlässlich, neben dem Ausprägungsgrad auch die wechselseitige Bedingungsanalyse der Faktoren zu beachten. Im Folgenden werden die im Fragebogen erfassten Risikofaktoren kurz erläutert.

Beschreibung der Risikomerkmale

Antisoziale Ansichten, Einstellungen, Gefühle und Peer-Kontakte
Je zeit- und situationsüberdauernder diese Merkmale sind, desto stabiler sind sie in der Persönlichkeit. Delinquenzfördernde Einstellungen werden dann nicht nur im Tatkontext, sondern auch als allgemeine Haltung dargeboten, z. B. ›Frauen sind Schlampen‹, ›Andere sind selbst schuld, wenn sie sich über den Tisch ziehen lassen‹, ›Eine Nutte kann man nicht vergewaltigen‹, ›Verbotene Früchte schmecken am besten‹.

Identifikation mit kriminellen, antisozialen Rollenmodellen und Werten
Hierbei werden kriminelle Personen als Vorbilder genommen und wird sich mit deren Werte identifiziert. Durch diese Identifikation wird delinquentes Verhalten begünstigt und die Verabschiedung von delinquenten Verhaltensweisen, z. B. aufgrund von Gruppendruck, erschwert. Neben bestimmten Gruppenzugehörigkeiten, wie z. B. im Rotlichtmilieu, ideologisch-radikalen Gruppierungen, können auch Begriffe und Slogans dieses zum Ausdruck bringen, z. B. ›Ganovenehre‹ (in Bayern auch ›Lumpenehre‹ genannt) oder Gruppenstatuten, die ihren Mitgliedern eine Kooperation mit staatlichen Stellen verbieten.

Impulsivität
Dieses Risikomerkmal bezieht sich auf die Intensität des Dranges, Bedürfnisse unmittelbar ausleben zu wollen und den generellen Hang, dementsprechend spontan zu handeln bzw. reagieren.

Mangel an sozialen und zwischenmenschlichen Fähigkeiten
Dies bezieht sich insbesondere auf Probleme, sich in die Lage anderer zu versetzen, deren Gefühle, Empfindungen und Gedanken wahrzunehmen sowie schlussendlich sich entsprechend rücksichtsvoll dem anderen gegenüber zu verhalten.

Selbstschädigende Coping-Strategien

Hier sind konstruktive Formen der Konfliktlösung nicht ausreichend vorhanden. Vielmehr werden Problemstellungen mit Techniken zu bewältigen versucht, die mittel- und/oder langfristig zur Intensivierung der Probleme führen, statt sie zu lösen.

Unfähigkeit, zu planen und konzeptionell zu denken

Neben der eingeschränkten Fähigkeit, komplexe soziale oder auch abstrakte Sachverhalte zu erfassen und zu strukturieren, ist auch das Ausmaß, inwieweit eine kritische Selbstreflexion der eigenen Denkstrukturen möglich ist, für spätere Handlungen entscheidend.

Unfähigkeit, Schwierigkeiten vorherzusehen und damit umzugehen

Das Risikomerkmal befasst sich mit dem Mangel an Kompetenz, kurz-, mittel- und langfristige negative Konsequenzen eigener Handlungen für sich und andere im Vorfeld abzuschätzen, zu bedenken und entsprechend in den eigenen Entscheidungen zu berücksichtigen.

Egozentrik

Hier ist neben dem Ausmaß der Ich-Bezogenheit ebenfalls gemeint, inwieweit der Klient auch die Anpassung/Unterwerfung anderer in Bezug auf die Belange des Klienten verlangt und ein Desinteresse gegenüber den Bedürfnissen anderer existiert.

Externalisierung von Verantwortung

Die Abwehr von Verantwortungsübernahme für eigenes Handeln ist besonders ausgeprägt, wenn die Externalisierungen nicht nur auf die Tat bezogen, sondern auch im Alltag anzutreffen sind. In diesen Fällen sehen sich die Klienten hinsichtlich ihres Verhaltens als Opfer ihrer Biografie, der aktuellen (Lebens-)Umstände und/oder anderer Personen.

Konkretistisches, starres und zuweilen irrationales Denken

Hiermit sind insbesondere ein sog. Schwarz-Weiß-Denken und ausgeprägte Tendenzen zu Verallgemeinerungen gemeint. So werden auch auftretende Probleme nicht differenziert und konstruktiv-selbstkritisch reflektiert, sondern in die eigenen verzerrten Denkweisen integriert, wie z. B. ›Bullen sind Bastarde, Gangster sind ehrhaft‹, aber auch ›Ich kann nichts, andere schaffen immer alles‹. Häufig korreliert dies mit selbsterfüllenden Prophezeiungen, Korrektive werden hierbei abgewehrt.

Störungen von Selbstkontrolle und Problemlösungsfähigkeiten

Mangelnde Selbstkontrolle behindert ein planvolles und strukturiertes Vorgehen. Bei niedriger Selbstkontrolle ist die Fähigkeit zu stoppen und zu denken, bevor man handelt, beeinträchtigt. Wiederum werden bei einer überhöhten Selbstkontrolle Probleme negiert, Konflikte auffallend vermieden, Kränkungen gesammelt und angestaut.

Substanzgebundene Abhängigkeit

In den entsprechenden Fällen geht es darum, den Suchtmittelgebrauch zu kontrollieren bzw. sich im Falle einer vorliegenden Abhängigkeit auf entsprechende therapeutische Interventionen einzulassen.

Anwendungsbeispiel: Bedingungsanalyse der dynamischen kriminogenen Risikomerkmale zur Therapieplanerstellung

Die therapeutische Zielhierarchie wird unter Berücksichtigung der jeweils getroffenen Einschätzungen mittels Fragenkatalog durch BezugsbetreuerInnen, BewährungshelferInnen und Einzel- bzw. GruppentherapeutInnen erarbeitet.

Die Impulsivität des Klienten wird z. B. bei Betrachtung der Biografie, der Therapie und der Bewältigung des Alltags wiederkehrend deutlich: Einfordern von Aktivitäten bei verschiedenen Personen zum selben Anliegen, Verweigerung der Nahrungsaufnahme, aggressiv-aufbrausendes im raschen Wechsel mit unterwürfigem Verhalten, Äußerung der Absicht, die Therapie abzubrechen usw. Hieran werden auch die Störung der Selbstkontrolle und Problemlösungsfähigkeit sowie das immer wiederkehrende Zurückgreifen auf selbstschädigende Coping-Strategien, insbesondere die Einnahme der Opferrolle besonders deutlich. In diesen Momenten werden auch die Defizite, Schwierigkeiten vorherzusehen und vorab adäquate Lösungsmöglichkeiten zu entwickeln, sowie der Unfähigkeit zur Entwicklung prospektiver Denk- und Handlungskompetenzen deutlich. Egozentrische Haltungen scheinen als Abwehrmechanismus vor Versagensängsten und Abhängigkeiten zu dienen. Ein weiterer hiermit zusammenhängender Aspekt ist der Mangel an sozialen und zwischenmenschlichen Fähigkeiten. Aufgrund der empfundenen Hilflosigkeit, Passivität und Abhängigkeit gelingt es ihm kaum, sich in die Gefühlswelt seines Gegenübers hineinzuversetzen. Der Klient sucht den Kontakt zur Gruppe bzw. zu Personen, die ihn in der Durchsetzung seiner Interessen unterstützen sollen. Das intensive Einfordern von Rat und Unterstützung durch andere verstärkt Abhängigkeiten, von denen er sich zeitgleich loszusprechen versucht, weshalb er in Therapiesitzungen und dem Therapietagebuch immer wieder den Wunsch nach mehr Selbstbewusstsein/-sicherheit und Selbständigkeit äußert (siehe Fragebögen der Therapeuten). Verantwortungsexternalisierung ist somit beim Klienten ein zentrales Risikomerkmal, da Gefühle der Abhängig- und Hilflosigkeit verstärkt werden, die er durch Machterleben in seinen Delikten zu kompensieren versucht (siehe Fragenkatalog der Betreuer: ›Prahlen mit prominenten Opfern‹). Problemverstärkende konkretistische, starre und irrationale Denkmuster spiegeln sich auch in der ambivalenten Beziehungsgestaltung wieder (jetzt Freund, eine Stunde später Feind). Hierzu werden in jedem Fragenkatalog vielzählige Alltagsäußerungen dokumentiert, z. B.: *›Sie denken, ich kann das nicht! So denken immer alle über mich…‹, ›Sie sind der einzige Mensch der mich hier versteht/dem ich vertrauen kann‹*. Auch wenn bislang keine Anhaltspunkte für eine Ausprägung von antisozialen Einstellungen sowie kriminellen Rollenidentifikation vorliegen, ist übereinstimmend hierauf ein besonderes Augenmerk zu richten: Der Klient erscheint aufgrund seiner Persönlichkeit vulnerabel für die Übernahme antisozialer Ansichten von Klienten mit ausgeprägt dissozialen Strukturen.

Beurteilungspraxis und -ergebnisse

Anhand der Ratings o. g. Merkmale (Skalierung: 0 = keine Ausprägung, 3 = mittlere Ausprägung, 6 = starke Ausprägung) lässt sich ein Diagramm der individuellen Ausprägung dynamischer Risikomerkmale erstellen und eine therapeutische Zielhierarchie mit folgenden Inhaltsebenen bzw. -kategorien ableiten:

- Ziel 1: Herstellung eines Realitätsbezuges;
- Ziel 2: Stärkung der alltäglichen Handlungskompetenzen;

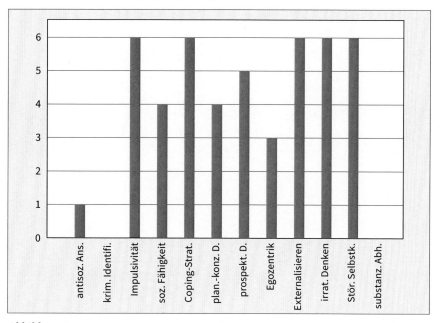

Abbildung 1

- Ziel 3: Verbalisierung emotionaler Erlebensinhalte;
- Ziel 4: Stärkung affektiver Introspektion und Empathiefähigkeit;
- Ziel 5: Internalisierung von Verantwortung (tat- und alltagsbezogen);
- Ziel 6: Entwicklung neuer Konfliktlösungsstrategien im Alltag.

Der Best-Index (Behavioural Status Index)

Thomas Ross, Friedemann Pfäfflin & María Isabel Fontao

Zielsetzung und Indikation

Der Best-Index ist ein Verfahren zur Erfassung lebenspraktischer Fertigkeiten von psychisch kranken Rechtsbrechern und Straftätern. Er basiert auf Fremdbeobachtung durch Personal in forensisch-psychiatrischen Einrichtungen bzw. Justizvollzugsanstalten. Neben der Abbildung lebenspraktischer Fertigkeiten mit dem Ziel der Therapieplanung und Evaluation eignet sich das Instrument zur Bestimmung riskanten Sozialverhaltens. Der Terminus ›Riskantes Sozialverhalten‹ bezieht sich hierbei nicht nur auf klassische Indikatoren von Gefährlichkeit, sondern auf potenziell fremd- und selbstschädigende Verhaltensweisen und auf solche, die unmittelbar damit in Zusammenhang stehen.

Paradigma/theoretischer Kontext

Ausgegangen wird zunächst von normalem, primär nicht-pathologischem Verhalten. Es wird erfasst, inwieweit eine Person sich von der Norm spezifischer sozialer Verhaltensweisen, kognitiv-emotionaler Fertigkeiten und lebenspraktischer Fertigkeiten entfernt hat. Der Fokus bleibt hierbei auf der Identifizierung verbleibender Verhaltensressourcen und auf der Frage, wie man sie zum Ausgleich bzw. zur Behebung problematischen Verhaltens einsetzen kann.

Aufbau und Konstruktion

Bewertet werden 150 verschiedene Verhaltensaspekte, die sich auf sechs Teilbereiche des Alltagslebens forensisch-psychiatrischer Patienten und Strafgefangener beziehen: *Riskantes Sozialverhalten, Einsicht, Kommunikation und soziale Fertigkeiten, Arbeits- und Freizeitaktivitäten, Selbst- und Familienunterhalt, Empathie.*

›Riskantes Sozialverhalten‹ ist ein Destillat wesentlicher personenbezogener Verhaltensaspekte, die zur Gefährlichkeitsprognose bei forensisch-psychiatrischen Patienten und Straftätern herangezogen werden. In der Skala werden fremd- und selbstgefährdende Verhaltensweisen benannt, beschrieben, und kategorisiert. Beispiele: Gewalt gegen andere mit und ohne ersichtlichen Auslöser, verbale Aggression mit und ohne ersichtlichen Auslöser, unangemessenes Sexualverhalten, provokatives Störverhalten, allgemeine Sicherheitsverstöße sowie Selbstverletzungen.

Im Bereich ›Einsicht‹ wird untersucht, wie eine Person ihre Welt kognitiv begreift. Beispiele: Wahrnehmung von innerer Anspannung und deren Ursachen, (soziales) Problemlöseverhalten, Anerkennung von negativen Gefühlen oder Wut, Zuschreibung von Verantwortung.

Im Bereich ›Kommunikation und soziale Fertigkeiten‹ werden soziale Fertigkeiten bewertet, die sich an normativen Vorstellungen angepassten Sozialverhaltens und deren Abweichungen orientieren. Beispiele: Interesse an anderen, eine auffällig unrealistische Selbstdarstellung, Schwierigkeiten in der Kontaktaufnahme bzw. der Kontaktgestaltung, verbale und nonverbale Kommunikation, soziale Ansprechbarkeit, soziale Interaktion und sozialer Rückzug.

Unter ›Arbeits- und Freizeitaktivitäten‹ werden alle konstruktiven Aktivitäten im Zusammenhang mit Arbeit und Freizeit bewertet. Sie werden vorrangig unter dem Aspekt sozialer Fertigkeiten beschrieben. Beispiele: Allgemeine Leistungsfähigkeit und Leistungsbereitschaft, Verlässlichkeit bei der Arbeit, Arbeiten im Team, Planung von und Teilnahme an Freizeitaktivitäten.

Im Abschnitt ›Selbst- und Familienunterhalt‹ werden alltäglich relevante Aspekte der Selbstpflege und des Zusammenlebens bewertet: Persönliche Hygiene, Gesundheitsfürsorge, Ernährungsfürsorge, die Versorgung von Familienmitgliedern, Haushaltsführung und Aspekte der Mobilität im geschlossenen forensischen Setting.

Dem Aufbau von ›Empathie‹ im Sinne der Fähigkeit einer Person, sich in die Lebenswelt einer anderen Person hineinzuversetzen, kommt in der psychotherapeutischen Behandlung forensischer Patienten eine erhebliche Bedeutung zu. Der Bereich Empathie wird von Items wie Fehlendes Interesse an anderen, Übergriffigkeit, Interesse an wechselseitigem Austausch und Opferempathie abgedeckt.

Auswertung/Interpretation

Die Items werden anhand einer fünfstufigen Ratingskala bewertet: Stufe 1 stellt die jeweils größte Abweichung von der Definition des zu bewertenden Verhaltens dar (worst case), Stufe 5 die größte Übereinstimmung (best case). Die Bewertungssituation wird durch Kriterien spezifiziert und die jeweils geltende Quantifizierung zur Verhaltensbewertung in Stufen durch Anmerkungen erläutert.

In Tabelle 1 wird am Beispiel der Skala ›*Kommunikation und soziale Fertigkeiten*‹ exemplarisch dargestellt, wie Verhaltensparameter im BEST-Index eingeschätzt werden.

Tabelle 1: ›*Kommunikation und soziale Fertigkeiten*‹, Item 26: Affektkontrolle. Definition und exemplarische Darstellung der Verhaltensbewertung

Score 1 (worst case)	Score 2	Score 3	Score 4	Score 5 (best case)
Zeigt wenig Kontrolle eigener Gefühle bzw. Fähigkeit, über diese zu sprechen	Kann *gelegentlich mit Unterstützung* Gefühle kontrollieren oder frei über sie sprechen	Kann *regelmäßig mit Unterstützung* Gefühle kontrollieren oder frei über sie sprechen	Kontrolliert seine Gefühle *regelmäßig spontan* oder kann sie angemessen ausdrücken	Hält seine Gefühle immer unter Kontrolle und drückt sie angemessen aus

Definition: Der Patient/Proband bleibt (in der jeweils zu bewertenden Situation) ruhig. Es gibt keine Hinweise auf übermäßige oder unkontrollierte emotionale Labilität, wie z. B. Wutanfälle, Schreien oder Euphorie.

Anmerkung:
Regelmäßig: Bei den meisten Gelegenheiten und über wenigstens 25 der 30 Gesprächsminuten.
Gelegentlich: Mindestens fünf Minuten innerhalb des halbstündigen Gesprächs.
Spontan: Ohne Einflussnahme durch den Beurteiler oder andere Personen und ohne dass diese als Vorbild dienen.
Mit Unterstützung: Der Beurteiler oder andere Personen nehmen dezidiert Einfluss und dienen als Vorbild.

Forensisch-prognostische Relevanz

Im Vergleich mit dem HCR-20 zeigen sich die größten Übereinstimmungen in den klinischen Variablen (C-Items): Mangel an Einsicht, negative Einstellungen, aktive Symptome, Impulsivität und fehlender Behandlungserfolg (Ross et al., 2008a; b).

Der BEST-Index kann somit zur Veränderungsmessung klinischer Symptome und zur Erweiterung einer objektivierbaren Datenbasis für Therapieplanung, -modifikation und -evaluation eingesetzt werden.

Klinische Relevanz

Von klinisch tätigen Mitarbeitern mehrerer forensisch-psychiatrischer Einrichtungen wurde die Schärfung der Wahrnehmung für therapie- und prognoserelevante Verhaltensaspekte der Patienten hervorgehoben (Sookoo et al., 2007; Ross et al., 2012). Weiterhin berichteten sie, sich im Rahmen der Bearbeitung der Einzelitems intensiver mit den Patienten und mit der Einschätzung von Kollegen auseinander zu setzen, Beurteilungen systematischer und transparenter als bisher durchzuführen und eher bereit zu sein, ihre eigene Meinung kritisch zu hinterfragen. Der wesentliche Nutzen des BEST-Index für den klinischen Alltag wurde in der ressourcenorientierten Perspektive und in der Möglichkeit einer fortlaufenden Aktualisierung der individuellen wie auch teambezogenen Einschätzung der Patienten verortet. Da der BEST-Index in berufsgruppenübergreifenden Kleinteams bearbeitet wird, wirkt sich das positiv auf die interdisziplinäre Kooperation und den Informationsaustausch aus.

Gütekriterien

Kennwerte zu Interrater-Reliabilität, Innerer Konsistenz und Konstruktvalidität liegen für die deutsch-, niederländisch- und englischsprachigen Versionen vor.

Für die deutschsprachige Version gelten folgende Kennwerte (Ross et al., 2008a; b):

– *Interrater-Reliabilität:* zwischen $r = .48$ für Riskantes Sozialverhalten, Kommunikation und Soziale Fertigkeiten, und Freizeitverhalten und $r = .57$ für Einsicht (für alle r gilt $p \leq .001$).

– *Innere Konsistenz:* Zwischen $\alpha = .64$ (Kommunikation und Soziale Fertigkeiten) und $\alpha = .73$ (Einsicht). Die Interkorrelationen der Skalen liegen zwischen $r = .28$ (Riskantes Sozialverhalten mit Einsicht) und $r = .77$ (Arbeits- und Freizeitverhalten mit Selbst- und Familienunterhalt).

– *Konstruktvalidität:* Signifikant positive Korrelationen der Skala Riskantes Sozialverhalten mit der PCL-R ($r = .33$, $p \leq .001$) und Selbstbeurteilungsinstrumenten zu Aggression und Aggressivität. Zwischen allen weiteren BEST-Index Skalen und den veränderungssensitiven C- und R-Skalen des HCR-20 wurden signifikant negative Korrelationen ermittelt ($-.22 \leq r \leq -.49$).

Veränderungssensitivität

Über einen Beobachtungszeitraum von 18 Monaten ließen sich bei einer Untersuchung an 231 Patienten aus 18 Einrichtungen in vier europäischen Staaten statistisch signifikante Änderungen in den Skalen Einsicht, Arbeits- und Freizeitverhalten und Empathie nachweisen (Ross et al., 2008a). Keine Änderungen auf Skalenniveau erbrachten die Items für Riskantes Sozialverhalten, Kommunikation und soziale Fertigkeiten sowie Selbst-und Familienunterhalt.

Auf Itemebene lassen sich aber in allen Skalen zeitabhängige Änderungen abbilden.

Kurztests

Kurztests

Ulrich Kobbé

Erhebungsinstrumente zur Erfassung psychologischer bzw. psychosozialer Merkmale werden nicht nur in der klinischen und forensischen Eingangs- und Verlaufsdiagnostik, sondern immer auch in anderen explorativen Zusammenhängen (Forschung) eingesetzt. Entsprechend werden psychologische Merkmale auch in nicht-klinischen Forschungsbereichen erhoben, deren ForscherInnen von der Erfassung dieser Merkmale eine bessere Beschreibung, Analyse und Vorhersage wissenschaftlich und strategisch relevanter Prozesse und Phänomene erwarten.

Fachpersonen, die entsprechende Merkmale in ihrer Untersuchung erfassen möchten, stehen allerdings meist vor dem Problem, für ihre Zwecke – so auch im forensisch-prognostischen Kontext – geeignete und ökonomische Erhebungsinstrumente zu finden. In der psychologischen Praxis beinhalten die auf ihre psychometrischen Standards (Gütekriterien Objektivität, Reliabilität, Validität) geprüften Erhebungsinstrumente, um die jeweiligen Konstrukte abzubilden, oft zahlreiche Items. Ein Manko dieser möglichst breiten Erfassung der jeweiligen Merkmale besteht in der Dauer der Erhebung (Gütekriterium Ökonomie), die gerade bei dem Untersuchungsklientel forensischer Klienten ein Motivations- und Mitwirkungsproblem zur Folge haben kann.

Unter diesen Gesichtspunkten war es interessant, dass in sozialwissenschaftlichen Forschungszusammenhängen – so im *Leibniz-Institut für Sozialwissenschaft* (GESIS) oder im *Deutschen Institut für Wirtschaftsforschung* (DIW) – Erhebungsinstrumente für spezifische psychologische Merkmale konzipiert werden: Was aufgrund der Kürzungsstrategien im Wechselspiel konzeptueller Überlegungen mit empirischer Prüfung der psychometrischen Güte erreichbar ist, lässt sich, so die Überzeugung des Verfassers, auch im Projekt ›Prognose‹ sinnvoll einsetzen und integrieren. Nachfolgend werden daher drei Verfahren

1) zur Erfassung des Merkmals *Ungerechtigkeitssensibilität* mit Aspekten der Opfer-, Beobachter-, Nutznießer- und Täterperspektive, die USS-8 (Beierlein et al., 2012),

2) zur Analyse einer *Übertreibung positiver Qualitäten* (PQ+) und *Minimierung negativer Qualitäten* (NQ–) des sog. Gamma-Faktors *Sozialer Erwünschtheit,* die KSE-G (Kemper et al., 2012),

3) zur Messung der Selbsttäuschung *(self-deceptive enhancement,* SDE) und Fremdtäuschung *(impression management,* IM) im psychologischen Merkmal *Soziale Erwünschtheit,* die BIDR-K (Winkler et al., 2006),

vorgestellt und in den theoretischen, konzeptionellen und psychometrischen Basics resümierend referiert.

Im Vorfeld der Konzeption dieses Manuals gelang es allerdings nicht, die vormals involvierten, nunmehr z. T. anderweitig involvierten ForscherInnen der Arbeitsgruppen für einen Übersichtsartikel der Instrumente zu gewinnen. Da GESIS Working Papers und DIW Discussion Papers online zugänglich und publik sind, zudem die Bereitstellung von Beratungs- und Serviceleistungen für die Sozialwissenschaften, insb. auch die Entwicklung und Verbreitung geprüfter, qualitativ hochwertiger und standardisierter Erhebungsinstrumente, explizit zu den Kernaufgaben von GESIS wie DIW gehören, werden die jeweiligen Instrumente im Folgenden mit zusammenfassenden Exerpten auszugsweise zitierend zur Verfügung gestellt.

Die Ungerechtigkeitssensibilität-Skalen-8 (USS-8)

Julia M. Pätzel, Anna Baumert, Constanze Beierlein & Klaus-Peter Dahle

Zielsetzung und Indikation

Die Ungerechtigkeitssensibilität-Kurzskalen USS-8 (Baumert et al., 2013) sind als sozialpsychologisches Instrument zur Erhebung der Persönlichkeitseigenschaft *Ungerechtigkeitssensibilität* konzipiert, ursprünglich für die deutschsprachige Allgemeinbevölkerung ab 18 Jahren. Zusätzlich ist eine englische Übersetzung verfügbar (Schmitt et al., 2010). Die USS-8 wurden in einer sozialtherapeutischen Strafgefangenenstichprobe validiert und sind für den forensischen Einsatz geeignet (Pätzel et al., in Vorb.).

Paradigma und theoretischer Kontext

Ungerechtigkeitssensibilität (Schmitt et al., 2009; 2005; 1995) ist ein Konstrukt der sozialen Gerechtigkeitsforschung. Menschen unterscheiden sich demnach interindividuell in ihrer Sensibilität in Wahrnehmung, emotionalem Erleben, kognitiver Verarbeitung und handlungsorientierter Reaktion auf widerfahrene, beobachtete oder begangene Ungerechtigkeit (Schmitt et al., 1995; Thomas et al., 2012). Diese Unterschiede haben sich als situationsübergreifend und zeitlich relativ stabil erwiesen (Schmitt et al., 2010). Die Bewertung einer Situation als ungerecht hängt maßgeblich von der Perspektive des Erlebenden ab. Die Perspektive kann dabei die eines Opfers, eines Beobachters, eines passiv-profitierenden Nutznießers oder eines aktiven Täters sein. Ungerechtigkeitssensibilität lässt sich entsprechend in die Facetten Opfer-, Beobachter-, Nutznießer- und Tätersensibilität ausdifferenzieren. Den Facetten gemeinsam sind die Höhe der individuellen Wahrnehmungsschwelle für Ungerechtigkeit und das Erleben von Ungerechtigkeit als negativ und belastend. Zugleich sind unterschiedliche konkrete Emotionen in jede Facette involviert, nämlich Ärger in die Opfersensibilität, Empörung in die Beobachtersensibilität und Schuld in die Nutznießer- und Tätersensibilität.

Die vier Facetten der Ungerechtigkeitssensibilität sind empirisch differenzierbar, dennoch korrelieren sie niedrig bis hoch positiv miteinander. Dies ist dem Umstand geschuldet, dass sie trotz unterschiedlicher Blickwinkel den gemeinsamen Nenner eines innewohnenden Gerechtigkeitsbewusstseins teilen (Schmitt et al., 2010).

Aufbau und Konstruktion

Die Ungerechtigkeitssensibilität-Kurzskalen-8 (Baumert et al., 2013) sind als Selbstbeurteilungsinstrument konzipiert und erfassen die Persönlichkeitseigenschaft *Ungerechtigkeitssensibilität* mit ihren vier Primärfaktoren (vier Skalen) als dimensionales Konstrukt mit stetiger Merkmalsausprägung. Sie sind ein von den Ungerechtigkeitssensibilität-Skalen (Schmitt et al., 2010) abgeleitetes Kurzverfahren, von dessen zehn Items jeder Skala jeweils die Items 6 und 7 aufgrund inhaltlicher und testtheoretischer Aspekte übernommen wurden. Sie beinhalten damit acht Items, zwei für jede der vier inhaltlichen Facetten *Opfersensibilität* (Beispiel: ›Es ärgert mich, wenn es anderen unverdient besser geht als mir.‹), *Beobachtersensibilität* (Beispiel: ›Es macht mir zu schaffen, wenn sich jemand für Dinge abrackern muss, die anderen in den Schoß fallen.‹), *Nutznießersensibilität* (Beispiel: ›Ich habe Schuldgefühle, wenn es mir unverdient besser geht als anderen.‹) und *Tätersensibilität* (Beispiel: ›Es macht mir zu schaffen, wenn ich mir durch Tricks Dinge verschaffe, für die sich andere abrackern müssen.‹).

Die Items werden auf einer sechsstufigen Likert-Skala von ›trifft überhaupt nicht zu‹ bis ›trifft voll und ganz zu‹ beantwortet. Die numerische Verankerung der Originalskalen ist 0 bis 5 (Baumert et al., 2013), ebenso wurde 1 bis 6 genutzt (Beierlein et al., 2012), wobei die Äquivalenz dieser unterschiedlichen Verankerungen nicht abgesichert ist.

Auswertung und Interpretation

Für die Auswertung werden vier Skalenmittelwerte aus jeweils den zwei Items der Facetten Opfer-, Beobachter-, Nutznießer- und Tätersensibilität gebildet. Je nach numerischer Verankerung kann die individuelle Ausprägung jeder Skala einen Wert zwischen 0 und 5 oder zwischen 1 und 6 annehmen. Für die Vergleichbarkeit von Untersuchungen mit unterschiedlichen Verankerungen können die Werte entsprechend adaptiert werden.

Praxisrelevanz

In einer Reihe experimenteller Studien wurde die prädiktive Validität der Skalen hervorgehoben, entscheidend zur Vorhersage pro- und antisozialen Verhaltens beizutragen sowie die Rolle gerechtigkeitsrelevanter Einstellungen, Emotionen und Kognitionen bei der moralischen Entscheidungsfindung in sozialen Interaktionen aufzuklären (z. B. Bondü & Krahé, 2014; Fetchenhauer & Huang, 2004; Gollwitzer et al., 2005). Eine Verlaufserhebung der Ungerechtigkeitssensibilität kann im forensischen Kontext relevant sein, um einerseits indirekt ungerechtigkeitssensibilisierende Interventionen der Straftäterbehandlung (z. B. Opferempathie/Tätersensibilisierung) hinsichtlich ihrer Wirksamkeit zu evaluieren, andererseits ihre Stellung als potentiellem kriminalprognostischem Risiko- und Schutzfaktor zu explorieren.

Gütekriterien

Objektivität

Für die USS-8 besteht Durchführungs-, Auswertungs-, und Interpretations-Objektivität: In der Interviewsituation als auch in der ausgegebenen Papierversion werden Instruktion und Items standardisiert vom Blatt in korrektem Wortlaut abgelesen. Die Berechnungsgrundlagen für die Skalenmittelwerte der USS-8 sind ohne Abweichungsmöglichkeit festgelegt und durch die quantitative Analyse mit Zuordnung von numerischem Wert zu inhaltlichem Wortlaut ist eine abweichende Interpretation nicht möglich.

Reliabilität

In einer repräsentativen Stichprobe aus der deutschen Bevölkerung (N = 1.030) erreichte der Reliabilitätskoeffizient Cronbachs Alpha (Cronbach, 1951) für *Opfersensibilität* α = .77, *Beobachtersensibilität* α = .77, *Nutznießersensibilität* α = .82 und *Tätersensibilität* α = .85 (Baumert et al., 2013). In einer sozialtherapeutischen Strafgefangenenstichprobe zweier sozialtherapeutischer Einrichtungen für männliche Gefangene aus Berlin (N = 189) betrug Cronbachs Alpha für *Opfersensibilität* α = .81, für *Beobachtersensibilität* α = .77, für *Nutznießersensibilität* α = .78 und für *Tätersensibilität* α = .87.

Validität

Mit Hilfe einer Multigruppen Konfirmatorischen Faktorenanalyse (MG-CFA) mit Maximum Likelihood Schätzung (Bollen, 1989; Jöreskog, 1971) wurde die faktorielle Validität der USS-8 für die obige Strafgefangenenstichprobe (n = 189) im Vergleich zu der oben genannten populationsrepräsentativen Stichprobe (n = 1.030) überprüft (Pätzel et al., in Vorb.). Ein essentiell-tau-paralleles Messmodell wies bei strikter Messinvarianz mit zusätzlich gleichgesetzten latenten Varianzen und Kovarianzen einen akzeptablen Fit auf ($\chi^2 = 271.87$, $df = 98$, $p < .01$, RMSEA = .054, SRMR = .04, CFI = .96).

Dabei war die latente Interkorrelation zwischen Opfer- und Tätersensibilität am niedrigsten ($r = .15$), die zwischen Opfer- und Beobachtersensibilität am höchsten ($r = .55$). Die Höhe der Interkorrelationen entsprach dabei theoretischen Überlegungen zur Ähnlichkeit der gemessenen Konstrukte. Im Rahmen der Überprüfung der Konstruktvalidität wiesen die USS-8 weiterhin erwartete Beziehungen zu externen Kriteriumsvariablen auf: *Opfersensibilität* korrelierte signifikant positiv mit Faktor II *(Antisozialer Lebensstil)* der ›Psychopathy Checklist-Revised‹ (PCL-R; Hare, 2003) ($r = .22$, p < .05), *Nutznießersensibilität* hingegen signifikant negativ mit deren Gesamtwert ($r = -.22$, $p < .05$). Mit der ›Pride in Delinquency Scale‹ (PID; Shields & Whitehall, 1991) waren Nutznießer- ($r = -.26$, $p < .01$) und Tätersensibilität ($r = -.32$, $p < .01$) signifikant negativ assoziiert. *Opfersensibilität* war mit der Gesamtskala *Therapiewiderstand* des ›Fragebogens zur Erfassung therapiebezogener Einstellungen-Short‹ Version (TBE-SV; Dahle, 1993) signifikant positiv korreliert ($r = .22$, $p < .05$), wohingegen Beobachter-, Nutznießer und Tätersensibilität mit der Facette *Therapievertrauen* der TBE-SV in signifikant positivem Zusammenhang standen $r > .19$, $p < .05$).

Normierung

Die USS-8 wurden an einer Quotenstichprobe ($n = 539$) in zwei Erhebungswellen im Abstand von sechs bis zehn Wochen und an einer umfangreichen, bevölkerungsrepräsentativen Zufallsstichprobe ($n = 1.134$) normiert. Für den Vergleich stehen Referenzwerte der Zufallsstichprobe gestaffelt nach Geschlecht, Bildungsstand und Altersgruppen zur Verfügung (Beierlein et al., 2012). Daten einer repräsentativen Zufallsstichprobe des Sozioökonomischen Panels (SOEP; $N = 1.030$) dienen als weitere Vergleichsstichprobe (Baumert et al., 2013). Latente Mittelwertvergleiche zwischen dieser letztgenannten Stichprobe und der der Strafgefangenen berichten Pätzel et al. (in Vorb.).

Ökonomie

Durch ihre Kürze sind die USS-8 ökonomisch und können auch in umfangreicheren sozialwissenschaftlichen Studien erhoben werden. In Abhängigkeit von der Lesegeschwindigkeit des Untersuchungsteilnehmers dauert die Bearbeitungszeit gewöhnlich nur zwei bis drei Minuten.

Anhang

USS-8

Menschen reagieren in unfairen Situationen sehr unterschiedlich. Im Folgenden möchten wir wissen, wie **Sie selbst** in unfairen Situationen reagieren. In den folgenden Aussagen werden verschiedene unfaire Situationen angesprochen. Bitte geben Sie an, wie sehr die jeweilige Aussage auf Sie zutrifft. Sollten Sie eine Situation noch nicht selbst erlebt haben, antworten Sie bitte so, wie Sie Ihrer Erwartung nach reagieren würden.

Zunächst geht es um Situationen, die zum Vorteil anderer und zu <u>Ihrem Nachteil</u> ausgehen.						
	trifft überhaupt nicht zu				trifft voll und ganz zu	
(1) Es ärgert mich, wenn es anderen unverdient besser geht als mir.	0	1	2	3	4	5
(2) Es macht mir zu schaffen, wenn ich mich für Dinge abrackern muss, die anderen in den Schoß fallen.	0	1	2	3	4	5

Nun geht es um Situationen, in denen Sie mitbekommen oder erfahren, dass <u>jemand anderes</u> unfair behandelt, benachteiligt oder ausgenutzt wird.						
	trifft überhaupt nicht zu				trifft voll und ganz zu	
(3) Ich bin empört, wenn es jemandem unverdient schlechter geht als anderen.	0	1	2	3	4	5
(4) Es macht mir zu schaffen, wenn sich jemand für Dinge abrackern muss, die anderen in den Schoß fallen.	0	1	2	3	4	5

Hier geht es um Situationen, die <u>zu Ihren Gunsten</u> und zum Nachteil anderer ausgehen.						
	trifft überhaupt nicht zu				trifft voll und ganz zu	
(5) Ich habe Schuldgefühle, wenn es mir unverdient besser geht als anderen.	0	1	2	3	4	5
(6) Es macht mir zu schaffen, wenn mir Dinge in den Schoß fallen, für die andere sich abrackern müssen.	0	1	2	3	4	5

Zuletzt geht es um Situationen, in denen <u>Sie selbst jemanden</u> unfair behandeln, benachteiligen oder ausnutzen.						
	trifft überhaupt nicht zu				trifft voll und ganz zu	
(7) Ich habe Schuldgefühle, wenn ich mich auf Kosten anderer bereichere.	0	1	2	3	4	5
(8) Es macht mir zu schaffen, wenn ich mir durch Tricks Dinge verschaffe, für die sich andere abrackern müssen.	0	1	2	3	4	5

Erfassung sozialer Erwünschtheit

Ulrich Kobbé

Soziale Erwünschtheit bezeichnet ein Antwortverhalten, das an die Erwartungen anderer angepasst ist. Damit ist die Abgabe sozial erwünschter Antworten (des sog. *Desirability-Response-Set)* durch sich ergänzende Erklärungsansätze definiert:

- Einerseits durch *Soziale Erwünschtheit* als Persönlichkeitsmerkmal, das sich im Bedürfnis nach sozialer Anerkennung zeigen, aber auch als teilweise unrealistisches, ›konservatives‹ Selbstkonzept zu Fehlbeurteilungen der eigenen Person führen kann,
- andererseits als situationsspezifische Reaktion auf die Datenerhebung, wobei aufgrund bestimmter Konsequenzbefürchtungen die tatsächlichen Sachverhalte verschwiegen oder beschönigt werden.

Prognoserelevanz

Mit den Perspektiven einer Differenzierung von einerseits *Selbsttäuschung (self-deceptive enhancement,* SDE) und *Fremdtäuschung (impression management,* IM) im BIDR-K[D], andererseits von Übertreibung positiver Qualitäten (PQ+) und Minimierung negativer Qualitäten (NQ–) im KSE-G stellen diese Kurztests ökonomische Verfahren zur Verfügung, um verzerrende Antworttendenzen zu objektivieren. Wie Kemper et al. (2012, 19-20) unterstreichen, muss einschränkend betont werden, dass diese Verfahren für eine statistische Kontrolle der bei einer Messung von Persönlichkeit oder Einstellungen auftretenden systematischen Fehlervarianz nicht geeignet sind:

> Lange Jahre wurde in der Fachliteratur propagiert, dass Skalen zur Erfassung von sozialer Erwünschtheit absichtliche Antwortverzerrungen (oder ›Lügen‹) reliabel messen können und sich diese Maße daher eignen, nicht-intendierte Varianz in Messungen zu kontrollieren. Dieses Vorgehen ist problematisch, weil Antwortverzerrungen weitgehend eine Funktion substantieller Persönlichkeitsmerkmale sind. Dies haben auch die Befunde der vorliegenden Arbeit anhand des moralistischen Bias gezeigt. Mittlerweile wird in der Fachliteratur die Meinung vertreten,

dass klassische Soziale-Erwünschtheits-Skalen diesem Anspruch nicht genügen können.

Die Autoren machen diesbezüglich darauf aufmerksam, dass sich neuere alternative Maße für Antwortverzerrungen, wie beispielsweise auf einem *Overclaiming*-Konzept[1] basierende Verfahren, zukünftig hierfür eignen könnten. Einschränkend ist für die Praxis festzustellen, dass deutschsprachige Verfahren nach dem o. g. *Overclaiming*-Untersuchungsansatz – noch – nicht vorliegen. In Bezug auf die Problematik eines Konfundierungszusammenhangs von *Faking*-Skalen mit Persönlichkeitsmerkmalen als Drittvariableneffekt stellt Satow (2012) eine weitere, hier aus Copyright-Gründen nicht vorgestellte, jedoch online verfügbare *Skala zur Erfassung von Testverfälschung durch positive Selbstdarstellung und sozial erwünschte Antworttendenzen* (SEA) vor, die als solche explizit »weitgehend frei ist von Konfundierung mit den Big-Five-Persönlichkeitseigenschaften« (Satow, 2012, 3). Ein weiteres valides, jedoch als alleiniger Indikator noch unzureichendes Instrument zur Überprüfung positiver Antwortverzerrungen bei forensischen Begutachtungen ist die *Supernormalität*-Skala (SN-S), die soziale Erwünschtheit und Dissimulationstendenzen, aber auch Aggravation und Simulation, erfasst (Tippelt, 2015).

Beim aktuellen Stand der Wissenschaft(en) sind die beiden hier vorgestellten Verfahren im Rahmen forensischer Fragestellungen derzeit zweckmäßige Instrumente, um u. U. widersprüchliche Selbstberichte in psychologischen Checklisten oder Testverfahren insoweit aufzuklären, dass sie valide Indikatoren für das Vorliegen einer Tendenz zu sozial erwünschtem Antwortverhalten zur Verfügung stellen, allerdings bezüglich der Determinanten inhaltlich nur bedingt bestimmen können. Damit sind die Ergebnisse der o. g. Kurztests (BIDR-K^D, KSE-G) geeignet, als Indikatoren eines unkritischen oder idealistischen – und insofern verzerrenden – Antwortverhaltens innerhalb des Begutachtungsprozesses zu fungieren und eine kritische Prüfung anderer testpsychologischer Selbstberichte nahe zu legen. Diese Verfahren sind gutachterlich aufgrund der statistischen Gütekriterien als *Faking-good*-Checklisten, als eine Art ›Lackmustest‹ für die Nicht-/Verwertbarkeit von Fragebogen-Selbstauskünften verwendbar.

Anmerkungen

[1] ›*Overclaiming*‹ bezeichnet Formen der Selbstüberschätzung, wie sie antwortverzerrend sowohl in Selbstbeurteilungen, folglich als Problemvariable in Fragebogenverfahren, als auch in Expertenurteilen auftritt (Ziegler et al., 2012).

Balanced Inventory of Desirable Responding (BIDR-K)

Ulrich Kobbé (Bearb.)*

Theoretischer Hintergrund[1]

Wie stark das Antwortverhalten in Surveys durch Tendenzen sozialer Erwünschtheit beeinflusst wird und in welcher Form diese auftritt, ist empirisch schwierig nachzuweisen. Die Annahme, es handle sich dabei um eine einzige Dimension der sozialen Erwünschtheit, ist durch Paulhus (1984) maßgeblich revidiert worden.

Der Ansatz der sozialen Erwünschtheit *(social desirability,* SD) legt zu Grunde, dass das Antwortverhalten durch Beschönigungstendenzen beeinflusst wird (Mummendey & Eifler, 1993). Dies bedeutet, dass die Befragten nicht ihren ›wahren‹ Standpunkt bei einer Befragung wiedergeben, sondern mit sozial erwünschten Tendenzen antworten.

Empirisch zeigt sich, dass eine eindimensionale Lösung dem Konstrukt nicht gerecht wird (Paulhus, 1984). Aus diesem Grund unterscheidet er zwischen zwei Faktoren sozialer Erwünschtheit, zum einen der Selbsttäuschung *(self-deceptive enhancement,* SDE) und zum anderen der Fremdtäuschung *(impression management,* IM). Unter SDE versteht Paulhus eine Tendenz, die Realität in einer optimistischen Weise verzerrt wahrzunehmen. Sie dient dem Schutz des Selbstbildes und des Selbstwertgefühls. Ein gewisses Maß an Selbsttäuschung zeichnet ein psychisch gesundes Individuum aus (Paulhus, 1986; Musch et al., 2002, 121). Es handelt sich bei SDE um eine unbewusste Täuschung. Unter Fremdtäuschung kann eine absichtliche, bewusste Täuschung verstanden werden, die das Ziel hat, ein möglichst günstiges Bild von sich gegenüber einem außen (Interviewer, Publikum) abzugeben (ebd., 121).

Aufbau

Der BIDR-K enthält jeweils drei unterschiedlich gepolte Items zur Messung der Selbsttäuschung *(self-deceptive enhancement,* SDE) und der Fremdtäuschung *(impression management,* IM), wobei zuerst die SDE-Items, dann die IM-Aussagen erfragt werden. Die Items können auf einer siebenstufigen Ratingskala von ›trifft sehr zu‹ (3) bis ›trifft gar nicht zu‹ (−3) beantwortet werden. Die Werte auf den Items zu einer Dimension werden zu einem additiven Skalenwert aggregiert, der die Ausprägung von SDE bzw. IM wiedergibt.

Gütekriterien[2]

Reliabilität

Um die Reliabilität von Skalen zu bestimmen, ist die Berechnung von Cronbachs Alpha zur Ermittlung der internen Konsistenz von Variablengruppen ein häufig angewandtes Verfahren. Interne Konsistenz meint hierbei die Stärke der inneren Homogenität der einzelnen Items in der Skala. Für den BIDR-K erweist sich Cronbachs Alpha mit $\alpha = 0.6$ bei SDE und $\alpha = 0.55$ bei IM und einer mittleren Inter-Item-Korrelation von 0.3 als reliabel, wenn man die geringe Anzahl der Items der Kurzskala (je 3 Items pro Dimension) berücksichtigt. Es konnte gemäß den theoretischen Erwartungen ein innerer Zusammenhang zwischen den Items hergestellt werden.

Validität

In der Faktorenanalyse des Datenmaterials konnte der latente Faktor 1 als Selbsttäuschung, der zweite latente Faktor als Fremdtäuschung interpretiert und bestätigt werden.

Bewertung[3]

Die ausgewählten Items des BIDR-K lassen sich unter Berücksichtigung der Ergebnisse der Korrelationsmatrix zwei inhaltlich relevanten Dimensionen zuordnen, die den theoretischen Erwartungen entsprechen. Durch die Prüfung der Reliabilität und Validität der Items konnten sechs Items herausgefiltert werden, wodurch sich die angestrebte Lösung mit einer zwei mal drei Itembatterie ergibt. Diese bildet die Grundlage für die Konzeption einer deutschen Kurzskala. Die beiden latenten Faktoren konnten inhaltlich als *Selbsttäuschung* (SDE) und *Fremdtäuschung* (IM) interpretiert werden, da die Items entsprechend der theoretischen Vorüberlegungen hoch laden. Die Faktorladungen sind alle > 0.6. Die deutlichen Unterschiede der Ladungen auf die Dimensionen bei den einzelnen Items können als Indiz für eine klare Trennschärfe interpretiert werden. Der Anteil der erklärten Varianz liegt bei 54,6 Prozent. Somit erweist sich das Modell als intern valide, die empirischen Ergebnisse geben die theoretischen Annahmen wieder. Die Dimensionen korrelieren untereinander mit weniger als 0.1; dies liegt im unteren Bereich des nach Paulhus akzeptierten Toleranzbereiches für den Zusammenhang der Dimensionen. Dies und die deutliche Divergenz der Ladungen auf den einzelnen Dimensionen legen nahe, dass empirisch zwei Aspekte sozialer Erwünschtheit erfasst wurden. Die internen Konsistenzen der Skalen (s. o.) können bei nur drei Items als relativ hoch interpretiert werden und sind Ausdruck einer hohen Homogenität der Items.

Die entwickelte BIDR-Kurzskala erfüllt die Kriterien der Reliabilität und Validität und erfasst unter Berücksichtigung der theoretischen Annahmen die soziale Erwünschtheit.

Zusammenfassung[4]

Aus den Items zur Erfassung sozialer Erwünschtheit konnte eine Kurzskala auf Basis des BIDR mit sechs Items entwickelt werden. Hierdurch ist es nun möglich, in Surveys sozial erwünschte Antworttendenzen, differenziert auf zwei Dimensionen, zu erkennen. Es besteht die Möglichkeit, zu kontrollieren, wie stark einzelne Items durch soziale Erwünschtheit beeinflusst werden. Die konzipierte deutsche Kurzskala des BIDR hat sich als reliabel und intern sowie extern valide erwiesen und erfüllt die gleichen theoretischen und empirischen Bedingungen wie die Original-BIDR-Skala.

Anmerkungen

[*] Die nachfolgenden Textpassagen sind als – u. U. punktuell gekürzte – Zitationen dem BIW-Discussion-Paper 579 (Winkler et al., 2006) entnommen. Der Autor ist folglich nicht Verfasser des Kurzbeitrags, sondern fungiert lediglich als zitierender Bearbeiter des Typoskripts.

[1] Winkler et al. (2006, 1-3).

[2] Winkler et al. (2006, 7-10).

[3] Winkler et al. (2006, 12-13).

[4] Winkler et al. (2006, 19).

Die Kurzskala Soziale Erwünschtheit-Gamma (KSE-G)

Ulrich Kobbé (Bearb.)*

Theoretischer Hintergrund[1]

Seit mehr als 50 Jahren wird das Konstrukt Soziale Erwünschtheit in der psychologischen Forschung untersucht (Crowne & Marlowe, 1960; Edwards, 1957; Paulhus, 1991; 2002). Am weitesten verbreitet ist die Konstruktdefinition von Paulhus (2002), nach der soziale Erwünschtheit als Tendenz verstanden wird, überwiegend positive Beschreibungen der eigenen Person abzugeben *(tendency to give overly positive self-descriptions)*. Soziale Erwünschtheit hat weitreichende Implikationen für die Messung von Persönlichkeitsmerkmalen oder Einstellungen über Fragebögen oder Interviews (Selbstberichte). Auf der Verhaltensebene schlägt sich Soziale Erwünschtheit in Antwortverzerrungen *(response bias)* nieder, die beispielsweise zu einer Konfundierung von statistischen Zusammenhängen zwischen Untersuchungsvariablen führen können. In den vergangenen Dekaden wurden zahlreiche Studien durchgeführt, um die Struktur des Konstrukts zu untersuchen, geeignete Messinstrumente zu konstruieren und diese mit dem Ziel der statistischen Kontrolle der Konfundierung einzusetzen.[2]

Verschiedene Modelle zur Strukturierung des Konstrukts wurden während der letzten Jahre vorgeschlagen. Paulhus präsentiert das bislang umfassendste Modell, das als Synthese aus bisherigen empirischen Befunden und konzeptuellen Überlegungen angesehen werden kann. Er schlägt ein mehrdimensionales Modell des Konstrukts *Soziale Erwünschtheit* vor: Auf der obersten Ebene der hierarchischen Struktur sind zwei abstrakte Faktoren angeordnet: Alpha und Gamma. Gemeinsam ist diesen Faktoren, dass sie sowohl einen *Selbsttäuschungsstil* als auch einen *Fremdtäuschungsstil* beinhalten. Allerdings sollen sich die Faktoren Alpha und Gamma im Hinblick auf ihre Inhalte unterscheiden. Nach Paulhus gehen Unterschiede in den beiden Faktoren auf zwei zugrunde liegende Werte zurück:

1) *Agency* (Selbstbehauptung, Selbstschutz, Selbstentfaltung, Abgrenzung von anderen, Streben nach Macht und Kontrolle) und

2) *Communion* (Gemeinsinn, Verbundenheit, Offenheit für die Gefühle anderer, Streben nach Gemeinschaft, Teilnahme, Kooperation und Bindung; vgl. Bakan, 1966).

Wenn Personen *Agency-Werte* stark internalisiert haben, dann zeigen sie laut Paulhus einen egoistischen Bias (mit Alpha assoziiert). Diese Personen neigen dazu, ihren sozialen und intellektuellen Status zu übertreiben. Sie geben unrealistisch positive Selbstbeschreibungen zu Persönlichkeitsmerkmalen ab, die mit *Agency* assoziiert sind, zum Beispiel zu Dominanz, Angstfreiheit, Intellekt und Kreativität. Neben diesen weitgehend unbewussten Prozessen (Selbsttäuschung), die sich in einem egoistischen Bias manifestieren können, nennt Paulhus auch bewusste Versuche der Eindruckssteuerung (Fremdtäuschung), z. B. Prahlen und Angeben, die er als *Agency-Management* bezeichnet.

Bei Personen, die *Communion-Werte* stark internalisiert haben, wird angenommen, dass sie einen moralistischen Bias zeigen (mit Gamma assoziiert). Diese Personen neigen dazu, sozial unerwünschte Impulse zu leugnen und sich positive Attribute zuzuschreiben. Sie geben unrealistisch positive Selbstbeschreibungen zu Persönlichkeitsmerkmalen ab, die mit Communion assoziiert sind, zum Beispiel zu Verträglichkeit, Pflichtbewusstsein und Selbstbeherrschung. Auf Ebene der Fremdtäuschung sollen sie dazu neigen in Situationen, die ihre *Communion*-Werte ansprechen, schadensbegrenzendes Verhalten zu zeigen und Ausreden vorzubringen, um in einem besseren Licht zu erscheinen.

Dieses von Paulhus (2002) vorgestellte Modell führt bisherige Ansätze überzeugend in einem integrativen Modell zusammen. Die bisherigen Dichotomien wie ›Selbsttäuschung vs. Fremdtäuschung‹ oder ›bewusstes vs. unbewusstes Verhalten‹ wurden aufgelöst bzw. in die abstrakten Faktoren *Alpha* und *Gamma* integriert: Beide Faktoren sind mit einem Bias assoziiert, der sich aus internalisierten Werten speist und sowohl aufgrund von bewussten als auch unbewussten Prozessen in sozial erwünschtem (Antwort-)Verhalten manifestieren kann.

Diagnostische Zielsetzung[3]

Die Kurzskala *Soziale Erwünschtheit-Gamma* (KSE-G) wurde entwickelt, um eine ökonomische Messung eines Teilaspekts des psychologischen Merkmals *Soziale Erwünschtheit,* den Gamma-Faktor, in sozialwissenschaftlichen Untersuchungen zu ermöglichen.

Aufbau[4]

Die KSE-G erfasst zwei Aspekte des Gamma-Faktors von Sozialer Erwünschtheit, die *Übertreibung positiver Qualitäten* (PQ+) und die *Mi-*

nimierung negativer Qualitäten (NQ–) mit jeweils drei Items. Für die Antworten der Befragungsperson steht eine fünfstufige Ratingskala zur Verfügung. Die Antwortkategorien der KSE-G gehen von ›trifft gar nicht zu‹ (0) bis ›trifft voll und ganz zu‹ (4).

Grundlagen und Konstruktion[5]

Der KSE-G liegt eine in der psychologischen Forschung weit verbreitete Konstruktdefinition von sozialer Erwünschtheit zugrunde, gemäß der soziale Erwünschtheit als Tendenz verstanden wird. überwiegend positive Beschreibungen der eigenen Person abzugeben. Die Kurzskala wurde auf der Grundlage eines integrativen mehrdimensionalen Modells des Konstrukts entwickelt (Paulhus, 2002). Die Items der KSE-G wurden bereits bestehenden Verfahren entnommen und verbessert. Sie erfassen gesellschaftlich gewünschte aber meist seltene Verhaltensweisen oder gesellschaftlich sanktionierte aber häufig auftretende Verhaltensweisen. Die Items wurden in Expertenreviews und kognitiven Pretests sprachlich überarbeitet und anschließend mehreren umfangreichen alters-, geschlechts- und bildungs- heterogenen Stichproben vorgegeben, um die psychometrischen Gütekriterien zu ermitteln.

Die KSE-G wurde als Forschungsinstrument für sozialwissenschaftliche Untersuchungen unterschiedlichster Art und Fragestellung entwickelt. Als Zielgruppe wurde daher die deutschsprachige Allgemeinbevölkerung ab 18 Jahren gewählt. Die Itemformulierungen wurden in einem Expertenreview für die Zielgruppe optimiert. Auch die unten berichteten empirisch ermittelten Gütekriterien beziehen sich auf diese Zielgruppe.

Gütekriterien[6]

Reliabilität. Unter der Reliabilität oder Messgenauigkeit einer Skala versteht man den Grad der Genauigkeit, mit dem ein bestimmtes Merkmal erfasst wird. Die Reliabilität der KSE-G wurde anhand des Koeffizienten ω von McDonald (1999, 90) ermittelt. Die Interpretation der Höhe von McDonald ω entspricht der Interpretation des bekannteren, aber weniger geeigneten Cronbach α. Die Schätzer der Reliabilität liegen bei $\omega = .71$ für PQ+ und $\omega = .78$ für NQ–. Dies entspricht einer für Gruppenuntersuchungen ausreichenden Reliabilität.

Validität. Eine Skala ist inhaltlich valide, wenn ein Item das zu messende Konstrukt wirklich bzw. hinreichend präzise abbildet. Anhand von drei Stichproben wurde die internale Struktur der KSE-G überprüft, Validitätskoeffizienten mit diversen Maßen berechnet und Mittelwertunterschiede auf der KSE-G nach experimenteller Manipulation betrachtet, um die Konstruktvalidität der Kurzskala zu prüfen. Die Faktoranalysen zeigen, dass der Gamma-Faktor zwei Aspekte, die *Übertreibung positiver Qualitäten* und *Untertreibung negativer Qualitäten* beinhaltet. Korrelative Analysen ergaben, dass die KSE-G mit alternativen Maßen für das Konstrukt korreliert. In den Antworten der Befragungspersonen auf Persönlichkeits- und Werteitems wurde ein moralistischer Bias evident, der in der Fachliteratur mit dem Gamma-Faktor assoziiert wird. Schließlich konnte anhand einer experimentellen Manipulation der Motivation der Befragungspersonen die Änderungssensitivität der KSE-G belegt werden. Die durchgeführten Analysen zeigen, dass die KSE-G eine valide ökonomische Erfassung des Gamma-Faktors sozial erwünschten Antwortverhaltens erlaubt.

Bewertung[7]

Die KSE-G ist eine ökonomische Skala zur Erfassung des psychologischen Merkmals *Soziale Erwünschtheit* (Gamma-Faktor). Die Skala ist einfach in verschiedenen Erhebungsmodi zu administrieren. Validitätsbelege wurden für den CASI-Modus (Selbstausfüller) und den CAWI-Modus (Onlinefragebogen) erbracht.[8]

Die Erhebung von Daten mit der KSE-G dauert deutlich weniger als eine Minute. Die Auswertung erfolgt streng standardisiert.

Die empirischen Belege der Validierungsstudien sprechen dafür, dass die KSE-G nicht nur eine ökonomische, sondern auch eine reliable und valide Erfassung des Gamma-Faktors sozial erwünschten Antwortverhaltens erlaubt.

Anmerkungen

[*] Die nachfolgenden Textpassagen sind als – u. U. punktuell gekürzte – Zitationen dem GESIS-Working-Paper 2012/25 (Kemper et al., 2012) entnommen. Der Autor ist folglich nicht Verfasser des Kurzbeitrags, sondern fungiert lediglich als zitierender Bearbeiter des Typoskripts.

[1] Kemper et al. (2012, 7).

[2] Für eine Übersicht siehe z. B. Paulhus (1991; 2002).

[3] Kemper et al. (2012, 18).

[4] Kemper et al. (2012, 8).

[5] Kemper et al. (2012, 10, 18).

[6] Kemper et al. (2012, 13-15, 18).

[7] Kemper et al. (2012, 19).

[8] Für aktualisierte Informationen bezüglich der psychometrischen Güte siehe *www.gesis.org/kurzskalen-psychologischer-merkmale.*

Diskussion

Dynamik, Struktur, Ausdrucks- und Bedeutungsgehalt

Eberhard Schorsch, Gerlinde Galedary, Antje Haag,
Margret Hauch & Hartwig Lohse *(Bearb./Auswahl: Ulrich Kobbé)*

Für Eberhard Schorsch †

Vorbemerkung

Der nachfolgende Beitrag ist ein Reprint aus der 1985 erstmals veröffent-lichten, dann zweimal wieder aufgelegten Monographie von Schorsch et al. (1990). Für diesen Nachdruck erfolgte eine Anpassung des Textes an die neue Rechtschreibung und die Zitiergewohnheiten dieses Bandes. Zugleich wurden, da es sich um einen Handbuch-, also einen Über-sichtsbeitrag handelt, die Fallbeispiele ausgespart. Diese Kürzungen im sonst originalen Text werden mit [...] gekennzeichnet, die Seitenzahlen ebenfalls in eckigen Klammern angegeben.

Ausdrucks- und Bedeutungsgehalt der perversen Symptomatik

Theoretische und klinische Aspekte

Die theoretische Position

[32] Das psychodynamische Verständnis der perversen Symptomatik ist von zentraler diagnostischer, therapeutischer und prognostischer Bedeutung. Deshalb stellen wir es an den Anfang des diagnostischen Teils. Wie bei neurotischen oder psychosomatischen Erkrankungen können für die Therapie bedeutsame Aussagen ausschließlich dann gemacht werden, wenn die Symptome im Kontext der Gesamtorganisa-tion einer Persönlichkeit gesehen werden. Wir wollen hier nicht auf die komplexen psychoanalytischen Theorien sexueller Perversionen, ihre historische Entwicklung und ihre Wandlung eingehen und verweisen auf die zusammenfassende Darstellung bei Becker & Schorsch (1980).
Wir gehen von dem allgemeinen theoretischen Ansatz aus, dass die sexuelle Perversion, die perverse Phantasie, der perverse Impuls

Kompensationscharakter haben und unter einem reparativen Aspekt zu sehen sind. Es sind Inszenierungen, die, zumindest passager, eine angstreduzierende und stabilisierende Wirkung für das psychische Gleichgewicht haben. Ein perverses Symptom ist sehr unterschiedlich determiniert und gehorcht dem »Prinzip der mehrfachen Funktion« (Wälder, 1930). In den perversen Inszenierungen begegnen wir frühen Konflikten, die in den prägenden Beziehungen entstanden sind; die perversen Symptome stellen als komplizierte Chiffren Lösungsversuche dar. So ist der reparative Aspekt der Schlüssel zum [33] Verständnis des Symptoms. Es sind verschiedene Grundthemen und Ängste, die sich in der perversen Symptomatik ausdrücken können, z. B. das Gefühl einer momentanen Wiederherstellung einer beschädigten männlichen Identität; ein triumphales Erleben von Potenz und Mächtigkeit in einem Lebensgefühl von Ohnmacht und Nichtigkeit; Suche nach Bewunderung, nach Nähe, Wärme, Geborgenheit, Fürsorge, Versorgtwerden, nach symbiotischer Vervollkommnung z. B. in pädophilen Beziehungen; ein Erleben infantiler Allmachtsgefühle; Abwehr von Ängsten, von der Frau entmachtet, verschlungen, vernichtet zu werden; Phantasien, jemanden ganz für sich zu haben, zu dominieren als Ausdruck einer Angst vor dem Verlassenwerden usw. Für die klinische Arbeit ist es vorrangig, aus diesen »mehrfachen Funktionen« diejenigen zu selektieren, die »motivationale Priorität« (Stolorow, 1979) haben. Diese sind bei jedem Patienten verschieden und haben wichtige Implikationen für das Behandlungskonzept.

Das Spezifische der perversen Symptombildung ist der *Abwehrmechanismus der Sexualisierung.* Sexuelle Erfahrungen können im Leben eines jeden Menschen stabilisierende Funktion haben, sie können Trost, Sicherheit und Stolz vermitteln, können Ängste beschwichtigen und vielfältige Bedürfnisse erfüllen. Eine *forcierte Sexualisierung,* auch in Form einer äußerlich normal erscheinenden genitalen Sexualität (z. B. im ›Don-Juanismus‹), ist immer auch ein Hinweis auf starke Ängste, die abgewehrt werden. Bei Patienten mit einer *perversen Symptombildung* erfolgt die Stabilisierung durch Sexualisierung nicht in Form ›normaler‹ sexueller Kontakte, weil hier zusätzlich die reife genitale Sexualität angstbesetzt ist (vgl. Mentzos, 1982). In den Anfängen psychoanalytischer Forschung wurde die Perversionsbildung gleichsam als kontraphobische Bewältigung von Kastrationsängsten im ödipalen Konflikt verstanden (Fenichel, 1932). Die Ausdifferenzierung psychoanalytischer Konzepte in neuerer Zeit verhalf zu einem erweiterten Verständnis der Pathogenese perverser Symptome. Dabei konzentrierte sich die Aufmerksamkeit auf präödipale, primär nicht-genitale Ängste, die phasenspezifisch determiniert sind und sich auf Störungen in der Entwicklung des Selbst (Kohut, 1973a; b; Stolorow, 1979; Morgenthaler,

1974) oder der Objektbeziehungen (Winnicott, 1951; Khan, 1983; Socarides, 1960) beziehen.

Die Stabilisierungsfunktion der Sexualisierung in der Perversion liegt darin, dass die Persönlichkeit außerhalb des perversen Erlebens entlastet ist, dass z. B. frühe, überwiegend aggressive Triebwünsche, Ängste, Impulse in der Perversion gebunden und thematisiert werden. Durch diese ritualisierte Entlastung wird die Kohäsion des Selbst (Kohut 1973a; b) ermöglicht. Je fragiler die narzisstische Organisation, desto lebensnotwendiger wird die Perversion als Vergewisserung der eigenen Existenz: »Ich erlebe Lust, also bin ich« (Eissler, 1966).

Die Perversion fungiert, wie Morgenthaler (1974) es ausgedrückt hat, als eine Art »Plombe«, die die Lücke des in seiner narzisstischen Entwicklung [34] gestörten Selbst auffüllt und vor Gefühlen von Leere und Sinnlosigkeit schützt. Auch Glover (1956) hat schon darauf hingewiesen, dass das Ziel der Perversion das Flicken von Rissen in der Entwicklung des Realitätssinns sei. Die Perversion ist eine Art Pfropf, der die Kluft zwischen der archaischen, primärprozesshaft organisierten Wahrnehmung und der äußeren, sekundärprozesshaft organisierten Realität überbrückt und dadurch eine Stabilisierung und Komplettierung des Selbst möglich macht. In diesem abgekapselten Bereich der Perversion kann sich magisch primär-prozesshaftes Erleben ausdrücken, können narzisstische Spannungen sich entladen, ohne die Realitätsverankerung zu gefährden. Die »Perversen haben der Diktatur der Sexualität eine Insel überlassen, in der sie sich austoben kann, um im übrigen Land Ruhe zu haben... Die perverse Sexualorganisation sichert die emotionale Kohärenz der Persönlichkeit, indem sie alle Einflüsse, die sie blockieren könnte, konsumiert« (Morgenthaler, 1984, 36).

Neben diesen metapsychologischen Konzeptualisierungen der Perversionen steht das Konzept von Stoller (1979), das, näher an der klinischen Realität, zwei wichtige klinische Aspekte unterstreicht: Es ist Stollers Verdienst, darauf hingewiesen zu haben, dass eine Qualität von Wut und Hass den spezifischen und essentiellen Kern des perversen Symptoms ausmacht, wenn er die Perversion als »erotische Form von Hass« bezeichnet. Ferner ist nach Stoller in jedem perversen Ritual ein infantiles Drama verborgen, das Traumata in der männlichen Identitätsentwicklung zum Inhalt hat. Die perverse Phantasie oder der perverse Akt ist eine Dramaturgie, in der solche Traumata rekonstruiert und wieder in Szene gesetzt werden – und zwar in einer solchen Weise, dass die frühen Kränkungen und Niederlagen jetzt momentan verleugnet, gleichsam ungeschehen gemacht und, verbunden mit einem Hochgefühl von Befriedigung und Triumph, punktuell überwunden werden. Angreifbar ist an diesem Konzept, dass es sich einmal in fast behavioristisch anmutender Weise am konkreten, biographisch aufspürbaren traumatischen

Ereignis orientiert und weniger am emotionalen ›Dauerklima‹, v. a. aber, weil Stoller die der Perversion zugrunde liegende Problematik einengt auf die männliche Identitätsentwicklung, die meist nur *einen* Aspekt des perversen Symptoms ausmacht; häufiger geht es um umfassendere Störungen, die Beeinträchtigungen der männlichen Identität erscheinen dann nur als ein inhärenter Aspekt. [...]

[38]

Häufig wiederkehrende Formen des Ausdrucks und Bedeutungsgehalts

Methodisch sind wir hier folgendermaßen vorgegangen: Wir haben die Dramaturgie eines perversen Rituals dadurch zu entschlüsseln versucht, dass wir es zu einem zentralen Konfliktmuster, das sich aus der Lebens- und Entwicklungsgeschichte eines Patienten ableiten ließ, in Beziehung gesetzt haben. Vor diesem Hintergrund ließen sich verschiedene kompensatorische Aspekte des Symptoms ablesen. Wir haben dies zunächst in freier Formulierung bei 32 Patienten herausgearbeitet. Bei der anschließenden induktiven Kategorienbildung [...] haben wir sieben typische Bedeutungsinhalte herausgegriffen, die in der freien Formulierung am häufigsten aufgeführt worden waren. Diese induktive Auswahl impliziert, dass sich die Vielfalt möglicher Ausdrucksinhalte keineswegs in diesen sieben Aspekten erschöpft, dass sich in dieser Auswahl vielmehr nur einige Aspekte eines komplexen Ausdrucksgehalts widerspiegeln und jedes Symptom mehrere dieser Aspekte umfasst. Die sukzessive Aneinanderreihung dieser Aspekte ergibt nur einen Sinn, wenn sie in der Synopse zusammengesehen werden.

Demonstration von Männlichkeit

Dass der perverse Akt momentan mit einem intensiven Erleben von Potenz, Männlichkeit, Mächtigkeit einhergeht, ist ein zentrales Charakteristikum der meisten perversen Rituale. Dies weist darauf hin, dass eine Schwäche der [39] männlichen Identität, eine Verletzbarkeit des männlichen Selbstgefühls, ein fast ubiquitäres Grundthema bei diesen Patienten ist. Die meisten perversen Symptome sind auch ein Versuch, Kränkungen des männlichen Selbsterlebens kompensatorisch auszugleichen, das Gefühl männlicher Vollwertigkeit zu restituieren. Insoweit ist Stoller (1979) zuzustimmen. Nur ist die Perversion nicht generell auf eine umschriebene Männlichkeitsproblematik zurückzuführen. Sehr viel häufiger sind es frühere und basalere Störungen, die die strukturelle Entwicklung vielfältig beeinträchtigen können; eine Schwäche der männlichen Identität ist dann nur ein Aspekt unter vielen anderen.

In der Biographie der Patienten finden wir immer wieder Konstellationen, die eine Identifikation mit dem Vater erschweren. Viele Patienten sind ohne Väter aufgewachsen (20% der Patienten wurden unehelich geboren) oder der Vater spielte gegenüber der dominierenden Mutter im Familienleben keine große Rolle. Eine solche Situation erschwert es dem männlichen Kind, seine primäre symbiotische Identifikation mit der Mutter zu beenden (Greenson, 1961) und so die Voraussetzung für die Entwicklung eines sicheren Gefühls von Männlichkeit zu schaffen. Spätere Beziehungen können dann belastet sein, z. B. mit symbiotischen Verschmelzungs- oder Trennungsängsten, die dann u. a. durch eine forcierte Demonstration phallischer Potenz abgewehrt werden.

Verkörpern die Väter – wie bei einer ebenfalls nicht geringen Anzahl unserer Patienten – im Erleben der Söhne negative, bedrohliche oder übermächtige Aspekte von Männlichkeit, so kann dies ebenfalls die männliche Identifizierung behindern. Diese Väter entwerten und bekämpfen die Söhne, sei es, weil sie – auf einer phallischen Ebene – in ihnen Rivalen sehen und mit Eifersucht reagieren, sei es – auf einer oralen Ebene – aus Neid auf die enge versorgende Mutter-Kind-Beziehung (vgl. Klein, 1972).

Der Ausdrucksgehalt ›Demonstration von Männlichkeit‹ ist z. B. sehr häufig im Exhibitionismus enthalten, ferner in aggressiven Handlungen, sadomasochistischen Bemächtigungen, aber auch bei solchen pädophilen Handlungen, in denen das Alters- und Machtgefälle ein zentraler Bestandteil der Befriedigung ist: Die Konfrontation mit dem kindlichen Genitale gibt solchen Pädophilen das Gefühl, genital vollwertig zu sein, und mindert ihre Männlichkeitszweifel und -ängste. Bei anderen pädophilen Handlungen, bei denen es weniger um Genitalität und Potenz, sondern vorrangig um ein regressives Flüchten in die kindliche Welt geht, kann dieser Bedeutungsgehalt ganz fehlen.

Ausweichen vor Genitalität

Dieser Ausdrucksgehalt ist die Kehrseite der ›Demonstration von Männlichkeit und Potenz‹ und weist auch auf eine ausgeprägtere Männlichkeitsproblematik hin, die im perversen Ritual anders verarbeitet und ausgedrückt [40] wird. Während ›Demonstration von Männlichkeit‹ mehr im Sinne einer ›Flucht nach vorn‹ zu interpretieren ist, findet man ein solches regressives Ausweichen vor der genitalen Sexualität v. a. bei Patienten, die in ihrer Phantasie Sexualität in starkem Maße mit Aggressivität, Gefährlichkeit, Zerstörung oder mit sie überfordernden Leistungsansprüchen, Kastrations- oder Auflösungsphantasien assoziieren. Dieser Ausdrucksgehalt kennzeichnet manche nicht-aggressiven pädophilen Handlungen, die überwiegend durch Regression in die

kindliche Position gekennzeichnet sind, findet sich aber auch beim Voyeurismus, Fetischismus oder auch bei manchen Exhibitionisten, die das Exhibieren weniger mit Potenz als mit einer Ohnmachts- und Unterwerfungsgebärde verbinden, die z. B. immer nur das nicht-erigierte Genitale präsentieren und dabei die Wunschphantasie haben, von Frauen dafür ausgelacht zu werden [...].
[41]

Wut und Hass

Ähnlich wie die Männlichkeitsproblematik ist die Aggressivität mit den Qualitäten von Wut und Hass, wie Stoller (1979) hervorgehoben hat, auf einer tieferen Ebene für das perverse Symptom von essentieller Bedeutung. Dieser ›Hass‹ drückt sich einerseits in der Entpersönlichung, der ›Fetischierung‹ des in der perversen Phantasie oder Aktion auftauchenden Gegenübers aus, andererseits im Erleben des ›Triumphes‹, der in der Umkehr früherer Entwertungen besteht und der nach Stoller die spezifische Erlebnisqualität der perversen Lust ausmacht.

Je stärker im perversen Symptom die Männlichkeitsproblematik inszeniert wird, desto ausgeprägter ist auch die Aggressivität in Gestalt von Wut und Hass mitenthalten, auch wenn diese nicht immer erlebbar ist oder in der Inszenierung wieder zurückgenommen wird. Auf dieser tieferen Ebene gilt diese Wut meist der Mutter, weil sie häufig als Behinderung in der Entwicklung von Autonomie und Männlichkeit erlebt wird. Dieser Ausdrucksgehalt ist nicht auf solche perversen Inszenierungen beschränkt, in denen die (phallische) Aggressivität in Gestalt offener Gewalt ausagiert wird, sondern findet sich auch dort, wo sich Aggressivität symbolisch als Bedrohung manifestiert (z. B. in der Exhibition) oder sich hinter einer scheinbar friedlichen Passivität verbirgt, wie bei manchen Fetischisten, Voyeuren und einigen Pädophilen.

Dieser Ausdrucksgehalt weist neben der Männlichkeitsproblematik auf einen weiteren problematischen Aspekt bei diesen Patienten hin: die Aggressionsproblematik. In dem komplizierten Ineinanderspiel der Entwicklungslinien von Trieb, Objektbeziehungen und Selbstgefühl kommt es bei frühen Traumatisierungen zu den bereits erwähnten ›Rissen‹ oder ›Lücken‹ im [42] Persönlichkeitsgefüge, die – je nach der Funktionsfähigkeit des Ich – auf unterschiedlichem Niveau kompensiert werden. Fehlt in frühen Entwicklungsphasen, so z. B. in der Mutter-Kind-Symbiose oder der empfindlichen Zeit der Separation, empathisches Eingehen auf die spezifischen kindlichen Bedürfnisse, so kann daraus eine mangelnde Neutralisierung und Integration aggressiver bzw. destruktiver Anteile resultieren. Diese frühen Traumatisierungen können für ein erfolgreiches Durchlaufen der phallischen Phase zu einer schweren Hypothek werden. Es kommt zu einer Kontamination phallisch-sexueller und destruktiver Impulse, die von frühen Ängsten begleitet werden (Greenacre, 1952). Die wichtige adaptive Funktion der perversen Symptombildung liegt im Schutz des Objekts. Durch eine Bindung dieser nicht integrierten Aggression werden gegenwärtige Beziehungen »verschont« (Bak, 1953).

Außerhalb des perversen Symptoms kann sich die Aggressionsproblematik in sehr unterschiedlicher Weise zeigen: Das eine Extrem bilden Patienten, bei denen wir im sozialen Verhalten, auch in der therapeutischen Interaktion, keine Aggressivität spüren, bei denen Aggressivität kompensatorisch ausschließlich im perversen Symptom gebunden ist [...]. Das andere Extrem bilden Patienten mit einem generell hohen Aggressionspotenzial, das sich in verschiedenen Bereichen und Ebenen, auch in einem perversen Symptom, äußern kann. Zwischen diesen Extremen gibt es alle Schattierungen.

Oppositioneller Ausbruch

Dieser Ausdrucksgehalt kennzeichnet, anders als die bisher genannten, nicht mehr die perverse Symptomatik generell, sondern er ist an spezifische Konstellationen gebunden: Er kennzeichnet einen extremen Kontrast zwischen der Lebensführung, der sozialen Person und den perversen Anteilen, die sich im Symptom ausleben. Es sind häufig Patienten, deren Leben eingezwängt erscheint in äußere Ordnungen, in die sie sich einbinden lassen, die aber auch eingeengt sind durch ein rigides, eng gestecktes inneres Ordnungsgerüst. Alles erscheint vorgeschrieben, es gibt wenig Raum für Unvorhergesehenes, Ungeplantes, auch wenig Spielräume für Spontaneität und Lebendigkeit. Die Patienten fügen sich, passen sich an und sind bis zur Unfreiheit an den Erwartungen von außen und den rigiden inneren Normen orientiert. Ihr Leben ist gekennzeichnet durch ›soziales Funktionieren‹. Diese Konstellation findet sich vorzugsweise bei Exhibitionisten.

Psychodynamisch ist interessant, dass diese Patienten dazu tendieren, sich in Abhängigkeitsbeziehungen zu begeben, sich z. B. dominante und kontrollierende Partnerinnen zu suchen. Das oppositionelle Ausbrechen hat dann häufig die Funktion eines Protestes gegen das Eingebundensein, ist eine Art lustvoll befreiend erlebte momentane Antithese zu dem Eingeschnürtsein in starre Ordnungen, eine punktuelle Flucht aus einer Umklammerung, in der [43] sie insbesondere ihre männliche Identität gefährdet sehen. Sie sprengen episodenweise ihren sozialen Rahmen, um in der Demonstration ihrer Männlichkeit und ›Lebendigkeit‹ ihre Autonomie zu retten. Über die intrapsychische

›Rettungsfunktion‹ hinaus hat dieser Ausbruch auch noch den Aspekt, die aufgebaute und auch Geborgenheit gebende Sicherheit und Ordnung zu erhalten und für die innere Wut gegen die kontrollierende Partnerin ein Ventil zu finden, das die Beziehung nicht gefährdet. Das Symptom hat also auch in dieser Hinsicht eine ›objektschützende‹ Funktion. Das an sich unvereinbare Nebeneinander von Ordnung und ihrer immer wiederholten momentanen Zerstörung wird dadurch ermöglicht, dass das perverse Symptom häufig als etwas von der Person gleichsam Abgespaltenes, ›Krankes‹ und Fremdes erlebt wird. [...]
[44]

Omnipotenz

Von dem Ausdrucksgehalt ›Demonstration von Männlichkeit und Potenz‹ unterscheidet sich qualitativ das ›Omnipotenzgefühl‹ im perversen Symptom. Wir verstehen darunter eine momentane regressive Wiederbelebung infantiler Allmachts- und Größenselbstverstellungen. Während es bei der ›Potenzdemonstration‹ vorwiegend um die kompensatorische Bewältigung einer bei Perversionen ubiquitären Männlichkeitsproblematik geht, weist ein ›Omnipotenzerleben‹ im Symptom auf eine seltenere basalere Störung der narzisstischen Organisation. Der Aspekt einer kompensatorischen Allmachtsdemonstration kennzeichnet das perverse Symptom auch nur bei einem Viertel unserer Patienten. Das in Krisen auftretende oder durchgängig vorhandene Gefühl von Ohnmacht, Nichtigkeit und Wertlosigkeit wird im perversen Akt durch die primitive Überschätzung phallischer Kraft und dem damit verbundenen Erleben einer (sexualisierten) Macht wieder restituiert. Dieser Ausdrucksgehalt der perversen Symptomatik, erlebte Ohnmacht in phantasierte Allmacht zu verwandeln, findet sich überwiegend bei aggressiven Sexualdelikten; v. a. für die sadomasochistische Perversion ist er pathognomonisch (Schorsch & Becker, 1977). Es sind in der Regel schwer gestörte Patienten, die sich in Beziehungen ständig bedroht fühlen, die um ihre Autonomie ringen [...].

Auffüllen innerer Leere

Die Funktion, die Sexualität für das lustvolle Spüren der Person in ihrer Eigenständigkeit hat, wird von Lichtenstein (1970) beschrieben: »Sexualität konstituiert die primäre, archaische, nonverbale Möglichkeit, in der die [45] Vorstellung über die eigene Existenz zu einer unumstößlichen Wahrheit wird« (S. 312). Dieser Aspekt hat bei unseren Patienten eine besondere Bedeutung. Bei fast allen Patienten haben wir im perversen Symptom die Funktion des Trostes, der Selbstvergewisserung, der Auffüllung innerer Leere, der Selbstkonstitution gefunden. Wenn dieser Ausdrucksgehalt eine vorrangige Bedeutung hat, dann weist das auf eine ausgeprägte Beziehungsstörung hin. Es spiegelt sich hierin die aufgrund früher Internalisierungsdefizite und Deprivationen bedingte Schwierigkeit, tragende und konstante Beziehungen einzugehen oder aufrechtzuerhalten.

Die reparative Funktion des Symptoms liegt darin, dass die Patienten die Erfüllung meist prägenitaler Bedürfnisse über ihre Sexualisierung in eigene Hände nehmen und sich so unabhängig machen von einer Umgebung, von der sie erwarten, enttäuscht zu werden. So wird das Symptom auf der Beziehungsebene zum Substitut für nicht verfügbare menschliche Nähe und hat Ähnlichkeit mit dem von Winnicott (1951) beschriebenen ›Übergangsobjekt‹, das dem Säugling auf illusionäre Weise ermöglicht, die Trennungsangst zu beschwichtigen, wenn die Mutter nicht anwesend ist. Während das Kind jedoch für die kritische Phase der Differenzierung von Selbst und Objekt nur vorübergehend auf das illusionäre Übergangsobjekt angewiesen ist, brauchen Patienten mit einer defizitären Selbstentwicklung die Perversion dauerhaft zur Aufrechterhaltung ihres narzisstischen Gleichgewichts. Gleichzeitig vermittelt die in der Perversion erstrebte sexuelle Lust ein Hochgefühl, das gerade für diese Patienten mit ihrem labilen Selbstgefühl in narzisstischen Krisen eine wichtige Bedeutung haben kann. Sowohl der narzisstische als auch der Beziehungsaspekt stehen im Dienst der Depressionsabwehr: Es geht um die Kompensation von Gefühlen wie Einsamkeit, Wertlosigkeit, Unlebendigkeit. Die Perversion kann auch die Funktion haben, vor einem depressiven Zusammenbruch zu schützen.

Identifikatorische Wunscherfüllung

Eine besonders für die pädophile Perversion typische Beziehungskonstellation ergibt sich durch projektiv-identifikatorische Mechanismen, wie sie erstmalig von Klein (1972) beschrieben worden sind. Es handelt sich um Abwehrprozesse zur Bewältigung früher Verlustängste durch Spaltung, Projektion und Introjektion. Mit der sich lockernden Symbiose nimmt das Kind in der Beziehung zur Mutter qualitativ unterschiedliche Aspekte, ›Objektimagines‹ (Jacobson 1973), wahr. Diese frühen Imagines und ihre Introjektion schützen es vor Verlassenheitsgefühlen. Versagende Aspekte der Mutter-Kind-Beziehung führen zu Bildung ›böser‹ mütterlicher Imagines, von denen sich das Kind durch Projektion befreit; befriedigende, gewährende Aspekte zu ›guten‹ mütterlichen Imagines, die introjiziert das Selbst stärken. Die Spaltung, das Getrennthalten guter und böser Imagines, ist wegen der [46] noch unentschärften destruktiven inneren Impulse notwendig, das Gute zu schützen und für sich zu erhalten. Die Phase der Aufrechterhaltung dieser Spaltung nennt Klein (1972) die »schizoide Position«.

Diese frühen Mechanismen können in der pädophilen Perversion wiederkehren. Charakteristisch ist eine regressive Wiederherstellung der eigenen kindlichen Situation. Was der Pädophile mit dem Kind tut, ist die Erfüllung seiner Wunschphantasien. Die identifikatorische Wunscherfüllung betrifft Wünsche nach Zärtlichkeit, Hautkontakt, Verwöhnung, Geborgenheit, liebevoller Beschäftigung mit seinem Genitale, auch anale Triebwünsche usw. In der pädophilen Handlung kommt es zu einer Verschmelzung mit dem kindlichen Alter ego, in das für die Patienten unerträgliche Gefühle oder Selbstanteile, wie Leere, Wertlosigkeit, Schwäche, Ausgehungertsein usw., projiziert werden. In einem komplizierten Ineinanderspiel gleichzeitiger Identifikation – einerseits mit den in die Kinder projizierten eigenen Bedürfnissen und andererseits mit den quasi idealen, versorgenden Elternfiguren – können unrealistische sexualisierte Traumbeziehungen entstehen, die häufig ideologisch überhöht legitimiert werden. Dieses Beziehungsmuster findet sich vorwiegend bei homosexuell Pädophilen. Meyer (1976) hat diese wechselnden Identifizierungen „Selbstvertauschungsagieren" genannt. Über die identifikatorische Wunscherfüllung hinaus gewährt die pädophile Situation durch die Überlegenheit des Erwachsenen über das Kind eine Aufwertung des Selbstgefühls und narzisstische Bestätigung.

Aggressive pädophile Handlungen stellen ein verdichtetes Geschehen dar, bei dem qualitativ verschiedene Aspekte der frühen Mutter-Kind-Beziehung wiederbelebt werden und oft unvermittelt nebeneinanderstehen: Aggressive Impulse sind häufig eingelagert in zärtliche Regungen; die Übergänge sind abrupt. Dieses unverbundene Nebeneinander der Beziehungsaspekte erklärt sich durch den Mechanismus der projektiven Identifikation: Projektion und Identifikation im Zusammenhang mit den guten mütterlichen Introjekten stellen eine liebevoll zärtlich erotische Beziehung zum Kind her; es sind die umsorgenden, zärtlichen, beschützenden Aspekte der frühen Mutter-Kind-Beziehung, gleichsam die guten mütterlichen Introjekte, die hier agieren. Die aggressiven Handlungen sind gleichsam Aktionen der bösen mütterlichen Introjekte. Es kommt zu einer oszillierenden, schwankenden und instabilen Identifikation, in der der Pädophile einmal mit der ›bösen‹ Mutter identifiziert ist und Momente später mit dem geängstigten Kind, um Sekunden später wieder die ›böse‹ Mutter zu empfinden. [...]

[47-48]

Die dem perversen Symptom zugrundeliegende Problematik

Wir sind von der These ausgegangen, dass dem psychodynamischen Verständnis der perversen Symptomatik eine zentrale Bedeutung für die Diagnostik und das therapeutische Vorgehen zukommt. Nachdem wir verschiedene Aspekte vom Ausdrucks- und Bedeutungsgehalt herausgearbeitet haben, lässt sich diese These konkretisieren.

Die sieben von uns dargestellten Bedeutungsinhalte des Symptoms weisen darauf hin, dass die der Symptomatik zugrundeliegende Problematik v. a. in vier Bereichen bzw. Aspekten der Persönlichkeit begründet ist. Anders ausgedrückt finden sich im Wesentlichen vier Störungsaspekte der Persönlichkeit, die sich vorzugsweise im perversen Symptom ausdrücken und in ihm kompensatorisch aufgefangen und ausgeglichen werden: eine Männlichkeitsproblematik bzw. *Störungen der männlichen Identität,* eine *Aggressionsproblematik,* auf der *narzisstischen Ebene* eine *Störung des Selbsterlebens* und eine *Beziehungsproblematik.* Theoretischer formuliert ergibt sich, dass die Dramaturgie des perversen Symptoms unter drei Aspekten zu betrachten ist: dem *Triebaspekt* (männliche Identität und Aggression), dem *Aspekt der Objektbeziehungen* (Beziehungsproblematik) und dem *narzisstischen Aspekt* (Selbsterleben) (Tab. 1).

Tabelle 1: Beziehung zwischen Symptombedeutung und Grundproblematik

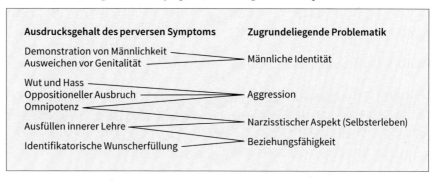

Diese Einteilung, die sich aus der Interpretation der perversen Symptomatik ergibt, ist lediglich als diagnostische Orientierungshilfe zu verstehen und darf nicht zu einer starren Systematik verführen. Diese Einteilung erscheint uns deshalb hilfreich, weil sie flexibel genug ist, Raum zu lassen für [49] die außerordentliche Vielfalt und Heterogenität der jeweiligen Problematik. Ebenso wie in einem konkreten perversen Symptom der eine Ausdrucksgehalt ausgeprägt, ein anderer weniger enthalten sein oder auch fehlen kann, so liegt der Akzent der Störung und Problematik mehr in dem einen oder anderen Bereich. Zudem ist es wichtig zu berücksichtigen, dass die Ausprägung einer Problematik in jedem der Störungsbereiche sehr unterschiedlich sein kann. Aus Ordnungsgesichtspunkten und um unsere diagnostischen Einschätzungen zur statistischen Auswertung aufzubereiten, haben wir die vier Störungsbereiche in eine dreistufige Skala entsprechend der Bewertung »leicht/mittel/schwer« unterteilt. Die mangelnde Differenzierung einer groben quantifizierenden Unterteilung werden wir durch kasuistische Belege zu relativieren versuchen, in denen psychogenetische und psychodynamische Aspekte jeweils illustriert werden.

Männliche Identität

Der Begriff ›männliche Identität‹ umfasst drei sich ergänzende Aspekte, die Stoller (1968) mit drei verschiedenen, schwer einzudeutschenden Termini bezeichnet: einmal die »core gender identity«, die Reiche (1984) mit »Kerngeschlechtlichkeit« übersetzt. Sie bezeichnet das elementare Bewusstsein (männlicher) Geschlechtszugehörigkeit als unabdingbarer Bestandteil des eigenen Selbstverständnisses. Der zweite Aspekt ist die »gender identity«, die im Wesentlichen die Gewissheit kennzeichnet, die (männliche) Geschlechtsrolle mit allen kulturellen Implikationen wie geschlechtsstereotypischen Vorstellungen von ›sozialer Potenz‹ zu verkörpern. Der dritte Aspekt ist die Geschlechtlichkeit im Sinne von ›Sex‹, das Vertrauen in die genitale Vollwertigkeit und Potenz. Während bei unseren Patienten die »Kerngeschlechtlichkeit« nicht problematisch ist, sind die Vorstellungen von der ›sozialen Potenz‹ und v. a. von der Geschlechtlichkeit mit Ängsten und Unsicherheiten durchsetzt. [50]

Auf einer mehr *phänomenologischen Ebene* verdichten sich Männlichkeitsproblematik und -ängste bei diesen Patienten in der Regel in der – mehr oder minder bewussten oder auch weitgehend abgewehrten – Angst vor der erwachsenen Frau bzw. der weiblichen Sexualität. Dieses ist so etwas wie der gemeinsame Nenner im Hintergrund einer perversen Symptomatik.

Unter einem *psychodynamischen Aspekt* können diese Ängste verschiedene Wurzeln haben. Zunächst hat es den Anschein, als sei die durch ödipale Konflikte ausgelöste Kastrationsangst bei Männern mit einer perversen Symptomatik generell außergewöhnlich stark. Es gibt wohl Patienten, deren perversen Symptomatik im Wesentlichen auf eine solche ödipale Kastrationsangst zurückzuführen ist [...]. Es sind Patienten mit einer umschriebenen Männlichkeitsproblematik; die mangelnde Bewältigung der ödipalen Konflikte zeigt sich darin, dass die Errungenschaften aus den Rei fungsprozessen dieser Phase rudimentär oder unvollständig bleiben: Männliche Identität und männliches Sexualverhalten bleiben problematisch, die Ablösung der Sexualität von den Eltern gelingt nur unvollständig, das Verhältnis zur Frau bleibt angst- und konfliktbeladen.

Bei der Mehrzahl dieser Patienten verbergen sich aber hinter der als mehr vordergründig erscheinenden Kastrationsangst Ängste der genetisch vorangehenden Entwicklungsphasen. In der phallisch narzisstischen Phase mit Beginn der ödipalen Konfliktkonstellation können *frühe Ängste* aktualisiert werden, die die phasenspezifische Kastrationsangst verstärken. Wir haben vier solcher frühen Ängste, die bei dieser Problematik von besonderer Bedeutung sind, beschrieben (Becker & Schorsch, 1980):

1. *Vernichtungs- und Todesängste,* die auf die in der noch unabgelösten Mutterbeziehung wirksame projektive Identifikation zurückgehen. Wut und Hassgefühle lösen archaische Ängste vor Tod, Zerstörung und Vernichtung aus.

2. *Trennungs- und Verschmelzungsängste* sind Folge der unvollständigen analen Entwicklung mit einem Mangel an Neutralisierung von Aggression und einem Mangel an Autonomie. Dies macht die Trennung von der Mutter fast unmöglich. Gleichzeitig löst die Möglichkeit einer regressiven Verschmelzung mit dem mütterlichen Objekt schwere Ängste aus, weil dies Selbstaufgabe und Selbstverlust bedeuten würde.

3. *Kontrollverlustängste* als Symptom einer unsicheren (›analen‹) Impulskontrolle einerseits, als Ausdruck einer Beunruhigung durch unentschärfte aggressive Impulse andererseits.

4. *Körper-Ich-Ängste,* die sich auf den eigenen Körper, seine Vollständigkeit und Unversehrtheit richten. Diese haben, anders als die Kastrationsängste, ihre Wurzeln in der Entwicklung des Körper-Ich in der analen Phase.

Diese frühen Ängste, die in dem gemeinsamen Nenner ›Angst vor der Frau‹ enthalten sein können und eine dann fragile männliche Identität begründen, [51] können von Patient zu Patient unterschiedlich, in sehr verschiedenem Ausmaß von Bedeutung sein. Dies erklärt die große strukturelle Heterogenität, die in den plakativen Begriffen ›Männlichkeitsproblematik, fragile männliche Identität‹ enthalten ist.

Auf der Ebene der *quantitativen Abstufung* haben wir den Grad der Vulnerabilität des Bewusstseins der eigenen Männlichkeit erfasst.

In die Stufe der geringsten Störungsintensität haben wir Patienten eingereiht, bei denen eine *männliche Identität* in den wesentlichen Fundamenten entwickelt ist, deren Vertrauen in die genitale Vollwertigkeit und (soziale) Potenz sich jedoch als leicht *störbar* erweist. In Krisen und Kränkungssituationen werden Ängste mobilisiert, die durch unterschiedliche Abwehrbemühungen, u. a. durch Inszenierung des perversen Symptoms, kompensiert werden müssen. Unter genetischen Aspekten entsprechen sie einer Problematik, die schwerpunktmäßig durch eine ödipale Kastrationsangst und Männlichkeitsproblematik gekennzeichnet ist [...]. In diese Rubrik fallen etwa $1/5$ unserer Patienten.

Der Stufe der mittleren Störungsintensität haben wir Patienten zugeordnet, deren männliche Selbstgewissheit fundamental verunsichert ist, deren *männliche Identität* generell und unabhängig von besonderen psychischen Krisen als *labil und brüchig* imponiert. In diese Kategorie haben wir etwa die Hälfte unserer Patienten eingeordnet. Genetisch sind hier präödipale Ängste unterschiedlicher Art von Bedeutung. [...]

[52-53] In die Kategorie der ausgeprägten Störungsintensität haben wir Patienten eingereiht, bei denen eine *männliche Identität* kaum (oder noch nicht) wahrnehmbar ist; sie wirken eher (prä)pubertär oder kindlich. Sie machen gut $1/4$ unserer Patienten aus. [...]

[54]

Aggressionsproblematik

Ähnlich wie bei der Störung der männlichen Identitätsentwicklung ist es auch bei der Aggressionsproblematik wichtig zu differenzieren, welche *psychogenetischen Zuflüsse* und Quellen die Aggressivität hat, ob es mehr oralsadistische oder analsadistische Impulse sind, ob sie Ausdruck einer »narzisstischen Wut« (Kohut, 1973a) sind, oder ob es sich mehr um phallisch aggressive Bestrebungen handelt. Psychodiagnostisch ist von Bedeutung, auf welche der im letzten Abschnitt genannten Ängste sie zurückzuführen ist; ferner, ob und wie Aggressivität in das Selbstkonzept integriert ist.

Die in der Psychoanalyse geführte Kontroverse, ob es sich bei der Aggression um ein autochthones, triebhaftes Geschehen oder um ein reaktives oder um beides handelt, kann hier außer Betracht bleiben. Unstrittig ist, dass »Aggression durch jede Behinderung der Befriedigung libidinöser und narzisstischer (Selbst-)Bedürfnisse aktiviert wird« (Mentzos, 1982). Psychodiagnostisch lässt sich Aggression einerseits den im letzten Abschnitt beschriebenen *Ängsten* zuordnen, die den psychosexuellen Entwicklungsphasen inhärent sind, andererseits von der Integration von Aggression im Rahmen der *Autonomieentwicklung* her betrachten.

Je tiefer und früher die Ängste verwurzelt sind, desto größer ist das Aggressionspotenzial. Je leichter z. B. die Angst mobilisiert wird, vernichtet und zerstört zu werden, eine desto stärkere Kontrolle ist nötig, die eigene Zerstörungswut in Schach zu halten. In der klinischen

Arbeit mit unseren Patienten haben wir gesehen, dass schon geringe Kränkungen, Enttäuschungen oder Versagungen ausreichen, ein erheblich destruktives bzw. [55] autodestruktives Verhalten auszulösen, z. T. innerhalb, z. T. aber auch außerhalb der perversen Symptomatik.

Dieser mehr reaktive Akzent im Dienste der Abwehr infantiler Ängste wird durch einen für die *Autonomieentwicklung* progressiven Aspekt ergänzt: Eine Voraussetzung für die Entwicklung eines sicheren Selbstgefühls, das angstfreie Beziehungen später erst ermöglicht, ist eine geglückte Loslösung aus der mütterlichen Symbiose mit gleichzeitiger Aufgabe der primären Identifizierung mit der Mutter. Für diesen Trennungsschritt ist Aggression nötig, die ›neutralisiert‹ in Eigenständigkeit, in die Fähigkeit, initiativ und unabhängig zu sein, in Neugier und ›Funktionslust‹ eingeht. Wird dieser Schritt behindert, so behält die Aggression ihre oral-zerstörerische Komponente, die sich später in unkontrollierten Durchbrüchen oder depressiven Reaktionen äußert – Phänomene, die wir häufig bei unseren Patienten beobachten. Für die therapeutische Technik bedeutet es, dass Aggression in Form von Trennungsschritten gegenüber dem Therapeuten entfaltet werden muß.

Auf der Ebene der quantitativen Einschätzung ist für unsere Beurteilung neben der Biographie und der Selbstdarstellung eines Patienten ein wesentliches Kriterium, ob und in welchem Ausmaß Aggressivität *in der therapeutischen Interaktion* spürbar ist. Dabei ergibt sich zunächst der auffällige Befund, dass bei gut ¼ der Patienten *Aggressivität nicht wahrnehmbar* ist, auch nicht in der Gegenübertragung in Form von Unruhe, Ungeduld, Gereiztheit, Unbehagen usw. Es sind Patienten, bei denen auch eine ›normale‹ und gesunde Aggressivität in ihrem Sozialverhalten kaum sichtbar wird, die den Eindruck eines ›Aggressionsdefekts‹ erwecken. In der Therapie erscheinen sie meist kindlich, zutraulich, haben etwas Liebenswertes, zeigen aber auch wenig Kontur, sind als Gegenüber wenig greifbar, bieten keinen Widerpart, so dass konstruktive Auseinandersetzungen schwer möglich sind. Dies schließt aber nicht aus, dass hier die Aggressivität andere Manifestationsfelder als die soziale Beziehung hat, z. B. (sexuelle) Phantasien, (sexuelle) Symptome. Bei weiteren zehn Prozent der Patienten wird die Aggressivität als sehr gering eingeschätzt. Es sind also mehr als ⅓ der Patienten im sozialen Bereich deutlich *aggressionsgehemmt,* zumindest was die Äußerung von Aggressivität in sozial akzeptierter Form angeht. [...]

[56] Gut ¼ der Patienten wird bezüglich *Aggressivität* als *unauffällig* eingestuft. Wir meinen Patienten mit einer Fähigkeit zu Durchsetzung und Selbstbehauptung, die in ihrem Lebenszusammenhang realitätsentsprechend aggressiv reagieren können. Auf der Ebene der Männlichkeitsproblematik sind es Patienten mit einer entwickelten, wenn auch störbaren männlichen Identität.

Wenn wir ein weiteres Drittel der Patienten als *auffällig aggressiv* eingeschätzt haben, meinen wir damit nicht in erster Linie einfach ein Mehr an Aggressivität, sondern v. a. eine andere Qualität: eine Aggressivität mit einer oft destruktiven Dynamik, die zudem häufig deswegen schwer kontrollierbar [57] ist, weil sie nicht ›neutralisiert‹ und in das Selbstkonzept nur unzureichend integriert ist. Diese Aggressivität kann sich mehr offen oder verdeckt nach außen oder mehr gegen die eigene Person richten. Autodestruktive Aggressivität ist dann in der therapeutischen Interaktion nicht als Angst vor dem Patienten, sondern als Angst um den Patienten spürbar. Neben den schwer aggressionsgehemmten Patienten findet sich also eine gleichgroße Gruppe mit einem starken aggressiven Potenzial, deren Impulskontrolle gering ist und die den Durchbruch aggressiver Impulse häufig als ich-dyston und ängstigend erleben […].

Die narzisstische Ebene des Selbsterlebens

Parallel zu der objektlibidinösen Entwicklung mit ihren phasenspezifischen Beziehungsmustern zwischen Mutter (Vater) und Kind laufen Prozesse, die im Dienste der *narzisstischen Entwicklung* stehen. Sie sind mit den Prozessen der Trieb- und Ich-Entwicklung eng verbunden. Der Ausgangspunkt ist der Zustand des primären Narzissmus der ersten Lebenswochen. In dem Maße, in dem das ursprüngliche narzisstische Gleichgewicht ins Wanken gerät, mit der sich lockernden Symbiose, entwickelt das Kind archaische Phantasien, die darauf abzielen, das Gefühl von Vollkommenheit zu bewahren und die ursprüngliche Unverwundbarkeit wiederherzustellen. Kohut (1973) beschreibt v. a. zwei Arten solcher archaischer Vorstellungen, die er narzisstische Konfigurationen nennt: Einmal sind es Größenvorstellungen, mit denen das Kind sich vor Ängsten schützt, die im Zusammenhang mit der Ablösung von der Mutter stehen. Diese Vorstellungen ermöglichen dem Kind vorübergehend Gefühle von grandioser Macht und Unabhängigkeit. Die zweite narzisstische Konfiguration besteht in der Idealisierung der Elternfiguren und der identifikatorischen Teilhabe an ihrer Macht und Größe. Die frühen Selbstkonfigurationen werden in der weiteren Entwicklung umgewandelt in realitätsnähere Strukturen, wie Über-Ich, Ich-Ideal, kontrollierende Ich-Funktionen, und bilden das Fundament für ein positiv erlebtes Bild der eigenen Person und des eigenen Körpers. Störungen der narzisstischen Entwicklung schlagen sich immer auch in der Art des Selbsterlebens nieder.

Bei der *Einschätzung des Selbsterlebens,* des Selbstbildes, geht es vorwiegend um Verlässlichkeit und Konstanz der Selbstwahrnehmung und um die Regulierung von Selbstachtung, Vertrauen in den eigenen

Wert und eine harmonische Beziehung zum eigenen Körper. Selbstwertzweifel und Unsicherheiten sind, wie zu erwarten, bei diesen Patienten verbreitet, dies aber in einer sehr unterschiedlichen Form und Ausprägung.

Bei knapp der Hälfte der Patienten sind *negative Aspekte im Selbstkonzept* oder Schwankungen in der Selbstwahrnehmung *nicht sehr gewichtig* oder durch positive Aspekte weitgehend *kompensierbar* [...].
[58]

Bei ¼ dominiert dagegen ein *durchgängig negatives Selbstkonzept;* Gefühle von Wertlosigkeit, Nichtigkeit, leerer Depressivität, Selbstverachtung bestimmen das Lebensgefühl [...]. Ein wichtiger Aspekt eines negativen Selbsterlebens gerade bei diesen Patienten ist eine negative Einstellung und Bewertung des eigenen Körpers.

Bei ⅕ der Patienten drückt sich ein disharmonisches Selbstbild in extremen Schwankungen der Selbstwahrnehmung aus; Gefühle von Wertlosigkeit, Ohnmacht, Nichtigkeit und Selbsthass alternieren mit Vorstellungen von irrealer Großartigkeit und Mächtigkeit. Beide Aspekte können unverbunden nebeneinander bestehen [...]. Nur selten prägen Größenvorstellungen und Omnipotenzphantasien das Selbsterleben überwiegend. Bei solchen Patienten sind die Grundgefühle von Ohnmacht und Nichtigkeit so ausgeprägt, dass sie sich in eine kaum noch einfühlbare Grandiosität retten müssen. [...]
[59]

Beziehungsproblematik

Lichtenstein (1970) beschreibt, dass »klinische Beobachtungen eine klare Entsprechung zwischen emotionaler Reife (d. h. der Fähigkeit, stabile Objektbeziehungen herzustellen) und der Fähigkeit, durch den Genitalorgasmus (Genitalprimat) volle sexuelle Befriedigung zu erzielen, nicht bestätigen« (317). Das Studium unserer Patientengruppe bestätigt dies: Es gibt Patienten, die trotz sexueller Schwierigkeiten in stabilen Partnerbeziehungen leben [...] und andere, die, bindungslos, neben ihrer Perversion in der Lage sind, in kurzfristigen Kontakten potent und orgasmusfähig zu sein [...]. Die Problematik liegt hier in der mangelnden Integration genitaler Sexualität in erwachsene Liebesbeziehungen. Der Weg dahin ist mit »unzähligen Fallgruben« (Blanck & Blanck, 1978) verbunden. Gerade in der Qualität der Beziehungen bilden sich die Reifungsdefizite ab – und [60] dieses ist für das therapeutische Vorgehen bedeutungsvoll, weil sich diese Problematik in der therapeutischen Beziehung wiederholt.

Patienten, die in der Lage sind, partnerschaftliche Beziehungen aufzunehmen, brauchen ihre perverse Symptomatik zur Kompensation ihrer aus Kastrationsängsten resultierenden Potenzunsicherheiten. Diese Patienten verfügen meist über eine stabile Struktur. Dem größeren Teil unserer Patienten fehlt diese Fähigkeit, emotional reife Beziehungen einzugehen. Die Voraussetzung für die Fähigkeit zu lieben ist eine normal verlaufende symbiotische Erfahrung und eine geglückte Trennung und Individuation (vgl. auch Bergmann, 1971; Bak, 1971; Kernberg, 1979). Die mit der Trennung zu bewältigenden Trauerprozesse, die mit dem Verzicht auf die realen Objekte der Kindheit einhergehen, führen zu einer Unabhängigkeit, die erst Anteilnahme und Einfühlung sowie die Fähigkeit, Schuldgefühle zu empfinden, ermöglicht (Kernberg, 1981). Bei vielen unserer Patienten haben wir gesehen, dass die Trennungsschritte problematisch verliefen, so dass eine Unabhängigkeit von den infantilen Liebesobjekten entweder gar nicht erreicht wurde, oder dass es bei einer zu frühen Trennung aus der Symbiose zu einer forcierten Autonomieentwicklung gekommen ist, die sich später in einem allgemeinen Misstrauen manifestiert, das bestenfalls narzisstische Beziehungsmuster erlaubt [...]. Aus einer nicht ausreichend gelösten Symbiose resultieren prägenital geprägte Objektbeziehungen, die immer auch Ausdruck einer »Ich-Schwäche« sind; sie sind durch »das Fortbestehen infantiler Wünsche und Erwartungen weit über das Erfüllbare hinaus« (Balint, 1965, 135) gekennzeichnet. Balint charakterisiert diese unreifen Beziehungen durch drei Merkmale: »Ohnmächtige Abhängigkeit, Verleugnung dieser Abhängigkeit durch Allmacht und Annahme des Objekts als etwas fraglos Gegebenes, das als bloßes Objekt, als Ding behandelt werden kann... Deshalb ist diese allmächtige oder gierige Liebe unbeständig, dazu verdammt, Versagungen zu erleiden und sich in Hass zu kehren« (ebd., 139).

In den Beziehungsmustern unserer Patienten spiegeln sich die pathologischen Fixierungen wider, deren Wurzeln die beschriebenen Ängste sind: Die Partner werden umklammert, beherrscht, idealisiert, entwertet, verlassen, funktionalisiert usw. Wir werden diese Muster später in der therapeutischen Beziehung wiederfinden.

Auf der Ebene der *grob quantifizierenden Skalierung* haben wir diese Dimension qualitativer Beziehungsstrukturen vernachlässigt und stattdessen als globales Merkmal das Ausmaß der Bindungsfähigkeit eingeschätzt, d. h. die Fähigkeit, stabile emotionale Beziehungen aufzunehmen und aufrecht zu erhalten. Nur bei etwa $^1/_5$ unserer Patienten schätzten wir die Bindungsfähigkeit als nicht wesentlich beeinträchtigt ein [...]. Bei etwa der Hälfte der Patienten wurde die Bindungsfähigkeit als stark reduziert eingestuft; die Art, wie sie Beziehungen strukturieren, ist so auffällig und unreif, dass sie nicht zu einer Stabilität gelangen. Bei etwa $^1/_3$ der Patienten [61] ist die Beziehungsstörung noch ausgeprägter: Die Beziehungsversuche gehen über Ansätze nicht hinaus, oder es findet sich im Extrem eine autistisch anmutende Beziehungsleere [...].

Zwischenbemerkung: Mit der obigen Exegese stellen Schorsch et al. (1990, 32-61) eine prägnante, anschauliche, empirisch fundierte Skizze der Genese, Entwicklungs-, Beziehungs- und Konfliktbewältigungs- bzw. Abwehrdynamik, Funktion, Charakteristika, Bedeutung und Strukturebenen prognostisch relevanter, pervers strukturierter, sprich, symptomatischer Verhaltens- und Interaktionsmuster zur Verfügung. Sie ermöglichen eine Einordnung und Bestimmung des Ausdrucksgehalts der delinquenten Symptomatik, ihrer affektlogisch-strukturellen Beziehungen zu anderen devianten Symptomclustern und der zugrunde liegenden – pathologischen – Persönlichkeitsdynamik. Das Modell bietet nicht nur eine diagnostisch-prognostische Orientierungshilfe, sondern bewahrt auch vor u. U. monokausalen, mithin reduktionistischen Zuschreibungen und bricht die gebräuchliche Aufhebung bzw. Negierung von Antinomien auf, versperrt doch das a-theoretische Dogma (einer vereinheitlichenden Synthese) klassifikatorischer ICD- oder DSM-Diagnostik jeden Grenzgang entlang einer Mehrfachdeterminierung heterogener, in sich widersprüchlicher – z. B. double-bind-dynamischer – Symptomatologie (Kobbé, 1993b). Zugleich ermöglicht die offene Systematik des Überblickmodells eine Weiterführung bzw. frisierte Adaptation:

Wesentlich ist, dass die AutorInnen den Begriff der *perversen Struktur* nicht auf klinische Perversionen bzw. Paraphilien i. S. einer psychiatrischen Nosologie beschränken, sondern diese Struktur des Erlebens,

Tabelle 2: Modifiziertes Arbeitsmodell

Ausdrucksgehalt der Tat als pervers strukturiertes Symptom	Tatbedingte Grundproblematik
Demonstration von Männlichkeit	Männlichkeitsproblem, Störung der Genderidentität
Ausweichen vor Genitalität	
Bewältigung von Wut und Hass	
Oppositioneller Ausbruch	Aggressionsproblematik
Erleben von Allmacht	
Bestätigung von Selbstwirklichkeit	Störung des Selbsterleben, der narzisstischen Balance
Ausfüllen innerer Lehre	
Verleugnung von Scham und Schuld	Beziehungsproblematik
Identifikatorische Wunscherfüllung	

Denkens, Verhaltens, Handelns dadurch charakterisiert wissen, dass in der Tat

- der Andere nicht mehr als Individuum wahrgenommen und begehrt,
- sondern entsubjektiviert und als Objekt dieses Begehrens benutzt wird,
- das heißt, auf bestimmte Eigenschaften und Auslösereize (Geschlecht, Aussehen, Verhalten, Kleidung ...) reduziert wird,
- damit austauschbar und beliebig ist.

Damit ermöglichen und verfolgen Schorsch et al. (1990, 29) eine Prozess- und Ergebnisforschung mit jenem hermeneutischen Ansatz, der die Herausarbeitung der o. g. inhaltlichen Schwerpunkte mit Bestimmung der Ausdrucks- und Bedeutungsgehalt der als ›pervers‹ bestimmten Symptomatik, mit Formulierung typischer Problembereiche, mit Identifizierung typischer Bewältigungsstrategien erlaubt. Sie schreiben:

Forschungsstrategie

[27] Die demographischen und standardisiert erhobenen Daten bleiben äußerlich und sind kaum ergiebig für das Verständnis der inneren Dynamik der Patienten. Die Konflikte, die Struktur der Patienten, Ausdrucks- und Bedeutungsgehalt des Symptoms sind am deutlichsten in der jeweiligen Geschichte eines Patienten herauszuarbeiten und anschaulich zu machen. Wir sehen die Chance, mit unserem Ausgangsmaterial von 86 überwiegend gut dokumentierten, durchgearbeiteten Patientengeschichten eine *breite empirische Basis* zu liefern – nicht nur was die Heterogenität der Struktur und Problematik angeht, sondern auch hinsichtlich der Vielfalt möglicher Bedeutungen des perversen Symptoms unter psychodynamischem Gesichtspunkt. Es stellt sich die Frage des methodischen Vorgehens.

Die Literatur über die psychodynamische Diagnostik sexueller Perversionen lässt sich vereinfachend in zwei Gruppen ordnen: Auf der einen Seite *theoretische Abhandlungen* mit Diskussionen metapsychologischer Positionen (aus jüngerer Zeit z. B. Morgenthaler, 1974; 1984; Stoller, 1979; Khan, 1983), vielfach angereichert und illustriert durch einzelne Patientengeschichten, die, ausgelesen, eine hohe Evidenz haben. Auf der anderen Seite *Einzelfallpublikationen*, die zu theoretischen Positionen in Beziehung gesetzt werden.

Als methodischer Zugang bieten sich für uns zwei Wege an:
1. Die Darstellung und *Aneinanderreihung vieler kasuistischer Beispiele*. Der Vorteil dieses Vorgehens liegt in der Anschaulichkeit: Die Problematik ließe sich jeweils plausibel verdeutlichen. Aus der Lektüre einer solchen breit gefächerten Vielfalt könnten sich allgemeine Strukturen und Gesetzmäßigkeiten herauskristallisieren.

2. Die methodische *Herausarbeitung allgemeiner Strukturen und Gesetzmäßigkeiten.* Dieses Vorgehen hat den Nachteil, dass es an Anschaulichkeit einbüßt, weil es sich auf einer höheren Abstraktionsebene bewegen muss. Vor allem ist damit verbunden, dass eine konkrete, anschauliche ›Gestalt‹ (die Entwicklungsgeschichte, Struktur, Problematik eines Patienten und das [28] darin verwobene perverse Symptom) zerlegt und in einzelne Aspekte zergliedert werden muss, die nacheinander behandelt werden, obwohl die Trennung und Isolierung von an sich Zusammengehörendem und miteinander Verwobenem künstlich ist.

Schlussbemerkung

Die hier getroffene Auswahl fokussiert die theoretisch-strukturellen Aspekte und vernachlässigt aus Platzgründen (und entgegen der kasuistischen Wertschätzung des Herausgebers) die umfangreichen, prägnanten, dokumentierenden – und insofern empfehlens- wie lesenswerten – Patientenbeispiele. Eine zweite Beschränkung betrifft die Literaturangaben: Diese Referenzen wurden als zwangläufige Fremdbelege nicht aus dem Original herauskopiert.

Was erfassen Prognoseinstrumente für Sexualstraftäter?

Eine faktorenanalytische Untersuchung der Dimensionen von SVR-20, RRS, MnSOST-R und Static-99 sowie von PCL:SV

Ulrich Rehder

Sowohl die Empfehlungen für Prognosegutachten von Boetticher et al. (2006) als auch die Beschlüsse des Bundesgerichtshofs vom 06.12.2007 (BGH 3 StR 355/07) und vom 30.03.2010 (BGH 3 StR 69/10) machen deutlich, dass Prognoseinstrumente Hilfsmittel darstellen, die zwar nützlich sind, um wissenschaftliche Standards einzuhalten und um eine stabile Basis für die Entscheidung zu erhalten, aber »eine hermeneutisch oder hypothesengeleitete Individualprognose« nicht ersetzen können (Boetticher et al., 2006). Um die Möglichkeiten und Grenzen solcher Verfahren beurteilen zu können, erscheint es sinnvoll, nicht nur die einzelnen Kriterien, sondern auch ihre Dimensionen – d. h. die angesprochenen Bereiche und Schwerpunkte – zu kennen. Zum letztgenannten Aspekt soll die hier vorgelegte Untersuchung beitragen.

1 Die untersuchten Stichproben und Vorgehen

1.1 Stichproben

Es wurden zwei Stichproben von Sexualstraftätern (nach den §§ 174 bis 180 und 182 StGB verurteilte Strafgefangene) untersucht, bei denen unterschiedliche Prognoseinstrumente angewandt worden waren: Bei Stichprobe 1 handelt es sich um Täter, bei denen zwischen Januar 2000 und April 2001 ($N = 100$; Rehder et al., 2004) sowie zwischen Juni 2003 und März 2008 ($N = 365$) in der zentralen niedersächsischen Diagnoseeinrichtung in Hannover sowohl die Persönlichkeitsuntersuchung gem. § 6 StVollzG als auch die Indikationsstellung für Sozialtherapie gem. § 9 (1) StVollzG durchgeführt worden war. Bei diesen Stichproben waren SVR-20, RRS und PCL:SV zur Anwendung gekommen. Stichprobe 2 setzt sich aus Sexualstraftätern zusammen, die der o. a. Abteilung in den Jahren 1995 und 1996 im Zuge der Behandlungsuntersuchung gem. § 6 StVollzG vorgestellt worden waren. Von den ursprünglich 167 Tätern konnten aus unterschiedlichen Gründen lediglich 128 Berücksichtigung finden. In diesen Fällen basiert die Anwendung von Static-99, MnSOST-R und RRS auf einer Aktenauswertung, die neben Urteil, Auszug aus dem Bundeszentralregister und Beschreibung des Haftverhaltens insbesondere die »Gutachtliche Stellungnahme« der Einweisungsabteilung enthielt (vgl. Suhling & Rehder, 2009). Die Deliktverteilung der beiden Stichproben ergibt sich aus Tabelle 1, wobei die Stichprobe 1 die Anteile von Sexualstraftätern im Strafvollzug recht gut widerspiegeln dürfte.

Tabelle 1: Zusammensetzung der untersuchten Stichproben nach Delikten

Delikt	Stichprobe 1	Stichprobe 2
Innerfamiliärer sexueller Missbrauch von Kindern	132 (30,4%)	51 (39,8%)
Außerfamiliärer sexueller Missbrauch von Kindern	93 (21,4%)	21 (16,4%)
Sowohl inner- als auch außerfamiliärer sexueller Missbrauch von Kindern	16 (3,7%)	2. (1,6%)
Vergewaltigung/sexuelle Nötigung Erwachsener	169 (38,9%)	51 (39,8%)
Andere Delikte, »Mischtypen« (ein unklarer Fall in Stichprobe 2)	24 (5,5%)	3 (2,4%)
gesamt	434	128

1.2 Vorgehen

In einem ersten Schritt wurden alle fünf Verfahren jeweils einer Hauptkomponentenanalyse (Principal Components Analysis: PCA) unterzogen. Um Faktoren zu vermeiden, auf die ausschließlich ein Kriterium hoch lädt, sollten – nach der (Varimax-)Rotation – mindestens zwei Kriterien eine Ladung ≥ 0,6 besitzen. Anschließend wurden die Faktorwerte ermittelt, die angeben, wie ausgeprägt der entsprechende Faktor bei jedem Täter ist.

Diese Faktorwerte bildeten dann in einem zweiten Schritt den Ausgangspunkt für den Vergleich der Prognoseverfahren. Auch hier kam die Hauptkomponentenanalyse zur Anwendung. Da es in diesem Schritt primär um die Herausarbeitung von Gemeinsamkeiten der Verfahren ging, wurde die Zahl der Faktoren so begrenzt, dass mindestens zwei Instrumente mit jeweils einem Ausgangsfaktor mit einer Höhe von ≥ 0,60 auf einen neuen Faktor laden.

2 Stichprobe 1: SVR-20, PCL:SV und RRS

2.1 Sexual Violence Risk-20 (SVR-20; $N = 450$)

Das SVR-20 versteht sich als Verfahren zur kriterienorientierten Prognose bei Sexualstraftätern, d. h. die 20 Kriterien müssen vom Untersucher auf den Einzelfall bezogen gewichtet werden. Punktwerte zwischen 0 und 2 für die Kriterien lassen allerdings auch die Verwendung des SVR-20 als aktuarisches Prognoseinstrument zu. Diese Punktwerte kamen für die PCA zur Anwendung. Die PCA – die 55,5 Prozent der Gesamtvarianz erklärt – ergab fünf Faktoren:

- *Faktor 1:* Die hohen Ladungen für gewaltfreie Vordelikte und frühes Bewährungsversagen zeigen eine Neigung zu Gesetzesverstößen an. Diese Aussage wird verstärkt durch die – schwächer ladende – nichtsexuelle gewalttätige Vordelinquenz. Weiterhin weisen Substanzproblematik und Beschäftigungsprobleme auf fehlende Integration hin. Geringere Ladungen für Psychopathy und das Fehlen realistischer Pläne fügen sich in die Interpretation ein, die hier als *Antisozialer Lebensstil* zusammengefasst wird.
- *Faktor 2:* Hohe Frequenz der Sexualdelikte, Zunahme von Frequenz und Schwere dieser Delikte und multiple Formen der Sexualdelinquenz laden etwa gleich hoch und zeigen *Sexualdelinquenz* an. Die Ursache dieser Kriminalität könnte im Zusammenhang mit der – geringer ladenden – sexuellen Deviation stehen.
- *Faktor 3:* Die Verbindung der Markierungsvariable extremes Bagatellisieren oder Leugnen mit dem Ablehnen weiterer Interventionen weist auf geringe Einsicht in die Notwendigkeit eigener Veränderung hin. Geringere Ladungen für deliktfördernde Ansichten, Fehlen realistischer Pläne und Psychopathy passen in das Bild einer *eingeschränkten Einsicht in Veränderungsbedarf.*
- *Faktor 4:* Die Kriterien Waffengebrauch und/oder Todesbedrohung gegen Opfer sowie physische Verletzung der Opfer laden als einzige bedeutsam auf diesen Faktor, der als *aggressive Tatdurchführung* zusammengefasst werden kann.
- *Faktor 5:* Im Vordergrund dieses Faktors stehen suizidale/homicide Gedanken und Opfer von (nicht nur sexuellem) Kindesmissbrauch. Die Vermutung liegt nahe, dass das Erleiden von Kindesmissbrauch Ursache massiver Selbstzweifel und/oder Tötungsfantasien sein kann, die auch zu Beziehungsproblemen, Beschäftigungsproblemen und auch zu anderen Problemen und Schwierigkeiten wie dem Fehlen realistischer Pläne sowie schweren seelischen Störungen führen können. Insgesamt kann von *Psychischen Beeinträchtigungen* gesprochen werden.

2.2 Rückfallrisiko für Sexualstraftäter (RRS; *N* = 594)

Auf das Verfahren RRS – Rückfallrisiko für Sexualstraftäter (Rehder & Suhling, 2006) und seine faktorielle Zusammensetzung wird in Rehder

(2017a; b) in diesem Handbuch näher eingegangen. Die drei Faktoren dieses Verfahrens sind:

1) Verfestigte Kriminalität,
2) Psychosoziale Beeinträchtigungen und
3) Sexualkriminalität.

2.3 Psychopathy Checklist – Screening Version (PCL:SV, $N = 446$)

Sowohl die revidierte Fassung der PCL als auch deren Screening Version sind in der Literatur umfangreich beschrieben (vgl. etwa Rettenberger & von Franqué, 2013).

Die in der vorliegenden Untersuchung gefundenen Zwei- und Dreifaktorenlösung (vgl. Nuhn-Naber & Rehder, 2005) entsprechen den üblicherweise angegebenen, so dass auf eine detaillierte Beschreibung verzichtet werden kann. Die gewählte Zweifaktorenlösung bildet mit Faktor 1 die zwischenmenschliche und affektive Problematik ab, Faktor 2 zeigt ein sozial deviantes Verhalten bzw. einen instabilen und antisozialen Lebensstil an (Freese, 1999).

2.4 Gemeinsame Dimensionen von SVR-20, RRS und PCL:SV ($N = 434$)

Für die Faktoren der drei o. a. Faktorenanalysen wurden für jeden Täter die individuelle Ausprägung der Faktoren (Faktorwerte) ermittelt. Dies war bei den 434 Inhaftierten möglich, bei denen die Daten aller drei Verfahren vorlagen. Mit diesen Faktorwerten wurde wiederum eine weitere Faktorenanalyse (PCA) durchgeführt. Die Analyse liefert vier Faktoren und klärt 69,2 Prozent der Gesamtvarianz auf. Tabelle 2 zeigt die Ladungen an.

Zu dem Ergebnis der PCA ist anzumerken, dass

– Faktor 4 des SVR-20 (aggressive Tatdurchführung) nur eine geringe Ladung auf die Faktoren I bis IV besitzt und
– die Anteile des PCL:SV recht gut durch den SVR-20 repräsentiert erscheinen – was durch die Anwendung des SVR-20-Kriteriums 3 (Psychopathy) sicherlich nicht vollständig erklärt werden kann.

3 Stichprobe 2: Static-99, MnSOST-R und RRS

3.1 Static-99 ($N = 142$)

Zum STATC-99 bzw. dessen Weiterentwicklung siehe Rettenberger & von Franqué (2013).

In der PCA dieses Verfahrens wurde das erste Kriterium (Alter für den Prognosezeitpunkt) nicht berücksichtigt, da alle untersuchten Täter

Tabelle 2: Ladungen der Faktoren von SVR-20, RRS und PCL:SV auf die Faktoren I bis IV (Ladungen mit eine Betrag ≤ 0,25 nicht angeführt und solche mit einem Betrag ≥ 0,60 markiert)

	Faktor I Allgemein- kriminalität	Faktor II Sexual- kriminalität	Faktor III Egozentrik	Faktor IV psychische Beeinträchti- gungen
SVR-Faktor 1 Antisozialer Lebensstil	0,83			
RRS-Faktor 1 verfestigte Kriminalität	0,80			
PCL-Faktor 2 sozial deviantes Verhalten	0,78			0,46
RRS Faktor 3 Sexualkriminalität		0,90		
SVR-Faktor 2 Sexualkriminalität		0,89		
PCL-Faktor 1 interpersonelle Problematik			0,89	
SVR-Faktor 3 wenig veränderungsbereit			0,84	
RRS-Faktor 2 psychosoziale Beeinträchtigung				0,78
SVR-Faktor 5 psych. Beeinträchtigungen				0,75
SVR-Faktor 4 aggressive Tatdurchführung			0,35	
Erklärte Varianz (Anteil der Gesamtvarianz)	20,9%	16,9%	16,3%	15,1%

Faktor I bildet einen Lebensstil ab, der vor allem durch kriminelles Verhalten geprägt ist und *Allgemeinkriminalität* oder kurz *Dissozialität* genannt werden könnte. Alle drei Verfahren laden relativ hoch auf diesen Faktor.

Mit *Faktor II* erfassen RRS und SVR-20 *Sexualkriminalität;* die PCL:SV ist in diesem Faktor nicht vertreten, da dieses Verfahren nicht auf diese spezielle Personengruppe ausgerichtet ist.

Faktor III weist auf ein *starres egozentrisches Wertesystem* hin, das zu erheblichen Problemen mit der Umwelt führen kann. Das RRS lädt auf diesen Faktor nicht.

Faktor IV beschreibt psychische und soziale Beeinträchtigungen, die eine *soziale Eingliederung* erschweren. Zur Erklärung dieses Faktors tragen nur RRS und SVR-20 bei, nicht aber PCL:SV.

für diesen Zeitpunkt über 25 Jahre alt waren. Die drei Faktoren der PCA klären 54,6 Prozent der Gesamtvarianz auf:

- *Faktor 1:* Im Vordergrund dieses Faktors steht die Opferwahl: Der Täter sucht fremde und nicht verwandte Opfer. Seine Beziehungsfähigkeit ist offenbar eingeschränkt. Der Faktor beschreibt insgesamt eher beziehungslose Täter, die sich außerhalb ihres familiären bzw. sozialen Umfelds ihre Opfer suchen: *Wahl eines unbekannten Opfers* (durch einen beziehungsunfähigen Täter).

- *Faktor 2:* Mehr als drei Vorstrafen und frühere Verurteilungen wegen nicht-sexueller Gewaltdelikte zeigen eine kriminelle Vorbelastungen an, die sich auch auf Sexualdelikte beziehen kann, worauf auch die – schwächer ladende – Zahl früherer Verurteilungen wegen Sexualdelikten und die Tatsache, dass es auch männliche Opfer bei den Sexualdelikten gibt hinweisen. Dieser Faktor zeigt *Kriminelle Vorbelastung* (inkl. Sexualdelikten) an.

- *Faktor 3 – Sexualdelikte ohne besondere Gewaltanwendung:* Markierungsvariable ist die Feststellung, dass bei der aktuellen Verurteilung zusätzlich keine Verurteilung wegen eines Gewaltdeliktes (z. B. Körperverletzung) erfolgte, das nicht tateinheitlich war. Solche »gewaltfreien« Tathandlungen finden ihre Bestätigung in ebenfalls bei diesen Tätern öfters auftretenden Sexualdelikten ohne Körperkontakt (Kriterium 7) und – in begrenztem Maße – auch darin, dass nur wenige Verurteilungen wegen nicht-sexueller Gewaltdelikte festzustellen sind (Kriterium 4).

3.2 Rückfallrisiko für Sexualstraftäter (RRS; *N* = 594)

Zu diesem Verfahren und seinen Faktoren wird auf den obigen Punkt 2.2 bzw. auf den Beitrag von Rehder (2017b) dieses Handbuches verwiesen. Da sich bei der PCA dieser Stichprobe im Vergleich zur Stichprobe 2.2 kein wesentlicher Unterschied ergab, wurde in beiden Untersuchungen die PCA der Gesamtstichprobe als Basis gewählt.

3.3 Minnesota Sex Offender Screening Tool-Revised (MnSOST-R, *N* = 142)

Anlass für die Entwicklung einiger aktuarischer Prognoseinstrumente wie dem MnSOST-R (Epperson et al., 2003) waren Civil Commitment Laws in inzwischen 20 Bundesstaaten der USA (Association for the Treatment of Sexual Abusers, 2010), nach denen eine Unterbringung von als gefährlich eingestuften Sexualstraftätern (»Sexually Violent Predators«) nach ihrer Haftverbüßung möglich ist. Das Verfahren bildet insbesondere in Minnesota die Basis für die Unterbringungsentscheidung. Es entstand im Auftrag des *Minnesota Department of Corrections* und wird laufend überarbeitet. Inzwischen liegt es in der vierten Version vor, dem MnSOST-.31 (Minnesota Department of Corrections, 2012).

Für die PCA musste der Datensatz zunächst verändert werden, da zwei der 16 Kriterien nur die resultierenden Prognosewerte Intervallskalenniveau besitzen können, nicht aber die Ausgangsdaten. Anzumerken bleibt weiter, dass Item 6 (unterschiedliche sexuelle Handlungen bei einer Einzeltat) wegen nicht immer eindeutiger Akteninformationen nicht in die PCA einbezogen werden konnte. Die Faktorenanalyse erbrachte folgende fünf Faktoren, die 60,0 Prozent der Gesamtvarianz aufklären:

- Faktor 1: Kurze Sexualdeliktskarriere und geringes Entlassungsalter weisen – zusammen mit einer eher geringen Zahl von Verurteilungen wegen Sexualdelikten – auf Täter hin, die zum ersten Mal ein Sexualdelikt begangen haben und sich – *bezüglich ihrer Sexualdelikte* – als *wenig vorbelastet* beschreiben lassen.
- Faktor 2 beschreibt Taten, die ein fremdes Opfer zum Ziel haben und an öffentlichen Plätzen begangen werden. Eine eher hohe Zahl von Verurteilungen wegen Sexualdelikten lassen vermuten, dass sich die Täter dieser *anonymen Taten* sicher vor Entdeckung fühlen, so dass es zu Serien kommt. Häufiger stand der Täter bei Begehung der Sexualdelikte noch unter Bewährung.
- Faktor 3 zeigt an, dass der Täter während der Haft an *keiner Therapie* teilgenommen hat bzw. teilnehmen konnte, wobei hier speziell nach einer Sexualdeliktstherapie sowie nach einer Alkohol- oder Drogentherapie gefragt wurde.
- Faktor 4 erfasst eine *positive soziale Eingliederung* vor der Haft, die sich in geringem Drogen- und Alkoholmissbrauch, in guter beruflicher Einbindung, sowie auch in fehlendem antisozialen Verhalten im Jugendalter zeigt; bei diesen Tätern sind auch disziplinarische Auffälligkeiten in Haft selten.
- Faktor 5 bezieht sich primär auf das Alter der Opfer, die eher postpubertär sind und – bei mehreren Opfern – aus derselben Altersgruppe stammen. Diese Täter, die *erwachsene Opfer* wählen, wenden eher nur geringe Gewalt bei den Delikten an.

3.4 Gemeinsame Dimensionen von STATIC-99, MnSOST-R und RRS (*N* = 128)

Mit den ermittelten Faktorwerten der drei Verfahren wurde bei den 128 Tätern, bei denen die Daten aller Verfahren vollständig vorlagen, wiederum eine PCA durchgeführt. Die Analyse klärt 58,9 Prozent der Gesamtvarianz auf. Tabelle 3 zeigt die Ladungen an.

Der MnSOST-R-Faktor 3 (keine Therapie in Haft) besitzt keine substanzielle Ladung. Ähnliches gilt für das Opferalter dieses Verfahrens (Faktor 5) sowie den STATIC-Faktor 3 (Sexualdelikte ohne Gewaltanwendung), die nur gering bis mittelhoch auf die Gesamtfaktoren laden. Weiterhin ist festzuhalten, dass die im STATIC-99 erfasste Kriminalität (Faktor 2) sich im Wesentlichen auf die Gesamtfaktoren II und III verteilt, also keine so klare Trennung zwischen Allgemein- und Sexualkriminalität vornimmt wie die anderen Verfahren.

Tabelle 3: Ladungen der Faktoren von RRS, STATIC-99 und MnSOSTR auf die Faktoren A bis C (Ladungen mit einem Betrag ≤ 0,25 nicht angeführt und solche mit einem Betrag ≥ 0,60 markiert)

	Faktor A anonyme Taten	Faktor B Sexual-kriminalität	Faktor C soziale Einbindung
RRS F2 Psychosoziale Beeinträchtigungen	0,89		
ST F1 unbekanntes Opfer	0,85		
MnS F2 anonyme Taten	0,77	0,38	
MnS F5 nur ältere Opfer	−0,48	0,31	
RRS F3 Sexualkriminalität		0,82	
MnS F1 bezgl. Sexualdelikten wenig vorbelastete Täter		−0,72	
ST F2 Kriminalität	0,33	0,61	−0,50
MnS F4 positive soziale Eingliederung vor der Haft			0,82
RRS F1 Allgemeinkriminalität			−0,80
ST F3 Sexualdelikte ohne Gewaltanwendung		0,45	0,46
MnS F3 keine Therapie in Haft			
Erkl.Var	25,4%	20,7%	18,6%
Anteil an der Gesamtvarianz	23,1%	18,9%	16,9%

Faktor A: Die hohen Ladungen der Faktoren 1 des RRS und des STATIC-99 legen nahe, dass psychosoziale Beeinträchtigungen und die auch erfassten Beziehungsstörungen zu Taten an unbekannten Opfern führen. Faktor 2 des MnSOST-R bestätigt diese *anonymen Taten,* bei denen kein Versuch unternommen wird, eine Beziehung zum Opfer aufzubauen.

Faktor B: Durch Faktor 3 des RRS (Sexualkriminalität) und Faktor 1 des MnSOST-R (Ersttäter, negativ geladen) ist die Bedeutung dieses Faktors festgelegt: hohe Vorbelastung mit der Sexualstraftaten. Die Ladung des Faktor 2 des STATIC-99 bestätigt diese Erklärung, obwohl dieser Faktor sich nicht ausschließlich auf Sexualdelikte bezieht: Durch Faktor B wird *Sexualkriminalität* erfasst.

Faktor C: Der Faktor 4 des MnSOST zeigt mit einer Ladung von .82 eine *positive soziale Einbindung* vor der Haft an, die offenbar Allgemeinkriminalität reduziert oder verhindert (RRS-Faktor 1). STATIC-Faktoren 2 (Kriminalität) und 3 (Sexualdelikte ohne Gewaltanwendung) gehen in eine ähnliche Richtung.

4 Ergebnisse und Diskussion

Die Anwendung von Prognoseinstrumenten erscheint sinnvoll, zumindest korrelieren deren Ergebnisse in der Stichprobe 1 hochsignifikant ($p < 0,001$) mit den in dieser Untersuchung ebenfalls bei 351 Personen erfassten drei (siebenstufigen) klinischen Prognosen: Wahrscheinlichkeit eines erneuten Sexualdelikts, einer erneuten Inhaftierung und einer erneuten Straftat. Die Koeffizienten liegen zwischen .36 und .68. Bei diesen Werten ist sicherlich zu beachten, dass die klinischen Prognosen nicht unabhängig von den Ergebnissen der Prognoseverfahren abgegeben sein dürften.

Dass Gemeinsamkeiten von Prognoseinstrumenten zu erwarten sind, ergibt sich nicht nur daraus, dass sich viele ihrer Kriterien mehr oder weniger stark ähneln sondern auch daraus, dass ihre Ergebnisse miteinander korrelieren: So ergaben sich in der vorliegenden Untersuchung durchweg hochsignifikante ($p < 0{,}001$) Koeffizienten von .48 bis .61 zwischen den Ergebnissen der Verfahren, die die Risikobeurteilung von Sexualstraftätern zum Ziel haben. Die Chance, ein völlig ungeeignetes Verfahren zu wählen erscheint somit gering.

Zu den Ergebnissen der PCA bleibt festzuhalten, dass die untersuchten Prognoseverfahren nicht nur ein abstraktes Gesamtrückfallrisiko messen sondern unterschiedliche Dimensionen erfassen, von denen zu erwarten ist, dass sie mit einem Rückfall im Zusammenhang stehen:

– Die Faktoren aller Verfahren messen die bisherige Kriminalität der Täter, entweder als Gesamtkriminalität (STATIC-99) oder aber eher getrennt nach (a) Sexualkriminalität und (b) Allgemeinkriminalität/ Dissozialität (SVR-20, RRS, MnSOST-R). Dies entspricht den Ergebnissen der Literaturdurchsicht von Doren (2004), der zwei entsprechende Dimensionen herausarbeitete:
(1) sexuelle Deviation und
(2) Allgemeinkriminalität bzw. Psychopathie.
Auch Barbaree, Langton & Peacock (2006), die 38 nicht redundante statische Items von MnSOST-R und STATIC-99 sowie von VRAG (Violence Risk Appraisal Guide; Qinsey et al., 2006) und SORAG (Sex Offender Risk Appraisal Guide; Quinsey et al., 2006) mit einer PCA analysierten, kamen zu dem Ergebnis, dass antisoziales Verhalten (Faktor 1) und *Persistence* (Faktor 3: überdauernden Sexualkriminalität) eigene Faktoren bilden.

Der Versuch, in Deutschland eine Validierung dieser Kriminalitätsfaktoren durchzuführen erscheint deswegen schwierig, weil sie statisch sind. Sie lassen sich also nicht verändern, wohingegen durch die bei Indikation vorgesehene Behandlung eine Veränderung der Rückfallwahrscheinlichkeit erfolgt oder zumindest erhofft wird.

Anzumerken bleibt, dass sich Allgemein- und Sexualkriminalität auch mit einem von Fisher & Thornton (1993) vorgeschlagenen Index mit vier Items und den von Rehder (2005) vorgeschlagenen neun Items gut erfassen lassen. Die Ergebnisse dieses Vorgehens korrelieren mit den entsprechenden Faktoren von SVR-20, RRS und PCL:SV hochsignifikant (zwischen .49 und .72).

– Über die zwei genannten Kriminalitätsfaktoren hinaus erfassen SVR-20 und RRS mit *Psychischen* resp. *Psychosozialen Beeinträchtigungen* Faktoren, die nicht nur auf einen gemeinsamen Faktor laden, sondern auch inhaltliche Gemeinsamkeiten aufweisen.

– Ähnliche Übereinstimmungen besitzen Faktor 2 des RRS (Psychosoziale Beeinträchtigungen), Faktor 1 des STATIC-99 (unbekanntes Opfer) und Faktor 2 des MnSOST-R (anonyme Taten), wie der resultierende Faktor A der vorliegenden Untersuchung nahelegt. Inhaltlich ähnelt dieser Faktor A dem von Barbaree et al. (2006) gefundenen Faktor 4, den diese *Detached Predatory Behavior* nannten und der ein überfallartiges Täterverhalten ohne vorherige Beziehung zum Opfer beschreibt.

- SVR-20 und STATIC-99 erfassen die beim Sexualdelikt angewandte Gewalt (Faktor 4 resp. Faktor 3). Hier stellt sich allerdings die Frage, ob dies als Indikator für ein hohes Rückfallrisiko oder »nur« für Gefährlichkeit hinsichtlich der Schwere des Rückfalls anzusehen ist – zumindest fanden Rehder & Suhling (2008) einen signifikanten negativen Zusammenhang zwischen aggressiver Tatdurchführung und Rückfall mit einem Sexualdelikt.

- Der MnSOST-R bildet Faktoren, die in der gemeinsamen Faktoren-analyse gering oder gar nicht repräsentiert werden, wie etwa Opferal-ter und Therapie in der Haft. Der letztgenannte Faktor erklärt sich aus der Funktion dieses Verfahrens, nämlich zu einer Entscheidung über eine nachträgliche Unterbringung beizutragen.

5 Abschließende Bemerkungen

Nach Ansicht des Autors sollten für jedes Prognoseverfahren die er-fassten Dimensionen ermittelt und angegeben werden, um sowohl die Interpretation als auch die Einordnung in die Gesamtbeurteilung eines Täters zu erleichtern. Neben dem PCL:SV besitzt lediglich das SVR-20 eine entsprechende Gruppierung der Variablen, wobei allerdings an-zumerken ist, dass diese intuitive Zusammenstellung einer (leichten) Überarbeitung bedarf – zumindest für die Anwendung im Strafvollzug (vgl. Rehder et al., 2004). Zum RRS sind zwar Faktorenanalysen veröf-fentlicht (zuletzt: Rehder & Suhling, 2013), sie finden sich aber nicht im Handbuch dieses Verfahrens.

Wünschenswert aus Sicht des Autors wäre ein Vorgehen bei der Entwicklung zumindest eines Prognoseinstruments wie es im – hin-sichtlich der Bevölkerungszahl – kleinen Minnesota geschieht: Initiiert und finanziert durch die zuständige Behörde (Minnesota Department of Corrections) wurde das MnSOST entwickelt und es wurde durch Rück-falluntersuchungen laufend überprüft und verbessert. Ob allerdings die Möglichkeit und Bereitschaft der kriminologischen Dienste der deut-schen Bundesländer oder der Kriminologische Zentralstelle besteht, eine solche Aufgabe zu übernehmen erscheint zweifelhaft.

Empirisch ermittelte Risikofaktoren: Metaanalysen als Hilfe zur Prognosestellung

Claudia Kurtz

Einleitung

Psychologische bzw. psychiatrische Gutachten zur Prognose von kriminellen Rezidiven werden von Gerichten immer häufiger angefordert. Zur Einordnung des Straftäters in eine bestimmte Risikogruppe stehen dem Gutachter, abgesehen von seinem psychologischen Fachwissen, an empirischen Hilfsmitteln nur psychologische Tests zur Verfügung (z. B. Dahle, 2006). Was bisher fehlte, ist eine Möglichkeit, das Rückfallrisiko einer einzelnen Person anhand des Vergleichs mit einer breiten (Rückfall)-Datenbasis möglichst ähnlicher Straftäter einzuschätzen. Diese Lücke soll mit der vorliegenden Arbeit geschlossen werden. Ein wesentliches Anliegen war, das empirische Wissen über die Rückfallraten aus vielen Einzelstudien in einer Meta-Analyse zusammenzuführen, so dass für Psychologen, Mediziner sowie Juristen die Daten auf dem besten erreichbaren Evidenzniveau zur Verfügung stehen.

Untersuchungsmethode

In die Metaanalyse einbezogen wurden 119 Studien. Diese verteilen sich wie folgt auf die Herkunftsländer:

Herkunftsländer	n Studien
USA	45
Kanada	20
Deutschland	20
Mitteleuropa (Österreich, Schweiz, Frankreich)	3
Großbritannien	13
Skandinavien (Schweden, Norwegen, Dänemark, Finnland, Island)	13
Australien	5

Einige Studien untersuchten mehrere unterschiedliche Tätertypen oder verglichen Behandlungsprogramme. War dies der Fall, so wurde die Studienpopulation entsprechend unterteilt. Dies kann zu Mehrfachnennungen der Studie in unterschiedlichen Subanalysen führen.

Es standen so für die Metaanalyse insgesamt 181 Datensätze aus 119 Studien zur Verfügung, 2.744.203 Täter umfassend.

Eigenschaften der erhobenen Daten

Beobachtungszeiträume

Die Beobachtungszeiträume variierten erheblich. Der kürzeste Beobachtungszeitraum betrug zehn Monate; der längste 64 Jahre, der Median lag bei 60 Monaten. In Studien, in denen die Beobachtungszeiträume variierten (z. B. wenn Probanden zu unterschiedlichen Zeitpunkten aus der Haft entlassen worden waren), wurde die mittlere Beobachtungsdauer als Kennwert gewählt. Häufig war schon in der Originalarbeit nur eine durchschnittliche Beobachtungsdauer der Probanden angegeben, so dass nicht nur die einzelnen Studien, sondern z. T. die in einzelnen Studien beobachteten Probanden unter sehr unterschiedlicher Beobachtungsdauer standen. Dies ist für die prognostische Schätzung von Bedeutung, wie im Folgenden ausgeführt werden wird. Die Inzidenzen der Rückfallstraftaten wurden, um eine gemeinsame Größe zu erhalten, als Inzidenz pro Jahr bzw. im Zeitraum von fünf Jahren umgerechnet. Da Basisraten für Straftaten als Inzidenzen pro 100.000 Einwohner und Jahr angegeben werden, erschien diese Angabe methodisch sinnvoll. Ein großer Teil der untersuchten Studien verwendete außerdem Fünf-Jahres-Beobachtungszeiträume, weshalb eine Berücksichtigung dieser Stufe ebenfalls sinnvoll war. Die größte Studie mit fast zwei Millionen untersuchter Probanden (Edlund, 2001) verwendete einen Katamnesezeitraum von 36 Monaten, so dass für 91 Prozent der in der Metaanalyse untersuchten Probanden dieser Beobachtungszeitraum vorliegt. Der Median der Häufigkeitsverteilung der Katamnesezeiten liegt bei 60 Monaten; 98,7 Prozent der Probanden wurden bis maximal fünf Jahre beobachtet.

Eine deskriptive Analyse der Daten über die Rückfallhäufigkeiten über verschiedene Katamnesezeiträume ergab, dass diese kaum variieren. Eine etwas genauere Analyse getrennt nach Tätergruppen und Rückfalldelikten zeigte jedoch durchaus einen Anstieg der Rückfälle über die Zeit, die annähernd den Ergebnissen anderer Autoren entsprechen (z. B. Dahle, 2010b).

Da die Rückfallwahrscheinlichkeit pro Zeiteinheit mit zunehmender *Time at Risk* (TaR) abnimmt, korreliert die Rückfallwahrscheinlichkeit negativ mit der TaR – allerdings nicht linear, so dass eine verlässliche Extrapolation nicht möglich ist. Vielmehr werden innerhalb der ersten Monate und Jahre nach der Entlassung die meisten Straftäter rückfällig, nach ca. zwei bis drei Jahren (je nach Straftäterpopulation, Rückfalldelikt und Rückfallkriterium) kommen nur noch wenige Täter erneut mit dem Gesetz in Konflikt. Dieses Phänomen kann mit so genannten Überlebenskurven (ebd.) veranschaulicht werden. Für die genaue Berechnung von Rückfallraten wäre also eine Kenntnis der Rückfallzahlen zu verschiedenen Katamnesezeitpunkten wichtig (z. B. in Ein-Jahres-Schritten). Diese Rohdaten sind jedoch selten verfügbar. Die Berechnung von Rückfallraten für zwei Katamnesezeitpunkte soll die durch die notwendige lineare Extrapolation entstandene Ungenauigkeit der Schätzung ein wenig ausgleichen.

Rechtfertigen lässt sich dieses Vorgehen durch die Tatsachte, dass nur eine relativ kleine Gruppe von Straftätern (solche mit Indexdelikt Sexualstraftat, Substanzabhängigkeit sowie mit der Diagnose *Psychopathie)* eine steile ›Abklingkurve‹ haben, d. h. eine hohe Rückfallhäufigkeit innerhalb der ersten zwei Jahre der TaR und einen relativ schnellen Rückgang der Rückfallhäufigkeit innerhalb der nächsten zwei bis drei Jahre. Diese Gruppen machen nur einen Anteil von unter drei Prozent der untersuchten Probanden aus. Für alle anderen Tätergruppen fallen die Abklingraten weniger steil aus; sie nähern sich einem linearen Verlauf an, der die in der Analyse verwendete lineare Berechnung der Rückfallzeiträume von einem bzw. fünf Jahren rechtfertigt.

52 Studien mit einem Gesamtgröße von $n = 2.561.923$ Personen wiesen Katamnesezeiträume von unter 60 Monaten auf. Die Rückfallzahlen dieser Studien wurden entsprechend auf 60 Monate hochgerechnet. Bei zehn dieser Studien erreichte die Zahl der rückfällig gewordenen im Fünf-Jahres-Zeitraum das Gesamt-n der untersuchten Probanden. Um Konfundierungen durch eine Überschätzung der Zahl der Rückfälligen zu vermeiden, wurden diese Studien aus den entsprechenden Analysen ausgeschlossen.

Stichprobengröße

Erhebliche Varianz zeigte auch die Stichprobengröße: Die kleinste (Teil-)Stichprobengröße betrug $n = 6$, die größte $n = 1.844.367$, im Durchschnitt nahmen 15.169 Personen an jeder Studie teil. Der Median der Stichprobengröße betrug $n = 204$ Probanden.

Delikttypen

In vielen Studien wurde genau definiert, was unter *Gewaltdelikt, Sexualdelikt* oder *Delikten ohne Gewalt* zu verstehen ist. In diesen Fällen fiel die Einteilung in die genannten Delikte leicht. Wo es keine derartige Definition gab, wurde auf die in dem jeweiligen Land übliche (juristische) Definition der Straftaten zurückgegriffen. Da in verschiedenen Ländern die Delikttypen uneinheitlich benannt und definiert sind, mussten einheitliche Kriterien gebildet werden, so dass die Daten vergleichbar wurden. In mehreren Ländern (Deutschland, Kanada, USA, Skandinavien) werden Sexualdelikte zu den Gewaltdelikten gezählt, was in den anderen Ländern nicht der Fall ist. Auch einige Studien fassten in ihren Ergebnissen diese beiden Deliktkategorien zusammen. Die daraus resultierende Konfundierung der Daten ist dennoch vernachlässigbar, da sich die Basisraten für Sexualdelikte unter 0,1 Prozent bewegen und damit in der Gesamtheit der Gewaltdelikte nicht ins Gewicht fallen. Außerdem ist bei einem Sexualdelikt immer eine Art von – psychischer und/oder physischer – Gewalt mit im Spiel.

Definition einer Rückfallstraftat

Für jeden Datensatz wurde die Definition der Rückfallstraftat dokumentiert. Aus mehreren Studien ging keine Definition des Rückfallkriteriums hervor. Folgende Definitionen wurden gefunden:

Rückfallkriterium		n Studien
A	Bewährungsverletzung	60
B	Wiederverhaftung oder Rückkehr ins Gefängnis	50
C	Wiederverurteilung	64

Die Vergleichbarkeit von Studien aus unterschiedlichen Ländern wird dadurch erschwert, dass keine einheitliche Definition einer Rückfallstraftat existiert. Besonders relevant ist dies beim Rückfallkriterium *Bewährungsverletzung*. In Deutschland kann schon der nicht angezeigte Wohnortwechsel eines Straftäters eine Verletzung der Bewährungsauflagen bedeuten. Studien, die solche Vergehen als Rückfallkriterium einbeziehen, wurden aus der allgemeinen Metaanalyse ausgeschlossen. Eine Wiederverhaftung bzw. Rückkehr ins Gefängnis ist meist die Folge einer Bewährungsverletzung. Da die Verletzung von Bewährungsauflagen jedoch auch andere Folgen haben kann als eine Rückkehr ins Gefängnis (z. B. die Verschärfung von Bewährungsauflagen oder die Verlängerung der Bewährungszeit), wurde dieses Kriterium gesondert behandelt. Die erneute Verurteilung eines Straftäters ist das ›härteste‹ Rückfallkriterium.

Um den Einfluss der Definition der Rückfallstraftat zu erfassen, wurde eine Analyse der Studien getrennt nach Rückfallkriterien durchgeführt (Metaanalyse 3).

Untersuchte Risikofaktoren

Als Risikofaktoren wurden vier Gruppen von Tätertypen nach dem Indexdelikt unterschieden:
- Gewalttäter,
- Täter ohne Gewaltstraftat,
- undifferenzierte Täter,
- Täter mit Indexdelikt Sexualstraftat.

Diese Einteilung ergab sich einerseits aus den Datensätzen von selbst, da meist nach diesen Kriterien unterschieden wurde. Andererseits erscheint die Unterscheidung auch hinsichtlich der Deliktschwere sinnvoll.

Des Weiteren wurden drei Tätertypen mit psychischer Erkrankung unterschieden:
- psychisch gestörte Täter (allgemein),
- psychisch gestörte Täter mit der Diagnose *Schizophrenie,*
- Täter mit der Diagnose Psychopathie.

Diese Gruppen sind unter den Tätern mit psychischer Erkrankung am häufigsten vertreten und spielen damit auch in der Literatur die größte Rolle.

Ferner wurden die Tätergruppen
- Jugendliche (7-20 Jahre),
- Täter mit Substanzmissbrauch und -abhängigkeit

in der Analyse differenziert, da auch sie in der Gesamtgruppe der Straftäter eine erhebliche Rolle spielen und relativ gut untersucht sind.

Analysen

Vergleich der Rezidivraten mit Basisraten für Delikte bzw. Rückfälle

Die Daten wurden mehreren, unter verschiedenen Gesichtspunkten durchgeführten Auswertungen unterzogen: Auswertung 1 differenziert noch nicht nach Tätertypen. Die Rückfallraten wurden berechnet für *Alle Delikte, Gewaltdelikte, Delikte ohne Gewalt* und *Sexualdelikte.* In Auswertung 2 wurde nach Tätergruppen unterschieden, wodurch eine differenzierte Zuordnung eines zu begutachtenden Probanden möglich wird. Es wurden die oben genannten Tätergruppen untersucht.

Eine Täterstichprobe konnte dabei in mehrere Risikogruppen fallen (z. B. gleichzeitig Gewalttäter und Substanzabhängige). In diesem Fall ging die Studie mehrfach in die Auswertung ein. Für alle Tätergruppen wurden jeweils die Rückfallraten für alle Kategorien von Rezidivdelikten berechnet.

Detailanalysen

Aus den erhobenen Daten und deren Vergleich mit Basisraten der Allgemeinbevölkerung bzw. mit Basisraten für Rückfälle, ergaben sich weiterführende Fragestellungen. Wie oben erwähnt, wurde eine Analyse der Studien getrennt nach ihren Rückfallkriterien durchgeführt (im Weiteren bezeichnet als Analyse 3). Dies erschien als Kontrolle sinnvoll, um zu untersuchen, inwieweit die Rückfallkriterien die Rückfallquoten in den Studien beeinflussen – bei der ›niedrigsten Schwelle‹ der Definition eines Rückfalls (Bewährungsverletzung) würde man die höchsten Rückfallzahlen erwarten, bei der ›höchsten Schwelle‹ (Wiederverurteilung) die niedrigsten.

Da eine nicht geringe Anzahl der Studien die Untersuchung von therapeutischen Methoden und deren Auswirkung auf die Rückfallquoten von Straftätern zum Ziel hatte, erschien es sinnvoll, zu untersuchen, inwieweit die eventuell geringeren Rückfallzahlen nach erfolgreicher Therapie einen ›konfundierenden‹ Effekt auf die Daten haben könnten. Die Ergebnisse dieser Untersuchung sind unter Analyse 4 aufgeführt.

Des Weiteren interessierte der Einfluss des Merkmals *Psychopathie* auf die Rückfallwahrscheinlichkeit von Straftätern. Studien mit den entsprechenden Untersuchungen wurden extrahiert und ihre Daten anhand der Fragen ausgewertet, wie sich die Rückfallwahrscheinlichkeiten von Tätern mit bzw. ohne das Merkmal *Psychopathie* voneinander unterscheiden, und wie hoch die Unterschiede zur Allgemeinbevölkerung ausfallen. Die Ergebnisse sind unter Analyse 5 wiedergegeben.

Ergebnisse

Metaanalyse 1: Vergleich mit der Allgemeinbevölkerung

In diesem Abschnitt sind Schätzungen der gepoolten Inzidenz von Rückfallstraftaten pro Jahr (und die abgeleiteten Risikokennwerte) für die durch bestimmte Risikofaktoren gekennzeichneten Gruppen (z. B. Gewalttäter) für bestimmte Rückfallstraftaten (z. B. Gewaltdelikt) im Vergleich zu der nationalen Basisrate für den entsprechenden Delikttyp angegeben. Dies erlaubt, den gesamten Datensatz zu nutzen, um, nach Adjustierung für den Effekt des Studienlandes, den Effekt des Risikofaktors zu beurteilen (s. Tab. 1).

Metaanalyse 2: Vergleich mit Rückfalltätern

In diesem Abschnitt sind Schätzungen der gepoolten Inzidenz von Rückfallstraftaten pro Jahr bzw. fünf Jahre (und die abgeleiteten Risiko-

Tabelle 1: Schätzungen der Effekte von Prädiktoren auf die Inzidenz von Rückfallstraftaten bezogen auf die länder- und deliktspezischen Basisraten für Straftaten

Kategorien: Zunächst wurden die Berechnungen über alle Tätergruppen, differenziert nur nach Deliktkategorien durchgeführt (Auswertung »Alle Studien«). Eine detailliertere Auswertung folgte nach Tätergruppen, wobei auch Deliktkategorien berücksichtigt wurden (Auswertung »nach Tätergruppen«).

Zeitraum: Für die Analyse verwendeter Katamnesezeitraum. Die Berechnungen wurden auf der Basis von Ein- bzw. Fünf-Jahres-Zeiträumen durchgeführt.

Anzahl Studien: Alle in die entsprechende Kategorie eingegangenen Studien. Wenn die Studie die Einschlussbedingungen für mehrere Kategorien erfüllte, wurde sie mehrfach aufgenommen.

Anzahl Teilnehmer: Anzahl der tatsächlich untersuchten Probanden, aufsummiert über alle eingegangenen Studien.

Davon rückfällig: Absolute Zahl der Rückfälle innerhalb eines Jahres bzw. innerhalb von 5 Jahren in der jeweiligen Kategorie, prozentualer Anteil in Klammern.

Basisrate national: Basisrate für das jeweilige Delikt innerhalb eines Landes. Bei länderunabhängigen bzw. deliktunabhängigen Kategorien wurden die Basisraten der einzelnen Studien gewichtet gemittelt.

Basisrate Rückfall: Basisrate für Rückfälle für die entsprechenden Delikt- und Tätergruppen innerhalb eines Landes. Berechnet aus den Daten der in die Metaanalyse eingegangenen Studien, indem – zusammengefasst nach Ländern und Delikten – die Summe der absoluten Rückfälle zur Summe der Gesamtteilnehmerzahlen ins Verhältnis gesetzt wurde. Studien, deren Katamnesezeitraum unter fünf Jahren lag und deren Rückfallrate gemäß Hochrechnung auf fünf Jahre dann bei 100 Prozent liegen würde, wurden ausgeschlossen.

OR (fixed)/RD (fixed): Gibt das Odds Ratio bzw. die Risk Difference für die jeweilige Kategorie an, mit *fixed effects model* berechnet. Zu beiden Größen ist jeweils das 95%-Konfidenzintervall angegeben (95%-CI). OR < 1: niedrigeres Risiko für Studienteilnehmer, OR = 1: Risiko ist für beide Gruppen gleich, OR > 1: höheres Risiko für untersuchte Studienteilnehmer. OR > 2: höchstens doppelt so hohes Risiko für Studienteilnehmer. – RD: Differenz der Risikowerte zwischen den Gruppen.

NNT: *Number needed to treat;* d. h. die Anzahl Personen, die innerhalb eines Jahres bzw. innerhalb von fünf Jahren inhaftiert bleiben müssten, um ein Delikt der jeweiligen Art zu verhindern.

Kategorien	Zeit-raum	Anzahl Stu-dien	Anzahl Teilneh-mer	davon rückfällig [%]	Basisrate national [%]	OR (fixed)	95%-CI	RD (fixed)	95%-CI	NNT
Effektschätzungen für alle Studien – Alle Delikte, Gewaltdelikte, Delikte ohne Gewalt, Sexualdelikte										
Alle Delikte	1 Jahr	167	2.744.203	355.049 [12,9]	7,0	2,34	2,32; 2,36	0,07	0,07;0,07	15
	5 Jahre	154	2.418.711	1.408.125 [58,2]	34,4	2,39	2,38; 2,41	0,21	0,21; 0,21	4
Gewaltdelikte	1 Jahr	66	551.922	28.810 [5,2]	0,8	9,44	9,09; 9,80	0,04	0,04; 0,04	25
	5 Jahre			144.025 [26,1]	3,3	11,54	11,35; 11,83	0,21	0,21; 0,22	5
Delikte ohne Gewalt	1 Jahr	25	385.829	70.975 [18,4]	5,0	5,07	4,97; 5,18	0,13	0,12; 0,13	8
	5 Jahre	24	113.718	72.785 [64,0]	25,0	7,03	6,93; 7,14	0,43	0,43; 0,44	2
Sexualdelikte	1 Jahr	81	166.358	2.072 [1,3]	0,05	29,43	26,62; 32,54	0,01	0,01; 0,01	100
	5 Jahre			10.397 [6,2]	0,3	33,77	32,20; 35,41	0,07	0,07; 0,07	15
Effektschätzungen nach Tätergruppen										
Gewalttäter – Alle Delikte, Gewaltdelikte, Delikte ohne Gewalt, Sexualdelikte										
Alle Delikte	1 Jahr	34	66.899	8.357 [12,5]	6,3	2,81	3,73; 2,90	0,07	0,07;0,07	15
	5 Jahre	31	66.519	41.379 [62,2]	30,4	4,67	4,59; 4,75	0,35	0,35;0,36	3
Gewaltdelikte	1 Jahr	16	45.537	3.913 [8,6]	0,6	17,35	16,07; 18,73	0,08	0,07; 0,08	13
	5 Jahre			19.572 [43,0]	2,8	26,37	25,49; 27,29	0,39	0,38; 0,39	3
Delikte ohne Gewalt	1 Jahr	5	37.448	3.950 [10,5]	4,4	3,08	2,94;3,23	0,07	0,06; 0,07	15
	5 Jahre			19.749 [43,0]	22,2	4,92	4,79; 5.04	0,34	0,34;0,35	3
Sexualdelikte	1 Jahr	4	36.968	211 [0,6]	0,00031	18,06	12,49; 26,10	0,01	0,00; 0,01	100
	5 Jahre			1.054 [2,9]	0,2	18,39	15,58; 21,69	0,03	0,03; 0,03	34

Forts. S. 298 f.

Kategorien	Zeit-raum	Anzahl Stu-dien	Anzahl Teilneh-mer	davon rückfällig [%]	Basisrate national [%]	OR (fixed)	95%-CI	RD (fixed)	95%-CI	NNT
Täter ohne Gewaltstraftat – Alle Delikte, Gewaltdelikte, Delikte ohne Gewalt, Sexualdelikte										
Alle Delikte	1 Jahr	8	59.517	12.455 [20,9]	7,6	5,62	5,44; 5,81	0,16	0,16; 0,16	7
	5 Jahre	6	7.693	3.346 [43,5]	37,5	2,47	2,35; 2,58	0,20	0,19; 0,21	5
Gewaltdelikte	1 Jahr	3	51.526	3.383 [6,6]	0,6	13,82	12,59; 15,18	0,06	0,06; 0,06	17
	5 Jahre			16.913 [32,8]	3,2	18,81	18,02;19,65	0,30	0,30; 0,31	4
Delikte ohne Gewalt	1 Jahr	5	52.177	8.550 [16,4]	5,3	5,05	4,86; 5,25	0,13	0,12; 0,13	8
	5 Jahre			42.749 [81,9]	26,7	18,52	18,04; 19,02	0,63	0,62; 0,63	2
Sexualdelikte	1 Jahr	2	51.469	86 [0,2]	0,06	5,23	3,50; 7,83	0,001	0,00; 0,001	1.000
	5 Jahre			431 [0,8]	0,3	5,24	4,37; 6,27	0,01	0,01; 0,01	100
Undifferenziert										
Alle Delikte	1 Jahr	33	2.511.578	326.885 [13,0]	6,9	2,45	2,42; 2,48	0,07	0,07; 0,08	15
	5 Jahre	29	2.238.563	1.327.194 [59,3]	33,7	2,80	2,78; 2,82	0,25	0,25; 0,25	4
Gewaltdelikte	1 Jahr	12	424.810	20.218 [4,8]	2,4	6,85	6,49; 7,22	0,03	0,03; 0,03	34
	5 Jahre			101.088 [23,8]	4,5	8,71	8,50; 8,93	0,16	0,16; 0,16	7
Delikte ohne Gewalt	1 Jahr	3	284.688	57.625 [20,2]	5,0	6,26	6,07; 6,46	0,16	0,15; 0,16	7
	5 Jahre	2	12.577	6.032 [48,0]	28,2	4,00	3,85; 4,16	0,29	0,28; 0,30	4
Sexualdelikte	1 Jahr	3	1.527	26 [1,7]	0,08	20,44	13,43; 31,11	0,02	0,01; 0,02	50
	5 Jahre			131 [8,6]	0,4	22,52	18,54; 27,35	0,08	0,07; 0;10	13
Täter mit Indexdelikt Sexualstraftat – Alle Delikte, Gewaltdelikte, Delikte ohne Gewalt, Sexualdelikte										
Alle Delikte	ND									
Gewaltdelikte	1 Jahr	17	17.171	795 [4,6]	1,0	5,56	5,15; 6,01	0,04	0,03; 0,04	25
	5 Jahre			3.967 [23,1]	5,2	4,22	4,06; 4,38	0,17	0,16; 0,17	6
Delikte ohne Gewalt	ND									
Sexualdelikte	1 Jahr	69	65.650	1.723 [2,6]	0,05	45,14	40,33; 50,52	0,03	0,02; 0,03	34
	5 Jahre			8.645 [13,2]	0,26	51,75	49,17; 54,48	0,13	0,13; 0,13	8
Psychisch kranke Täter (allgemein)										
Alle Delikte	ND									
Gewaltdelikte	1 Jahr	19	3.339	170 [5,1]	0,7	6,28	5,37; 7,34	0,04	0,04; 0,05	25
	5 Jahre			711 [21,3]	3,7	6,06	5,58; 6,59	0,17	0,16; 0.18	6
Delikte ohne Gewalt	1 Jahr	3	340	10 [2,9]	5,7	0,53	0,28; 0,99	−0,02	−0,04; −0,01	ND
	5 Jahre			49 [14,4]	28,5	0,44	0,33; 0,60	−0,13	−0,16; −0,09	ND
Sexualdelikte	1 Jahr	4	186	4 [2,1]	0,03	73,25	26,69; 201,03	0,02	0,00; 0,04	50
	5 Jahre			20 [10,8]	1,5	80,22	50,02;128,63	0,11	0,06; 0,15	9
Diagnose Schizophrenie										
Alle Delikte	ND									
Gewaltdelikte	1 Jahr	6	703	22 [3,1]	0,8	3,97	2,60; 6,05	0,02	0,01; 0,04	50
	5 Jahre			116 [16,5]	3,8	4,56	3,73; 5,57	0,12	0,10; 0,15	9
Delikte ohne Gewalt	keine Studien									
Sexualdelikte	zu wenige Studien									
Täter mit Diagnose Psychopathie – Alle Delikte, Gewaltdelikte, Delikte ohne Gewalt, Sexualdelikte										
Alle Delikte	ND									
Gewaltdelikte	1 Jahr	9	935	69 [7,4]	1,4	5,59	4,36; 7,16	0,06	0,04; 0,08	17
	5 Jahre			346 [37,0]	4,6	13,97	12,20; 16,00	0,33	0,30; 0,36	3
Delikte ohne Gewalt	keine Studien									
Sexualdelikte	keine Studien									

Kategorien	Zeit-raum	Anzahl Stu-dien	Anzahl Teilneh-mer	davon rückfällig [%]	Basisrate national [%]	OR (fixed)	95%-CI	RD (fixed)	95%-CI	NNT
Jugendliche										
Alle Delikte	1 Jahr	5	892	102 [11,4]	5,7	2,39	1,95; 2,94	0,06	0,04; 0,08	17
	5 Jahre			510 [57,2]	28,6	3,81	3,34; 4,35	0,32	0,29; 0,35	4
Gewaltdelikte	keine Studien									
Delikte ohne Gewalt	keine Studien									
Sexualdelikte	keine Studien									
Diagnose Substanzabhängigkeit										
Alle Delikte	1 Jahr	8	11.352	1.837 [16,2]	6,7	4,17	3,94; 4,42	0,12	0,11; 0,12	9
	5 Jahre	7	11.202	9.023 [80,5]	32,4	13,29	12,67;13,94	0,59	0,58; 0,59	2
Gewaltdelikte	1 Jahr	5	11.167	468 [4,2]	0,5	8,52	7,55; 9,61	0,04	0,03; 0,04	25
	5 Jahre			2.340 [21,0]	27,2	10,12	9,56; 10,72	0,18	0,18; 0,19	6
Delikte ohne Gewalt	1 Jahr	3	10.508	826 [7,9]	4,2	2,24	2,07; 2,42	0,04	0,04; 0,05	25
	5 Jahre			4.128 [39,3]	20,8	2,89	2,77; 3,01	0,21	0,20; 0,22	5
Sexualdelikte	1 Jahr	2	10.254	14 [0,14]	0,031	4,30	2,31; 8,01	0,005	0,005; 0,005	200
	5 Jahre			70 [0,7]	0,2	4,32	3,27; 5,71	0,01	0,00; 0,01	100

** *kein* signifikanter Effekt (*P* > 0,05).
+ niedrige Rückfallquote, da alle Studien der Kategorie »allgemeine Rückfälle« Gewaltrückfällen entsprechen.

kennwerte) für die durch bestimmte Risikofaktoren gekennzeichneten Gruppen (z. B. *Gewalttäter)* für bestimmte Rückfallstraftaten (z. B. *Gewaltdelikt)* im Vergleich zu der nationalen Basisrate für den entsprechenden Delikttyp und Rückfalltäter angegeben.

Für den Anwender besteht somit die Möglichkeit, den fraglichen Probanden bezüglich seines Rückfallrisikos einmal mit der Gesamtbevölkerung zu vergleichen *(Wie hoch ist das Tatrisiko meines Probanden im Vergleich zur Auftretenshäufigkeit dieses Delikts in der Allgemeinbevölkerung?),* und zum zweiten mit einer Population von rückfällig gewordenen Straftätern *(Wie hoch ist das Rückfallrisiko meines Probanden im Vergleich zu einer ihm möglichst ähnlichen Straftäterpopulation?).*

Dies lässt sich an folgendem Beispiel verdeutlichen: Die Inzidenz von Rückfallstraftaten innerhalb eines Jahres liegt (über alle Studien) bei 355.049/2.744.203 = 12,9 Prozent. Vergleicht man dies mit der erwarteten Inzidenz von Straftaten innerhalb eines Jahres innerhalb einer nicht selektierten Population (7,0%), so ergibt sich für bereits Verurteilte allgemein eine Number-Needed-to-Treat (NNT) von 14,3, d. h. 15 Verurteilte müssen über ein Jahr in Haft verbleiben, um eine Straftat in diesem Zeitraum zu verhindern. Um eine individuelle Kriminalprognose abzugeben, soll ferner untersucht werden, wie bestimmte Merkmale das Rückfallrisiko verändern. Dies geschieht durch Zuordnung des Probanden zu verschiedenen Gruppen in den Analysen des Abschnitt 2. Weist er z. B. das Merkmal *Straftäter mit Indexdelikt Sexualstraftat* auf, so ergibt sich (Tab. 2 nach Tätergruppen) eine NNT von 100. Einhundert solcher Täter müssten ein Jahr in Haft bleiben, um eine neue Sexualstraftat zu verhindern.

An der Tabelle 2 fällt auf, dass die meisten untersuchten Faktoren keinen Einfluss auf die kriminelle Rückfallwahrscheinlichkeit erkennen lassen, wenn der Vergleich mit einer Population von Verurteilten erfolgt. Die möglichen Ursachen werden anschließend erörtert.

Tabelle 2: Schätzungen der Effekte von Prädiktoren auf die Inzidenz von Rückfallstraftaten bezogen auf die länder- und deliktspezifischen Basisraten für Rückfallstraftaten

Kategorien	Zeit-raum	Anzahl Stu-dien	Anzahl Teilneh-mer	davon rückfällig [%]	Basisrate für Rück-fälle [%]	OR (fixed)	95%-CI	RD (fixed)	95%-CI	NNT
Effektschätzungen für alle Studien – Alle Delikte, Gewaltdelikte, Delikte ohne Gewalt, Sexualdelikte										
Alle Delikte	ND									
Gewaltdelikte	ND									
Delikte ohne Gewalt	ND									
Sexualdelikte	1 Jahr	80	16.5740	2.054 [1,2]	0,7	1,27	1,20; 1,34	0,005	0,00; 0,01	200
	5 Jahre	79	16.5728	10.294 [6,2]	4,7	1,08	1,05; 1,10	0,0016*	0,00; 0,01	63
Effektschätzung nach Tätergruppen – Alle Delikte, Gewaltdelikte, Delikte ohne Gewalt, Sexualdelikte										
Gewalttäter										
Alle Delikte***	5 Jahre	31	66.519	41.379 [62,2]	58,7	1,12	1,10; 1,14	0,03	0,02; 0,03	34
Gewaltdelikte	1 Jahr	16	45.537	3.913 [8,6]	5,2	1,72	1,66; 1,78	0,03	0,03; 0,04	34
	5 Jahre			19.572 [43,0]	26,1	2,16	2,12; 2,20	0,17	0,17; 0,17	6
Delikte ohne Gewalt	ND									
Sexualdelikte	ND									
Täter ohne Gewaltdelikte										
Alle Delikte	1 Jahr	8	59.517	12.456 [20,9]	13,7	1,36	1,33; 1,38	0,05	0,04; 0,05	20
Gewaltdelikte	1 Jahr	3	51.526	3.383 [6,6]	5,2	1,26	1,22; 1,31	0,01	0,01; 0,01	100
	5 Jahre			16.913 [32,8]	26,0	1,37	1,34; 1,39	0,07	0,06; 0,07	15
Delikte ohne Gewalt	5 Jahre	5	52.177	42.749 [81,9]	63,1	2,59	2,53; 2,66	0,18	0,17; 0,18	6
Sexualdelikte	ND									
Undifferenzierte Täter										
Alle Delikte	ND									
Gewaltdelikte	ND									
Delikte ohne Gewalt	1 Jahr	3	284.688	57.625 [20,2]	18,5	1,10	1,09; 1,11	0,01	0,01; 0,02	100
Sexualdelikte	ND									
Täter mit Indexdelikt Sexualstraftat										
Alle Delikte	ND									
Gewaltdelikte***	5 Jahre	17	17.071	3.972 [23,3]	25,7	1,11	1,06; 1,16	0,02	0,01; 0,02	50
Delikte ohne Gewalt	ND									
Sexualdelikte	1 Jahr	69	65.650	1.723 [2,6]	0,7	1,69	1,59; 1,79	0,01	0,01; 0,01	34
	5 Jahre			8.633 [13,2]	4,8	1,29	1,26; 1,33	0,02	0,02; 0,03	50
Psychisch kranke Täter (allgemein)										
Alle Delikte	ND									
Gewaltdelikte	1 Jahr	20	3.577	153 [4,2]	3,1	1,39	1,18; 1,65	0,01	0,01; 0,02	100
	5 Jahre			771 [21,3]	14,9	1,56	1,43; 1,69	0,027	0,05; 0,08	15

Kategorien	Zeit-raum	Anzahl Stu-dien	Anzahl Teilneh-mer	davon rückfällig [%]	Basisrate für Rück-fälle [%]	OR (fixed)	95%-CI	RD (fixed)	95%-CI	NNT
Delikte ohne Gewalt	zu wenige Studien									
Sexualdelikte	ND									
Diagnose Schizophrenie										
Alle Delikte	ND									
Gewaltdelikte	1 Jahr**	6	703	23 [3,3]	3,1	1,05	0,69; 1,59	0,002*	−0,01; 0,01	500
	5 J. **			116 [16,5]	14,9	1,10	0,90; 1,35	0,01	−0,01; 0,04	100
Delikte ohne Gewalt	keine Studien									
Sexualdelikte	keine Studien									
Diagnose Psychopathie										
Alle Delikte	ND									
Gewaltdelikte	1 Jahr	9	935	69 [7,4]	3,1	2,37	1,84; 3,06	0,04	0,02; 0,06	25
	5 Jahre			346 [37,0]	15,2	3,13	2,72; 3,58	0,21	0,18; 0,24	5
Delikte ohne Gewalt	keine Studien									
Sexualdelikte	keine Studien									
Jugendliche										
Alle Delikte***	5 Jahre	5	892	510 [57,2]	57,5	1,21	1,06; 1,39	0,05	0,02; 0,08	20
Gewaltdelikte	keine Studien									
Delikte ohne Gewalt	keine Studien									
Sexualdelikte	keine Studien									
Substanzabhängige										
Alle Delikte	1 Jahr**	8	11.352	1.836 [16,2]	14,1	1,01	0,96; 1,07	0,02	0,00; 0,02	50
	5 Jahre	7	11.202	9.023 [80,5]	58,4	3,07	2,92; 3,22	0,22	0,22; 0,23	5
Gewaltdelikte	ND									
Delikte ohne Gewalt	ND									
Sexualdelikte	ND									
Gesamtzahl der Studien: 167										

* Ungenaue Berechnung der RD (RD > 0.000)
** Test der Effektstärke nicht signifikant (*p* > 0,05).
*** Positive RD, obwohl BR für Rückfälle größer als Rückfallrate der Studien

Analyse 3: Effekte unterschiedlicher Definitionen des Rückfallkriteriums

Diese Analyse wurde zur Beantwortung der Frage durchgeführt, welchen Effekt die unterschiedlichen Definitionen des Rückfallkriteriums auf die Inzidenz der Rückfälle haben. Tabelle 3 zeigt die gewichteten mittleren Rückfallraten für einen Fünf-Jahres-Zeitraum, getrennt nach Ländern und in den Studien auftauchenden Rückfallkriterien. Insgesamt wurden alle drei Rückfallkriterien ähnlich häufig verwendet: Kriterium C in 35 Prozent der Studien, Kriterium A in 33 Prozent der Studien, Kriterium B in 27 Prozent der Studien. In fünf Prozent der Studien war kein Rückfallkriterium ersichtlich.

Da das Rückfallkriterium A *(Bewährungsverletzung)* die ›niedrigste Schwelle‹ für einen Rückfall darstellt, würde man für die Studien, die

Tabelle 3: Analyse über die Effekte unterschiedlicher Definitionen der Rückfallstraftat, gewichtete mittlere Rückfallraten/fünf Jahre

Land	Rückfallkriterium		
	A Bewährungsverletzung [N]	B Wiederverhaftung [N]	C Wiederverurteilung [N]
Gesamt	94,0% [302.727]	63,3% [412.261]	59,0% [1.965.452]
USA	95,7% [296.767]	69,4% [354.851]	45,5% [95.459]
Deutschland	41,0% [1.927]	2,4% [1.096]	43,7% [9.281]
Kanada	22,8% [3.922]	24,9% [50.377]	80,6% [2.877]
Großbritannien	–	11,0% [1.704]	54,3% [2.549]
Skandinavien	27,9% [111]	9,4% [682]	59,8% [1.853.973]
Australien	–	51,1% [3.410]	59,0% [173]

dieses Rückfallkriterium verwendeten, die höchsten Rückfallquoten erwarten. Wie Tabelle 3 zeigt, ist dies im Gesamtvergleich sowie im Ländervergleich bei den USA auch der Fall.

In den anderen Fällen, in denen das wesentlich ›härtere‹ Rezidivkriterium C *(Wiederverurteilung)* höhere Rezidivraten erreicht (Kanada, Großbritannien, Skandinavien), müssen die Daten genauer betrachtet werden. Erklärt werden kann dieses Phänomen damit, dass das Rückfallkriterium *Bewährungsverletzung* in vielen Studien verwendet wurde, die Tätergruppen mit geringen Rückfallraten untersuchten (z. B. psychisch gestörte Täter oder Substanzabhängige). So liegt der Anteil an Studien, die psychisch kranke Täter untersuchen, in der Gruppe mit Rückfallkriterium A mit 25 Prozent deutlich über deren Anteil an den Gesamtstudien (15%). Studien hingegen, die Täter mit hohen Rückfallquoten untersuchen (z. B. Gewalttäter, Nicht-Gewalttäter oder undifferenzierte Täter) sind unter den Studien mit Rückfallkriterium A unterrepräsentiert. So kommen Studien mit Nicht-Gewalttätern und diesem Rückfallkriterium gar nicht vor.

Ein Problem bei der Interpretation der Ergebnisse der Rückfallkriterien B und C bereitet das Ungleichgewicht der Anzahl der Probanden in den Studien mit Kriterium B und C. Beispielsweise wurde nur in einer einzigen deutschen und einer britischen Studie Rückfallkriterium B angewandt (Yesavage et al., 1986; Hart et al., 2007). Auch in den kanadischen, skandinavischen und australischen Untersuchungen kommen die Studien mit Rückfallkriterium B nur auf geringe Probandenzahlen aus zwei bis drei unterschiedlichen Studien. Ein Großteil der untersuchten Probanden zählt zu den Tätern mit per se geringerem Rückfallrisiko (psychisch kranke Straftäter). Die untersuchten Täter mit Sexualdelikt wurden auf allgemeine bzw. Gewaltrückfälle hin untersucht, Kategorien, in denen diese Tätergruppe ebenfalls ein eher geringes Rückfallrisiko aufweist.

Für die unerwartet hohen Rückfallraten bei Kriterium C lassen sich unterschiedliche Erklärungen finden. In den skandinavischen und deutschen Studien wurden vor allem ›allgemeine Gefängnispopulationen‹ untersucht, d. h. Straftäter, die ein hohes Rückfallrisiko aufweisen. Speziell in einer deutschen Studie wurden sogenannte ›Karrieretäter‹ mit einem besonders hohen Rückfallrisiko untersucht (Dünkel & Geng, 1994), sowie in einer sehr großen skandinavischen Studie Straftäter mit langen Vorstrafenregistern und einer Rückfallwahrscheinlichkeit von über 80 Prozent (Edlund, 2001). Bei Probanden mit einem derart hohen Rückfallrisiko sind auch bei sehr streng angelegten Rückfallkriterien hohe Rückfallraten zu erwarten.

Im Fall von Kanada und Großbritannien macht sich wiederum eine bereits erwähnte Einschränkung in der Berechnung der Rückfallraten bemerkbar: Ein großer Teil der Probanden stammt aus Studien mit Katamnesezeiten unter 60 Monaten, deren Rückfallraten entsprechend auf 60 Monate hochgerechnet wurden und die somit Rückfallraten von $n = N$, also 100 Prozent, erreichten. Bei den kanadischen Studien machen diese Probanden einen Anteil von ca. 45 Prozent aus, bei den britischen Studien sogar einen Anteil von ca. 65 Prozent. Eine Interpretierbarkeit der Daten ist somit nicht mehr gegeben.

Weitere Konfundierung wird eingebracht, da die juristischen Voraussetzungen für das Eintreten des kriminellen Rückfalls und damit die Wahrscheinlichkeit des Eintretens (z. B. für Bewährungsbruch) von Land zu Land variieren, so dass auch Studien, die von der Bezeichnung her dasselbe Rückfallkriterium verwenden, nicht direkt verglichen werden können.

Analyse 4: Effekte von Therapieprogrammen

Einige der ausgewerteten Studien (wie z. B. Cornu, 1973; Dix, 1976; Hanson et al., 2002) untersuchten die Effekte von Medikamenten oder Psychotherapien. Erfolgreiche Therapien könnten zu falsch-niedrigen Rückfallraten führen. Die Metaanalyse zeigte, dass von 93.014 Verurteilten mit dem Merkmal *Sexualstraftat als Indexdelikt* 13.261 (14,3%) therapiert wurden. Allerdings verglichen nur sieben der 32 Studien eine Versuchsgruppe (mit Therapie) mit einer Kontrollgruppe (ohne Therapie). Die Analyse dieser Studien ergab, ohne nach unterschiedlichen Therapiemethoden (psychotherapeutisch, sozialtherapeutisch oder pharmakologisch) zu differenzieren, für die Therapierten ($n = 5.604$) ein niedrigeres Fünf-Jahres-Rückfallrisiko gegenüber nicht Therapierten ($n = 4.691$) von 34,4 Prozent vs. 49,3 Prozent (OR = 0,55, 95%-CI [0,51; 0,60]; RD = −0,14, 95%-CI [−0,16; −0,12]). Dieser Unterschied erscheint durchaus bemerkenswert und spricht dafür, an anderer Stelle zu untersuchen, welche therapeutischen Einflussfaktoren tatsächlich wirksam sind. Für andere Tätergruppen liegen keine Daten über den Einfluss von Therapien vor. Da die Gruppe der Probanden, die eine Therapie erhalten haben, nur einen Anteil von 0,5 Prozent an der Gesamtheit aller untersuchten Probanden ausmacht, ist die Annahme gerechtfertigt, dass eine Verzerrung der Ergebnisse der Metaanalyse wenn überhaupt, nur geringfügig zu erwarten ist.

Des Weiteren wurden die einschlägigen Rückfallraten von Personen mit Sexualstraftat als Indexdelikt mit den Basisraten für Sexualdelikte in der Bevölkerung in einem Fünf-Jahres-Zeitraum verglichen. Erwartungsgemäß zeigte sich sowohl für Probanden, die eine Therapie erhalten hatten, als auch für diejenigen, die sie verweigert hatten, ein erheblich erhöhtes Risiko (OR 114,21, 95%-CI [97,53; 133,75] für Probanden mit Therapie, OR = 174,43; 95%-CI [148,68; 204,63] für Probanden ohne Therapie).

Um diese Werte richtig einordnen zu können, muss man sich allerdings klar machen, dass diese Zahlen keine absoluten Risikowerte darstellen: Bei einer Basisrate von 0,03 Prozent pro Jahr für Sexualdelikte in den untersuchten Studienländern bleibt selbst ein 170-fach erhöhtes Risiko überschaubar.

Analyse 5: Effekte des Merkmals »Psychopathie« auf die Rückfallhäufigkeit

Wie später weiter ausgeführt wird, konnte der viel diskutierte Einfluss psychischer Erkrankungen auf die Rezidivhäufigkeit hier nicht gefunden werden. Eine Ausnahme bildet das Merkmal *Psychopathie*. Aus einigen Studien zur PCL-R ließen sich Rückfalldaten von Hoch- bzw. Niedrigrisiko-Gruppen extrahieren (Grann et al., 1999; Hare et al., 2000; Langström & Grann, 2002; Tengström et al., 2000). Es handelte sich hierbei um Verurteilte, die mit Hilfe der PCL-R in *Psychopathen* ($n = 408$) vs. *Nicht-Psychopathen* ($n = 444$) eingeteilt wurden. Es wurde ein Beobachtungszeitraum von zwei Jahren zugrunde gelegt. Jede Studie verwendete einen anderen *Cut-off* zur Trennung der Probanden in *Psychopathen* bzw. *Nicht-Psychopathen* (Grann & Langström: PCL-Summenscore = 22; Hare et al.: PCL-Summenscore = 25; Langström & Grann: PCL-Summenscore = 26). Die Metaanalyse der Rückfallraten zeigte, dass das Merkmal *Psychopathie* mit einem erheblich erhöhten Risiko für Gewalttaten im Vergleich zur Allgemeinbevölkerung assoziiert war (OR = 39,23; 95%-CI [30,46; 50,04]).

Die in diesen Studien nicht mit dem Merkmal *Psychopathie* versehenen Straftäter zeigten ein geringeres, im Vergleich zur Allgemeinbevölkerung jedoch noch immer stark erhöhtes Risiko für Gewalttaten als Rückfalldelikt (OR = 16,52; 95%-CI [13,23; 20,63]). Insgesamt 38,7 Prozent der Straftäter mit PCL-Werten über den *Cut-offs* verübten innerhalb von zwei Jahren eine (erneute) Gewalttat, im Gegensatz zu 27,9 Prozent der Straftäter mit PCL-Werten unterhalb des *Cut-offs,* wogegen die Basisrate von Gewalttaten in der Allgemeinbevölkerung der untersuchten Studienländer bei 1,7 Prozent im selben Zeitraum liegt.

Der Vergleich von High- und Low-Scorern ergab erwartungsgemäß ein höheres Rückfallrisiko bei High-Scorern (38,7% vs. 27,9% im Zwei-Jahres-Zeitraum; OR = 2,42; 95%-CI [1,61; 3,65]).

Vergleich verschiedener Tätermerkmale mit der Häufigkeit von Rückfalldelikten

Zahlreiche Studien nennen bestimmte Tätermerkmale als Risikofaktoren für Rückfälligkeit (z. B. Andrews & Bonta, 1998: *big four).* Der metaanalytische Vergleich der Rückfallraten zeigt aber, dass solche ›Faustregeln‹, z. B. ›Gewalttäter haben höhere Rückfallraten‹ – obwohl heuristisch einleuchtend und reliabel zu erheben – differenzierter zu betrachten sind. Wie in Abbildung 1 veranschaulicht, ist das Merkmal *Gewalttat als Indexdelikt* in Bezug auf allgemeine Rückfälligkeit nicht mit einer höheren allgemeinen Rückfallgefahr assoziiert. Bei Rückfalldelikten ohne Gewalt haben als *Gewalttäter* eingestufte Probanden sogar ein deutlich geringeres Risiko als solche, die eine *Nicht-Gewalttat* als Indexdelikt vorweisen. Das Risiko für eine Gewalttat als Rückfall-

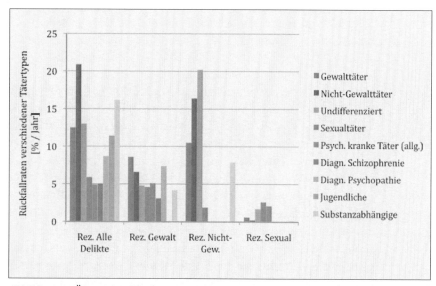

Abbildung 1: Übersicht über die Assoziation verschiedener Merkmale mit der Frequenz von Rückfalldelikten (kleinstes *n* = 186, Straftäter mit psychischen Erkrankungen; Rückfall Sexualdelikte)

delikt ist bei *Gewalttätern* im Vergleich zu den anderen Tätergruppen jedoch am höchsten.

Grundsätzlich weist jede nach dem Indexdelikt definierte Gruppe *(Gewalttat, Nicht-Gewalttat* bzw. *undifferenzierte Tat* und *Sexualstraftat)* in ›ihrer‹ jeweiligen Deliktkategorie im Vergleich zu den anderen Tätertypen die höchste Rückfallrate auf. Angehörige der Gruppe *undifferenzierte Täter* können, davon ausgehend, dass es sich um eine ›durchschnittliche Gefängnispopulation‹ handelt, zum großen Teil zu Nicht-Gewalttätern gezählt werden. Hierzu passt ihre hohe Rückfallrate bei Nicht-Gewaltdelikten. Abweichend davon werden Personen mit dem Indexdelikt Gewaltstraftat auch häufig mit Nicht-Gewaltdelikten rückfällig. Dies mag ein Hinweis auf eine Störung der Impulskontrolle sein. Personen mit dem Indexdelikt *Sexualstraftat* lassen im Vergleich zu anderen Tätertypen ein geringeres Rückfallrisiko erkennen, was allgemeine und Nicht-Gewaltdelikte angeht.

Abbildung 1 zeigt eine graphische Übersicht über die Assoziation verschiedener Merkmale mit der Frequenz von Rückfalldelikten.

Anwendungsbeispiel

Das praktisch direkt verwendbare Ergebnis dieser Metaanalyse stellen die Tabellen 1 und 2 dar. Es besteht dadurch die Möglichkeit, einen konkreten Probanden hinsichtlich seines Rückfallrisikos mit verschiedenen Gruppen zu vergleichen. Der Vergleich kann und soll in Hinblick auf mehrere Faktoren erfolgen. Ein Beispiel mag dies veranschaulichen:

Der 40 Jahre alte Proband ist bisher neben einigen Einbruchdiebstählen vor allem durch Gewalttaten aufgefallen, und verbüßt nun eine 3-jährige Freiheitsstrafe ohne Bewährung. Nach zwei Dritteln der Haftzeit steht die Aussetzung der Reststrafe zur Bewährung im Raum. Aufgrund seiner Vorgeschichte muss Herr K. der Gruppe *Indexdelikt Gewalttat* zugeordnet werden. Aus Tabelle 1 kann entnommen werden, dass das Risiko für eine erneute Gewalttat für diese Gruppe bei 8,6 Prozent/Jahr liegt. Die Basisrate für Gewalttaten in der Bevölkerung liegt bei 0,6 Prozent/Jahr. Daraus ergibt sich eine Odds Ratio von 17,4, d. h., die Wahrscheinlichkeit, eine Gewalttat zu begehen, ist für Täter seines Typs beträchtlich höher als das für die Allgemeinbevölkerung. Ein anschaulicheres Maß stellt die Risk Difference dar, die hier 0,08 beträgt. Daraus ergibt sich eine NNT von 12,5, d. h. es müssten ca. 13 Personen ein Jahr in Haft verbleiben, um eine Gewaltstraftat innerhalb dieses Zeitraums zu verhindern. Der Vergleich mit einer allgemeinen Straftäterpopulation (Tab. 2) ergibt allerdings ein nur geringfügig höheres Risiko für Gewaltstraftaten bei Gewaltstraftätern (OR = 1,72) und eine RD von 0,03, woraus sich eine NNT von 34 ergibt. Mithin ist Herr

K. deutlich gefährlicher als eine Person der Allgemeinbevölkerung, aber nur wenig gefährlicher hinsichtlich der Verurteiltenpopulation, der er ohnehin bereits angehört.

Unter der Annahme, der Proband sei bezüglich einer durch einen Indexdelikttyp definierten Gruppe nicht eindeutig zuzuordnen, aber an Schizophrenie erkrankt, lässt sich eine Risikoabschätzung im Abschnitt ›Diagnose Schizophrenie‹ von Tabelle 1 vornehmen. Hier ist in der Kategorie ›Alle Delikte‹ unter NNT das Kürzel ›ND‹ (nicht definiert) vermerkt. Dies bedeutet, wie oben erläutert, dass kein Unterschied zwischen dem Tatrisiko der Experimentalgruppe (an Schizophrenie Erkrankten) und demjenigen der Vergleichsgruppe (Allgemeinbevölkerung) besteht.

Das Problem eines zu geringen Unterschieds zwischen Experimental- und Vergleichsgruppe ist vor allem beim Vergleich von Tat- und Tätergruppen mit der Basisrate für Rückfalltäter häufig. Wie oben erläutert, mussten die Basisraten für Rückfälle aus den in die Metaanalyse eingegangenen Daten berechnet werden, wodurch ein geringer Unterschied zwischen den Vergleichsgruppen impliziert ist. Eine ›nicht definierte‹ NNT entsteht immer dann, wenn die Tat- bzw. Rückfallwahrscheinlichkeit in der Vergleichsgruppe höher ist als in der Experimentalgruppe. Dieser Umstand führt zu einer negativen RD, die wiederum die Berechnung einer NNT unmöglich macht (die Division durch eine negative Zahl hätte eine negative NNT zur Folge).

Bedeutung einzelner Risikofaktoren

Risikofaktor ›Vorstrafe‹

Für alle Typen von Straftaten ist das Risiko einer bereits verurteilten Person, eine beliebige Straftat zu begehen, wesentlich höher als in der allgemeinen Bevölkerung (Tab. 1: ›Alle Studien‹). Die NNT pro Jahr variiert je nach Rückfalldelikt zwischen acht *(Nicht-Gewaltdelikte)* und 100 *(Sexualdelikte)*. Die Daten stützen somit keineswegs die Idee, dass eine Verurteilung erzieherisch und damit abschreckend wirkt. Vielmehr ist eine Verurteilung allgemein ein Risikofaktor für erhöhte künftige Delinquenz. Die Ursachen dieses Umstands können aus den Daten der hier vorliegenden Studie nicht erklärt werden. Mögliche Ursachen sind,

a) dass die Risikobewertung von Tätern von der einer nicht straffälligen Population grundlegend abweicht, so dass mögliche negative Konsequenzen auch dann nicht von einer neuen Tat abschrecken, wenn solche Konsequenzen bereits erlebt wurden;

b) mag die weiter erhöhte Deliktfrequenz nicht ein für die Population allgemein gültiges Merkmal sein, sondern durch eine erheblich erhöhte Rückfallrate einer Subpopulation verursacht sein;

c) ist es möglich, dass weder der Umstand der Verurteilung zu einer Haftstrafe noch ein im Sinn der Psychopathie fehlendes Lernen aus Strafe die Ursache anhaltender Delinquenz ist, sondern die negativen sozialen Folgen der Inhaftierung, wie ausbleibende Integration im Erwerbsleben, die Personen in Richtung weiterer Delikte drängt.

Risikofaktor ›Indexdelikt‹

In Abbildung 1 fällt die hohe Rückfallhäufigkeit von Personen mit dem Indexdelikt Nicht-Gewalttat auf, welches in Bezug auf allgemeine Rückfälle und Rückfälle ohne Gewalt im Vergleich zu den anderen Indexdeliktgruppen um ein Drittel oder mehr erhöht ist. Eine korrektive Maßnahme i. S. einer gerichtlich verhängten Strafe scheint in dieser Tätergruppe das Ziel der Verhinderung weiterer Straftaten nicht zu erfüllen. Das Indexdelikt Gewalttat ist in Bezug auf erneute Gewalttaten verglichen mit den anderen Indexdeliktgruppen mit einer höheren Frequenz von Rückfalldelinquenz assoziiert (Tab. 1: ›nach Tätergruppen‹). Die Ursache könnte eine Störung der Impulskontrolle sein, die Gewalttäter anfällig dafür macht, in Konfliktsituationen mit Gewalt zu reagieren. Auch die Zugehörigkeit zu einem gewaltbestimmten kriminellen Milieu ist für diese Tätergruppe denkbar. Aber auch das Risiko von Personen mit dem Indexdelikt *Nicht-Gewalttat,* als Rückfalldelikt eine Gewalttat zu begehen, erscheint relativ hoch (NNT/Jahr = 17). Anzumerken ist, dass die Populationen nicht streng getrennt sind, vielmehr diente das Indexdelikt, d. h. die letzte Verurteilung, als Ordnungskriterium.

Das Indexdelikt *Sexualdelikt* scheint mit einer recht spezifischen Rückfalldelinquenz, nämlich Sexualdelikte (NNT/Jahr = 34) und Gewaltdelikte (NNT/Jahr = 25) assoziiert, während Nicht-Gewaltdelikte keine Rolle spielen. Um diesen Befund näher zu diskutieren, wären weitere Informationen zu den Studienpopulationen erforderlich, etwa ob die Deliktgeschichte das Ergebnis bestätigt, oder ob sich darin Populationen mit fixierter sexueller Deviation befinden. Teilweise sind wohl beide Bedingungen erfüllt (vgl. z. B. Briken et al., 2000; Broadhurst & Loh, 1993; 2003; Cabeen & Coleman, 1961). Hier ist also Vorsicht geboten, ob das Ergebnis durch eine Selektion der Sexualdelinquenten in Richtung höherer Delikthäufung verzerrt ist.

Risikofaktor ›jugendlicher Täter‹

Auffällig ist das hohe allgemeine Rückfallrisiko (ca. 11%/Jahr) jugendlicher Straftäter (bis 20 Jahre). Aufgrund der geringen Fallzahl in dieser Kategorie konnte nicht nach Index- oder Rückfalldelikten getrennt werden. Studien zur Erforschung von Jugendkriminalität haben ergeben, dass in Europa und Nordamerika ca. 30 bis 47 Prozent der jugendlichen Täter innerhalb von zwei bis drei Jahren rückfällig werden (z. B. Welsh et al., 2008), was die hier genannten Ergebnisse bestätigt. Andererseits ist der Zeitraum jugendlicher krimineller Aktivität in der Regel auf 2-3 Jahre beschränkt, und nur ein kleiner Anteil der Jungendlichen (3-10%) wird auch danach notorisch straffällig. Dieser kleine Anteil ist für 40 bis 60 Prozent der Straftaten, die in der jeweiligen Altersgruppe innerhalb eines Jahres bekannt werden, verantwortlich (z. B. Heinz, 2003; Tracy et al., 1990).

Die Befürchtung, Jugendkriminalität sei generell ein Einstieg in eine kriminelle Karriere, ist demnach unbegründet (Lösel, 1995b). Die unmittelbare Kriminalprognose ist somit für jugendliche Täter nicht grundsätzlich ungünstig, vielmehr ist eine bedeutsame Heterogenität der Population zu beachten. Ungünstig ist die Prognose jedenfalls für jugendliche Mehrfachtäter.

Risikofaktor ›psychische Störung‹

Das Vorhandensein des Faktors *psychische Erkrankung* erweist sich nach der Metaanalyse nicht als risikosteigernd. Straftäter mit psychischer Erkrankung haben in keiner Deliktkategorie ein höheres Rückfallrisiko als alle anderen Tätertypen, im Gegenteil, für allgemeine und Gewaltdelikte ist es sogar ausgesprochen geringer. Die relativ hohe Rückfallrate bei Sexualdelikten (mit 2,1% im ähnlichen Bereich wie die der Täter mit Indexdelikt *Sexualstraftat)* lässt sich durch die sehr geringe Fallzahl von n = 186 erklären, sowie durch die Tatsache, dass die Probanden in zwei der eingegangenen Studien Gewaltstraftaten in ihrer Vorgeschichte aufwiesen, bzw. dass sie als *Psychopathen* eingestuft wurden (Rice et al., 1990; Tengström et al., 2000).

Die nicht nur unter Laien, sondern auch in der Literatur immer wieder vorkommende Ansicht, dass Schizophrenie mit erhöhter Rückfalldelinquenz einhergehe (z. B. Lindqvist & Allebeck, 1990; Hodgins, 1993; Belfrage, 1998), wird von der Metaanalyse nicht gestützt. Im Gegenteil liegt die Frequenz für Rückfalldelikte z. T. erheblich unter den entsprechenden Basisraten der Allgemeinbevölkerung und daher unter denen anderer Populationen von Straftätern. Auch die Einschätzung von Rice & Harris (1992), dass Tätern mit schizophrener Psychose dann ein erhöhtes Rückfallrisiko zuzuweisen sei, wenn sie auch eine kriminelle Vorgeschichte hätten, wird in der Metaanalyse nicht bestätigt.

Die Überschätzung der Gefährlichkeit dieser Population mag auf gängige Heuristiken (Vernachlässigung der Basisrate und Vertrautheitsheuristik) zurück zu führen sein. Bjorkly und Havic (2003) vermuteten,

301

dass spezifische wahnhafte Symptome Gewalttaten begünstigen (sog. TCO-Symptome: *threat, control-override).* Weder auf Grundlage der hier gezeigten Daten noch nach Stadtland und Nedopil (2005) kann diese Theorie als valide erachtet werden. Es handelt sich um eine Erklärungsheuristik, denn das zur Erklärung herangezogene Argument ist ebenso wenig bewiesen wie der damit scheinbar belegte Sachverhalt.

Die einzige und wesentliche Ausnahme sind die *Psychopathen.* Außer den bereits erwähnten Studien zur Validierung der PCL-R wurden weitere Studien, die Probanden mit der Diagnose *Psychopathie* untersuchten, in die Metaanalyse einbezogen (Rice et al., 1992; Rice & Harris, 1995). Die den Psychopathen in der Literatur attestierten hohen Rückfallquoten bestätigte auch die Metaanalyse. Mit einer Rate von 7,4 Prozent für Gewaltrückfälle liegen Personen mit dem Merkmal Psychopathie deutlich über den Raten für nicht-psychopathische Täter, ausgenommen Täter mit Indexdelikt Gewalttat (wobei psychopathische Täter in dieser Gruppe inbegriffen sind, s. Abb. 1). Studien, die aus methodischen Gründen nicht in die Metaanalyse aufgenommen wurden, attestierten Personen mit dem Merkmal *Psychopathie* ein um 127 Prozent (OR = 2,27) erhöhtes Risiko für Gewaltrückfälle und ein um 98 Prozent (OR= 1,98) erhöhtes Risiko für Sexualrückfälle gegenüber Nicht-Psychopathie (z. B. Urbaniok et al., 2007). Alle Studien bescheinigen Psychopathen ein signifikant höheres Rückfallrisiko als Nicht-Psychopathen. Grann et al. (1999) bezeichnen demzufolge einen hohen PCL-R-Wert als stärksten Prädiktor für Gewaltrückfälle.

Psychopathie ist bemerkenswerterweise in den psychiatrischen Diagnosemanualen wie dem ICD-10-GM nicht definiert. Sie ähnelt der *Antisozialen Persönlichkeitsstörung,* weist aber darüber hinausgehende Besonderheiten auf, die mit eigenen diagnostischen Inventaren wie der Psychopathie-Checklist (PCL-R) erfasst werden (Hare, 1991; Nedopil & Müller-Isberner, 2001). Nach Cleckley (1976) unterscheidet sie sich von der antisozialen Persönlichkeitsstörung vor allem durch die Verarmung sowohl der positiven, als auch der negativen Gefühle. Anhand der PCL lassen sich zwei Gruppen von Psychopathen unterscheiden. Die erste Gruppe ist durch vordergründig zielgerichtetes, aber rein eigensüchtiges, mitleidloses und ausbeuterisches Verhalten gekennzeichnet. Die zweite durch impulsives, brutales bis sadistisches und verantwortungsloses, letztlich aber zielloses Verhalten. Gemeinsam scheint ihnen eine Fehlfunktion der Risikoabwägung, ein Mangel an Voraussicht, Empathie und die Fähigkeit zum Belohnungsaufschub. Die Bezeichnung eines Verurteilten als *Psychopath,* obwohl dem internationalen Schrifttum geläufig, wird in Deutschland aus historischen Gründen gemieden. Es fehlt eine ›politisch akzeptable‹ Bezeichnung für einen Sachverhallt, der in der Kriminalprognose durchaus von Bedeutung ist.

Substanzgebundene Abhängigkeit einschließlich Alkoholabhängigkeit ist nach den Ergebnissen der Metaanalyse in Bezug auf allgemeine Rückfälle mit einer erhöhten Frequenz von Rückfalldelikten assoziiert. Mit einer Rückfallquote von 16 Prozent/Jahr liegen Substanzabhängige deutlich über dem Deliktrisiko der Allgemeinbevölkerung (6%, NNT/Jahr = 9 für allgemeine Delikte) und auch im Vergleich mit anderen Tätertypen im oberen Bereich der Rückfallhäufigkeit. Dies betrifft jedoch nur die Kategorien *allgemeine Gewaltdelikte* und *Nicht-Gewaltdelikte*. Gewaltassoziierte Rückfalldelikte sind bei substanzabhängigen Tätern weniger häufig (NNT/Jahr von 25 im Vergleich zu NNT/Jahr von 13 bei Gewalttätern). Eine mögliche Erklärung wäre die sogenannte Beschaffungskriminalität, die zumindest bei Abhängigen von illegalen Drogen eine Rolle spielt. Angehörige dieser Gruppe machen bei den untersuchten Studien den größten Anteil aus (10.358 Abhängige illegaler Drogen vs. 448 Alkoholabhängige; bei 546 Personen war keine eindeutige Zuordnung möglich). Vergleicht man die Rückfallrate der ausschließlich alkoholabhängigen Probanden mit der entsprechenden Basisrate der Bevölkerung, zeigt sich mit 5,4 Prozent sogar ein geringeres Risiko für allgemeine Delikte (6,7% in der Bevölkerung). Diese Zahl ist jedoch aufgrund der geringen Fallzahl der Stichprobe mit Vorsicht zu betrachten.

Freilich wird eine Alkoholabhängigkeit gerne bemüht, um alle möglichen Delikte zu erklären oder strafmildernde Umstände ebenso wie vorzeitige Entlassung mit Therapie als Bewährungsauflage zu erreichen. Diese Gewohnheit hat nichts mit einem nachgewiesen höheren Deliktrisiko zu tun.

Methodische Einschränkungen

Die methodischen Grenzen der Metaanalyse sind zahlreich. Auf den Einfluss heterogener Rückfallkriterien sowie die Probleme bei der Vergleichbarkeit der Katamnesezeiträume wurde schon in den vorigen Kapiteln hingewiesen. Im Folgenden soll auf weitere Einschränkungen eingegangen werden.

Heterogene Basisraten

Es zeigt sich erhebliche Varianz für kriminologische Eckdaten zwischen verschiedenen Ländern. So fanden sich Basisraten z. B. für allgemeine Delikte zwischen 4.161 Delikte/100.000 Personen/Jahr (USA) und 11.988 Delikte/100.000 Personen/Jahr (Australien). Gründe für diese Schwankung zwischen immerhin vier Prozent und zwölf Prozent/Jahr sind zum einen heterogene Rechts- und Strafverfolgungssysteme. Für die in die vorliegende Metaanalyse eingegangenen Studien dürfte dies jedoch eine weniger große Rolle spielen, da alle Länder über vergleichbare rechtsstaatliche Justizsysteme verfügen. Gleichwohl spielt die Quelle der Basisraten eine Rolle: So können Prävalenzen für Delikte aus einer polizeilichen Kriminalstatistik stammen, in die alle polizeilich registrierten und verfolgten Delikte eingehen, unabhängig davon, ob ein Täter gefasst oder verurteilt wurde. Aus dieser Quelle stammt beispielsweise die Basisrate für Deutschland. Andere Quellen wie Statistiken der Staatsanwaltschaften oder Gerichte beinhalten nur Fälle, die in einem Gerichtsverfahren verhandelt wurden. Insofern können diese Quellen die tatsächliche Delikthäufigkeit unterschätzen. Auch polizeiliche Statistiken können die tatsächliche Delikthäufigkeit unterschätzen, wenn begangene Straftaten nicht zur Anzeige gebracht werden. Dies ist besonders häufig bei häuslicher Gewalt zu vermuten. Die in der Metaanalyse verwendeten Basisraten beziehen sich in allen Ländern auf polizeilich registrierte Fälle. Der Heterogenität der Basisraten wurde in der Metaanalyse insofern Rechnung getragen, als für jede Studie die jeweilige Landes-Basisrate bzw. -Rückfallrate als Vergleichsgröße herangezogen wurde.

Die Tatsache, dass Basisraten Fallzahlen abbilden, Rückfallraten jedoch Personenzahlen, ist eine weitere Quelle der Konfundierung, die nicht kontrolliert werden konnte. In der Realität werden häufig mehrere Delikte von ein und derselben Person verübt, die in eine Basisrate entsprechend mehrfach eingehen. Bei Rückfallstudien werden jedoch die einzelnen Probanden hinsichtlich ihrer Legalbewährung beobachtet und als ›Fall‹ nur das erste Delikt innerhalb des Katamnesezeitraums betrachtet. Da man diesbezüglich auf die aktenbasierten Informationen eines Zentralregisters angewiesen ist, in denen nicht verfolgte oder nicht auf den Probanden zurückführbare Delikte nicht erfasst sind, unterschätzen Rückfallstudien die tatsächliche (Rückfall-)Delikthäufigkeit.

Heterogenität der Studien

Die wenigsten der in die Metaanalyse einbezogenen Studien waren per Definition Rückfallstudien. Oft wurden Ziele verfolgt wie die Validierung von Prognoseinstrumenten oder Therapiemethoden. Die Beschreibung der Stichprobe, Ein- und Ausschlusskriterien sowie Angaben zur Rückfallrate mussten sehr häufig aus Prozent- oder Verhältnisangaben rückgerechnet werden. Da sich oft auch eine Mittelung über die Selektionsrate bei Einschluss findet und ein ›Probandenschwund‹ über den Beobachtungsraum stattfindet, entstehen zusätzliche Fehlerquellen.

Neben heterogenen Katamnesezeiträumen und Studienzielen unterschied sich auch die Studiengrößen beträchtlich. Wie erwähnt, variierten die (Teil-)Stichprobengrößen zwischen sechs und 1.844.367. Dies wurde in der Analyse durch eine Gewichtung der Studien nach Stichprobengröße berücksichtigt. Dennoch liefern die Heterogenitätstests für fast jede Subanalyse ein signifikantes Ergebnis, d. h. es muss, außer in einigen Subanalysen mit geringer Probandenzahl, fast durchweg von einer großen Varianzen-Heterogenität ausgegangen werden.

Statistische Zuverlässigkeit der Metaanalyse

Durch die großen Fallzahlen gelingt es bei Metaanalysen fast immer, signifikante Effekte zu erzielen. Signifikant besagt aber nur, dass ein Effekt mit großer Sicherheit als vorhanden angenommen werden kann (also nicht irrtümlich angenommen wird). Dies besagt aber nicht, dass der Effekt auch bedeutsam ist. Die Effekte wurden hier als Hedges' g, d. h. auf Basis der nach Studiengröße gewichteten mittleren Differenz (WMD) der einzelnen Studienergebnisse (Hedges & Olkin, 1985) berechnet. Ihre Größe ergibt sich weniger zuverlässig aus dem angegebenen exakten Wert als aus dem 95%-Konfidenzintervall. Die Überprüfung der Abweichung des Gesamteffekts der Analysen von der Nullhypothese erfolgte mittels eines z-Tests. Dabei wurden die allermeisten Analysen und Subanalysen signifikant auf $\alpha = 1\%$-Niveau. Nur in wenigen Subanalysen wurde ein 5%-Signifikanzniveau wegen geringer Fallzahl nicht erreicht.

Die Ergebnisse der Metaanalyse erreichten somit – von wenigen Ausnahmen abgesehen – ein sehr hohes Signifikanzniveau und können von statistischer Seite als zuverlässig angesehen werden.

Aufgaben für die Zukunft

Bereits in den ersten Bemerkungen wurde deutlich, wie uneinheitlich die verschiedenen Polizei- und Justizsysteme arbeiten. Die sehr unterschiedlichen Daten zur Delikthäufigkeit sind mit Sicherheit – zumindest innerhalb Europas – nicht auf genetische oder kulturbedingte Unterschiede zwischen den Populationen zurückzuführen. Zwar wird der Wunsch, vergleichbare kriminologische Daten zu gewinnen, nicht zu einer Vereinheitlichung der europäischen Justizsysteme führen, allerdings könnte eine europäische Datenbank eingerichtet werden, in die prospektiv für einen begrenzten Zeitraum die Basisraten für Delikte und Rückfalldelikte in vergleichbarer Form z. B. als Anzeige eines Delikts, als Verhaftung, Verurteilung, Verurteilung zu einer Haftstrafe durchaus alternativ und anonym eingetragen werden. In ähnlicher Weise könnten forensisch-psychiatrische oder kriminologische Fachverbände eine Empfehlung für wissenschaftliche Studien erarbeiten, die als Leitlinie für künftige Studien zur kriminellen Rückfälligkeit als verbindlich gelten. In Deutschland ist die Forschung mehr als in anderen Ländern durch ethische Bedenken eingeschränkt. Seitens der Ethik-Kommissionen wird argumentiert, dass Verurteilte über eine Teilnahme an einem Forschungsvorhaben nicht wirklich frei entscheiden können, da sie einerseits bei einer Weigerung als unkooperativ eingeschätzt werden könnten, andererseits aber Erkenntnisse, die sich bei Studien ergeben, möglicherweise nachteilig auf ihre Prognosebeurteilung auswirken, und zwar auch dann, wenn die Daten anonym erhoben werden. Dem ist entgegen zu halten, dass es ebenso als ein ethisches Gebot erscheint, Verurteilte nicht von der Forschung auszuschließen. Insbesondere ließe eine Verbesserung der Datenlage erwarten, dass weniger Personen unnütz (s. die NNT!) in Haft verbleiben.

Es wurde bereits darauf hingewiesen, dass in Deutschland detaillierte gesetzliche Regelungen über die Erfordernis existieren, ein Gutachten zur Kriminalprognose einzuholen. Es fehlen aber Ausführungsbestimmungen, die regeln, von wem, wie und gestützt auf welche individuellen (täterbezogenen) und epidemiologischen Anknüpfungstatsachen die Begutachtung durchzuführen ist. Dies führt zu einer erheblichen und nicht nur aus methodischer Sicht bedauerlichen Heterogenität unter den kriminalprognostischen Gutachten.

Zunächst stellt sich die Frage, weshalb in der Regel ein Arzt für Psychiatrie mit der Erstellung einer Kriminalprognose beauftragt werden soll. Sachlich erscheint dies nur dann gerechtfertigt, wenn durch sachverständige Beweiserhebung festgestellt werden soll, ob eine psychische Störung vorliegt. Ist dies nachgewiesen, tritt die psychische Störung in die Reihe anderer Anknüpfungstatsachen ein, die der mit der Erstellung der Prognose beauftragte Experte zu berücksichtigen hat. Es ist keinesfalls nachgewiesen, dass in der Mehrzahl der Fälle eine psychische Erkrankung vorliegt, so dass im Sinn der Prozessökonomie das Prognosegutachten aus pragmatischen Gründen gleich durch einen Psychiater erstellt wird. Es ist ebenso wenig nachgewiesen, dass psychiatrische Prognosegutachten qualitativ besser wären als andere. Von den psychiatrisch festzustellenden Risikofaktoren bleiben nur die Psychopathie und die Substanzabhängigkeit als bedeutsam übrig. Die individuellen, durch psychiatrische Untersuchung zu erhebenden Risikofaktoren treten hinter allgemein kriminologischen Sachverhalten deutlich zurück. Insofern ließe sich der Prozess der Prognosebeurteilung dahingehend verbessern, dass nur bei Verdacht auf eine prognoserelevante psychische Störung ein psychiatrisches Gutachten eingeholt wird, das eigentliche kriminalprognostische Gutachten aber durch einen Sachverständigen erstellt wird, der nicht notwendigerweise Psychiater, sondern durch besondere kriminologische Kenntnisse ausgewiesen ist. Solche Zertifikate sind im Bereich der Reha-Medizin wie der Fahreignungsbegutachtung, also in Bereichen mit weit weniger eingreifenden Rechtsfolgen, seit Jahren Standard. Als Sachverständiger für Kriminalprognosen käme somit nur in Betracht, wer solche Kenntnisse nachgewiesen hat. Die bloße Tätigkeit z. B. als Arzt im Maßregelvollzug qualifiziert sicher nicht per se dazu, kriminalprognostische Gutachten zu erstellen.

Das deutsche System der Beurteilung der Kriminalprognose durch einen Einzelrichter und einen psychiatrischen Sachverständigen sollte in Hinblick auf die durchaus abweichenden Methoden anderer Kulturländer empirisch geprüft werden – vielleicht wäre das Ergebnis, dass auch in Deutschland ein ›Review Panel‹ besser arbeitet.

Im Sinn eines einheitlichen und damit fairen Begutachtungsprozesses sollten ferner Inhalte und Form des Gutachtens vorgeschrieben werden. Dies soll gewährleisten, dass Ablauf und Ergebnis des Gutachtens weniger von der Person des Sachverständigen abhängen. Ferner wüsste der Begutachtete von vornherein, wie die Begutachtung ablaufen wird. Den Gutachtern sollte schließlich ein reliabler und regelmäßig aktualisierter Kriterienkatalog vorgelegt werden, auf den im Gutachten Bezug zu nehmen ist.

Wirkungen und Nebenwirkungen im institutionellen Kontext – Prognosen im Strafvollzug

Johannes Lohner & Willi Pecher

›Man kann nicht nicht prognostizieren‹, könnte man analog dem Watzlawickschen Kommunikations-Axiom[1] formulieren. Einschätzungen über die Wahrscheinlichkeit künftiger Ereignisse sind ubiquitär. Sobald wir in die Zukunft planen (und das tun wir unausweichlich), stellen wir Prognosen: Denn sicher sind wir nie und unsere Vorhersagen sind mehr oder weniger zutreffend.

Prognosen finden nicht im luftleeren Raum statt – es ist sinnvoll den Kontext zu betrachten in dem Sie entstehen und rezipiert werden. Handelt es sich bei diesem Kontext um ein Gefängnis, tritt diese sehr besondere Institution selbst und ihre Akteure in den Mittelpunkt der Betrachtung. »Alle Institutionen sind tendenziell allumfassend. Betrachten wir die verschiedenen Institute innerhalb der westlichen Zivilisation, so finden wir, dass einige ungleich allumfassender sind als andere. [...] Solche Einrichtungen nenne ich totale Institutionen« (Goffman, 1973, 15). Zu diesen zählt Goffman die Gefängnisse. Die Totalität bedingt eine besonders starke Dependenz und Wechselwirkung der Menschen innerhalb der Institution. Nur eine dezidiert systemische Betrachtungsweise wird deshalb den Phänomenen in einer totalen Institution gerecht.

Diese beiden Grundbedingungen spannen das Gitter auf, auf dem die Wirkungen und Nebenwirkungen von Prognose im Rahmen des Strafvollzugs beschrieben und analysiert werden sollen. Dort sind (W. P.) bzw. waren (J. L.) die Autoren tätig. Sie gehen davon aus, dass ähnliche, vergleichbare Zusammenhänge auch in anderen institutionellen Kontexten gelten, in denen Prognose betrieben wird. Zur Strukturierung bietet sich eine Betrachtung aus den Blickwinkeln der verschiedenen Akteure an, die an einem Gutachten mittelbar und unmittelbar beteiligt sind. Dabei werden u. a. die institutionellen Verwicklungen in einem Gefängnis skizziert:

Auftraggeber

Vor der Vergabe eines Gutachtenauftrags laufen – oft implizit und deshalb kaum kommuniziert – verschiedene prognostische Überlegungen beim

Auftraggeber ab. Es wird zunächst abgewogen, ob ein positives Gutachtenergebnis (meist die Gewährung von Vollzugslockerungen) überhaupt als möglich und wünschenswert angesehen wird – bereits hier spielen also implizite und nicht formalisierte Prognosen eine Rolle: Geht man davon aus, dass (noch) ein ›Lockerungsversagen‹ zu erwarten ist, wird vielfach gar kein Gutachten eingeholt. Befindet sich der Gefangene in Therapie, ist meist eine positive Stellungnahme des Therapeuten der ›Startschuss‹ für einen Gutachtenauftrag. So verwundert es nicht, dass eine Studie (Kury & Adams, 2010, 84) eine große Übereinstimmung (ca. 80%) der Stellungnahmen der Justizvollzugsanstalten mit dem Ergebnis eines in Auftrag gegebenen Prognosegutachtens belegte. Nur beim Vorliegen von Begutachtungspflichten (z. B. bei Sicherungsverwahrten, Gefangenen mit lebenslanger Freiheitsstrafe, Sexualstraftätern ab einer bestimmten Straflänge) oder taktischen Überlegungen (z. B. einen Antrag nicht nur mit internen Stellungnahmen, sondern externen Gutachten und damit ›beweiskräftiger‹ ablehnen zu können) werden Gutachten auch in Auftrag gegeben, wenn aus Sicht der Justizvollzugsanstalt kein positives Ergebnis zu erwarten ist.

Auch bei der Auswahl des Gutachters spielen prognostische Überlegungen eine Rolle, die – bei problematischer Tendenz – in der Literatur (Egg, 2015, 239) unter dem Stichwort »Hausgutachterproblematik« abgehandelt werden. Felthous & Saß (2011, 137) nennen in diesem Zusammenhang als Beleidigung das Wort »Mietmaul«. In einer Untersuchung zweier Jahrgänge von Schuldfähigkeitsbegutachtungen in zwei Bundesländern stellte Kury fest, dass bei 85 Prozent der Gutachter das Etikett ›Hausgutachter‹ angebracht ist (Kury, 1999, 89). Natürlich kennt man aufgrund früherer Zusammenarbeit Grundtendenzen von Gutachtern und es besteht die Versuchung, die Auswahl danach zu treffen, welches Ergebnis vom Auftraggeber gewünscht wird. Bei einer 2013 in Bayern durchgeführten Fragebogenuntersuchung (Jordan & Gretzer, 2014) gaben etwa ein Drittel der befragten Gutachter (28% der Psychiater und 42,5% der Psychologen) an, »in Einzelfällen« sei ihnen vom Auftraggeber »eine Tendenz signalisiert« worden. Nach Erfahrung der Autoren geht es aber bei der Gutachterauswahl gar nicht in erster Linie um das intendierte Ergebnis, sondern um die Zuverlässigkeit in der Abwicklung: Wird der Gutachter die vereinbarten Termine einhalten oder muss man entgegen Zusagen lange auf das Gutachten warten? Beantwortet er die Gutachtenfragen nachvollziehbar und vollständig oder muss man entweder Nachfragen stellen oder selbst den Gutachtentext exegetisch auslegen? Neigt der Gutachter zu überlangen Aktenauszügen, die Umfang und Kosten unnötig in die Höhe treiben? Und natürlich sind bei diesen auf den ersten Blick nachvollziehbaren Anliegen auch Fallstricke verborgen. So waren die Gutachten des Betrügers Gerd Postel – kein Psychiater oder Psychologe, sondern Postbote – auch deshalb begehrt, »weil er sie immer so fix und leicht verständlich abfasste« (Kury, 1999, 87).

Der Wunsch nach möglichst eindeutigen und dabei sicheren Voten des Gutachters erscheint gleichermaßen nachvollziehbar und, bei genauerer Betrachtung, ebenso wirklichkeitsfern. Je komplizierter die Fragestellung, je komplexer und vielschichtiger die in Betracht zu ziehenden Begleitfaktoren, je länger der zu prognostizierende Zeitraum, desto unwahrscheinlicher sind vielfach ›eindeutige‹ und sichere Aussagen zu treffen. Ein ›Restrisiko‹ will in Anbetracht der Konsequenzen keiner gerne eingehen und so ist der Wunsch nach Sicherheit groß. Ambivalenz auszuhalten fällt schwer, v. a. bei jenen, die nicht bereit oder fähig sind, sich mit der Komplexität menschlichen Verhaltens und seiner Vorhersage auseinanderzusetzen. Foerster (2002, 33) berichtet anekdotisch, dass »ein Staatsanwalt im Rahmen einer Prognose-Anhörung forderte: Es müsse einer Aussage eine hundertprozentige Sicherheit zu entnehmen sein. Ich habe in diesem Fall darauf hingewiesen, dass dann besser ein Hellseher beauftragt würde.«

Grundsätzlich gilt frei nach Karl Valentin: Prognosen sind schwierig, v. a. wenn sie die Zukunft betreffen. Dies gilt umso mehr, weil im Strafvollzug eine wichtige Datengrundlage systematisch verzerrt ist: Die Beobachtung von relevantem Verhalten. Die sehr artifizielle Umgebung eines Gefängnisses (enges Strukturkorsett, starke Überwachung etc.) ist vielfach wirklichkeitsfern und kann alle Beteiligten (auch die Gefangenen) täuschen. Der Ausweg (Angleichung der Vollzugsrealität an die Außenbedingungen) ist vielfach nicht möglich oder politisch nicht gewollt. Ohne eine echte Realerprobung kann es jedoch zu einem Teufelskreis kommen, wie ihn Nedopil (2001, 100 ff.) in einer Fallvignette beschreibt: In einem Gutachten über Lockerungen für einen Sicherungsverwahrten rät der Gutachter dringend zu Ausgängen und Urlauben und hält diese für vertretbar. Die Anstalt ist anderer Ansicht, weil sie einen Missbrauch der Lockerungen befürchtet – der Sicherungsverwahrte wird nicht gelockert. In allen weiteren Begutachtungen über die folgenden Jahre kommt es immer zur selben Lage: Kein Nachweis der Ungefährlichkeit, deshalb kein Lockerungen, deshalb kein ausreichender Nachweis der Ungefährlichkeit. Ohne einer laxen Lockerungspolitik das Wort reden zu wollen, siegt in derlei Konstellationen immer der repressivere, ängstlichere Akteur – zum unmittelbaren Schaden des Sicherungsverwahrten und letztlich zum mittelbaren Schaden aller, wenn dieser ohne entsprechenden Haftverlauf dann ad hoc vor die Gefängnistore gestellt wird und zur unkontrollierbaren Gefahr werden kann. In diesem Sinne kann man sich nur Wischka (2011) anschließen, der fordert: »Tätertherapie braucht Erprobungsräume innerhalb und außerhalb der Mauern«.

Therapeut

Eine günstige Therapieprognose oder zumindest die Hoffnung darauf durch den Therapeuten (und seinen Patienten), sind zentrale allgemeine therapeutische Wirkfaktoren (z. B. Yalom, 1989). Für forensische Patienten, so formuliert Rauchfleisch (2011, 117), »müssen wir aber dennoch die Zuversicht in uns bewahren und dem Klienten vermitteln, dass sich irgendwo ein Weg für ihn auftun wird und wir gemeinsam Entwicklungsmöglichkeiten in ihm entdecken werden, von deren Existenz er selber zumeist nichts spürt und die wir allenfalls erahnen können.« Die Therapeuten müssten gar »Vertreter der Hoffnung [...] sein, welche die Klienten selbst oft längst verloren haben«. Dabei kann es ganz praktisch zur schwierigen Situation kommen, dass sich der Klient im Rahmen der Selbststigmatisierung mit sehr negativen Aspekten aus dem Gutachten identifiziert und sich der Therapeut (hier J. L. bei einigen jungen Gefangenen) genötigt fühlt, diese Aspekte paradoxerweise zu verharmlosen. Gerade bei jugendlichen Gefangenen, die auf der Suche nach Identität sind, könnte im Sinne des Labelling Approach dies zu einer verstärkten Identifikation mit der Rolle als ›Kriminellem‹ führen *(Wissen Sie, ich bin ›böser Junge‹ – steht im Gutachten – dann bin ich wenigstens ›guter, böser Junge‹!).*

Die Prädiktoren der Therapieprognose und der Legalprognose überschneiden sich mehr oder weniger: Oft reduziert sich mit dem Abklingen der klinischen Auffälligkeiten auch die Gefährlichkeit. Dem ›Doppelmandat‹ Therapie und Prognose kann sich der forensische Therapeut letztlich nicht entziehen. Eine »personelle Trennung sachverständiger und therapeutischer Aspekte auch innerhalb von Institutionen« (Feil, 2012, 195) wird immer nur eine asymptotische Lösung bleiben und letztlich eine Scheinlösung. Wie im Märchen vom Hasen und Igel ist der prognostische Aspekt forensischer Therapie immer schon da. Hier hilft nur Aufklärung über die Doppelrolle von Anfang an und deren therapeutische Handhabung als Setting-Variable.

Über den unvermeidlichen prognostischen Aspekt seiner Tätigkeit gerät der Therapeut in ein Dilemma: »Ein Therapeut, der auf Dauer bei der Mehrzahl oder fast allen seiner Patienten nicht erfolgreich ist, stellt sich selbst als Therapeut und gleichzeitig auch seine therapeutischen Ansätze in Frage. [...] Stellt er keine Prognose, stellt er die Qualität seiner Funktion als Therapeut in Frage. Stellt er eine falsche positive Prognose, ist er der Komplize des bösen Patienten« (Duncker, 2002, 53).

»Therapeutische Beziehungen in Zwangskontexten sind [...] in aller Regel triadischer Natur. Die eigentlichen Auftraggeber, die den Zwang verhängen, sind mit im Gespräch, ohne anwesend zu sein« (Pleyer, 1996, 192). Durch das Auftreten eines Gutachters wird diese sonst latent mitanwesende Instanz personalisiert und vertritt die Interessen des Auftraggebers, insbesondere der Therapie: Reduzierung von Gefährlichkeit. Triaden haben oft eine kurze Halbwertszeit und zerfallen leicht in eine Dyade und einen Dritten. Coacht der Therapeut seinen Patienten intensiv für das Gutachten, liegt der Verdacht einer Kollusion von Therapeut und Patient nahe. Undokumentierte Absprachen zwischen Therapeut und Gutachter lassen an eine Dyade denken, mit dem Patienten als ausgeschlossenem Dritten. Dadurch würden sich die paranoiden Phantasien der Dissozialen realisieren.

Malignen Dynamiken innerhalb der Triade kann durch möglichst große Transparenz gegengesteuert werden. Aus meiner Sicht (W. P.) hat es sich bewährt, alle Schriftstücke, die der Therapeut nach außen gibt (an die Anstaltsleitung, an Gerichte usw.) dem Patienten auszuhändigen. So wird ein Überschießen paranoider Gedanken (wie es in ›totalen Institutionen‹ typisch ist) eingedämmt. Dasselbe gilt auch für Gutachten: Warum sie nicht regelmäßig dem Begutachteten geben? Man könnte noch schärfer postulieren: Die Gutachten sind dem Gefangenen unbedingt auszuhändigen, außer es sprechen triftige Gründe dagegen (wie etwa Schaden für den Begutachteten, bspw. durch entwertende Stellungnahmen). So werden seine Phantasien geerdet, was über ihn geschrieben wurde, und gleichzeitig hat er die Chance, evtl. noch festgestellte Defizite anzugehen. Unter dem Blickwinkel der totalen Institution wirkt diese Transparenz dem Sog zur Entmündigung entgegen. Das neue *Gesetz zur Verbesserung der Rechte von Patientinnen und Patienten* von 2013[2], das die Einsichtsrechte des Patienten stärkt, weist in dieselbe Richtung.

Im internen Gefüge einer Justizvollzugsanstalt gibt es bezüglich Erwartung und Verwendung des Gutachtens sehr unterschiedliche Akteure. Nicht selten entwickeln sich auch in diesem Mikrokosmos Konstellationen triadischer Natur (bspw. ein Entscheidungsträger in der Anstalt als sadistischer Verfolger im Sinne einer komplementären Identifikation vs. dem Therapeuten als beschützender Mutter), die als Reinszenierung der Persönlichkeitsorganisation des Gefangenen begriffen werden können (vgl. Lackinger et al., 2008, 177).

Gutachter

Vom Blickwinkel des Gutachters her wird das Spannungsverhältnis Gutachter–Therapeut dahingehend diskutiert, ob im forensischen Bereich ein Gutachter auch approbierter Psychotherapeut sein sollte. ›Approbationsvorbehalt‹ heißt das Stichwort hierzu (ablehnend z. B. Hommers, 2016). Wenn sich der zu Begutachtende im Strafvollzug in Therapie befindet, ist es sicher vorteilhaft, wenn der Gutachter auch über praktisches, am besten forensisches Therapiewissen verfügt. Er kann aus eigener Erfahrung Fortschritte und Misserfolge besser erkennen und ihm fällt es leichter, etwaige Therapievorschläge zu formulieren, die auch realistisch umsetzbar sind. Andererseits scheint es eine nicht gut zu heißende Versuchung zu geben, im Gutachten Therapie zu betreiben. »In der Regel werden es seltene ›Sternstunden‹ sein, wenn im Erstgespräch oder in den ersten Gesprächen zwischen Sachverständigem und dem zu Begutachtenden therapeutische Aspekte in den Vordergrund rücken« (Klosinski, 2000, 88 f.). Trotz der in allen Mindeststandards festgeschriebenen Aufklärungspflicht über fehlende Vertraulichkeit verschwimmen immer wieder die Grenzen, droht Schaden für den Probanden. Schorsch (1983, 145) schreibt über eine Gutachtensituation: »In der Exploration, die nur diagnostischen Zwecken dienen sollte, ist er unversehens in die Rolle des Therapeuten geraten. Er hat bei dem Untersuchten etwas angestoßen, in Gang gesetzt. Der Untersuchte fühlt sich nach der Exploration, die für ihn ohne therapeutische Konsequenz bleibt, wahrscheinlich oft genug doppelt alleingelassen.«

Das Übertragungsangebot als ›Über-Therapeut‹ kann vom Probanden und vom Therapeuten ausgehen: Patienten, die eine von ihrem Therapeuten formulierte Behandlungsnotwendigkeit, etwa bezüglich eines Suchtproblems, nicht annehmen können, ›beugen‹ sich, wenn sie vom Gutachter formuliert wird, und sind ab da bereit, sich diesem Thema zu stellen. Ebenso fühlen sich Therapeuten bestätigt oder Meinungsstreitigkeiten unter Therapeuten werden beigelegt, wenn der Gutachter in ihren Augen definitiv über ›richtig‹ und ›falsch‹ entscheidet: *Roma locuta, causa finita.*[3] Ein Gutachten wird dann zum letztgültigen Urteil emporgehoben, aus dem abzulesen sei, welche Partei im Streit ›Recht habe‹. Werden Gutachten auf diese Weise instrumentalisiert, können wichtige und – zumindest in Teilen berechtigte – Ansichten unter den Tisch fallen, was der Sache (hier dem Fall) sicher nicht dient, zumal es sich darüber hinaus ungünstig auf die Dynamik in Behandlungsteams auswirken kann.

Inwieweit Gutachter ihr eigenes Wertesystem in das Ergebnis der Prognose einfließen lassen und somit sich vom Ideal wissenschaftlicher Objektivität entfernen, wurde eindrucksvoll von Rode & Legnaro (1995) untersucht. Sie führten Interviews mit zwölf forensischen Psychiatern, die in Nordrhein-Westfalen am häufigsten von Landgerichten zur Begutachtung von Straftätern herangezogen wurden. Von jedem dieser Psychiater wurden die letzten zehn Gutachten analysiert. Es stellte sich heraus, dass je nach Einstellung zu sechs Themenkomplexen eine Voraussage mit 89 Prozent Treffergenauigkeit über das Ergebnis des Gutachtens getroffen werden konnte.

Es konnten drei Gruppen unterschieden werden, die jeweils ungefähr ein Drittel ausmachten: die ›Aufgeschlossenen‹, die ›Unentschiedenen‹ und die ›Traditionellen‹.

Die ›Aufgeschlossenen‹ stellten sich so dar:

- Sie geben eher psychosoziale Gründe für kriminelles Verhalten und psychische Erkrankungen an.
- Sie erleben die Sachverständigentätigkeit als konflikthaft.
- Sie glauben, bei der Gutachtertätigkeit komme ihre Person ins Spiel.
- Sie sehen sich nicht von der Möglichkeit frei, in Ausnahmesituationen kriminelle Handlungen begehen zu können.
- Sie halten öfter soziale, psychologische und medizinische Maßnahmen als Konsequenz krimineller Verhaltensweisen für sinnvoll.

Die ›Traditionellen‹ antworteten im Trend genau entgegengesetzt, die ›Unentschiedenen‹ antworteten uneinheitlich.

Zu den Ergebnissen der Gutachten zeigte sich nun folgender Zusammenhang:

1) Bei Psychosen, schweren hirnorganischen Beeinträchtigungen und Vollrausch kommen sowohl ›aufgeschlossene‹, ›unentschiedene‹ als auch ›traditionelle‹ Psychiater zum Schluss aufgehobener bzw. erheblich eingeschränkter Steuerungsfähigkeit.

2) Bei Affekttaten, Neurosen, Persönlichkeitsstörungen, Triebanomalien, Suchterkrankungen und bei Kombinationen dieser Störungen mit schwierigen situativen Bedingungen kommen die ›traditionellen‹ Psychiater mit hoher Wahrscheinlichkeit zum Schluss uneingeschränkter Steuerungsfähigkeit, die ›aufgeschlossenen‹ Psychiater hingegen mit hoher Wahrscheinlichkeit zum Schluss erheblich eingeschränkter bzw. aufgehobener Steuerungsfähigkeit der Begutachteten. Das Ergebnis der Mittelgruppe, der ›Unentschiedenen‹, kann nicht vorhergesagt werden.

Wie leicht Gutachter allein durch die Präsentation ihrer Ergebnisse Einfluss auf die Entscheidung nehmen können, zeigt ein einfaches, aber frappierendes Experiment von Scurich & John (2011): Versuchspersonen wurden Fallvignetten vorgelegt, bei denen die Rückfallwahrscheinlichkeit eines Straftäters in Prozentwerten angegeben war. In der einen Bedingung wurden die Prozentwerte in der konventionellen Form präsentiert, in der Experimentalbedingung wurde zusätzlich die Komplementärwahrscheinlichkeit angegeben (z. B. Rückfallwahrscheinlichkeit 33%; Wahrscheinlichkeit, nicht rückfällig zu werden 67%). Diese einfache Zusatzinformation führte zu einer signifikanten Erhöhung der positiven Entlassentscheidungen.

Proband

Auch Gefangene üben sich in Prognosen über ihre Gutachter. Genutzt wird dafür eine rege Informationsbörse unter den Inhaftierten. Die Expertise ihrer Mitgefangenen wird oft auch zwischen den Explorationen gesucht, wenn sich die Begutachteten kundig machen wollen, was sie auf den Fragebögen ankreuzen sollen, die ihnen der Gutachter mitgegeben hat. Aus unserer Sicht eine grobe Unsitte, die den Aussagewert von Fragebögen weitgehend korrumpiert. Gerade bei jungen Gefangenen, die für Ratschläge ›erfahrener Kollegen‹ besonders anfällig sind, spiegelt das Testergebnis manchmal den Mittelwert dessen wieder, was eine Gemeinschaftszelle für opportun hält.

Rasch vermutet: »Im Strafverfahren ist eine positive Erwartungshaltung des Untersuchten gegenüber dem psychologisch-psychiatrischen Sachverständigen wahrscheinlich häufiger als eine negative« (Rasch, 1999, 29). Dasselbe dürfte für den Strafvollzug gelten. In einer Befragung von 93 zu begutachtenden Straftätern stellte Littmann (1993, 85-92) fest, dass 75 Prozent der Probanden von der Notwendigkeit einer Begutachtung überzeugt waren, somit eine gewisse positive Erwartung an das Gutachten hatten.

Gefangene mit positiver Einstellung gegenüber dem Gutachten kann man unserer Erfahrung nach in zwei Gruppen einteilen, die sich natürlich untereinander überlappen: Die ›Taktierer‹ und die ›Mitteilungsbedürftigen‹.

Der ›Taktierer‹ erwartet sich vom Gutachten zuvörderst eine günstige Entscheidung. Diese Gefangenen möchten vom Anstaltspsychologen manchmal eine Beratung, was sie beim Gutachtentermin sagen und wie sie sich verhalten sollen. Sie wollen eben den Ausgang in die gewollte Richtung steuern. Dabei haben sie mitunter eigenwillige Vorstellungen, was sich günstig beim Gutachter auswirken wird. Ein Gefangener bat mich (W. P.), beim Gutachter anzurufen, weil er vergessen hatte diesem mitzuteilen, dass die mindestens zwölf Flaschen Bier, die er täglich trank, keine Billigmarke, sondern ein renommiertes Münchener Markenprodukt waren. Ein jugendlicher Narzisst war überzeugt, die Gutachterin könnte seinem Charme nicht widerstehen, wenn er ihr in die Hand verspricht, nie wieder straffällig zu werden.

Bei der zweiten Gruppe, den ›Mitteilungsbedürftigen‹, treten im konkreten Ablauf der Begutachtung taktische Überlegungen in den Hintergrund. Sie genießen es, in der Situation sozialer Deprivation von Haftbedingungen einen Gesprächspartner zu finden, der sich für sie interessiert. In der bereits erwähnten Untersuchung von Littmann (1993, 85-92) äußerten 70 Prozent der Befragten den Eindruck, dass der Gutachter »sich gerne mit mir unterhalten hat«. Es gibt Gefangene, die mir mit narzisstischem Hochgefühl berichteten, dass der berühmte Professor XY sich sage und schreibe zwei Stunden mit ihnen unterhalten habe und nochmal komme, weil das Gespräch für ihn so interessant gewesen sei. Fegert (2000, 101) beschreibt, dass es gerade bei Jugendlichen zu einem regelrechten Mitteilungssog kommen kann und er hält es für wichtig, »dass der Gutachter die Situation so strukturiert, dass der Proband sich und seine Aussagen weitgehend emotional unter Kontrolle halten kann« und die Grenze zur Therapie erhalten bleibt.

Weitere Akteure

Neben den bisher genannten gibt es im prognostischen Prozess noch weitere Betroffene, die hier nur noch genannt werden können: Der Verteidiger[4], Angehörige, über die manchmal eine Fremdanamnese vom Gutachter erhoben wird, die Tatopfer, über die zwangsläufig auch Aussagen im Gutachten getroffen werden. Bei sehr öffentlichkeitswirksamen Verfahren zitieren gelegentlich Medien aus forensischen Gutachten, wobei dies vielfach nicht zu einer sachgerechten Diskussion der Causa führt – Dinge werden aus dem Zusammenhang gerissen, Fachtermini und Zusammenhänge falsch oder sinnentstellend verkürzt wiedergegeben. Auch Gutachten werden dann zum Spielball von Interessenvertretern.

Anmerkungen

[1] »Man kann nicht nicht kommunizieren, denn jede Kommunikation (nicht nur mit Worten) ist Verhalten und genauso wie man sich nicht nicht verhalten kann, kann man nicht nicht kommunizieren« (Watzlawick et al., 1969, 53).

[2] Im durch dieses Gesetz geänderten § 630 g des Bürgerlichen Gesetzbuches heißt es: »Dem Patienten ist auf Verlangen unverzüglich Einsicht in die vollständige, ihn betreffende Patientenakte zu gewähren, soweit der Einsichtnahme nicht erhebliche therapeutische Gründe oder sonstige erhebliche Rechte Dritter entgegenstehen. Die Ablehnung der Einsichtnahme ist zu begründen.«

[3] ›Rom [d. h. der Papst] hat gesprochen, damit ist die Sache erledigt‹.

[4] Die ihn betreffenden Aspekte sind z. B. trefflich zusammengefasst in Tondorf & Tondorf (2011).

Gefahren standardisierter Kriminalprognoseverfahren bei forensischen Entscheidungsfindungen im Straf- und Maßregelvollzug

Andrej König

In den letzten zwanzig Jahren ist der Markt für standardisierte Kriminalprognoseverfahren rasant gewachsen. International stehen mittlerweile weit über 400 standardisierte Verfahren zur Vorhersage delinquenten und gewalttätigen Verhaltens zur Verfügung (Brown & Singh, 2014), die sich unter anderen hinsichtlich ihrer Zielgruppen (z. B. jugendliche vs. erwachsene Straffällige) sowie der Anzahl als auch der Qualität der zu erfassenden Prädiktoren (z. B. dynamische vs. statische Risikomerkmale) unterscheiden. Für die Anwendung einiger standardisierter Kriminalprognoseverfahren sind kostenpflichtige Zertifizierungskurse (z. B. Stable-2007 in der deutschen Version von Matthes & Rettenberger, 2008) oder spezifische berufliche Qualifikationen (z. B. ein abgeschlossenes Psychologie- oder Medizinstudium) Voraussetzung, wieder andere stehen frei im Internet zur Verfügung (z. B. VRAG in der deutschen Version von Rossegger et al., 2009). Eine Übersicht für die in Deutschland derzeit gängigsten standardisierten Kriminalprognoseverfahren und Checklisten findet sich in Rettenberger & von Franqué (2013).

Über die Ursachen des enormen Zuwachses der Beliebtheit standardisierter Verfahren zur Vorhersage von Kriminalität in Forschung und Praxis lässt sich nur spekulieren. Hier mag zum einen ein gesteigertes gesellschaftliches Sicherheitsbedürfnis eine Rolle spielen, zum anderen bieten standardisierte Kriminalprognoseverfahren in der Praxis möglicherweise eine formalisierte Absicherung von getroffenen Prognoseentscheidungen wie beispielsweise im Rahmen von Vollzugslockerungen oder der Entwicklung von Entlassperspektiven im Maßregelvollzug.

Betrachtet man die meist kritischen Entscheidungen des Bundesgerichtshofs zum Einsatz standardisierter Prognoseverfahren im Straf- und Maßregelvollzug, so zeigt sich ein hoher korrelativer Zusammenhang ($r = .93$; $p < .001$) zwischen der Anzahl der auf dem deutschen Markt verfügbaren Prognoseinstrumenten und den Entscheidungen des Bundesgerichtshofs (s. Abb. 1). Parallel zur Anzahl verfügbarer Prognoseverfahren stieg die Anzahl der im Maßregelvollzug Untergebrachten

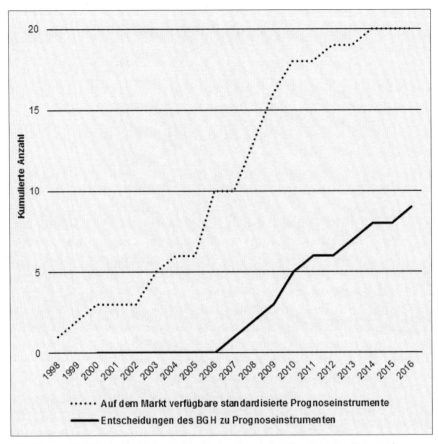

Abbildung 1: BGH-Entscheidungen der Strafsenate zu standardisierten Kriminalprognoseverfahren 2000-2016. *Bemerkung:* Erscheinungsjahr der Kriminalprognoseverfahren
aus Rettenberger & von Franqué (2013); BGH-Entscheidungen aus der Dokumentensuche
mit dem Schlagwort Prognoseinstrument.

an (s. Abb. 2). Auch hier zeigt sich ein hoher korrelativer Zusammenhang
zwischen verfügbaren Prognoseinstrumenten und Untergebrachten im
Maßregelvollzug (r = .95; p < .001). Da Korrelationen nicht zwangsläufig
kausale Zusammenhänge abbilden, bleibt es fraglich, welchen Beitrag
der in den letzten Jahren gewachsene Markt von standardisierten Prognoseverfahren auf die stetig gestiegenen Unterbringungszahlen im
Maßregelvollzug geleistet hat.

Die in der forensisch-kriminologischen Forschung seit langem häufig
kontrovers geführten wissenschaftlichen Diskurse über die Sinnhaftigkeit des Einsatzes standardisierter Kriminalprognoseverfahren für
Einzelfallentscheidungen (z. B. Meloy, 1992; Quinsey et al., 2003; Hart et
al., 2007; Cooke & Michie, 2010) drehen sich meist um die Fragen nach
einer über den Zufall hinausgehenden Treffsicherheit der Vorhersagen

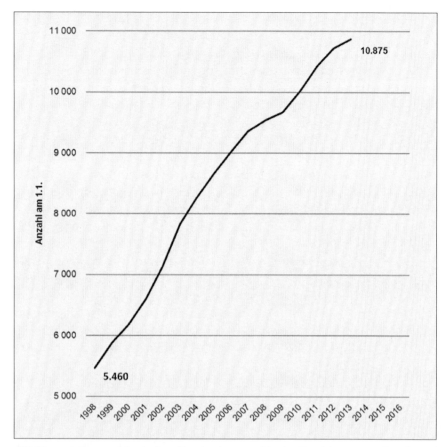

Abbildung 2: Im psychiatrischen Krankenhaus und in der Entziehungsanstalt aufgrund strafrichterlicher Anordnung Untergebrachte 1998-2013. *Bemerkung:* Statistisches Bundesamt (2015); früheres Bundesgebiet einschließlich Berlin.

und ihrer Verlässlichkeit im Vergleich zu einer intuitiv-klinischen Vorgehensweise. Diese wissenschaftlichen Diskurse lenken jedoch von für die forensische Praxis und die Kriminalprävention drängenderen und bislang unbeantworteten Forschungsfragen ab:

- Welche Rolle spielen ermittelte Risikograde standardisierter Kriminalprognoseverfahren bei forensisch-kriminologischen Prognoseentscheidungen durch Sachverständige und Gerichte in der Praxis?
- Wie werden ermittelte Risikograde durch Sachverständige kommuniziert und durch Gerichte rezipiert?
- Welchen kriminalpräventiven Nutzen haben standardisierte Prognoseverfahren in der Praxis?

Hinsichtlich der Kommunikation von individuellen Risikograden unterscheiden sich standardisierte Kriminalprognoseverfahren deutlich.

Manche Verfahren belassen es bei qualitativen Risikobeschreibungen (z. B. ›niedrig‹, ›mäßig‹ oder ›hoch‹). Hierbei ist zu bedenken, dass die qualitative Bewertung der individuellen Gefährlichkeit eine ethisch-juristische Entscheidung darstellt, die sich auf statistischen Weg nicht lösen lässt (König, 2010). Ferner bedürfe es verbindlicher Definitionen, welche prognostizierten Rückfallwahrscheinlichkeiten im Einzelfall für welche Straftat als ›niedrig‹, ›mäßig‹ oder ›hoch‹ gefährlich angesehen werden können. Andere standardisierte Verfahren nutzen konkrete Punktwahrscheinlichkeiten (z. B. im VRAG 8%, 10% oder 24%), um Rückfallwahrscheinlichkeiten zu kommunizieren. Auch bei der Angabe von Punktwahrscheinlichkeiten ergeben sich mehrere methodische und inhaltliche Probleme. Punktwahrscheinlichkeiten suggerieren, dass die individuelle Rückfallwahrscheinlichkeit statistisch präzise bestimmt werden könne. Jede statistische Wahrscheinlichkeitsaussage umfasst immer ein Vertrauensintervall (Konfidenzintervall), welches die Unsicherheit eines ermittelten statistischen Kennwerts abbildet (Thompson, 2002). Gerade bei als ›hoch gefährlich‹ klassifizierten Straffälligen fallen Konfidenzintervalle (95%-CI) meist weit aus, da sich in Validierungsstudien häufig nur wenige Straffällige finden, die aufgrund ihres ermittelten Risikogrades in eine hohe Risikokategorie fallen.

Beispielsweise zeigte sich in einer Untersuchung von Quenzer (2011, 190) mit deutschen jungen Sexualstraftätern (n = 124), dass n = 23 der Straffälligen im ERASOR (Worling & Curwen, 2001) als ›hoch gefährlich‹ eingestuft wurden. Insgesamt begingen fünf der als ›hoch gefährlich‹ klassifizierten Sexualstraftäter im Katamnesezeitraum von durchschnittlich etwa 6½ Jahren ein erneutes Sexualdelikt. Das Konfidenzintervall (95%-CI) für die Rückfallwahrscheinlichkeit von Hochrisikotätern mit Sexualdelikten beträgt somit neun bis 42 Prozent. Es ist also wahrscheinlicher, dass ein Hochrisikotäter keinen Rückfall mit einem Sexualdelikt begeht als dass er erneut einschlägig rückfällig wird. In der Gruppe der als ›niedrig gefährlich‹ klassifizierten jungen Sexualstraftäter (n = 77) reicht das 95%-CI von drei bis 16 Prozent. Ein statistisch signifikanter Unterschied hinsichtlich Rückfälligkeit mit Sexualdelikten zwischen ›hoch‹ und ›niedrig‹ gefährlich klassifizierten jungen Sexualstraftätern lässt sich hierbei nicht feststellen. Es bleibt also fraglich, welchen Mehrgewinn der ERASOR zur individuellen Quantifizierung der einschlägigen Rückfallwahrscheinlichkeit leistet. Durch die Verwendung von Risikokategorien wie »niedrig« oder ›hoch‹ besteht vielmehr die Gefahr der Überschätzung der individuellen Rückfallwahrscheinlichkeiten von Straffälligen, was möglicherweise auch zu pessimistischeren Legalprognosen durch Sachverständige und Gerichte führt. Um der Gefahr einer Überschätzung der individuellen

Gefährlichkeit durch standardisierte Prognoseinstrumente entgegen zu wirken, sollten Sachverständige neben Punktwahrscheinlichkeiten für die einzelnen Risikokategorien des eingesetzten Prognoseinstrumentes auch die dazugehörigen Konfidenzintervalle angeben.

Zur Beurteilung der Rückfallwahrscheinlichkeit von Straffälligen anhand eines standardisierten Kriminalprognoseverfahrens sind zwei statistische Kennwerte besonders aussagekräftig: der positive und negative Vorhersagewert. Der positive Vorhersagewert gibt an, wie hoch die Rückfallwahrscheinlichkeit eines als ›hoch gefährlich‹ klassifizierten Straffälligen ist, und der negative Vorhersagewert gibt an, wie hoch die Wahrscheinlichkeit ist, dass ein als ›niedrig gefährlich‹ klassifizierter Straffälliger keine erneute Straftat begeht. Nach einer Meta-Analyse von Fazel et al. (2012) zu neun gängigen standardisierten Kriminalprognoseverfahren, in der 73 Stichproben ($n = 24.847$) aus 13 Ländern berücksichtigt wurden, ergab sich für Gewaltdelikte ein positiver Vorhersagewert (Mdn) von 41 Prozent (IQR 2-60%) und ein negativer Vorhersagewert (Mdn) von 91 Prozent (IQR 81-95%). Für Sexualdelikte wird ein positiver Vorhersagewert (Mdn) von 23 Prozent (IQR 9-41%) und ein negativer Vorhersagewert (Mdn) von 93 Prozent (IQR 82-98%) angegeben. Zusammenfassend zeigt sich, dass standardisierte Kriminalprognoseverfahren zwar vergleichsweise gut ›Nicht-Rückfälligkeit‹ vorhersagen können (s. negative Vorhersagewerte), jedoch bei der Vorhersage von erneuter Straffälligkeit zu deutlich mehr falsch-positiven als richtig-positiven Klassifizierungen führen (s. positive Vorhersagewerte).

Neben dem Problem der Kommunikation von Risiken, Rückfallwahrscheinlichkeiten und Gefahren durch Sachverständige fordert der Bundesgerichtshof (Beschl. v. 22.07.2010, 3 StR 169/10) hinsichtlich der generellen Tauglichkeit von Prognoseinstrumenten für den Einzelfall folgendes (s. a. König, 2010):

> Ob ein bestimmtes Prognoseinstrument für die Beurteilung des beim Angeklagten bestehenden individuellen Rückfallrisikos generell tauglich ist, hängt zuerst einmal davon ab, ob die in die Stichprobe einbezogenen Täter bezüglich ihrer persönlichen Umstände (z. B. Anlassdelikt, psychische Erkrankung, Alter) mit dem Angeklagten vergleichbar sind. Entsprechendes gilt hinsichtlich des für den Angeklagten zukünftig zu erwartenden Umfelds und der für die Prognose als entscheidend erachteten Zeitspanne. Gibt es keine oder eine geringe Vergleichbarkeit zwischen der Stichprobe des angewendeten Prognoseinstruments und dem zu beurteilenden Einzelfall, ist die Bestimmung eines individuellen Risikogrades aus methodischer Sicht nicht zu rechtfertigen.

Hier besteht das Problem, dass nahezu alle auf dem Markt erhältlichen standardisierten Kriminalprognoseverfahren mittels Stichproben aus dem anglo-amerikanischen Raum konstruiert wurden, sodass eine direkte Vergleichbarkeit mit deutschen Straffälligen und den hier herrschenden juristischen Rahmenbedingungen für kaum ein Verfahren möglich sein wird. Ohne die Berücksichtigung lokaler Basisraten von Rückfallwahrscheinlichkeiten sind mit Hilfe standardisierter Kriminalprognoseverfahren jedoch keine empirisch begründeten Aussagen über zukünftig kriminelles Verhalten im Einzelfall zu treffen (Singh et al., 2014).

Kurzum, ohne eine systematische Normierung von standardisierten Kriminalprognoseverfahren für den deutschsprachigen Raum, für unterschiedliche Settings (Maßregelvollzug, Strafvollzug, forensische Nachsorge, Bewährungshilfe etc.), für unterschiedliche Anlassdelikte, für unterschiedliche Altersgruppen, für unterschiedliche psychische Störungsbilder sowie unterschiedliche zu erwartende soziale Empfangsräume bleiben die ermittelten Risikograde für den Einzelfall reine Spekulation über Wahrscheinlichkeiten zukünftigen menschlichen Verhaltens. Diese Kritik gilt selbstverständlich auch für rein intuitivklinische Gefährlichkeitsprognosen. Die besondere Gefahr standardisierter Kriminalprognoseverfahren besteht jedoch darin, dass sie bei Sachverständigen und Gerichten den Anschein erwecken, man könne die Wahrscheinlichkeit für zukünftiges delinquentes Verhalten eines Individuums präzise empirisch bestimmen. Im Gegensatz dazu erheben klinisch-intuitive Gefährlichkeitsprognosen in der Regel diesen Anspruch nicht, sodass sie in ihrer Logik und Argumentation auch durch Laien kritisch hinterfragt werden können. Ein kritisches Hinterfragen standardisierter Kriminalprognoseverfahren ist für Laien jedoch häufig problematisch, da es fundierte Kenntnisse der Stochastik mit den dazugehörigen Kennwerten (z. B. Risk-Ratio, Odds-Ratio, positiver Vorhersagewert, negativer Vorhersagewert, Sensitivität, Spezifität, Area Under the Curve, Konfidenzintervalle u. v. m.) voraussetzt. Ohne das nötige Fachwissen muss der Laie darauf vertrauen, dass Sachverständige die didaktischen Fähigkeiten besitzen, entsprechende statistische Kennwerte und deren Relevanz für den Einzelfall zu erläutern. Sollten Sie sich zur Gruppe der statistischen Laien zählen, bitten Sie Sachverständige stets folgende Fragen zu beantworten, bevor Sie entscheiden, wieviel Bedeutung Sie standardisiert ermittelten Risikograden oder Rückfallwahrscheinlichkeiten beimessen:

- Wie setzt sich die Konstruktionsstichprobe des standardisierten Kriminalprognoseverfahrens zusammen (z. B. Herkunftsland, Alter, psychische Störungen, Anlassdelikte, sozialer Empfangsraum etc.)?

- Was ist der positive Vorhersagewert und das dazugehörige Konfidenzintervall (95%-CI) des eingesetzten standardisierten Kriminalprognoseverfahrens bei ›hoch‹ gefährlich klassifizierten Straffälligen?
- Was ist der negative Vorhersagewert und das dazugehörige Konfidenzintervall (95%-CI) des eingesetzten standardisierten Kriminalprognoseverfahrens bei ›niedrig‹ gefährlich klassifizierten Straffälligen?
- Wie viele Personen wurden in der Konstruktionsstichprobe des standardisierten Kriminalprognoseverfahrens insgesamt rückfällig (Basisrate)?
- Unterscheidet sich der ermittelte individuelle Risikograd statistisch signifikant von der Basisrate?

Sollten Sachverständige nicht in der Lage sein, diese Fragen zu beantworten, dann ist nicht nur die Validität des eingesetzten standardisierten Prognoseinstruments fraglich, sondern auch seine Transparenz.

Die Essener prospektive Prognosestudie. Eine Untersuchung über Patienten des psychiatrischen Maßregelvollzugs (§ 63 StGB)

Dieter Seifert

Zusammenfassung

In der Essener prospektiven Multicenter-Studie wurde ein eigens entwickeltes Prognose-Inventar für gemäß § 63 StGB untergebrachte forensische Patienten auf seine Gültigkeit überprüft. An der Studie nahmen 23 Maßregelkliniken aus sieben Bundesländern teil. Es konnten insgesamt 333 Patienten rekrutiert werden, die zwischen 1997 und 2003 gemäß § 67d Abs. II StGB entlassen wurden. Diese Langzeitstudie verfolgt drei Hauptziele: Erstens soll die Deliktrückfälligkeit behandelter (ehemaliger) forensischer Patienten im zeitlichen Verlauf erfasst werden. Zweitens werden aussagekräftige statische und primär klinische Prognosemerkmale analysiert. Drittens soll der Wiedereingliederungsprozess in die Allgemeinheit differenziert dargestellt werden mit dem Ziel eines individuellen Risikomanagements forensisch untergebrachter Patienten.

Einleitung

Die Beurteilung der Gefährlichkeit eines Menschen gehört zu den verantwortungsvollsten Aufgaben der forensischen Psychiatrie (Leygraf, 2015). Insbesondere bei einer anstehenden Entlassung von gemäß § 63 StGB untergebrachten Patienten kommt dieser Aufgabe schon deswegen eine besondere Brisanz zu, als Therapeuten und Gutachter sich in einem Spannungsfeld von persönlicher Freiheit des psychisch Kranken einerseits und des Schutzes der Öffentlichkeit vor weiteren Straftaten andererseits bewegen. Dank wissenschaftlicher Untersuchungen der letzten Jahre hat sich die empirische Basis prognostischer Entscheidungen vergrößert (Seifert & Leygraf, 2016). So hat sich als eine wesentliche Erkenntnis herauskristallisiert, dass eine konsequente multiprofessionelle Zusammenarbeit (Psychiatrie und Psychologie, Justiz und Bewährungshilfe sowie der Eingliederungshilfe) unverzichtbarer Baustein für das individuelle Risikomanagement psychisch kranker Rechtsbrecher ist. Interdisziplinäre Arbeitsgruppen sind folgerichtig zu der Einschätzung gelangt, dass allein mit so genannten Prognose-Checklisten eine *lege-artis*-Legalprognose nicht zu stellen ist (Boetticher et al., 2005). Dies ist sowohl von juristischer Seite (Entscheidungen des Bundesgerichtshofes) als auch von forensisch-psychiatrischen Fachkreisen mehrmalig betont worden. Während die legalprognostische Bedeutung aktuarisch zu erhebender Kriterien (z. B. Anzahl der Vorstrafen, Alter der ersten Delinquenz) seit nunmehr einem Jahrhundert kriminologischer Forschungen als evident gelten und bei derartigen Fragestellungen nahezu obligat berücksichtigt werden, fehlt es aber noch heute an empirisch fundiertem Wissen zu klinischen (Seifert, 2007a) sowie so genannten poststationären Prognosekriterien.

Diese unterschiedlichen Prognosekriterien weisen jeweils eine Reihe an differenten methodischen Defiziten auf, deren sich sowohl der Gutachter als auch der letztlich für die Entscheidung einer Entlassung zuständige Richter bewusst sein sollte. *In foro* als auch in öffentlichen Diskussionen über die Arbeit forensischer Gutachter sollte dies daher offen thematisiert werden, wenngleich dies selbstredend für Prognosen jeglicher Art zutrifft. So liegt das Hauptproblem der anhand einer gründlichen Aktenanalyse zu erhebenden Kriterien in deren Unveränderbarkeit. Für forensisch untergebrachte Patienten ist dies schon deswegen bedeutsam, als weit über die Hälfte eine Vielzahl an biografischen Belastungen aufweisen: Sie stammen aus den unteren sozialen Schichten, aus unvollständigen Primärfamilien, in denen Gewalt und Alkoholkonsum den Alltag prägten, haben keinen Schul- und/oder Berufsabschluss und eine lange delinquente Karriere mit Aufenthalten in Erziehungsheimen, psychiatrischen Kliniken und Justizvollzugsanstalten (Leygraf, 1988). Die in vielen Studien belegte Prognoserelevanz derartiger Kriterien besitzt folglich für die Fragestellung, ob eine Entlassung aus dem Maßregelvollzug verantwortet werden kann oder nicht, lediglich eine begrenzte Aussagekraft. Würde sich die Legalprognose allein auf solche Kriterien stützen, dürfte konsequenterweise kaum noch ein forensischer Patient jemals wieder entlassen werden. Klinische Prognosekriterien, also durch therapeutische Interventionen erzielte Veränderungen (verbesserte Reflexivität, Persönlichkeitsnachreifung etc.) hingegen sind weitaus weniger intensiv untersucht, was sicherlich auch an dem erforderlichen komplexen Studiendesign liegen dürfte. So ist es äußerst schwierig, klinische Merkmale anhand retrospektiver Untersuchungen valide zu erfassen (Seifert, 2007b). Gleiches gilt für poststationäre Kriterien. Es ist in der Prognoseforschung schon lange bekannt, dass die zum Ende einer stationären Unterbringung eingeschätzte Gefährlichkeit keine dauerhafte Gültigkeit besitzt (Monahan, 1978). Wenn sich basale Lebensbereiche wie z. B. Partnerschaft, Wohn- und/oder

Berufs- oder finanzielle Situation ändern, ist die Legalprognose unter den neuen Lebensbedingungen zu überprüfen. Derartige (potenzielle) Veränderungen sind selbst bei intensivem Wissen über einen Patienten nicht in ihrer Gesamtheit und Häufigkeit treffsicher zu antizipieren.

Methodik

An der prospektiven Studie, die über sechs Jahre von der DFG (Deutsche Forschungsgemeinschaft, Geschäftszeichen: Se 865/1-4) gefördert wurde, sind insgesamt 23 forensische Kliniken bzw. Abteilungen aus sieben Bundesländern beteiligt. In der Zeit zwischen 1997 und 2003 konnten 333 Patienten in die Studie einbezogen werden, die zu dem Zeitpunkt laut Gerichtsbeschluss der zuständigen Strafvollstreckungskammer gemäß § 67d Abs. 2 StGB entlassen wurden. Die Stichprobe ist im Vergleich zu Querschnittsuntersuchungen im Maßregelvollzug als repräsentativ zu betrachten (Seifert, 2007a). Für jeden Probanden wurde der eigens erstellte Erhebungsbogen ausgefüllt, der sich aus insgesamt 60 aktuarischen und 133 klinischen Items zusammensetzt. Des Weiteren wurden einige testpsychologische sowie biologische Daten erhoben, denen letztlich – auch aufgrund der zum Teil vergleichsweise unvollständigen Daten – nur eine bedingte Aussagekraft zugekommen ist (Möller-Mussavi & Seifert, 2006).

Der Erhebungsbogen wurde nach einer Expertenbefragung sowie einer Sammlung ›hausinterner‹ Checklisten deutscher Maßregelkliniken zusammengestellt. Für ein möglichst praxisnahes Studiendesign wurde der klinische Erhebungsbogenteil von den Bezugstherapeuten der beteiligten Kliniken unmittelbar vor der Entlassung der Probanden ausgefüllt, also von denjenigen, die auch die §-67e-Stellungnahme mit der Anregung zur Entlassung geschrieben hatten. Dieser Erhebungsbogenteil wurde in einer Vorstudie auf seine Reliabiltät hin analysiert (Weber, 1996). Hier zeigte sich quasi die Grundproblematik klinischer Kriterien: Es stellte sich u. a. heraus, dass beispielsweise bei dem Item *Deliktverarbeitung* (einem im klinisch-forensisch als auch gutachterlichen Kontext gern genutztes Prognosekriterium) die Interrater-Reliabilität – also die Einschätzung eines Patienten durch zwei Therapeuten – mit einem *Kappa* von 0.47 relativ niedrig war.[2] Die Rerater-Reliabilität – also die Einschätzung eines Patienten durch einen Therapeuten zu zwei verschiedenen Zeitpunkten – ergab indes eine weitaus höhere Übereinstimmung (κ: 0.73). Derart ausgeprägte Diskrepanzen zwischen schwachen Interratings und hohen Reratingwerten sind als Indiz für »stabile intrasubjektive Konstrukte« zu werten (ebd.). Gutachter und Therapeuten nutzen sozusagen ihre ganz persönliche Definition bestimmter klinischer Kriterien. Der Begriff verliert somit an Präzision.

329

Die Deliktrückfälligkeit wurde bislang nach drei Katamnesezeiträumen (im Mittel 3,9 sowie 7,5 und 16,5 Jahren nach der Entlassung) durch Auswertung von Bundeszentralregisterauszügen erhoben. Zusätzlich wurden die während der Führungsaufsicht erstellten (halb-)jährlichen Bewährungshelferberichte analysiert, um den weiteren Lebensweg der Patienten zu erfassen und konstellative Faktoren (Arbeits- und Wohnsituation, mögliche Krisen, Art und Qualität der ambulanten Nachsorge etc.) in die Auswertung einzubeziehen. Dies sind im Hinblick auf ein eventuelles Scheitern der Probanden bekanntermaßen bedeutsame Einflussfaktoren, deren Erfassung bei alleiniger Auswertung der Bundeszentralregisterauszüge nicht möglich ist.

Hinzuweisen ist explizit auf die methodischen Limitierungen: Eine Vergleichsgruppe im engeren Sinne, also psychisch kranke Rechtsbrecher mit einer negativen Legalprognose, die nicht in den Maßregelvollzug eingewiesen werden, existiert nicht. Zudem konnten nur solche Probanden in die Studie aufgenommen werden, deren Legalprognose positiv bzw. verantwortbar war (letztlich nach Einschätzungen der Richter der Strafvollstreckungskammern). Eine Aussage über die Deliktrückfälligkeit derjenigen forensischen Patienten, die von den Therapeuten, Gutachtern und Richtern unverändert für gefährlich erachtet wurden (sogenannte *false positives)*, ist nicht möglich. Ein entsprechend verändertes Studiendesign ist selbstredend nicht realisierbar. Daher besteht lediglich die Möglichkeit, als Vergleichsgruppe diejenigen Straftäter heranzuziehen, die aus dem Regelvollzug (Justizvollzugsanstalten) entlassen wurden. Bei diesen besteht der Entlassgrund nicht in einer positiven Legalprognose, sondern zumeist im Erreichen des Endstrafzeitpunkts, wenngleich ein Teil der Gefangenen auch zum Halbstrafen- oder Zwei-Drittel-Zeitpunkt (in den letzten Jahren ca. 20%) entlassen wird, weil die Gefahr eines Deliktrückfalls als deutlich geringer erachtet wurde. Dabei bleibt zu bedenken, dass für eine Verurteilung zu einer Freiheitsstrafe der legalprognostische Aspekt eine weitaus geringere Bedeutung als für eine Anordnung der Maßregel besitzt.

Ergebnisse

Die bisherigen Forschungsergebnisse lassen sich wie folgt zusammenfassen:

Deliktrückfälligkeit

Von primärem Interesse ist die Häufigkeit erneuter schwerwiegender Straftaten, also der Gewalt- und/oder Sexualdelikte, zumal der überwiegende Teil der Probanden wegen Gewaltdelinquenz in den Maßregelvollzug (§ 63 StGB) gelangt war. Dieser Anteil lag nach der ersten katamnestischen Untersuchung (im Mittel 3,9 Jahren) bei 7,5 Prozent, nach im Mittel 7,5 Jahren bei 10,3 Prozent. Bei der gerade begonnenen Auswertung der dritten Katamnese (im Mittel 16,5 Jahre nach der Entlassung) ist der Anteil erneut etwas angestiegen (nunmehr 12,8%). Je nach Diagnosegruppen zeigten sich signifikante Unterschiede: Die Gruppe der schizophrenen Patienten (7,7%) wiesen die geringsten und die mit einer Persönlichkeitsstörung (vor allem mit dissozialen Anteilen: 21,6%) die höchste Rate an erneuten schwerwiegenden Straftaten auf. In beiden Diagnosegruppen fand sich ein Proband, der jeweils nach der Entlassung mit einem Tötungsdelikt rückfällig geworden war, wobei in den Fällen sowohl besondere Fallstricke in der Nachbehandlung als auch Grenzen der prognostischen Möglichkeiten deutlich geworden sind.[1]

Auch unter Berücksichtigung des oben dargestellten methodischen Problems, dass eine unter wissenschaftlichen Kriterien geeignete Vergleichsgruppe nicht existiert, bleibt soweit zu konstatieren, dass die Deliktrückfälligkeit psychisch kranker Rechtsbrecher deutlich niedriger als im Regelvollzug (Justizvollzugsanstalten) liegt. Dort wurden laut aktuellen Untersuchungen in Deutschland (Jehle et al., 2013) 58,7 Prozent aller Straftäter, die aus einer Freiheitsstrafe entlassen worden waren, innerhalb einer sechsjährigen Katamnesezeit erneut verurteilt (nach drei Jahren: 48,1%), jeweils gut die Hälfte davon zu einer Freiheitsstrafe ohne Bewährung. Die Höhe der Rückfallquote variierte je nach Deliktgruppe zwischen 25 Prozent (Verkehrsdelikte ohne Alkoholeinfluss) und knapp 70 Prozent (Raubdelikte). Bei der Gruppe mit Tötungsdelikten begingen innerhalb der nächsten sechs Jahre 29 Prozent eine erneute Straftat, zumeist jedoch keine Gewaltdelikte, acht Prozent wurden aufgrund von Körperverletzungen und lediglich 0,2 Prozent wegen eines erneuten Tötungsdeliktes verurteilt.

Valide Prognosekriterien

1) Aktuarische Prognosekriterien

Es fanden sich vergleichsweise wenige aussagekräftige anamnestisch-historische Kriterien. Für die Gesamtgruppe gab es nach dem ersten Katamnesezeitraum lediglich drei Items, die signifikant zwischen Rückfall und Nicht-Rückfall unterscheiden konnten: Demnach spricht für eine hohe Rückfallgefahr, wenn der Proband bereits in frühem Alter und dann durchgängig Erziehungsschwierigkeiten gezeigt hat (Odds ratio: 2,6)[3], er vorherige Inhaftierungen aufwies (Odds ratio: 2,0) und bei Begehung seiner ersten Straftat vergleichsweise jung war (Seifert, 2007a). Bei der zweiten Katamnese hingegen fand sich für die Gesamtgruppe kein anamnestisches Merkmal mehr, was treffsicher zwischen rückfälligen und nicht-rückfälligen Patienten differenziert hat (Seifert, 2010).

Für einzelne Untergruppen ließen sich indes einige wenige signifikante aktuarische Merkmale errechnen: So kam dem Item *Erziehungsschwierigkeiten in der Kindheit* für die Gruppe der Persönlichkeitsgestörten weiterhin legalprognostische Bedeutung zu. Für schizophrene Patienten ergab sich, dass das Merkmal *Keine Berufsqualifikation vor der Unterbringung* und für die Gruppe der Sexualstraftäter das obige Merkmal *Junges Alter bei der ersten Inhaftierung* sowie *Unvollständige Primärfamilie* die Wahrscheinlichkeit des Scheiterns der Wiedereingliederung erhöht. Hinzuweisen ist explizit auf die Risikogruppe, also diejenigen Probanden mit erneuten Gewaltstraftaten ($n = 33$): Hier fand sich kein signifikantes historisches Prognosemerkmal mehr. Dies deutet darauf hin, dass solchen, also den grundsätzlich unveränderbaren Kriterien mit zunehmender Zeit in Freiheit eine geringere Bedeutung zukommt.

2) Klinische Prognosekriterien

Im Vergleich zu der geringen Anzahl valider aktuarischer Merkmale konnten sowohl bei der ersten als auch der zweiten Katamnese nahezu deckungsgleich eine Reihe an aussagekräftigen klinischen Prognosekriterien analysiert werden (die Auswertung nach der dritten Katamnese liegt derzeit noch nicht vor). Dies gilt insbesondere für die Probandengruppe, die mit Gewalt- und/oder Sexualdelikten rückfällig geworden ist (Tab. 1), wobei die von den Therapeuten angenommenen bedeutsamen Prognosekriterien nicht gänzlich mit den nachher analysierten Merkmalen übereinstimmen (Seifert et al., 2002; 2005).

Zusammengefasst lässt sich diese ›Hochrisikogruppe‹ unter den Maßregelpatienten unter klinischen Gesichtspunkten wie folgt charakterisieren: Sie dominieren gern das Stationsleben, stehen innerhalb der Patientenhierarchie oben, werden von ihren Mitpatienten um Rat gefragt und daher nicht ausgegrenzt. Sie zeigen allenfalls wenige Hospitalisierungszeichen. In den Klinikalltag lassen sie sich nur schwerlich einordnen, regeln ihre Probleme lieber untereinander, als dass sie aktiv den Kontakt zum Pflegeteam suchen. Aus Sicht des Teams wird deren Zukunft folglich eher negativ eingeschätzt, auch weil diese Patienten im Klinikalltag primär durch eine gereizte Grundstimmung, geringe aggressive Gehemmtheit und starke emotionale Reaktion auf Kritik bei mangelnder Reflexionsfähigkeit wahrgenommen werden. Zudem beschreiben die Mitarbeiter sie als insgesamt wenig angstbesetzt, da sie auf riskante, tatsächlich gefährliche Situationen auffällig angstfrei

1 Aktuelle Symptomatik
- geringe Hospitalisierung bzw. Residualsymptomatik (8)

2 Sozialverhalten
- geringe Ausgrenzung durch Mitpatienten (17)
- geringe soziale Kontakte zu Teammitgliedern (22,1)

3 Belastungsfaktoren der Persönlichkeit
Unabhängig von der derzeitigen Befindlichkeit ist die Grundhaltung des Patienten geprägt von:
- geringer Gehemmtheit (29,3)

4 Anpassungsverhalten
- geringe Einordnung (30)
- hohe subkulturelle Rolle (in der »Hackordnung« der Patienten eher am oberen Ende) (34)
- unregelmäßige Teilnahme an der Sporttherapie (37,3)

5 Emotion/Motivation
- gereizte Grundstimmung (41)
- geringe Ängstlichkeit (47)
- starke emotionale Reaktion auf Kritik (48)

6 Leistungs- und Kontrollverhalten
- gute Arbeitsbelastungsfähigkeit (68) bei zugleich geringer Arbeitskontinuität (67)
- geringe Reflexionstendenz (75)

Tabelle 1: Aussagekräftige Merkmale für eine negative Legalprognose. Die Zahlen in Klammern geben die Position des jeweiligen Items im klinischen Erhebungsbogen an (s. a. Seifert, 2007)

reagieren. Im Arbeitsbereich fällt eine Diskrepanz von grundsätzlich guter Arbeitsbelastungsfähigkeit bei gleichzeitig mangelnder Durchhaltefähigkeit auf. Diese klinischen Prognosemerkmale ließen sich weitgehend deckungsgleich bei der ersten als auch zweiten Katamneseuntersuchung extrahieren, zeigen folglich im Längsschnittverlauf eine beachtenswerte Konstanz (im Gegensatz zu den aktuarischen Kriterien).

Darüber hinaus konnten mehrere protektive Faktoren für diese Problemgruppe analysiert werden, die sich zum einen auf klinisch-therapeutische Veränderungen und zum anderen auf die Gestaltung des sozialen Empfangsraumes beziehen. Die Legalprognose ist demnach positiver einzustufen, wenn der Patient durch die Therapie am Ende der stationären Unterbringung ›mittlerweile eine selbstkritischere Haltung zu seinem Delikt eingenommen hat‹ und er nunmehr ›besser in der Lage ist, soziale Beziehungen einzugehen‹.

3) Poststationäre Prognosekriterien

Lediglich wenige der langjährig behandelten forensischen Patienten (Unterbringungsdauer im Mittel 6,1 Jahre, Median: 5 Jahre; Spannweite: 0,5 bis 32,7 Jahre) bewältigen direkt nach der Entlassung den Schritt in die eigene Wohnung (17,4%; vor der Unterbringung: 33,8%); eine kleinere Anzahl kehrt in die eigene Familie (9,5%; vorher 11%) bzw. die Primärfamilie (4,7%; vorher 24,1%) zurück. Mehr als zwei Drittel (64,4%; vorher 14,2%) werden in mehr oder weniger eng Struktur gebende Einrichtungen entlassen (Übergangswohnheim, Allgemeinpsychiatrie, Altenheim oder Betreutes Wohnen). Auch die berufliche Wiedereingliederung auf dem ersten Arbeitsmarkt ist für die Mehrzahl – zumindest direkt nach der Unterbringung – ein kaum zu realisierendes Ziel. Nur etwa jedem Vierten (26,4%; vorher 14,3%) gelingt dies auf einer Vollzeitstelle (11,9%) oder zumindest stundenweise bzw. halbtags (14,5%). Ein kleiner Teil beginnt eine Ausbildung oder ein Studium (3,1%; vorher 1,5%). Weitere 37,7 Prozent werden in eine beschützende Werkstatt eingegliedert (vor der Unterbringung: 4,6%); der Rest hat keine vorab organisierte Tagesstruktur bzw. ist berentet.

Anhand der Auswertung der Bewährungshelferberichte während der Führungsaufsicht (§ 68 StGB) ist als Hauptergebnis zu nennen: Je strukturierter/professioneller die Nachsorge desto geringer die Deliktrückfallrate. Hervorzuheben ist zudem, dass die Qualität der Bewährungshelferberichte über die später rückfälligen Probanden im Vergleich zu denen mit gelungener Wiedereingliederung sichtlich schlechter ist: Relevante Nachsorgeaspekte werden überwiegend nur recht knapp dokumentiert. Insbesondere mangelt es an Informationen über Helferrunden und die dort vereinbarten Absprachen. Dadurch gehen nachvollziehbar elementare Informationen verloren, die die zuständigen Richter der Führungsaufsicht benötigen, um sich einen realistischen Eindruck über den Wiedereingliederungsprozess der Patienten zu verschaffen. In der Gruppe der rückfälligen Probanden fällt bei einem Großteil der Berichte eine zum Teil direkt formulierte, mitunter aber eher zwischen den Zeilen erkennbare grundlegende Skepsis auf. Diese intuitive Einschätzung der Bewährungshelfer bewahrheitete sich letztlich bei verhältnismäßig vielen Probanden. Aber ebenso bei den Führungsaufsichtsstellen und Strafvollstreckungskammern lassen sich Defizite aufzeigen: Die von den Bewährungshelfern dokumentierten Informationen wie erneute Alkoholprobleme, Nicht-Einhalten richterlicher Weisungen oder labile psychische Verfassung der Probanden werden offenbar nicht in ihrer tatsächlichen legalprognostischen Wertigkeit wahrgenommen und führen – wenn überhaupt – zu verspäteten justiziellen Reaktionen (z. B. Rückführung in den Maßregelvollzug). Vereinzelt werden eklatante Fehler bei der Einschätzung von Risiken deutlich. Diese beziehen sich insbesondere auf den Alkoholkonsum, den Umgang mit Medikamenten und die Einhaltung von Weisungen (Seifert, 2007a; Seifert et al., 2003).

Entsprechend den Forschungserkenntnissen der letzten Jahre zur hohen legalprognostischen Bedeutung des sozialen Empfangsraumes finden sich auch in unserer Studie einige kongruente signifikante Ergebnisse: Rückfall reduzierend ist die Wiedereingliederung in ein strukturiertes Wohnheim mit einer arbeitstherapeutischen Anbindung (möglichst beschützender Arbeitsplatz). Als treffsichere Kriterien stellten sich drei Einschätzungen der Therapeuten zum sozialen Empfangsfeld heraus. Eine deliktfreie Wiedereingliederung gelingt eher,

1. wenn sich nach Einschätzung der Therapeuten die externen Bedingungen des vereinbarten sozialen Empfangsraumes gegenüber der Situation und den Bedingungen zum Deliktzeitraum deutlich zum Positiven verändert haben,
2. wenn die Therapeuten zu der Einschätzung gelangt sind, dass die vereinbarte Wohnsituation auch in Zukunft Bestand haben wird und
3. wenn zum Zeitpunkt der Entlassung bereits eine vertrauensvolle Beziehung zum Bewährungshelfer aufgebaut werden konnte.

Fazit der bisherigen Ergebnisse

Hinsichtlich der eingangs aufgeführten drei Hauptziele lassen sich nach der nunmehr dritten katamnestischen Untersuchung der prospektiven Essener Prognosestudie folgende Erkenntnisse zusammenfassen:

• Erstmals liegen nun Daten über die Langzeitzeitwirkung der strafrechtlichen Unterbringung gemäß § 63 StGB vor. Diese deuten darauf hin, dass die Behandlung psychisch kranker/gestörter Rechtsbrecher in forensischen Kliniken durchaus als wirksam bzw. effektiv zu bezeichnen ist, was sich auch in internationalen Studien abzeichnet (Coid, 2007; Fazel et al., 2016; Jeandarme et al., 2016). Bei allen methodischen Problemen eines Vergleichs von Maßregelpatienten mit Strafgefangenen (siehe hierzu Leygraf, 1998) bleibt zu bedenken, dass es sich bei der Untersuchungsstichprobe um Rechtsbrecher mit einer hohen Gefahr für die Allgemeinheit handelt, da Voraussetzung für die Anordnung einer Unterbringung laut Gesetzestext (§ 63 StGB) die negative Legalprognose ist (im Sinne einer *conditio sine qua non).*

• Es konnte eine Reihe aussagekräftiger klinischer Prognosemerkmale analysiert werden, die für die Einschätzung erneuter schwerer Gewalt- und/oder Sexualdelikte eine hohe Relevanz besitzen (Tab. 1). Dieser Befund sollte möglichst bereits zum Beginn der Unterbringung bei der Planung der forensisch-psychiatrischen Behandlung bedacht werden, da die Therapeuten mit dem Wissen dieser klinischen Kriterien den Unterbringungsverlauf ihrer Patienten beobachten und gleichfalls die eigene therapeutische Arbeit mit dem Patienten reflektieren und gegebenenfalls korrigierend eingreifen können. Die in den bekannten Prognose-Checklisten aufgeführten aktuarischen Prognosekriterien hingegen scheinen für entlassene Patienten aus dem Maßregelvollzug mit zunehmender Zeit in Freiheit an legalprognostischer Bedeutung zu verlieren.

- Der weitere Lebensweg forensischer Patienten gelingt zumeist dank einer Entlassung in beschützende Einrichtungen (Wohnraum und Arbeitsbereich). Die Analyse der Bewährungshelferberichte verdeutlicht, dass die Gültigkeit der Gefährlichkeitseinschätzung in hohem Maße von der Qualität der ambulanten Nachbehandlung begrenzt wird. Relevante Änderungen in der Nachsorge sind stets auf ihre legalprognostische Relevanz hin zu überprüfen. Derartige Änderungen lassen sich durch eine engmaschige Betreuung, die zugleich natürlich einen kontrollierenden Aspekt umfasst, erkennen. Zudem konnte gezeigt werden, dass Richter der Strafvollstreckungskammern Warnungen der Bewährungshelfer und ebenso der ambulanten Therapeuten ernst nehmen und möglichst frühzeitig reagieren sollten. Ein verbesserter (professioneller) Informationsaustausch zwischen Juristen, Bewährungshelfern und Mitarbeitern der forensischen Ambulanzen hilft Deliktrückfälle zu vermeiden. Angesichts der noch zu seltenen Nutzung so genannter Helferrunden als elementarer Baustein einer fachgerechten Nachsorge böten sich interdisziplinäre Weiterbildungen an.
- Diese Erkenntnisse lassen sich im klinisch-forensischen Setting im Sinne von ›poststationären Prognosekriterien‹ zur Verbesserung des individuellen Risikomanagements entlassener Maßregelpatienten nutzen, zumal einige Aspekte erst kürzlich in einer Untersuchung über die Nachsorge forensischer Patienten mit einer Schizophrenie repliziert werden konnten (Schmidt-Quernheim & Seifert, 2014). Allerdings darf nicht außer Acht gelassen werden, dass es trotz gut vorbereiteter Nachsorge und ausreichender Kontrollmechanismen auch zweifelsohne unvorhersehbare Rückfälle geben kann.

Die Analyse nach der dritten Katamnese ist derzeit noch nicht abgeschlossen. Es bleibt abzuwarten, inwieweit sich diese klinischen Prognosekriterien als stabil erweisen. Des Weiteren liegt ein Hauptaugenmerk auf der detaillierten Analyse derjenigen forensischen Patienten, die nach der Entlassung mit schweren Gewalt- und/oder Sexualdelikten rückfällig geworden sind. Hierzu soll insbesondere der poststationäre Weg mittels einer deskriptiven und qualitativen Analyse der Bewährungshelferberichte untersucht werden mit dem Ziel, Rückschlüsse für eine Optimierung der forensischen Nachsorge auf der Basis empirischer Erkenntnisse zu ziehen.

Anmerkungen

[1] Kasuistiken nachlesbar in Seifert (2010).

[2] Cohens *Kappa*-Koeffizient ist ein statistisches Maß für die *Interrater-Reliabilität* der Einschätzungen von (in der Regel) zwei Ratern. Dieses Maß kann aber auch für eine *Intrarater-Reliabilität* verwendet werden, bei der derselbe Beobachter zu zwei verschiedenen Zeitpunkten die gleiche Messmethode verwendet.

[3] *Odds ratio* ist eine statistische Maßzahl aus der Wahrscheinlichkeits- und Risikoberechnung, die etwas über die Stärke eines Zusammenhangs von zwei Merkmalen aussagt. Damit ist dies ein sog. Assoziationsmaß, bei dem zwei *Odds* (Wahrscheinlichkeiten) miteinander verglichen werden.

Risikoprognose – Schicksal und Chance?

Monika Egli-Alge

Was will die Prognostik und was kann sie?

Prognosen sind immer schwierig – vor allem, wenn sie die Zukunft betreffen.

Dennoch beziehungsweise genau deswegen spielen sie in der Forensik international eine bedeutsame Rolle. Denn alle wollen wir wissen, wie gefährlich Straftäter sind, das heisst, ob sie in Zukunft erneut Straftaten begehen werden oder nicht. Ob sie also rückfällig werden oder nicht beziehungsweise wie hoch die Wahrscheinlichkeit ist, dass sie zukünftig rückfällig werden.

Somit begeben wir uns auf ein Terrain, das die anspruchsvolle Synthese zwischen Statistik, Empirie und Berechenbarkeit auf der einen Seite und der Individualität des Straftäters sowie der Situationskonstellationen auf der anderen Seite zuzüglich zahlreicher unbekannter und nicht definierter Variabeln im Auge zu haben hat.

Im Film *Minority Report*[1] verarbeitet Steven Spielberg die Vision einer gewalt- beziehungsweise verbrechensfreien Zukunft im Jahre 2054 mittels hellseherischer Fähigkeiten der ›Precogs‹. Das sind Wesen, die mittels Medikamenten in einen traumartigen Zustand zwischen Traum und Bewusstsein versetzt werden. In diesem Zustand entwickeln die ›Precogs‹ eine Art Visionen, in welchen sie Morde voraussehen. Dies teilen sie der Abteilung *Precrime* der Washingtoner Polizei mit, die dann ausrücken kann, bevor die Morde verübt werden, um sie somit zu verhindern. Die mutmaßlichen Täter werden quasi vorsorglich verwahrt, in einem künstlich herbeigeführten Zustand ständiger Bewusstlosigkeit.

Das Projekt scheitert, weil ein vorhergesehener Mord nicht verübt wird, was aufzeigt, dass die Precogs zwar jeden Mord vorhersehen können, gleichzeitig aber auch Visionen von Situationen haben, in denen ein Mord zwar wahrscheinlich ist, aber nicht stattfindet – sogenannte *false-positive*-Vorhersagen.

Der Science-Fiction-Film zeigt auf, was die Prognostik auch in der Realität beschäftigt:
- Der Wunsch, zukünftige Straftaten voraussehen zu können.
- Der Wunsch nach einer sicheren Zukunft.

- Der Wunsch, gefährliche Straftäter vor dem Begehen von Straftaten unschädlich machen zu können

Gleichzeitig verweist die Geschichte des amerikanischen Autors Philip K. Dick auf die Grenzen und die Problematik der Prognostik: die falsch-positiven Vorhersagen und die unrechtmäßige Verwahrung von Menschen, die möglicherweise nie eine Straftat begangen hätten.

Wir streifen somit rechtsphilosophische und ethische Themen: dürfen Menschen aus Sicherheitsgründen weggesperrt werden, auch wenn sie noch keine Straftaten begangen haben? Welches Gut soll, darf höher gewertet werden, die persönliche Freiheit jedes Einzelnen oder die Sicherheit der Gesellschaft? Und wer entscheidet und auf welcher Grundlage?

Gründe genug, die wissenschaftlichen Grundlagen der Gefährlichkeits- und Rückfallprognostik stets einer kritischen Prüfung zu unterziehen.

Denn eine exakte Vorhersage menschlichen Verhaltens ist mit keiner Methode ausreichend sicher möglich. Entsprechende Aussagen haben eine eingeschränkte Gültigkeit und sind bei jeder Änderung der Voraussetzungen oder Beurteilungsgrundlagen neu zu bedenken. Möglich sind somit Abschätzungen von Wahrscheinlichkeiten, mit denen ein bestimmter Täter weitere gravierende Straftaten begeht. Anzustreben ist in jedem Falle eine individuelle Prognose, die persönlichkeitsrelevante, delikt- und situationsspezifische Kriterien und Fakten miteinbezieht.

Jede Prognose kann nur für einen begrenzten, überschaubaren Zeitraum und unter genau definierten Vollzugs- oder Lockerungsbedingungen gelten (Dittmann, 1999)

Prognostik im Überblick – *State of the Art* 2017

In den letzten zehn Jahren haben sich zahlreiche Instrumente, Checklisten und Prozeduren zur Risikoprognostik evidenzbasiert und an Basisraten orientiert international etabliert. Wissenschaftliche Untersuchungen zur Rückfälligkeit bestimmter Gruppen von Straftätern haben die Grundlagen einer verbesserten, zuverlässigeren Prognostik geliefert. Auch die Grenzen der Voraussagen sind nach wie vor gegeben, so gibt es beispielsweise keine ›unbegrenzte Prognose‹, wie Richterinnen und Richter sie häufig gerne hätten, um lebenslange Verwahrungen, Sicherungsverwahrungen basierend auf Gesetzesgrundlagen richterlich anordnen zu können. So bleibt die Erkenntnis von Monahan (1981a) nach wie vor bestehen: Humanwissenschaftler können Risikofaktoren auflisten und Risikoeinschätzungen für bekannte Bedingungen und begrenzte Zeiträume erarbeiten. Unbegrenzte Prognosen können mit den Methoden der empirischen Wissenschaft nicht erstellt werden (Nedopil, 2005).

Lange wurde und wird breit und intensiv diskutiert, wer denn nun Prognosen, insbesondere Gefährlichkeitsprognosen stellen darf, wessen Domäne die Prognostik ist: diejenige der Psychiatrie, der Psychologie, der Kriminologie, gehört sie in den Vollzug, zur Sozialarbeit oder gehört sie der Juristerei? Oder gibt es da noch andere Disziplinen – die Neurologie, die Genetik, die Pädagogik oder die Heilpädagogik – die beachtet werden müssen?

Erfahrungen mit validierten Instrumenten, beispielsweise dem ERASOR haben gezeigt, dass die Untersucher über ein breites Wissen und eine Grundausbildung in Psychopathologie verfügen und innerhalb des Instrumentes besonders gut geschult sein müssen. Je besser, desto höher die Reliabilität der Aussagen.

Um die Qualität – Validität und Reliabilität – der Aussagen zu erhöhen, empfiehlt sich aus Sicht der Autorin eine mindestens Vier-Augen-Strategie unter Beachtung aller involvierten Disziplinen; ein multiprofessioneller Ansatz eben. So können Fehlprognosen minimiert und die Sicherheit der Aussagen optimiert werden. Zudem besteht so die Möglichkeit, hinsichtlich der klinischen sowie der intuitiven Prognose die Erfahrungen aller am Beurteilungsprozess Beteiligten einfließen zu lassen.

Aktuelle Prognostik orientiert sich an Erkenntnissen des *Risk-Need-Responsivity-Modells* nach Andrews & Bonta (2010b), das fordert, die Arbeit mit Straftätern am individuellen Rückfallrisiko (Risikoprinzip), an den Inhalten und Veränderungszielen an individuell risikorelevanten Problembereichen (Bedarfsprinzip) sowie an individuell kooperationsrelevanten Merkmalen (Ansprechbarkeitsprinzip) auszurichten (Schlussbericht ROS, 2014). Risikoprognostik ist nicht mehr eine isolierte Prozedur eines Einzelnen anhand von Checklisten, sondern muss viel mehr als gemeinsamer, multiprofessioneller Prozess aller am Strafvollzug beteiligter verstanden werden; jeder fachlich kompetent in seinem Verantwortungsbereich zuständig.

Im Projekt ROS – *Risikoorientierter Sanktionenvollzug* –, das in der Schweiz seit 2010 als Modellversuch des Bundesamtes für Justiz und seit 2013 als etablierte Methodik im Straf- und Massnahmenvollzug in zahlreichen Kantonen praktiziert wird, ist definiert:

> Durch ROS sollen die Bedingungen für einen einheitlichen, über verschiedene Vollzugsstufen und -einrichtungen hinweg konsequent auf Rückfallprävention und Reintegration ausgerichteten Strafvollzug geschaffen und so ein inhaltliches, an Vollzugszielen orientiertes Übergangsmanagement ermöglicht werden. Auf

diesem Weg sollen die verschiedenen am multiinstitutionellen und interdisziplinären Justizvollzug beteiligten Institutionen und Fachdisziplinen ihre jeweiligen Kompetenzen in einer aufeinander abgestimmten, sich gegenseitig ergänzenden Weise einbringen können und so ihren spezifischen Beitrag zu den gemeinsamen Vollzugszielen leisten (Schlussbericht ROS, 2014, 8).

ROS ist ein unterdessen gut erprobtes und vielversprechendes Prozedere, die Risikobeurteilung in einem 360°-Prozess zu sichern und im Strafvollzug zu einer gemeinsamen Sprache zu finden.

Nutzen, Grenzen und Verwertbarkeit

Gerichte und Vollzugsverantwortliche können, müssen sich in ihren Entscheidungsprozessen auf anforderungsgerechte Beurteilungen stützen. Weil Prognoseinstrumente bestehen, müssen sie verwendet werden. Die Beurteilungen nehmen jedoch nicht den Gerichten die Entscheidungen ab, sie gelten als eines von zahlreichen Indizien oder Befunden.

Risikobeurteilungen sind so gut wie die zugrunde liegenden Befunde und wie die Beurteiler. Sie sind eingeschränkt gültig und müssen immer dann wiederholt werden, wenn sich an den Beurteilungsgrundlagen ein Kriterium verändert.

Niemals kann von Risikoprognosen eine hundertprozentige Sicherheit oder Zuverlässigkeit erwartet oder gar verlangt werden. Ein Rechtsstaat hat zu entscheiden, ob er das Risiko trägt, dass ein entlassener Straftäter erneut straffällig wird und Opfer produziert, somit Leid und Schmerz anrichtet. Oder ob mögliche Straftaten unter allen Umständen vermieden werden sollen und dafür in Kauf genommen wird, dass Menschen die Freiheit entzogen wird, die keine Straftaten (mehr) begingen, wären sie in Freiheit.

Prognose – Ein Praxisbeispiel und Ausblick

DORM – DeliktOrientiertes RisikoManagement (© by forio)

Je klarer, individueller und konkreter das Risiko erkannt und benannt wird, desto besser kann damit in der Praxis, sei es im Straf- und Maßregelvollzug oder im Rahmen vielfältiger stationärer Unterbringung von Jugendlichen und Erwachsenen, präventiv interveniert werden.

Das deliktorientierte Risikomanagement DORM berücksichtigt die identifizierten persönlichkeitsbezogenen Risikofaktoren, die in den gängigen und wissenschaftlich fundiert untersuchten Checklisten[2] Eingang gefunden haben und mittlerweile sowohl für GutachterInnen als auch für BehandlerInnen brauchbare Prognoseinstrumente geworden sind. Das DORM und sein Einsatz wurde im *forio* in Zusammenarbeit mit Kooperationsinstitutionen[3] für die tägliche Praxis entwickelt und erprobt.

Es stellt die Grundlage für die Bildung eines gemeinsamen Risikoverständnisses dar, auf welchem das individuelle Risiko der Betroffenen im Alltag multiprofessionell begleitet werden kann.

Ziel des DORM ist das Verhindern von Rückfällen analog der Risikoprognose durch einen individualisierten Umgang mit den identifizierten Risikofaktoren. Dazu werden mit allen Beteiligten die am besten geeigneten Bewältigungsstrategien erarbeitet. Dabei wird zwischen Selbst- und Fremdkontrollmöglichkeiten unterschieden. Hinsichtlich Selbstkontrolle ist zentral wichtig zu entscheiden, welche Verantwortungen den Betroffenen selbst übergeben werden können und wo die Grenzen der Selbststeuerungsmöglichkeiten liegen. Entsprechend werden Fremdkontrollstrategien installiert, die bei der Selbstkontrolle unterstützen.

Zentral bedarf es einer offene und transparente Kommunikation zwischen allen am Prozess Beteiligten sowie einer stringenten Begleitung des Risikomanagements. Veränderungen im Bereich der dynamischen Risikofaktoren können so rasch erkannt und entsprechende Ableitungen hinsichtlich Bewältigungsstrategien installiert werden.

Im Rahmen von *Risk-Circles* wird mit dem Kontrollplan das Risiko regelmäßig einzelfallzentriert beurteilt und begleitet. *Risk-Circles* sind Hilfeplansitzungen, an welchen sich alle am Prozess Beteiligten regelmässig zur multiprofessionellen Risikobeurteilung treffen. Die Frequenz der *Risk-Circles* hängt von den individuellen Erfordernissen der Betroffenen wie beispielsweise Unterbringungsumstände, Strafmaß, Prognose, individuelle und institutionelle Bedürfnisse ab. Die Gesamtsystematik der *Risk-Circles* muss stets den gegebenen Umständen angepasst werden.

Es geht einerseits um die Bewältigung des Risikos und andererseits, gleichwertig, um die Gestaltung eines besseren Lebens gemäß dem *Good Lives-Model* (GLM)[4] nach Ward (2007).

Multiprofessioneller Dialog zu einem besseren Leben

Schwere Straftaten, insbesondere verübt von bereits verurteilten Tätern, Wiederholungstätern also, rütteln die Bevölkerung auf, erschüttern das Rechtsverständnis, das Vertrauen in den Justizvollzug und erhöhen das Sicherheitsbedürfnis. Man fragt sich, ob das System versagt hat und ob die Taten nicht hätten verhindert werden können, wenn denn nur das Risiko besser, sicherer, valider beurteilt worden wäre. Wenn die Vollzugslockerung oder das Haftende sicher genug abgestimmt und sorgfältig entschieden würden, könnten Wiederholungstaten vermieden werden.

Die präventive Wirkung des Strafrechts rückt, zumindest sind das Tendenzen in der Schweiz, immer mehr in den Fokus (Niggli & Maeder, 2017). In der öffentlichen Wahrnehmung müssen Strafen gemäß Niggli und Maeder immer als ungenügend erscheinen, egal wie hoch sie sind, als verfehlt sogar, wenn sanktionierte und gar therapierte Straftäter rückfällig werden. Generalprävention strebt nach Verhaltensänderung, indem sie durch die Bestrafung von Straftätern andere, möglicherweise zukünftige Straftäter von gleichen Taten abhalten soll (Abschreckung). Die Bestrafung des Täters soll das Vertrauen der Bevölkerung in den Rechtsstaat stärken und stabilisieren. Darauf sind die Systeme auszurichten.

Risikoprognostik kann, angemessen eingebettet, dazu Hilfsmittel sein und muss in aller Wahrung der Möglichkeiten und Grenzen stets kritisch sowohl angewendet wie auch interpretiert und verwendet werden.

Letztlich führen Hilfskonstrukte wie Risikobeurteilungen dazu, Taten, Tatumstände und Täterschaften exakter, differenzierter und so objektiver zu betrachten und in der Analyse aller Fakten im gemeinsamen, multiprofessionellen Dialog zu sichereren Annäherungen zu gelangen.

Die Entscheidungen über Vollzugslockerungen und Haftentlassungen im Rahmen der gesetzlich geforderten Resozialisierungsbemühungen obliegen Vollzugsanstalten und -behörden sowie den Gerichten. Die forensische Psychologie und Psychiatrie sind bereit, ihren Beitrag zu leisten, indem die Qualitätsanforderungen beispielsweise an Gutachter und Gutachten aktuell priorisiert und entsprechende, interdisziplinäre Ausbildungen forciert werden. Das sind erfolgversprechende Entwicklungen.

Anmerkungen

[1] *Minority Report* ist ein US-amerikanischer Science-Fiction-Thriller des Regisseurs Steven Spielberg mit Tom Cruise in der Hauptrolle aus dem Jahr 2002. Das Drehbuch basiert auf der gleichnamigen Kurzgeschichte des amerikanischen Autors Philip K. Dick aus dem Jahr 1956 (Quelle: Wikipedia).

[2] Beispielsweise Cottle et al. (2001), PCL-Y, ERASOR, J-SOAP, SAVRY oder HCR-20, VRAG, SORAG, Static-99 für Erwachsene.

[3] Anstalten des Maßregelvollzugs, Einrichtungen der Kinder- und Jugendhilfe und für Menschen mit Lern- und geistigen Behinderungen.

[4] Das GLM geht davon aus, dass die kriminogenen Risikofaktoren einerseits bewältigt werden müssen, andererseits die Zukunft so gestaltet werden muss, damit die menschlichen Grundbedürfnisse auf legale und sozial sowie gesellschaftlich akzeptierte Art und Weise befriedigt werden können.

Ethiken

Prognosen *mit* Straftätern statt *über* sie. Methodische und ethische Fragen

Michael Stiels-Glenn

Gefahren, Risiken und deren Vermeidung

Was in unserer Gesellschaft als Risiko gilt und welche Risiken hingenommen werden müssen, wird kontrovers diskutiert (Beck, 2007; Böllinger, 1997). Das Risiko, in Deutschland durch Straftaten geschädigt zu werden, ist seit Jahren im EU-Vergleich gering, die Zahl schwerer Sexualdelikte sinkt über Jahrzehnte sogar (Frommel, 2016; BKA, 2015). Weil die Anzeigebereitschaft steigt, gelangen mehr Taten aus dem Dunkelfeld ins Hellfeld – trotz dieser erhöhten Sensibilität sind Verurteilungen rückläufig. Dramatisch verändert hat sich die Kriminalitätsfurcht; dabei hat die Bevölkerung am meisten Angst vor Delikten, die selten geschehen (Windzio et al., 2007). Diese Angst führt zur aggressiven Forderung nach einem ›Recht auf Sicherheit vor Kriminalität‹ (Narr & Weber, 1997; Klimke & Lautmann, 2016). Das Thema *Innere Sicherheit* entscheidet heute über den Ausgang von Wahlen mit. Medien erwarten von Justiz und Therapeuten ›Null Risiko‹ (Eher et al., 2016). Anscheinend sind Psychologen, Sozialarbeiter, Ärzte und Pflegekräfte gelähmt von der Wucht der Emotionen in diesem Sicherheitsdiskurs, auch weil ihre eigene Glaubwürdigkeit bei spektakulären Delikten stets bedroht ist. Sachverständige geraten unter Druck der Medien und der sozialen Netzwerke (Pörksen & Detel, 2012).

Notwendig ist ein fachlicher Diskurs, der Antworten auf Ängste von BürgerInnen entwickelt. Man darf dabei nicht erwarten, sofort Gehör zu finden. Wo Betroffenheit vorherrscht, haben es rationale fachliche Argumente schwer. Jeder Versuch, Sicherheit vorzugaukeln, verschärft das Dilemma, denn jeder Rückfall unterminiert die Glaubwürdigkeit von Experten (Beck, 1986). Deshalb muss die Debatte mit der Klarstellung beginnen, dass kein noch so erfahrener Experte ein Restrisiko bei Sexualstraftätern völlig ausschließen kann. Auch lebenslange Maßnahmen müssen irgendwann beendet werden, die geschlossenste Unterbringung einmal gelockert werden, wenn nicht das gesamte Rechtssystem und die Grundrechte in Frage gestellt werden. Das muss ertragen werden – erst dann können und müssen psychosoziale Fachkräfte sich der Frage widmen, welchen Beitrag sie zu einem geringeren Restrisiko leisten können.

Prognosen – Blick in die Zukunft

Menschen, auch solche, die Delikte begangen haben, sind keine ›trivialen Maschinen‹ (von Foerster & Bröcker, 2014, 176; Ciompi, 1997), sie verändern sich – und zwar *nie* genau vorhersehbar. Manchmal verändern sie sich, *weil* sie eine Prognose über sich kennen (Quensel, 1970). Prognosen sind unvermeidlich mit Unsicherheiten belegt, ihre Aussagen sind wissenschaftlich maximal ein Jahr belastbar (Nedopil, 2005).

Neuere Prognoseansätze haben sich von polarisierenden Aussagen (günstig vs. ungünstig) zugunsten einer strukturierten Prognose entfernt: Unter welchen Umständen (wann, wo, bei welchem Opfer, in welcher sozialen, psychischen Situation) würde ein Täter rückfällig? Welche Taten wären zu befürchten mit welchen Folgen? Dabei werden ungünstige und günstige Faktoren gegeneinander gestellt. Hierzu werden Prognoseinstrumente (z. B. HCR-20, SVR-20, Static-99, SORAG, Dittmann-Liste) verwandt, die strukturiert Faktoren zur Einschätzung des Rückfallrisikos erheben. Bei ihrer Anwendung werden meist statische (feststehende) gegenüber dynamischen (veränderbaren) Faktoren höher bewertet.

Prognosegutachten sind trotz etablierter Mindestanforderungen weiterhin mit qualitativen Problemen behaftet (Boetticher et al., 2005; 2006; Rettenberger & Eher, 2016). Das beginnt bei der falsch-ungünstigen Prognose, bei der ein Patient wegen eines gutachterlich attestierten hohen Rückfallrisikos nicht entlassen wird: Er kann deshalb nicht durch sein reales Verhalten zeigen, dass diese Prognose nicht zutrifft. Deshalb sollten bei ungünstigen Prognosen Vorschläge gefordert werden, wie man therapeutisch die Prognose verbessern kann.

Entgegen neueren empirischen Erkenntnissen sind Sachverständige z. B. intuitiv überzeugt, dass Tatleugner ein höheres Rückfallrisiko haben, was zu längerer Unterbringung und Verweigerung von Lockerungen führt (vgl. Endres & Breuer, 2015; Kliesch, 2016). Eine potenzielle Fehlerquelle ist die Annahme, dass Akteninhalte ›wahr‹ und abweichende Angaben der Probanden deshalb unzutreffend oder gar gelogen sind (Stiels-Glenn, 2014), ebenso wie der *›Hindsight Bias‹* (Goeckenjan et al., 2016), bei dem Gutachter in Kenntnis der Ergebnisse einer Handlung glauben, der Täter habe dies vorhersehen können. Auch Basisraten (Volckart, 2002) werden übersehen, weshalb das Rückfallrisiko von kleinen Täterpopulationen wie Sexualstraftätern systematisch überschätzt wird.

Der juristische Begriff der ›Gefährlichkeit‹ wurde von Psychowissenschaften zudem auf eine Persönlichkeitseigenschaft verkürzt, anstatt Gefährlichkeit als situative Eigenschaft zu verstehen. So wurden gesellschaftliche Bedrohungsszenarien (Klimke & Lautmann, 2016; Seifert, 2014; Schetsche, 1996) unterstützt. Das passt gut in ›postfaktische‹ Strömungen, die persönliche Überzeugungen und Befindlichkeiten gegen empirische Studien stellen (Rettenberger & von Franqué, 2013; Kliesch, 2016). Dass überzogene Sicherheits- und Präventionsmaßnahmen ungünstige Nebenwirkungen erzeugen können, wird in Fachkreisen bisher oft ignoriert (Stiels-Glenn, 2010). Letztlich muss nachdenklich stimmen, dass die durchschnittliche Unterbringungsdauer im Maßregelvollzug in NRW um fast zwei Jahre gestiegen ist, seitdem externe Gutachter – meist Psychiater oder Psychologen, selten Kriminologen – verstärkt Prognosegutachten erstellen.

Prognose und Ethik

Ethik in der Forensik hat mehrere Ebenen und Adressaten (Stiels-Glenn, 2005). Auch bei Prognosen sollten die vier Grundforderungen der therapeutischen Ethik gelten (Beauchamps & Childress, 2008; Maio, 2012):

1) Patienten nicht schaden,
2) ihre Autonomie achten,
3) sie fürsorglich behandeln,
4) aber dabei Gerechtigkeit walten lassen, d. h. auch die Interessen Anderer (Patienten, mögliche Gefährdete, Allgemeinheit, das Ansehen der Klinik und ihrer Therapeuten) mit bedenken.

Über implizite Behandlungsethik wird derzeit in der Forensik gestritten, so zwischen dem *Risk-Needs-Responsivity*-Konzept (Andrews & Bonta, 2010a) und dem *Good-Lives*-Modell (Gannon & Ward, 2014): Während Andrews und Bonta vorwiegend die kriminogenen Risiken eines Täters verringern wollen, erklären Ward und Kollegen, dieser Blick sei defizitorientiert und vernachlässige die gemeinsam mit Tätern mögliche Suche nach Annäherungszielen für ein Leben, das nicht nur straffrei, sondern auch gut ist.

Obwohl mindestens in Maßregelvollzugskliniken und in Sozialtherapeutischen Anstalten in Gruppentherapien die individuelle Rückfallprävention mittlerweile intensiv behandelt wird, werden Prognosen stets *über* Klienten erstellt, selten aber *mit* ihnen. Viele Studien zeigen, dass auch in therapeutischen Settings mit Straftätern deren Subjektstatus gefährdet ist oder völlig negiert wird (Stiels-Glenn, 2016; Pfäfflin & Kächele, 2001; 2005). Jedes Verhalten von Tätern wird auf ihre Delikte oder auf Persönlichkeitspathologie zurückgeführt; Erfolge in forensischen Therapien rechnen Therapeuten gern sich selbst zu, während Stillstand, Krisen oder Scheitern in Therapien ursächlich den Tätern zugeschrieben werden (Querengässer et al., 2015). Diese Haltung zeigt sich auch bei Prognosen.

Dies ist sowohl ein ethisches als auch ein methodisches Problem: Prognosen dienen eher der rechtlichen Absicherung von Klinik, Juristen und politischen Entscheidungsträgern nach außen als der Befähigung von Tätern zur Vermeidung von oder besser zum Umgang mit Risikosituationen. Diese subjektive Ressource bleibt oft genug bei Prognose-Checklisten und Diagnosen ›außen vor‹. Das zeigt sich auch in Versuchen zur Risikokontrolle von außen, z. B. bei polizeilich initiierten ›Präventionskonzepten‹ wie HEADS, K.U.R.S. oder SIMA Hessen. Denn hier verbindet sich das Konzept der (möglichst zuverlässigen) Vorhersage menschlichen Verhaltens bei Straftätern mit einem anderen ›modernen‹ Konzept: dem der Prävention. Wer würde widersprechen wollen, wenn Überlegungen zur Verhinderung von neuen Delikten, insbesondere von Rückfalltaten einschlägig vorbestrafter Täter gemacht werden. Aber auch die gängigen Präventionskonzepte in der forensischen Psychotherapie ›haben es in sich‹: Sie setzen – zu kurz greifend – auf die *Verhinderung* neuer Straftaten. Das bringt das Dilemma der Zuspitzung auf zwei Extreme mit sich: Es gibt ausschließlich Erfolg oder Misserfolg, nichts dazwischen. Und der Erfolg einer solchen Prävention wäre ein Nicht-Ereignis – sprich: etwas, was befürchtet wurde und nicht stattfindet. (Dies ist bereits forschungslogisch schwierig: Der Leser stelle sich bitte vor, jemand würde behaupten, wenn man genug bete, verhindere man in Deutschland Erdbeben: Solange es also hier keine Erdbeben gibt, würde der Diskutant dies auf das Beten zurückführen wollen). Präventionskonzepte, die allein auf Verhinderung setzen, müssen logischerweise Straftäter als Gefahr, als Risiko sehen, was möglicherweise bereits auf deren Verhalten rückwirkt.

Andere Konzeptionen von Prävention, z. B. bei der technischen Sicherheit, wollen schädigende Ereignisse nicht verhindern, sondern versuchen stattdessen, ihren Verlauf und ihre Folgen zu beeinflussen. Sicherheitsgurte und Kopfstützen haben keine Unfälle verhindert, aber deren Folgen derart verändert, dass die Zahl der Verkehrstoten rapide gesunken ist (vgl. Stiels-Glenn, 2010); ähnlich sieht es bei Rauchmeldern oder bei Defibrilliereinheiten aus. Sie verhindern nicht Vorfälle, aber beeinflussen sie. Und hierbei kann empirisch überprüft werden, was mehr und was weniger hilfreich ist. Wäre es nicht sinnvoll, wenn forensische Psychotherapie hier von der Technik lernen und in ihre Überlegungen einbeziehen würde, wie man Risikosituationen vermeidet und in Risikosituationen auf verlaufsrelevante bzw. schadensmindernde Verhaltensweisen zurückgreifen könnte? Das wäre bei der Verfestigung der medialen und politischen Diskurse fast ein Sakrileg, bezieht es doch die Möglichkeit neuer Delikte ein, ohne auf verhaltensverändernde Interventionen mit den Tätern zu verzichten.

Prognosen *über* oder Prognosen *mit* Straftätern?

Eine Grundsatzfrage ist, ob Therapeuten und Sachverständige mit Straftätern in ein Gespräch kommen können. So betonen Miller & Rollnik (2009) für die Arbeit mit Suchtpatienten, dass der Fokus zunächst darauf liegt, was das bestehende kriminelle Verhalten für Vorteile (Zweck, Ziel) hat (vgl. Willis et al., 2014). Erst wenn verstanden wurde, welche – meist nachvollziehbaren und wenig dissozialen – Ziele das Verhalten eines Straftäters hat, kann man sich der Frage widmen, wie Patienten ihre Ziele auch mit anderen Mitteln verfolgen können.

Interaktionell basierte Prognosen[2] sollen gemeinsam mit Straftätern klären,

- für welche Menschen (oder Sachgüter) ein Täter in welchen Situationen eine Gefahr darstellt,
- wodurch sich ein drohendes (Rückfall-)Delikt ankündigt,
- wie der voraussichtliche Verlauf und die Folgen einer solchen Tat wären
- und wer in einer solchen Lage etwas unternehmen kann, soll bzw. muss, insbesondere über welche Möglichkeiten der Täter selbst verfügt und was von Dritten geleistet werden muss, um ein Delikt zu verhindern oder seinen Verlauf günstiger zu gestalten (Stiels-Glenn, 2003).

Hierzu gehören Fragen danach, wer gefährdet wäre (aber auch, wer sicher ist). Welche Orte und Zeiten sind riskant, welche sicher? Wie würde sich ein Rückfall konkret anbahnen? Was können Außenstehende bemerken? Was bemerkt ein Täter nur allein? Wie viel Zeit bliebe dann noch für Notfallmaßnahmen? Wie wäre ein vermutlicher Tatablauf? Mit welchen Problemen müsste ein Täter im Tatverlauf rechnen? Wie wäre sein Nachtatverhalten? Was wären die Folgen einer Tat – für Geschädigte, für Dritte und für ihn?

Eigene Vermutungen können Tätern als Fragen gestellt werden, z. B.: Was müsste denn zusammenkommen, damit Sie wieder rückfällig werden? Wozu dienen eigentlich die früheren Delikte? Welchen Zweck erfüllen sie? Was wollten Sie mit den Delikten erreichen? Und: Hat er das eigentlich das bekommen, was er haben wollte? Die relevante Frage zur Rückfallprävention wäre aus meiner Sicht: Wie können Sie diese Bedürfnisse und Ziele anders erreichen? Was benötigen Sie dazu?

Diese Fragen ähneln Modulen zur Rückfallprävention und helfen Tätern, mehr über ihre Bedürfnisse, Wünsche und Probleme zu erfahren. Über eine gemeinsame Erarbeitung einer individuellen Prognose eröffnen sich mehr eigene Möglichkeiten, besser auf sich zu achten.

Das aktuelle Verhalten von Tätern gegenüber Fachkräften, Angehörigen und Außenstehenden deutet auf deren Umgang mit Regeln hin, was eine gemeinsame Prognose vervollständigen kann. Welche Gefühle, Gedanken, Phantasien Täter bei (männlichen und weiblichen, das kann unterschiedlich sein) Fachkräften erzeugen, hat viel mit ihrer psychischen Struktur zu tun. Versucht ein Täter, die Fachkraft zu überschütten, einzunehmen, wechselt er Themen, weicht er aus, ruft er Mitleid oder Wut hervor? Ich bitte Täter auch, sich einmal in meine Lage zu versetzen. Deren Anwort (z. B. ›*Interessiert mich doch nicht!*‹) erlaubt nicht nur Rückschlüsse auf ihre Empathiefähigkeit, sondern kann – wie eine eigene Studie zeigte (Stiels-Glenn, 2016) – Feedback geben, wie die eigenen Interventionen bei Klienten ankommen. Eine Einladung zum Rollentausch brachte für Patienten dort einen überraschenden Erkenntnisgewinn.

Die Antwort auf die Frage ›*Was würde eigentlich passieren, wenn Sie …?*‹ erlaubt eine Einschätzung, ob Täter die Folgen ihrer Handlungen voraussehen können (Antizipationsfähigkeit). Einschätzen muss man gemeinsam die Situation im sozialen ›Empfangsraum‹: Gibt es Menschen, die auf ihn warten? Wer unterstützt ein straffreies Leben? Wer nicht? Will ein Täter (und kann er intellektuell, fremdsprachlich usw.) von einer Therapie profitieren? Findet sich ein behandlungsbereiter Therapeut am Ort?

Die gemeinsame Diskussion solcher Prognosen braucht genügend Zeit, oft mehrere Gespräche. Täter haben selten Antworten auf solche Fragen; manches haben sie sich nie gefragt – und sie wurden auch nie danach gefragt. Aufmerksames Zuhören und interessiertes Nachfragen (eigentlich ethisch und methodisch selbstverständlich in der Arbeit mit Tätern) kann helfen, bei Straffälligen die Kenntnis über Risikofaktoren und Frühwarnsignale zu entwickeln und damit das Gefühl von Selbstwirksamkeit zu verbessern. Risikofaktoren und Vorgehensweise im Krisenfall sollten schriftlich festgehalten werden und führen zu einem Vertrag, was ein Täter tun kann, wenn die besprochenen Signale auftreten, was die Betreuenden tun können bzw. tun müssen. Täter und Fachkraft unterschreiben diesen Vertrag, der Betroffene erhält davon eine Kopie.

So spüren Täter, dass Fachkräfte nüchtern mit der Möglichkeit eines Rückfalls rechnen, ohne davon überwältigt zu werden, weil man Maßnahmen planen und einleiten kann. Im Krisenfall nehmen Täter Interventionen nicht mehr als einseitig wahr, sondern als zweiseitig vereinbartes Vorgehen.

Anmerkungen

[1] Der Begriff ›Opfer‹ ist ideologisch aufgeladen und wurde nicht umsonst Schimpfwort unter Jugendlichen.

[2] Ich verstehe unter einer Prognose deshalb nicht nur Lockerungs- oder Entlassgutachten durch Sachverständige für Strafvollstreckungskammern, sondern auch praxisnahe Prognosen in der Arbeit mit Straftätern.

Hermeneutische Spiralen – imaginäre Fluchten: Zur prekären Diskursethik forensischer Prognostik

Ulrich Kobbé

Aufriss des Problems

Das rechts-, ordnungs- und wissenschaftspolitische Reizthema der Gefährlichkeitsprognose ist so sehr eine Tabu-Zone grundlegend kritischer Methoden- und Praxisreflexion, dass etablierte Argumentationsmuster wie stereotype Selbstabsicherungsrituale erscheinen könnten: Mancher psychologisch-psychiatrische Mainstream forensischer Forschungspraxis dient – gegen den Strich gebürstet – oft genug weniger einem Erkenntnisinteresse denn dem, was Foucault als Macht/Wissendiskurs charakterisierte, sprich, geradezu hermetischen Wissenschafts- und Politikdiskursen über die (präventive) Abwehr von *Gefährlichkeit* (Kobbé, 2000). Eine solche restaurative, sich den vor-/herrschenden Verhältnissen adaptierende Praxis legt nahe, sich der philosophischen Methode des Widerstreits (Lyotard, 1989) zu bedienen, um die Kritikpunkte streitbar, sprich, polemisch zu thematisieren, um »diese versteinerten Verhältnisse dadurch zum Tanzen [zu] zwingen, dass man ihnen ihre eigne Melodie vorsingt« (Marx, 1843/44, 381).

Prognosematrix und *Overprediction*

Gutachterliche Tätigkeit in Strafverfahren, Straf-, Sicherungs- und Maßregelvollzugskontexten unterliegt – ob psychiatrisch oder psychologisch, ob kriminologisch oder sozialwissenschaftlich fundiert – einer geradezu prekären ethischen Infragestellung: Bei der forensisch geforderten Prognosestellung gibt es zwangsläufig zwei Fehlerrisiken, die als ›falsch-positive‹ bzw. ›falsch-negative‹ Attributionen bezeichnet werden. Die Termini technici bezieht sich auf einen der beiden Fehlerarten der Prognose:

- *Negativ* gibt an, dass die Individuen das Merkmal *Gefährlichkeit* nicht aufweisen.
- *Positiv* bedeutet, dass die Betreffenden – ob manifest oder nicht – ›gefährlich‹ sind.

Zur Problematik des Begriffs einer *Gefährlichkeit,* die – so eine juristische Vorgabe – über die Wahrscheinlichkeit der Gefahr des Fortbestehens einer in bereits verübten Taten zutage getretenen Gefährlichkeit definiert wird, gibt es eine Reihe kritischer Anmerkungen (Kobbé, 1998; 2000).

Will man sich das Ausmaß dieser im Sinne kommunizierender Röhren interdependenten Größen vergegenwärtigen, so muss man ein Rechenexempel versuchen. Geht man davon aus, dass die Basisrate, das heißt, die tatsächliche Deliktbelastung der Bevölkerung bei fiktiven ein Prozent liegt und der Prognostiker mit unrealistisch hoher, 95-prozentiger Treffsicherheit vorhersagefähig ist, dann ergibt sich für 100.000 Personen folgende Matrix:

		Prognose		
		positiv	negativ	Σn
Realität	wahr	95	94.905	95.000
	falsch	4.995	5	5.000
	Σn	5.090	94.910	100.000

In der Konsequenz bedeutet dies, dass
- zwar 95 potentielle Täter richtig identifiziert,
- andere fünf Täterpersonen allerdings nicht entdeckt und straffällig sein werden.
- Weiterhin werden 94.905 Personen richtig als *ungefährlich* klassifiziert *(wahr-negativ),*
- dem gegenüber 4.995 Personen aber unrichtigerweise *(falsch-positiv)* für *gefährlich* gehalten und zu Unrecht im Freiheitsentzug »gesichert«.

Diese fiktive Statistik enthält bereits eine nicht unbedeutende Dramatik, bildet allerdings die Realität noch keineswegs ab: Im Folgenden soll für einen gesellschaftlich bedeutsamen Delikttyp – Vergewaltigung mit einer Basisrate von 15-25 Prozent, hier gemittelt 20 Prozent – die Modellrechnung für wieder 100.00 Personen neu erstellt und zugleich die prognostische Sicherheit auf – weiterhin idealistisch hohe – 70-prozentige Treffsicherheit festgelegt werden. Nun ergibt sich folgende Matrix:

		Prognose		
		positiv	negativ	Σn
Realität	wahr	14.000	56.000	70.000
	falsch	24.000	6.000	30.000
	Σn	38.000	62.000	100.000

Zwar werden in diesem bereits wirklichkeitsgerechteren Modell 14.000 Rückfallgefährdete richtig identifiziert, doch gelingt dies nur um den Preis von 6.000 weiter unbekannten gefährlichen Personen und immerhin 24.000 ›Falsch-Positiven‹, d. h. unrichtig als *gefährlich* klassifizierten Personen.

Das Problem der *Overprediction* ist bekannt. Fraglos ist das Ergebnis der empirisch vorgenommenen Falsifizierung der Prognosestellungen für Praktiker unbefriedigend, doch sind Kommentierungen bzw. Wertungen derartiger Untersuchungsergebnisse bzgl. einer so genannten ›Un-/Richtigkeit‹ der Prognose nicht nur eine selbstgerechte, sich selbst affirmierende Wissenschaftsattitüde mit rückwärts gewandtem Kränkungspotenzial, sondern immer auch aus anderen Gründen angreifbar. Anders formuliert, betrifft der widerstreitende Impact dieses Essays – Lyotard (1989, 16) paraphrasierend – keineswegs primär den Inhalt der Forschungsreflexion, sondern er rührt an ihre formallogische Voraussetzung: Selbst Angehörige der Psy-Professionen verfügen trotz – mitunter quasi imitativer – Anlehnung an die mathematischen Wissenschaften über keinerlei temporale Logik, sodass jede Prognose als eine Art ›Aussagesatz im Futur‹ zu begreifen ist. Da eine Verifizierung/Falsifizierung konsequenterweise erst bei Eintreffen/Ausbleiben des Ereignisses erfolgen kann, dürfte ein solcher Satz zum Zeitpunkt seiner Aussage dem Erkenntnisstand des Aussagenden und/oder den dem Beurteilten unterstellten Eigenschaften entsprechen, kann also weder ›richtig‹ noch ›falsch‹, sondern immer nur ›logisch‹, ›adäquat‹ o. ä. sein. Abgesehen davon, dass eine alternative Aussagelogik – bspw. als Zeitsprung-Logik – nicht zur Verfügung steht, übersehen Kritiker, dass jede Prognose auf die prognostizierte Zukunft Einfluss nimmt, mithin formallogisch nie bzgl. eines Sachverhalts ›richtig‹ oder ›falsch‹ sein kann, dessen Determinante sie u. a. selbst ist.

Determinanten der Risikoerfassung und -beurteilung

Dennoch implizieren die Prozentzahlen der ›Falsch-Positiven‹ eine prekäre Seite gutachterlich-prognostischer Praxis, denn der eigentliche Skandal besteht keineswegs nur darin, dass eine forcierte Absicherungslogik einen erhöhten Prozentsatz dieser ›Fälle‹ zu Folge haben muss (und die Betroffenen nie das Gegenteil ›beweisen‹ könnten), sondern dass über diese wissenschaftlich neutralisierte Entscheidung auf Gutachterseite kaum eine vertiefte selbstreflexive Auseinandersetzung erfolgt. Von den sich ernsthaft und öffentlich mit den ethischen Problemen prognostischer Praxis auseinander setzenden Wissenschaftlern diskutiert letztlich lediglich Nedopil (2009) die prognostisch zu berücksichtigenden Variablen kritisch und ausführlich. Die von ihm zur Ver-

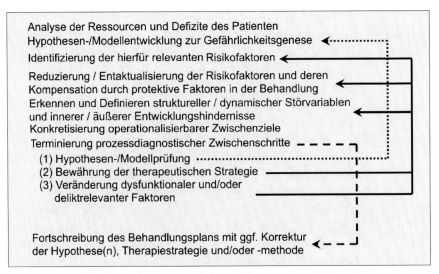

Abbildung 1: Hypothesengeleitete Interaktion von Prognose- und Behandlungsprozessen unter Aktualisierung der Schemata in Nedopil (2005, 199, Tab. 9.1; 2009, ppt n° 25)

fügung gestellten Schemata[1] sollen daher exemplarisch wiedergegeben werden. Zunächst fordert er u. a. einen differenzierten hypothesengeleiteten Prognoseplan (Siehe Abb. 1).

Dass Nedopil ausführlich Fragestellungen der statischen und dynamischen Risikofaktoren sowie statischen und aktuarischen Beurteilungssysteme, der unterschiedlichen Wahrscheinlichkeitsaussagen bzw. Fragestellungen bei Risikoerfassung, -einschätzung, -management und/oder -kommunikation, der Kombination von intuitiver, statistischer und klinischer Methodik, der ideografischen, nomothetischen und hypothesengeleiteten Konzeptbildung, der Unterschiede von empirischen und normativen Risikoelementen darstellt und diskutiert, weist aus, dass psychiatrische, psychologische und kriminologische Prognosewissenschaften sich ernsthaft mit diesen Fragestellungen auseinandersetzen. Darüber hinaus werden von ihm die zu antizipierenden Risikoszenarien in einem Trichtermodell auf unterschiedliche Prognosezeiträume bezogen, die sich – im Unterschied zum Modell von Nedopil (Abb. 2, oben links) – nicht linear, sondern an den Schwellen von begleitetem zu unbegleitetem Ausgang sowie dann zur Langzeitbeurlaubung sprunghaft erweitern:

So umsichtig und redlich diese prognosewissenschaftliche Ausarbeitungen sind, so sehr blenden selbst die Arbeiten von Nedopil aus, dass es bei der Herleitung gefährlichkeitsprognostischer Aussagen nicht nur um die Identifizierung tatsächlich gefährlicher Personen geht, sondern auch um die Vermeidung unzutreffender Attribuierungen von

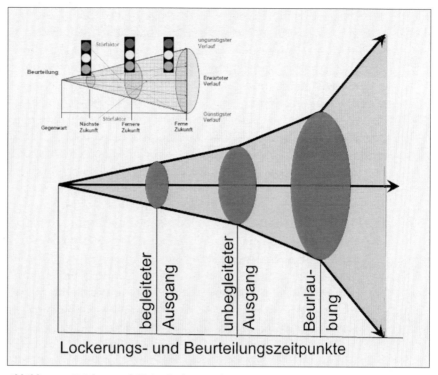

Abbildung 2: Trichtermodell der lockerungsbezogenen Prognosezeitpunkte und -räume unter Verwendung des Modells von Nedopil (2009, ppt n° 31)

Gefährlichkeit gehen muss. Geschuldet ist dies – so die Unterstellung des Verfassers (UK) – der Tatsache, dass die Prognostiker in ihrer Expertenfunktion dem alternativlos gesetzten Wissenschaftsideal der Objektivität verpflichtet sind. Da ist die Kenntnisnahme von Subjektivität, von konfligierenden Subjekt-Objekt-Positionen, keine erkenntnisleitend relevant erscheinende Option … und doch zugleich ein Irrtum:

> In schroffem Gegensatz zum üblichen Wissenschaftsideal bedarf die Objektivität dialektischer Erkenntnis nicht eines Weniger, sondern eines Mehr an Subjekt (Adorno, 1996, 50).

Das bedeutet, dass die *Overprediction* das Subjekt stereotyper Präventionspraxis – den fälschlich als *gefährlich* beurteilten Täter – nicht nur methodisch missachtet, sondern dass strategische Begutachtungspragmatik und wissenschaftliche Anwendungslogik diesen zu Ende gedacht auch verachten.

Gerade eine subjektinteressierte Haltung hätte jedoch ein – hier als wesentlich unterstelltes – Problem zum Thema machen müssen: Da prognostische Aussagen in das zukünftige Leben der Betroffenen eingreifen, dieses so oder anders mit-/gestalten, kommt dieser Aussage eine manifest ethische Bedeutung zu. In dieser Hinsicht könnte mit Lyotard (1986, 118-119) durchaus davon gesprochen werden, dass sich ein solches Wissenschaftsverständnis selbst »deligitimiert«, indem in seiner Aufspaltung – oder »Zerstreuung« – der Vernunft »in eine kognitive oder theoretische einerseits und eine praktische andererseits« jene abstrakten ›Wahrheiten‹ dominieren, in/mit denen »sich das soziale Subjekt selbst aufzulösen« scheint. Diese Unart könnte durchaus selbstlegitimierend als wissenschaftsimmanente Konvention zu rechtfertigen gesucht werden, doch wird dies durch widersprüchliche Diskurse unterlaufen: Wenn Devereux (1967, 126 f.) mit seiner Feststellung Recht haben sollte, »die offenkundige Nützlichkeit gewisser wissenschaftlicher Verfahrensweisen« sei neben der »Verdunkelung ihrer Abwehrfunktionen« eben, den Wissenschaftler »gegen den vollen Aufprall seiner angsterregenden Daten [zu] schützen«, impliziert jede intensivierte Auseinandersetzung mit den ›Falsch-Positiven‹ als unvermeidbaren ›Opfern‹ dieser Prognosepraxis einen – so Praetorius (1990, 66) – skandalisierenden und wissenschaftlich höchst »unangenehme[n] Gedanke[n]«.

Dass *Overprediction* als ein alltägliches Artefakt von Gefährlichkeitsprognosen auftritt, war und ist prognosekritisches Allgemeinwissen und wird seit Jahren im zynischen Kalauer des forensischen Praktikers komprimiert, die Hälfte seiner Patienten könne er entlassen, er wisse nur nicht, welche... Dass diese Überschätzung nicht abnimmt, nicht abnehmen kann, ist nicht zuletzt auch der Blödheit des Gesetzes geschuldet, das nicht mehr sachverständig zu beurteilen fordert, ob *verantwortet werden kann,* den Betreffenden in Freiheit zu *erproben,* sondern als prädeliktisch »die Tatsache kodifiziert, als gefährlich wahrgenommen zu werden« (Foucault, 1977, 444) und eine gutachterliche Aussage dazu verlangt, *ob keine Gefahr mehr besteht,* dass die *in der Tat zutage getretene Gefährlichkeit fortbesteht.* Wen wundert es, wenn damit eine erhöhte Anzahl negativer Prognosen resultiert, dies eben nicht wegen einer Inkompetenz, sondern einer diese ausschlussdiagnostische Absolutheit nicht mit er-/tragenden Aufrichtigkeit der Prognostiker.

Sicherheitsanspruch und -defensiven

Dass die geforderte Prognosesicherheit nicht erreichbar ist und dass es sich letztlich um eine Inszenierung handelt, die Wilfried Rasch einst als ›Dembo-Versuch‹ des Maßregelvollzugs charakterisierte, ist ein wesentlicher Grund defensiven Prognoseverhaltens. Demnach ginge es um eine unmöglich zu lösende Aufgabe bei Suggerieren eben ihrer Lösbarkeit. Da Misserfolge bei unlösbar-ambivalenten Aufgaben mit moralischer

Bedeutung als *Gewissensangst* eingefärbte depressiv-ängstliche Affekte hervorrufen, werden diese zunächst aggressiv abgewehrt (Dembo, 1931). Zugleich re-/aktiviert die vermeintlich individuelle Insuffizienz Gewissensanteile: Sichtweisen der moralischen Pflicht als aufgegebene Leistung erzwingen einen Grundkonflikt des einzelnen Prognostikers zwischen Erfolgszwang, Kompetenzanspruch und Misserfolgsbewältigung; sie führen konsequenterweise zu einer von Heckhausen (1955) skizzierten ›Pathologie des Anspruchsniveaus‹, wie sie auch durch un-dialektische Prognoseforschung (Kobbé, 2011) noch forciert wird.

Die Chance, »die notwendigen Lücken unseres Vorwissens nicht als individuelles Versagen, sondern als kreative Chance zu interpretieren« (Praetorius, 1990, 66), vertun Prognoseforscher mit diesen schuldinduzierend-entwertenden Diskursen unbedingt, indem sie einfordern, eine prognostische Aussage könne und müsse ›objektiv‹ sein. Unklar bleibt, was damit ausgesagt bzw. eingefordert werden soll: Jede Prognose ist zwangsläufig eine zwar reflektierte, doch immer subjektive Aussage; sie ist, wie Rasch (1985) formulierte, allenfalls ein »kalkuliertes Risiko«, eher aber doch ein »diskutiertes« Risiko (Warmuth, 1995, 18), ein als »verantwortbares« Risiko (Grünebaum, 1990; Volckart, 1991) und/oder als »vertretbares« Risiko (BVerfG; NJW, 1998, 2202, 2203; 1986, 767, 769) beurteiltes Wagnis. Verschiebt sich dabei das soziale Ordnungs- und Machtgefüge in Richtung einer Sicherungsideologie, so muss die Anzahl der dem Prognosefehler und der damit verbundenen »Kompetenzlücke« (Becker-Toussaint, 1984, 54) der Prognostiker zum Opfer fallenden Personen noch weiter steigen, was einen ›heimlichen‹ ethischen Skandal impliziert und was Volckart (1999, 167) in folgender Feststellung ebenso lapidar wie selbstkritisch kommentiert:

> Da die Strafrechtspflege die falschen Positiven durch prognostischen Freiheitsentzug selbst erzeugt, liegt es nahe, entsprechend § 63 StGB zu formulieren: ›Auch Maßregelvollstreckung ist für die Allgemeinheit gefährlich‹.

Einzufordern ist ein anderer diskursethischer Grundkurs jenseits selbstlegitimatorischer Prognoseforschung und sich selbstinstrumentalisierender politischer Korrektheit: Nur grundlegende Skepsis ermöglicht einen dialektischen Widerstreit auf dem ergebnisoffenen Weg einer – auch postventiv indizierten – Methoden- und Praxiskritik. Die forensisch-prognostischen Diskurse betreffend lautet eine kritische (Selbst-)Analyse u. a., es bestehe die Paradoxie einer forensischen Denk- und Legitimationsfigur:

An den Gefährlichkeits- und Prognosediskursen wird drastisch deutlich,

- dass die forensischen Wissenschaften den ekelhaften, aus der sozio-symbolischen Struktur des Sozialen herausfallenden Exzess der – in der Straftat ›materialisierten‹ – Gefährlichkeit zwar bekämpfen müssen, weil die Gesellschaft durch dieses externalisierte Fragment bedroht wird,
- dass dieselben Wissenschaften dieses Symptoms zugleich aber bedürfen, weil ihre eigene Existenz von deren Persistenz abhängt.

Es entsteht jene forensische Psychologie,

- deren Nosologie der Geisteskranken sich in einem Klassifikationsunternehmen verrannt und verloren und ›Objektivität‹ dergestalt fetischisiert hat,
- dass sie ihre Wissenschaftsidolatrie mit mathematisch-statistischem Design verbrämen muss, anstatt sich den existentiellen Fragen des Subjekts zu stellen (Kobbé, 2009).

Der *gefährliche* Täter als Avatar?

Erkenntnistheoretisch problematisch ist, dass – wie sich diskurstheoretisch zeigen lässt (Kobbé, 2015b) – das Subjekt der wissenschaftlichen Untersuchung mit diesem Diskurs erst ›hergestellt‹ wird und dies darauf verweist, dass Wissenschaft einen »Triumph der Methode über die Wahrheit« enthält, dass sie »grundsätzlich gegenüber der Wahrheitsfrage indifferent« (Gurschler, 2013, 117), ja, dass sie gerade der Diskurs ist, »der die Dynamik der Wahrheit abweist und ausschließt« (Lacan, 1991b, 103). Grundsätzlich bedarf es also einer ethisch reflektierten, respektvollen und sensiblen Vorgehensweise, bei der »der Wahrheit Genüge getan, dem Angeklagten nicht unnötig geschadet und sein Resozialisierungsprozess gefördert wird. Das kann als Kunstfertigkeit nicht gelehrt, sondern muss bei jedem Fall von neuem angestrebt werden« (Goldschmidt, 1984, 38). Pointiert formuliert, geht es also darum, die (wissenschaftliche?) Reduktion des Individuums auf eine Voodoo-Puppe des gesunden Volksempfindens, auf einen Avatar bzw. »eine Art Mutant« (Bachelard, 2011, 18), nicht unkritisch mitzumachen. Radikalisierte Fragen an die – forensische – Psychologie müssten daher sein:

In welcher Senkgrube multivariater Statistik, durch welche Falltür abstrahierender Kohortenanalyse, hinter welchen Simulakren geschwätziger, aufdringlicher Fachdiskurse mit ihren mehr verschleiernden denn offenlegenden Sprachspielen des Wissenschaftsjargons werden die marginalisierten Subjekte mit ihrer prekären Dynamik auf Distanz gehalten, aus dem Bewusstsein entsorgt und/oder zu Objekten der Wissenschaft modelliert? (Kobbé, 2009).

Damit unterliegen die Gutachter als Angehörige humanwissenschaftlicher Disziplinen der Psychiatrie und Psychologie einem ähnlichen Dilemma wie die Richter der Strafkammer: Klinisch-diagnostische wie juristische Praxen erfordern eine Subsumtion des Individuums unter prototypische Kategorien und abstrahierte Schemata der Beurteilung und Klassifizierung, an die sich Täter ironischerweise nicht halten. Das nun folgende Lösungsmuster entspricht der von Mannoni (1969) herausgearbeiteten Haltung eines ›Ich weiß zwar, aber dennoch ...‹, mit der ein Theoriedefizit, ein konzeptueller Mangel verleugnet, die Realität (auch die des Gutachters) disqualifiziert und die potentiell aufgaben- wie selbstkritische Position einem quasi fetischisierten Verlangen des Auftrags geopfert wird. Wie Mannoni entfaltet, ist diese Formel – wie klassischerweise in Glaubensfragen enthalten – eine argumentative Rechtfertigung: Während, psychoanalytisch gesprochen, neurotisch oder fetischistisch strukturierte Menschen auf der Basis latenter Illusionen agieren und ihnen nicht bewusst ist, dass ihre ›unsinnigen‹ Handlungen einen Sinn haben, tut es – wie Pfaller (2002, 54) formuliert –

die familiäre Weihnachtsmann-Inszenierung mit manifesten [Illusionen]. Jeder weiß, was gespielt wird: dass gespielt wird. Die dargestellte Illusion ist manifest. Aber beide Male verhindert das bessere Wissen, dass die Akteure sich selbst als Träger solcher Illusionen empfinden.

Problematischerweise scheinen die meisten Gutachter, mit dem gerichtlichen, also fachfremden, Auftrag identifiziert, am Dogma und Urteilskriterium der Objektivität ›klebend‹, diese fetischistische Verleugnung vorzunehmen und wie im Falle der ›Falsch-Positiven‹ vehement über eine (juristisch kompatible, sprich, kontaminierte) wissenschaftliche Gewissheit – nicht über ein Wissen um die Wahrheit des konkreten Subjekts also – zu debattieren.

Strategische Begutachtungspragmatik und wissenschaftliche Anwendungslogik

Die Diskussion um eine ethisch verantwortbarere Prognosestellung beinhaltet noch eine weitere, im institutionellen Alltag wie im öffentlichen Diskurs ausgeblendete Facette: die der bereits von vornherein von der Prognosestellung ausgeschlossenen Täter. Zwar verhindern die Maßregelvollzugsgesetze der Länder durch die Forderung periodisch zu erstellender externer Prognosebegutachtungen eine Vernachlässigung oder Missachtung dieser Art, doch führen institutionsinterne Routinen durchaus dazu, dass bspw. systematische Lockerungsprognosen nur bei jenen Untergebrachten vorgenommen werden, deren Lockerungseignung überhaupt in Betracht gezogen wird. So wies der Verfasser in einem eigenen Report über prognoseberatende Tätigkeitsabläufe und -ergebnisse einschränkend darauf hin, dass dabei

> nur die beantragten Lockerungen auf Schlüssigkeit, Indikation und Übereinstimmung hinsichtlich des die verbesserte Gefährlichkeitsprognose ergebenden Standes der Behandlung geprüft und perspektivisch beraten w[u]rden. Nicht einbezogen und nicht hinsichtlich der stations-/bereichsinternen Beschlussfassung diskutiert w[u]rden […] die dort bereits intern abgelehnten, für nicht verantwortbar gehaltenen Lockerungen, die dementsprechend nicht zur Beantragung gelang[t]en. Hier wäre i. S. einer tatsächlichen Prognoseberatung« – so die damalige Schlussfolgerung – »zu fordern, auch diese Fälle darauf hin zu prüfen, ob – abweichend von der Überzeugung der Behandler – die Voraussetzungen für eine Lockerung vorliegen. Denn: Nur durch eine umfassende Prognoseberatung auch dieser Fälle ließe sich die – unbekannte – Anzahl falsch-negativer Prognosen reduzieren und eine effektive Beratung durch Qualifizierung diskursiver Urteils- und Entscheidungsprozesse wie diagnostisch-prognostischer Standards verwirklichen (Kobbé, 1997, 99).

Damit wird allerdings ein entscheidendes Problem der Gefährlichkeitsprognose offensichtlich, nämlich die definitiv nicht klärbare Frage,
- ob ein unter Umständen zu optimistisches Antragsverhalten vorliegt, das durch ein Wissen um die nachfolgende Prognoseberatung oder Begutachtung mitbedingt wird, oder
- ob und in wie weit es sich um einen ggf. zu defensiv-übervorsichtigen Prognosestil, um eine sozialtechnologisch überinterpretative Strategie der *Overprediction* handelt.

Diese Fragestellung berührt, so die nachträgliche Beurteilung (Kobbé, 2006c, 2), »einen nur selten diskutierten Skandal prognostischen Irrtums«, den der so genannten ›Falsch-Positiven‹. Hierbei stellen die gutachterlich untersuchten – und als ›wahr-positiv‹ bzw. ›falsch-negativ‹ beurteilten – Personen mit der Hypothek ›falsch-positiver‹ Fehlbegutachtungen nur die ein Seite des Problems dar, weil zugleich als Kehrseite dieser Praxis auch noch jene nicht begutachteten Personen existieren, unter denen zwangsläufig ebenfalls eine Anzahl implizit ›falsch-positiv‹ Beurteiler sein muss.

Der Versuch, dies erkenntnistheoretisch im Sinne einer logischen Spiegel- und Umkehrfunktion als Möbiustransformation[2] darzustellen, macht die Crux der Aufgabenstellung deutlich: Da der Prognosefehler und die damit verbundene Kompetenzlücke nicht hintergehbar, also unvermeidbar, sind, ist es ethisch geboten, sich umso mehr nicht nur darauf zu konzentrieren, die gefährlichen Probanden ›richtig‹ und – möglichst – vollständig zu identifizieren, sondern diese verengte Fokussierung auf alle potentiell ›Falsch-Positiven‹ sowohl zu erweitern als auch zu konzentrieren. Hierfür bedürfte es nicht nur eines – anderen – Problembewusstseins, sondern auch der Bereitschaft und des Mutes, sich dem zu stellen, was oben als wissenschaftlich höchst unangenehmer Gedanke bezeichnet und neben der unausweichlichen Kompetenz- auch als Verantwortungslücke anzeigt wurde. Sachverständige ›dürfen‹, so die Auffassung des Verfassers (UK), ohne dabei schuldhaft zu handeln, angesichts methodischer Unzulänglichkeit die unzutreffend als *gefährlich* Diskriminierten in gewisser Weise missachten, sofern sie mit den Methoden kritisch umgehen und darauf achten, nicht jede Mode – vgl. die Kritik von Pollähne (2004) bzgl. des kontraindizierten Umgangs mit dem PCL als Derivat eines wahrscheinlich sowieso entbehrlichen Konzepts – mitzumachen. Bleibt zu ergänzen, dass die strategische Begutachtungspragmatik und wissenschaftliche Anwendungslogik den ›falsch-positiv‹ verkannten Probanden letztlich nicht nur ignoriert, sondern de facto auf desinteressierte Art und Weise verachtet.

Zur Rückseite der Prognosepraxis

Was den *State-of-the-Art* forensischer Prognosewissenschaft betrifft, konstatierte König (2010, 72), die ›Segreganz‹ (d. h. der Anteil der richtig als nicht-rückfällig erkannten Probanden an der als nicht-rückfällig klassifizierten Gesamtheit) aktuarischer Risikoprognoseinstrumente überschreite die 50%-Wahrscheinlichkeit meist deutlich:

> Das heißt für die Praxis: die verbreiteten Prognoseinstrumente können Nicht-Rückfälligkeit sicherer vorhersagen als Rückfälligkeit.

Dann aber verweist der Autor auf die Crux, die Rückseite dieser Prognosepraxis:

> Bei der Verwendung aktuarischer Risikoprognoseinstrumente in forensisch-psychiatrischen Settings bleibt zusätzlich zu beden-

ken, dass die große Mehrheit der dort untergebrachten Patienten eine ungünstige psychosoziale Herkunft, eine Geschichte von Drogen- oder Alkoholmissbrauch und eine prekäre berufliche Entwicklung hat. Hier können aktuarische Risikoprognoseinstrumente wenig differenzieren, da die Varianz innerhalb dieser spezifischen Straftäterpopulation hinsichtlich historischer Items gering ist und so eine Aussage über die Wahrscheinlichkeit erneuter Straftaten in der Regel immer negativ ausfallen wird. Ab welcher empirisch bestimmten Rückfallwahrscheinlichkeit ein Individuum als ›hoch‹, ›moderat‹ oder ›niedrig‹ gefährlich anzusehen ist, wird dabei immer eine politische, juristische und ethische Frage bleiben, die sich auf dem statistischen Weg nicht beantworten lässt. Hierzu gilt es Risiken, wie den potenziellen Schaden, den Opfer durch ein erneutes schweres Delikt erleiden, den Folgen eines zu Unrecht untergebrachten Straftäters gegenüberzustellen und zu bewerten. Auch in Zukunft wird die forensische Risikoprognoseforschung zu dieser Fragestellung keinen Beitrag leisten können.

Angesichts dieser Infragestellung der Reichweite bzw. Relevanz der forensisch-prognostischen Konzepte bleibt zu diskutieren, welcher Art diese trotz erheblicher wissenschaftlicher Forschungsanstrengungen fortbestehende Wissens- und Verantwortungslücke sein könnte: Folgt man den Modellvorstellungen psychologisch-psychiatrischer und kriminologischer Provenienz innerhalb des forensischen Feldes, bliebe die Wissenschaften zumindest »auch dieses [zu] fragen: ob ihr *homo psychologicus* lebensfähig wäre, ob er Gesellschaft entwickeln könnte, ob er Psychologie hervorzubringen und anzuwenden imstande wäre« (Kaminski, 1970, 5). Bei genauerer Betrachtung ließe sich – begründet – vermuten, dass das verobjektivierte Subjekt der forensischen Wissenschaften auf eine Weise unvollständig – und entfremdet – ist, dass es das heterogene Subjekt (Kobbé, 2015b; 2016a) als einen »Kern«, der im psychologischen Forschungsprozess nicht hintergehbar ist, verpasst bzw. verkennt und jene prognostische Erkenntnislücke kreiert. Es ginge folglich auch in den forensisch-prognostischen Erkenntnismodellen darum, das Subjekt gegen objektivierende Verdinglichung, gegen eine ›Entleerung‹ und ›Verflüchtigung‹ des Subjektiven zu verteidigen. Ein Weg zu dieser – objektive bzw. verobjektivierende Wissenschaftlichkeit (Kobbé, 2005) scheinbar infrage stellenden – Subjektivität könnte in der Entwicklung eines dualen, sprich, als ›transdifferenzieller‹ Diskurses komplementär und parallel geführten Differenz(ierung) anstelle homogener und univoker, sich selbst isolierender und (ab-)geschlossener Diskurse liegen.

Ockams Rasiermesser: Verifizierung – Falsifizierung

Letztlich erweist sich die psychologische Teildisziplin als undefiniert-eklektische Praxis innerhalb eines vielgestaltigen und demzufolge wenig konturierten forensischen Arbeitsfeldes mit unklar formulierten und uneindeutig legitimierten Arbeitsaufträgen. Zwar mag diese Feststellung angesichts des scheinbar gut definierten Auftrags der Prognosestellung und der vorgegebenen Qualitätsstandards des Begutachtungsganges irritieren, doch bleibt es in praxi dennoch bei dem, was Foucault (1962, 266) als begriffslosen Eklektizismus einer ›klinischen‹ Psychologie und Geplapper der – klinischen, ergo auch der forensischen – Psychologen beschreibt. In konsequenter Entsprechung zu der pragmatisch ausgerichteten Kriminologie verwirklicht auch die forensische Psychologie jene technischen und amoralischen, objektivierten Formen der Kontrolle und eine Kriminalpolitik, die nicht mehr an den sozial-strukturellen Bedingungen (Krasmann, 2001, 107 f.) und an einer psychosozialen, subjektiven Sinnwelt ansetzt, sondern an den ›unmittelbaren Komponenten‹ einer prognostisch antizipierten kriminellen Situation (Sack, 1995, 433) und ihrer antizipatorischen Simulation. Mit einer – auch – psychodynamischen Betrachtungsweise ließen sich, wie bspw. Schorsch et al. (1985)[3] exemplifizieren, eine Dynamik, die Funktion(en), der ›Ausdrucksgehalt‹ und die Struktur(en) des symptomatischen delinquenten Handelns mit einem Kontext charakteristischer Bindungsmuster, determinierender Erlebnisverarbeitungen und/oder verfügbarer Konfliktbewältigungsmodi bestimmen, untersuchen und hinsichtlich ihrer aktuellen bzw. entaktualisierten oder protektiv kompensierten Relevanz für absehbar straffreies bzw. deliktrückfälliges Verhalten diskutieren.

Entsprechend dem heuristischen Prinzip Ockhams[4], jedem (prognostischen) Untersuchungsgegenstand nur eine – und zwar hinreichende – Erklärung zuzuerkennen, erlaubt der Rekurs auf diese Theoriefindung, dass Erklärungsmodelle mit einerseits verkürzenden oder tautologischen[5], also mit – zu – wenigen und einfachen Annahmen leichter falsifizierbar sind, andererseits Modelle mit vielen Annahmen oder komplizierten Konstrukten nunmehr i. S. Ockhams ›Rasiermesser‹[6] als irrelevant entfernt werden können. Wesentlich ist folglich, dass verifizierende – insbesondere kognitive Dissonanz vermeidende – Schlussfolgerungen aufgedeckt werden und gutachterlich-handwerklicher Murks (Kobbé, 2015a) annulliert werden können, indem sich gutachterliche Untersuchungs- und Beurteilungspraxis einer – auch eigene Vorurteile – falsifizierenden Strategie bedienen.[7]

Was dabei das Verständnis der ›unmöglichen‹ Psychoanalyse[8] betrifft, muss das topologische Verhältnis von Medizin (als eine in-

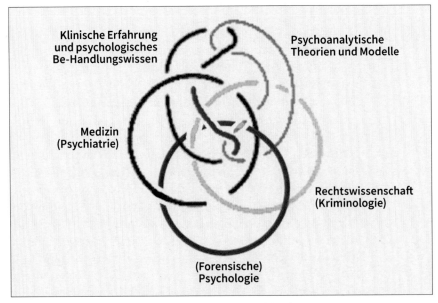

Abbildung 3: Borromäischer Knoten, eigener Entwurf (UK).

terventionistische Praxis bzw. Methodik) und Kriminologie (als eine empirische Systematik bzw. statistische Methodik) zu den jeweiligen Aspekten der psychoanalytischen Disziplinen anders skizziert werden (Abb. 3).

Wahrheitsentwürfe

Weil diese Bedingungen andere als die ›der‹ forensischen Psychologie sind, nimmt der Verfasser (UK) vor dem Hintergrund divergenter, ggf. ›gegensteuernder‹ Sichtweisen in Anspruch, die philosophische ›Hintertreppe‹ zu benutzen. Was die Praxen akademischer Prognoseforschung betrifft, bliebe zu vermuten, sprich, zu unterstellen, dass es sich also um ein Vermeidungsverhalten erkenntnis- und sozialpolitisch ›korrekter‹ Forschung einer Wissenschaft handelt, deren affirmative Praxis hinsichtlich der Konsequenzen nichts Wesentliches mehr zu sagen wüsste, die sich der Gesellschaft – wie Lacan (1960/64, 211) bitterböse formuliert – »als Dienerin anbietet« und hierbei ihren »Schnitt« macht. Eine sich ernst nehmende Wissenschaftsphilosophie und -praxis müsste sich jedenfalls einem solchen *No-go* nicht nur widersetzen, sondern dieses Problemverbot auf der »Widerstandslinie« (Lyotard) einer grundlegend kritischen und selbstkritischen Methoden- und Praxisreflexion (Kobbé, 2010c) auch auf jene – vermutlich doch positivistischen – Konstrukte hin befragen, die als *hidden curriculum* den institutionalisierten prognostischen Murks mit-/bedingen. Andernfalls folgte – in Paraphrase Lyotards (1981, 21) – diese Logik der Prognoseforschung im Wesentlichen der Logik einer von ihrem dialektischen Futteral befreiten Forschung mit der fatalen Nachwirkung, dass aus den ihr anhaftenden Widersprüchen nichts folgt, was ihre Überwindung signalisieren oder triggern könnte. Es ginge also darum, sich ferner Mallarmé anzuschließen, für den bereits der Würfelwurf »im wesentlichen Wahrheitsentwurf« war (Goebel, 1993, 429).

Doch einer performativen Wahrheit des sich selbst totalisierenden universitären Diskurses lasse sich – so Lyotard (1977, 73) – nur dadurch entkommen bzw. gegenübertreten, dass man im kritischen Diskurs »eine Teufelei« einführt, um die Opposition gegen die »Vulgarität« und das »Raffinement« statistico-empirischer Mainstream-Wissenschaft subversiv führen zu können. Nun, eine der ›zerspielenden‹ Optionen könnte darin bestehen, die etablierten, sprich, szientistisch erstarrten Prognosesicherheitsformeln einem *bootstrap* zu unterziehen und in ihrem Subtext jene subversive Wahrheit zu identifizieren, die sich als unfreiwilliger *running gag* einer gesellschaftlichen Absicherungspolitik längst verselbständigt und legitimatorisch-gutachterlichen Pseudogarantien allemal unentbehrlich gemacht hat.

Auf seine Frage nach dem Ziel einer (Erkenntnis-)Philosophie antwortet Wittgenstein (1953, 238) lakonisch, es ginge darum, »der Fliege den Ausweg aus dem Fliegenglas [zu] zeigen« (§ 309). Das Phantasma einer wissenschaftlichen Wahrheit, einer validen wahr-positiven bzw. wahr-negativen Prognose ist folglich »immer beides: Illusion der Ausweglosigkeit wie Illusion des Auswegs« im Sinne imaginärer Fluchten: »Was sie fliehen, ist ihre Kompossibilität. Es geht nicht um entweder Ausweglosigkeit oder Ausweg. Es geht darum zu begreifen, dass die Ausweglosigkeit bereits der Ausweg ist« (Steinweg, 2015, 174). Wenn es also darum gehen muss, keinen ausschließlich strategisch-affirmativen Diskurs zu führen und reduktionistische, entsubjektivierende – und letztlich overpredictive-diffamierende – Grundhaltungen als Formen selbstverschuldeter Unmündigkeit aufzuklären, gibt es, ob nun vom ethisch-ideologisch, empirisch-wissenschaftlich oder erkenntnistheoretisch-philosophisch eingenommenen perspektivischen Ort, nie das, was Althusser (1974, 8) als eine »unschuldige« Lektüre benennt. Einerseits vermag jeder Psychiater oder Psychologe in dieser Zerrissenheit nur dann als Gutachter tätig zu sein, wenn er – analog zu Mitscherlichs (1971) Kommentierung über Juristen – das Bewusstsein eines schlechten Gewissens aus- und aufrecht hält (Schorsch, 1991). Andererseits kann alles, was als selbstkritische Analyse forensisch-prognostischer Diskurse auf einem mühevollen ›Holzweg der Holzwege‹[9] an die Wissenschaftsideologie und Berufspolitik der Gutachtenpraxis rührt, Althusser (1968b, 12) paraphrasierend für den Kritiker fatal werden, denn er lebt darin (vgl. Wulff, 2005). Entsprechend entkommt man – entgegen früher anders lautender Vermutung (Kobbé, 1992a, 156) – dem Tribunal keineswegs dadurch, dass man es selber wird…

Indem dieser Beitrag[10] ein philosophisch-skeptischer Diskurs bleibt, wird dies allenfalls durch eine skeptische Position ermöglicht, in der man »nicht Experte ist« sondern *Advocatus diaboli* oder »Stuntman des Experten« (Marquard, 1990, 165). Der dabei ausgetragene Widerstreit ist als radikale Skepsis nichts anderes als

> konsequent gemachte Verzweiflung: Die nicht konsequent gemachte Verzweiflung bleibt nur Verzweiflung: Die konsequent gemachte Verzweiflung jedoch ist jene dialektische Haltung zerspielender Ernsthaftigkeit, deren philosophische Teufelei ›Widerstreit‹ heißt und deren diskursethische Unruhe als der ›Hintern des Teufels‹ (Bloch) aufscheint. Sie ist die Schule der Wahrnehmung des vorhandenen Positiven, die allerdings Mut verlangt, z. B. den Mut, angesichts der überall flottierenden Hassbereitschaften auch die kleinen Remedien nicht zu verachten.

Mit Wittgenstein geht es folglich darum, sich mit der Fliege im Glas zu identifizieren anstatt ihr einen Ausweg zu weisen. Für GutachterInnen ginge es also darum, selbstbewusst und wahrhaftig (d. h. im Bewusstsein dieser Subjektivität) zu arbeiten und sich dieser unsicheren Position zu stellen, anstatt die imaginäre Flucht eines – vergeblichen – (ver-) objektivierenden, mithin entfremdenden Auswegs zu versuchen.

Anmerkungen

[1] Alle importierten Abbildungen, so auch die Wiedergabe von Teilen der Powerpoint-Präsentation (Nedopil, 2009), als wissenschaftlich gebotener Beleg, d. h. Zitation.

[2] Eine *Möbiustransformation* – auch *Möbiusabbildung* – bezeichnet eine mathematisch konforme Abbildung linearer Zahlenverhältnisse auf sich selbst. Die graphische Darstellung als Möbiusschleife siehe in Kobbé (2016b, 6, Abb. 4).

[3] Reprint in diesem Band.

[4] Vereinfacht ausgedrückt besagt es: (1) Von mehreren möglichen Erklärungen für ein und denselben Sachverhalt ist die einfachste Theorie allen anderen vorzuziehen. (2) Eine Theorie ist einfach, wenn sie möglichst wenige Variablen und Hypothesen enthält und wenn diese in klaren logischen Beziehungen zueinander stehen, aus denen der zu erklärende Sachverhalt logisch folgt (Wikipedia-Definition), die also

weder zirkuläre Argumentationen noch affirmative Wiederholungen enthalten.

5   Dies betrifft simplifizierende Schlussfolgerungen, die Gefährlichkeit bestehe allein – Gutachtentenor – ›wegen der Scheußlichkeit der Tat‹ und/oder deshalb fort, weil ›sich nichts verändert‹ habe, weil ›keine Therapieteilnahme‹ zu verzeichnen sei, weil ›keine Lockerungserprobung‹ erfolgt sei, weil ›keine Deliktbearbeitung‹ möglich gewesen sei.

6   Die metaphorische Bezeichnung als *Rasiermesser* ergibt sich daraus, dass alle anderen Erklärungen eines Phänomens wie mit einem Rasiermesser einfach und auf einmal entfernt werden können (Wikipedia-Definition).

7   Vgl. Untersuchungen sozial- und rechtspsychologischer Grundlagenforschung über Einstellung, Vorannahmen, Konformität und Nonkonformität sowie informelle Normen bei Oswald (1994), über Evidenzerleben, Interferenzkonflikte und Harmonisierungstendenzen bei Weimar (1996). Nicht zuletzt sind Kernaussagen der klassischen Arbeit Pfäfflins (1978) über Vorurteilsstrukturen bei Gutachtern weiterhin von Bedeutung.

8   Psychoanalyse als (1) eine klinisch-forensische Untersuchungs- und Forschungsmethode, (2) eine Behandlungstechnik oder psychotherapeutische Methode, (3) eine Metapsychologie, (4) eine Krankheitslehre als systematisiertes psychopathologisches System, (5) eine Persönlichkeitstheorie, d. h. ein System psychodynamischer Theorien bzw. struktureller Modelle (Loch, 1983, XV; Laplanche & Pontalis, 1973, 410 f.).

9   Lenin, zitiert nach Althusser (1968a, 110).

10 Als Aktualisierung einer bislang unveröffentlichten ›Presentation on Demand‹ (Kobbé, 2016).

Über einige Verhältnismäßigkeitsaspekte bei Legalprognosen

Herbert Steinböck

Das Gesetz zur Novellierung des Rechts der Unterbringung in einem psychiatrischen Krankenhaus gemäß § 63 des Strafgesetzbuches und zur Änderung anderer Vorschriften vom 08.07.2016 hat sich als ein Hauptanliegen die Aufgabe gestellt, dem vom Bundesverfassungsgericht seit 2013 vermehrt angemahnten Grundsatz der Verhältnismäßigkeit der strafrechtlichen Unterbringung wieder Geltung zu verschaffen. Unser Beitrag fragt nach, wie sich Justiz und (forensische) Psychiatrie im Hinblick auf dieses Verhältnismäßigkeitsprinzip bei der Prognosebegutachtung zueinander verhalten.

Rechtliche Anforderungen an die Verhältnismäßigkeit

Dass eine Unterbringung im Maßregelvollzug sowie deren Dauer dem Grundsatz der Verhältnismäßigkeit unterliegt, ist keine neue Erkenntnis. Vielmehr stellen sämtliche in den letzten Jahren erfolgten Beschlüsse des Bundesverfassungsgerichts zu diesem Grundsatz Selbstzitate dar, die sich auf eine Entscheidung aus dem Jahr 1985 beziehen.[1] Der Entscheidung lag der Diebstahl eines Pelzmantels im Jahr 1968 zugrunde. Bei dem Verurteilten war eine schizophrene Psychose diagnostiziert und eine ungünstige Legalprognose festgestellt worden, weshalb 1970 neben einer neunmonatigen Haftstrafe die strafrechtliche Unterbringung angeordnet wurde. Abgesehen von einer mehrwöchigen Unterbrechung wurde die Maßregel bis zur Entscheidung des Bundesverfassungsgerichts im Jahr 1985, also 15 Jahre lang vollzogen. Wie das Verfassungsgericht feststellte, hätten die Fortdauerentscheidungen den Beschwerdeführer in seinem Grundrecht aus Art. 2 Abs. 2 Satz 2 GG in Verbindung mit dem Rechtsstaatsprinzip des Grundgesetzes verletzt.

Aufgrund seiner bis heute anhaltenden Bedeutung verdient der Beschluss eine ausgiebige Wiedergabe:

> Der *Grundsatz der Verhältnismäßigkeit ist mit Verfassungsrang* ausgestattet. Er beherrscht Anordnung und Fortdauer der Unterbringung in einem psychiatrischen Krankenhaus. Das sich dar-

aus ergebende Spannungsverhältnis zwischen dem Freiheitsanspruch des betroffenen Einzelnen und dem Sicherungsbedürfnis der Allgemeinheit vor zu erwartenden erheblichen Rechtsgutverletzungen verlangt nach gerechtem und vertretbarem Ausgleich. Dieser lässt sich für die Entscheidungen über die Aussetzung der Maßregelvollstreckung nur dadurch bewirken, dass *Sicherungsbelange und der Freiheitsanspruch des Untergebrachten als wechselseitiges Korrektiv* gesehen und im Einzelfall gegeneinander abgewogen werden.«

Darüber hinaus verweist der BVerfG-Beschluss auch auf § 62 StGB: Eine Maßregel der Besserung und Sicherung im psychiatrischen Krankenhaus »darf nicht angeordnet werden, wenn sie zur *Bedeutung der vom Täter begangenen und zu erwartenden Taten* sowie zum Grad der von ihm ausgehenden Gefahr außer Verhältnis steht«. Im Hinblick auf die 1998 abgeschaffte, damals noch gültige Erprobungsklausel erläutert das BVerfG:

Die Klausel von der ›Verantwortbarkeit der Erprobung‹ ist ausfüllungsbedürftig; sie schließt es ein, dass *mit der Aussetzung ein vertretbares Risiko eingegangen* wird. In diesen Grenzen der Verantwortbarkeit kommt der Erprobung folglich der Charakter eines Experiments zu. Die Entlassungsprognose erfordert also nicht etwa die sichere Erwartung zukünftigen Wohlverhaltens des Untergebrachten… Dabei ist die von dem Untergebrachten ausgehende *Gefahr hinreichend zu konkretisieren;* der *Grad der Wahrscheinlichkeit* zukünftiger rechtswidriger Taten ist zu bestimmen; deren bloße Möglichkeit vermag die weitere Maßregelvollstreckung nicht zu rechtfertigen […]. *Je länger aber die Unterbringung* in einem psychiatrischen Krankenhaus andauert, *um so strenger werden die Voraussetzungen für die Verhältnismäßigkeit* des Freiheitsentzugs sein. Das Freiheitsgrundrecht gewinnt wegen des sich verschärfenden Eingriffs immer stärkeres Gewicht für die Wertungsentscheidung des Strafvollstreckungsrichters.

Die Novellierung des § 63 StGB vom 08.07.2016 hat nun diese alten, aber mit neuer Vehemenz vorgetragenen Vorgaben des Verfassungsgerichts aufgegriffen und explizit ins Gesetz aufgenommen. Eine besondere Erwartung kommt hierbei dem Zusammenwirken aus externen Sachverständigen und Strafvollstreckungskammer zu. Deshalb wird nun die Beauftragung wechselnder externer Gutachter zunächst in dreijährigem, nach sechs Jahren Unterbringung in zweijährigem Rhythmus gefordert.

Auch zur Art und Schwere der zu erwartenden Straftat äußert sich das Gesetz: Eine weitere Unterbringung komme nur in Frage, wenn

> *erhebliche* rechtswidrige Taten zu erwarten sind, durch welche die *Opfer seelisch oder körperlich erheblich geschädigt* oder erheblich gefährdet werden oder schwerer wirtschaftlicher Schaden angerichtet wird, und er deshalb für die Allgemeinheit gefährlich ist. Handelt es sich bei der begangenen rechtswidrigen Tat nicht um eine im Sinne von Satz 1 erhebliche Tat, so trifft das Gericht eine solche Anordnung nur, wenn besondere Umstände die Erwartung rechtfertigen, dass der Täter infolge seines Zustands derartige erhebliche rechtswidrige Taten begehen wird.«

Dabei genügt *nach sechs Jahren* Unterbringungsdauer die bloße Gefahr *eines wirtschaftlichen Schadens nicht mehr, nach zehn Jahren scheiden* auch bloße *Gefährdungsdelikte aus.*

Somit bedarf es aus juristischer Sicht zur Beurteilung der Verhältnismäßigkeit der Unterbringung neben der Betrachtung der tatsächlich begangenen Taten und der bisher verstrichenen Unterbringungsdauer einer besonders präzisen Vorhersage, welche Art von Delikten mit welcher Frequenz zu erwarten ist.[2] Dabei ist die Wahrscheinlichkeit des Delikts – im Sinne einer »Wahrscheinlichkeit höheren Grades« bzw. einer »hohen Wahrscheinlichkeit« – zur (durch den Richter festzustellenden) mutmaßlichen Schwere des zu erwartenden Delikts in Beziehung zu setzen: je schwerer das erwartete Delikt ist, eine desto geringere Wahrscheinlichkeit seines Auftretens ist (noch) mit einer weiterhin bestehenden Verhältnismäßigkeit der Unterbringung vereinbar (B. vom 05.07.2013 – 2 BvR 789/13).

Das Angebot der forensischen Psychiatrie

Bis zur Verabschiedung einer derzeit in Bearbeitung befindlichen aktualisierten Fassung gelten die Mindestanforderungen für Prognosegutachten des Jahres 2005 (Bötticher et al., 2005), die von einer interdisziplinären Arbeitsgruppe aus Richtern am Bundesgerichtshof, Bundesanwälten, weiteren Juristen, forensischen Psychiatern, Psychologen und Sexualmedizinern zusammengestellt worden waren. Zur Heranziehung standardisierter Prognoseinstrumente wird darin ausdrücklich festgestellt, dass diese zwar als Checklisten hilfreich sind, um zu überprüfen, ob auch möglichst alle relevanten Prognosebereiche erfasst wurden. Es wird aber auch darauf hingewiesen, dass Prognoseinstrumente die hermeneutische oder hypothesengeleitete Individualprognose nicht zu ersetzen vermögen. Unter Bezugnahme auf die Ergebnisse standardisierter Instrumente oder auch auf das kriminologische und forensisch-psychiatrische Erfahrungswissen sei eine grobe Zuordnung des Falles zu Risikogruppen möglich, und zwar in der Regel in Form einer Dreiteilung: hohes – mittleres – niedriges Risiko. Auf dieser Ebene klärbar seien am ehesten Fälle mit gruppenstatistisch belegtem sehr hohem oder sehr niedrigem Risiko. Entscheidend sei aber die Rekonstruktion der Gefährlichkeit und des Rückfallrisikos im Einzelfall. Schon damals wurde darauf hingewiesen, dass eine wesentliche Aufgabe eines Prognosegutachtens die Prüfung und Erörterung der Rahmenbedingungen sei, unter denen Tendenzen zu einem Rückfall rechtzeitig erkannt, erste Schritte auf diesem Weg verhindert werden könnten und weitergehende Kriseninterventionen möglich seien, d. h. Risikomanagement geleistet werden könne.

Ein wesentliches Problem aller Prognoseinstrumente ist die Notwendigkeit ihrer für den vorliegenden Fall passenden Indikationsstellung, also die am Anfang stehende Entscheidung der Auswahl des Instruments. Wird sie nicht kritisch getroffen, ist das Instrument für den konkreten Fall nichts wert. Grundsätzlich lassen sich Prognoseinstrumente, die den Einzelfall bestimmten Risikogruppen zuordnen und insofern als nomothetische Instrumente bezeichnet werden können (z. B. VRAG, Static99), von eher idiografisch orientierten Instrumenten unterscheiden, die die Entwicklung einzelfallbezogener Risikoszenarien unterstützen (z. B. ILRV, HCR-20).

Die nomothetischen Instrumente stützen sich auf stochastische Risikovariablen und produzieren hieraus Zahlen, die den prozentualen Anteil deliktisch Rückfälliger aus einer Gruppe benennen, der der untersuchte Proband aufgrund der an ihm erhobenen Merkmale zugeordnet wird. Ob der Proband allerdings zu den Rückfälligen oder aber zu den nicht-Rückfälligen dieser Gruppe gerechnet werden muss, lässt sich mit diesen Instrumenten nicht weiter klären.

Unabhängig davon, ob wir nomothetische oder idiografisch orientierte Prognoseinstrumente oder ob wir gar keine Prognoseinstrumente heranziehen, gilt, dass wir, sobald wir uns auf die Ebene des Einzelfalls begeben, keine in Zahlen ausdrückbaren Wahrscheinlichkeiten mehr anzugeben vermögen. Im Unterschied zu statistisch bearbeitbaren Gruppen von Straftätern entzieht sich also der für die Begutachtungspraxis interessierende Einzelfall einer in Zahlen ausdrückbaren Quantifizierbarkeit seines Risikos (vgl. Dahle & Lehmann, 2013).

Die Legalprognose – was ist das und was kann sie sein?

Nicht nur in der Boulevardpresse, sondern auch *in foro* – und auch in den Beschlüssen des Bundesverfassungsgerichts – stößt man auf Erwartungen zum forensisch-psychiatrischen Prognosebegriff, die über das von der forensischen Psychiatrie machbare Leistungsangebot hinausgehen. Pro-gnostizieren heißt wörtlich ein im Voraus, ein in die Zukunft hinein gerichtetes, möglichst vollständiges, ›sicheres‹ Erkennen oder Wissen.

Was ist darunter zu verstehen?

Eine Prognose ist keine Prophezeiung. Nicht einmal eine Wettervorhersage behauptet wirklich, das morgige Wetter zu kennen. Sie erhebt vielmehr aktuell bestimmte Parameter – Temperatur, Luftdruck, Windstärke und -richtung etc. – und erstellt Annahmen zu deren weiteren Entwicklung in einem definierten Zeitraum. Je nach Entwicklung dieser relevanten Parameter ergeben sich hieraus unterschiedliche Möglichkeitskonstellationen; die Vorhersage einer bestimmten Konstellation ist eine Hypothese. Je weiter ein kritischer Prognosezeitraum überschritten wird, umso weniger stimmt die angenommene mit der tatsächlichen Wetterkonstellation überein. Überträgt man das Beispiel der Meteorologie auf das Feld der Legalprognostik, findet sich auch hier die Zeit als ein limitierender Faktor. Die Unschärfe der Prognose nimmt mit zunehmender Dauer des Prognosezeitraums immer mehr zu.

Eine Legalprognose ist aber nicht einfach identisch zu setzen mit einer Vorhersage naturwissenschaftlicher Phänomene, wie etwa der Vorhersage des Wetters. Dies hat mit dem Wesen menschlichen Verhaltens bzw. Handelns zu tun. Hegel weist darauf hin, dass psychologische Gesetze anders als naturwissenschaftliche Zusammenhänge nicht zwei vorgefundene Wirklichkeitsbereiche korrelativ miteinander verknüpfen (ein beliebtes Modell in der Prognoseforschung) und so mechanische Zusammenhangsannahmen in die Zukunft hinein extrapolieren lassen:

> Die Momente, die den Inhalt des Gesetzes ausmachen, sind einerseits die Individualität selbst, andererseits ihre allgemeine unorganische Natur, nämlich die vorgefundenen Umstände, Lage, Gewohnheiten, Sitten, Religion, und so weiter; aus diesen ist die bestimmte Individualität zu begreifen (Hegel, 1987, 221).

Freilich handelt es sich hier gerade nicht um ein passives Ausgeliefertsein der Individualität an eine prägende Umwelt:

> Diese Individualität aber ist gerade dies, ebensowohl das Allgemeine zu sein, und daher auf eine ruhige unmittelbare Weise mit dem vorhandenen Allgemeinen, den Sitten, Gewohnheiten u.s.f. zusammenzufließen und ihnen gemäß zu werden, als sich entgegengesetzt gegen sie zu verhalten, und sie vielmehr zu verkehren – sowie gegen sie in ihrer Einzelheit ganz gleichgültig sich zu ver-

halten, sie nicht auf sich einwirken zu lassen, und nicht gegen sie tätig zu sein. Was auf die Individualität Einfluss und welchen Einfluss es haben soll [...], hängt darum nur von der Individualität selbst ab (ebd.).

Das Individuum steht also als freies seinen vorgefundenen Bedingungen gegenüber; so ist die Welt des Individuums nur aus diesem selbst zu begreifen, obgleich das selbe Individuum nur durch diese Welt und sein Verhalten zu ihr dieses bestimmte Individuum ist, geworden ist und wird. Worauf es also für die zukünftige Entwicklung ankommt, ist das sich zu seinen Bedingungen verhaltende, in einem anthropologischen Sinn freie Individuum. Unserer Prognose zugänglich sind eigentlich bloß diejenigen Aspekte, die diese Freiheit einschränken, also Gesichtspunkte der Erkrankung, bestimmte äußere Vorgaben, soweit sie kontrollierbar sind, aber selbst hierzu ›verhalten sich‹ zwei verschiedene Individuen durchaus unterschiedlich.

Das in der geschilderten Weise freie Individuum verhält sich doppelt: zu sich selbst, ist also selbstreflexiv, und zu anderen, ist insofern ein gesellschaftliches Wesen. Es verhält sich somit aktiv auch gegenüber unseren professionellen Vorhersagen. Umgekehrt erschöpft sich das Handeln von uns Professionellen nicht in der bloßen Vorhersage, sondern diese stellt auch eine Handlungsempfehlung dar, die wiederum die Bedingungen, unter denen die Prognose gegolten hat, verändern kann und soll. Weil sich der Proband auch dazu wiederum, und zwar in seiner Freiheit, verhält, nimmt die ursprünglich anscheinend relativ einfache Prognose rasch einen komplexen Verlauf, der sich von der ursprünglichen Aussage erheblich und nur schwer kalkulierbar entfernen kann (Steinböck, 1997). Deshalb geht man im forensisch-psychiatrischen Kontext heute auch nicht mehr von bloßen Legalprognosen, also von der Risikoeinschätzung aus, sondern von einer prognostisch-therapeutischen Verschränkung des Risikomanagements (z. B. Nedopil & Müller 2012, 360-363).

Diese anthropologische Beschaffenheit des Menschen als sozusagen prinzipiell freies Wesen stellt die absolute Grenze jeder, insbesondere jeder längerfristigen Verhaltens- und also auch Legalprognose dar. Der freie Wille, der auch noch in jeder psychischen Erkrankung, wiewohl vielleicht nur rudimentär, bestehen bleibt (Steinböck, 2011), begründet das Restrisiko, das unabhängig von der Anzahl und Komplexität der erhobenen Prädiktoren verbleibt und als nicht überschreitbar hinzunehmen ist. Im ›Restrisiko‹ verbergen sich diejenigen falsch Positiven wie auch falsch Negativen, die prinzipiell unhintergehbar unserem Prognostizieren verbleiben. In früheren angloamerikanischen Arbeiten schätzte man den Anteil Falsch-Positiver auf 80 Prozent (Steadman,

1973). Auch wenn wir heute von niedrigeren Prozentsätzen ausgehen, sind sie – etwa für die BRD mit etwas über 60 Prozent – auch heute noch beträchtlich (Stadtland et al., 2004). Das Restrisiko geht somit in beide Richtungen. Der jeweilige Anteil prinzipiell verbleibender Falsch-Positiver bzw. Falsch-Negativer mag methodenabhängig größer oder kleiner ausfallen, zum Verschwinden sind sie aber nicht zu bringen.

Das Restrisiko ist in der öffentlichen Diskussion durchaus bekannt. Übersehen wird hierbei aber zumeist das Prinzipielle, ohne Wenn und Aber Hinzunehmende dieses Restrisikos, und zwar nicht als abstrakter Gemeinplatz (›Natürlich lässt sich ein gewisses Restrisiko nicht gänzlich ausschließen‹), sondern als etwas, das eben auch als wirkliche Einzelfälle auftritt. Im Hinblick auf die auf das Restrisiko zurückgehende falsche Vorhersage kann es keine Fehlerzuschreibung an den Prognostizierenden geben. Eben darin besteht das Politikum. Gerungen kann nicht um die Frage werden, ob, sondern höchstens, wie groß das Restrisiko ›sein darf‹ – aber niemand vermag es zu beziffern. Obgleich eine solche Zahl auf den ersten Blick für die Beantwortung der Frage verführerisch wäre, bei welchen Prozentsätzen Falsch-Positiver wir die Verhältnismäßigkeit einer Unterbringung noch als gegeben ansehen könnten, hat sich das Bundesverfassungsgericht der Nennung einer Zahl mit gutem Grund verweigert: Es gibt sie nicht, und zwar eben aufgrund der Freiheit als anthropologischer Konstante.

Verhältnismäßigkeit und Legalprognose

Versuchen wir, unsere Überlegungen zusammenzuführen, dann können wir zunächst feststellen, dass es auf der Ebene des zu beurteilenden Individuums kein in Prozentsätzen ausdrückbares Risiko geben kann. Was dargestellt werden kann, sind Gruppenzuordnungen mit entsprechenden, empirisch ermittelbaren Rückfallquoten, die freilich für den einzelnen Probanden keine definitive Rückfallvorhersage erlauben. Darüber hinaus lassen sich für dieses Individuum – allerdings nur narrativ – Risikoszenarien formulieren, die freilich, schon wegen der anthropologischen Voraussetzung des Menschen als freies Wesen, nur eine unvollständige Sammlung ›wahrscheinlicher‹ Konstellationen bilden. Sie ermöglichen jedoch, bei entsprechenden institutionellen Voraussetzungen (Bewährungshilfe, Forensische Ambulanzen, betreute Wohn- und Arbeitsprojekte, rationelle Kommunikations- und Entscheidungsstrukturen usw.), ein therapeutisches, gegebenenfalls auch kontrollierendes Eingreifen und insofern ein praktisch meistens durchaus effektives Risikomanagement.

Auch in diesen Fällen bleiben aber die beiden grundsätzlichen Probleme bestehen, nämlich zum einen das Fehlen empirisch begründbarer Quantifizierungen, die sich auf den Einzelfall beziehen, und zum andern das auch unter der Bedingung des Risikomanagements nicht wegeskamotierbare (nicht quantifizierbare) Restrisiko.

Daraus folgt, dass der Anspruch von Bundesverfassungsgericht und Gesetzgeber an den psychiatrischen Sachverständigen, von diesem eine Vorhersage für die zu erwartende Wahrscheinlichkeit und Art der Straftat sowie des Zeitraums, innerhalb dessen sie voraussichtlich begangen wird, zu erhalten, so kaum einlösbar sein dürfte. Noch schwieriger ist es, zu der für das Verhältnismäßigkeitsproblem relevanten Frage Stellung zu nehmen, wie sich die genannten Vorhersagen in dem fiktiven Fall einer sofortigen Entlassung ändern würden. Hier kommt man besonders in den Fällen einer bereits vorangeschrittenen Entlassungsvorbereitung mit weitreichender Vollzugslockerung in ein Dilemma: hält man die weitreichende Lockerung für gerechtfertigt, dürfte die Differenz zu einer Entlassungssituation zumindest für die nähere Zukunft nicht allzu groß sein, und man müsste wohl ein allzu großes Risiko verneinen. Dann wäre aber das Gericht verpflichtet, die umgehende Entlassung anzuordnen. Oder man erklärt quasi normativ-teleologisch, dass im Fall einer sofortigen Entlassung eben doch ein erhebliches Risiko anzunehmen sei. Dann kann die untergebrachte Person die bereits fortgeschrittenen Resozialisierungs- bzw. Rehabilitationsschritte angemessen zu Ende bringen und dann regulär entlassen werden, was für die längerfristige Prognose deutlich günstiger sein dürfte. Dieses Vorgehen ist also zweckmäßig, aber wohl nicht sachgerecht im Sinne wissenschaftlicher Korrektheit.

Das anthropologisch begründete Problem der Vorhersage verschärft sich also durch die (ethisch zu begrüßende!) Wiedererstarkung des Verhältnismäßigkeitsaspekts. Gelöst wird es in der Begutachtungspraxis, wie oben dargelegt, nicht selten dadurch, dass nicht erst das Gericht, sondern schon im Vorgriff der Sachverständige normative Festlegungen trifft. Eine solchermaßen psychiatrisch-juristisch gedoppelte Normativität ist zwar in der Rechtssystematik nicht vorgesehen, wird aber von den Beteiligten anscheinend als überwiegend nützlich betrachtet.

Anmerkungen

[1] BVerfGE 70, 297, Beschl. v. 08.10.1985, 2 BvR 1150/80 u. 1504/82.
[2] BVerfG, Beschl. v. 17.02.2014 – 2 BvR 1795/12, 2 BvR 1852/13.

Doktor Caligari con Eisel.
Ein ethisches Lehrstück?

Ulrich Kobbé

Im Juli 2017 provoziert der Rechtsanwalt Lutz Eisel mit einem Aufruf (s. nächste Seite), dessen Argumentationsfigur er einer historischen Filmperson und dessen expressionistisch interpretierter existentieller Dramatik entlehnt: Er verwendet hierfür die Geschichte des dämonischen Irrenarztes Dr. Caligari, der mit einer Schaubude über die Jahrmärkte zieht und ein Medium hypnotisch beauftragt, Gräuel zu begehen.

Caligari ist eine schillernde, eine janusköpfige, eine irritierende Figur: »Die Gestalt des Dr. Caligari«, so der Filmhistoriker Kracauer, »verkörpert jene schrankenlosen, die Macht um ihrer selbst willen vergötternden Gewalten, die sich zur Befriedigung ihrer Herrschgelüste über alle menschlichen Rechte und Werte rücksichtslos hinwegsetzen« (NN, 1962, 62).

Eisel thematisiert also nicht nur Ignoranz und Voreingenommenheit der Sachverständigen, sondern auch deren prekäres Verhältnis zur Macht. Dabei verwendet er die Figur eines Experten, der – wie sich im Film allmählich herausstellt – ebenso zwanghaft besessen und hemmungslos wie auch ›irre‹ ist: Was Eisel Sachverständigen (und Richtern) vorhält, ist eine hypnotisch-unkritische Fixierung auf normative – und ggf. lebensfremde – Klassifikationssysteme, ein krampfhaft-verblendetes, ein reduktionistisches Festhalten an statischen Prognosekriterien. Die Befragung der Standards, wie sie ICD oder DSM, wie sie Basisraten (Groß & Nedopil, 2005; 2017), wie sie in den Mindestanforderungen (Boetticher et al., 2005; 2006; 2007; 2009) vorformulieren, ist keine Infragestellung dieser wesentlichen und eigentlich qualitätssichernden Leitlinien, sondern gerade deren Bestätigung.

Worum es mit Eisels Befund ›Aber das weiß Dr. Caligari nicht – oder er will es gar nicht wissen‹ geht, ist die Forderung nach einer sorgfältigen und reflektierten, mithin flexiblen, fallbezogenen und (selbst-)kritischen Handhabung dieser Kriterien und Methoden. Dass es hierfür eines kreativen Stilmittels, einer appellativen – nennen wir es – Skandalisierung bedarf, spiegelt lediglich in Konturen wider, wie immunisiert ein

Das Gutachten des Dr. Caligari

Sehr geehrte Damen und Herren,
Dr. Caligari ist ein erfahrener Psychiater, der viele Gutachten erstattet.

In Strafverfahren orientiert er sich bei seinen Diagnosen genau am ICD-10; dass hierin auch mal Homosexualität als Krankheit definiert wurde, stört nicht, handelt es sich doch um das wichtigste, weltweit anerkannte Klassifikationssystem für medizinische Diagnosen.

- Die Frage, ob eine Verminderung der Steuerungsfähigkeit (und somit der Schuldfähigkeit) vorliegt, wird oft am Ergebnis orientiert: wer eine lebenslange Freiheitsstrafe ›verdient‹ hat, bei dem ist die Schuldfähigkeit nicht erheblich vermindert; wer ein Kandidat für die Forensik ist, bei dem wird die Verminderung der Schuldfähigkeit nicht lediglich nicht ausgeschlossen, sondern positiv festgestellt.
- Bei der Prognose der Gefährlichkeit berücksichtigt er die Vorstrafen sehr, obwohl dieses ›statistische‹ Kriterium letztlich ein statisches Kriterium ist, da sich die Vorstrafen nun mal nicht verändern können.

In *Strafvollstreckungsverfahren* (und Maßregelvollstreckungsverfahren) orientiert er sich bei seinen Diagnosen ebenfalls genau am ICD-10; in der Annahme, dass die bisherigen Gutachten wohl nicht falsch gelegen haben, taucht häufig z. B. das Merkmal der Alkoholabhängigkeit selbst bei Patienten auf, die seit über 20 Jahren keinen Tropfen Alkohol getrunken haben (und z. T. auch eine Entwöhnungstherapie erfolgreich absolviert haben).

- Bei der Prognose der Gefährlichkeit werden die statistischen (d. h. statischen) Kriterien so zugrunde gelegt, als hätte überhaupt keine Therapie stattgefunden.
- Die Frage, ob eine Verminderung der Schuldfähigkeit vorliegt, wird vollständig ausgeklammert. Im Strafvollstreckungsverfahren ist dieses ein bloßer Annex an die Diagnose, d. h. dass so getan wird, als lägen die Voraussetzungen des § 21 StGB unabänderlich unverändert vor. Ob eine Veränderung der Einsichts- und Steuerungsfähigkeit aufgrund der – z. T. jahrzehntelangen – Therapien stattgefunden hat, wird noch nicht einmal problematisiert, geschweige denn beantwortet.
  - ➡ Somit wird vollständig ignoriert, dass gemäß § 67 d Abs. 6 StGB eine Maßregel dann für erledigt zu erklären ist, wenn die Voraussetzungen des § 63 StGB nicht (mehr) vorliegen, also der ›Zustand‹ nicht oder nicht mehr besteht (so Fischer, Rdnr. 23 zu § 67 d StGB).
  - ➡ Dieses ist nicht nur dann der Fall, wenn keine entsprechende Diagnose mehr gestellt werden kann oder wenn keine Gefährlichkeit mehr besteht, sondern insbesondere dann, wenn kein ›Zustand‹ mehr gegeben ist, bei dem die Verminderung der Schuldfähigkeit zumindest positiv festgestellt werden kann (vgl. SK-StGB/Sinn, Rdnr. 7 f. zu § 67 d StGB, m.w.N.).
- Aber das weiß Dr. Caligari nicht – oder er will es gar nicht wissen.

Falls Sie PsychiaterIn oder PsychologIn sind:
→ Erstatten Sie Ihre Gutachten auch so wie Dr. Caligari?

Falls Sie RichterIn sind:
→ Verwenden Sie ungeprüft solche Gutachten wie die von Dr. Caligari?

Dieses ist ein Appell, die gesetzlichen Voraussetzungen sorgfältig(er) zu prüfen.

ungewiss großer (oder kleiner) Prozentsatz von Sachverständigen wie Juristen gegen diese (Auf-)Forderung geworden bzw. geblieben ist.

Aus der eigenen prognosegutachterlichen Praxis fanden sich in den letzten zwölf Monaten u. a. folgende Auffälligkeiten:

Kasuistik (1): Herr B*

In der Eingangsbegutachtung 2008 wird einem türkisch-stämmigen Angeklagten, Herrn B*, vom Sachverständigen auf der Grundlage eines bereits vorliegenden Testergebnisses die ICD-Klassifikation F.70 (leichte Intelligenzminderung, IQ-Bereich 50-69) vergeben. Zwar diskutiert dieser Erstgutachter die Zuschreibung einer Minderbegabung hinsichtlich der Diskrepanzen von Testergebnis und lebenspraktischen Fähigkeiten, aber er korrigiert sie – trotz Verneinung des Kriteriums ›Schwachsinn‹ – nicht.

Ein nach drei Jahren Maßregelunterbringung bestellter Prognosegutachter übernimmt diese Diagnose 2011 ohne weitere Prüfung.

Der nächste Prognosegutachter äußert 2014 angesichts eines zwischenzeitlich errechneten ›IQ von ca. 80‹ zwar – zumal das Testverfahren ›offenbar kein Culture-fair-Test‹ gewesen sei – ›Zweifel an dieser Diagnose‹, falsifiziert die Diagnose einer leichten Intelligenzminderung aber dennoch nicht, sondern attestiert u. a. eine ›niedrige Intelligenz‹.

In der aktuellen Prognosebegutachtung 2017 resultiert in der testpsychologischen Untersuchung ein Gesamt-IQ = 88, was einer voll durchschnittlichen Intelligenzleistung entspricht. Hier geht es keineswegs ›nur‹ um fachliche Redlichkeit und Rehabilitation, nicht ›nur‹ um den Schutz von Herrn B* vor mystifizierender und invalidierender Über- oder Fehldiagnostik: Intelligenz stellt auch einen protektiven, insofern prognostisch bedeutsamen Faktor dar, sodass die Korrektur der diagnostischen Zuschreibung auch prognosegutachterlich relevant ist.

Ähnlich verhält es sich mit der Attribution eines hirnorganischen Psychosyndroms nach Hirnschädigung i. S. der ICD-Klassifikation F07.8 im Eingangsgutachten: Der erste Prognosegutachter konstatierte diesbezüglich 2011 kritisch, ›mit den gegenwärtig vorhandenen diagnostischen Mitteln [könne] keine konkrete Schädigung des Gehirns nachgewiesen werden‹, sodass allenfalls ›der Verdacht‹ auf eine hirnorganische Determinierung der Persönlichkeits- und Verhaltensstörungen geäußert werden könne, ›sicher [sei] diese Diagnose aber nicht‹. Dennoch reaktiviert der nächste Prognosegutachter 2014 erneut die Diagnose einer organischen Persönlichkeitsstörung, die ihm nicht nur kausallogisch mit der – selbst angezweifelten – ›niedrige[n] Intelligenz‹ kombinierbar zu sein scheint, sondern zudem auch noch eine ›Neigung zu aggressiver Durchsetzung‹ erkläre. Auch die Behandlungspläne der Maßregelvollzugsklinik ›schleppen‹ diesen mindestens fraglichen Befund mit der Diagnose eines perinatalen Psychosyndroms (ICD-10: F07.8) weiter mit. Es handelt sich nach Durchsicht der Unterlagen – selbst wenn vorliegende, jedoch vage anamnestische Angaben zum Geburtsverlauf zutreffen sollten – um eine nicht ausreichend sicher befundete, nicht eindeutig verifizierte nosologische Zuordnung, die im ICD-10-Manual als ohnehin ›unsicher‹ charakterisiert wird und für die alternative Klassifizierungen oder Zuordnungen angemahnt werden (Dilling et al., 1992, 78-79). Vor dem Hintergrund einer uneindeutigen Befundlage mit symptomatisch unspezifischen Auffälligkeiten, die nosologisch auch anderen Krankheitseinheiten zugeschrieben können, war auch diese – darüber hinaus weder therapeutisch noch prognostisch relevante (oder wissenschaftlich-argumentativ ›benötigte‹) – Diagnose aufzugeben.

Kasuistik (2): Herr J*

Bei dem Maßregelvollzugspatienten Herrn J* wurden in einem Unterbringungs- und zwei Prognosegutachten unterschiedliche entwicklungspsychologische, strukturdynamische, psychopathologische, beziehungs- und handlungstypische Aspekte der differentialdiagnostisch uneindeutigen Störung herausgearbeitet und zusammengefasst. Bei Durchsicht der gutachterlichen Befunde fiel auf, dass es in den jeweiligen Aktualisierungen der psychiatrischen Diagnostik alternierend, zeitweise auch parallel, um die diagnostische Zuschreibung einer *emotional instabilen Persönlichkeitsstörung vom impulsiven Typ* (ICD-10: F60.30) bzw. *vom Borderline-Typ* (ICD-10: F60.31) und/oder einer *Psychose aus dem schizophrenen Formenkreis* (ICD-10: F20.0) ging. Daneben wurden – potentiell traumatisierende – Vernachlässigungs-, Gewalt- und Missbrauchs- und Prostitutionserfahrungen in Kindheit und Jugend (ICD-10: F91.1), der Konsum von Alkohol, Cannabinoiden, Psychostimulanzien (ICD-10: Z72.0), eine symptomatische Epilepsie (ICD-10: G40.2), selbst- und fremdgefährliche Handlungen (ICD-10: Z72.8) aufgelistet.

Zuletzt wird 2014 ausgeführt, aus einer Persönlichkeitsfehlentwicklung sei eine emotional instabile Persönlichkeitsstörung vom impulsiven Typus und Substanzmissbrauch resultiert. Darauf aufbauend habe Herr J* – so der Tenor – eine paranoid-halluzinatorische Psychose aus dem schizophrenen Formenkreis entwickelt. Die Annahme einer solchen Störungsgenese war persönlichkeitsstrukturell wie psychodynamisch jedoch eher eklektizistisch, darüber hinaus modelltheoretisch wenig überzeugend und insofern ein – durch die Leitlinien des ICD oder DSM abverlangter – Versuch, die komplexe, wechselnde und widersprüchliche Symptomatologie klassifikatorisch zu vereinheitlichen.

Folgt man den Beschreibungen unterschiedlicher psychischer Befindlichkeiten, Beziehungsversuche, Verhaltens- und Handlungsmuster, fiel die einerseits wechselhafte, mitunter abrupt abreißende, mitunter fortwährend schwankende Dynamik, andererseits stereotype Struktur sowohl des Alltagsverhaltens als auch des impulsiven Agierens auf. Die zusammenfassende Angabe des Vorgutachters, die fremdaggressiven »Übergriffe« seien »zum Teil psychotisch motiviert als Folge einer Realitätsverkennung, aber auch impulshaft ohne erkennbaren Grund«, entsprach dieser uneindeutigen Symptomatologie. Dass bei der Attribuierung psychotisch bedingter Impulsivität die Psychose als ein Motiv‹ oder eine Motivation‹ und dies als Folge einer Realitätsverkennung hergeleitet wird, machte auf die Unklarheit hinsichtlich der dynamischen und kausalen Zusammenhänge aufmerksam: Allenfalls wäre die Verkennung der Realität als symptomatisches (aber unspezifisches) Indiz für das mögliche Vorliegen einer Psychose zu beurteilen, nicht umgekehrt. Untersucht man die im Einzelnen aufgeführten Kriterien für die Diagnosestellung einer sachverständig angenommenen und situativ akuten Psychose, listete der Gutachter folgende Merkmale auf:

- »ausgeprägte Ich-Störungen«,
- »formale Denkstörungen«,
- »affektive Störungen«,
- »erhebliche egozentrische, teilweise autistisch wirkende Verhaltensweisen«,
- »wahnhaftes Erleben«,

weiterhin dann »im Zusammenhang mit der Persönlichkeitsstruktur«:

- »geringe Fähigkeit der Bedürfnisaufschiebung«,
- Probleme, es »mit sich alleine auszuhalten«,
- »schwierige« Gestaltung von »Nähe« und »Kontakten zu anderen«,
- »Unruhe«,
- Bemühung »um Beziehung«,
- Einfordern und Nicht-Ertragen von Grenzen,
- »affektive Instabilität«,
- »auffälliges Verhalten«,
- »aggressive Durchbrüche«.

Ohne in eine – letztlich zum Teil ohnehin nur akademische – Diskussion um die zutreffendere Diagnosestellung einsteigen zu wollen, bedurfte es eines allgemeintherapeutischen Denk- und prognostisch tragfähigeren Arbeitsmodells, das ein Verständnis des Patienten, somit nicht nur seiner problematischen oder defizitären Persönlichkeitseigenschaften, sondern auch seiner Ressourcen und seiner impulshaften Handlungsmuster ermöglichen sollte. Bei Prüfung des Ablaufs der Impulshandlungen fanden sich zwei stereotype Handlungsmuster mit (1) tatanalogem Agieren, andererseits (2) gegenaggressiven Angriffen. Charakteristikum war ein abruptes Einsetzen dieses Agierens mit fehlender Ansprechbarkeit und automatisiertem Handeln. Dass es sich um – ggf. wahnhafte – ›Verkennungen‹, also um halluzinatorische Fehlwahrnehmungen, um verzerrte Situationswahrnehmungen handeln könnte, war bei retrospektiver Analyse nicht verifizierbar und wurde durch die vagen, im Nachhinein gemachten Angaben von Herrn J*, die von Rechtfertigungs- und Schuldentlastungsbemühungen zeugen, auch nicht begründet. Insgesamt wurde erkennbar, dass es sich um eine dissoziative Dynamik handelte, bei der im Ablaufzeitraum der Impulshandlung ein panisch und gegenaggressiv eingeengter Affekt(sturm), eine impulsive, zwanghaft-zielgerichtete, stereotype Aggressionshandlung, eine aufgehobene Resonanz-, Rapport- und Schwingungsfähigkeit, ein derealisierender Orientierungsverlust vorherrschten. Eine individuelle Opferwahl war hierbei nicht zu erkennen, durchaus aber ein geschlechtsspezifisches Muster von Aggressionshandlungen gegenüber Männern, nämlich als dominant wahrgenommenen Mitarbeitern der Allgemeinpsychiatrie. Folgt man den Beschreibungen des Verhalten im unmittelbaren Nachtatzeitraum, schien auch bei verbesserter Ansprechbarkeit (verbaler ›Erreichbarkeit‹) des Patienten eine dissoziierte Ablaufdynamik im Sinne teilabgespaltener Selbstzustände anzudauern, indem er zwar wieder verbessert rapportfähig war, der geängstigte, offensiv abwehrende Affekt sowie das dranghafte Aggressionsverhalten jedoch andauerten.

Zu den unspezifischen diagnostischen Hinweisen einer dissoziativen Störung (Dammann & Overkamp, 2004, 7-8) gehören

1. traumatische Erfahrungen in der Kindheit,
2. Misslingen vorheriger Erkrankungen,
3. drei oder mehr Vordiagnosen, besonders sog. atypische Störungen (Depressionen, Persönlichkeits-, Angst-, Anpassungs-, Somatisierungs-, Essstörungen, schizophrene Psychose, Substanzmissbrauch)
4. selbstverletzendes Verhalten,
5. gleichzeitiges Auftreten von psychiatrischen und psychosomatischen Symptomen,
6. starke Schwankungen in Symptomatik und Funktionsniveau,
7. Amnesien für die Kindheit zwischen dem 6. und 12. Lebensjahr.

Von diesen indirekten Hinweisen erwiesen sich die Indikatoren (1), (2), (3), (4) und (6) sicher erfüllt. Als spezifische diagnostische Anzeichen, d. h. zur typischen Kernsymptomatik (Dammann & Overkamp, 2004, 8) komplexer dissoziativer Störungen gehören

8. Amnesien im Alltag,
9. wiederholte oder chronische Depersonalisation und Derealisation,
10. Stimmenhören im Kopf,
11. Anzeichen für Identitätswechsel in Form von a) nicht erinnerbarem Verhalten, b) Finden von Sachen, an deren Erwerb oder Erhalt man

sich nicht erinnert, c) fortlaufenden verbalen oder schriftlichen inneren Dialogen, d) passiven Beeinflussungserfahrungen.

Die Kriterien (9) und (10) waren sicher vorhanden, die Indikatoren (8), (11a) und (11d) fraglich erfüllt. Dabei konnten die – im Allgemeinen für die Zuschreibung einer paranoid-halluzinatorischen Psychose in Anspruch genommenen – Symptome der Denkstörungen und der wahnhaften Erlebnisverarbeitung (s. o.) sowie der überwertigen und widersprüchlichen Ideen bzgl. der eigenen Biografie und Identität in das Spektrum einer Manifestation von teilweise abgespaltenen Selbstanteilen bzw. -zuständen integriert und ›mussten‹ nicht zwingend als psychotische Symptome interpretiert werden. Bei prognosegutachterlicher Prüfung wurde insgesamt deutlich(er), dass diese Dissoziationen

- sich als habituierte Übersteuerungsmechanismen in Stresssituationen ›eingeschliffen‹ hatten,
- aus ehemaligen Schutz- nun Vermeidungsmechanismen wurden, die eine Entwicklung angemessener Bewältigungsstrategien behinderten, und
- die Integration neuer emotionaler Erfahrungen störten bzw. verhinderten.

Aufgrund des Syndromcharakters der komorbiden Störungsanteile lag damit ein dissoziatives Symptomspektrum vor, welches die Diagnosekriterien für eine spezifische dissoziative Störung nicht bzw. nicht vollständig erfüllt. Bei dem umschriebenen fremdaggressiven Agieren handelte es sich um einen zeitweisen Verlust der Umgebungswahrnehmung, begleitet von stereotypen Handlungsmustern und tranceartiger aggressiver Affektstarre, was am ehesten die DSM-IV-Kriterien einer *Nicht Näher Bezeichneten Dissoziativen Störung* (NNBDS) erfüllt. Da sich Herr J* fatalerweise ›nicht ans Lehrbuch hielt‹, war eine klassifikatorische ICD-Diagnose nur bedingt ableitbar, sodass diese teilabgespaltenen Selbstzustände unter Berücksichtigung der DSM-V-Vorschläge für einfache und komplexe dissoziative Störungen nach Dell (Gast, 2004) am ehesten als *Sonstige andere dissoziative Störung* (ICD-10: F44.88) einzuordnen waren. Diese Revision der differentialdiagnostischen Beurteilung implizierte andere therapeutische Indikationsstellungen, psycho- und deliktdynamische Modelle und prognostische Ableitungen als die zuvor alternierenden Diagnosen (s. o.). Vor dem Hintergrund von Dispositionen zu Suizidalität und Selbstverletzung, insgesamt unklarer bzw. unlustabhängiger Veränderungsmotivation des Patienten, häufig auftretenden unkooperativen Selbst-Zuständen sowie einer sozialen Perspektivlosigkeit, einer undefinierten Unterbringungssituation und einer geringen therapeutischen Wirksamkeitserfahrung bedurfte es einer grundsätzlichen Diskussion der therapeutischen Zielsetzungen, Möglichkeiten und methodischen Indikationen. Die (eingeschränkten)

Tabelle 1: TES-Dimensionen

TES-Dimensionen	Score
1 Therapiebündnis	2
2 Anpassungsfähigkeit	2
3 Management von Belastungssituationen	2
4 Beherrschung der Selbstgefährdung	1
5 Qualität der interpersonalen Beziehung	2
6 Arzneimittelbedarf	2
7 Bedarf an klinischer Behandlung	0
8 Auflösung von Übertragungsphänomenen	0
9 Kontakt zwischen den Sitzungen	0
10 Subjektives Wohlbefinden	1
11 Verantwortlichkeit der Anteile für das Selbstmanagement	3
12 Integration	3
13 Funktion (extra)	3
TES-Gesamtpunktzahl (1-12)	**18**
TES-Durchschnittswert (1-12)	1,5
Mini-TES-Gesamtpunktzahl (1-10)	**12**
Mini-TES-Durchschnittswert (1-10)	1,2

Möglichkeiten einer sozio- und psychotherapeutischen Beeinflussung der Problematik ließen sich über ein Rating der ggf. beeinflussbaren Faktoren einer Behandlung in Form der von Hofmann et al. (2004) publizierten ›Therapie-Einschätzungs-Skala‹ (TES) darstellen (s. Tab. 1).

Im Ergebnis wurde deutlich, dass der Summenscore < 25 eine »überwiegend stabilisierende, primär psychiatrisch orientierte Behandlung« mit entsprechendem pharmakotherapeutischem Management indizierte (Hofmann, 2004, 135). Bei Auswertung der Items 1-10 als sog. Mini-TES für nicht-dissoziierende traumatisierte, z. B. Borderline-Patienten resultierte ein analoges Ergebnis: Unter der Voraussetzung wenig funktionaler Antizipations-, Wahrnehmungs- und Bewältigungskompetenzen von Konflikten und dysfunktionaler Stressregulation bzw. Spannungsmodulation bedurfte es sowohl eines sozio-/milieutherapeutisch protektiven Holdings und Containings als auch komplementär einer suffizienten, emotional ausbalancierenden Medikation.

Für ein Verständnis der Problematik dieses Patienten war es prognostisch hilfreich, die abrupt einsetzenden dysfunktionalen Aggressionshandlungen als Aspekte eines abgespaltenen, mithin weder integrierten noch bewusst zugänglichen Selbstanteils zu verstehen. Die darin abgespeicherten, auf Zustände der Bedrohung durch ›Unterwerfung‹ (Einengung, Einschluss, Fixierung i. S. fixierenden Blickkontakts) einsetzenden – und bei dissoziativem Wechsel des Ich-Zustandes *ad hoc* reaktivierten – Gefühle und Energien bezogen sich auf den strukturell angelegten, mithin virulenten Abhängigkeits-Autonomie- bzw.

Dominanz-Unterlegenheits-Konflikt und entsprachen in ihrer Dynamik einem ›radikalen Helfer‹, der ein lebensgeschichtlich ›altes‹, quasi überholtes Handlungsmuster als stereotypes, aktuell sinn- und motivloses Abwehrprogramm offensiv ›abspulte‹ und sich selbstverstärkend zu dysfunktionalen psychophysischen Aufschaukelungsprozessen tendierte.

Worum es gutachterlich mithin ging, war eine Überprüfung der bis dahin – obschon nicht zufriedenstellenden und widersprüchlichen – ›vernachlässigten‹ Diagnostik. Beim angetroffenen Behandlungsstand bestand auch weiterhin die Gefahr fremdaggressiver Impulsdurchbrüche: Zwar gelang es unter den hoch strukturierten Maßregelvollzugsbedingungen und geduldiger Anleitung bzw. Begleitung, Herrn J* zu einem verbesserten Aushalten bzw. vorbeugenden Management von Stimmungsschwankungen, Spannungszuständen (Frustration, Aggression, Eifersucht, Neid …) und/oder Stressoren (Langeweile, dysfunktionales rspkt. dichotomes Denken, Begrenzungen …) zu befähigen, doch ›kippten‹ derartige äußere Bedingungen ggf. auch in destabilisierende Überstrukturierungen um. Die Kriminalprognose war mithin ungünstig und stand in engem Zusammenhang mit der Behandlungsprognose. Für die diesbezüglichen Kriterien waren u. a. eine Reihe von Eigenschaften verantwortlich bzw. relevant, die als ›Resilienz‹ konzeptualisiert (Küfner, 1999) und i. S. einer Checkliste (Tab. 2) beurteilt werden konnten.

Tabelle 2: Resiliente Fähigkeiten

Resiliente Fähigkeiten	Score
Unkomplizierte, positive Lebenseinstellung	0
Distanzierung von belastenden Einflüssen	0
Bezug Verhalten – Lebensperspektive	1
Empathie zur Aufrechthaltung von Beziehungen	1
Realistische Einschätzung von Anforderungen	1
Problemlösefähigkeiten	0
Intellektuelle Fähigkeiten	0
Gesamtpunktzahl	3

Mit diesem Gesamtscore lag Herr J* bezüglich der – für den Erfolg (und die Stabilität des Erfolgs) deliktpräventiver Maßnahmen – relevanten Kompetenzen im Bereich 0-4,5 Punkte, d. h. im unteren Drittel des Spektrums (0-30%). Der Schutzfaktor ›Resilienz‹ i. S. einer Festigkeit und Stabilität der Persönlichkeitsorganisation und -eigenschaften war demzufolge gering ausgeprägt. Andere kriminalprognostisch bedeutsame Eigenschaften (Nedopil, 2005, 136 Tab. 7-2) werden als sog. *protektive*

Tabelle 3: Protektive Faktoren

Protektive Faktoren	Score
Sichere Bindung an eine Bezugsperson	0
Emotionale Zuwendung	0
Kontrolle & Konsistenz im extramuralen Sozialen	0
Vorbilder der Stabilität und Festigkeit (Resilienz)	0
Aktives Bewältigungsverhalten	0
Unterstützung durch nicht-delinquente Personen	0
Erfolg in Schule/Beruf mit Bindung an Werte	0
Beziehungen zu nicht-delinquenten Personen	0
Erfahrung von Selbstwirksamkeit	1
Aggressionshemmende kognitive Schemata	0
Erfahrungen von Struktur & Sinnhaftigkeit	0
Gesamtpunktzahl	**1**

Faktoren zusammengefasst und ergaben die in Tabelle 3 dargestellten Scores.

Analog den *resilienten* Faktoren waren – wie ersichtlich – auch andere *protektive* Persönlichkeitseigenschaften und/oder soziale Bezugssysteme effektiv nicht vorhanden, sodass Herr J* diesbezüglich auf psychosoziale und institutionelle Unterstützung bzw. Strukturierung angewiesen war und bleiben würde. Ein Risiko der Wiederholung strafbarer Handlungen i. S. der Unterbringungsdelikte bestand weiterhin vor allem dann, wenn sich Herr J* in subjektiv alternativlosen Situationen unverstanden, abgelehnt und zurückgewiesen fühlte. Allerdings führte das letzte Prognosegutachten 2014 insofern zu einer Überschätzung von Gefährlichkeit, als die defensiv-offensiven Aggressionshandlungen gegenüber Pflegepersonal in der Allgemeinpsychiatrie (Unterbringungsdelikte) und die unterstellte Gefährlichkeit vorgutachterlich auf ein »Gewaltdelikt im Sinne eines Tötungsdeliktes« verengt und unspezifisch auf »neue Gewalttaten bei Körperverletzern« bezogen wurde. Ob Herr J* intellektuell, psychodynamisch, störungsstrukturell und handlungstypisch unter diese empirisch-statistisch generierte Bezugsgruppe der von Groß & Nedopil (2005; 2017) referierten Basisraten subsumiert werden konnte und durfte, ob die angegebene Gefährlichkeit und Rückfallwahrscheinlichkeit insofern zutreffend hergeleitet wurde, musste mindestens bezweifelt werden. Der Unterzeichner jedenfalls hielt die Verwendung der verfügbaren Basisraten – weil nicht repräsentativ für Herrn J* – für irreführend und fraglich missbräuchlich. Auch die vorgutachterliche Referenz auf allgemeinpsychiatrische Untersuchungsgruppen mit ›Schizophrenen‹ war angesichts der komplexeren Dynamik mit dissoziativen Zuständen forensisch-prognostisch weder zutreffend noch aussagekräftig.

Außerhalb einer strukturierten Umgebung war zu erwarten, dass Herr J* – analog den Lebensbedingungen vor der Einweisung – dysfunktionale Überlebensstrategien (mit ungeeigneten bzw. destruktiven Lebensweisen, ausbeuterischen Bezugspersonen, instabilen Beziehungen) aufsuchen und bei dem Versuch, die eigene Bedürftigkeit und innere Leere zu kompensieren, erneut auf Suchtmittel sowie delinquente Abwehr- und/oder Durchsetzungsstrategien zurückgreifen würde. Innerhalb derartiger Betreuungen konnte es – auch bei optimaler Medikation – in überstrukturierenden (erneutes Bedrohungserleben von Herrn J* triggernden) Bedingungen bzw. Situationen jederzeit zu tatanalogem Ausagieren kommen. Hieraus die zwingende Notwendigkeit weiterer forensischer Unterbringung abzuleiten, wäre gerade angesichts des Einsperrcharakters freiheitsentziehender Maßregeln nicht schlüssig gewesen: Vielmehr bedurfte sie eines emotional haltenden bzw. ›containenden‹, geduldig anleitenden, zwischenmenschlich ›präsenten‹ Settings ohne Überfürsorge oder als bevormundend erlebte Situationskontrolle.

Bleibt nur – mit Eisel und contra Caligari – der Appell, die gesetzlichen und die fachlichen Voraussetzungen sorgfältig(er) zu prüfen und dabei generell eine andere Grundhaltung einzunehmen: Es ginge darum, die reflexartig einrastende Expertenhaltung durch jenen ›Anfängergeist‹ zu konterkarieren, der nicht nur eine problemverlängernde oder -vertiefende Gefährlichkeitstrance und fetischisierte Pauschalpathologisierung auf- und ablöst, sondern – wenn man denn das erkenntnistheoretische Wagnis eingeht, valide Prognosen für möglich zu halten – zusätzlich, Levold (2017, 129) paraphasierend, eine neugierig-interessierte, quasi voraussetzungslose Beziehungsdiagnostik zur Identifizierung individueller, charakteristischer Interaktionsmuster, eine Ressourcendiagnostik zur Herausarbeitung antizipierbarer Chancen und denkbarer Optionen, also eine potenziell dialogisch angelegte dynamische, mithin ›offene‹ Diagnostik und Prognostik zu verwirklichen.

Appendix: Arbeitshilfen

Überleitung

Ulrich Kobbé

Zur Alltagspraxis forensischer Psychologen und Psychiater merkt Nedopil (1999b, 124) kritisch an, diese könnten bei ihren Planungen – Behandlungsplanungen, Prognosen – maximal 20 Gesichtspunkte berücksichtigen, weshalb Prognoseinstrumente wie der HCR-20 oder der SVR-20 auf eben 20 entscheidende Aspekte kondensiert würden. So sehr man einerseits unterstellen – und beklagen – mag, dass forensische Praktiker sich »nicht auf die Komplexität eines Sachverhalts einlassen wollen« und diese Datenreduzierung »zu einer Erhöhung der Prägnanz der Einzelmerkmale, aber auch zu einer verbesserten Akzeptanz bei den Anwendern«, d. h. so sehr dies eine »Neigung« impliziert, »scheinbar Einleuchtendes und Prägnantes zu generalisieren und auf Fälle zu übertragen, wo dies nicht mehr geeignet erscheint« (Nedopil, 1999b, 125), so sehr definiert dies andererseits eine begrenzte Verarbeitungskapazität im Alltag.

Eine Möglichkeit zur Kompensation dieses Mankos stellen computergestützte Systeme wie OKPB (Gebauer, 2017) oder FOTRES (Borchard & Gnoth, 2017) zur Verfügung.

Eine andere Option sind praxisbezogene Checklisten, die wesentliche Inhalte kondensiert und systematisch abfragen (›checken‹), ökonomisch zueinander in Beziehung setzen, den Überblick wahren und eine zusammenfassende Beurteilung ermöglichen. Entsprechend werden im Folgenden u. a. Checklisten zur Suchtanamnese, zur Behandlungs- und Lockerungsprognose sowie zur operationalisierenden Diagnostik (OPD) als Arbeitshilfen angeboten und repliziert.

Anamneseleitfaden[1]

Ulrich Kobbé

1 Kindheit und Jugend

Hinweis: *Es geht zunächst darum, die frühe psychosexuelle Entwicklung sowie den normalen sexuellen Lebensrhythmus des/der Betroffenen herauszuarbeiten. Die nachfolgenden Fragen haben aber auch zum Ziel, unter Umständen Deprivationen, traumatogene Bedingungen oder Ereignisse bzw. traumatogene Beziehungsmuster zu explorieren.*

1.1 Ursprungsfamilie

1.1.1 Wie alt sind Sie?

1.1.2 Wo wurden Sie geboren?

1.1.3 Bei wem sind Sie aufgewachsen? Von wem wurden Sie aufgezogen?

1.1.4 Wenn Sie adoptiert wurden:
- Alter bei Adoption
- Warum wurden Sie zur Adoption freigegeben?

1.1.5 Kennen Sie Ihren Vater?
Kennen Sie Ihre Mutter?

1.1.6 Eltern waren/sind
- verheiratet
- geschieden
- wiederverheiratet

1.1.7 Wenn geschieden: Datum und Ihr Alter bei Scheidung?

1.1.8 Wenn wiederverheiratet: Datum und Ihr Alter bei Wiederheirat?

1.1.9 Ihr Vater lebt oder ist gestorben:
- Wenn verstorben: Datum oder Epoche seines Todes?
- Sie haben dies erlebt als: gut – schlecht – gleichgültig

1.1.10 Ihre Mutter lebt oder ist gestorben:
- Wenn Sie gestorben ist: Datum oder Epoche ihres Todes?
- Sie haben dies erlebt als: gut – schlecht – gleichgültig

1.1.11 Wie viele Brüder und Schwestern, Halbbrüder und -schwestern haben Sie?

---

[1] Fragen und Items dieses anamnestischen Leitfadens wurden vom Verfasser (UK) mit Anleihen beim täterbezogenen Explorationsfragebogen QICPAAS (Balier et al., 1997) sowie bei Masters & Johnson (1970, 32-50) ohne Anspruch auf Vollständigkeit exemplarisch zusammengestellt. Empfohlen wird eine Vertiefung z. B. durch Nutzung der Leitfäden zur Patienten-Psycho- und Familienanamnese, wie sie Pohlen & Bautz-Holzherr (2001) publizieren.

1.1.12 Welchen Platz in der Geschwisterreihenfolge haben Sie?
- Wer ist wie viel älter/jünger?
- Haben Sie Kontakt zu Ihren Geschwistern?
- Wenn *ja*: Wie oft und welcher Art?
- Wenn *nein*: Seit wann und warum?

1.1.13 Kennen Sie Ihre Großeltern väterlicherseits?
- Wenn *ja*: Hatten/haben Sie gute Kontakte mit ihnen?

1.1.14 Kennen Sie Ihre Großeltern mütterlicherseits?
- Wenn *ja*: Hatten/haben Sie gute Kontakte mit ihnen?

1.1.15 Möchten Sie etwas Besonderes über Ihre Großeltern sagen?

1.1.16 Hatte Ihre Mutter kurz vor Ihrer Geburt:
- Abtreibungen?
- Fehlgeburten?

1.1.17 Gab es besondere Geschehnisse vor Ihrer Geburt, über die man in Ihrer Familie spricht (Tod eines Elternteils oder eines Kindes, schwerer Unfall oder Krankenhausbehandlung eines Elternteils, Inhaftierung, usw.)?
- Wenn *ja*, was?

1.1.18 Gab es in Ihrer Ursprungsfamilie einen Kindestod?
- Wenn *ja*: Können Sie sich an den Platz dieses Kindes in der Geschwisterfolge erinnern, an das Datum, an dem es passiert ist, und das Alter, das Sie hatten, und an den Grund dieses Todes?
- Platz des toten Kindes?
- Grund des Todes?
- Todesdatum oder Alter des/der Betroffenen?
- Sie haben das wie folgt erlebt: gut – schlecht – gleichgültig

1.1.19 Gab es in Ihrer Ursprungsfamilie einen brutalen Tod?
- Wenn ja, können Sie sich daran erinnern, durch wen, zu welcher Zeit sich das zugetragen hat oder welches Alter Sie hatten und welchen Grund dieser Tod hatte?
- Wer war der Verstorbene?
- Datum oder Alter
- Grund
- Sie haben das wie folgt erlebt: gut – schlecht – gleichgültig

1.1.20 Gab es eine Trennung der Eltern?
- Wenn ja, können Sie sich an den Zeitpunkt (Monat/Jahr), zu dem sich dies abgespielt hat, erinnern oder das Alter, das Sie hatten, und an den Grund dieser Trennung?
- Sie haben das wie folgt erlebt: gut – schlecht – gleichgültig

1.1.21 Gab es schwere Krankheiten in der Familie? Wenn *ja,*
- wer (Vater, Mutter, anderes Familienmitglied)?
- welche Krankheit?
- wann (oder Alter des/der Betroffenen)?

- Dauer
- Sie haben das wie folgt erlebt: gut – schlecht – gleichgültig

1.1.22 Sind Sie von Ihrer Familie getrennt worden?
- Wenn *ja*: Können Sie sich an das Alter, das Sie hatten, erinnern, die Dauer und den Grund dieser Trennung erinnern?

1.1.23 Gab es Aufenthalte im Krankenhaus? Im Erholungsheim? Wenn ja,
- wie viele?
- in welchem Alter?
- Grund?
- wie lange?
- Sie haben das wie folgt erlebt: gut – schlecht – gleichgültig

1.1.24 Waren Sie in einer Pflegefamilie, in einem Kinderheim?
- Wenn *ja*: können Sie sich an das Alter erinnern, das Sie hatten, die Dauer und die Gründe dieser Trennung?
- Sie haben das wie folgt erlebt: gut – schlecht – gleichgültig

1.1.25 Gab es in Ihrem Leben schon Beziehungsabbrüche?[2]
- Wenn ja, welcher Typ von Geschehnissen führte zu diesem Bruch? Zum Beispiel
  - Umzug
  - Auswanderung
  - Inhaftierung des Vaters, der Mutter
  - Inhaftierung eines Bruders, einer Schwester
  - Berufliche Trennung
  - Wegzug des Vaters/der Mutter
  - Todesfall (genauer bezeichnen)
  - Bruch einer Liebesbeziehung
  - Schulverweis
  - anderes: Wenn anderes, was war das Geschehnis?

1.1.26 Gibt es in Ihrer aktuellen Familie wichtige oder schmerzhaftere Erfahrungen als andere?
- Wenn ja, welcher Typ von Geschehnissen führte zu diesem Bruch? Zum Beispiel
  - Abtreibung
  - Fehlgeburten
  - Umzüge
  - Auswanderungen
  - Schwerer Unfall eines Kindes, des Partners/der Partnerin
  - Krankenhausbehandlung eines Kindes, Krankenhausbehandlung des Partners
  - Schwere Krankheit eines Kindes, des Partners

---

[2] Der Bruch stellt im Leben des Betroffenen eine Zäsur dar, der als Verwerfung oder Kehrtwendung erlebt werden kann, indem das gesamte Leben der Person umgeworfen oder stark verändert wird.

- Tod eines Kindes
- anderes wichtiges Geschehnis

1.1.27 Wie oft sind Sie, wenn überhaupt, umgezogen, bevor Sie eine Schule besuchten oder Ihr Elternhaus verließen?

1.2 Kindheit

1.2.1 Welche Vorstellungen hatten Sie als Kind von den sozialen und wirtschaftlichen Verhältnissen Ihrer Eltern?
- Wenn Sie es rückblickend betrachten, welcher Art waren die Verhältnisse tatsächlich?
- War Ihr Vater berufstätig? Welchen Beruf übte er aus?
- War Ihre Mutter berufstätig? Welchen Beruf übte sie aus?

1.2.2 Wurden Sie religiös erzogen und wenn ja, nach welcher Konfession?
- Welcher Konfession gehörten Ihr Vater und Ihre Mutter an?
- Stimmt Ihre Konfession und die Ihrer Geschwister, sofern vorhanden, mit der Ihrer Eltern überein?
- Wie religiös waren Ihre Eltern?

1.2.3 Bitte schildern Sie, welche der folgenden Faktoren Ihre Kindheit und Jugend maßgeblich beeinflusst haben:
- Religion
- ethnische Zugehörigkeit
- nationale Abstammung oder Vorfahren
- Umzug/Auswanderung
- regional oder in der Gemeinde herrschende sittliche Vorschriften oder gesellschaftliche Normen
- Wertvorstellungen Ihrer Eltern
- Verlusterfahrung
- Gewalterfahrung

1.2.4 Wie war die allgemeine Atmosphäre in Ihrem Elternhaus?

1.2.5 Durften Sie nach sexuellen Dingen fragen und sich über dieses Thema unterhalten?

1.2.6 Wie alt waren Ihre Eltern, als Sie geboren wurden?

1.2.7 Leben Ihre Eltern noch? Wenn ja, leben sie zusammen?

1.2.8 Ist Ihre Mutter oder Ihr Vater früher schon einmal verheiratet gewesen?
- Wenn die Eltern jetzt nicht zusammen leben, haben sie später noch einmal geheiratet?
- Wenn *ja*: Wie alt ist der jetzige Partner?

1.2.9 Wie beurteilen Sie das Verhältnis Ihrer Eltern zueinander?
- Wie haben Sie es als Kind beurteilt?
- Wie würden Sie rückblickend das Verhältnis Ihrer Eltern zueinander während Ihrer Kindheit beurteilen?

1.2.10 Haben Sie Brüder oder Schwestern? Wurden irgendwelche anderen Kinder im Haus Ihrer Eltern erzogen?

- Wenn *ja*, geben Sie bitte Herkunft, Geschlecht, Alter, Dauer des Aufenthalts in Ihrer Familie an.
- Mit welchem Ihrer Geschwister teilten Sie die meisten Interessen?
- Welches hatten Sie am liebsten?

1.2.11 Gaben Ihre Eltern ihre Zuneigung zueinander offen zu erkennen?
- Gaben sie ihre Zuneigung zu Ihnen oder Ihren Geschwistern, sofern vorhanden, offen zu erkennen?
- Gaben Sie und Ihre Geschwister, sofern vorhanden, ihre Zuneigung für einander offen zu erkennen?

1.2.12 Hatten Sie besonders gute Freunde, bevor Sie in die – höhere – Schule eintraten?
- Gleichaltrige?
- Erwachsene?

1.2.13 Unterhielten Sie in dieser Zeit zu anderen Familienmitgliedern (Großeltern, Tanten, Onkel usw.) eine enge Beziehung?

1.2.14 Gab es Veränderungen in den Familienbeziehungen (Beziehungsverfall oder Beziehungssymbiose, Rückzug, Isolierung, Vereinsamung, emotionale Kälte oder symbiotische Verclinchung)?

1.2.15 Bestanden enge Beziehungen zu anderen Personen, die wie eine Ersatzfamilie zur Verfügung standen?
- Um wen handelte es sich dabei?
- Gab es auch – spätere – Gruppen – oder Bandenzugehörigkeit ähnlicher Art?

1.2.16 Würden Sie sich als Einzelgänger oder Außenseiter oder Gruppenmensch bezeichnen?
- Hat sich dies im Laufe Ihrer Entwicklung verändert?
- Wenn *ja*: Wie erklären Sie sich das?

1.3 Psychosexuelle Entwicklungsdynamik[3]

1.3.1 Gibt es Besonderheiten im Bereich der körperlichen Entwicklung?
- Körperwachstum
- Entwicklung der sekundären Geschlechtsmerkmale

1.3.2 Gab es Anzeichen einer Frühreife und/oder früher sexueller Aktivität?
- Anzeichen einer – ggf. zwanghaften – Verleugnung körperlicher Reife?
- In diesem Zusammenhang Tendenzen der – phobischen – Vermeidung?

1.3.3 Hatten Sie u. U. wegen Ihres Aussehens Probleme mit sich und/oder mit anderen?
- Scham wegen zu starker/zu schwacher Entwicklung der Geschlechtsmerkmale?
- Kränkungserlebnisse wegen Unterschieden zwischen Körper-Ideal und Körper-Wirklichkeit?

---

[3] Etwa an dieser Stelle der Exploration ist die Erhebung der Sexualanamnese geeignet, die dann nicht auf Kindheit und Jugend bezogen, sondern bis hin zur aktuellen Lebenssituation fortgeführt werden kann.

- Entstanden zu irgend einem Zeitpunkt Verführungsängste?
- Oder ein Verführungsdrang?

1.3.4 Gab es in Kindheit und Pubertät Auffälligkeiten im Sexualverhalten?
- in Sexualphantasien, Tag-/Nachtträumen?
- in besonderen sexuellen Befriedigungsformen?

1.3.5 Haben Sie als Kind, soweit Sie sich erinnern können, an sexuellen Spielereien teilgenommen (»Doktorspiele«, »Hochzeit«, »Familie« usw.)?
- Wenn *ja*: Wurden Sie jemals dabei ertappt und dafür bestraft?
- Machten Sie diese Spielereien mit Mädchen oder/und Jungen?
- Sofern sich das zu einem späteren Zeitpunkt abspielte, wie alt waren Sie damals?

1.3.6 Haben Sie jemals Tiere bei sexueller Betätigung, beim Säugen usw. beobachtet?
- Haben Sie darauf in einer besonderen Weise reagiert?

1.3.7 Haben Sie jemals zufällig oder absichtlich Personen bei einer sexuellen Betätigung beobachtet?
- Wenn *ja*: Handelte es sich um Kinder oder um Erwachsene?
- Handelte es sich um Ihre Eltern?
- Erinnern Sie sich, wie Sie reagiert haben?

1.3.8 Gab es sexuelle Verführungen in Ihrer Kindheit?
- Wenn *ja*: Wer war die betreffende Person?
- Erinnern Sie sich, wie Sie reagiert haben?
- Wie setzte sich dies fort?

1.3.9 Wann erlebten Sie zum ersten Mal angenehme Empfindungen im Bereich Ihrer Genitalien?
- Traten diese Empfindungen im Zusammenhang mit irgendwelchen bestimmten Gedanken, Handlungen oder bei bestimmten Gelegenheiten auf?
- Wenn *ja*: Haben Sie darauf in besonderer Weise reagiert oder sich Gedanken gemacht?

1.3.10 In welchem Alter haben Sie zum ersten Mal masturbiert oder sich alleine in einer Weise betätigt, die angenehme sexuelle Empfindungen hervorrief?
- Wie häufig haben Sie sich in dieser Weise betätigt?

1.3.11 Wie häufig masturbieren Sie jetzt? Wie häufig haben Sie früher masturbiert?
- Wenn Sie vor Ihrer Inhaftierung/Unterbringung das Bedürfnis hatten, zu masturbieren,
  - taten Sie es, egal wo und wann es Sie überraschte?
  - warteten Sie ab, einen ruhigen Moment zu haben?
  - versuchten Sie, es anders zu lösen? Wenn ja, wie?

1.3.12 Gibt oder gab es vor der Masturbation irgendetwas, was Sie besonders erregt(e)?
Wenn *ja*: was:
- ein Gedanke? Welcher?

- ein Bild? Welches?
- ein Ton? Welcher?
- ein Geruch? Welcher?
- ein Objekt? Welches?

1.3.13 Wenn es sich um einen Gedanken oder ein Bild handelt, können Sie das beschreiben?

1.3.14 Wenn Sie masturbierten, benutzten Sie
- pornographische Zeitschriften?
- pornographische Filme?
- anderes? Wenn anderes, was?

1.3.15 In Ihrer allgemeinen Sexualität benutzen Sie:
- pornographische Zeitschriften?
- pornographische Filme?
- anderes? Wenn anderes, was?

1.3.16 Wenn Sie pornographische Zeitschriften oder Kassetten benutzten, was stellten sie dar?
- heterosexuelle Szenen?
- homosexuelle Szenen?
- sexuelle Szenen mit sehr jungen Kindern?
- sexuelle Szenen mit Jugendlichen?
- sexuelle Gewaltszenen?
- Szenen mit Tiersexualität?
- anderes? Wenn anderes, was?

1.3.17 Welche unter den genannten Szenen werden von Ihnen bevorzugt?

1.3.18 Denken Sie, Masturbation ist:
- normal?
- nicht normal?
- schuldhaft?
- schlecht?
- schamhaft?

1.3.19 Haben Sie während des Koitus bestimmte Vorstellungen oder Phantasien? Wenn *ja*: Was:
- ein Gedanke?
- ein Bild?
- ein Ton? Welcher?
- ein Geruch? Welcher?
- ein Objekt? Welches?

1.3.20 Wenn es sich um einen Gedanken oder ein Bild handelt, können Sie das beschreiben?

1.3.21 Wenn Sie nachts schlafen, träumen Sie?
- Wenn *nein*: Seit immer?
- Wenn *nein*: Seit welchem Alter?

1.3.22 Können Sie einen Kindertraum, der Sie besonders geeindruckt hat, erzählen?

1.3.23 Erzählen Sie einen aktuellen Traum.

1.3.24 Haben Sie häufig den gleichen Traum?
- Wenn *ja*: Erzählen Sie einen.

Hinweis: Für Inhaftierte stellen Sie zusätzlich folgende Fragen zum Traumgeschehen:

1.3.25 Hatten Sie vor Ihrer Inhaftierung Alpträume?
- Wenn *ja*: Erzählen Sie einen.

1.3.26 Hatten Sie zu Beginn Ihrer Inhaftierung Alpträume?
- Wenn ja, erzählen Sie einen.

1.3.27 Haben Sie zur Zeit Alpträume?
- Wenn ja, erzählen Sie einen.

1.3.28 Träumen Sie von den Handlungen, die Ihnen vorgeworfen werden und die Sie ins Gefängnis geführt haben?
- Wenn *ja*: Erzählen Sie einen Traum.

1.3.29 Wenn Sie als Kind oder Erwachsener Opfer einer Aggression gewesen sind, träumen Sie noch davon?
- Wenn *ja*: Erzählen Sie einen Traum.

1.4   Frühes Jugendalter

1.4.1 Welchem Elternteil standen Sie am nächsten? Warum?

1.4.2 Mit wem haben Sie am liebsten Ihre Probleme besprochen? Warum?

1.4.3 Mit wem zusammen haben Sie am liebsten aufregende und wichtige Ereignisse erlebt? Warum?

1.4.4 (* FRAUEN) In welchem Alter kam es zur ersten Menstruationsblutung?
- Wann und wie hat man Sie über die Bedeutung der Menstruation informiert?
- Wer informierte Sie?
- Haben Sie mit Ihren Freundinnen offen über dieses Thema gesprochen?
- War für Sie und Ihre Freundinnen der Beginn der Menstruation ein ‚Schritt ins Erwachsensein‘, dem Sie gerne oder mit Unbehagen entgegensahen?
- Gab es im Zusammenhang mit der Menstruation jemals Komplikationen?
- Wenn ja: Beschreiben Sie diese bitte.
- Welchen Ausdruck benutzen Sie für ‚Menstruation‘?

1.4.5 (* MÄNNER) In welchem Alter hatten Sie Ihren ersten Samenerguss?
- Hat Sie dieses Ereignis erschreckt?
- Hat Ihr Vater oder Ihre Mutter jemals darüber mit Ihnen gesprochen?
- Wenn *ja*: In welcher Hinsicht?

1.4.6 Hatten Sie während der Schulzeit besonders gute Freunde?
- Überwiegend Jungen oder Mädchen?
- Besuchten Sie gemischte oder nach Geschlechtern getrennte Schulen?

1.4.7 Was machten Sie in Ihrer Freizeit oder zur Erholung am liebsten?

1.4.8 Wann haben Sie zutreffende Informationen über Schwangerschaft und Geburt erhalten?
- Auf welche Weise haben Sie das erfahren?
- Wie haben Sie auf die Auskunft reagiert?

1.4.9 Wann konnten Sie sich aus dem Ganzen (Menstruation bei der Frau, Erektion beim Mann, Koitus, Schwangerschaft, Geburt) ein Bild machen?

1.4.10 In welchem Alter haben Sie mit Verabredungen (Dating) angefangen?
- In Gruppen oder als Einzelpaar?
- Waren Sie in der Regel fest befreundet? Von welchem Alter an?
- Bevor Sie in die höhere Schule eintraten, was haben Sie bei Verabredungen am liebsten unternommen?
- Während der Schulzeit?

1.4.11 Bitte beschreiben Sie, was Sie beim Petting gemacht haben.
- Geschah das bei annähernd allen Dates oder nur mit bestimmten Partnern?
- Haben Sie die Genitalien Ihres Partners berührt? Hat Ihr Partner Ihre Genitalien berührt?
- Welche anderen Arten der Stimulierung – außer Koitus – wurden angewandt?

1.4.12 Hatten Sie damals auch Geschlechtsverkehr?
- Wenn *ja*: Beschreiben Sie bitte, bei welcher Gelegenheit das zum ersten Mal vorkam.
- Haben Sie empfängnisverhütende Mittel benutzt? Wenn ja: Welche?
- Wer sorgte dafür, dass Empfängnisverhütung gewährleistet war?

1.4.13 Bei welchen Gelegenheiten hatten Sie in der Regel Geschlechtsverkehr?

1.4.14 Hatten Sie Vergnügen daran und erlebten Sie den Geschlechtsverkehr ohne Konflikte?

1.4.15 Wurden Sie jemals verdächtigt oder dabei ertappt? Wurden Sie deswegen bestraft?

1.5 Spätes Jugendalter

1.5.1 Welche Ausbildung haben Sie?
- Sonderschule?
- Hauptschule?
- Realschule?
- Gymnasium?
- Studium oder andere akademische Qualifikationen?
- Berufsausbildung?

1.5.2 Waren Sie ein guter Schüler/Student?
- Lesen Sie gern?
- Wenn *ja*: Haben Sie einen Großteil Ihrer Informationen über Sexualität aus Büchern?
- Und aus welchen?

1.5.3 Waren Sie bei Ihren Schulkameraden oder in ihrer näheren Umgebung beliebt?

1.5.4 Haben Sie an sozialen Aktivitäten teilgenommen?
- auf der Hauptschule?
- auf der Realschule?
- auf dem Gymnasium?
- außerhalb der Schule und des Studiums?

1.5.5 Schwänzten Sie die Schule?
- häufig – eher häufig – selten – nie

1.5.6 Sind Sie jemals aus einer Schule ausgeschlossen worden? Wenn ja:
- wie häufig?
- in welchem Alter?
- warum?

1.5.7 Wann sind Sie von der Schule abgegangen?

1.5.8 Warum haben Sie zu dieser Zeit die Schule beendet?

1.5.9 Sind Sie mehr als einen Tag von zu Hause abgehauen? Wenn ja:
- wie häufig?
- warum?

1.5.10 Provozierten Sie Schlägereien?
- häufig – eher häufig – selten – nie

1.5.11 Waren Sie grausam mit bestimmten Tieren?
- Wenn *ja*: Was taten Sie mit Ihnen?

1.5.12 Schliefen Sie gut?
- Wenn nein: Warum?

1.5.13 Hatten Sie den Eindruck, abgewiesen zu werden?
- Wenn ja: von wem?

1.5.14 Was wären Sie gerne geworden?

1.5.15 Hatten Sie in Ihrer Kindheit oder Adoleszenz ein Tier oder ein Objekt, das Ihnen sehr wichtig war? Wenn ja:
- welches Tier oder Objekt?
- was machten Sie mit ihm?

1.5.16 Wurden Sie während Ihrer Kindheit psychologisch oder psychiatrisch behandelt?
- Wenn *ja*: Versuchen Sie sich an Ihr Alter und an die Gründe zu erinnern.

1.5.17 Wurden Sie im Verlauf Ihrer Jugendzeit psychiatrisch oder psychologisch behandelt?
- Wenn *ja*: Versuchen Sie, sich an Ihr Alter und an die Gründe zu erinnern.

1.5.18 Besuchten Sie regelmäßig ein medizinisch-psychologisches Zentrum während Ihrer Kindheit?
- Wenn *ja*: Wann?

1.5.19 Wurden Sie als Kind oder Jugendlicher von einem oder mehreren Erwachsenen sexuell belästigt?[4] Wenn *ja*:
- einmal
- mehrfach
- Wie alt waren Sie?
- durch wen?
- Art der Belästigung

1.5.20 Sind Sie mit Ihren Eltern während Ihrer Schulzeit gut ausgekommen?
- Und nachdem Sie die Schule absolviert hatten?
- Vor Beginn Ihrer (jetzigen) Partnerschaft?
- Sofern die Eltern noch leben: Wie kommen Sie jetzt mit Ihren Eltern aus?

1.5.21 Beschreiben Sie bitte das soziale und emotionale Klima in Ihrem Elternhaus während der Schulzeit.

1.5.22 Welche Stellung hatte die Familie in der Gemeinde?

1.5.23 Gingen Sie neben der Schule oder dem Studium einer Tätigkeit nach? Wenn ja, beschreiben Sie diese bitte.

1.5.24 Haben Sie während der Schulzeit oder des Studiums in den Sommerferien gearbeitet?
- Wenn *ja*: In welchem Beruf?
- Wenn *nein*: Womit haben Sie sich in dieser Zeit beschäftigt?

1.5.25 Bitte beschreiben Sie Ihr erstes homosexuelles Erlebnis.

2 Erwachsenenalter

2.1 In Bezug auf die Zeit vor der Tat

2.1.1 Hatten Sie ein Sexualleben außerhalb der Tat, für die Sie inhaftiert wurden?
- Wenn ja: Beschreiben Sie es.
- Habitueller Partner:
  - männliche(r). Partner: konstant? Zufallsbekanntschaften?
  - weibliche Partnerin(nen): konstant? Zufallsbekanntschaften?
  - Andere/s: konstant? Zufallsbekanntschaften?

2.1.2 Wenn *Andere/s*: Wer oder was?

2.1.3 War dieses Sexualleben befriedigend?
Hinweis: Wenn der/die Betroffene die ihm/ihr vorgeworfene Tat nicht eingesteht, stellen Sie die folgenden Fragen:

2.1.4 Die Qualität der Befriedigung dieses Sexuallebens gegenüber der vorgeworfenen Tathandlung ist:
- größer
- geringer
- Warum?

---

[4] Es ist wichtig, die Aggression, die der Betroffene erlitten hat, beschreiben zu lassen, auch zu präzisieren, ob es eine Penetration gegeben hat und um welchen Typ von Penetration es sich handelt. Letztlich, wenn möglich: Was/wie war die Reaktion des Betroffenen?

Hinweis: Wenn der/die Betroffene sagt, kein sexuelles Leben außerhalb der Tat, die zur Inhaftierung führte bzw. zur Begutachtung Anlass gab, zu haben, stellen Sie ihm/ihr die folgende Frage:

2.1.5   Haben Sie trotzdem bestimmte Sexualpraktiken?
- Wenn *ja*: Beschreiben Sie diese.

2.2   In Bezug auf Partnerschaften

2.2.1   Waren Sie, bevor Sie Ihren derzeitigen Partner kennen lernten, schon einmal verlobt oder sehr eng mit jemandem befreundet gewesen?
- Wenn *ja*: Beschreiben Sie bitte die zeitliche Reihenfolge und die Intensität dieser Beziehung(en).[5]
- Aus welchen Gründen ging(en) sie auseinander?

2.2.2   Welche berufliche oder akademische Laufbahn haben Sie eingeschlagen, nachdem Sie die letzte Stufe Ihrer formalen Ausbildung erreicht hatten? Bitte geben Sie eine kurze Darstellung.
- In welchem Maße sind Sie beruflich interessiert?
- Haben Sie Erfolg in Ihrem Beruf gehabt?

2.2.3   Beschreiben Sie Ihre sozialen Interessen und Freizeitaktivitäten.

2.2.4   Wie beurteilen Sie Ihre Gewandtheit bei sozialen Kontakten in jenem Jahr?

2.2.5   Lebten Sie damals zu Hause oder alleine?
- Bitte führen Sie Gründe dafür an.
- Bitte beschreiben Sie Ihr Verhältnis zu Ihren Eltern während dieser Zeit.

2.2.6   Was für Freunde hatten Sie damals?
- Männliche?
- Weibliche?

2.2.7   Hatten Sie geistige Interessen? Welche? Beschreiben Sie und beurteilen Sie bitte deren Bedeutung für Sie persönlich.

2.2.8   Beschreiben Sie bitte Ihre heterosexuellen und/oder homosexuellen Interessen.

2.3   Gegenwärtige Partnerschaft

2.3.1   Ist diese Ihre erste Beziehung (bzw. Ehe)?
- Wenn *nein*: Geben Sie bitte die vorhergegangenen in chronischer Reihenfolge an.
- Waren die sexuellen Beziehungen in dieser (diesen) früheren Partnerschaft(en) befriedigend?
- Wenn *ja*: Geben Sie bitte Gründe für die Trennung an.
- Wenn *nein*: Geben Sie bitte ausführlich die sexuellen Unstimmigkeiten an.

---

[5]   Wenn die Vorgeschichte bereits ergab, dass der/die Betroffene sehr viele Verabredungen (Dates) und/oder sexuelle Erlebnisse mit verschiedenen Personen hatte, sollte er jetzt die in positiver oder negativer Hinsicht bedeutsamen auswählen oder auch diejenigen, die er/sie für sein/ihr Leben als entscheidend ansieht.

- Nennen Sie die Anzahl der Kinder, sofern Sie welche aus der (den) vorherigen Partnerschaft(en) haben.

2.3.2 Ist dies für Ihre/n Partner/in die erste Partnerschaft (bzw. Ehe)?
- Wenn *nein*: Nennen Sie bitte die Anzahl vorheriger Partnerschaften und der Kinder daraus, sofern vorhanden.
- Kennen Sie die Gründe für die Trennung(en)?

2.3.3 Wie lange besteht Ihre derzeitige Partnerschaft?

2.3.4 Ist Ihre derzeitige Partnerschaft (durch Militärdienst, Krankheit etc.) schon einmal für längere Zeit unterbrochen worden?

2.3.5 Wie lange dauerte es von der ersten Begegnung bis zum Eingehen der Partnerschaft (bzw. Ehe)?

2.3.6 Bitte beschreiben Sie die sexuellen Kontakte mit Ihrem Partner, bevor Sie beschlossen, eine feste Partnerschaft bzw. Ehe einzugehen. Wie reagierten Sie auf diese Erlebnisse?

2.3.7 Bitte beschreiben Sie den ersten Koitus mit Ihrem Partner, nachdem Sie die feste Partnerschaft eingegangen waren.

2.3.8 Wie befriedigend ist die sexuelle Komponente im Vergleich zu anderen Bereichen Ihrer Partnerschaft gewesen?

2.3.9 Bitte nennen Sie, sofern vorhanden, die Kinder aus dieser Partnerschaft nach Alter, Geschlecht und Geschwisterfolge.

2.3.10 *(Wenn keine Kinder vorhanden):* Haben Sie an Sterilität gedacht?
- Wenn ja, haben Sie sich untersuchen lassen?

2.3.11 Welchen Beruf hat Ihr/e Partner/in?
- Macht ihm/ihr die Arbeit Spaß?
- Wer erledigt die Hausarbeit?

2.3.12 Haben oder hatten Sie außerhalb Ihrer derzeitigen Partnerschaft sexuelle Beziehungen?

2.3.13 Hat oder hatte Ihr Partner anderweitige Beziehungen?

2.3.14 Ist Ihre soziale Herkunft und Ihre Schulbildung mit der Ihres Partners vergleichbar?
- Bitte kennzeichnen Sie Unterschiede und Übereinstimmungen.

2.3.15 Gehören Sie beide derselben Konfession an?

2.4 Seit Beginn der Partnerschaft[6]

2.4.1 Beschreiben Sie bitte kurz die Umstände, unter denen Sie Ihrem/r Partner/in zum ersten Mal begegneten, und den zeitlichen Verlauf der Freundschaft.

2.4.2 Was zog Sie an diesem Menschen am meisten an und veranlasste Sie, ihn/sie als Partner/in zu wählen?

2.4.3 Besitzt er/sie diese Eigenschaften auch heute noch?

2.4.4 Welche Erwartungen hatten Sie, als Sie diese Verbindung eingingen, in Bezug auf Sexualität, Zärtlichkeit, Geschlechtsverkehr usw.?

---

[6] Die nachfolgenden Fragen müssen so geordnet werden, dass sie mit den unter Punkt 2.3 (Gegenwärtige Partnerschaft) gegebenen Antworten korrelieren.

2.4.5   *(Nur für Verheiratete)* Beschreiben Sie bitte kurz Ihre Hochzeit.
- Schildern Sie bitte die ersten Wochen Ihrer Ehe.
- Beschreiben Sie sexuelle Schwierigkeiten, sofern solche auftraten.

2.4.5.1   Können Sie sich erinnern, wie oft Sie im ersten Monat Ihrer Partnerschaft Geschlechtsverkehr hatten?
- Im ersten Jahr?
- Waren Sie damit zufrieden?
- Wenn *nein*: Welche Frequenzen hätten Sie vorgezogen?

2.4.6   Wie oft haben Sie jetzt in der Regel pro Woche Geschlechtsverkehr?

2.4.7   Wenn Sie sich wegen sexueller Schwierigkeiten von einem bestimmten Zeitpunkt an nicht mehr sexuell betätigt haben, wie groß war die Frequenz pro Woche vor diesem Zeitpunkt?

2.4.8   Was beeinflusst am meisten Zeitpunkt, Häufigkeit und die Umstände, unter denen Sie und Ihr/e Partner/in Geschlechtsverkehr haben?

2.4.9   Wer beginnt in der Regel mit Zärtlichkeiten?

2.4.10   Führt das Austauschen von Zärtlichkeiten immer zum Geschlechtsverkehr?
- Wenn nein: Schätzen Sie bitte den Prozentsatz der Fälle, in denen es geschieht.
- Haben Sie normalerweise Geschlechtsverkehr, weil Sie beide gerade Verlangen haben, oder wird das im voraus geplant?
- Haben Sie Geschlechtsverkehr aus Gewohnheit oder aus Pflichtgefühl?

2.4.11   Bevorzugen Sie bestimmte Tageszeiten oder Situationen für den Austausch von Zärtlichkeiten? Gilt das auch, wenn Sie Geschlechtsverkehr haben?

2.4.12   Können Sie Ihre sexuellen Wünsche jederzeit äußern und Entgegenkommen erwarten?
- Treffen Sie gewöhnlich auf eine gleich intensive Reaktion?

2.4.13   Bitte beschreiben Sie die Situation oder die Situationen, die Ihnen sexuell am wünschenswertesten erscheinen.
- Bitte beschreiben Sie die Situationen, durch die Sie sexuell am stärksten stimuliert werden.
- Entspricht das auch den Gelegenheiten, bei denen Sie die stärksten oder befriedigendsten sexuellen Reaktionen erleben?

2.4.14   Sagen Sie Ihrem/r Partner/in, was Ihnen sexuell am meisten Vergnügen macht?
- Was bereitet Ihnen sexuell sonst noch Vergnügen?
- Was missfällt Ihnen?
- Was missfällt Ihnen am meisten?

2.4.15   Auf welchen Gebieten und bei welchen Themen stimmen Sie und Ihr/e Partner/in Ihrer Meinung nach am besten überein?

2.4.16   Verbringen Sie Ihre Freizeit gemeinsam oder jeder einzeln?
- Was unternehmen Sie?
- Ist das für Sie eine befriedigende Lösung?

2.4.17   Vertrauen Sie einander?

2.4.18 Besitzt einer von Ihnen Humor?

- Bringen Sie diesen Humor ins Spiel, wenn einmal ›alles schief geht‹?
- Kommt dieser Humor in sexuell getönten Situationen zum Tragen?

2.4.19 Wie gut oder schlecht verstehen Sie sich mit den meisten Familienangehörigen Ihres/r Partners/in? Wie gut oder schlecht versteht Ihr/e Partner/in sich mit Ihren Familienangehörigen?

2.4.20 Hat Ihr/e Partner/in Eigenheiten, Verhaltensweisen oder Angewohnheiten, die Ihre sexuellen Empfindungen (Wünsche) ihm/ihr gegenüber vermindern?

- Welche Verhaltensweisen reduzieren Ihre Sympathie für Ihre/n Partner/in in nichtsexuellen Situationen?

2.4.21 Finden Sie Ihren Partner immer noch anziehend?

2.4.22 Welche Einstellungen, Verhaltensweisen usw., die Ihr/e Partner/in nicht besitzt, würden Sie sich am meisten an ihm/ihr wünschen?

2.4.23 Welche Einstellungen, Verhaltensweisen usw. schätzen Sie am meisten an Ihrem/r Partner/in?

2.4.24 *(Sofern Kinder vorhanden sind)* Glauben Sie, dass er ein guter Vater/sie eine gute Mutter ist? Wie behandelt er/sie die Kinder?

3 Selbsteinschätzung

3.1 Halten Sie sich heute für attraktiv?

- Waren Sie ein hübsches Kind?
- Hielten Sie sich unmittelbar bevor Sie diese Partnerschaft eingingen für attraktiv?

3.2 Wären Sie gerne in irgendeiner Weise anders?

3.3 Glauben Sie, dass Sie auf andere (auf Ihre/n Partner/in) anziehend wirken?

3.4 Was meinen Sie, welches sind Ihre größten persönlichen Vorzüge?

- Im Hinblick auf potentielle (Ihre/n) Partner/innen?
- Im Hinblick auf Ihre Kinder, sofern vorhanden?

3.5 Welche Ihrer Eigenschaften oder Fähigkeiten tritt bei gesellschaftlichen Ereignissen am deutlichsten zutage?

3.6 Wie würden Sie Ihre sexuelle Identität kennzeichnen?

- Macht sie Ihnen Freude?
- Sind Sie mit ihr einverstanden?

4 Sensorische Wahrnehmung[7]
4.1 Taktile Wahrnehmung

4.1.1 Besitzen Sie ein ausgeprägtes Tastvermögen? Erkunden Sie mit den Fingerspitzen die Oberfläche von Gegenständen, um festzustellen, ob sie glatt, strukturiert, rauh oder dergleichen sind?

---

[7] Die Fähigkeit zur intensiven und differenzierten sinnlichen Wahrnehmung ist eine wesentliche Grundlage sexueller Ausdrucks-, Erlebnis- und Beziehungsfähigkeit. Fragen des Leitfadens sollten bei Bedarf punktuell vertieft werden. Grundlegend ist der Versuch, ein individuelles Konzept der emotionalen Struktur und sinnlichen Vorstellungskraft des/der Betroffenen zu erarbeiten.

- Berühren Sie auch Ihre/n Partner/in in dieser Weise, weil Ihnen diese Berührung Vergnügen bereitet?
- Wenn ja, hat er/sie diese Berührung gerne?

4.1.2 Stellen Sie gelegentlich fest, dass Sie kleine Kinder oder Tiere, die in Ihre Reichweite kommen, absichtslos streicheln?

4.1.3 Haben Sie und Ihr/e Partner/in häufig körperliche Kontakte, um Ihren Gefühlen für einander Ausdruck zu geben?

4.1.4 Wenn *ja*: In welcher Form findet dieser Körperkontakt gewöhnlich statt?

4.1.5 Welcher der folgenden Gründe veranlasst Sie am häufigsten, körperlichen Kontakt zu suchen?
- Zuneigung oder das Bedürfnis nach Zuneigung?
- Identifikation oder das Bedürfnis, vom Partner wahrgenommen zu werden?
- Bestätigung oder der Wunsch nach Bestätigung?
- Zur Beruhigung oder als Trost?
- Als Versicherung der Zusammengehörigkeit für einen selbst? Für den/die Partner/in? Wechselseitig?
- Aus sexuellem Verlangen oder wegen der sexuellen Befriedigung durch die Berührung?

4.1.6 Wünscht oder veranlasst Ihr/e Partner/in diese Kontakte häufiger als Sie?

4.1.7 Machen Berührungen Sie gelegentlich nervös? Machen sie Ihre/n Partner/in gelegentlich nervös?

4.1.8 Ist es Ihnen gelegentlich peinlich, berührt zu werden? Wie ist das bei Ihrem Partner? Sind Ihnen manche Berührungen unerträglich?
- Wenn *ja*: Beschreiben Sie bitte, um welche es sich handelt.
- Wie verhalten Sie sich, wenn Sie dergleichen ausgesetzt sind?

4.1.9 Stellen Sie gewöhnlich im Rahmen sozialer Kommunikation körperlichen Kontakt her (z. B. durch einen Kuss, eine Umarmung oder andere Formen physischer Begrüßung)?
- Sind Sie für derartige Begrüßungen ansprechbar oder fühlen Sie sich dadurch bloßgestellt?

4.1.10 Welche Art oder Form der Berührung stimuliert Sie sexuell am stärksten oder welche würde es Ihrer Meinung nach tun? (Bitte bezeichnen Sie die Körperteile und die Weise, in der die Berührung vorgenommen wird oder werden sollte.)
- Können Sie diese Frage in Bezug auf Ihre/n Partner/in beantworten?
- Haben Sie die Angewohnheit, einander den Rücken zu kratzen, verspannte Muskeln zu massieren usw.? Wenn ja: Beschreiben Sie das bitte.

4.1.11 Hilft Ihnen körperlicher Kontakt, im Arm gehalten oder gestreichelt zu werden)
- sich zu entspannen und einzuschlafen?
- Depressionen oder Traurigkeit zu überwinden?

4.1.12 Haben Sie nach dem Koitus das Bedürfnis, Ihrem/r Partner/in physisch nahe zu sein oder von ihm/ihr im Arm gehalten zu werden?
- Äußert Ihr/e Partner/in das gleiche Bedürfnis?

4.1.13 Wie reagieren Sie, wenn Ihr Verlangen nach körperlichem Kontakt ignoriert oder zurückgewiesen wird?

4.1.14 Woran haben Sie, wenn überhaupt, im Grunde mehr Vergnügen:
- an einem Sympathiebeweis durch körperlichen Kontakt und Berührung?
- durch Geschlechtsverkehr?

4.1.15 Welche taktile Empfindung ist Ihnen aus Ihrer Kindheit als am beruhigendsten und angenehmsten in Erinnerung? Wer vermittelte Ihnen dieses Gefühl?

4.1.16 Welche typischen (anderen) Berührungen Ihrer frühen Kindheit gibt es?
- Welche Gefühlsreaktionen löst dies aus?
- Welche Erinnerungen (an Personen, Situationen, Ereignisse) hängen damit zusammen?

4.2 Visuelle Wahrnehmung

4.2.1 Finden Sie Ihre/n Partner/in attraktiv? War das ein wesentlicher Faktor bei der Partnerwahl?

4.2.2 Steigert sich das visuelle Vergnügen an Ihrem/r Partner/in, wenn er/sie besonders gut gepflegt oder aufregend gekleidet ist?

4.2.3 Trägt einer von Ihnen irgendwelche besonderen Kleidungsstücke, wenn Sie Zärtlichkeiten austauschen oder sich sexuell betätigen?

4.2.4 Macht es Ihnen Spaß, Ihre/n Partner/in zu beobachten?
- Bei bestimmten Gelegenheiten?
- Wenn er/sie sich mit anderen Personen unterhält?
- Wenn er/sie sich intensiv mit etwas beschäftigt?
- Wenn er/sie unbekleidet ist?

4.3 Olfaktorische Wahrnehmung

4.3.1 Haben Sie eine ›gute Nase‹? Sind Sie extrem geruchsempfindlich? Wenn ja: Inwiefern?

4.3.2 Welche der angeführten Gerüche sind Ihnen am angenehmsten?
- Geruch von Nahrungsmitteln,
- Gerüche, die Sie mit der freien Natur assoziieren (z. B. frisch geschnittenes Gras, Blätter, Heu, Erde, Meer usw.),
- Blumen,
- parfümierte Gegenstände,
- sonstiges.

4.3.3 Beziehen sich die angenehmen Empfindungen bei diesem Geruch auf ein bestimmtes Ereignis oder Erlebnis?

4.3.4 Verbinden Sie irgendwelche bestimmte Gerüche oder Parfüms mit Ereignissen, Orten, Menschen aus Ihrer Kindheit? Waren diese Eindrücke angenehm oder unangenehm?

4.3.5 Assoziieren Sie irgendwelche Gerüche mit Freude, Missfallen oder Unbehagen? Wenn *ja*: Erinnern Sie sich, weshalb?

4.3.6 Haben Sie in Bezug auf Ihr Geruchsempfinden Veränderungen bemerkt, seit Sie die (letzte) Partnerschaft eingegangen sind?
- Größere Veränderungen in Ihrer Vorliebe für parfümierte Gegenstände?
- In Bezug auf Empfindsamkeiten oder Vorlieben seit Auftreten sexueller Veränderungen (ggf. Störungen)?

4.3.7 Würden Sie bestimmte Parfüms als maskulin oder feminin einstufen? Wenn *ja*: Welche würden Sie wie einstufen?
- Mögen Sie es, wenn Ihr/e Partner/in parfümierte Gegenstände benutzt? Wenn ja: Welche Duftnoten bevorzugen Sie: Blumen (Flieder, Lilie usw.) oder Blumenbukett; zitrus, würzig, exotisch (Orient), ›natürliche‹ Düfte wie Moos, Tanne, Leder usw.

4.3.8 Welcher für Ihr Zuhause typische Geruch ist Ihnen am sympathischsten?

4.3.9 Mögen Sie den Körpergeruch Ihres/r Partners/in ohne den Zusatz von Parfüm? Mögen Sie ihn/sie lieber, wenn er/sie parfümiert ist?

4.3.10 Mögen Sie den Geruch eines sauberen Säuglings?

4.3.11 Nehmen Sie den Körpergeruch und das Parfüm anderer Leute besonders deutlich wahr?
- Von fremden Personen?
- Von Personen, die etwas verkörpern, das Ihnen nicht gefällt oder dem Sie nicht zustimmen können?
- Von Personen, die in einer positiven Beziehung zu Ihnen stehen?

4.3.12 Verbinden Sie bestimmte Gerüche mit bestimmten Situationen oder Orten? Wenn *ja*: Geben Sie bitte eine Beschreibung.

4.3.13 Bemerken Sie einen bestimmten Geruch, wenn Sie vor Ihrem/r Partner/in Angst haben oder zornig auf ihn sind?

4.4 Akustische Wahrnehmung

4.4.1 Können von außen kommende Geräusche oder Lärm Ihr Vergnügen an einer Beschäftigung stören? Besonders an sexueller Betätigung?

4.4.2 Spielt Musik in ihrem Leben eine besondere Rolle? Und im Leben Ihres/r Partners/in?

4.4.3 Hören Sie und ihr/e Partner/in gelegentlich Musik, wenn Sie sich sexuell betätigen? Wenn *ja*: Beschreiben Sie das bitte.

4.4.4 Welche Art von Musik bevorzugen Sie?

4.4.5 Spielen Sie ein Musikinstrument? Wenn *ja*: Welches?

4.4.6 Benutzen Sie Musik zur Entspannung?

4.4.7 Gefällt Ihnen die Stimme Ihres Partners? Missfällt sie Ihnen?

4.4.8 Verrichten Sie wichtige Arbeiten, während das Radio oder der Fernsehapparat läuft?

4.4.9 Welche Melodien sind Ihnen aus Ihrer Kindheit als am beruhigendsten und angenehmsten in Erinnerung? Wer war daran beteiligt bzw. vermittelte Ihnen dieses Gefühl?

4.4.10 Welche typischen (Umwelt-)Geräusche Ihrer frühen Kindheit gibt es?
- Welche Gefühlsreaktionen löst dies aus?
- Welche Erinnerungen (an Personen, Situationen, Ereignisse) hängen damit zusammen?

5   Ältere Personen[8]

5.1 In welchem Zustand befindet sich Ihre Partnerschaft zur Zeit?
- Welche Empfindungen haben Sie für Ihre/n Partner/in?
- Wie reagiert Ihr/e Partner/in auf Sie?
- Welche gemeinsamen Interessen haben Sie?
- Verbringen Sie Ihre Freizeit zusammen?

5.2 Gab es eine wichtige Veränderung in Ihrem Sexualleben zu irgendeinem Zeitpunkt Ihres Lebens?
- Wenn *ja*: Was hat sich da abgespielt? In welchem Zeitraum?

5.3 In welcher Weise haben sich Ihre sexuellen Einstellungen in den letzten Jahren verändert?
- Die Ihres/r Partners/in?
- Die Ihrer Freunde/innen?

5.4 In welcher Weise hat sich Ihr sexuelles Verhalten geändert?
- Häufigkeit des Geschlechtsverkehrs?
- Schwierigkeiten beim Geschlechtsverkehr?
- Reaktionsfähigkeit beim Geschlechtsverkehr?
- Reaktionsfähigkeit oder Schwierigkeiten Ihres/r Partners/in beim Geschlechtsverkehr?

5.5 In welcher Weise haben sich Ihre gesellschaftlichen Einstellungen geändert?
- ›Doppelmoral‹,
- religiöse Anschauungen,
- politische Anschauungen,
- gesellschaftliche Einstellungen Ihres/r Partners/in.

5.6 Sind Sie berufstätig?
- Wenn *ja*: Sind Sie fest angestellt?
- Beschreiben Sie bitte Ihre Tätigkeit.
- Ganztags? Wenn nicht, wie lange?
- Welche anderen Interessen haben Sie?
- Wer macht bei Ihnen den Haushalt? Wie finden Sie das?
- Wieviel Zeit verbringen Sie außerhalb des Hauses?

[8] Die folgenden Fragen sollten je nach Indikation lediglich ergänzend zu den oben aufgelisteten Items berücksichtigt werden.

5.7 Welche Verpflichtungen haben Sie Ihrer Familie gegenüber?
- Wohnen Kinder im Hause? Wieviel Zeit wird dadurch in Anspruch genommen?
- Beanspruchen Verwandte Ihre Zeit?

5.8 In welchem gesundheitlichen Zustand befinden Sie sich?
- Bitte geben Sie eine allgemeine Beschreibung.
- Haben Sie irgendwelche speziellen Probleme mit Ihrer Gesundheit?
- Haben Sie sich chirurgischen Eingriffen unterziehen müssen?
- (* FRAUEN) Haben Sie Symptome für das Eintreten des Klimakteriums festgestellt? Sind irgendwelche Probleme damit verbunden? Bitte beschreiben Sie die Symptome. Wurde eine Behandlung mit Hormonen vorgenommen? Wenn *ja*: In welcher Form?

5.9 Nehmen Sie regelmäßig Medikamente ein? Wenn *ja*: Welche und wie lange schon?

5.10 Welche Hobbys oder andere Interessen haben Sie?
- Welche hat Ihr/e Partner/in?
- Verstärken oder ersetzen diese anderweitigen Interessen Ihre Gemeinschaft?
- Welcher Ansicht ist Ihr/e Partner/in in dieser Hinsicht?

6 Behandlung[9]

6.1 Aus welchen speziellen Gründen wollen Sie sich gerade jetzt einer Behandlung unterziehen?
- Geschieht das auf Veranlassung eines Dritten?
- Welchen Einfluss würde eine Behandlung auf Ihre Lebensumstände und Beziehungen haben?
- Und auf Ihre Persönlichkeit?
- Gibt es negative Konsequenzen für Sie, wenn Sie sich nicht in Behandlung begeben?

6.2 Welche Bedeutung hat das Problem für Ihre eigene sexuelle Betätigung?
(Wenn partnerorientiert)* Inwieweit hat das Problem einen Einfluss auf Ihre/n Partner/in?

6.3 Welches Problem hat sich, soweit Sie sich erinnern können, zuerst entwickelt?

6.4 Wie haben Sie bisher versucht, dieses Problem zu bewältigen?

6.5 Was stellen Sie sich unter einer zufrieden stellenden sexuellen Betätigung vor?
- beim Mann?
- bei der Frau?

---

[9] Die Fragen betreffen Personen, die sich – ggf. auch unabhängig von einem Tatvorwurf in psychologischer, psychiatrischer oder psychotherapeutischer Behandlung befinden bzw. einen Behandlungswunsch äußern.

6.6   (* FRAUEN) Unter welchen Umständen – wenn überhaupt – haben Sie Orgasmen erlebt? Bitte beschreiben Sie die (körperlichen) Empfindungen, die Sie dabei hatten.

6.7   (* MÄNNER) Hatten Sie jemals Schwierigkeiten mit der Ejakulation oder mit der Erektion? Wenn ja: Bitte beschreiben Sie das.

6.8   Auf welche Weise, abgesehen vom Koitus, haben Sie sich bemüht, sich selbst sexuelle Lustempfindungen zu verschaffen?

- Und Ihrem/r Partner/in zu verschaffen?
- Auf welche Weise hat Ihr/e Partner/in sich bemüht, Ihnen sexuelle Lustempfindungen zu verschaffen?

6.9   Welche Vorstellungen haben Sie von den Rollen, die für Männer und Frauen in einer Partnerschaft (bzw. Ehe) ausgemessen sind?

- In den partnerschaftlichen Sexualbeziehungen?
- In den sozialen Belangen des Alltags?
- In anderen Belangen der Partnerschaft?

6.10   Wie würde Ihrer Meinung nach Ihr/e Partner/in diese Fragen beantworten?[10]

7   Allgemein zu erfragende Angaben in Stichworten[11]

7.1   Bedeutendere Umweltveränderungen, Art und Auswirkungen.

7.2   Einfluss von Personen auf die Einstellungen mit Hinblick auf das soziale und sexuelle Wertesystem.

7.3   Zufällige Ereignisse von sexueller Relevanz.[12]

7.4   Spezielle psychosexuelle Lifeevents und sexuelle Ereignisse:

- unerwünschtes Kind?
- Inzesterfahrung?
- uneheliche Schwangerschaften?
- Abtreibung?

Anamnestische Schlüsselfragen

- (Familiäre) Bedingungen und Verlauf der psychosexuellen Sozialisation
- Entwicklungsprozess der sexuellen Orientierung und Genderidentität
- Körperliche sexuelle Entwicklung mit Störungen und Erkrankungen
- Entfaltung und Inhalte erotisch-sexueller Imaginationen bzw. Phantasien
- Sexuelle u.a. Gewalterfahrungen in der Biografie (als Zeuge, Opfer, Täter …)
- Psychische und sexuelle Störungen bzw. Erkrankungen
- Psychosexuelle Beziehungsanamnese bzgl. sexuellen Praktiken, Partnerwahlen, Funktionsstörungen, spezifische Dynamiken (Überschreitung von Generationsgrenzen, Prostituiertenkontakte, Gewalt)
- Besonderheiten ohne Paraphiliediagnostik (u.a. außergewöhnliche Ersatzhandlungen, forcierte Suche nach sinnlichem/orgiastischem ›Kick‹)
- Suchtmittelkonsum mit Beziehung zu/im Kontext von Sexualität
- Konsum sexueller Stimulantien im Zusammenhang mit Sexualität

---

[10]   Ziel ist der Gewinn einer Vorstellung von der ›Lebensphilosophie‹ und dem ›Lebensstil‹ der Betroffenen.

[11]   Die folgenden Angaben sollten anhand dieses Leitfadens in Abhängigkeit von den Antworten und dem Verhalten der Betroffenen möglichst exakt erhoben werden. Dabei beziehen sich die Fragen zunächst auf die allgemeine psychosexuelle Entwicklung, allgemeine sexuelle Erfahrungen und Praktiken sowie frühere und aktuelle Partnerschaft(en). Für die Erfragung sexuell devianter Wünsche, Phantasien, Beziehungsmuster, Verhaltens- und Handlungsweisen bzw. -bereitschaften sowie sexueller Delinquenz sollte eine vertiefende Exploration der spezifischen Problembereiche – bspw. orientiert an den Items des ›Multiphasic Sex Inventory‹ (Fehringer et al., 2016) – erfolgen.

[12]   Ziel der Fragen zu nachfolgenden Themen sollte u.a. die Prüfung sein, ob und inwieweit Dynamiken von Traumatisierung, Wiederholungszwang und/oder Gewalttätigkeit vorliegen.

- eigener sexueller Missbrauch, eigene sexuelle Nötigung, eigene Vergewaltigung?
- außereheliche Beziehungen?
- Bisexualität, Homosexualität?
- sexuelle ›Spielarten‹ (Erfahrungen in SM-Szene, Swinger-Clubs, Peep-Shows, mit gewerbl. Telefon- und Internetsex, Prostitution usw.)?

7.5   Sexuelle Devianz und Paraphilien
- Transsexualismus
- Transvestitismus
- Fetischismus und festischistischer Transvestismus
- Exhibitionismus
- Voyeurismus
- obszöne Telefonanrufe
- Frotteurismus
- Eigenstrangulation zur Steigerung der sexuellen Erregung
- andere deviante Praktiken der Erregungssteigerung (Urintrinken, Kotschlucken etc.)
- Konsum psychoaktiver Substanzen zur Steigerung der Erlebnisfähigkeit
- Konsum sexueller Stimulantien im Zusammenhang mit Sexualität
- Pädosexualität und Pädophilie
- Masochismus, Sadismus, Sadomasochismus
- Fixierung auf körperlich auffällige Partner (Behinderungen, Amputationen usw.)
- Nekrophilie
- Sodomie

8   Sexuelle Delinquenz
8.1   Inhalt der aktuellen Anklage
8.1.1   Welche Taten werden Ihnen vorgehalten?

8.1.2   Sind Sie zum ersten Mal inhaftiert?
- Wenn *nein*: Alter der ersten Inhaftierung.
- Wenn *nein*: Können Sie Ihre gesamte kriminelle Vorgeschichte beschreiben?

8.1.3   Geben Sie die Tat(en) zu, wegen deren Sie angeklagt werden?
- ja, vollständig.
- ja, teilweise. Wenn *teilweise ja*: Was erkennen Sie nicht an?
- Wenn ja (teilweise oder vollständig):
  - Datum des Deliktes
  - Alter des Opfers
  - Geschlecht des Opfers
  - Kennen Sie das Opfer? Wenn *ja*: Beschreiben Sie woher?
  - Besteht eine elternähnliche Beziehung mit dem Opfer? Wenn *ja*: Welche?

> – Sind/waren Sie in einer Position der Autorität gegenüber dem Opfer? Wenn *ja*: Welcher Art?
- Wenn *nein*: Warum wurden Sie dann inhaftiert?

8.2 Art der Aggressions-/Sexualstraftat

8.2.1 Die Tat, für die Sie inhaftiert sind, ist sie in Ihrem Leben einmalig?
- Wenn *ja*: War es eine isolierte Handlung oder eine mit der gleichen Person in einer etablierten Beziehung wiederholte Handlung?
- Wenn *nein*: Ist dies eine Tat, die Sie regelmäßig oder von Zeit zu Zeit begehen?

8.2.2 Waren Sie wegen sexueller Delikte ähnlicher oder unterschiedlicher Natur bereits inhaftiert?
- Wenn *ja*: Können Sie diese beschreiben?

8.2.3 Gab es nach Ihrem Wissen andere Verhaltensweisen, die als strafbar gewertet werden könnten? [13]
- Wenn *ja*: Handelte es sich um gleichartige Taten, für die Sie z. Z. strafverfolgt werden bzw. inhaftiert sind?
  - Gibt es eine Steigerung (Intensität, Frequenz) in den Handlungen?
- Wenn *nein*: Welche?

8.2.4 Bezüglich der Tat, für die Sie angeklagt oder verurteilt sind, handelt es sich Ihres Erachtens um eine Impulshandlung?

8.2.5 Hatten Sie zu einem anderen Zeitpunkt Ihres Lebens schon einmal an eine derartige Verhaltensweise, eine derartige Handlung gedacht, ohne sie durchzuführen?
- Wenn *ja*: Wie dachten Sie daran?

8.2.6 Hatten Sie vor der Tat einen Gedanken oder ein Bild in Ihrem Kopf?
- Wenn *ja* (oder etwas *anderes*): Beschreiben Sie es.
- Wenn *nein*: Was geschah Ihrer Meinung nach genau vor der Tat?

8.2.7 Wenn dies nicht das erste Mal passiert ist, gab es vor der Tat immer den gleichen Gedanken oder das gleiche Bild?
- Wenn *ja* (oder *anderes*): Beschreiben Sie es.
- Wenn *nein*: Was geschah Ihrer Meinung nach vor der Tat?

8.2.8 Wie fühlten Sie sich emotional in Ihrem Innersten genau vor der Tat?

8.3 Besondere Umstände der Handlung

8.3.1 Suchen Sie im allgemeinen einen präzisen Ort auf?
- Wenn *ja*: Welchen Ort? Warum?
- Wenn *ja*: Geschieht dies eher zu einer spezifischen Tageszeit? Welcher? Warum?

8.3.2 Geschah die Tat in einem besonderen Abschnitt Ihres Lebens?

---

[13] Es geht immer auch um die Suche nach sexuellen – und nicht-sexuellen – Übergriffen, die bislang nicht strafrechtlich verfolgt oder geahndet wurden.

8.3.3   Haben Sie vor der Tat Alkohol zu sich genommen?[14]

8.3.4   Haben Sie vor der Tat Drogen eingenommen?[15]

8.3.5   Waren Sie vor der Handlung in einer Gruppe?

8.3.6   Waren Sie während der Tat in einer Gruppe?

8.3.7   Meinen Sie, dass irgend etwas oder irgend jemand das, was geschehen ist, hätte verhindern können?
- Wenn *ja*: Beschreiben Sie, warum und wer.
- Wenn *nein*: Warum?

8.4   Beschreibung der Tat

8.4.1   War das Alter des Opfers wichtig?
- Wenn *ja*: Welches Alter bevorzugen Sie?

8.4.2   Hatte das Geschlecht des Opfers eine Bedeutung?
- Wenn *ja*: Welches Geschlecht bevorzugen Sie?

8.4.3   Was verspürten Sie während der Tat?

8.4.4   Was hat die Tat Ihnen hauptsächlich verschafft:
- Lust?
- Beruhigung einer Erregung und einer Spannung?
- Abscheu?
- Befriedigung? Ausbleiben von Befriedigung?

8.4.5   Wollten Sie Ihrem Opfer etwas beweisen oder etwas beibringen?

8.4.6   Gab es Zwang?
- Wenn *ja*: War die Anwendung von Zwang für Ihre Erregung wichtig?
- Wenn *ja*: Beschreiben Sie die Art des Zwanges.

8.4.7   Gab es Gewalt?
- Wenn *ja*: War die Gewalt für Ihre Erregung wichtig?
- Wenn *ja*: Beschreiben Sie die Form der Gewalt.

8.4.8   Gab es eine Erniedrigung des Opfers?

8.4.9   Fühlten Sie sich nach der Tat schuldig oder schämten Sie sich?
- Wenn *ja*: Inwiefern?

8.4.10 Wir werden jetzt von etwas Schwierigerem sprechen. Ich bitte Sie, mir sehr genau zu beschreiben, wie sich die Tat, für die Sie inhaftiert sind, abgespielt hat. Bitte beschreiben Sie mir die Umstände und alles, was sich während der Tat abgespielt hat, genauestens.[16]

---

[14] Wenn ja, sollte separat eine vertiefte Suchtanamnese erfolgen.

[15] Wenn ja, sollte separat eine vertiefte Suchtanamnese erfolgen.

[16] Hinweis: Lassen Sie den/die Betroffene/n die Tat sehr genau beschreiben. Wenn er/sie Schwierigkeiten haben sollte, die Tathandlungen zu verbalisieren, sollten unterstützend präzise Nachfragen gestellt werden. Ziel dieser Frage ist zunächst, dem/der Betroffenen zu ermöglichen, die Tat in Worte zu fassen. Es ist folglich wichtig, dass die in der Beschreibung abgegebenen Präzisierungen Auskunft darüber geben, ob z.B. eine Penetration vorgenommen wurde oder nicht, um welchen Typ – oral, anal, vaginal – es sich handelte, mit welchem Körperteil oder Instrument dies vorgenommen wurde. Es ist nicht nur wichtig, beschreiben zu lassen, was der/die Täter/in dem Opfer antat/en, sondern auch, was der/die Betroffene für Handlungen an sich selbst vom Opfer verlangte oder selbst vornahm. Letztendlich müssen alle Formen von Gewalt, die die Tat begleitet haben (können), angesprochen werden.

8.4.11   Starb das Opfer?

8.5   Einstellung und Empfindungen des/der Täters/Täterin zur Tat

8.5.1   Glauben Sie, dass Ihre Tat Konsequenzen haben kann?
- für Sie selbst? Wenn *ja*: Beschreiben Sie die Konsequenzen.

Hinweis: Die folgende Frage wird nicht gestellt, wenn das Opfer verstorben ist.
- für das Opfer? Wenn *ja*: Beschreiben Sie die Konsequenzen.

8.5.2   Was stellte das Opfer für Sie während der Tat dar?

8.5.3   Halten Sie Ihre Tat für:
- normal?
- nicht normal?

8.5.4   Wie schätzen Sie sich zum Tatzeitpunkt ein:
- normal?
- nicht normal?

8.5.5   Haben Sie Veränderungswünsche?[17]
- Wenn *ja*: Selbst wenn es Sie teuer zu stehen kommt? Welchen Preis hätten Sie bezahlt?

8.5.6   Haben Sie bereits etwas unternommen, um sich zu ändern?
- Wenn *ja*: Was? Wann?

8.5.7   Erklären Sie sich für verantwortlich für Ihre Handlung?

8.5.8   Fühlen Sie sich als Opfer von Umständen?
- Wenn *ja*: Beschreiben Sie, inwiefern.

8.5.9   Denken Sie, dass diese Tat Ihnen schicksalhaft zu dem einen oder anderen Moment Ihres Lebens passieren musste?

8.5.10 Gibt es etwas, was Sie gerne in sich verändert hätten und erlaubt hätte, dass die Tat nicht passiert wäre?
- Wenn *ja*: Was?

8.5.11 Fühlen Sie sich erleichtert, verhaftet worden zu sein?
- Wenn *ja*: Warum?

---

[17] Hinweis: Geben Sie keine Erklärungen zu dieser Frage – antworten sie lediglich: ›Was Sie sich vorstellen …‹.

Anamneseleitfaden
Suchtmittelkonsum und Verhaltenssüchte

Ulrich Kobbé

Die mit Suchtmittelkonsum, -missbrauch und -abhängigkeit verbundenen Fragestellungen lassen sich (1) in einerseits Einstiegs- und Standardfragen, andererseits (2) in Fragen bei regelmäßigem Gebrauch zur Abklärung eines problematischen, missbräuchlichen oder abhängigen Konsums und (3) in fakultative substanz- oder verhaltensbezogene Fragen unterscheiden.

Die einfachen (orientierenden) Einstiegs- und Standardfragen sind beispielsweise:

- Welche psychoaktiven Stoffe verwenden Sie oder haben Sie missbräuchlich bzw. in hoher Menge konsumiert?
- Von wann bis wann haben Sie welche psychoaktiven Stoffe konsumiert und in welcher Tagesdosis?
- Ab wann kam es zur Dosissteigerung?
- Wie hoch war die letzte Tagesmenge?

Eine ökonomische, systematische und ggf. individuell zu ergänzende Checkliste bezieht sich – siehe unten – auf sehr unterschiedliche Umstände, Anlässe, Effekte des Konsums.

Substanz	Erstkonsum	Menge	Frequenz	Finanzierung
○ Alkohol: Bier				
○ Alkohol: Wein				
○ Alkohol: Destillat				
○ Alkohol: Likör				
○ Alkohol: ›Aufgesetzter‹ (Eigenprodukt)				
○ Alkoholhaltige Kosmetika				
○ Alkoholhaltiger Konfekt				
○ Amphetamine				
○ Anabolika (Steroide)				
○ Barbiturate				
○ Benzodiazepine				
○ Cannabis (Marihuana, Haschisch)				
○ Cannabinoide (JWH, ›Spice‹)				
○ Crack				

Substanz	Erst-konsum	Menge	Frequenz	Finanzie-rung
○ Ecstasy				
○ Ephedrin				
○ Energy Drink				
○ Heroin				
○ Kodein (Arzt)				
○ Kodein (Schwarzmarkt)				
○ Koffein				
○ Kokain				
○ Legal Highs (Herbal Highs, NPS, Research Chemicals, ›Badesalze‹)				
○ LSD				
○ Lösungsmittel (Schnüffelstoffe)				
○ Meskalin				
○ Methadon, Polamidon (Arzt)				
○ Methadon, Polamidon (Schwarzmarkt)				
○ Methamphetamin (Crystal Meth)				
○ Muskat				
○ Nasenspray				
○ Nikotin				
○ Opiate (Codein, Morphin)				
○ Opioide (Tilidin, Tramal)				
○ ›Partydroge‹ GBL (γ-Butyrolacton)				
○ Poppers				
○ (Psilocybinhaltige) Pilze				
○ Shisha				
○ Subutex				
○ …				

- An welchen Orten haben Sie zu welcher Tageszeit mit wem welche Suchtmittel konsumiert?

Substanz	bestimm-te Orte	Tageszeit	einbezo-gene Personen	typische Szene
○ Alkohol: Bier				
○ Alkohol: Wein				
○ Alkohol: Destillat				
○ Alkohol: Likör				
○ Alkohol (selbst hergestellt)				
○ Amphetamine				
○ Anabolika (Steroide)				
○ Barbiturate				
○ Benzodiazepine				
○ Cannabis (Marihuana, Haschisch)				
○ Cannabinoide (JWH, ›Spice‹)				
○ Crack				

Substanz	bestimm-te Orte	Tageszeit	einbezo-gene Personen	typische Szene
○ Ecstasy				
○ Ephedrin				
○ Energy Drink				
○ Heroin				
○ Kodein (Arzt)				
○ Kodein (Schwarzmarkt)				
○ Koffein				
○ Kokain				
○ Legal Highs (Herbal Highs, NPS, Research Chemicals, ›Badesalze‹)				
○ LSD				
○ Lösungsmittel (Schnüffelstoffe)				
○ Meskalin				
○ Methadon, Polamidon (Arzt)				
○ Methadon, Polamidon (Schwarzmarkt)				
○ Methamphetamin (Crystal Meth)				
○ Muskat				
○ Nasenspray				
○ Nikotin				
○ Opiate (Codein, Morphin)				
○ Opioide (Tilidin, Tramal)				
○ ›Partydroge‹ GBL (γ-Butyrolacton)				
○ Poppers				
○ (Psilocybinhaltige) Pilze				
○ Shisha				
○ Subutex				
○ …				

- Warum haben Sie übermäßig getrunken und/oder missbräuchlich konsumiert?
- Welche Gefühle, Gedanken oder Bilder waren damit verbunden?

Substanz	Auslöser (Gefühle, Gedanken)	psychische und körperliche Effekte
○ Alkohol: Bier		
○ Alkohol: Wein		
○ Alkohol: Destillat		
○ Alkohol: Likör		
○ Alkohol (selbst hergestellt)		
○ Amphetamine		
○ Anabolika (Steroide)		
○ Barbiturate		
○ Benzodiazepine		
○ Cannabis (Marihuana, Haschisch)		

Substanz	Auslöser (Gefühle, Gedanken)	psychische und körperliche Effekte
○ Cannabinoide (JWH, ›Spice‹)		
○ Crack		
○ Ecstasy		
○ Ephedrin		
○ Energy Drink		
○ Heroin		
○ Kodein (Arzt)		
○ Kodein (Schwarzmarkt)		
○ Koffein		
○ Kokain		
○ ›Legal Highs‹ (Herbal Highs, NPS, Research Chemicals, ›Badesalze‹)		
○ LSD		
○ Lösungsmittel (Schnüffelstoffe)		
○ Meskalin		
○ Methadon, Polamidon (Arzt)		
○ Methadon, Polamidon (Schwarzmarkt)		
○ Methamphetamin (Crystal Meth)		
○ Muskat		
○ Nasenspray		
○ Nikotin		
○ Opiate (Codein, Morphin)		
○ Opioide (Tilidin, Tramal)		
○ ›Partydroge‹ GBL (γ-Butyrolacton)		
○ Poppers		
○ (Psilocybinhaltige) Pilze		
○ Shisha		
○ Subutex		
○ …		

- Gibt es bei Ihnen andere süchtige oder suchtähnliche Verhaltensweisen im Umgang mit:
  - *Ernährung* (übermäßiger Nahrungsaufnahme, herbeigeführtes Erbrechen, rigide Abnehmprogramme, Einnahme sog. ›Nahrungsergänzungsmittel‹ …)?
  - *Spielen* (exzessives Computerspiel, Glücksspiel, Sportwetten, Browsergames …)?
  - *Fernsehen* (zwanghaftes Verlangen fernzusehen)?
  - Internetnutzung (Internetsurfen, Internetforen, Online-Rollenspiel …)?
  - *Sport* (exzessiver Ausdauersport, Trainingsdrang, übermäßiger Muskelaufbau …)?
  - *Handynutzung* (unablässiges Checken des Mailverkehrs, Chatten …)?

- *Einkaufen* (wiederholte Kaufimpulse, imperativer Drang zur unnötigen Kaufhandlung)?
- *Sexualität* (promiskuitives Verhalten, Cybersex, Konsum von Gewaltpornografie …)?
- *Sammeln* (zwanghaftes Horten mit Tendenz zur Vermüllung)?
- *Arbeit* (fortgesetzte Beschäftigung mit Arbeitsinhalten)?
• Hatten Sie schon Delirien (Vorstellungen, Bilder oder Geräusche, die nicht wirklich vorhanden waren) oder Entzugskrampfanfälle? Wenn *ja*: Wann und wie viele?
• Gibt es körperliche Folgen einer Sucht? Wenn *ja*: Welche?
Falls Sie schon Behandlungen wegen einer Suchterkrankung hinter sich haben, wie lange konnten Sie danach abstinent leben?

Einen für sonst mit Drogenkonsumenten nicht vertrauten GutachterInnen pragmatisch, stichwortartig und repräsentativ zu nutzenden Leitfaden zu Konsumbesonderheiten und damit verbundenen Fragestellungen bei Alkohol, Amphetaminen, Cannabinoiden, Kokain, Medikamenten, Opioiden und Tabak (sowie Glücksspiel als nicht-stoffgebundener ›Sucht‹) einschließlich relevanter Laborparameter liefert bspw. ein Kurzreader Basiswissen Sucht (PTK-NRW & LPK-RLP, 2017).

Checklisten Behandlungsprognose

Ulrich Kobbé (Bearb.)

Die prognostische Beurteilung des möglichen Behandlungserfolgs ist – je nach theoretischer Fundierung der Behandlungsstrategie, nach Zielsetzung und nach Behandlungskontext (z. B. ambulant – stationär; z. B. psychiatrischer Maßregelvollzug, Sozialtherapeutische Anstalt, Strafvollzug; z. B. Einzel-/Gruppentherapie) – auf sehr unterschiedliche Weise möglich und notwendig. Um so mehr fällt auf, dass es nur selten methodische Anleitungen zur planvollen Erstellung einer systematischen, differenzierten Behandlungsprognose gibt. Die nachfolgenden Stichpunkte und Schlüsselbegriffe dienen lediglich der prismatischen Orientierung und Skizze, mithin der Anregung zum Weiterlesen.

1   Persönlichkeitsstrukturelle Kriterien einer Behandlungsprognose[1]

1.1   *Realitätsprüfung*
  ➡ Fähigkeit, zu unterscheiden und zu urteilen, d. h. emotional gefärbte, zwischenmenschliche Alltagssituationen hinreichend sicher zu erfassen und insbesondere hinsichtlich der eigenen Person von Phantasien, Wünschen, Illusionsbildungen usw. zu unterscheiden.

1.2   *Differenzierung von Wahrnehmungen*
  ➡ Selbstwahrnehmungs- und Introspektionsfähigkeiten; Unterscheidung von inneren und äußeren Reizen, von Außen- und Innenwahrnehmungen, von Ursache und Wirkung, von Verursacher(n) und Betroffenen in sozialen (Konflikt-)Situationen.

1.3   *Aufrechterhaltung der Ich-Grenzen*
  ➡ Art der Beziehungsgestaltung mit Nähe und Distanz, Abgrenzung und Identifizierung.

1.4   *Regulierung und Kontrolle von Trieben, Affekten und Impulsen*
  ➡ Frustrations-, Ambivalenz-, Ambiguitäts- und Angsttoleranz, Impulskontrolle; Möglichkeiten zur Spannungsreduktion; autonome Ich-Fähigkeiten konstruktiver Wirklichkeitsbewältigung vs. abhängige Formen der Realitätsbewältigung; impulsive Handlungs- und Reaktionsweisen; funktionale Regulierung von Spannungszuständen.

1.5   *Art der Objektbeziehung*
  ➡ Art der Subjekt-Objekt-Beziehungen (Beziehungsmodi, -dynamik, -struktur, -stabilität); Fähigkeit, Beziehungen aufzunehmen (Kontaktinitiative), aufrecht zu erhalten (Beziehungskonstanz) und zu intensivieren, zu be-

enden; Art der Bezogenheit (symmetrisch/asymmetrisch/komplementär; reziprok/einseitig; narzisstisch; sadomasochistisch; distanziert; ausbeuterisch usw.).

1.6 *Anpassung des Ich an die äußere Realität*
- → Stabilität vs. Instabilität in der Bewältigung auftretender Konflikte zwischen Bedürfnis und Realität; alloplastische vs. autoplastische Bewältigungsmodi.

1.7 *Realitätsbewältigung durch Antizipation und gedankliches Probehandeln*
- → Art der Erlebnisverarbeitung, Realitätsbezug, Selbststrukturierung antizipatorischer Prozesse.

1.8 *Empathischen Rollenübernahme*
- → Perspektivenwechsel; empathisches Sich-Einfühlen in den Anderen (Spiegelfunktion); egozentrische vs. allozentrische innere Position; Integration der Objektrepräsentanzen.

1.9 *Regression im Dienstes des Ich*
- → introspektive Aufmerksamkeitsverschiebung; autonome Ich-Funktion des kontrollierten Tagträumens; pathologische Regressionsmodi.

1.10 *Abwehr und Kontrolle von Impulsen*
- → Konfliktbewältigungs- und Spannungsreduktionsmuster; Konfliktverarbeitungsschemata; habituierte Reaktionsmuster.

1.11 *Reizschutz*
- → Bewältigung sensorischer, kognitiver, affektiv-emotionaler und anderer Reize; autonome Ich-Funktion der Abgrenzung, der Aufmerksamkeitsverschiebung, der selektiven Wahrnehmung
  - – als Funktionen primärer Autonomie (Wahrnehmen, Aufmerksamkeit, Denken, Urteilen, Gedächtnis, Willensbildung, Sprechen, Motorik);
  - – als Funktionen sekundärer Autonomie (z. B. Ich-Interessen, Widerstandsfähigkeit gegen Regression, Sexualisierung und/oder Aggressivierung).

1.12 *Synthetisch-integratives Funktionieren*
- → ich-gebundene Integration konflikthafter Forderungen des Es, des Über-Ich und/oder der Außenwelt im Kontext der Abwehr- und Bewältigungsmechanismen; Fähigkeiten der Selbststabilisierung; selbstbeweisende Aufrechterhaltung der narzisstischen Balance.

1.13 *Aktivierung eigener Potenziale, Eigenmotivierung bzw. Selbststimulierung*
- → ›Funktionslust‹: Form narzisstischer Motivation als eine Form funktioneller Befriedigung (aus einer Aktivität des Subjekts resultierende Selbst-Motivation, z. B. in der Auseinandersetzung mit intellektuellen oder ästhetischen Problemen als Gefühl narzisstischen Vergnügens durch Leistung).

2   Psychosoziale Ressourcenbedingungen einer Behandlungsprognose[2]

2.1   *Veränderungsmotivation*

➡ Erkennen eines negativen Ausgangszustandes; Wunsch nach einem positiven Endzustand; Erkenntnis bzw. Hoffnung, dass sich der negative Ausgangszustand durch Behandlung positiv verändern lässt.

2.2   *Coping*

➡ aktives Eingreifen i. S. einer Veränderung der Situation bzw. Entwicklung und Anwendung konkreter aktiver Bewältigungsstrategien; Fähigkeit, situative Bedingungen hinzunehmen, wenn diese nicht zu verändern sind (Bewahren innerer Ruhe bzw. Minimieren der inneren Aufregung; Akzeptanz).

2.3   *Selbstbeobachtung*

➡ Erkennen von kritischen Situationen, die zu negativen Konsequenzen führen (Fähigkeit, eigene Gefühle, Impulse, begleitendes Verhalten zu beobachten und seine Handlungen sowie Reaktionen effektiv und zielorientiert zu verändern).

2.4   *Selbstwirksamkeit*

➡ Bewusstsein persönlicher Gestaltungskompetenzen; Antizipation von Erfolg eigenen Handelns; Durchhaltevermögen in der Verfolgung eigener Interessen.

2.5   *Selbstverbalisation*

➡ Fähigkeit, sich i. S. einer kognitiven Umstrukturierung gezielte Anweisungen zu erteilen, um – ausgehend von der Annahme eines Zusammenhangs zwischen Handeln, Denken und Fühlen – das eigene Verhalten und eigene Empfindungen zu steuern.

2.6   *Hoffnung*

➡ Tendenz, (1) sich selbst, (2) die Umwelt und aktuelle Lebenserfahrungen in ihr sowie (3) die persönliche Zukunft positiv zu sehen.

2.7   *Soziale Unterstützung*

➡ Wahrnehmung von emotionaler und praktischer Unterstützung sowie sozialer Integration durch Beziehungen; Gefühl der Anerkennung und Wertschätzung; Fähigkeit und Möglichkeit, Hilfe zu erbitten und Unterstützung bei Alltagsproblemen anzunehmen.

3   Konzeptualisierende Behandlungsprognose[3]

3.1   *Klinische Symptomatik und/oder symptomatisches Beziehungs- und Deliktverhalten*

➡ Beschreibung der Symptomatik und einer Symptomhierarchie.

3.2   *Symptomgeschichte (Entwicklungsdynamik)*

Auftreten und Verlauf; freie Intervalle; Zusammenhang von Symptomverschärfung oder -verminderung mit relevanten Lebensereignissen; Kontinuität der Symptomatik von juvenilen Vorläufern bis heute bzw. Diskontinuität der Symptomatik; Wiederaufleben einer früheren Symptomatik; unabhängiges Auftreten der Symptome.

3.3 *Ressourcen und protektive Faktoren*

Dimensionen: Emotionalität, Konfliktbewältigung, Kognitionen, Leistung, Soziales, Persönlichkeitsdisposition (Entwicklungspotenziale)

3.4 *Konflikt- und Interaktionsverhalten*

Funktions- und Sinnbestimmung der Symptomatik; Beziehungs- und Konfliktmuster; Psychodynamik des Interaktionsverhaltens.

3.5 *Prognostik*

Selbstwahrnehmung; Lebensperspektive (regressiv-fixiert oder progressiv-orientiert); ‚Leidensdruck', Veränderungsmotivation, sekundärer Krankheitsgewinn.

3.6 *Symptomwertung*

Bestimmung der protektiven Funktion des – devianten/delinquenten – Symptom(verhalten)s: Schutz vor Fusion, Aggression, Kontamination, Ablösung und Trennung, vor Verführung und Transgression, vor Penetration und Kastration; Funktion für eine Problembewältigung; Integration (ich-syntone vs. ich-dystone Verarbeitung).

3.7 *Angstbewältigung*

Angsterleben, -wahrnehmung und -bewältigung (Angstbejahung; Abbau von Angstspannung; Bewertung von Angst; Angsttoleranz; Angstlust).

3.8 *Kognitive Strukturierung*

kognitive Ressourcen; kognitive Kontamination mit Ängsten, Wünschen, Zielen; Selbstregulationskompetenz; antizipatives, prospektives Phantasiespektrum; Tendenz zu forciertem sexuellem/aggressivem Phantasieren.

3.9 *Aggressionssteuerung*

Impulskontrolle; Aggressionserleben, -wahrnehmung und -bewältigung (Aggressionsabfuhr; Aggressionstoleranz; Spannungsabfuhr/-regulation); Tendenz zu destruktivem, sexuellem, süchtigen Agieren.

3.10 *Sexuelle Strukturierung*

Libidinisierung des Körpers; Selbstregulierung; subjektive körperliche Attraktivität; Selbstbefriedigungskompetenz (sexuelle Entstauung); Tendenz zu forciertem Sexualisieren.

3.11 *Narzisstische Anerkennung*

Selbstwert und Selbstbewertung; Selbstbehauptung; Verstärkung des positiven Selbsterlebens; Gestaltung von Abhängigkeits-/Unabhängigkeitsbedürfnissen.

3.12 *Kommunikative Befähigung, Soziale Kompetenz*

Gestaltung von Nähe und Distanz; Kontaktoffenheit, -suche, -sicherung; Durchsetzungsfähigkeit; Konfrontationsbewältigung; Flexibilität der Beziehungsgestaltung (Verhaltensspielräume); Unabhängigkeit von der Meinung anderer; Partnerkonflikte und -wechsel, Ausbildungs- bzw. Arbeitsplatzkonflikte und -wechsel.

3.13   *Psychobiologische Strukturierung*
Regulation von Schlaf-/Wachrhythmus, Aufnahme-/Ausscheidungsfunktion (Ess- und Trinkverhalten), der Körperpflege; Regulierung des Verhältnisses von Spannung und Entspannung, von Arbeit und Freizeit.

4   Operationalisierte forensische Behandlungsprognose[4]

4.1   Schwere der Störung/des Problems
- als psychosoziale Störung mit Bezug zu delinquentem Verhalten
- als – nicht – stoffgebundene Süchte bzw. Impulskontrollstörungen
- Häufigkeit übergriffigen/antisozialen Verhaltens
- aktuell erforderliche Sicherungsmaßnahmen

4.2   Dauer der Störung/des Problems

4.3   Krankheitserleben und -darstellung
- Einstellung zum Delikt
- Einstellung zu übergriffigem Verhalten

4.4   Krankheitskonzept des Patienten
- Einstellung zu eigener psychosozialer Störung/Suchterkrankung

4.5   Veränderungskonzept des Patienten

4.6   Veränderungsressourcen

4.7   Veränderungshemmnisse

Anmerkungen

[1]   Die Auflistung exzerpiert, reformuliert und regruppiert die von Heigl (1978, 136-139) referierten ich-konzeptionellen Prognosefaktoren psychoanalytischer Theoriebildung.

[2]   Die Skalenbeschreibungen referieren – basierend auf dem salutogenetischen Modell Antonovskys, dem Selbstmanagementkonzept von Kanfer, Reinecker & Schmelzer, der Selbstwirksamkeitstheorie Banduras und den Selbstinstruktionstechniken Meichenbaums – die von Jack (2007, 17-23) erarbeiteten und operationalisierten Ressourcen und Selbstmanagementfähigkeit.

[3]   Die Konzeptualisierung folgt den zusammenfassend adaptierten Leitfäden einer Behandlungsplanung und -prognose bei Pohlen & Bautz-Holzherr (2001, insb. 288-327), dort als therapeutische Programmatik »zur Selbstbemächtigung des Subjekts«.

[4]   Die Liste kompiliert – wenngleich sehr verkürzt – die im OPD-2-Modul ›Forensik‹ (von der Tann et al., 2015) enthaltenen Fragestellungen.

Checklisten Lockerungsprognose

Ulrich Kobbé

Einleitung

Einer der im Straf- und Maßregelvollzugsalltag gängigen Prognose-anlässe betrifft die Indikations- bzw. Kontraindikationsstellung von Lockerungen. Während im Strafvollzug die Lockerungen hinsichtlich zeitlicher Fristen, Begleitung, Häufigkeit und Zielsetzungen weitgehend formalisiert und mit entsprechen Durchführungsvorschriften geregelt sind, erweisen sich Lockerungen im Maßregelvollzug als einerseits Behandlungsmaßnahme selbst, andererseits als Ergebnis von Fortschritten in der Therapie. Entsprechend werden Lockerungen nicht ›automatisch‹ nach bestimmten Unterbringungszeiten in festgelegtem Stufenkonzept, sondern in Abhängigkeit vom Unterbringungs- und Therapieverlauf eingesetzt.

> Faustformel: *Das Maß des Freiheitsentzugs richtet sich nach dem Fortschritt (und Rückschritt!) in der Therapie.*

Kritisch anzumerken ist daher, dass in vielen forensischen Kliniken diese Lockerungen – so dann der Jargon auch in offiziellen Dokumenten – ›gewährt‹ werden; was die Wortwahl offenbart, ist eine verbreitete Einstellung, Lockerungen könnten – so die Synonyme von ›gewähren‹ – bewilligt, eingeräumt, gestattet, zugebilligt, zugestanden usw. werden. Die dahinter aufscheinende Einstellung erscheint jedoch nicht nur als obrigkeitsstaatliches Sprachrelikt, sondern offenbart auch Entscheidungsaspekte im Spektrum von Beliebigkeit bis Willkür und ignoriert sowohl den Rechtsanspruch der/des Untergebrachten auf angemessene Lockerung als auch die erforderliche Rationalität bei der Lockerungs-entscheidung mit den Voraussetzungen fachlicher und sorgfältiger Indikations- und Prognosestellung.[1]

Kriterien

Grundlegende Aspekte der Beurteilung bezüglich des allgemeinen Behandlungsstands, der Lockerungsmissbrauchs- und Deliktrückfallgefährdung sind u. a.

- eine Reduzierung der Krankheitssymptome bzw. symptomatischer Re-/Aktionsmuster,
- eine Stabilisierung – ggf. auch Nachreifung – der Persönlichkeit,
- ein adäquates Krankheits- oder Störungsverständnis mit einem Mindestmaß an – nicht nur medikamentöser, sondern auch therapeutischer – Compliance (vgl. Kobbé, 2001) und an Veränderungsinteresse bzw. -bereitschaft (›Commitment‹),
- die Fähigkeit und Bereitschaft, verbindliche und ›tragfähige‹ (d. h. ein ›Nein‹ ohne Beziehungsabbruch oder anderes Gegenagieren ertragende) Beziehungen zu Behandlern herzustellen (bzw. zuzulassen) und aufrecht zu halten,
- eine hinreichend selbstkritische Auseinandersetzung mit den eigenen deliktrelevanten Anteilen (in den Bereichen Affektivität/Emotionalität, Denken/Urteilen/Entscheiden, Phantasieren, Interaktions-/Beziehungsverhalten, Impulsivität, Alltagshandeln).

Eine grundlegende Zusammenschau und Erörterung lockerungsprognostischer Kriterien, lockerungsorganisatorischer Voraussetzungen, spezifischer Lockerungshindernisse in der Unterbringung nahm Nedopil (2005, 137-146) vor. Eine geeignete Zusammenstellung, systematische Beurteilung und konzeptionell übersichtliche Beurteilung dieser Kriterien ermöglicht der von Weber (1994; 1996) publizierte und untersuchte Rating-Fragebogen.

Für den Maßregelvollzug in Nordrhein-Westfalen fordern die Grundsätze der Lockerungsentscheidung:

Bei der Prognoseerstellung sind folgende Dimensionen der Prognose zu beachten:

1. Vorgeschichte (Delinquenz, Absprachefähigkeit, Delikthypothese)
2. Persönlichkeitsquerschnitt und aktuelle Krankheitssymptomatik
3. Verhalten seit der Tatbegehung
4. soziale Perspektive

Die Beachtung der diesen Dimensionen zugeordneten Einzelkriterien ist zusätzlich durch die Benutzung zumindest eines anerkannten, standardisierten und publizierten Kriterienkataloges sicherzustellen. Bei der Prognoseerstellung und der Anwendung der Kriterienkataloge ist auf die Ergebnisse der Eingangsdiagnostik Bezug zu nehmen, um Entwicklungen während der Unterbringung zu berücksichtigen. Insbesondere sind auch risikopräventive Faktoren zu berücksichtigen (LBMRV, 2013, 3-4).

Diese Kriterien folgen den Vorgaben von Rasch (1982; 1984a; b) bezüglich der Fehlerquellen psychiatrisch-psychologischer Prognosen und greifen jene Aspekte auf, wie sie Rasch im institutionellen Kontext des Maßregelvollzugs bei der Erarbeitung eines Beurteilungsbogens gerade unter Gesichtspunkten einer Repräsentativität durch Praxisnähe beriet (Kobbé, 1996, 225-240).[2]

Checkliste

Eine praxisnahe und ökonomische Checkliste zur Erarbeitung einer Lockerungsprognose verwendet Kastner.[3] Die nachfolgend vorgestellte Zehn-Item-Liste greift diese Kriterien und Bewertungsmaßstäbe in z. T. modifizierter Form auf und schlägt folgendes Arbeitsinstrument mit entsprechenden Beispielen[4] lockerungsgeeigneter (+) bzw. lockerungsungeeigneter (–) Eigenschaften oder Verhaltensweisen vor.

1. Regelkenntnis und Antizipation von Handlungsfolgen

(+) kann allgemein gültigen sozialen Regeln sowie die Stationsregeln erfassen und kennt die Folgen bei Regelverletzung

(+) ist in der Lage, weiter in der Zukunft liegende Folgen zu antizipieren (z. B. Folgen einer Entweichung)

(–) ist kognitiv nicht in der Lage, Regeln zu erfassen und zu behalten (Minderbegabung, organisches Psychosyndrom, floride psychotische Symptomatik)

(–) ist sprachlich nicht in der Lage, Regeln zu verstehen und zu behalten (manifest unzureichende oder fehlende Deutschkenntnisse)

2. Kooperation und Compliance

(+) ist mit den stationären Gegebenheiten zufrieden und nimmt am Stationsleben teil, hat kein ersichtliches Motiv/keine feststellbare Bereitschaft für eine Entweichung

(+) hat keine wesentlichen – wiederholten oder anhaltenden – Konflikte mit Mitpatienten oder MitarbeiterInnen des Behandlungsteams

(+) sieht – zumindest weitgehend – die Notwendigkeit der stationären Unterbringung und einer (medikamentösen, psychotherapeutischen …) Behandlung ein (Delikt- bzw. Krankheitseinsicht)

(–) opponiert mehr oder weniger gegen den Aufenthalt

(–) zeigt keine Empathie, kümmert sich nicht um andere und respektiert deren Bedürfnisse/Interessen nicht

(–) verleugnet wesentliche Probleme, fühlt sich fehlbeurteilt/deplaziert

(–) äußert wiederholt Wünsche nach sofortiger Verlegung/Entlassung oder nach unrealistischen Lockerungen

(–) eigenmächtiges Absetzen der Medikamente, lässt Medikamente verschwinden, fordert ständig Medikamentenreduzierung ein

3. Impuls- und Emotionskontrolle

(+) kann mit Ärger, Frustration und/oder Angst alleine oder mit Unterstützung angemessen umgehen, Spannung hinreichend regulieren

(+) ist in der Lage, Bedürfnisse/Wünsche aufzuschieben

(+) ist in der Lage, Ambivalenz auszuhalten

(+) geringe oder keine Tendenz zu unüberlegten Handlungen

(+) trägt Auseinandersetzungen adäquat aus

(–) verfügt nur über wenige und/oder ineffiziente Coping-Strategien

(–) ist in Spannungs-/Krisenmomenten auf Sprachebene nicht mehr erreichbar

(–) neigt dazu, spontan einschießende Ideen/Impulse umgehend und/oder unreflektiert zu realisieren

4. Regeleinhaltung

(+) ist in der Teilnahme an den Therapien verlässlich

(+) hält Termine pünktlich ein

(+) hält sich an die Stationsregeln

(–) verhält sich passiv bzw. wurde inaktiver, distanziert sich vom Stationsalltag

(–) übernimmt keine Verantwortung für eigenes Verhalten (externalisiert)

(–) betreibt Handel mit Waren/Suchtmitteln, macht ›Geschäfte‹

(–) ist in tätliche oder massive verbale Auseinandersetzungen verstrickt

5. Beziehung zum Behandlungsteam (Offenheit und Transparenz)

(+) spricht über Probleme und Wünsche

(+) zeigt und artikuliert unterschiedliche Gefühle

(+) gibt offene Auskunft

(+) akzeptiert Mitglieder des Behandlungsteams prinzipiell als Bezugspersonen

(+) verfügt – zumindest grundsätzlich – über Krankheitseinsicht

(–) verleugnet oder bagatellisiert eigene oder vorherige Gewalttätigkeiten, Konflikte, Regelverletzungen

(–) bricht die Beziehung zu Behandlern immer wieder ab

(–) löst Konflikte nicht auf therapeutischer Ebene, sondern wählt den Weg der Beschwerde über das therapeutische Team

(–) entwertet Mitglieder des Behandlungsteams und/oder MitpatientInnen

6. Destabilisierende aktuelle interne Stressoren

(+) Heimweh

(+) Ärger über MitpatientInnen und/oder Mitarbeiter

(+) fühlt sich unter Druck oder den Anforderungen (z. B. Tagesstruktur, Geldverwaltung) nicht gewachsen

(+) hat Ängste, gestellte Anforderungen nicht zu schaffen, indem er/sie sich diesen nicht stellt (Vermeidung)

(+) fühlt sich bedroht/in Frage gestellt

(+) aktueller Suchtdruck

(+) aktueller Beziehungsabbruch durch Verwandte oder Bekannte

(–) ist emotional weitgehend ausgeglichen

7. Destabilisierende aktuelle externe Stressoren

(+) erfolgte/bevorstehende Verlegung

(+) drohende Abschiebung, ungeklärter Aufenthaltsstatus

(+) absehbare Unterbrechung der Unterbringung oder Erledigung der Maßregel

(+) Probleme in der Ursprungsfamilie (z. B. schwere Erkrankung eines Familienmitglieds)

(+) Probleme mit einzelnen MitpatientInnen (z. B. Schulden, Streit, Beziehungsstress etc.)

(–) ausgeglichnes Stationsklima

(–) konfliktfreie therapeutische Gemeinschaft

8. Aktive Krankheitssymptome

(+) floride psychotische Symptomatik

(+) Grad der Persönlichkeitsstörung

(+) stabiler, unkorrigierbarer Wahn

(+) Ausmaß eines organischen Psychosyndroms, einer Intelligenzminderung

(–) gutes Ansprechen auf pharmakologische Behandlung

9. Hohes Risiko aus Delikt

Die Beurteilung dieses Items kann nur personen- und tatspezifisch erfolgen und muss individuelle Faktoren vor dem Hintergrund der Basisrückfallraten (hier zur Orientierung nach Nedopil, 2006) berücksichtigen.

Delikt	Rückfallrate
Tötung	0-3%
Brandstiftung	10-25%
Raub	10-25%
Vergewaltigung, sexuelle Nötigung	10-25%
KV	25-50%
Eigentumsdelikte	25-50%
Sexualdelikt ohne Gewalt	25-50%

10. Regelverletzungen in der Vergangenheit

(+) Wiederholte Verletzung der Stationsregeln
(+) Grenzüberschreitendes Verhalten
(+) Frühere Behandlungsabbrüche
(+) Früherer Lockerungsmissbrauch
(+) Vorherige Entweichungen
(+) Bisheriger Bewährungswiderruf
(+) Erfolgte Erledigung der Maßregel

Risikoabschätzung

Rating

- Optimaler Beobachtungs-/Beurteilungszeitraum für Items 1-8: letzte vier Wochen vor dem aktuellen Rating
- Sind bestimmte Verhaltensweisen (z. B. Durchsetzung von Bedürfnissen/Wünschen) durch äußere Bedingungen eingeschränkt, ist dies mit nicht beurteilbar zu bewerten
- Bei mehr als drei nicht beurteilbaren Items (x) sollte das Rating abgebrochen und die Lockerungsindikation überprüft werden.
- Items sind als teilweise zu bejahen, wenn die Kriterien zu einem Teil erfüllt sind, jedoch nicht in einem Ausmaß, das eine klare Zuordnung zu ja (+) oder nein (–) ermöglicht.

Item 1-5		Item 6-10	
(+) ja	0 Punkte	(+) ja	2 Punkte
teilweise	1 Punkt	teilweise	1 Punkt
(–) nein	2 Punkte	(–) nein	0 Punkte
nicht beurteilbar	–x–	nicht beurteilbar	–x–

Beurteilung

Item		Punkte
1	Regelkenntnis und Antizipation von Handlungsfolgen	
2	Kooperation und Compliance	
3	Impuls- und Emotionskontrolle	
4	Regeleinhaltung	
5	Beziehung zum Behandlungsteam (Offenheit und Transparenz)	
6	Aktuell destabilisierende innere Stressoren	
7	Aktuell destabilisierende externe Stressoren	
8	Aktive Krankheitssymptome	
9	Hohes Risiko aus Delikt	
10	Regelverletzungen in der Vergangenheit	
Σ	Gesamtpunktwert	

Vorläufige Risikoabschätzung[5]

0- 6 Gesamtpunkte	0-30%	geringes Risiko
7-13 Gesamtpunkte	31-65%	mittleres Risiko
> 13 Gesamtpunkte	> 65%	hohes Risiko

Schlussbemerkung

Die Checkliste stellt – wie bereits erwähnt – lediglich ein Arbeitsinstrument dar, das systematisch Informationen über vermutlich lockerungsprognostisch relevante Sachverhalte als Entscheidungsgrundlage erfragt und i. S. einer Übersicht über die von Rasch skizzierten Dimensionen
1) der Vorgeschichte,
2) des Persönlichkeitsquerschnitts und der aktuellen Symptomatik,
3) des Verhaltens in der Unterbringung und zur Therapie sowie
4) der ggf. vorhandene sozialen Perspektive(n) zur Verfügung stellt.
Dabei differenziert die Checkliste nicht nach Lockerungsanlässen (Ausgang mit/ohne Begleitung, Beurlaubung), gewichtet die jeweiligen Ratings nicht, sondern garantiert lediglich eine systematische Generierung relevant erscheinender Informationen. Dass die jeweiligen Items lockerungsrelevant sind, belegen die andernorts anhand von $n = 170$ Fällen für unterschiedliche Lockerungsstufen diskriminanz- und regressionsanalytisch bestätigten Kriteriengerüste (Kobbé, 1996, 327-

339) und die regressionsanalytische Untersuchung deren Relevanz für die Lockerungsentscheidung (ebd., 362-367) und den Miss-/Erfolg der Lockerungsmaßnahme (ebd., 405-414).

Anmerkungen

[1] Entsprechend wurde im Kontext einer interdisziplinären Prognoseberatung für eine tatsächlich innovative Korrektur gängiger institutioneller Lockerungspraxis u. a. gefordert, gerade auch die von den Behandlern nicht für verantwortbar gehaltenen Fälle neu zu beraten (Kobbé, 2006c, 2), um eine korrigierende Diskussion der institutionellen Routinen und Bedingungen taktischer Lockerungsplanung zu ermöglichen.

[2] Eine interdisziplinäre Beforschung einer Formalisierung der Lockerungsentscheidung (Kobbé, 1989; 1990; Kobbé & Schmitz, 1988) anhand dieser checklistenartig abgefragten Lockerungskriterien nach einem Sechs-Jahres-Intervall bestätigte deren Qualität und Praktikabilität mit entsprechenden Verbesserungshinweisen (Albrecht et al., 1991; 1993; Schumann et al., 1993).

[3] Dieses Arbeitsinstrument wurde bislang bedauerlicherweise weder publiziert noch gelang es, mit der Autorin für einen Beitrag wie diesen in Kontakt zu treten. Der ersatzweise eingesprungene Bearbeiter (UK) dankt Frau Kastner auf diesem Wege für die vor Jahren überlassenen Resultate einer praxisbezogenen Strukturierung forensischen Handlungswissens.

[4] Die unten aufgeführten Beispiele sind lediglich als Orientierungshilfen und *nicht* taxativ (!) zu verstehen.

[5] Diese Vorgabe Kastners dient lediglich der prozentualen Gewichtung der Gesamtpunktzahl, indem auf die – mehr oder weniger große – Anzahl auffälliger Items aufmerksam gemacht, eine pauschale Vorannahme über das Lockerungsrisiko zur Verfügung gestellt und bei Erreichen eines zu definierenden *Cut-offs* (30%, 65%), sprich, des eingegangenen Risikolevels ggf. ein Abbruch der Lockerungsdiskussion vorgenommen wird. Eine empirisch abgesicherte Risikokalkulation stellt dies mitnichten dar, immerhin aber eine erste systematische Überprüfung des ggf. noch vagen Eindrucks, der/die Patient/in sei ›lockerungsgeeignet‹.

Checkliste OPD-2

Ulrich Kobbé (Bearb.)

Die Operationalisierte Psychodynamische Diagnostik (OPD-2) thematisiert die persönlichen Ressourcen der Probanden auf mehreren Achsen (AK OPD, 2009; Pohlen & Bautz-Holzherr, 2001):

- *Achse I:* Krankheitserleben und Behandlungsvoraussetzungen
- *Achse II:* Beziehungsdiagnostik
- *Achse III:* Bestimmende unbewusste innere Konflikte
- *Achse IV:* Strukturniveau i. S. der grundsätzlichen Fähigkeiten des psychischen Funktionierens
- *Achse V:* Psychische und psychosomatische Störungen mit Bezug auf ICD und DSM

Auf sehr pragmatische – und zwangsläufig verkürzende – Weise lässt sich über den nachfolgenden OPD-2-Fragebogen eine Übersicht über die Achsen II (Beziehungsstruktur) und III (Konfliktthemen) gewinnen.

Die operationalisierende Beziehungsdiagnostik betrifft folgende Strukturen:

- abhängig
- ängstlich
- depressiv
- emotional instabil
- histrionisch
- narzisstisch
- paranoid
- passiv-aggressiv
- pseudounabhängig
- schizoid
- zwanghaft

Die operationalisierende Konfliktdiagnostik erfragt folgende Konflikttypen (Mackenthun, 2011):

- Individuation versus Abhängigkeit
- Unterwerfung versus Kontrolle
- Versorgung versus Autarkie

- Selbstwert versus Selbstzweifel
- Egoismus versus Prosozialität
- Attraktivität/Rivalität versus Verzicht/Harmonie
- Identitätssicherheit versus Identitätsdissonanz

Die Bewältigungsmodi werden unterschieden in:
- aktiver Modus
- passiver Modus

OPD-2-Fragebogen

Welche der folgenden Aussagen trifft auf Sie zu?

Kreuzen Sie bitte bei jeder Frage nur eine der vier Antwortmöglich-keiten an:

Trifft zu: überhaupt nicht ⓪ ① ② ③ sehr

(1)	Ich lasse anderen Menschen (auch denen, die mir wichtig sind) besonders viel Frei-raum. Jeder soll sein Leben so führen können, wie er es für richtig hält.	⓪	①	②	③
(2)	Ich finde es falsch, sich in die Angelegenheiten anderer Menschen einzumischen. Selbst die Menschen, die mir wichtig sind, verschone ich mit meinen Ratschlägen.	⓪	①	②	③
(3)	Ich neige dazu, andere Menschen sehr zu bewundern. Es kommt oft vor, dass ich fest-stellen muss, dass ich andere überschätzt habe.	⓪	①	②	③
(4)	Ich neige dazu, das Verhalten von Menschen, die mir wichtig sind, allzu sehr zu entschuldigen. Es fällt mir schwer, jemanden für seine Fehltritte zur Rechenschaft zu ziehen.	⓪	①	②	③
(5)	Wenn ich jemanden mag, neige ich dazu, sie oder ihn mit meiner Zuneigung zu be-drängen.	⓪	①	②	③
(6)	Harmonie geht mir in Beziehungen über alles, Auseinandersetzungen kann ich nur schwer ertragen.	⓪	①	②	③
(7)	Ich bin ein Mensch, der sich besonders stark um andere Menschen kümmert, ich kann nicht anders, auch wenn ich dabei selbst zu kurz komme.	⓪	①	②	③
(8)	Gerechtigkeit ist mir besonders wichtig. Aber die Welt ist ungerecht, was ich auch schon am eigenen Leibe oft erleben musste.	⓪	①	②	③
(9)	Es fällt mir schwer, Menschen, die mir etwas bedeuten, Freiraum zu lassen, man wirft mir vor, ich würde andere bevormunden.	⓪	①	②	③
(10)	Ich stelle an die Menschen, mit denen ich zusammenarbeite oder zusammenlebe, ziemlich hohe Ansprüche. Ich denke auch: ›Vertrauen ist gut, Kontrolle ist besser‹.	⓪	①	②	③
(11)	Leider kann ich bei den meisten Menschen, die ich kenne, wenig gute Charaktereigen-schaften finden. Ich glaube generell, dass der Mensch seinem Wesen nach böse ist.	⓪	①	②	③
(12)	Wenn jemand einen Fehler gemacht hat, zögere ich nicht, ihn dafür zu Rechenschaft zu ziehen. Andere meinen allerdings, dass ich zu streng bin und ihnen zu viele Vorwürfe mache.	⓪	①	②	③
(13)	Ich kann anderen schlecht meine Zuneigung zeigen. Ich neige rasch dazu, anderen meine Zuneigung zu entziehen, wenn sie mich enttäuschen.	⓪	①	②	③
(14)	Wenn ich das Gefühl habe, dass mir jemand Unrecht tut, kann ich sehr aggressiv und gefährlich werden.	⓪	①	②	③
(15)	Was interessiert mich das Wohlergehen anderer Menschen, Hauptsache ist, mir geht es gut.	⓪	①	②	③
(16)	Andere Menschen interessieren mich wenig. Wenn ich mich unter anderen Menschen befinde, beachte ich sie nicht weiter.	⓪	①	②	③

(17)	Ich nehme mir in meinem Leben den Freiraum, den ich brauche. Ich lebe, wie es mir gefällt. Ich kann niemanden gebrauchen, der mir Grenzen auferlegt.	⓪	①	②	③
(18)	Ich hasse es, wenn mir andere sagen, was ich wie und wann zu tun habe. Entweder setze ich mich offen gegen das, was mir zugemutet wird, zur Wehr, oder ich widersetze mich innerlich.	⓪	①	②	③
(19)	Ich stehe gerne im Mittelpunkt. Ich brauche es, in der Gesellschaft hohe Geltung zu haben.	⓪	①	②	③
(20)	Wenn andere mir Vorwürfe machen, prallt das an mir ab.	⓪	①	②	③
(21)	Wenn mir jemand aufrichtige Zuneigung zeigt, neige ich dazu, mich in der Beziehung zu verlieren.	⓪	①	②	③
(22)	Ich neige dazu, anderen allzu leicht zu vertrauen und mich in Beziehungen zu wenig zu schützen.	⓪	①	②	③
(23)	Wenn ich jemanden mag, hänge und klammere ich mich sehr an diesen Menschen	⓪	①	②	③
(24)	Ich kann mich im Kontakt zu anderen Menschen schlecht abgrenzen. Ich lasse alles an mich heran, was mir oft nicht gut tut.	⓪	①	②	③
(25)	Mir fällt es sehr schwer, Entscheidungen alleine zu treffen. Ich neige dazu, mir häufig bei anderen Menschen Rat und Anleitung zu holen.	⓪	①	②	③
(26)	In Beziehungen passe ich mich meistens an. Um einen wichtigen Menschen nicht zu verlieren, gebe ich sogar meine eigenen Wünsche auf.	⓪	①	②	③
(27)	Ich habe im Kontakt mit anderen oft das Gefühl, dass ich klein und wertlos bin. Nicht die anderen, sondern ich selbst setze mich herab.	⓪	①	②	③
(28)	Ich fühle mich schnell für etwas verantwortlich und schuldig. Wenn andere mir Vorwürfe machen, trifft mich das sehr.	⓪	①	②	③
(29)	Wenn mir andere ihre Zuneigung zeigen, verschließe ich mich oder laufe davon.	⓪	①	②	③
(30)	Ich schütze mich sehr dagegen, dass andere mich verletzen oder enttäuschen.	⓪	①	②	③
(31)	Es ist nicht gut, auf die Hilfe anderer angewiesen zu sein. Ich vermeide es, mich an jemanden anzulehnen.	⓪	①	②	③
(32)	Ich neige dazu, mich von anderen Menschen abzuschotten. Mir geht es oft besser, wenn ich allein bin.	⓪	①	②	③
(33)	Meine Eigenständigkeit geht mir über alles. Lieber bin ich alleine, als dass ich mich von jemandem vereinnahmen lasse.	⓪	①	②	③
(34)	Das Wichtigste im Leben ist, dass ich nicht allein bin. Um nicht allein zu sein, bin ich zu vielen Kompromissen bereit.	⓪	①	②	③
(35)	Ich möchte ganz Herr meines Lebens sein. Ich hasse es, der Macht anderer ausgeliefert zu sein. Ich tue viel dafür, dass ich nicht in eine Position der Unterlegenheit, Ohnmacht und Abhängigkeit komme.	⓪	①	②	③
(36)	Ich fühle mich oft anderen Menschen oder Situationen ohnmächtig ausgeliefert.	⓪	①	②	③
(37)	Ich sehe es als meine Aufgabe an, für andere Menschen da zu sein. Für mich selbst brauche ich wenig.	⓪	①	②	③
(38)	Das Schönste für mich wäre, wenn ich für den Rest meines Lebens alles hätte, was ich brauche und was mir Spaß macht, und dass ich dafür keinen Finger krumm machen müsste.	⓪	①	②	③
(39)	Es ist mir sehr wichtig, zu denen zu gehören, die gesellschaftlich höher stehen. Mit einfachen, erfolglosen und unkultivierten Menschen will ich möglichst wenig zu tun haben.	⓪	①	②	③
(40)	Ich habe immer das Gefühl, dass ich mich sehr anstrengen muss, um die Anerkennung und Zuneigung anderer zu gewinnen. Wenn ich keine besonderen Leistungen erbringe, fühle ich mich wertlos. Wenn andere meine Leistungen nicht anerkennen, trifft mich das sehr.	⓪	①	②	③
(41)	Ich weiß, was ich will. Bei der Verfolgung meiner Interessen lasse ich mich von moralischen Bedenken wenig bremsen. Wenn ich kritisiert werde, lässt mich das kalt.	⓪	①	②	③

(42)	Ich nehme lieber die Verantwortung für etwas auf mich, als anderen die Schuld zu geben. Ich mache mir selbst oft Vorwürfe und habe das Gefühl, dass ich Strafe verdient habe. Wenn andere mich loben oder mir etwas schenken, kann ich das schwer annehmen.	⓪	①	②	③
(43)	Es ist mir wichtig, andere Menschen mit meiner Attraktivität in den Bann zu ziehen. Ich flirte gerne und nicht unbedingt nur mit einer Frau/einem Mann; man muss ja nicht gleich zusammen ins Bett gehen.	⓪	①	②	③
(44)	Ich kleide und verhalte mich eher unauffällig und bin eher ein unattraktiver Typ. Ich will auf keinen Fall die Eifersucht und den Neid anderer provozieren. Ich gebe mich lieber mit einer bescheideneren Stellung zufrieden, als Frieden und Harmonie mit anderen zu gefährden.	⓪	①	②	③
(45)	Wer ich bin, können andere am besten daran erkennen, wie ich aussehe, was ich beruflich tue, welche Familie und welche Freunde ich habe und zu welchen Überzeugungen ich mich bekenne.	⓪	①	②	③
(46)	Es fällt mir schwer zu sagen, wer ich eigentlich bin.	⓪	①	②	③

Welche der folgenden Aussagen treffen auf die Menschen (oder den Menschen) zu, die (der) in Ihrem heutigen Leben die wichtigsten sind (der wichtigste ist).

Kreuzen Sie bitte bei jeder Frage nur eine der vier Antwortmöglichkeiten an:

überhaupt nicht ⓪ ① ② ③ sehr

(47)	Sie (sie/er) lassen (lässt) mich in der Regel mein Ding alleine machen.	⓪	①	②	③
(49)	Sie (sie/er) nehmen (nimmt) in der Regel so gut wie keinen Einfluss auf mich.	⓪	①	②	③
(49)	Sie bewundern oder verehren mich.	⓪	①	②	③
(50)	Ich kann machen, was ich will. Sie lassen mir in der Regel alles durchgehen.	⓪	①	②	③
(51)	Sie bedrängen mich oft mit ihrer Zuneigung.	⓪	①	②	③
(52)	Sie vermeiden jeglichen Streit mit mir und wollen Harmonie um jeden Preis.	⓪	①	②	③
(53)	Sie kümmern und sorgen sich in der Regel sehr um mich.	⓪	①	②	③
(54)	Ich empfinde sie oft als aufdringlich und taktlos.	⓪	①	②	③
(55)	Sie mischen sich in alles ein und lassen mir in der Regel keinen Freiraum.	⓪	①	②	③
(56)	Sie bestimmen und kontrollieren mich und stellen ständig Ansprüche an mich.	⓪	①	②	③
(57)	Sie machen mich oft klein und lassen kein gutes Haar an mir.	⓪	①	②	③
(58)	Sie überhäufen mich immer wieder mit Vorwürfen. In der Regel bin ich an allem schuld.	⓪	①	②	③
(59)	Sie entziehen mir ihre Zuneigung.	⓪	①	②	③
(60)	Sie greifen mich immer wieder an und versuchen, mir zu schaden.	⓪	①	②	③
(61)	Sie vernachlässigen mich und lassen mich oft einfach im Stich.	⓪	①	②	③
(62)	Sie übersehen und ignorieren mich immer wieder.	⓪	①	②	③
(63)	Sie beanspruchen viel Freiraum und wollen immer alles auf ihre eigene Weise machen.	⓪	①	②	③
(64)	Sie widersetzen sich mir immer wieder.	⓪	①	②	③
(65)	Sie beanspruchen immer wieder, im Mittelpunkt zu stehen, und spielen sich vor mir auf.	⓪	①	②	③
(66)	Sie weisen in der Regel jegliche Schuld von sich.	⓪	①	②	③
(67)	Sie scheinen sich völlig zu verlieren und selbst aufzugeben, wenn ich ihnen Zuneigung zeige.	⓪	①	②	③
(68)	Sie liefern sich mir völlig aus und sind nicht mehr in der Lage, sich vor mir zu schützen.	⓪	①	②	③
(69)	Sie brauchen mich und klammern sich an mich an.	⓪	①	②	③
(70)	Sie grenzen sich mir gegenüber überhaupt nicht ab. Sie sind völlig durchlässig.	⓪	①	②	③
(71)	Sie suchen bei mir ständig Anleitung und Führung.	⓪	①	②	③

(72)	Sie passen sich mir total an und geben sich mir gegenüber völlig auf.	⓪	①	②	③
(73)	Sie machen sich oft selbst klein und lassen kein gutes Haar an sich.	⓪	①	②	③
(74)	Sie geben sich für alles die Schuld.	⓪	①	②	③
(75)	Sie verschließen sich oder laufen davon, wenn ich Zuneigung zeige.	⓪	①	②	③
(76)	Sie sind ständig vor mir auf der Hut und meinen, sich vor mir schützen zu müssen.	⓪	①	②	③
(77)	Sie wollen von meiner Hilfe in keiner Weise abhängig sein.	⓪	①	②	③
(78)	Sie ziehen sich in der Regel von mir zurück und schotten sich gegen mich ab.	⓪	①	②	③

Auswertungsschema für OPD-2-Fragebogen

Kreuzen [✗] Sie bei den entsprechenden Nummerierungen jene Fragen aus dem OPD-2-Fragebogen an, die der Proband mit ③ *trifft sehr zu* beantwortet hat. Hinter der jeweiligen Nummer lassen sich jene Beziehungs- und Konfliktthemen sowie Strukturaspekte ablesen, die aufgrund der signifikant positiven Beantwortung der jeweiligen Frage als psychodynamisch – und ggf. prognostisch – bedeutsam in Betracht gezogen werden müssen.

(1)	☐	anderen Freiraum lassen • pseudounabhängige, schizoide Strukturanteile
(2)	☐	andere anleiten • pseudounabhängige, schizoide Strukturanteile
(3)	☐	andere anerkennen • abhängige Strukturanteile
(4)	☐	andere verantwortlich machen • abhängige, ängstliche, depressive Strukturanteile
(5)	☐	Zuneigung zeigen • abhängige Strukturanteile
(6)	☐	Aggression zeigen • abhängige, ängstliche, depressive Strukturanteile
(7)	☐	sich kümmern • depressive Neurosenstruktur
(8)	☐	Gerechtigkeit erwarten • passiv-aggressive Strukturanteile
(9)	☐	Freiraum lassen • zwanghafte Neurosenstruktur
(10)	☐	andere anleiten • zwanghafte Neurosenstruktur
(11)	☐	andere anerkennen • schizoide, paranoide, passiv-aggressive, emotional instabile Strukturanteile
(12)	☐	andere verantwortlich machen • zwanghafte Neurosenstruktur
(13)	☐	Zuneigung zeigen • schizoide Neurosenstruktur
(14)	☐	Aggression zeigen • paranoide, emotional instabile Strukturanteile
(15)	☐	sich kümmern • narzisstische Strukturanteile
(16)	☐	Kontakt aufnehmen • schizoide Neurosenstruktur
(17)	☐	sich entfalten • narzisstische Strukturanteile.
(18)	☐	sich einordnen • pseudounabhängige, passiv-aggressive Strukturanteile
(19)	☐	sich zur Geltung bringen • narzisstische, histrionische Neurosenstruktur
(20)	☐	Schuld anerkennen • narzisstische Strukturanteile
(21)	☐	sich auf Zuneigung einlassen • abhängige, emotional instabile Strukturanteile
(22)	☐	sich schützen • abhängige, emotional instabile Strukturanteile
(23)	☐	sich anlehnen • abhängige Strukturanteile
(24)	☐	Kontakt zulassen • abhängige, emotional instabile Strukturanteile
(25)	☐	sich entfalten • abhängige Strukturanteile
(26)	☐	sich einordnen • abhängige, depressive Strukturanteile

(27)	☐	sich zur Geltung bringen • abhängige Strukturanteile, depressive Neurosenstruktur
(28)	☐	Schuld anerkennen • depressive, zwanghafte Neurosenstruktur
(29)	☐	sich auf Zuneigung einlassen • schizoide Neurosenstruktur
(30)	☐	sich schützen • pseudounabhängige Strukturanteile, schizoide Neurosenstruktur
(31)	☐	sich anlehnen • pseudounabhängige Strukturanteile, schizoide Neurosenstruktur
(32)	☐	Kontakt zulassen • pseudounabhängige Anteile, schizoide Neurosenstruktur
(33)	☐	Konfliktthema Bindung/Nähe: Individuation versus Abhängigkeit, aktiver Modus • pseudo-unabhängige Strukturanteile
(34)	☐	Konfliktthema Bindung/Nähe: Individuation versus Abhängigkeit, passiver Modus • abhängige Strukturanteile
(35)	☐	Konfliktthema Macht: Unterwerfung versus Kontrolle, aktiver Modus • pseudo-unabhängige Strukturanteile, zwanghafte Neurosenstruktur
(36)	☐	Konfliktthema Macht: Unterwerfung versus Kontrolle, passiver Modus • abhängige, passiv-aggressive, emotional instabile Strukturanteile
(37)	☐	Konfliktthema Versorgung versus Autarkie, aktiver Modus • depressive Neurosenstruktur
(38)	☐	Konfliktthema Versorgung versus Autarkie, passiver Modus • narzisstische, abhängige Strukturanteile
(39)	☐	Konfliktthema Selbstwert: Selbstwertgefühl versus Scham und Selbstzweifel, aktiver Modus • narzisstische Strukturanteile
(40)	☐	Konfliktthema: Selbstwertgefühl versus Scham und Selbstzweifel, passiver Modus • depressive, zwanghafte Neurosenstruktur
(41)	☐	Konfliktthema Schuld: egoistische versus prosoziale Tendenzen, aktiver Modus • narzisstische Strukturanteile
(42)	☐	Konfliktthema Schuld: egoistische versus prosoziale Tendenzen, passiver Modus + depressive Neurosenstruktur
(43)	☐	Konfliktthema Ödipus: Attraktivität und Rivalität versus Verzicht und Harmonie, aktiver Modus • histrionische Neurosenstruktur
(44)	☐	Konfliktthema Ödipus: Attraktivität und Rivalität versus Verzicht und Harmonie, passiver Modus • ängstliche Strukturanteile
(45)	☐	Konfliktthema Identität, aktiver Modus • narzisstische Strukturanteile
(46)	☐	Konfliktthema Identität, passiver Modus • emotional instabile Strukturanteile
(47)	☐	Freiraum lassen • pseudounabhängige, narzisstische, schizoide Strukturanteile
(48)	☐	andere anleiten • pseudounabhängige Strukturanteile, schizoide Neurosenstruktur
(49)	☐	andere anerkennen • narzisstische Strukturanteile
(50)	☐	andere verantwortlich machen • narzisstische Strukturanteile
(51)	☐	Zuneigung zeigen • pseudounabhängige Strukturanteile
(52)	☐	Aggression zeigen • abhängige, ängstliche, depressive Strukturanteile
(53)	☐	sich kümmern • abhängige, ängstliche Strukturanteile
(54)	☐	Kontakt aufnehmen • pseudounabhängige, schizoide Strukturanteile
(55)	☐	Freiraum lassen • abhängige, passiv-aggressive, pseudounabhängige Strukturanteile
(56)	☐	andere anleiten • zwanghafte, passiv-aggressive Strukturanteile
(57)	☐	andere anerkennen • abhängige, depressive, emotional abhängige, passiv-aggressive Strukturanteile
(58)	☐	verantwortlich machen • depressive, abhängige Strukturanteile
(59)	☐	Zuneigung zeigen • depressive, abhängige Strukturanteile
(60)	☐	Aggression zeigen • paranoide, emotional instabile Strukturanteile
(61)	☐	sich kümmern • abhängige, depressive, passiv-aggressive Strukturanteile

(62)	☐	Kontakt aufnehmen • depressive Neurosenstruktur
(63)	☐	sich entfalten • abhängige, depressive Strukturanteile
(64)	☐	sich einordnen • zwanghafte Neurosenstruktur
(65)	☐	sich zur Geltung bringen • depressive, ängstliche Strukturanteile
(66)	☐	Schuld anerkennen • zwanghafte Neurosenstruktur
(67)	☐	sich auf Zuneigung einlassen • narzisstische, histrionische Strukturanteile
(68)	☐	sich schützen • narzisstische Strukturanteile
(69)	☐	sich anlehnen • depressive, abhängige Strukturanteile
(70)	☐	Kontakt zulassen • abhängige, emotional instabile Strukturanteile
(71)	☐	sich entfalten • depressive, narzisstische Strukturanteile
(72)	☐	sich einordnen • narzisstische, emotional instabile Strukturanteile
(73)	☐	sich zur Geltung bringen • narzisstische Strukturanteile
(74)	☐	Schuld anerkennen • depressive, zwanghafte Neurosenstruktur
(75)	☐	sich auf Zuneigung einlassen • abhängige Strukturanteile
(76)	☐	sich schützen • emotional instabile, paranoide Strukturanteile
(77)	☐	sich anlehnen • abhängige, depressive Strukturanteile
(78)	☐	Kontakt zulassen • abhängige, paranoide, emotional instabile Strukturanteile

Literaturverzeichnis

Abel, G.G., Mittleman, M.S., Becker, J.V., Rathner, J. & Rouleau, J.L. (1988). Predicting Child Molesters Response to Treatment. *Annals of the New York Academy of Sciences, 528,* 223-234.

Adorno, T.W. (1996). *Negative Dialektik: Jargon der Eigentlichkeit.* Gesammelte Schriften, Bd. 6. Frankfurt am Main: Suhrkamp.

Ægisdóttir, S., White, M.J., Spengler, P.M., Maugherman, A.S., Anderson, L.A., Cook, R.S., Nichols, C.N., Lampropoulos, G.K., Walker, B.S., Cohen, G. & Rush, J.D. (2006). The meta-analysis of clinical judgment project: fifty-six years of accumulated research on clinical versus statistical prediction. *The Counseling Psychologist, 34,* 341-382.

Albrecht, P.-A., Dimmek, B., Gerdes-Röben, E., Grünebaum, R., Klassa, D; Kobbé, U., Niediek, T., Nowara, S., Pollähne, H., Schumann, V. & Tschuschke, P. (Westf. Arbeitskreis ›Maßregelvollzug‹) (1991). Lockerungen im Maßregelvollzug (§ 63 StGB) – ein ›kalkuliertes Risiko‹? *Neue Zeitschrift für Strafrecht, 11 (2),* 64-70.

Albrecht, P.-A., Dimmek, B., Gerdes-Röben, E., Grünebaum, R., Klassa, D; Kobbé, U., Niediek, T., Nowara, S., Pollähne, H., Schumann, V. & Tschuschke, P. (Westf. Arbeitskreis ›Maßregelvollzug‹). (1993). Mehrdimensionale Persönlichkeitsbeurteilung im Maßregelvollzug. Ein Beurteilungsbogen als Entscheidungsgrundlage zur Gefährlichkeitsprognose. *Psychiatrische Praxis, 20 (1),* 9-14.

Albrecht, P.-A., Grünebaum, R., Kobbé, U., Nowara, S. & Pollähne, H. (2003). ›Wenn das Böse bleibt‹ – schwinden Humanität und Rechtsstaatlichkeit. *DIE ZEIT vom 17.07.2003.* Open-access-Publ.: http://www.zeit.de/2003/31/replik (Stand: 31.01.2017).

Alex, M. (2012). Frank Urbanioks Präventionsszenario – ein ideologiefreies Konzept? *Kriminalistik, 66 (7),* 447-448.

Alex, M. (2013). *Nachträgliche Sicherungsverwahrung – ein rechtsstaatliches und kriminalpolitisches Debakel.* Holzkirchen: Felix.

Alex, M. & Feltes, T. (2011). ›Ich sehe was, was Du nicht siehst – und das ist krank!‹ – Thesen zur psychiatrisierenden Prognosebegutachtung von Straftätern. *Monatsschrift für Kriminologie und Strafrechtsreform, 94,* 280-284.

Alex, M. & Feltes, T. (2016). The problem of risk assessment: can better crime prognoses reduce recidvism? In: Kury, H., Redo, S. & Shea, E. (Eds.), *women and children as victims and offenders: background, prevention reintegration* (453-575). Heidelberg: Springer.

Alex, M., Feltes, T. & Kudlacek, J. (2013). Qualitätssicherung von Prognosegutachten. *Strafverteidiger, 33 (4)*, 259-267.

Alter, J., Tsuei, C. & Chein, D. (1997). *Recidivism of adult felons*. On-line-Publ.: http://www.auditor.leg.state.mn.us/ped/1997/felon97.htm (Stand: 31.01.2017).

Althusser, L. (1968a). Lénine et la philosophie. In: Althusser, L. (éd.), *Solitude de Machiavel* (103-144). Paris: PUF.

Althusser, L. (1968b). Lenin und die Philosophie. In: Althusser, L. (Hrsg.), *Lenin und die Philosophie* (7-46). Reinbek: Rowohlt.

Althusser, L. (1974). *Philosophie et philosophie spontanée des savants*. Paris: Maspero.

American Academy of Psychiatry and the Law (2005). *Ethics guidelines for the practice of forensic psychiatry*. Online-Publ.: http://www.aapl.org/ethics-guidelines (Stand: 31.01.2017).

American Psychiatric Association (2013). *Diagnostic and statistical manual of mental disorders. 5th edition, text revision. DSM-5*. Washington, DC; London: APA.

American Psychological Association (2012). Specialty guidelines for forensic psychology. *American Psychologist, 68*, 7-19.

Andrews, D. (1995). The Psychology of Criminal Conduct and effective treatment. In: Mc Guire, J. (Ed.), *What works: reducing reoffending. Guidelines from research and practice* (35-62). Chichester, New York: Wiley & Sons.

Andrews, D.A. & Bonta, J. (1995). *The level of service inventory – revised*. Toronto: Multi-Health Systems.

Andrews, D.A. & Bonta, J. (1998). *The psychology of criminal conduct*. Cincinnati, OH: Anderson.

Andrews, D.A. & Bonta, J. (2006). *The psychology of criminal conduct*. Southington: Anderson.

Andrews, D.A. & Bonta, J. (2010a). *The psychology of criminal conduct*. Newark: Matthew Bender.

Andrews, D.A. & Bonta, J. (2010b). Rehabilitation criminal justice policy and practice. Psychology, public policy, and law. *American Psychological Association, 16 (1)*, 39-55.

Andrews, D.A., Bonta, J. & Hoge, R.D. (1990). Classification for effective rehabilitation: Rediscovering psychology. *Criminal Justice and Behavior, 17*, 19-52.

Andrews, D.A., Bonta, J., Wormith, J.S., Guzzo, L., Brews, A., Rettinger, J. & Rowe, R. (2011). Sources of variability in estimates of predictive validity: a specification with level of service general risk and need. *Criminal Justice and Behavior, 38 (5)*, 413-432. [doi:10.1177/0093854811401990].

Arbeitskreis OPD (Hrsg.) (2009). *Operationalisierte Psychodynamische Diagnostik OPD-2. Das Manual für Diagnostik und Therapieplanung.* Bern: Huber.

Association for the Treatment of Sexual Abusers (2010). *Civil commitment of sexually violent predators.* Online-Publ.: http://www.atsa.com/civil-commitment-sexually-violent-predators (Stand: 09.10.2016).

Augimeri, L.K., Koegl, C.J., Webster, C.D. & Levene, K.S. (2001). *Early assessment risk list for boys (EARL-20B): Version 2.* Toronto: Earlscourt Child and Family Centre.

Babchishin, K.M. & Hanson, R.K. (2009). Improving our talk: Moving beyond the "low", "moderate", and "high" typology of risk communication. *Crime Scene, 16,* 11-14. Online-Publ.: http://www.cpa.ca/cpasite/UserFiles/Documents/Criminal%20Justice/Crime%20Scene%202009-05(1).pdf (Stand: 31.01.2017).

Bachelard, G. (2011). *La formation de l'esprit scientifique.* Paris: Vrin.

Baier, D., Pfeiffer, C., Rabold, S., Simonson, J. & Kappes, C. (2010). *Kinder und Jugendliche in Deutschland: Gewalterfahrungen, Integration, Medienkonsum: Zweiter Bericht zum gemeinsamen Forschungsprojekt des Bundesministeriums des Innern und des KFN (No. 109).* Hannover.

Bakan, D. (1966). *The duality of human existence. An essay on psychology and religion.* Chicago: Rand McNally.

Balier, C., Ciavaldini, A. & Girard-Khayat, M. (1997). *Questionnaire d'Investigation Clinique Pour les Auteurs d'Agressions Sexuelles (QICPAAS).* Grenoble: ARTAAS.

Barbaree, H.E., Langton, C.M. & Peacock, E.J. (2006). The factor structure of static actuarial items: Ist relation to prediction. *Sexual Abuse: A Journal of Research and Treatment, 18 (2),* 207-226.

Barnett, W., Richter, P., Sigmund, D. & Spitzer, M. (1997). Recidivism and concomitant criminality in pathological fire setters. *J Forensic Sci, 42 (5),* 879-883.

Bar-Tal, D., Chernyak-Hai, L., Schori, N. & Gundar, A. (2009). A sense of self-perceived collective victimhood in intractable conflicts. *International Review of the Red Cross, 91 (874),* 229. [doi:10.1017/S1816383109990221].

Baumer, E., Gunnlaugsson, H., Kristinsdottir, K. & Wright, R. (2000). A study of recidivism in Iceland (Itrekunartioni afbrota a Islandi). *Timarit Logfraedinga, 51 (1),* 25-41.

Baumert, A., Beierlein, C., Schmitt, M., Kemper, C.J., Kovaleva, A., Liebig, S. & Rammstedt, B. (2013). Measuring four perspectives of justice sensitivity with two items each. *Journal of Personality Assessment, 96 (3),* 380-390.

Bayes, T. & Price, R. (1763). An Essay towards solving a problem in the doctrine of chances. *Philosophical Transactions of the Royal Society of London* (370-418).

Beauchamp, T.L.l. & Childress, J.F. (2008). *Principles of biomedical ethics.* Oxford: University Press.

Beck, A.J. & Shipley, B.E. (1997). *Recidivsm of prisoners released in 1983.* Washington, D.C.: U.S. Department of Justice, Office of Justice Programs.

Beck, U. (1986). *Risikogesellschaft. Auf dem Weg in eine andere Moderne.* Frankfurt am Main: Suhrkamp.

Beck, U. (2007). *Weltrisikogesellschaft. Auf der Suche nach der verlorenen Sicherheit.* Frankfurt am Main: Suhrkamp.

Becker, J. (2009). *Tatverarbeitung und Trauma: Validierung eines Fragebogens zur Tatverarbeitung unter Berücksichtigung früher Misshandlungs- und Missbrauchserlebnisse und postdeliktischer Belastungssymptome.* Unveröffentlichte Diplomarbeit. Kiel: Christian-Albrechts-Universität, Institut für Psychologie.

Becker, K. (2009). *Sicherungsverwahrung – die Bedeutung des Sachverständigen für die gerichtliche Prognoseentscheidung.* Holzkirchen: Felix.

Becker-Toussaint, H. (1984). Der Angeklagte vor seinem Gutachter. Zur Psychodynamik und rechtlichen Problematik psychiatrischer und psychoanalytischer Gutachten in der Hauptverhandlung. In: Menne, K. (Hrsg.), *Psychoanalyse und Justiz. Zur Begutachtung und Rehabilitation von Straftätern* (41-54). Baden-Baden: Nomos.

Bedau, H.A. (1982). *The death penalty in America.* Oxford: Oxford University Press.

Beggs, S.M. & Grace, R.C. (2010). Assessment of dynamic risk factors: An independent validation study of the violence risk scale: sexual offender version. *Sexual Abuse: A Journal of Research and Treatment, 22,* 234-251.

Beggs, S.M. & Grace, R.C. (2011). Treatment gain for sexual offenders against children predicts reduced recidivism: A comparative validity study. *Journal of Consulting and Clinical Psychology, 79,* 182-192.

Beier, K.M. (1995). *Dissexualität im Lebenslängsschnitt.* Berlin, Heidelberg, New York: Springer.

Beierlein, C., Baumert, A., Schmitt, M., Kemper, C.J., Kovaleva, A. & Rammstedt, B. (2012). *Kurzskalen zur Messung der Ungerechtigkeitssensibilität: Die Ungerechtigkeitssensibilität-Skalen-8 (USS-8).* GESIS-Working Papers 2012/21. Köln: Leibniz-Institut für Sozialwissenschaften. Online-Publ: http://www.gesis.org/fileadmin/_migrated/content_uploads/ USS8_Workingpaper.pdf (Stand: 31.12.2017)

Beiser, K., Sagebiel, J. & Vlecken, S. (2009). Problem- und Ressourcenanalyse. Voraussetzung für das Erstellen eines sozialarbeitswissenschaftlich begründeten Befundes (Diagnose). In: Pantucek, P. & Röh, D. (Hrsg.),

Perspektiven Sozialer Diagnostik. Über den Stand der Entwicklung von Verfahren und Standards (267-301). Münster: LIT.

Belfrage, H. (1998). New evidence for a relation between mental disorder and crime. *British Journal of Criminology, 38,* 145-154.

Benjamin, W. (1940). Über den Begriff der Geschichte. In: Tiedemann, R. & Schweppenhäuser, H., (Hrsg., 1991), *Gesammelte Werke, Bd. I/2* (691-704). Frankfurt am Main: Suhrkamp.

Berckhauer, F. & Hasenpusch, B. (1982). Legalbewährung nach Strafvollzug. Zur Rückfälligkeit der 1974 aus dem niedersächsischen Strafvollzug Entlassenen. In: Schwind, H.-D. & Steinhilper, M. (Hrsg.), *Modelle zur Kriminalitätsvorbeugung und Resozialisierung. Beispiele praktischer Kriminalpolitik in Niedersachsen (Vol. 2).* Heidelberg: Kriminologische Forschung; Schriftenreihe des Niedersächsischen Ministeriums der Justiz.

Berner, W. & Bolterauer, J. (1995). 5-Jahres-Verläufe von 46 aus dem therapeutischen Strafvollzug entlassenen Sexualdelinquenten. *Recht und Psychiatrie, 13,* 114-118.

Berufsverband Deutscher Psychologinnen und Psychologen (2005). *Ethische Richtlinien der Deutschen Gesellschaft für Psychologie e.V. und des Berufsverbands Deutscher Psychologinnen und Psychologen e.V.* (zugleich Berufsordnung des Berufsverbands Deutscher Psychologinnen und Psychologen e.V.). Online-Publ.: http://www.hw.uni-wuerzburg.de/fileadmin/06020000/download/Ethische_Richtlinien_der_DGPs_und_des_BDP.pdf (Stand: 31.01.2017).

Bezzel, A. (2010). Können Patienten aus dem Maßregelvollzug (§ 64 StGB) resozialisiert werden? Die Regensburger Katamnesestudie. *Forensische Psychiatrie, Psychologie, Kriminologie, 4,* 264-268.

Bjorkly S. & Havic O.E. (2003). TCO symptoms as markers of violence in a sample of severely violent psychiatric inpatients. *International Journal of Forensic Mental Health, 2 (1),* 87-97.

BKA – Bundeskriminalamt (2000). *Polizeiliche Kriminalstatistik 1999.* Online-Publ.: http://www.bka.de/pks/pks1999/index2.html (Stand: 31.01.2017).

BKA – Bundeskriminalamt (2015). *Polizeiliche Kriminalstatistik.* Online-Publ.: https://www.bka.de/DE/AktuelleInformationen/StatistikenLagebilder/PolizeilicheKriminalstatistik/PKS2015/pks2015_node.html (Stand: 31.01.2017).

Blain, A. (1960). *The Mentally ill Offender.* Atascadero, CA: Atascadero State Hospital.

Bloch, E. (1911). Brief an Georg Lukács vom 12.07.1911. In: Bloch, E. (Hrsg., 1985), *Briefe 1903 bis 1975, Bd. 1* (41). Frankfurt am Main: Suhrkamp.

Böllinger, L. (1996). Forensische Psychiatrie und postmoderne Kriminalpolitik. *Forensische Psychiatrie und Psychotherapie, 4 (1),* 79-96.

Boer, D.P., Haaven, J., Lambrick, F., Lindsay, W.L., McVilly, K.R., Sakdalan, J. & Frize, M. (2013). *The assessment of risk and manageability for intellectually disabled individuals who offend sexually (ARMIDILO-S)*. Online-Publ.: http://www.armidilo.net (Stand: 31.01.2017).

Boer, D.P. & Hart, S.D. (2009). Sexual Violence Risk Assessment Using the SVR-20. Seminar vor dem jährlichen Kongress der International Association of Forensic Mental Health Services, Edinburgh, Schottland.

Boer, D.P., Hart, S.D., Kropp, P.R. & Webster, C.D. (1997). *Manual for the Sexual Violence Risk-20. Professional guidelines for assessing risk of sexual violence.* Vancouver, BC: British Columbia Institute on Familiy Violence and Mental Health, Law, & Policy Institute, Simon Fraser University.

Boetticher, A., Dittmann, V., Nedopil, N., Nowara, S. & Wolf, T. (2009). Zum richtigen Umgang mit Prognoseinstrumenten durch psychiatrische und psychologische Sachverständige und Gerichte. *Neue Zeitschrift für Strafrecht, 29 (9),* 478-481.

Boetticher, A., Kröber, H.-L., Müller-Isberner, R., Böhm, K.-M., Müller-Metz, R. & Wolf, T. (2006). Mindestanforderungen für Prognosegutachten. *Neue Zeitschrift für Strafrecht, 26 (10),* 537-544.

Boetticher, A., Kröber, H.-L., Müller-Isberner, R., Böhm, K.M. & Müller-Metz, R. (2007). Mindestanforderungen für Prognosegutachten. *Forensische Psychiatrie, Psychologie, Kriminologie, 1,* 90-100.

Boetticher, A., Nedopil, N., Bosinski, H. & Saß, H. (2005). Mindestanforderungen für Schuldfähigkeitsgutachten. *Neue Zeitschrift für Strafrecht, 25 (2),* 57-62.

Boetticher, A., Nedopil, N., Bosinski, H. A. G. & Saß, H. (2007). Mindestanforderungen für Schuldfähigkeitsgutachten. *Forensische Psychiatrie, Psychologie, Kriminologie, 1,* 3-9.

Bohus, M., Stieglitz, R.D., Fiedler, P. & Berger, M. (1999). Persönlichkeitsstörungen. In: Berger, M. (Hrsg.), *Psychiatrie und Psychotherapie* (771-845). München, Jena: Urban & Fischer.

Bollen, K.A. (1989). *Structural equations with latent variables.* New York: Wiley.

Bondü, R. & Krahé, B. (2014). Links of justice and rejection sensitivity with aggression in childhood and adolescence. *Aggressive Behavior, 41 (4),* 353-368.

Bonta, J., Law, M. & Hanson, K. (1998. The prediction of criminal and violent recidivism among mentally disordered offenders: A meta-analysis. *Psychological Bulletin, 123,* 123-142.

Borchard, B. & Gnoth, A. (2017). *FOTRES – Forensisches Operationalisiertes Therapie-Risiko-Evaluations-System* [a.a.O. in diesem Band].

Borduin, C.M., Henggelar, S.W., Blaske, G.M. & Stein, R.J. (1990). Multisystemic treatment of adolescent sexual offenders. *International Journal of Offender Therapy and Comparative Criminology, 34,* 105-113.

Borkenau, P. & Ostendorf, F. (2008). *NEO-Fünf-Faktoren-Inventar nach Costa und McCrae (NEO-FFI)*. Göttingen: Hogrefe.

Bortz, J. & Döring, N. (2006). *Forschungsmethoden und Evaluation für Human- und Sozialwissenschaftler*. Berlin, Heidelberg, New York: Springer.

Borum, R., Bartel, P. & Forth, A. (2001). *Manual for the structured assessment for violence risk in youth (SAVRY): Consultation version.* Tampa, FL: University of South Florida, Florida Mental Health Institute.

Borum, R., Bartel, P. & Forth, A. (2008). *SAVRY research tables.* Online-Publ.: https://de.scribd.com/document/23944617/Savry-Research-Tables (Stand: 31.01.2017).

Borum, R., Lodewijks, H., Bartel, P.A. & Forth, A. (2010). Structured Assessment of Violence Risk in Youth (SAVRY). In: Otto, R.K. & Douglas, K.S. (Eds.), *Handbook of violence risk assessment* (63-80). New York, NY: Routledge.

Bouch, J. & Marshall, J.J. (2005). Suicide risk: Structured professional judgement. *Advances in Psychiatric Treatment, 11,* 84-91.

Brand, T. (2005). *Verurteilte Sexualstraftäter: Evaluation ambulanter psychotherapeutischer Behandlung – Eine empirischen Untersuchung von Angeboten freier Träger zur Prävention von Sexualdelikten in Nordrhein-Westfalen.* Hamburg: LIT.

Bremer, K. (2010). *Tatverarbeitung und Kriminalprognose: Weiterentwicklung eines Fragebogens zur Erhebung von Tatverarbeitung und Untersuchung der Bedeutung des Konstruktes für die Kriminalprognose.* Unveröffentlichte Diplomarbeit. Kiel: Christian-Albrechts-Universität, Institut für Psychologie.

Brettel, H. & Höffler, K. (2016). Der aktuelle ›Entwurf eines Gesetzes zur Novellierung des Rechts der Unterbringung‹ und seine Auswirkungen auf die Begutachtungspraxis. *Zeitschrift für Medizinstrafrecht, 2 (2),* 67-71.

Briken, P., Berner, W., Noldus, J., Nika, E. & Michl, U. (2000). Therapie mit dem LHRH-Agonisten Leuprorelinacetat bei Paraphilien und sexuell aggressiven Impulshandlungen. *Der Nervenarzt, 71 (5),* 380-385.

Broadhurst, R. & Loh, N. (1993). *Sex and violent offenders: probabilities of reimprisonment.* Conference paper. Australian Institute of Criminology, Canberra: Symposium on Offender Management.

Broadhurst, R. & Loh, N. (2003. The probabilities of sex offender re-arrest. *Criminal Behaviour and Mental Health, 13,* 121-139.

Broadhurst, R., Maller, R., Maller, M. & Bouhours, B. (2016). *The recidivism of homicide offenders in Western Australia.* Canberra: Australian National University. Online-Publ.: http://ssrn.com/abstract=2712091 (Stand: 31.01.2017).

Brown, J. & Singh, J.P. (2014). Forensic risk assessment: a beginner's guide. *Archives of Forensic Psychology, 1 (1),* 49-59.

Bundesarbeitsgemeinschaft für Straffälligenhilfe e.V. (2003). *BAG-S Sonderauswertung: Lebenslagen straffällig gewordener Menschen.* Online-Publ.: http://www.bag-s.de/fileadmin/user_upload/PDF/sonderauswert.pdf (Stand: 31.01.2017).

Bundesgerichtshof (2007). *Beschluss vom 06.12.2007 (3 StR 355/07).* Online-Publ.: http://juris.bundesgerichtshof.de/cgi-bin/rechtsprechung/docu ment.py?Gericht=bgh&Art=en&sid=795b2b091ac69f46d1661153f2959a4 e&nr=42708&pos=2&anz=34 (Stand: 09.10.2016).

Bundesgerichtshof (2010). *Beschluss vom 30.03.2010 (3 StR 69/10).* Online-Publ.: http://juris.bundesgerichtshof.de/cgi-bin/rechtsprechung/docu ment.py?Gericht=bgh&Art=en&sid=4ae652660704488b0fbeda5d8bfdc9 ab&nr=51833&pos=1&anz=2 (Stand: 09.10.2016).

Bundeskriminalamt (2016). *Polizeiliche Kriminalstatistik 2015.* Online-Publ.: http://www.bmi.bund.de/https://www.bka.de/DE/AktuelleInforma tionen/StatistikenLagebilder/PolizeilicheKriminalstatistik/PKS2015/ pks2015_node.html (Stand: 31.01.2017).

Burgess, E.W. (1928). Factors determining success or failure on parole. In: Bruce, A.A., Harno, A.J., Burgess, E.W. & Landesco, J. (Eds.), *The workings of the indeterminate sentence law and the parole system in Illinois* (221-234). Springfield, IL: State Board of Parole.

Burkert, J.M., Ewald, E. & Hosser, D. (2016). *Validierung der deutschen Übersetzung des ‚Test of Self-Conscious Affects – Special Population‘ (TOSCA-SP).* Posterpräsentation. 50. Kongress der Deutschen Gesellschaft für Psychologie (DGPs) 18.-22.09.2016. Leipzig.

Cabeen, C. & Coleman, J. (1961). Group therapy with sex offenders: description and evaluation of group therapy program in an institutional setting. *Journal of Clinical Psychology, 17,* 122-129.

Caldwell, M.F. (2016). Quantifying the decline in juvenile sexual recidivism rates. *Psychology, Public Policy, and Law* (18.07.2016). Online-Publ.: http://psycnet.apa.org/psycinfo/2016-35228-001/ (Stand: 31.01.2017).

Canestrini, K. (1993). *Wallkill optical program follow up.* New York: New York State Department of Correctional Services.

Cannon, C.K. & Quinsey, V.L. (1995). The likelihood of violent behaviour: prediction, postdiction and hindsight bias. *Canadian Journal of Behavioural Science, 27,* 92-106.

Carpenter, T.P., Tignor, S.M., Tsang, J.A. & Willett, A. (2016). Dispositional self-forgiveness, guilt-and shame-proneness, and the roles of motivational tendencies. *Personality and Individual Differences, 98,* 53-61.

Caruso, I.A. (1972). *Soziale Aspekte der Psychoanalyse.* Reinbek: Rowohlt.

Chirkov, V. (2009). Summary of the criticism and of the potenzial ways to improve acculturation psychology. *International Journal of Intercultural Relations, 33 (2),* 177-180. [doi:10.1016/j.ijintrel.2009.03.005].

Christiansen, K., Elers-Nielson, M., Lamaire, L. & Sturup, G.K. (1965). *Recidivism among sex offenders.* London: Tavistock.

Ciompi, L. (1997). *Die emotionalen Grundlagen des Denkens. Entwurf einer fraktalen Affektlogik.* Göttingen: Vandenhoeck & Ruprecht.

Cleckley, H. (1976). The mask of sanity. St. Louis: Mosby.

Cohen, A.B. (2009). Many forms of culture. *American Psychologist, 64 (3),* 194-204. [doi:10.1037/a0015308].

Cohen, D., Nisbett, R.E., Bowdle, B.F. & Schwarz, N. (1996). Insult, aggression, and the southern culture of honor: An ›experimental ethnography‹. *Journal of Personality and Social Psychology, 70 (5),* 945-960. [doi:10.1037/0022-3514.70.5.945].

Coid, J.W., Hickey, N. & Yang, M. (2007). Comparison of outcomes following after-care from forensic and general adult psychiatric services. *British Journal of Psychiatry, 190,* 509-514.

Cooke, D.J. & Michie, C. (2010). Limitations of diagnostic precision and predictive utility in the individual case: a challenge for forensic practice. *Law and Human Behavior, 34 (4),* 259-274.

Coolidge, F.L., Becker, L.A., Di Rito, D.C., Durham, R.L., Kinlaw, M.W. & Philbrick, P.B. (1994). On the relationship of the five-factor person ality model to personality disorders: Four reservations. *Psychological Reports, 75,* 11-21

Cornu, F. (1973a). Case histories of castrated sex offenders from a forensic psychiatric viewpoint. *Bibl Psychiatr, 149,* 1-132.

Cornu, F. (1973b). Katamnesen bei kastrierten Sittlichkeitsdelinquenten aus forensisch-psychiatrischer Sicht. *Bibliotheca Psychiatrica, 149,* 126-129.

Cottle, C.C., Lee, R.J. & Heilbrun, K. (2001). The prediction of criminal recidivism in juvenils. A meta-analysis. *Criminal Justice And Behavior, 28 (3),* 367-394.

Cronbach, L.J. (1951). Coefficient alpha and the internal structure of tests. *Psychometrika, 16,* 297-334.

Crowne, D.P. & Marlowe, D. (1960). A new scale of social desirability independent of psychopathology. *Journal of Consulting Psychology, 24,* 349-354.

Cunningham, M.D. & Reidy, T.J. (1999). Don't confuse me with facts. Common errors in violence risk assessment at capital sentencing. *Criminal Justice and Behavior, 26,* 20-43.

Dahle, K.-P. (1993). Therapie als (Aus)Weg? – Eine Untersuchung zu therapiebezogenen Einstellungen von Strafgefangenen. *Zeitschrift für Bewährungshilfe, 40,* 401-407.

Dahle, K.-P. (1997). Kriminalprognosen im Strafrecht. Psychologische Aspekte individueller Verhaltensvorhersagen. In: Steller, M. & Volbert, R.

(Hrsg.), *Psychologie im Strafverfahren. Ein Handbuch* (119-140). Bern: Huber.

Dahle, K.-P. (2005). *Psychologische Kriminalprognose. Wege zu einer integrativen Methodik für die Beurteilung der Rückfallwahrscheinlichkeit bei Strafgefangenen.* Herbolzheim: Centaurus.

Dahle, K.-P. (2006). Grundlagen und Methoden der Kriminalprognose. In: Kröber H.-L., Dölling, D., Leygraf, N. & Saß, H. (Hrsg.), *Handbuch der forensischen Psychiatrie, Band 3* (1-67). Darmstadt: Steinkopff.

Dahle, K.-P. (2007). Methodische Grundlagen der Kriminalprognose. *Forensische Psychiatrie, Psychologie, Kriminologie, 1,* 101-110.

Dahle, K.-P. (2010a). Die Begutachtung der Gefährlichkeit- und Kriminalprognose des Rechtsbrechers. In: Volbert, R. & Dahle, K.-P. (Hrsg.), *Forensisch-psychologische Diagnostik im Strafverfahren* (67-114). Göttingen: Hogrefe.

Dahle, K.-P. (2010b). *Psychologische Kriminalprognose. Wege zu einer integrativen Methodik für die Beurteilung der Rückfallwahrscheinlichkeit bei Strafgefangenen.* Freiburg: Centaurus.

Dahle, K.-P. (2013). (Sach-)Verständige Auswahl und Integration von Basisrateninstrumenten und Prognoseinstrumenten der ‚dritten Generation‘. In: Rettenberger, M. & Franqué, F. von (Hrsg.), *Handbuch kriminalprognostischer Verfahren* (337-346). Göttingen, Bern, Wien: Hogrefe.

Dahle, K.-P., Bliesener, T., Gretenkord, L. & Schwabe-Höllein, M. (2012). Qualitätssicherung in der forensischen Psychologie. Die zertifizierte Weiterbildung zum Fachpsychologen für Rechtspsychologie BDP/DGPs. *Forensische Psychiatrie, Psychologie, Kriminologie, 6,* 243-249.

Dahle, K.-P. & Lehmann, R.J.B. (2013). Klinisch-idiografische Kriminalprognose. In: Rettenberger, M. & Franqué, F. von (Hrsg.), *Handbuch kriminalprognostischer Verfahren* (347-356). Göttingen, Bern, Wien: Hogrefe.

Dahle, K.-P. & Lehmann, R.J.B. (2016). Beiträge der deutschsprachigen forensischen Verhaltenswissenschaft zur kriminalprognostischen Methodenentwicklung. *Forensische Psychiatrie, Psychologie, Kriminologie, 10,* 248-257.

Dahle, K.-P. & Schmidt, S. (2014). Prognostische Validität des Level of Service Inventory-Revised. *Forensische Psychiatrie, Psychologie, Kriminologie, 8 (2),* 104-115. [doi:10.1007/s11757-014-0256-5].

Dahle, K.-P. & Schneider-Njepel, V. (2014). Rückfall- und Gefährlichkeitsprognose bei Rechtsbrechern. In: Bliesener, T., Lösel, F. & Köhnken, G. (Hrsg.), *Lehrbuch Rechtspsychologie* (422-469). Bern: Hans Huber.

Dahle, K.-P. & Schneider-Njepel, V. (2015). *Integrative Methoden der Rückfallprognose bei jugendlichen und heranwachsenden Sexual- und Gewaltstraftätern.* Unveröffentlichter Endbericht für die DFG.

Dahle, K.-P., Schneider, V. & Ziethen, F. (2007). Standardisierte Instrumente zur Kriminalprognose. *Forensische Psychiatrie, Psychologie, Kriminologie, 1,* 15-26.

Daly, K. (1994). *Gender, crime and punishment.* New Haven: Yale University Press.

Dammann, G. & Overkamp, B. (2004). Diagnose, Differentialdiagnose und Komorbidität dissoziativer Störungen des Bewusstseins. In: Reddemann, L., Hofmann, A. & Gast, H. (Hrsg.), *Psychotherapie der dissoziativen Störungen* (3-25). Stuttgart: Thieme.

Dembo, T. (1931). Ärger als dynamisches Problem. *Psychologische Forschung, XV,* 84-90.

Denson, N. (2009). Do curricular and cocurricular diversity activities influence racial bias?: A meta-analysis. *Review of Educational Research, 79 (2),* 805-838. [doi:10.3102/0034654309331551].

Devereux, G. (1967). *Angst und Methode in den Verhaltenswissenschaften.* München: Hanser.

Devereux, G. (1972). Thesen. In: Devereux, G. (1984), *Ethnopsychoanalyse. Die komplementaristische Methode in den Wissenschaften vom Menschen* (11-26). Frankfurt am Main: Suhrkamp.

Dilling, H., Mombour, W. & Schmidt, M.H. (Hrsg.) (1992). *Internationale Klassifikation psychischer Störungen ICD-10, Kapitel V (1). Klinisch-diagnostische Leitlinien.* Bern: Huber.

Dimmek, B., Brunn, D.E., Meier, S., Stremmel, M., Suer, P., Westendarp, A.M., & Westendarp, H. (2010). *Bewährungsverlauf und Wiedereingliederung suchtkranker Rechtsbrecher.* Lengerich: Pabst Science Publishers.

Dittmann V. (Bearb.) (1999). *Kriterien zur Beurteilung des Rückfallrisikos besonders gefährlicher Straftäter. Arbeitsinstrument der Fachkommissionen des Strafvollzugskonkordats der Nordwest- und Innerschweiz, Version 2.* Basel: PUK.

Dittmann, V. (2000). Was kann die Kriminalprognose heute leisten? In: Bauhofer, S., Bolle, P.H. & Dittmann, V. (Hrsg.), *»Gemeingefährliche« Straftäter* (67-95). Chur, Zürich: Rüegger.

Dix, G. (1976). Determining the continued dangerousness of psychologically abnormal sex offenders. *Journal of Psychiatry and the Law, 3,* 327-344.

Doren, D.M. (2004). Toward a multidimensional model for sexual recidivism risk. *Journal of Ineterpersonal Violence, 19,* 835-856.

Douglas, K.S. (2010). *Violence risk assessment and management. Using structured professional judgement and the HCR-20.* Seminar im Rahmen der Hainaer Forensik-Tage 2010. Gießen: Institut für forensische Psychiatrie Haina e.V./Vitos Klinik für forensische Psychiatrie Haina.

Douglas, K.S., Cox, D.N. & Webster, C. (1999). Violence risk assessment: Science and practice. *Legal and Criminological Psychology, 4,* 149-184.

Douglas, K.S., Hart, S.D., Webster, C.D. & Belfrage, H. (2013). *HCR-20 (Version 3): Assessing risk of violence – User guide.* Burnaby, BC: Mental Health, Law, and Policy Institute, Simon Fraser University.

Douglas, K.S., Hart, S.D., Webster, C.D. & Belfrage, H. (2014). *Die Vorhersage von Gewalttaten mit dem HCR-20V3. Benutzerhandbuch.* Deutsche Version. Gießen: Institut für Forensische Psychiatrie Haina e.V.

Douglas, K.S. & Reeves, K.A. (2010). Historical-Clinical-Risk Management-20 (HCR-20) violence risk assessment scheme: Rationale, application, and empirical overview. In: Otto, R.K. & Douglas, K.S. (Eds.), *Handbook of violence risk assessment* (147-187). New York: Taylor & Francis.

Douglas, K.S., Shaffer, C., Blanchard, A., Guy, L.S., Reeves, K. & Weir, J. (2014). *HCR-20 violence risk assessment scheme: Overview and annotated bibliography.* HCR-20 violence risk assessment white paper series, #1. Burnaby, BC: Mental Health, Law, and Policy Institute, Simon Fraser University.

Douglas, K.S., Webster, C.D., Eaves, D., Hart, S.D. & Ogloff, J.R.P. (2001). *The HCR-20 violence risk management companion guide.* Vancouver, BC: Mental Health, Law, and Policy Institute, Simon Fraser University/Tampa, FL, Department of Mental Health Law & Policy, University of South Florida.

Dresing, T. & Pehl, T. (2013). *Praxishandbuch Interview, Transkription & Analyse: Anleitung und Regelsysteme für qualitative Forschung.* Marburg: Dresing & Pehl.

Duncker, H. (2002). Zur Rolle des Vaters – Überlegungen zu ethischen Fragen in der Praxis der forensischen Psychiatrie. *Forensische Psychiatrie und Psychotherapie, 9 (3),* 45-57.

Dünkel, F. & Geng, B. (1994). Rückfall und Bewährung von Karrieretätern nach Entlassung aus dem sozialtherapeutischen Behandlungsvollzug und aus dem Regelvollzug. In: Steller, M., Dahle, K.-P. & Basqué, M. (Hrsg.), *Straftäterbehandlung. Argumente für eine Revitalisierung in Forschung und Praxis* (35-59). Pfaffenweiler: Centaurus.

Durose, M.R., Cooper, A.D. & Snyder, H.N. (2014). *Recidivism of prisoners released in 30 states in 2005: patterns from 2005 to 2010.* Washington D.C.: U.S. Department of Justice.

Dwairy, M. (2002). Foundations of psychosocial dynamic personality theory of collective people. *Clinical Psychology Review, 22 (3),* 343-360. [doi:10.1016/S0272-7358(01)00100-3].

Dyce, J.A. & O'Connor, B.P. (1998). Personality disorders and the five factor model: A test of facet-level predictions. *Journal of Personality Disorders, 12,* 31-45.

Edlund, M. (2001). *Persons found guilty of criminal offenses, 1973-1989, and percentage of relapse into crime within 3 years (1973-1992), by principal offence and number of previous adjucations for serious offenses.* National Council for Crime Prevention, Sweden.

Edwards, A.L. (1957). *The social desirability variable in personality assessment and research.* Westport: Greenwood.

Egg, R. (1998). Zur Rückfälligkeit von Sexualstraftätern. In: Kröber, H.-L. & Dahle, K.-P. (Hrsg.), *Sexualstraftaten und Gewaltdelinquenz* (47-56). Heidelberg: Kriminalistik, Wissenschaft und Praxis.

Egg, R. (1999). *Sexueller Missbrauch von Kindern. Täter und Opfer (Bd. 27).* Wiesbaden: KUP Kriminologie und Praxis.

Egg, R. (2000). Rückfall nach Sexualstraftaten. *Sexuologie, 7,* 12-26.

Egg, R. (2015). *Die unheimlichen Richter. Wie Gutachter die Strafjustiz beeinflussen.* München: Bertelsmann.

Egg, R., Pearson, F.S., Cleland, C.M. & Lipton, D.S. (2001). Evaluation von Straftäterbehandlung in Deutschland: Überblick und Metaanalyse. In: Rehn, G., Wischka, B., Lösel, F. & Walter, M.H. (Hrsg.), *Behandlung gefährlicher Straftäter* (321-347). Lingen: Kriminalpädagogischer Verlag.

Eher, R., Lindemann, M., Birklbauer, A. & Müller, J. (2016). Der Gefährlichkeitsbegriff als Voraussetzung für die Verhängung vorbeugender freiheitsentziehender Maßnahmen – eine kritische Betrachtung und Vorschläge de lege ferenda. *Recht & Psychiatrie, 34 (2),* 96-106.

Eher, R., Matthes, A., Schilling, F., Haubner-MacLean, T. & Rettenberger, M. (2012). Dynamic risk assessment in sexual offenders using STABLE-2000 and the STABLE-2007: An investigation of predictive and incremental validity. Sexual Abuse: *A Journal of Research and Treatment, 24,* 5-28.

Eher, R., Rettenberger, M., Gaunersdorfer, K., Haubner-MacLean, T., Matthes, A., Schilling, F. & Mokros, A. (2013). Über die Treffsicherheit der standardisierten Risikoeinschätzungsverfahren Static-99 und Stable-2007 bei aus einer Sicherungsmaßnahme entlassenen Sexualstraftätern. *Forensische Psychiatrie, Psychologie, Kriminologie, 7,* 264-272.

Eher, R., Rettenberger, M., Schilling, F. & Pfäfflin, F. (2008). Validität oder praktischer Nutzen? Rückfallvorhersagen mittels Static-99 und SORAG. Eine prospektive Rückfallstudie an 275 Sexualstraftätern. *Recht & Psychiatrie, 26,* 79-88.

Eher, R., Schilling, F., Mönichweger, M., Haubner-MacLean, T. & Rettenberger, M. (2012). Die revidierte Version des ‚Screeninginstruments zur Vorhersage des Gewaltrisikos' (SVG-5): Darstellung relativer und absoluter Rückfallraten. *Monatsschrift für Kriminologie und Strafrechtsreform, 95,* 18-31.

Eisel, L. (2017). *Das Gutachten des Dr. Caligari.* E-Mail vom 24.07.2017.

Eliot, T.S. (1934). *Choruses from 'The Rock'.* Online-Publ.: http://courseweb.ischool.illinois.edu/~katewill/spring2011-502/502%20and%20other%20readings/eliot%20choruses_from_the_rock.pdf (Stand: 31.01.2017).

Endrass, J. & Rossegger, A. (2012). Forensisches Operationalisiertes Therapie-Evaluations-System 2.0 (FOTRES 2.0). *Forum Strafvollzug – Zeitschrift für Strafvollzug und Straffälligenhilfe, 61 (2),* 90-94.

Endrass, J., Rossegger, A., Urbaniok, F. & Borchard, B. (Hrsg.) (2012). *Interventionen bei Gewalt- und Sexualstraftätern: Risk-Management, Methoden und Konzepte der forensischen Therapie.* Berlin: MWV.

Endres, J. (2000). Die Kriminalprognose im Strafvollzug: Grundlagen, Methoden und Probleme der Vorhersage von Straftaten. *Zeitschrift für Strafvollzug und Straffälligenhilfe, 49,* 67-83.

Endres, J. & Breuer, M. (2014). Leugnen bei inhaftierten Sexualstraftätern. Ursachen, Korrelate und Konsequenzen. *Forensische Psychiatrie, Psychologie, Kriminologie, 8 (2),* 263-278.

Epperson, D.L., Kaul, J.D., Huot, S., Goldman, R. & Alexander, W. (2003). *Minnesota sex offender screening tool – revised (MnSOST-R) technical paper: development, validation, and recommended risk level cut scores.* Online-Publ.: http://www.psychology.iastate.edu/~dle/TechUpdatePaper12-03.pdf (Stand: 09.10.2016).

Epperson, D.L., Kaul, J.D., Huot, S.J., Hesselton, D., Alexander, W. & Goldman, R. (2005). *Minnesota sex offender screening tool – revised.* Online-Publ.: http://www.psychology.iastate.edu/~dle/mnsost_download.htm (Stand: 20.05.2011).

Evaluation of Sex Offender Rehabilitation Programs in the State of Florida. (1976). Tampa, FL: Mental Health Program Office: Florida Department of Health and Rehabilitative Services.

Eysenck, H.J. (1977). *Kriminalität und Persönlichkeit.* Wien: Europa-Verlag.

Fabricius, D. (2015). Gutachtenpraxis: Einflussökonomie und Institutionsversagen. *Psychologie & Gesellschaftskritik, 38 (4),* 152, 153; *39 (1),* 53-78.

Fazel, S., Fiminska, Z., Cocks, C. & Coid, J.W. (2016). Patient outcomes following discharge from secure psychiatric hospitals: systematic review and meta-analysis. *British Journal of Psychiatry, 208,* 17-25.

Fazel, S., Singh, J. P., Doll, H. & Grann, M. (2012). Use of risk assessment instruments to predict violence and antisocial behaviour in 73 samples involving 24.827 people: systematic review and meta-analysis. *British Medical Journal, 345* [doi:10.1136/bmj.e4692].

Fedoroff, J.P., Wisner-Carlson, R., Dean, S. & Berlin, F.S. (1992). Medroxyprogesterone acetate in the treatment of paraphilic sexual disorders: rate of relapse in paraphilic men treated in long-term group psychotherapy with or without medroxyprogesterone acetate. *Journal of Offender Rehabilitation, 18,* 109-123.

Fegert, J.M. (2000). Wir brauchen Standards! In: Fegert, J. & Häßler, F. (Hrsg.), *Qualität forensischer Begutachtung* (95-104). Herbolzheim: Centaurus.

Fehringer, B., Haberman, N., Becker, N. & Deegener, G. (2016). *Multiphasic Sex Inventory (MSI). Fragebogen zur Erfassung psychosexueller Merkmale bei Sexualtätern.* Göttingen: Hogrefe.

Feil, M.G. (2012). Zwischen Scylla und Charybdis. *Recht & Psychiatrie, 30,* 191-196.

Feltes, T. & Alex, M. (2012). Wer gefährlich ist, muss weg. Wer hilft beim Unterbringen angeblich gefährlicher Straftäter? In: Saimeh, N. (Hrsg.), *Respekt – Kritik – Entwicklung: Forensik 2012* (73-87). Köln: Psychiatrie-Verlag.

Feltes, T. & Putzke, H. (2005). Die forensische Begutachtung im Zusammenhang mit der Anordnung der Sicherungsverwahrung – eine interdisziplinäre Aufgabe? In: Saimeh, N. (Hrsg.), *Was wirkt? Prävention – Behandlung – Rehabilitation* (76-90). Bonn, Psychiatrie-Verlag.

Felthous, A.R. & Saß, H. (2011). Diagnostischer Prozess und Voreingenommenheit in der forensischen Psychiatrie. *Forensische Psychiatrie, Psychologie Kriminologie, 5,* 136-144.

Fetchenhauer, D. & Huang, X. (2004). Justice sensitivity and distributive decisions in experimental games. *Personality and Individual Differences, 36 (5),* 1015-1029.

Finzen, A. (1998). *Das Pinelsche Pendel. Die Dimension des Sozialen im Zeitalter der biologischen Psychiatrie.* Bonn: Psychiatrie-Verlag.

Firestone, P., Bradford, J.M., McCoy, M., Greenberg, D.M., Curry, S. & Larose, M.R. (1998). Recidivism in convicted rapists. *Journal of the American Academy of Psychiatry and the Law, 26 (2),* 185-200.

Firestone, P., Bradford, J.M., McCoy, M., Greenberg, D.M., Larose, M.R. & Curry, S. (1999). Prediction of recidivisrn in incest offenders. *Journal of Interpersonal Violence, 14 (5),* 511-531.

Fisher, D. & Thornton, D. (1993). Assessing risk of re-offending in sexual offenders. *Journal of Mental Health, 2,* 107-117.

Foerster, K. (2002). Der psychiatrische Sachverständige zwischen Proband, Justiz und Öffentlichkeit. *Forensische Psychiatrie und Psychotherapie, 9 (3),* 29-43.

Foerster, H. von & Bröcker, M. (2014). *Teile der Welt. Fraktale einer Ethik.* Heidelberg: Auer.

Fontaine, J.R., Luyten, P., De Boeck, P. & Corveleyn, J. (2001). The test of self-conscious affect: Internal structure, differential scales and relationships with long-term affects. *European Journal of Personality, 15 (6),* 449-463.

Foucault, M. (1962). Das ›Nein‹ des Vaters. In: Defert, D. & Ewald, F. (Hrsg., 2001), *Michel Foucault – Schriften in vier Bänden: Dits et Ecrits. Band I 1954-1969* (263-281). Frankfurt am Main: Suhrkamp.

Franqué, F. von. (2013a). Strukturierte Risikobeurteilung. In: Rettenberger, M. & Franqué, F. von (Hrsg.), *Handbuch kriminalprognostischer Verfahren* (357-380). Göttingen, Bern, Wien: Hogrefe.

Franqué, F. von. (2013b). HCR-20 – The Historical-Clinical-Risk Management-20 Violence Risk Assessment Scheme. In: Rettenberger, M. & Franqué, F. von (Hrsg.), *Handbuch kriminalprognostischer Verfahren* (256-272). Göttingen, Bern, Wien: Hogrefe.

Franqué, F. von & Briken, P. (2017, im Druck). Behandlung von Sexualdelinquenz. In: Büttner, M. (Hrsg.), *Sexualität und Trauma*. Stuttgart: Schattauer.

Freese, R. (1999). *Deutschsprachige Handbuchbeilage* (Supplement to: Hare PCL:SV – Psychopathy Checklist: Screening Version). Toronto, ON: Multi-Health System.

Freud, S. (1900). Die Traumdeutung. In: *Gesammelte Werke, Bd. II/III* [1999] (IV-642). Frankfurt am Main: Fischer.

Friedrichsen, G. (2016). Ein verdammtes Leben lang. *Der Spiegel, 69 (32)*, 46-49.

Frommel, M. (2010). Taugt der Hangtäterbegriff noch? *Kriminologisches Journal, 42 (4)*, 276-288.

Frommel, M. (2016). Die ›Schutzlückenkampagne‹. *Kriminologisches Journal, 48, Beiheft 11*, 53-73.

Gahleitner, S.B. & Pauls, H. (2013). Biopsychosoziale Diagnostik als Voraussetzung für eine klinisch-sozialarbeiterische Interventionsgestaltung: Ein varibales Grundmodell. In: Gahleitner, S.B., Hahn, G. & Glemser, R. (Hrsg.), *Psychosoziale Diagnostik. Klinische Sozialarbeit. Beiträge zur psychosozialen Praxis und Forschung* (61-77). Köln: Psychiatrie-Verlag.

Gail, M.H. & Pfeiffer, R.M. (2005). On criteria for evaluating models of absolute risk. *Biostatistics, 6*, 227-239.

Gannon, T. & Ward, T. (2014). Where has all the psychology gone? A critical review of evidence-based psychological practice in correctional settings. *Aggression and Violent Behavior, 19 (4)*, 435-436.

Gast, U. (2004). Dissoziative Identitätsstörung – valides und dennoch reformbedürftiges Konzept. In: Reddemann, L., Hofmann, A. & Gast, H. (Hrsg.), *Psychotherapie der dissoziativen Störungen* (26-36). Stuttgart: Thieme.

Gebauer, G.F. (2017). *Objektivierter Klinischer Persönlichkeits-Befund (OKPB)* [a.a.O. in diesem Band].

Gendreau, P. (1996). Offender rehabilitation. What we know and what needs to be done. *Criminal Justice and Behavior, 23 (1)*, 144-161.

Gericke, B. & Kallert, T.W. (2007). Zum Outcome der Maßregelvollzugsbehandlung nach § 64 StGB. *Psychiatrische Praxis, 34 (SH 2)*, 218-226.

Gibbens, T.C.N., Soothill, K.L. & Way, C.K. (1978). Sibling and parent-child incest offenders. *British Journal of Criminology, 18,* 40-52.

Gibbens, T.C.N., Soothhill, K.L. & Way, C.K. 1981). Sex offences against young girls: A long term record study. *Psychological Medicine, 11,* 351-357.

Gibbens, T.C.N., Way, C.K. & Soothhill, K.L. (1977). Behavioral types of rape. *British Journal of Psychiatry, 130,* 32-42.

Giner-Sorolla, R., Piazza, J. & Espinosa, P. (2011). What do the TOSCA guilt and shame scales really measure: Affect or action?. *Personality and Individual Differences, 51 (4),* 445-450.

Göbbels, S., Ward, T. & Willis, G. (2013). Die Rehabilitation von Straftätern: Das ›Good-lives‹-Modell. *Forensische Psychiatrie, Psychologie, Kriminologie, 7,* 122-132.

Goebel, G. (1993). Un coup de dés jamais n'abolira le hasard. Kommentar. In: Mallarmé, S. (Hrsg.), *Werke, Bd. I: Gedichte. Französisch und Deutsch* (423-432). Gerlingen: Lambert Schneider.

Goeckenjan, I. & Oeberst, A. (2016). Aus Schaden wird man klug? Die Bedeutung des Rückschaufehlers (Hindsight Bias) für die Strafrechtsanwendung. *Recht & Psychiatrie, 34 (1),* 27-34.

Götting, B. (2012). Das Bundeszentralregister als Instrument und Gegenstand der Forschung. In: Hilgendorf, E. & Rengier, R. (Hrsg.), *Festschrift für Wolfgang Heinz* (84-93). Baden-Baden: Nomos.

Goffman, E. (1973). *Asyle. Über die soziale Situation psychiatrischer Patienten und anderer Insassen.* Frankfurt am Main: Suhrkamp.

Goldschmidt, O. (1984). Der Stellenwert des psychoanalytischen Gutachtens innerhalb der Psychodynamik des Strafprozesses. In: Menne, K. (Hrsg.), *Psychoanalyse und Justiz. Zur Begutachtung und Rehabilitation von Straftätern* (23-39). Baden-Baden: Nomos.

Gollwitzer, M., Schmitt, M., Schalke, R., Maes, J. & Baer, A. (2005). Asymmetrical effects of justice sensitivity perspectives on prosocial and antisocial behavior. *Social Justice Research, 18,* 183-201.

Gore, W.L. & Widiger, Th. A. (2013). The DSM-5 dimensional trait model and five-factor models of general personality. *Journal of Abnormal Psychology, 122 (3),* 816-821.

Graf, M. (2011). *Forensische Psychiatrie für Juristen: Prognose, Risikobeurteilung.* Basel: UPK. Online-Publ.: https://ius.unibas.ch/typo3conf/ext/x4eunical/scripts/handleFile.php? (Stand: 31.01.2017).

Grann, M., Langström, N., Tengström, A. & Kullgren, G. (1999). Psychopathy (PCL-R) Predicts Violent Recidivism Among Criminal Offenders with Personality Disorders in Sweden. *Law and Human Behavior, 23 (2),* 205-217.

Greenfeld, L.A. (1997). *Sex offenses and offenders.* Online-Publ.: http://www.ojp.usdoj.gov/bjs/ (Stand: 31.01.2017).

Gretenkord, L. (2003). *Empirisch fundierte Prognosestellung im Maßregelvollzug nach § 63 StGB – EFP-63*. Bonn: Deutscher Psychologen-Verlag.

Gretenkord, L. (2013a). Warum Prognoseinstrumente? In: Rettenberger, M. & Franqué, F. von (Hrsg.), *Handbuch kriminalprognostischer Verfahren* (19-36). Göttingen, Bern, Wien: Hogrefe.

Gretenkord, L. (2013b). EFP-63 – Empirisch fundierte Prognosestellung im Maßregelvollzug gemäß § 63 StGB. In: Rettenberger, M. & Franqué, F. von (Hrsg.), *Handbuch kriminalprognostischer Verfahren* (220-232). Göttingen, Bern, Wien: Hogrefe.

Gretenkord, L. (2017). *Forensische Prognosen – eine Einführung* [a.a.O. in diesem Band].

Groß, G. (2004. *Deliktbezogene Rezidivraten im internationalen Vergleich.* Online-Publ.: http://deposit.ddb.de/cgi-bin/dokserv?idn=970628404 (Stand: 31.07.2017).

Groß, G. & Nedopil, N. (2005). Basisraten für kriminelle Rückfälle – Ergebnisse einer Literaturübersicht. In: Nedopil, N. (Hrsg.), *Prognosen in der Forensischen Psychiatrie – Ein Handbuch für die Praxis* (65-98). Lengerich: Pabst Science Publishers.

Groß, G. & Nedopil, N. (2017). *Basisraten für Deliktrückfälle – Ergebnisse einer Literaturübersich*t [a.a.O. in diesem Band].

Grove, W.M. & Meehl, P.E. (1996). Comparative efficiency of informal (subjective, impressionistic) and formal (mechanical, algorithmic) prediction procedure: The clinical-statistical controversy. *Psychology, Public Policy, and Law, 2,* 293-323.

Grove, W., Zald, D., Lebow, W., Snitz, B. & Nelson, C. (2000). Clinical versus mechanical prediction: A meta-analysis. *Psychological Assessment, 12 (1),* 19-30.

Grünebaum, R. (1990). *Zur Strafbarkeit der Bediensteten der Maßregelkrankenhäuser wegen fehlgeschlagener Vollzugslockerungen.* Frankfurter kriminalwissenschaftliche Studien, Bd. 46. Frankfurt am Main: Lang.

Grünfeld, B. & Noreik, K. (1986). Recidivism among sex offenders: a follow up study of 541 Norwegian sex offenders. *International Journal of Law and Psychiatry, 9,* 95-102.

Gurschler, I. (2013). Die Wissenschaft der vier Diskurse. In: Gurschler, I., Ivády, S. & Wald, A. (Hrsg.), *Lacan 4D. Zu den vier Diskursen in Lacans Seminar XVII* (107-123). Wien, Berlin: Turia+Kant.

Guy, L.S. (2008). *Performance indicators of the structured professional judgment approach for assessing risk for violence to others. A meta-analytic survey.* Unveröffentlichte Dissertation. Burnaby, BC: Simon Fraser University. Online-Publ.: http://ir.lib.sfu.ca/bitstream/1892/10581/1/etd4194.pdf (Stand: 31.01.2017).

Guy, L.S., & Wilson, C.M. (2007). *Empirical support for the HCR-20: A critical analysis of the violence literature. HCR-20 Violence Risk Assessment*

White Paper Series, #2. Burnaby, BC: Mental Health, Law, and Policy Institute, Simon Fraser University.

Habermann, N. & Franqué, F. von. (2013). SVR-20 – Sexual Violence Risk-20. In: Rettenberger, M. & Franqué, F. von (Hrsg.), *Handbuch kriminalprognostischer Verfahren* (273-288). Göttingen, Bern, Wien: Hogrefe.

Häder, M. (2009). *Delphi-Befragungen: Ein Arbeitsbuch*. Wiesbaden: VS.

Hahn, G. (2007). *Rückfallfreie Sexualstraftäter. Salutogenetische Faktoren bei ehemals im Maßregelvollzug behandelten Patienten*. Bonn: Psychiatrie-Verlag.

Hahn, G. & Hüttemann, M. (2015). *Evaluation psychosozialer Interventionen*. Köln: Psychiatrie-Verlag.

Hall, N.G.C. & Proctor, W.C. (1986). *Criminological Predictors of Recidivism in an Sexual Offender Population*. Paper presented at the U.S. National Health Institute of Mental Health Conference on the Assessment and Treatment of Sex Offenders. Tampa, FL.

Hanson, R.K. (2009). The psychological assessment of risk for crime and violence. *Canadian Psychology, 50,* 172-182.

Hanson, R.K., Bourgon, G., Helmus, L. & Hodgson, S. (2009). The principles of effective correctional treatment also apply to sexual offenders: A meta-analysis. *Criminal Justice and Behavior, 36,* 865-891.

Hanson, R.K. & Bussière, M.T. (1998). Predicting relapse: A meta-analysis of sexual offender recidivism. *Journal of Clinical and Consulting Psychology, 66,* 348-362.

Hanson, R.K., Gordon, A., Harris, A.J.R., Marques, J.K., Murphy, W., Quinsey, V.L. & Seto, M.C. (2002). First report of the collaborative outcome data project on the effectiveness of psychological treatment for sex offenders. *Sexual Abuse: A Journal of Research and Treatment, 14 (2),* 169-194.

Hanson, R.K., Harris, A.J.R., Scott, T. & Helmus, L. (2007). *Assessing the risk of sexual offenders on community supervision: The Dynamic Supervision Project* (User Report No 2007-05). Ottawa, ON: Public Safety Canada.

Hanson, R.K. & Morton-Bourgon, K. (2005). The characteristics of persistent sexual offenders: A meta-analysis of recidivism studies. *Journal of Consulting and Clinical Psychology, 73,* 1154-1163.

Hanson, R.K. & Morton-Bourgon, K.E. (2009). The accuracy of recidivism risk assessments for sexual offenders: A meta-analysis of 118 prediction studies. *Psychological Assessment, 21,* 1-21.

Hanson, R.K. & Thornton, D. (2000). Improving risk assessments for sex offenders: A comparison of three actuarial scales. *Law and Human Behavior, 24 (1),* 119-136.

Hanson, R.K., Thornton, D., Helmus, L.-M. & Babchishin, K. (2016). What sexual recidivism rates are associated with Static-99R and Static-2000R scores? Sexual Abuse: *An Journal of Research and Treatment, 28,* 218-252.

Hanson, R.K. & Wallace-Capretta, S. (2000). *Predicting recidivism among male batterers, 2001.* Online-Publ.: http://www.sgc.gc.ca/ReportsDoc/Corrections/e200006.doc (Stand: 31.01.2017).

Hare, R.D. (1991). *The Hare psychopathy checklist – revised: Manual.* Toronto, ON: Multi-Health Systems.

Hare, R.D. (2003). *Hare psychopathy checklist – revised (PCL-R).* Toronto, ON: Multi-Health Systems.

Hare, R.D. (2004). *Hare psychopathy checklist – revised (PCL-R), 2nd edition. Technical manual.* North Tonawanda: Multi-Health Systems.

Hare, R.D., Clark, D., Grann, M. & Thornton, D. (2000). Psychopathy and the predictive validity of the PCL-R: *An International Perspective. Behavioral Sciences & the Law, 18,* 623-645.

Hare, R.D., Forth, A.E. & Strachan, K.E. (1992). Psychopathy and crime across the lifespan. In: Peters, R., McMahon, R. & Quinsey, V. (Eds.), *Aggression and violence across the lifespan* (285-300). Newbury Park, CA: Sage.

Harrendorf, S. (2007). *Rückfälligkeit und kriminelle Karrieren von Gewalttätern.* Göttingen: Universitätsverlag, Institut für Kriminalwissenschaften.

Harrendorf, S. (2012). Rückfälligkeit und kriminelle Karrieren von Gewalttätern: Neue Ergebnisse auf der Basis der Rückfallstatistik 2004-2007. *Bewährungshilfe, 59 (1),* 40-63.

Harris, A.J.R., Phenix, A., Hanson, R.K. & Thornton, D. (2003). *STATIC-99 Coding Rules – Revised 2003.* Ottawa: Correctional Service of Canada. Online-Publ.: http://www.static99.org/pdfdocs/static-99-coding-rules_e.pdf (Stand: 20.05.2011).

Hart, S.D. (1998). The role of psychopathy in assessing risk for violence: Conceptual and methological issuses. *Legal and Criminological Issues, 3,* 121-137.

Hart, S.D. (2007). *Dynamic risk factors underlying violence: Responses to treatment and managing violence.* Unveröffentl. Vortrag. Sydney: New South Wales Commission for Children and Young People.

Hart, S.D. & Boer, D.P. (2010). Structured professional judgement guidelines for sexual violence risk assessment: The sexual violence risk – 20 (SVR-20) and risk for sexual violence protocol (RSVP). In: Otto, R.K. & Douglas, K.S. (Eds.), *Handbook of violence risk assessment* (269-293). Oxford: Routledge.

Hart, S.D., Cox, D.N. & Hare, R.D. (1995). *Hare psychopathy checklist: screening version* (PCL:SV). Toronto, ON: Multi-Health System.

Hart, S.D., Kropp, P.R. & Laws, D.R. (2003). *The risk for sexual violence protocol (RSVP). Structured pofessional guidelines for assessing the risk of sexual violence.* Vancouver, BC: Mental Health, Law, & Policy Institute of the Simon Fraser University, Pacific Psychological Assessment Cooperation and The British Columbia Institute against Familiy Violence.

Hart, S.D., Michie, C. & Cooke, D.J. (2007). Precision of actuarial risk assessment instruments: evaluating the'margins of error' of group v. individual predictions of violence. *British Journal of Psychiatry, 190 (49)*, 60-65.

Harte, J.M. (2015). Preventing crime in cooperation with the mental health care profession. *Crime, Law and Social Change, 64*, 263-275.

Hartmann, J., Hollweg, M. & Nedopil, N. (2001). Quantitative Erfassung dissozialer und psychopathischer Persönlichkeiten bei der strafrechtlichen Begutachtung. *Nervenarzt, 72 (5)*, 365-370.

Haubner-McLean, T. & Eher, R. (2014). Nicht mehr gefährlich und doch rückfällig? Die ungenügende Abbildung gefährlichkeitsrelevanter Merkmale bei rückfälligen ehemals untergebrachten Sexualstraftätern. *Recht & Psychiatrie, 32*, 69-79.

Hedges, L.V. & Olkin, I. (1985). *Statistical methods for meta-analysis.* San Diego: Academic Press.

Hegel, G.W.F. (1987). *Phänomenologie des Geistes.* Stuttgart: Philipp Reclam jun.

Heigl, F. (1978). Prognose und Ich-Stärke. In: ders., *Indikation und Prognose in Psychoanalyse und Psychotherapie* (136-143). Göttingen: Vandenhoeck & Ruprecht.

Heiner, M. (2013). Wege zu einer integrativen Grundlagendiagnostik in der Sozialen Arbeit. In: Gahleitner, S.B., Hahn, G. & Glemser, R. (Hrsg.)., *Psychosoziale Diagnostik. Klinische Sozialarbeit. Beiträge zur psychosozialen Praxis und Forschung* (18-34). Köln: Psychiatrie Verlag.

Heinz, W. (2003). *Jugendkriminalität in Deutschland – kriminalstatistische und kriminologische Befunde.* Konstanz: Konstanzer Inventar Kriminalitätsentwicklung.

Heinz, W. (2012). *Freiheitsentziehende Maßregeln – Struktur und Entwicklung der Sanktionierungspraxis. Materialien und Thesen zur Unterbringung im psychiatrischem Krankenhaus, in einer Entziehungsanstalt oder in Sicherungsverwahrung gem. §§ 63, 64, 66 StGB.* Konstanzer Inventar Sanktionsforschung. Universität Konstanz. Online-Publ.: http://www.uni-konstanz.de/rtf/kis/Heinz_2012_JGG_aktuelle_Sanktionspraxis.pdf (Stand: 31.01.2017).

Hildebran, D.D. & Pithers, W.D. (1992). Relapse Prevention: Application and Outcome. In: O'Donohue, W. & Geer, J.H. (Eds.), *The sexual abuse of children: clinical issues, vol. 2* (365-393). Hillsdale, NJ: Erlbaum.

Hinrichs, G. (1994). Was ist ›Tataufarbeitung‹ und wozu kann sie dienen? *Monatsschrift für Kriminologie und Strafrechtsreform, 77*, 95-101.

Hodgins, S. (1993). The criminality of mentally disordered persons. In: ders., *Mental Disorder and Crime* (1-21). Newbury Park, CA: Sage.

Hofmann, A. (2004). EMDR bei schweren dissoziativen Störungen. In: Reddemann, L., Hofmann, A. & Gast, H. (Hrsg.), *Psychotherapie der dissoziativen Störungen* (131-139). Stuttgart: Thieme.

Hofmann, A., Gast, U., Mattheß, H. & Huber, M. (2004). Therapie-Einschätzungs-Skala TES (nach R.P. Kluft: DTMI – Dimensions of Therapeutic Movement Instrument). In: Reddemann, L., Hofmann, A. & Gast, H. (Hrsg.), *Psychotherapie der dissoziativen Störungen* (181-187). Stuttgart: Thieme.

Hoga, M., Steffes-enn, R., Leysieffer, T. & Berger, K.H. (2001). Fragebogen zur Beurteilung der Veränderung kriminogener Risikomerkmale. In: Steffes-enn, R. (Hrsg.), *Täter und Taten als Informationsquellen. Anamnese und Fallarbeit* (435-442). Frankfurt am Main: Verlag Polizeiwissenschaft

Hommers, W. (2016). Qualifikation und Qualität. Der Approbationsvorbehalt, die Mindestanforderungen und der Gesetzentwurf aus empirischer Sicht. *Praxis der Rechtspsychologie, 26 (1),* 51-60.

Hosser, D., Windzio, M. & Greve, W. (2008). Guilt and shame as predictors of recidivism: A longitudinal study with young prisoners. *Criminal Justice and Behavior, 35 (1),* 138-152.

Ingelhart, R. & Baker, W.E. (2000). Modernization, cultural change, and the persistence of traditional values. *American Sociological Review, 65 (1),* 19-51.

Jack, J. (2007). *FERUS – Fragebogen zur Erfassung von Ressourcen und Selbstmanagementfähigkeiten. Manual.* Göttingen, Bern, Wien: Hogrefe.

Jackson, K.J. (2016). *Validation of the Risk for Sexual Violence Protocol in Adult Sexual Offenders.* Unveröffentlichte Dissertation. Burnaby, BC: Simon Fraser University. Online-Publ.: http://summit.sfu.ca/item/16622 (Stand: 31.01.2017).

Jang, K. L. & Livesley, W. J. (1999). Why do measures of normal and disordered personality correlate? A study of genetic comorbidity. *Journal of Personality Disorders, 13,* 10-17.

Jeandarme, I., Habets, P., Oei, T. & Bogaerts, S. (2016). Reconviction and revocation rates in Flanders after medium security treatment. International *Journal of Law and Psychiatry.* [doi:10.1016/j.ijlp.2016.02.033].

Jehle, J.-M., Albrecht, H.J., Hohmann-Fricke, S. & Tetal, C. (2013: *Legalbewährung nach strafrechtlichen Sanktionen – Eine bundesweite Rückfalluntersuchung 2007 bis 2010 und 2004 bis 2010.* Berlin: BMJ. Online-Publ.: https://www.bmjv.de/SharedDocs/Downloads/DE/StudienUntersuchungenFachbuecher/Legalbewaehrung_nach_strafrechtlichen_Sanktionen_2010_2013.pdf;jsessionid=A5C0243FA96544B5955ADACAB75F12AD.1_cid297?__blob=publicationFile&v=1 (Stand: 21.07.2017).

Jehle, J.-M., Heinz, W. & Sutterer, P. (2003). *Legalbewährung nach strafrecht-lichen Sanktionen.* Bad Godesberg: Forum.

Jöckel, D. & Jöckel, I. (2004). Eingangsdiagnostik und Therapieplanung. In: Bauer, P. & Kielisch, S. (Hrsg.), *Differenzierte Behandlungskonzepte im psychiatrischen Maßregelvollzug* (14-26). Lengerich: Pabst Science Publishers.

Johnstone, L. & Cooke, D.J. (2008). *PRISM: Promoting Risk Intervention by Situational Management.* Glasgow: Nothern Networking.

Jones, R., Masters, M., Griffiths, A. & Moulday, N. (2002). Culturally Relevant Assessment of Indigenous Offenders: A Literature Review. *Australian Psychologist, 37 (3),* 187-197. [doi:10.1080/00050060210001706866].

Jordan, B. & Gretzer, U. (2014). Gerichtsgutachten: Wie oft wird die Tendenz vorgegeben? *Deutsches Ärzteblatt, 111 (6),* A.210-A.212.

Jöreskog, K.G. (1971. Simultaneous factor analysis in several populations. *Psychometrika, 36,* 409-426.

Kafka, F. (1918). Betrachtungen über Sünde, Leid, Hoffnung und den wahren Weg. In: Kafka, F. (1996), *Hochzeitsvorbereitungen auf dem Lande und andere Prosa aus dem Nachlass* (30-40). Frankfurt am Main: Fischer.

Kahneman, D. (2012). *Schnelles Denken, langsames Denken.* München: Siedler.

Kahneman, D., Slovic, P. & Tversky, A. (1982). *Judgment under uncertainty: Heuristics and biases.* Cambridge: Cambridge University Press.

Kahneman, D. & Tversky, A. (1974). Judgment under uncertainty: Heuristics and biases. *Science, New Series, 185 (4157),* 1124-1131.

Kaminski, G. (1970). *Verhaltenstheorie und Verhaltensmodifikation. Entwurf einer integrativen Theorie psychologischer Praxis.* Stuttgart: Klett.

Kammeier, H. (Hrsg.) (2010). *Maßregelvollzugsrecht. Kommentar.* Berlin, Boston: De Gruyter.

Kammerer, R. (2012a). *Dynamic-11: Instrument zur standardisierten Beschreibung der Deliktverarbeitung bei Straftätern.* Norderstedt: BoD.

Kammerer, R. (2012b). *Prozessoptimierung Übergangsmanagement – Überlegungen zur Entlassungsvorbereitung aus dem Strafvollzug in die Bewährungshilfe.* Badischer Landesverband für soziale Rechtspflege. Online-Publ.: http://www.badlandverb.de/pou.pdf (Stand: 31.01.2017).

Kant, I. 1784. Beantwortung der Frage: Was ist Aufklärung? *Berlinische Monatsschrift, 4,* 481-494. Online-Publ.: www.http://gutenberg.spiegel.de/buch/-3505/1 (Stand: 31.01.2017).

Karls, J.M. & Wandrei, K.E. (Eds.) (1994). *Person-in-environment system.* Washington: NASW.

Keller; F., Kliemann, A., Karanedialkova, D., Schnoor, K., Schütt, U., Keiper, P., Kölch. M., Fegert, J.M. & Schläfke, D. (2011). Beurteilerübereinstimmung im Forensischen Operationalisierten Therapie-Risiko-Evaluations-System. *Nervenheilkunde, 10,* 813-817.

Kemper, C.J., Beierlein, C., Bensch, D., Kovaleva, A. & Rammstedt, B. (2012b). *Eine Kurzskala zur Erfassung des Gamma-Faktors sozial erwünschten Antwortverhaltens: Die Kurzskala Soziale Erwünschtheit-Gamma (KSE-G).* GESIS-Working Papers 2012/25. Köln: Leibniz-Institut für Sozialwissenschaften. Online-Publ.: http://www.gesis.org/fileadmin/_migrated/content_uploads/KSE_G_Workingpaper_01.pdf (Stand: 31.01. 2017).

Kerner, H.-J. (2004). Freiheit und Unfreiheit. Zum Verlauf der Karrieren von Straftätern. In: Rehn, G., Nanninga, R. & Thiel, A. (Hrsg.), *Freiheit und Unfreiheit. Arbeit mit Straftätern innerhalb und außerhalb des Justizvollzuges* (3-52). Herbolzheim: Centaurus.

Kersting, M. (2010). Personalauswahl: Methoden für erfolgreiche Unternehmen. In: BDP (Hrsg.), *Psychologie Gesellschaft Politik* (57-65). Berlin: DPV.

Kersting, M. (2016). DIN 33430 reloaded. *Report Psychologie, 6/7,* 291-295.

Kinzig, J. (2010). *Die Legalbewährung gefährlicher Rückfalltäter.* Berlin: Duncker & Humblot.

Klein, V. & Rettenberger, M. (2013). SAVRY – Strucured Assessment of Violence in Youth. In: Rettenberger, M. & Franqué, F. von (Hrsg.), *Handbuch kriminalprognostischer Verfahren* (66-80). Göttingen, Bern, Wien: Hogrefe.

Kliesch, O. (2016). Die dimensionale Erfassung des Leugnens – Einräumen von Straftaten als Defizit und Ressource in deliktorientierter Psychotherapie. *Forensische Psychiatrie & Psychotherapie, 23 (2),* 145-176.

Klimke, D. & Lautmann, R. (2016). Die mediale Konstruktion der Moralpanik um die Missbrauchsdelikte. *Kriminologisches Journal, 48, Beiheft 11,* 223-245.

Klosinski, G. (2000). Besonderheiten und Problemsituationen bei der Erstellung jugendpsychiatrischer Strafrechtsgutachten. In: Fegert, J. & Häßler, F. (Hrsg.), *Qualität forensischer Begutachtung* (82-94). Herbolzheim: Centaurus.

Kobbé, F.-C. (1948). Dryadengeschichten. In: ders., *Salamander soll glühen. Phantastische Erzählungen* (5-27). München: Desch.

Kobbé, U. (1988). Biographische Anamnese und soziale Amnesie. Ein Überblick über Anamneseerhebung, Exploration, klinisches Interview, biographische Analyse und diagnostisch-klinisches Gespräch. *Zeitschrift für Psychiatrie, Neurologie und medizinische Psychologie, 40 (6),* 321-335.

Kobbé, U. (1989). *Gefährlichkeitsprognose als klinisches Urteil. Teilergebnisse einer Evaluationsstudie des Beurteilungsbogens im Westf. Zentrum für Forensische Psychiatrie Lippstadt.* Vortragsmanuskript. 4. Forensische Herbsttagung. München: LMU, 10.-11.11.1989. Online-Publ.: http://www.scribd.com/doc/31072626 (Stand: 31.01.2017).

Kobbé, U. (1990). *Prognostix – ein blind würfelnder Seher, wissenschaftlich wahrsagender Druide im Maßregelvollzug? Zur Entscheidungsmatrix bei Vollzugslockerungen.* Vortragsmanuskript. 5. Forensische Herbsttagung. München: LMU, 26.-27.10.1990. Online-Publ.: http://www.scribd.com/doc/30197449 (Stand: 31.01.2017).

Kobbé, U. (1991). Wechselbalg ›Vernunft‹: Fetisch und Hure der forensischen Psychiatrie. Landschaftsverband Rheinland (Hrsg.), *Materialien zur Rheinischen Psychiatrie* (10-27). Köln: LVR. Open-access-Publ.: http://www.scribd.com/doc/29564074 (Stand: 31.01.2017).

Kobbé, U. (1992a). … lege artis? Zur Meta-Ethik von Psychotherapie im Maßregelvollzug. In: Schumann, V. & Dimmek, B. (Hrsg.), *›Die Würde des Menschen ist unantastbar.‹ Ethische Fragen der Forensischen Psychiatrie.* Werkstattschriften zur Forensischen Psychiatrie, Bd. 3 (141-173). Lippstadt: WZFP.

Kobbé, U. (1992b). Lockerungen im Maßregelvollzug am Beispiel des Westf. Zentrums für Forensische Psychiatrie Lippstadt. Ergebnisse eines Forschungsprojekts aus therapeutischer Sicht. In: Albrecht, P.-A. & Schumann, V. (Hrsg., 1993), *Das Risiko kalkulieren … Patientenbeurteilung und Lockerungsentscheidung als implizite Gefährlichkeitsprognose.* Werkstattschriften zur Forensischen Psychiatrie, Bd. 4 (39-61). Lippstadt: WZFP.

Kobbé, U. (1993a). Wilfried Rasch: Camera obsura und Laterna magica der Forensischen Psychiatrie und Psychologie. *im zentrum – Mitarbeiterzeitung des WZFP Lippstadt, 2 (3),* 20-24. Open-access-Publ.: http://www.scribd.com/doc/31821939 (Stand: 31.01.2017).

Kobbé, U. (1993b). Zur Dialektik operationaler Diagnostik. *Fundamenta Psychiatrica, 7,* 123-128.

Kobbé, U. (1994). Zur Biologik der Delinquenz. Kasuistik eines gutachterlichen Monologs. *Recht & Psychiatrie, 12 (1),* 22-25.

Kobbé, U. (1996). *Zwischen gefährlichem Irresein und gefahrvollem Irrtum. Determinanten, (Kon)Texte, Praxis des Entscheidungsverhaltens im reformierten Maßregelvollzug. Eine theoretisch-textkritische Analyse und empirisch-explorative Untersuchung.* Lengerich: Pabst Science Publishers.

Kobbé, U. (1997). Die Prognoseberatende Fachgruppe im Westf. Zentrum für Forensische Psychiatrie Lippstadt: Eine deskriptiv-statistische Zwischenbilanz. *Recht & Psychiatrie, 15 (3),* 95-100.

Kobbé, U. (1998). Instrumentelle Vernunft als normativer Fetisch: Über irrationale Gefährlichkeitsmythen und prognostische Zweckrationalität. *Forensische Psychiatrie und Psychotherapie, 5 (SH),* 111-145.

Kobbé, U. (2000). Eklektische Gefährlichkeitskonzepte: Inhalts- und Bedingungsanalyse sozialer Wahrnehmung und Kognition. *Psychologische Beiträge, 42 (4),* 614-633.

Kobbé, U. (2001). Kooperation: Compliance – Anpassung – Unterwerfung? Zur Dialektik von Verhaltensattribution und -erwartung: Ergebnisse einer empirischen Felduntersuchung. *Kriminologisches Journal, 33 (4)*, 266-288.

Kobbé, U. (2002). Être et néant du prisonnier des rêves: Dessins d'une philosophie et cartographie (du sujet) du rêve. *Revue Française de Psychiatrie et de Psychologie Médicale, VI (59)*, 55-60.

Kobbé, U. (2005a). Lacan in der Psychologie. Zur Psychologik des Subjekts – des Diskurses – des Unbewussten. *Psychologie & Gesellschaftskritik, 29 (3/4)/115/116*, 103-131.

Kobbé, U. (2005b). Totalität des Wissens oder Trans-Differenzen von Psychoanalyse und Universität. *Psychoanalyse – Texte zur Sozialforschung, 9 (2)*, 165-181.

Kobbé, U. (2005c). *... im institutionellen Nessoshemd. Epistemologische Eingangs- und Ausgangsbedingungen forensisch-psy*wissenschaftlicher Forschung. Lehrforschungsprojekt ›Subjekt im Nessoshemd‹.* Universität Duisburg-Essen. Online-Publ.: http://www.scribd.com/doc/76438192 (Stand: 31.01.2017).

Kobbé, U. (2006a). Der subjektive Faktor oder: Was passiert in Tätertherapien? Teilergebnisse eines subjektpsychologischen Forschungsprojekts. *Forensische Psychiatrie und Psychotherapie, 13 (1)*, 5-56.

Kobbé, U. (2006b). *Zur Klinik des homo delinquens: (3) Das (v)erkennende Subjekt. Lehrforschungsprojekt ›Subjekt im Nessoshemd‹.* Universität Duisburg-Essen. Online-Publ.: http://www.scribd.com/doc/77537075 (Stand: 31.01.2017).

Kobbé, U. (2006c). *Prognosefalle – Prognosefälle. Prognose: Sicherheit im interdisziplinären Konsil. Lehrforschungsprojekt ›Subjekt im Nessoshemd‹.* Universität Duisburg-Essen. Online-Publ.: http://www.scribd.com/doc/99623276 (Stand: 31.01.2017).

Kobbé, U. (2006d). *Täter – Techne – Temperamente. Soziale Repräsentanzen des Umgangs mit dem Bösen. Lehrforschungsprojekt ›Subjekt im Nessoshemd‹.* Universität Duisburg-Essen. Online-Publ.: http://www.scribd.com/doc/32225294 (Stand: 31.01.2017).

Kobbé, U. (2009). *›tekhne tekhnon‹ oder: Zur Aufgabe forensischer Psychotherapie.* Vortrag. 24. Münchner Herbsttagung der AGFP. München: LMU, 08.-10.10.2009. Online-Publ.: https://de.scribd.com/document/351366648 (Stand: 31.01.2017).

Kobbé, U. (2010a). Forensische Foucaultiade oder Kleine Subjektpsychologie des forensischen Diskurses. *Forensische Psychiatrie und Psychotherapie, 17 (2)*, 83-120.

Kobbé, U. (2010b). *Kritik der deterministischen Vernunft. Thesen zur Biologik eines individualisierten Rechts.* Lippstadt: iwifo-Institut. Online-Publ.: http://www.scribd.com/doc/80479619 (Stand: 31.01.2017).

Kobbé, U. (2010c). Verbrechen und Strafen: Beccaria con Foucault. Eine Re-Lektüre rechts- und gesellschaftsphilosophischer Grundlagen. *Psychologie & Gesellschaftskritik, 34 (3)*/135, 7-37.

Kobbé, U. (2011). *Prognosekalkül zwischen Radikal und Ridikül. Versuch über den Widerstreit undialektischer Feldforschung.* Lippstadt: iwifo-Institut. Online-Publ.: http://www.scribd.com/doc/65825185 (Stand: 31.01.2017).

Kobbé, U. (2012). *Wissenschaft des Würfelwurfs? Prognose: Sicherheit als ›running gag‹.* Universität Duisburg-Essen/iwifo-Institut, Lippstadt. Online-Publ.: http://www.scribd.com/doc/78693195 (Stand: 31.01.2017).

Kobbé, U. (2013). … sie kamen aus einem Gesang Maldorors. Aus der ›folie à deux‹ in die Quadrille des Grauens. In: Boehlke, E., Stompe, T. & Hinterhuber, H. (Hrsg.), *Empathie, Krise und Psychose* (173-190). Berlin: GIB.

Kobbé, U. (2014). *aleph null (ℵ0) oder Vor der Härte des Realen. Ein Widerhall des Seins in Zen und Psychoanalyse. Arbeitsjournal 2004-2014.* Lippstadt: iwifo-Institut. Online-Publ.: http://www.scribd.com/doc/237685284 (Stand: 31.01.2017).

Kobbé, U. (2015a). Gutachten unplugged. Epistemische Kommentierung von Expertenmacht und -murks. Psychologie & Gesellschaftskritik, *38 (4) – 39 (1)*/152/153, 95-125.

Kobbé, U. (2015b). *Gespenst ›Subjekt‹. Imagines einer existentiellen Restkategorie. Heterotope Text- und Bildcollagen.* Lippstadt: iwifo-Institut. Online-Publ: https://de.scribd.com/doc/286867534 (Stand: 31.01.2017).

Kobbé, U. (2016a). Das Subjekt als organloser Körper? Imagines einer existentiellen Restkategorie. In: Sollberger, D., Böning, J., Boehlke, E. & Schindler, G. (Hrsg.), *Das Geheimnis.* Schriftenreihe der DGPA, Bd. 35 (39-60). Berlin: Frank & Timme.

Kobbé, U. (2016b). *Die ›Falsch-Positiven‹ – Avatare undialektischer Prognosestellung. Zur prekären Diskursethik forensischer Begutachtung.* Presentation on Demand: http://www.praeventionstag.de/html/download.cms?id=484 (Stand: 31.01.2017).

Kobbé, U. & Schmitz, W. (1988). *Prognose der Gefährlichkeit im Maßregelvollzug. Ein Beurteilungsbogen im Westf. Zentrum für Forensische Psychiatrie Lippstadt.* Forschungsskript. Lippstadt: WZFP. Online-Publ.: http://www.scribd.com/doc/31559545 (Stand: 31.01.2017).

Kocherscheidt, K., Fiedler, P., Kronmüller, K.-T., Backenstraß, M. & Mundt, C. (2002). Zur empirischen Untersuchung von Scham und Schuld – Beschreibung und Evaluierung der dt. Version des TOSCA. *Zeitschrift für Differentielle und Diagnostische Psychologie, 23 (2)*, 217–224.

König, A. (2010). Der Nutzen standardisierter Risikoprognoseinstrumente für Einzelfallentscheidungen in der forensischen Praxis. *Recht & Psychiatrie, 28 (2)*, 67-73.

Kötter, S., Franqué, F. von; Bolzmacher, M., Eucker, S., Holzinger, B. & Müller-Isberner, R.J. (2014). The HCR-20V3 in Germany. *International Journal of Forensic Mental Health, 13 (2)*, 122-129.

Konrad, N. (1995). *Der sogenannte Schulen§treit. Beurteilungsmodelle in der Forensischen Psychiatrie*. Bonn: Psychiatrie-Verlag.

Krasmann, S. (2001). Kriminelle Elemente regieren – und produzieren. In: Honneth, A. & Saar, M. (Hrsg., 2003), *Michel Foucault – Zwischenbilanz einer Rezeption. Frankfurter Foucault-Konferenz 2001* (94-114). Frankfurt am Main: Suhrkamp.

Kravitz, H.M., Haywood, T.W., Kelly, J., Wahlstrom, C., Liles, S. & Cavanaugh, J.L. (1995). Medroxyprogesterone treatment for paraphiliacs. *Bull Am Acad Psychiatry Law, 23 (1)*, 19-33.

Kröber, H.-L. (1995). Geständnis und Auseinandersetzung mit der Tat als Gesichtspunkte der Individual-Prognose nach Tötungsdelikten. In: Dölling, D. (Hrsg.), *Die Täterindividualprognose. Beiträge zu Stand, Problemen und Perspektiven der kriminologischen Prognoseforschung* (63-81). Heidelberg: Kriminalistik-Verlag.

Kröber, H.-L. (2006). Kriminalprognostische Begutachtung. In: Kröber H.-L., Dölling, D., Leygraf, N. & Saß, H. (Hrsg.), *Handbuch der forensischen Psychiatrie, Band 3* (69-72). Darmstadt: Steinkopff.

Kröber, H.-L. (2007a). Die Auseinandersetzung mit der Tat. Zeitschrift für *Forensische Psychiatrie, Psychologie und Kriminologie, 1 (2)*, 162-163..

Kröber, H.-L. (2007b). Was ist und wonach strebt Forensische Psychiatrie? In: Kröber, H.-L., Dölling, D., Leygraf, N. & Saß, H. (Hrsg.), *Handbuch der Forensischen Psychiatrie. Band 1: Strafrechtliche Grundlagen der Forensischen Psychiatrie* (1-11). Darmstadt: Steinkopff.

Kröber, H.-L. (2010). Leugnen der Tat und Tatbearbeitung in der prognostischen Begutachtung. *Forensische Psychiatrie, Psychologie, Kriminologie, 4*, 32-38.

Kröber, H.-L. (2011). Das Basisraten. *Forensische Psychiatrie, Psychologie, Kriminologie, 5*, 121-122.

Kröber, H.-L., Müller-Isberner, R., Nedopil, N. & Saß, H. (2001). DGPPN-Zertifizierung »Forensische Psychiatrie«. *Nervenarzt, 72*, 973-974.

Kröber, H.-L., Scheurer, H., Richter, P. & Saß, H. (1993). Ursachen der Rückfälligkeit von Gewaltstraftätern. *Monatsschrift für Kriminologie und Strafrechtsreform, 76 (4)*, 227-241.

Kropp P.R., Belfrage, H. & Hart S.D. (2013). *Assessment of risk for honour based violence (PATRIARCH). User manual*. Vancouver, BC: ProActive ReSolutions.

Kropp, P.R. & Gibas, A. (2010). The Spousal Assault Risk Assessment Guide (SARA). In: Otto, R.K. & Douglas, K.S. (Eds.), *Handbook of violence risk assessment* (227-250). Oxford, UK: Routledge.

Kropp P.R., Hart S.D. & Belfrage H. (2005). *Brief spousal assault form for the evaluation of risk (B-SAFER): User manual.* Vancouver, BC: ProActive ReSolutions.

Kropp, P.R., Hart, S.D. & Lyon, D.R. (2008). *The stalking assessment and management guidelines (SAM): User manual.* Vancouver, BC: ProActive ReSolutions.

Kropp, P.R., Hart, S.D., Webster, C.D. & Eaves, D. (1999). *Manual for the spousal assault risk assessment guide.* Toronto: Multi-Health Systems.

Kruse, J. (2011). *Reader: Einführung in die qualitative Interviewforschung.* Freiburg i. Br.: Institut für Soziologie, Albert-Ludwigs-Universität.

Küfner, H. (1999). Prävention. In: Gastpar, M., Mann, K. & Rommelspacher, H. (Hrsg.), *Lehrbuch der Suchterkrankungen* (15-27). Stuttgart: Thieme.

Kühling, P. (1968. Untersuchungen zur Rückfälligkeit nach Verbüßung zeitlich bestimmter Jugendstrafe. *Monatsschrift für Kriminologie und Strafrechtsreform, 51 (6),* 255-263.

Kunzl, F. & Pfäfflin, F. (2011). Qualitätsanalyse österreichischer Gutachten zur Zurechnungsfähigkeit und Gefährlichkeitsprognose. *Recht & Psychiatrie, 29,* 152-159.

Kury, H. (1999). Psychowissenschaftliche Gutachten im Strafverfahren. Einige Anmerkungen nach dem ›Fall Postel‹. *Praxis der Rechtspsychologie, 9 (1),* 86-94.

Kury, H. & Adams, B. (2010). Prognosegutachten im Strafvollzug. Forum Strafvollzug. *Zeitschrift für Strafvollzug und Straffälligenhilfe, 2,* 81-87.

Kury, H. & Obergfell-Fuchs, J. (2012). *Rechtspsychologie.* Stuttgart: Kohlhammer.

Lacan, J. (1960/64). Position de l'inconscient. In: Lacan, J., *Écrits* (829-850). Paris: Seuil.

Lacan, J. (1991). Le maître châtré. In: Lacan, J., *Le Séminaire, livre XVII: L'envers de la psychanalyse* (99-115). Paris: Seuil.

Lackinger, F., Dammann, G. & Wittmann, B. (2008). *Psychodynamische Psychotherapie bei Delinquenz – Praxis der übertragungsfokussierten Psychotherapie.* Stuttgart, New York: Schattauer.

Langan, P.A. & Cunniff, M.A. (1992). *Recidivism of felons on probation.* Washington, DC: U.S. Bureau of Justice Statistics.

Langan, P.A., Schmitt, E.L. & Durose, M.R. (2003). *Recidivism of sex offenders released from prison in 1994.* Washington, DC: U.S. Department of Justice.

Langström, N. & Grann, M. (2002). Psychopathy and violent recidivism among young criminal offenders. *Acta Psychiatrica Scandinavia, 196,* 86-92.

Laplanche, J. & Pontalis, J.-B. (1973). *Das Vokabular der Psychoanalyse.* Frankfurt am Main: Suhrkamp.

Laub, J.H. & Sampson, R.J. (2003/2006). *Shared beginnings, divergent lives: delinquent boys to age 70.* Cambridge: Harvard University Press.

LBMRV – Landesbeauftragter für den Maßregelvollzug Nordrhein-Westfalen (Hrsg.) (2013). *Grundsätze für Lockerungsentscheidungen in Maßregelvollzugseinrichtungen.* Online-Publ.: http://www.massregelvollzug. nrw.de/pdf/Lockerungsgrundsaetze.pdf (Stand: 31.01.2017).

Lersner, U. Von; Baschin, K., Wormeck, I. & Mosko, M.O. (2016). Guidelines for trainings in inter-/transcultural competence for psychotherapists [Leitlinien für Trainings inter-/transkultureller Kompetenz in der Aus-, Fort- und Weiterbildung von Psychotherapeuten]. *Psychotherapie, Psychosomatik, medizinische Psychologie, 66 (2),* 67-73. [doi:10.1055/ s-0035-1564120].

Levold, T. & Lieb, H. (2017). *Für welche Probleme sind Diagnosen eigentlich eine Lösung?* Göttingen: Vandenhoeck & Ruprecht.

Lewis, H.B. (1971). *Shame and guilt in neurosis.* New York, NY: International Universities Press.

Leygraf, N. (1988). *Psychisch kranke Straftäter. Epidemiologie und aktuelle Praxis des psychiatrischen Maßregelvollzugs.* Berlin: Springer.

Leygraf, N. (1998). Wirksamkeit des psychiatrischen Maßregelvollzuges. In: Kröber, H.-L. & Dahle, K.-P. (Hrsg.), *Sexualstraftaten und Gewaltdelinquenz. Verlauf – Behandlung – Opferschutz* (175-184). Heidelberg: Kriminalistik-Verlag.

Leygraf, N. (2006). Psychiatrischer Maßregelvollzug (§ 63 StGB). In: Kröber, H.-L., Dölling, D., Leygraf, N. & Saß, H. (Hrsg.), *Handbuch der Forensischen Psychiatrie. Band 3. Psychiatrische Kriminalprognose und Kriminaltherapie* (193-221). Darmstadt: Steinkopff.

Leygraf, N. (2015). Die Begutachtung der Gefährlichkeitsprognose. In: Venzlaff, U., Foerster, K., Dressing, H. & Habermeyer, E. (Hrsg.), *Psychiatrische Begutachtung* (413-426). München: Urban & Fischer.

Leys, C., Licata, L., Bernard, P. & Marchal, C. (2012). The effects of offenders' emotions versus behaviors on victims' perception of their personality. *Swiss Journal of Psychology, 71 (4),* 187-197.

Lidz, C.W., Mulvey, E.P. & Gardner, W. (1993). The accuracy of predictions of violence to others. *Journal of the American Medical Association, 269,* 1007-1011.

Lindqvist, P. & Allebeck, P. (1990). Schizophrenia and crime: A longitudinal follow-up of 644 schizophrenics in Stockholm. *British Journal of Psychiatry, 157,* 345-350.

Linehan, M. (2006). Dialektisch-Behaviorale Therapie der Borderline-Persönlichkeitsstörung. München: CIP-Medien.

Littmann, E. (1993). Die forensische Begutachtungsuntersuchung im Erleben der Betroffenen. In: Leygraf, N., Volbert, R., Horstkotte, H. & Fried, S.

(Hrsg.), Die Sprache des Verbrechens – Wege zu einer klinischen Kriminologie (84-92). Stuttgart, Berlin, Köln: Kohlhammer.

Loch, W. (Hrsg.). (1983). Die Krankheitslehre der Psychoanalyse. Eine Einführung. Stuttgart: Hirzel.

Löprich-Zerbes, E.R. (2014). Prognostischer Status und kriminelle Rückfälligkeit nach Entlassung aus dem Maßregelvollzug: Kohortenstudie. München. Online-Publ.: https://edoc.ub.uni-muenchen.de/17880/ (Stand: 31.07.2017).

Lorenzo-Seva, U. & ten Berge, J.M.F. (2006). Tucker's congruence coefficient as a meaningful index of factor similarity. Methodology, 2, 57-64.

Lösel, F. (1995a). The efficacy of correctional treatment: A review and synthesis of meta-evaluations. In: McGuire, J. (Ed.), What works: Reducing reoffending. Guidelines from research and practice (79-111). Chichester, New York: Wiley & Sons.

Lösel, F. (1995b). Die Prognose antisozialen Verhaltens im Jugendalter: Eine entwicklungsbezogene Perspektive. In: Dölling, D. (Hrsg.), Die Täter-Individualprognose (29-61). Heidelberg: Kriminalistik-Verlag.

Lyotard, J.-F. (1977). Apathie in der Theorie. In: Lyotard, J.-F. (Hrsg., 1979), Apathie in der Theorie (73-95). Berlin: Merve.

Lyotard, J.-F. (1981). Der Widerstreit. In: ders. (Hrsg., 1985). Grabmal des Intellektuellen. Passagen, Bd. 2 (20-25). Graz, Wien: Böhlau.

Lyotard, J.-F. (1986). Das postmoderne Wissen. Ein Bericht. Passagen, Bd 7. Graz, Wien: Böhlau.

Lyotard, J.-F. (1989). Der Widerstreit. Supplemente, Bd. 6. München: Fink.

Mackenthun, G. (2011). Konflikttypen nach OPD. Online-Publ.: https://www.geraldmackenthun.de/app/download/5789707585/Konflikttypen_nach_OPD.pdf (Stand: 31.01.2017).

Macmillan, N.A. & Creelman, C.D. (2004). Detection theory: A user's guide. Allendale: Lawrence Erlbaum.

Maillard, C. & Zoder, I. (2015). Themenbereich »Kriminalität und Strafrecht« Strafurteilsstatistik 1984-2014: Langzeitbeobachtung. Neuchâtel: Bundesamt für Statistik (BFS).

Maio, G. (2012). Mittelpunkt Mensch: Ethik in der Medizin. Stuttgart: Schattauer.

Maletzky, B.M. (1980a). Assisted covered sensitization. New York: Garland.

Maletzky, B.M. (1980b). Self-referred versus court referred sexually deviant patients: Success with assisted covered sensitization. Behavior Therapy, 11, 306-315.

Mallarmé, S. (1914). Un coup de dés n'abolira le hasard. Ein Würfelwurf bringt nie zu Fall Zufall. In: Mallarmé, S. (Hrsg., 1993), Werke, Bd. I: Gedichte. Französisch und Deutsch (244-289). Gerlingen: Lambert Schneider.

Mannoni, O. (1969). *Cléfs pour l'imaginaire ou l'autre scène.* Paris: Seuil.

Markus, H.R. & Kitayama, S. (1991). Culture and the self: Implications for cognition, emotion, and motivation. *Psychological Review, 98 (2),* 224-253.

Marquard, O. (1990). Grenzreaktionen. Hass als Kehrseite der Brüderlichkeit. In: Herdieckerhoff, E., Ekesparre, D. von; Elgeti, R. & Marahrens-Schürg, C. (Hrsg.), *Hassen und Versöhnen. Psychoanalytische Erkundungen* (165-171). Göttingen: Vandenhoeck & Ruprecht.

Martin, R. & Priebe, B. (2015). Aspekte von ›Scham und gesellschaftlichen Stereotypen‹ in der Arbeit mit sexuell grenzverletzenden Minderjährigen. *Kindesmisshandlung und -vernachlässigung, 18 (2),* 178-192.

Martinez, A.G., Stuewig, J. & Tangney, J.P. (2014). Can perspective-taking reduce crime? Examining a pathway through empathic-concern and guilt-proneness. *Personality and Social Psychology Bulletin, 40 (12),* 1659-1667.

Marshall, W.L. & Barbaree, H.E. (1988). The long term evaluation of behavioral treatment program for child molesters. *Behav Res Ther, 26 (6),* 499-511.

Maruna, S. & Mann, R. (2006). A fundamental attribution error? Rethinking cognitive distorsions. *Legal and Criminological Psychology, 11,* 155-177.

Marx, K. (1843/44). Zur Kritik der Hegelschen Rechtsphilosophie. Einleitung. In: Marx, K. & Engels, F. (1976), *Werke, Bd. 1* (378-391). Berlin: Dietz.

Masters, W.H. & Johnson, V.E. (1970). *Impotenz und Anorgasmie. Zur Therapie funktioneller Sexualstörungen.* Frankfurt am Main: Goverts Krüger Stahlberg.

Mathieu, M.-A.. (2008). *Le début de la fin/La fin du début. Julius Corentin Acquefacques, prisonnier des rêves.* Tournai: Delcourt.

Matthes, A. & Rettenberger, M. (2008). *Die deutsche Version des Stable-2007.* Wien: Institut für Gewaltforschung und Prävention (IGF).

Mayer, K. (2009). Risikoorientierung in Bewährungshilfe und Massnahmenvollzug. In: Mayer, K. & Schildknecht, H. (Hrsg.), *Dissozialität, Delinquenz, Kriminalität. Ein Handbuch für die interdisziplinäre Arbeit* (291-302). Zürich: Schulthess.

Mayer, K. & Kherfouche, C. (2009). Forensische Therapien mit Sexual- und Gewaltstraftätern. In: Mayer, K. & Schildknecht, H. (Hrsg.), *Dissozialität, Delinquenz, Kriminalität. Ein Handbuch für die interdisziplinäre Arbeit* (231-240). Zürich: Schulthess.

Mayer, K., Schlatter, U. & Zobrist, P. (2007). Das Konzept der risikoorientierten Bewährungshilfe. *Bewährungshilfe – Soziales, Strafrecht, Kriminalpolitik, 54 (1),* 33-64.

Mayring, P. (2008). Qualitative Inhaltsanalyse: Grundlagen und Techniken. Weinheim, Basel: Beltz.

McCrae, R.R. & Costa, P.T. jr. (1999). A five-factor theory of personality. In: Pervin, L.A. & John, O.P. (Eds.), *Handbook of personality: Theory and research* (139-153). New York: Guilford.

McCrae, R.R., Yang, J., Costa, P.T. jr., Dai, X., Yao, S., Cai, T. & Gao, B. (2001). Personality profiles and the prediction of categorical personality disorders. *Journal of Personality, 69,* 155-174.

McDonald, R.P. (1999). *Test theory: A unified treatment.* Mahwah: Erlbaum.

Meehl, P.E. (1954). *Clinical versus statistical prediction. A theoretical analysis and a review of the evidence.* Minneapolis, MN: University of Minnesota Press.

Meehl, P.E. (2013). *Clinical versus statistical prediction: A theoretical analysis and a review of the evidence.* Minneapolis, MN: University of Minnesota Press.

Meier, B.-D. (2016). *Kriminologie.* München: Beck.

Meloy, J. R. (1992). Discussion of 'On the predictability of violent behavior: considerations and guidelines'. *Journal of Forensic Sciences, 37 (4),* 949-955.

Menne, J. (2013). Kriminalprognostik in der Marktgesellschaft. Überlegungen zur Konjunktur von Prognoseinstrumenten. *Neue Kriminalpolitik, 25 (4),* 338-349.

Merton, R.K. (1980). *Auf den Schultern von Riesen. Ein Leitfaden durch das Labyrinth der Gelehrsamkeit.* Frankfurt am Main: Syndikat.

Meuser, M. & Nagel, U. (2006). Experteninterview. In: Bohnsack, R. (Hrsg.), *Hauptbegriffe qualitativer Sozialforschung* (57-58). Opladen: Budrich.

Mey, H.-G. (1967). Prognostische Beurteilung des Rechtsbrechers: Die deutsche Forschung. In: Undeutsch, U. (Hrsg.), *Handbuch der Psychologie, Bd. 11* (511-564). Göttingen: Hogrefe.

Meyer, W.J. III; Cole, C.M. & Emory, E. (1992). Oepo provera treatment for sex offending behavior: An evaluation of outcome. *Bull Am Acad Psychiatry Law, 20,* 249-259.

Miller, W.R. & Rollnik, S. (2009). *Motivierende Gesprächsführung.* Freiburg i. Br.: Lambertus.

Minnesota Department of Corrections (2012). *The Minnesota Sex Offender Screening Tool-3.1 (MnSOST-3.1): An update to the MnSost-3.* Online-Publ.: http://www.doc.state.mn.us/pages/files/large-files/Publications/MnSOST3-1DOCReport.pdf (Stand: 09.10.2016).

Mitscherlich, A. (1971). Das schlechte Gewissen der Justiz. In: ders. (1981), *Das Ich und die Vielen. Ein Lesebuch* (264-284). München: dtv.

Mokros, A. (2013). PCL-R/PCL:SV – Psychopathy Checklist-Revised/Psychopathy Checklist: Screening Version. In: M. Rettenberger & F. von Franqué (Hrsg.), *Handbuch kriminalprognostischer Verfahren* (83-107). Göttingen, Bern, Wien: Hogrefe.

Mokros, A., Hollerbach, P., Vohs, K., Nitschke, J., Eher, R. & Habermeyer, R. (2013). Normative data for the psychopathy checklist revised in German speaking countries: A metaanalysis. *Criminal Justice and Behavior, 40 (12)*, 1425-1440.

Möller-Mussavi, S. & Seifert, D. (2006). Leisten neurological soft signs (NSS) einen Beitrag zur Gefährlichkeitseinschätzung psychisch kranker Straftäter gemäß § 63 StGB? *Fortschritte Neurologie Psychiatrie, 74*, 442-448.

Monahan, J. (1978). Prediction research and the emergency commitment of mentally ill offenders. *American Journal of Psychiatry, 135*, 198-201.

Monahan, J. (1981a). *Predicting violent behavior. An assessment of clinical techniques.* Beverly Hills, London: Sage.

Monahan, J. (1981b). *The clinical prediction of violent behavior.* Washington, DC: Government Printing House.

Monahan, J. & Cummings, L. (1974). Prediction of dangerousness as a function of its perceived consequences. *Journal of Criminal Justice, 2 (3)*, 239-242.

Montaigne, M. de. (1952, 1580). *Essais.* Paris: Le Club Français du Livre.

Moore, M.W. (1999). *Recidivism report: Inmates released from Florida prisons.* Online-Publ.: http://www.dc.state.fl.us/pub/recidivism/Report.pdf (Stand: 31.01.2017).

Moser, T. (1971). *Repressive Kriminalpsychiatrie. Vom Elend einer Wissenschaft – Eine Streitschrift.* Frankfurt am Main: Suhrkamp.

Mossman, D. (1994). Assessing predictions of violence: Being accurate about accuracy. *Journal of Consulting and Clinical Psychology, 62*, 783-792.

Mühlum, A. (2005). Gestufte Fachlichkeit. Strukturwandel der Sozialen Arbeit im intraprofessionellen und gesellschaftlichen Kontext. *Psychosozial, 28 (3)*, 9-15.

Müller, J.L., Haase, K.-A. & Stolpmann, G. (2013). Recidivism and characteristics of highly dangerous offenders being released from retrospectively imposed preventive detention: An Empirical Study. *Behavioral Sciences and the Law, 31 (3)*, 359-380.

Müller, J.L. & Stolpmann, G. (2015). Legalbewährung nach rechtskräftiger Ablehnung einer nachträglichen Anordnung der Unterbringung in der Sicherungsverwahrung. *Monatsschrift für Kriminologie und Strafrechtsreform, 98 (1)*, 35-47.

Müller, S. (2012). *Mea culpa? Zur Tatverarbeitung in Therapie und Prognose bei (traumatisierten) Gewalt- und Sexualstraftätern.* Frankfurt am Main: Verlag für Polizeiwissenschaft.

Mummendey, H.D. & Eifler, S. (1993). *Eine neue Skala zur Messung Sozialer Erwünschtheit.* Bielefelder Arbeiten zur Sozialpsychologie Nr. 167. Universität Bielefeld.

Musch, J., Brockhaus, R. & Bröder, A. (2002). Ein Inventar zur Erfassung von zwei Faktoren sozialer Ungleichheit. *Diagnostica, 48*, 121-129.

Musolff, C. (2006). Tausend Spuren und ihre Erzählung. Hermeneutische Verfahren in der Verbrechensbekämpfung. In: Musolff, C. & Hoffmann, J. (Hrsg.), *Täterprofile bei Gewaltverbrechen. Mythos, Theorie, Praxis und forensische Anwendung des Profilings* (107-127). Heidelberg: Springer.

Narr, W.D. & Weber, H.M. (1997). Zur aktuellen Debatte über Strafverschärfungen für Sexualstraftäter. *Bewährungshilfe, 44 (1)*, 73-91.

Nedopil, N. (1999a). Verständigungsschwierigkeiten zwischen dem Juristen und dem psychiatrischen Sachverständigen. *Neue Zeitschrift für Strafrecht, 19*, 433-439.

Nedopil, N. (1999b). Begutachtung zwischen öffentlichem Druck und wissenschaftlicher Erkenntnis. *Recht & Psychiatrie, 17 (3)*, 120-126.

Nedopil, N. (2005). *Prognosen in der Forensischen Psychiatrie. Ein Handbuch für die Praxis.* Lengerich: Pabst Science Publishers.

Nedopil, N. (2009). *Risiko und Sicherheit – Prognoseforschung zur bedingten Entlassung aus Straf- und Maßregelvollzug. Vortrag. Tagung ›Risiko und Sicherheit im Strafvollzug – Prognose, bedingte Entlassung und Übergangsmanagement‹.* Greifswald: Friedrich-Ebert-Stiftung und Universität, 21.10.2009. Online-Publ.: http://www. rsf.uni-greifswald.de/fileadmin/mediapool/lehrstuehle/harrendorf/NNedopil_Prognoseforschung. pdf (Stand: 31.01.2017).

Nedopil, N. (2012). *Forensische Psychiatrie – Klinik, Begutachtung und Behandlung zwischen Psychiatrie und Recht.* Stuttgart: Thieme.

Nedopil, N., Dittmann, V. & Kiesewetter, M. (2005). Qualitätsanforderungen an psychiatrische Gutachten. *Schweizerische Zeitschrift für Strafrecht, 123 (2)*, 127-143.

Nedopil, N. & Krupinski, M. (2001). *Beispiel-Gutachten aus der Forensischen Psychiatrie.* Stuttgart, New York: Thieme.

Nedopil, N. & Müller, J.-L. (2012). *Forensische Psychiatrie. Klinik, Begutachtung und Behandlung zwischen Psychiatrie und Recht.* Stuttgart, New York: Thieme.

Nedopil, N. & Müller-Isberner, R. (2001). D*ie Psychopathie-Checkliste PCL-R, deutsche Übersetzung.* Toronto, ON: Multi-Health-Systems.

Nicholls, T.L., Petersen, K.L., Brink, J. & Webster, C.D. (2011). A clinical and risk profile of forensic psychiatric patients: Treatment team STARTs in a Canadian service. *International Journal of Forensic Mental Health, 10 (3)*, 187-199.

Nicholls, T.L., Roesch, R., Olley, M.C., Ogloff, J.R.P. & Hemphill, J.F. (2005). *Jail Screening Assessment Tool (JSAT): Guidelines for mental health screening in jails.* Burnaby, BC: Simon Fraser University, Mental Health, Law, and Policy Institute.

Nietzsche, F. (1889). Götzen-Dämmerung oder Wie man mit dem Hammer philosophiert. In: ders. (1997), *Werke, Bd. II* (939-1033). Darmstadt: WBG.

Niggli, M. & Maeder, S. (2017). *Die Bedeutung der öffentlichen Wahrnehmung der Sanktionen für das Strafrecht – Positive Generalprävention im 21. Jahrhundert.* Unveröffentl. Vortrag. Kongress ›Strafverfolgung – Individuum – Öffentlichkeit‹. Interlaken: Schweizerische Arbeitsgruppe Kriminologie (SAK), 08.-10.-03.2017.

NN. (1962). Caligari – Netter Onkel. *Der Spiegel, 16 (30),* 62-63. Online-Publ.: http://www.spiegel.de/spiegel/print/d-45140916.html (Stand: 31.07.2017).

Nowara, S. (1995). Externe Prognosegutachten im Maßregelvollzug. *Recht & Psychiatrie, 13,* 67-72.

Nuhn-Naber, C. & Rehder, U. (2005). Psychopathie – Gegenindikation für Sozialtherapie? *Monatsschrift für Kriminologie und Strafrechtsreform, 88 (4),* 257-272.

Ogloff, J.R.P. & Douglas, K.D. (2003). Psychologial assessment in forensic settings. In: Graham, J.R. & Nieglieri, J.A. (Eds.), *Handbook of psychology, vol. 10: Assessment psychology* (345-364). Hoboken, NJ: John Wiley.

Olver, M.E., Kingston, D.A., Nicholaichuk, T.P. & Wong, S.C. (2014). A psychometric examination of treatment change in a multisite sample of treated Canadian federal sexual offenders. *Law and Human Behavior, 38,* 544-559.

Olver, M.E., Wong, S.C., Nicholaichuk, T. & Gordon, A. (2007). The validity and reliability of the Violence Risk Scale-Sexual Offender version: assessing sex offender risk and evaluating therapeutic change. *Psychological Assessment, 19,* 318-329.

O'Shea, L.E. & Dickens, G.L. (2014). Short-Term Assessment of Risk and Treatability (START): Systematic review and meta-analysis. *Psychological Assessment, 26 (3),* 990-1002.

Ostendorf, F. & Angleitner, A. (2004). *NEO-PI-R – NEO-Persönlichkeitsinventar nach Costa und McCrae – Revidierte Fassung.* Göttingen, Hogrefe.

Oswald, M.E. (1994). *Psychologie des richterlichen Strafens. Interdisziplinäre Beiträge zur kriminologischen Forschung, Bd. 4.* Stuttgart: Enke.

Ott, S. & Bliesener, T. (2005). *Integration jugendlicher Spätaussiedler.* Online-Publ.: https://www.justiz.nrw.de/BS/praevention_jm/frueheres/fruehere_ergebnisse/evaluation/integration/kiel.pdf (Stand: 13.12.2016).

Pacht, A.R. & Roberts, L.M. (1968. Factors related to parole experiences and the deviated sex offender. *Correctional Psychologist, 3,* 8-9.

Pantucek, P. (2009). *Soziale Diagnostik. Verfahren für die Praxis Sozialer Arbeit.* Wien: Böhlau.

Pantuček, P. (2012). *Soziale Diagnostik. Verfahren für die Praxis Sozialer Arbeit.* Wien, Köln, Weimar: Böhlau.

Passow, D., Prinz, E., Maaß, C., Wedler, K., Bordel, U. & Schläfke, D. (2016). Legalbewährung und Konsumverhalten bei Probanden der forensischen Nachsorge nach Unterbringung in einer Entziehungsanstalt (§ 64 StGB). *Suchttherapie, 17 (2),* 90-95.

Pätzel, J.M., Baumert, A., Reis, D. & Dahle, K.-P. (in Vorb.). *Justice Sensitivity in offender populations.*

Paulhus, D.L. (1984). Two-component models of social desirability responding. *Journal of Personality and Social Psychology, 46,* 598-609.

Paulhus, D.L. (1986). Self-deception and impression management in test response. In: Angleiter, A. & Wiggins, J.S. (Eds.), *Personality assessment via questionaires* (143-165). New York: Springer.

Paulhus, D.L. (1991). Measurement and control of response bias. In: Robinson, J.P., Shaver, P.R. & Wrightsman, L.S. (Eds.), *Measures of personality and social psychological attitudes* (17-59). New York: Academic Press.

Paulhus, D. L. (2002). Social Desirable Responding. The Evolution of a Construct. In: Braun, H.I. & Jackson, D.N. (Eds.), *The role of constructs in psychological and educational measurement* (49-69). Mahwah: Erlbaum.

Peters-Institute. (1980. *A ten year follow up of sex offender recidivism.* Philadelphia: Peters J. J. Institute.

Pfäfflin, F. (1978. *Vorurteilsstruktur und Ideologie psychiatrischer Gutachten über Sexualstraftäter.* Stuttgart: Enke.

Pfäfflin, F. & Kächele, H. (2001). Positive und negative Wirkfaktoren von Psychotherapien. *Forensische Psychiatrie und Psychotherapie, 8 (2),* 69-91.

Pfäfflin, F. & Kächele, H. (2005). Sollten nicht nur Patienten, sondern auch Psychotherapeuten diagnostiziert werden? In: Kernberg, O.F., Dulz, B. & Eckert, J. (Hrsg.), *WIR: Psychotherapeuten über sich und ihren 'unmöglichenæ Beruf* (470-483). Stuttgart: Schattauer.

Pfaller, R. (2002). *Die Illusionen der anderen. Über das Lustprinzip in der Kultur.* Frankfurt am Main: Suhrkamp.

Phinney, J.S. (1992). The multigroup ethnic identity measure: a new scale for use with diverse groups. *Journal of Adolescent Research, 7 (2),* 156-176. [doi:10.1177/074355489272003].

Pithers, W.D. (1990). Relapse prevention with sexual aggressors: A method for maintaining therapeutic gain and enhancing external supervision. In: Marshall, W.L., Laws, D.R. & Barbaree, H.E. (Eds.), *Handbook of sexual assault: Issues theories and treatment of the offender* (343-361). New York: Plenum.

Plessner, H., Betsch, C. & Betsch, T. (Eds.) (2008). *Intuition in judgment and decision making.* Mahwah, NJ: Lawrence Erlbaum.

Pleyer, K.H. (1996). Schöne Dialoge in hässlichen Spielen. Überlegungen zum Zwang als Rahmen für Therapie. *Zeitschrift für systemische Therapie, 3,* 186-196.

Pohlen, M. & Bautz-Holzherr, M. (2001). *Eine andere Psychodynamik. Psychotherapie als Programm zur Selbstbemächtigung des Subjekts.* Bern: Huber.

Pollähne, H. (2004). *Kriminalprognostik zwischen richtigen Basisraten und falschen Positiven. Gefahren von Gefahrenprognosen: Theoretische, methodologische und juristische Aspekte.* Online-Publ.: http://bremen.dvjj.de/sites/default/files/medien/imce/bremen/kriminalprognostik.pdf (Stand: 31.01.2017).

Pollähne, H. (2015). Maßregelvollzug (§ 63 StGB) im Reformstau. Forensische Psychiatrie – ein Behandlungsfall? *Neue Kriminalpolitik, 27 (1),* 25- 47.

Pörksen, B. & Detel, H. (2012). *Der entfesselte Skandal. Das Ende der Kontrolle im digitalen Zeitalter.* Köln: van Halem.

Pracht, M. (2016). *»Reso-Map«, Tertiäre Kriminalprävention mit Hilfe standardisierter psycho-sozialer Diagnostik und Interventionsplanung. Schriften zur psychosozialen Gesundheit.* Coburg: ZKS. Online-Publ.: http://www.zks-verlag.de/files/s620e2325_o25591/0?size=o (Stand: 26.10. 2016).

Praetorius, F. (1990). Überdiagnostik – Leiden durch Bilder. *Ethik in der Medizin, 2 (2),* 56-67.

Prentky, R.A., Lee, A.F.S., Knight, R.A. & Cerce, D. (1997). Recidivism rates among child molesters and rapists: A methodological analysis. *Law and Human Behavior, 21 (6),* 635-659.

Pressmann, D.E. (2009). *Risk assessment decisions for violent political extremism.* Ottawa: Public Saftey Canada.

PTK-NRW & LPK-RLP (Hrsg.). (2017). *Basiswissen Sucht. Leitfaden für die psychotherapeutische Praxis.* Düsseldorf: PsychotherapeutenKammer NRW; Mainz: Landespsychotherapeutenkammer Rheinland-Pfalz. Download: https://www.ptk-nrw.de/de/aktuelles/detail/article/neue-broschuere-basiswissen-sucht-ein-leitfaden-fuer-die-psychotherapeutische-praxis-ersch.html (Stand: 31.07.2017).

Put, C. v.d., Stams, G.-J., Dekovic, M., Hoeve, M. & Laan, P. v.d. (2013). Ethnic differences in offense patterns and the prevalence and impact of risk factors for recidivism. *International Criminal Justice Review, 23 (2),* 113-131. [doi:10.1177/1057567713482940].

Quensel, S. (1970). Wie wird man kriminell? Verlaufsformen fehlgeschlagener Interaktion. *Kritische Justiz, 3 (4),* 375-382.

Quenzer, C. (2011). *Jugendliche und heranwachsende Sexualstraftäter: Eine empirische Studie über Rückfälligkeit und Risikofaktoren im Vergleich mit Gewaltstraftätern.* Berlin: Duncker & Humblot.

Querengässer, J. Mielke, R., Ross, T., Bulla, J. & Hoffmann, K. (2015). Selbst- und Fremdkritik von Patienten nach § 64 StGB und deren Therapeuten vor einem Therapieabbruch. *Forensische Psychiatrie & Psychotherapie, 22 (3)*, 170-194.

Quine, W.O. (1981). *Theorien und Dinge.* Frankfurt am Main: Suhrkamp.

Quinsey, V.L. & Ambtman, R. (1979). Variables affecting psychiatrists' and teachers' assessments of the dangerousness of mentally ill offenders. *Journal of Consulting and Clinical Psychology, 47 (2)*, 353-362.

Quinsey, V.L., Harris, G.T., Rice, M.E. & Cormier, C.A. (Eds.) (1998a). *Violent offenders – appraising and managing risk.* Washington, DC: APA.

Quinsey, V.L., Khanna, A. & Malcolm, B. (1998b). A retrospective evaluation of the regional treatment centre sex offender treatment program. *Journal of Interpersonal Violence, 13*, 621-644.

Quinsey, V.L., Harris, G.T., Rice, M.E. & Cormier, C.A. (Eds.) (2003). *Violent offenders – appraising and managing risk.* Washington, DC: APA.

Quinsey, V.L., Harris, G.T., Rice, M.E. & Cormier, C.A. (2006a). Violence risk appraisal guide. In: Quinsey, V.L., Harris, G.T., Rice, M.E. & Cormier, C.A. (Eds.), *Violent offenders – appraising and managing risk.* Washington, DC: APA.

Quinsey, V.L., Harris, G.T., Rice, M.E. & Cormier, C.A. (2006b). Sex offender risk appraisal guide. In: Quinsey, V.L., Harris, G.T., Rice, M.E. & Cormier, C.A. (Eds.), *Violent offenders – appraising and managing risk.* Washington, DC: APA.

Quinsey, V.L. & Maquire, A. (1986). Maximum security psychiatric patients: Acturial and clinical prediction of dangerousness. *Journal of Interpersonal Violence, 1*, 143-171.

Rasch, W. (1982). Richtige und falsche psychiatrische Gutachten. *Monatsschrift für Kriminologie und Strafrechtsreform, 65 (5)*, 257-269.

Rasch, W. (1984a). Zur Praxis des Maßregelvollzugs. Verhalten in der Institution als Basis der Prognosebeurteilung. In: Eisenbach-Stangl, I. & Stangl, W. (Hrsg.), *Grenzen der Behandlung. Soziale Kontrolle und Psychiatrie* (128-138). Opladen: Westdeutscher Verlag.

Rasch, W. (1984b). *Gefährlichkeitsbeurteilung im Maßregelvollzug.* Unveröffentl. Vortragsmanuskript. 1. Expertengespräch zur Durchführung des Maßregelvollzugs in Westfalen-Lippe. Lippstadt: LWL, 10.12.1984.

Rasch, W. (1986). *Forensische Psychiatrie.* Stuttgart: Kohlhammer.

Rasch, W. (1999). *Forensische Psychiatrie.* Stuttgart: Kohlhammer.

Rasch, W. & Konrad, N. (2004). *Forensische Psychiatrie.* Stuttgart: Kohlhammer.

Rasmussen, L.A. (1999). Factors related to recidivism among juvenile sexual offenders. *Sex Abuse, 11 (1)*, 69-85.

Rauchfleisch, U. (2011). *Begleitung und Therapie straffälliger Menschen.* Göttingen: Vandenhoeck & Ruprecht.

Recidivism Rates Based on Three Years for Oklahoma and Nearby States. (1999). Online-Publ.: http://204.62.19.52/DOCS/offender_stats.htm (Stand: 31.01.2017).

Reed, V., Woods, P., Collins, M., Almvik, R; van Erven, A., Ross, T., Pfäfflin, F. & Dönisch-Seidel, U. (2008). *Behavioural Status Index (BEST-Index). Ein Instrument zur Erfassung lebenspraktischer Fähigkeiten psychisch kranker Patienten mit dem Ziel der Therapieplanung und Evaluation.* Deutsche Manualbearbeitung: Ross, Pfäfflin & Dönisch-Seidel, 2. überarb. Aufl. Universität Ulm: Ulmer Textbank.

Rehder, U. (1996a). Klassifizierung inhaftierter Sexualdelinquenten. 1. Teil: Wegen Vergewaltigung und sexueller Nötigung Erwachsener Verurteilte. *Monatsschrift für Kriminologie und Strafrechtsreform, 79,* 291-304.

Rehder, U. (1996b). Klassifizierung inhaftierter Sexualdelinquenten. 2. Teil: Wegen sexuellen Missbrauchs von Kindern Verurteilte. *Monatsschrift für Kriminologie und Strafrechtsreform, 79,* 373-385.

Rehder, U. (2005). Grenzen und Möglichkeiten von Legalprognosen bei Sexualstraftätern. In: Wischka, B., Rehder, U., Specht, F., Foppe, E. & Willems, R. (Hrsg.), *Sozialtherapie im Justizvollzug – Aktuelle Konzepte, Erfahrungen und Kooperationsmodelle* (169-183). Lingen: Kriminalpädagogischer Verlag.

Rehder, U. (2017a). *RRS-R – Rückfallrisiko bei Sexualstraftätern – Revidierte Fassung.* Lingen: Kriminalpädagogischer Verlag.

Rehder, U. (2017b). *RRS – Rückfallrisiko bei Sexualstraftätern* [a.a.O. in diesem Band].

Rehder, U. (2017c). *Was erfassen Prognoseinstrumente für Sexualstraftäter?* [a.a.O. in diesem Band].

Rehder, U., Nuhn-Naber, C., Eitzmann, G., Griepenburg, H.-P. & Pern, R. (2004). Behandlungsindikation bei Sexualstraftätern. *Monatsschrift für Kriminologie und Strafrechtsreform, 87 (5),* 371-385.

Rehder, U. & Suhling, S. (2006). *Rückfallrisiko bei Sexualstraftätern – RRS.* Lingen: Kriminalpädagogischer Verlag.

Rehder, U. & Suhling, S. (2008). Rückfälligkeit haftentlassener Sexualstraftäter. *Monatsschrift für Kriminologie und Strafrechtsreform, 91 (4),* 250-268.

Rehder, U. & Suhling, S. (2013). RRS – Rückfallrisiko bei Sexualstraftätern. In: Rettenberger, M. & Franqué, F. von (Hrsg.), *Handbuch kriminalprognostischer Verfahren* (175-188). Göttingen, Bern, Wien: Hogrefe.

Renn, J. (2006). *Auf den Schultern von Riesen und Zwergen. Albert Einsteins unvollendete Revolution.* Weinheim: Wiley-VCH.

Resnick, P.J. (1970. Murder of the new born. A psychiatric review of neonaticide. *American Journal of Psychiatry, 126,* 4-21.

Rettenberger, M. (2009). *Kriminalprognose und Sexualdelinquenz – Möglichkeiten und Grenzen standardisierter Kriminalprognosemethoden bei*

Sexualstraftätern. Dissertation. Open-Access-Repositorium der Universität Ulm: http://dx.doi.org/10.18725/OPARU-1611 (Stand: 31.01.2017).

Rettenberger, M. (2016). Die Einschätzung der Gefährlichkeit bei extremistischer Gewalt und Terrorismus. *Kriminalistik, 70,* 401-406.

Rettenberger, M., Briken, P., Turner, D. & Eher, R. (2015). Sexual offender recidivism among a population-based prison sample. *International Journal of Offender Therapy and Comparative Criminology, 59,* 424-444.

Rettenberger, M. & Craig, L.A. (2017). Reporting actuarial risk. In: Brown, S., Bowen, E. & Prescott, D. (Eds.), *The forensic psychologists' report writing guide* (44-55). Routledge: Milton Park, Abingdon, Oxon.

Rettenberger, M. & Eher, R. (2006a). Die deutsche Übersetzung und Adaptierung des Static-99 zur aktuarischen Kriminalprognose verurteilter Sexualstraftäter. *Monatsschrift für Kriminologie und Strafrechtsreform, 89,* 352-365.

Rettenberger, M. & Eher, R. (2006b). *Die revidierten Kodierungsrichtlinien des STATIC-99.* Online-Publ.: http://www.iatso.org/iatso_user_tool/publications (Stand: 31.01.2017).

Rettenberger, M. & Eher, R. (2016). Potenzielle Fehlerquellen bei der Erstellung von Kriminalprognosen, die gutachterliche Kompetenzillusion und mögliche Lösungsansätze für eine bessere Prognosepraxis. *Recht & Psychiatrie, 34 (1),* 50-57.

Rettenberger, M. & Eher, R. (2013). SARA – Spousal Assault Risk Assessment Guide. In: Rettenberger, M. & Franqué, F. von (Hrsg.), *Handbuch kriminalprognostischer Verfahren* (289-300). Göttingen, Bern, Wien: Hogrefe.

Rettenberger, M. & Franqué, F. von (Hrsg.) (2013). *Handbuch kriminalprognostischer Verfahren.* Göttingen, Bern, Wien: Hogrefe.

Rettenberger, M. & Hucker, S.J. (2011). Structured professional guidelines: International applications. In: Boer, D.P., Eher, R., Miner, M.H., Craig, L.A. & Pfäfflin, F. (Eds.), *International Perspectives on the Assessment and Treatment of Sexual Offenders. Theory, Practice and Research* (85-110). Chichester: Wiley.

Rettenberger, M., Matthes, A., Schilling, F. & Eher, R. (2011). Die Validität dynamisch-veränderbarer Risikofaktoren bei der Vorhersage einschlägiger Rückfälle pädosexueller Straftäter. *Forensische Psychiatrie, Psychologie, Kriminologie, 5,* 45-53.

Rettenberger, M., Mönichweger, M., Buchelle, E., Schilling, F. & Eher, R. (2010). Entwicklung eines Screeninginstruments zur Vorhersage der einschlägigen Rückfälligkeit von Gewaltstraftätern. *Monatsschrift für Kriminologie und Strafrechtsreform, 93,* 346-360.

Rettenberger, M., Schmitt, C., Matthes, A. & Feil, M. (2014). Die Anwendung standardisierter Kriminalprognoseinstrumente in unterschiedlichen rechtspsychologischen Praxisfeldern. *Praxis der Rechtspsychologie, 24,* 72-91.

Reynolds, S. K. & Clark, L.A. (2001). Predicting dimensions of personality disorder from domains and facets of the five-factor model. *Journal of Personality, 69,* 199-222.

Rice, M. & Harris, G. (1992). A comparison of criminal recidivism among schizophrenic and nonschizophrenic offenders. *International Journal of Law and Psychiatry, 15,* 397-408.

Rice, M. & Harris, G. (1995). Violent recidivism: assessing predictive validity. *Journal of Consulting and Clinical Psychology, 63 (5),* 737-748.

Rice, M., Harris, G. & Cormier, C. (1992). An evaluation of a maximum security therapeutic community for psychopaths and other mentally disordered offenders. *Law and Human Behavior, 16 (4),* 399-412.

Rice, M., Quinsey, V.L. & Houghton, R. (1990). Predicting treatment outcome and recidivism among patients in a maximum security token economy. *Behavioral Sciences & the Law, 8,* 313-326.

Rode, I. & Legnaro, A. (1995). Der Straftäter und sein Gutachter: Subjektive Aspekte der psychiatrischen Begutachtung. *Strafverteidiger, 15,* 496-499.

Rogers, R. (2000). The uncritical acceptance of risk assessment in forensic practice. *Law and Human Behavior, 24 (5),* 595-605.

Röh, D. (2012). Längst überfällig: Unsere Profession entdeckt ihre Diagnostik (neu). *Forum Sozial, 4,* 10-15.

Romero, J.J. & Williarns, L.M. (1983). Group psychotherapy and intensive probation supervision with sex offenders. *Federal Probation, 47,* 36-42.

Romero, J.J. & Williams, L.M. (1985). Recidivism among convicted sex offenders: A 10 year follow up study. *Federal Probation, 49,* 58-64.

Rooth, F.G. & Marks, l.M. (1974). Persistent exhibitionism: Short term response to aversion, self regulation and relaxation treatments. *Arch of Sexual Behavior, 3 (3),* 227-247.

Rose, S. (2000). *Darwins gefährliche Erben.* München: Beck.

Ross, T., Reed, V., Fontao, M.I. & Pfäfflin, F. (2012). Assessing reliability, validity, and clinical utility of the BEST-Index in measuring living skills among forensic inpatients. *International Journal of Offender Therapy and Comparative Criminology, 56 (3),* 385-400.

Ross, T., Woods, P., Sookoo, S., Dean, A., Kettles, A.M., Almvik, R., ter Horst, P., Brown, I., Collins, M., Walker, H. & Pfäfflin, F. (2008a). Assessing living skills in forensic mental health care with the Behavioural Status Index: A European network study. *Psychotherapy Research, 18 (3),* 334-344.

Ross, T., Woods, P., Sookoo, S., Dean, A., Kettles, A.M., Almvik, R., ter Horst, P., Brown, I., Collins, M., Walker, H. & Pfäfflin, F. (2008b). Selecting and monitoring living skills in forensic mental health care: cross-border validation of the BEST-Index. *International Journal of Mental Health, 36 (4),* 3-16.

Rosseger, A. (2008). *Die Validität von forensisch-psychiatrischen Prognose-Instrumenten bei Gewalt- & Sexualstraftätern in der Schweiz.* Dissertation. Universität Konstanz. Online-Publ.: https://kops.uni-konstanz.de/bitstream/handle/123456789/11003/Die_Valitditaet_von_forensisch_psychiatrischen_Prognoseinstrumenten.pdf?sequence=1 (Stand: 31.01.2017).

Rossegger, A., Laubacher, A., Moskvitin, K., Villmar, T., Palermo, G.B. & Endrass, J. (2010). Risk Assessment Instruments in Repeat Offending: The Usefulness of FOTRES. *International Journal of Offender Therapy and Comparative Criminology, 55 (5)*, 716-731. [doi:0306624X09360662].

Rossegger, A., Urbaniok, F., Danielsson, C. & Endrass, J. (2009). Der Violence Risk Appraisal Guide (VRAG) – ein Instrument zur Kriminalprognose bei Gewaltstraftätern – Übersichtsarbeit und autorisierte deutsche Übersetzung. *Fortschritte der Neurologie Psychiatrie, 77 (10)*, 577-584.

Rotermann, I., Köhler, D. & Hinrichs, G. (2009). *Legalbewährung jugendlicher und heranwachsender Sexual- und Gewaltstraftäter. Eine Studie zur prädiktiven Validität von Risiko- und Schutzfaktoren.* Frankfurt am Main: Polizeiwissenschaft.

Rüsch, N., Corrigan, P.W., Bohus, M., Jacob, G.A., Brueck, R. & Lieb, K. (2007). Measuring shame and guilt by self-report questionnaires: A validation study. *Psychiatry Research, 150 (3)*, 313–325.

Rusche, S. (2004). *In Freiheit gefährlich? – Eine Untersuchung zu Häufigkeit und Gründen falscher Kriminalprognosen bei psychisch kranken Gewaltverbrechern.* Regensburg: Roderer.

Saam, N.J. & Gautschi, T. (2015). Modellbildung in den Sozialwissenschaften. In: Braun, N. & Saam, N.J. (Hrsg.), *Handbuch Modellbildung und Simulation in den Sozialwissenschaften* (15-60). Wiesbaden: VS.

Sack, F. (1995). Prävention – ein alter Gedanke in neuem Gewand. Zur Entwicklung und Kritik der Strukturen ›postmoderner‹ Kontrolle. In: Gössner, R. (Hrsg.), *Mythos Sicherheit. Der hilflose Schrei nach dem starken Staat* (429-456). Baden-Baden: Nomos.

Salomon, A. (1926). *Soziale Diagnose. Salomon, A. (2004). Frauenemanzipation und soziale Verantwortung. Ausgewählte Schriften. Bd. 3: 1919-1948* (255-314). Neuwied: Luchterhand.

Samuel, D.B. (2015) A review of the agreement between clinicians' personality disorder diagnoses and those from other methods and sources. *Clinical Psychology Science and Practice 22 (1)*, 1-19.

Satow, L. (2012). *Skala zur Erfassung von Testverfälschung durch positive Selbstdarstellung und sozialerwünschte Antworttendenzen (SEA).* Online-Publ.: http://www.psychomeda.de (Stand: 31.01.2017).

Sauslman, L. M. & Pace, A. C. (2004). The five-factor model and personality disorder empirical literature: A meta-analytic review. *Clinical Psychological Review, 23 (8)*, 1055-1085.

Sawyer, J. (1966). Measurement and prediction, clinical and statistical. *Psychological Bulletin, 66,* 178-200.

Schetsche, M. (1996). *Die Karriere sozialer Probleme. Soziologische Einführung.* München, Wien: Oldenbourg.

Schiepek, G. (1986). *Systemische Diagnostik in der Klinischen Psychologie.* *Weinheim:* Beltz-PVU.

Schmidt, S., Bliesener, T. & van der Meer, E. (2016). Wie die kulturelle Sozialisation die Ausprägung und Vorhersagekraft von Risikofaktoren beeinflusst: Ein Vergleich erwachsener Strafgefangener ohne und mit türkischem bzw. arabischem Migrationshintergrund. In: Müller, J.L., Briken, P., Rösler, M., Fromberger, P. & Jordan, K. (Hrsg.)., *EFPPP-Jahrbuch, Vol. 5: Empirische Forschung in der forensischen Psychiatrie, Psychologie und Psychotherapie.* Berlin: MWV.

Schmidt, S., Tydecks, S., van der Meer, E. & Bliesener, T. (in Vorb.) *Wie lässt sich Straffälligkeit bei Menschen mit arabischem oder türkischem Migrationshintergrund erklären? Ein kultursensibles Erklärungsmodell auf der Grundlage einer Expertenbefragung.*

Schmidt-Quernheim, F. & Seifert, D. (2014). Evaluation der ambulanten Nachsorge forensischer Patienten (§ 63 StGB) in Nordrhein-Westfalen. *Nervenarzt, 85,* 1133-1143.

Schmitt, C. & Nitsche, T. (2013). Dittmann-Liste oder Basler Prognose-Instrument – Kriterienliste der Fachkommissionen des Strafvollzugskonkordats der Nordwest- und Innenschweiz. In: Rettenberger, M. & Franqué, F. von (Hrsg.)., *Handbuch kriminalprognostischer Verfahren* (324-334). Göttingen, Bern, Wien: Hogrefe.

Schmitt, M., Baumert, A., Fechtenhauer, D., Gollwitzer, M., Rothmund, T. & Schlösser, T. (2009). Sensibilität für Ungerechtigkeit. *Psychologische Rundschau, 60 (1),* 8-22.

Schmitt, M., Baumert, A., Gollwitzer, M. & Maes, J. (2010). The justice sensitivity inventory: Factorial validity, location in the personality facet space, demographic pattern, and normative data. *Social Justice Research, 23,* 211-238.

Schmitt, M., Gollwitzer, M., Maes, J. & Arbach, D. (2005). Justice sensitivity: Assessment and location in the personality space. *European Journal of Psychological Assessment, 21,* 202-211.

Schmitt, M., Baumert, A., Fetchenhauer, D., Gollwitzer, M., Rothmund, R. & Schlösser, T. (2009). Sensibilität für Ungerechtigkeit. *Psychologische Rundschau, 60,* 8-22.

Schmitt, M., Baumert, A., Gollwitzer, M. & Maes, J. (2010). The justice sensitivity inventory: Factorial validity, location in the personality facet space, demographic pattern, and normative data. *Social Justice Research, 23,* 211-238.

Schmitt, M., Gollwitzer, M., Maes, J. & Arbach, D. (2005). Justice sensitivity: Assessment and location in the personality space. *European Journal of Psychological Assessment, 21,* 202-211.

Schmitt, M.J., Neumann, R. & Montada, L. (1995). Dispositional sensitivity to befallen injustice. *Social Justice Research, 8,* 385-407.

Schneider, H.J. (1967). Prognostische Beurteilung des Rechtsbrechers: Die ausländische Forschung. In: Undeutsch, U. (Hrsg.), *Handbuch der Psychologie, Bd. 11* (397-510). Göttingen: Hogrefe.

Schneider, V. (2006). *Verwendbarkeit standardisierter Instrumente in der Risikobeurteilung bei Sexualstraftätern.* Online-Publ.: iatso.org/database/06hamburg/Schneider (Stand: 20.05.2011).

Schorsch, E. (1983). Psychotherapeutische Aspekte bei der forensischen Begutachtung. *Psychiatrische Praxis, 10,* 143-146.

Schorsch, E. (1991). *Kurzer Prozess? Ein Sexualstraftäter vor Gericht.* Hamburg: Klein-Verlag.

Schorsch, E., Galedary, G., Haag, A., Hauch, M. & Lohse, H. (1990). *Perversion als Straftat. Dynamik und Psychotherapie.* Berlin, Heidelberg, New York, Tokyo: Springer.

Schorsch, E., Galedary, G., Haag, A., Hauch, M. & Lohse, H. (2017). *Dynamik, Struktur, Ausdrucks- und Bedeutungsgehalt.* (Reprint aus Schorsch et al., 1990, 27-28, 32-61) in diesem Band.

Schreier, K. (2012). *Problemfelder beim Entlassungs- und Übergangsmanagement. DBH-Materialien Nr. 68: Übergangsmanagement für junge Menschen zwischen Strafvollzug und Nachbetreuung* (254-269). Köln: DBH.

Schumann, V., Albrecht, P.-A. & Dimmek, B. (Hrsg.). (1993). *Das Risiko kalkulieren ... Patientenbeurteilung und Lockerungsentscheidung als implizite Gefährlichkeitsprognose.* Werkstattschriften zur Forensischen Psychiatrie, Bd. 4. Lippstadt: WZFP.

Schwartz, S.H. (2006). A theory of cultural value orientation: Explication and applications. *Comparative Sociology, 5 (2),* 137-182.

Scurich, N. & John, R.S. (2011). The effect of framing actuarial risk probabilities on involuntary civil commitment decisions. *Law and Human Behavior, 35,* 83-91.

Seelich, A. (2009). *Handbuch Strafvollzugsarchitektur.* Wien: ZKS.

Seifert, D. (2007a). *Gefährlichkeitsprognosen. Eine empirische Untersuchung über Patienten des psychiatrischen Maßregelvollzugs.* Monographien aus dem Gesamtgebiete der Psychiatrie, Bd. 113. Darmstadt: Springer Steinkopff.

Seifert, D. (2007b). Helfen uns klinische Prognosekriterien bei der Gefährlichkeitseinschätzung behandelter forensischer Patienten (§ 63 StGB). *Forensische Psychiatrie, Psychologie, Kriminologie, 1 (1),* 27-33.

Seifert, D. (2010). Zur Gefährlichkeit ehemaliger Patienten des Maßregelvollzugs (§ 63 StGB). Aktuelle Daten der Essener prospektiven Prognosestudie. *Forensische Psychiatrie Psychologie Kriminologie, 4 (4)*, 60-69.

Seifert, D., Bolten, S. & Möller-Mussavi, S. (2003). Gescheiterte Wiedereingliederung nach Behandlung im Maßregelvollzug (§ 63 StGB) oder: Wie lassen sich Rückfälle verhindern? *Monatsschrift für Kriminologie und Strafrechtsreform, 86 (2)*, 127-137.

Seifert, D., Jahn, K., Bolten, S. & Wirtz, M. (2002). Prediction of dangerousness in mentally disordered offenders in Germany. *International Journal of Law and Psychiatry, 25 (1)*, 51-66.

Seifert, D. & Knarren, A. (2013). Therapeutische Aspekte zur Vorhersage von Gefährlichkeit behandelter forensischer Patienten (§ 63 StGB). *Forensische Psychiatrie und Psychotherapie, 20, (3)*, 261-280.

Seifert, D. & Leygraf, N. (2016). Entwicklung und Stand des psychiatrischen Maßregelvollzugs (§ 63 StGB). *Forensische Psychiatrie, Psychologie, Kriminologie, 10 (4)*, 233-242.

Seifert, D., Möller-Mussavi, S. & Wirtz, M. (2005). Risk Assessment of sexual offenders in German forensic institutions. *International Journal of Law and Psychiatry, 28*, 650-660.

Seifert, D., Schiffer, B. & Leyfraf, N. (2003). Plädoyer für die forensische Nachsorge. *Psychiatrische Praxis, 30*, 235-241.

Seifert, S. (2014). *Der Umgang mit Sexualstraftätern. Bearbeitung eines sozialen Problems im Strafvollzug und Reflexion gesellschaftlicher Erwartungen.* Wiesbaden: Springer.

Sen, H., Yavuz-Muren, H.M. & Yagmurlu, B. (2014). Parenting: The Turkish context. In: Selin, H. (Ed.), *Science across cultures: The history of non-western science. parenting across cultures, vol. 7* (175-192). Dordrecht: Springer Netherlands. [doi:10.1007/978-94-007-7503-9_13].

Senatsverwaltung für Justiz und Verbraucherschutz. (2015). *Der Berliner Justizvollzug.* Online-Publ.: https://www.berlin.de/justizvollzug/service/publikationen/ (Stand 13.12.2016).

Shepherd, S.M., Singh, J.P. & Fullam, R. (2015). Does the youth level of service/case management inventory generalize across ethnicity? *International Journal of Forensic Mental Health, 14 (3)*, 193-204. [doi:10.1080/14 999013.2015.1086450].

Sherry, A. & Henson, R.K. (2005). Conducting and interpreting canonical correlation analysis in personality research: A user-friendly primer. *Journal of Personality Assessment 84 (1)*, 37-48.

Shields, I.W. & Whitehall, G.C. (1991). *The pride in delinquency scale.* Ottawa: Department of Psychology, Carleton University.

Shrake, E. & Rhee, S. (2004). Ethnic identity as a predictor of problem behaviors among Korean american adolecents. *Adolecence, 39 (155)*, 601-622.

Singh, I. & Rose, N. (2009). Biomarkers in psychiatry. *Nature, 460*, 202-207.

Singh, J.P., Fazel, S., Gueorguieva, R. & Buchanan, A. (2014). Rates of violence in patients classified as high risk by structured risk assessment instruments. *The British Journal of Psychiatry, 214*, 180-187.

Skeem, J.L. & Cooke, D.J. (2010). Is criminal behavior a central component of psychopathy? Conceptual directions for resolving the debate. *Psychological Assessment, 22 (2)*, 433-445.

Snyder, H.N. & Mulako-Wangota, J. (2011). *Prisoner recidivism analysis tool.* Washington: U.S. Department of Justice. Online-Publ.: http://bjs.ojp. usdoj.gov (Stand: 31.01.2017).

Sookoo, S., Reed, V., Brown, I., Dean, A. & Ross, T. (2007). Cognitive-attitudinal aspects of keyworkers' talk about their patients in forensic psychiatric institutions. *International Journal of Psychiatric Nursing Research, 12*, 1446-1458.

Soothill, K.L., Jack, A. & Gibbens, A. (1976). Rape: a 22-year cohort study. *Medicine, Science and the Law, 16*, 62-69.

Spice, A., Viljoen, J.L., Douglas, K.S. & Hart, S.D. (2015). Remorse, psychopathology, and psychopathy among adolescent offenders. *Law and Human Behavior, 39 (5)*, 451–462.

Spruit, A., Schalkwijk, F., Vugt, E. van & Stams, G.J. (2016). The relation between self-conscious emotions and delinquency: A meta-analysis. *Aggression and Violent Behavior, 28*, 12-20.

Stadtland, C., Hollweg, M., Dietl, J., Reich, U. & Nedopil, N. (2004). Langzeitverläufe von sexualstraftätern. *Monatschrift für Kriminologie und Strafrechtsreform, 87*, 393-400.

Stadtland, C. & Nedopil, N. (2005). Psychiatrische Erkrankungen und die Prognose krimineller Rückfälligkeit. *Der Nervenarzt, 76*, 1402-1411.

Statistisches Bundesamt (2012). *Bevölkerung und Erwerbstätigkeit: Bevölkerung mit Migrationshintergrund. Ergebnisse des Mikrozensus 2011* (Fachserie 1 Nr. 2.2). Wiesbaden.

Statistisches Bundesamt (2015). *Strafvollzugsstatistik – Im psychiatrischen Krankenhaus und in der Entziehungsanstalt aufgrund strafrichterlicher Anordnung Untergebrachte (Maßregelvollzug).* Wiesbaden.

Staub-Bernasconi, S. (2004). Wissen und Können – Handlungstheorien und Handlungskompetenz in der Sozialen Arbeit. In: Mühlum, A. (Hrsg.), *Sozialarbeitswissenschaft. Wissenschaft der Sozialen Arbeit* (27-62). Freiburg i. Br.: Lambertus.

Steadman, H.J. (1973. Follow-up on Baxstrom patients returned to hospitals fort he criminal insane. *Amercan Journal of Psychiatry, 130*, 317-319.

Steadman, H.J. & Cocozza, J.J. (1974). *Careers of the criminally insane: Excessive social control of deviance.* Lexington, MA: Lexington Books.

Steffes-enn, R. (2014). Tatrekonstruktion. In: Werner, S. (Hrsg.), *Konfrontative Gewaltprävention* (179-187). Weinheim: Beltz Juventa.

Steffes-enn, R. & Dirks, M. (2014). Deliktorientierter Anamnesebogen. In: Steffes-enn, R. (Hrsg.), *Täter und Taten als Informationsquellen. Anamnese und Fallarbeit* (139-228). Frankfurt am Main: Polizeiwissenschaft.

Steinböck, H. (1997). Das Problem schwerer Gewalttaten und deren Prognostizierbarkeit. *Recht & Psychiatrie, 15,* 67-77.

Steinböck, H. (2011). Zum Problem der freien Willensbestimmung in der Forensischen Psychiatrie. *Forensische Psychiatrie und Psychotherapie, 18 (1),* 113-124.

Steinweg, M. (2015). *Evidenzterror.* Berlin: Matthes & Seitz.

Steller, M. (1991). Strategien zur Verbesserung der forensischen Diagnostik – Überlegungen zur Überwindung des Elends. In: Egg, R. (Hrsg.), *Brennpunkte der Rechtspsychologie. Polizei – Justiz – Drogen* (385-399). Bonn: Forum.

Stelly, W. & Thomas, J. (2005). *Kriminalität im Lebenslauf: eine Reanalyse der Tübinger-Jungtäter-Vergleichsuntersuchung (TJVU).* Tübinger Schriften und Materialien zur Kriminologie, 10. Universität Tübingen. Online-Publ.: https://publikationen.uni-tuebingen.de/xmlui/handle/10900/43716 (Stand: 31.01.2017).

Stene, R.J. (1999). *Etterforskede lovbrudd.* Retrieved Dez. (2000). Online-Publ.: http://www.ssb.no/emner/03/05/a_krim_tab/ (Stand: 31.01.2017).

Sternberger, D., Storz, G. & Süskind, W.E. (1962). *Aus dem Wörterbuch des Unmenschen.* Hamburg: dtv.

Stiels-Glenn, M. (2003). Hauptsache, wir haben einen Schuldigen! Überlegungen zum Umgang mit dem Tabu und zu einigen versorgungspolitischen Notwendigkeiten. *Forensische Psychiatrie und Psychotherapie, 10 (1),* 43-64.

Stiels-Glenn, M. (2005). Forensische Szenen. *FoRuM Supervision, 13, 26,* 53-63.

Stiels-Glenn, M. (2010). Sicherheit – Paradigma & Paradoxone. In: Saimeh, N. (Hrsg.), *Kriminalität als biographisches Scheitern. Forensik als Lebenshilfe?* (105-119). Bonn: Psychiatrie-Verlag.

Stiels-Glenn, M. (2014). N = 1 oder »Nach bestem Gewissen?« Gutachten in Strafverfahren. *Psychologie & Gesellschaftskritik, 38/39 (4/1)/152/153,* 127-148.

Stiels-Glenn, M. (2016). *Therapie mit Pädophilen? Pädophile beurteilen ihre Therapie.* Lengerich: Pabst Science Publishers.

Storz, R. (1997). *Strafrechtliche Verurteilungen und Rückfallraten (No. (19).* Bern: Bundesamt für Statistik.

Stübner, S., Löprich-Zerbes, R., Groß, G., Nedopil, N., Steinböck, H., Kippke, I., Tippelt, S., Stadtland, C. & Yundina, E. (subm). *Kriminelle Rückfälligkeit nach Entlassung aus dem Maßregelvollzug – Vergleich vor und nach Etablierung forensischer Nachsorge.*

Stüm, M. & Schmalbach, S. (2012). Voraussetzungen und Rahmenbedingungen deliktorientierter Therapien. In: Endrass, J., Rossegger, A., Urbaniok, F. & Borchard, B. (Hrsg.), *Interventionen bei Gewalt- und Sexualstraftätern: Risk-Management, Methoden und Konzepte der forensischen Therapie* (183-192). Berlin: MWV.

Suhling, S. & Endres, J. (2016). Deliktorientierung in der Behandlung von Straftätern. *Rechtspsychologie, 3,* 345-371.

Suhling, S. & Rehder, U. (2009). Zum Zusammenhang zwischen Vollzugslockerungen, Unterbringung im offenen Vollzug und Legalbewährung bei Sexualstraftätern. *Forensische Psychiatrie, Psychologie, Kriminologie, 3,* 37-46.

Suhling, S. & Rehder, U. (2012). Zur Validität des Prognoseinstruments ›Rückfallrisiko bei Sexualstraftätern‹. *Forensische Psychiatrie, Psychologie, Kriminologie, 6,* 17-24.

Sutherland, A.A., Johnstone, L., Davidson, K.M., Hart, S.D., Cooke, D.J., Kropp, P.R., Logan, C., Michie, C. & Stocks, R. (2012). Sexual violence risk assessment: An investigation of the interrater reliability of professional judgments made using the Risk for Sexual Violence Protocol. *International Journal of Forensic Mental Health, 11 (2),* 119-133.

Swets, J.A., Dawes, R.M. & Monahan, J. (2000). Psychological science can improve diagnostic decisions. *Psychological Science in the Public Interest, 1,* 1-26.

Tangney, J.P. & Dearing, R.L. (2002). *Shame and guilt.* New York: Guilford.

Tangney, J.P., Mashek, D. & Stuewig, J. (2007). Working at the social-clinical community-criminology interface: The GMU inmate study. *Journal of Social and Clinical Psychology, 26 (1),* 1–21.

Tangney, J.P., Stuewig, J. & Hafez, L. (2011a). Shame, guilt and remorse: Implications for offender populations. *Journal of Forensic Psychiatry & Psychology, 22 (5),* 706-723.

Tangney, J.P., Stuewig, J., Krishnan, S., Youman, K., Appel, M., Roop, L. et al. (2008). *The test of self-conscious affect for special populations (TOSCA-SP).* Fairfax, VA: George Mason University.

Tangney, J.P., Stuewig, J. & Martinez, A.G. (2014). Two faces of shame the roles of shame and guilt in predicting recidivism. *Psychological science, 25 (3),* 799-805.

Tangney, J.P., Stuewig, J., Mashek, D. & Hastings, M. (2011b). Assessing jail inmates' proneness to shame and guilt: Feeling bad about the behavior or the self? *Criminal justice and behavior, 38 (7),* 710-734.

Tann, M. von der; Cierpka, M., Feil, M.G., Hoffmann, K., Kluttig, T., Schüßler, G., Seifert, B., Trebels, C., Weber, A. & Weilbach, K. (2015). Das Modul Forensik. Diagnostik und Therapieplanung in der forensischen Psychotherapie mit der OPD-2 – Das Diagnostik-Manual. *Forensische*

Psychiatrie und Psychotherapie, 22 (1), 5-30. Online-Publ.: http://www. psychologie-aktuell.com/fileadmin/download/FPP_1-2015_5-30.pdf (Stand: 31.01.2017).

Tengström, A., Grann, M., Langström, N. & Kullgren, G. (2000). Psychopathy (PCL-R) as a predictor of violent recidivism among criminal offenders with schizophrenia. *Law and Human Behavior, 24 (1),* 45-58.

Tewksbury, R., Jennings, W.G. & Zgoba, K.M. (2012). A longitudinal examination of sex offender recidivism prior to and following the implementation of SORN. *Behavioral Sciences and the Law, 30 (3),* 308-28.

Thiersch, H. (2009). *Lebensweltorientierte Soziale Arbeit. Aufgaben der Praxis im sozialen Wandel.* Weinheim: Beltz Juventa.

Thomas, N., Baumert, A. & Schmitt, M. (2012). Justice sensitivity as a risk and protective factor in social conflicts. In: Kals, E. & Maes, J. (Eds.), Justice and conflicts (107-120). Berlin, Heidelberg: Springer. [doi:10.1007/978-3-642-19035-3_6].

Thompson, B. (1984). *Canonical correlation analysis: Uses and interpretation.* Newbury Park, CA: Sage.

Thompson, B. (2000). Canonical correlation analysis. In L. Grimm & P. Yarnold (Eds.), *Reading and understanding more multivariate statistics* (pp. 207-226). Washington, DC: American Psychological Association.

Thompson, B. (2002). What future quantitative social science research could look like: confidence intervals for effect sizes. *Educational Researcher, 31 (3),* 25-32.

Thornberry, T.P. & Jacoby, J.E. (1979). *The criminally insane. A community follow-up of mentally ill offenders.* Chicago: University of Chicago Press.

Thornhill, R. & Palmer, C. (2000). *A natural history of rape. biological bases of sexual coercion.* Cambridge, MA: MIT.

Tiedermann, J.L. (2013). *Scham.* Gießen: Psychosozial-Verlag.

Tignor, S.M. & Colvin, C.R. (2016). The interpersonal adaptiveness of dispositional guilt and shame: A meta-analytic investigation. *Journal of personality.* [doi:10.1111/jopy.12244].

Tippelt, S. (2015). *Diagnostik positiver Antwortverzerrungen bei forensischen Begutachtungen: Untersuchung der Validität und Brauchbarkeit der Supernormalität-Skala (SN-S).* Dissertation. München: LMU. Online-Publ.: http://docplayer.org/38130577-Dissertation-zum-erwerb-des-doktorgrades-der-humanbiologie-an-der-medizinischen-fakultaet-der-ludwigmaximilians-universitaet-muenchen.html (Stand: 31.01.2017).

Tippelt, S., Stübner, S. & Nedopil, N. (2012). Die psychotherapeutischen Fachambulanzen für Sexualstraftäter in München und Nürnberg – Ergebnisse der wissenschaftlichen Begleituntersuchung. *Forum Strafvollzug – Zeitschrift für Strafvollzug und Straffälligenhilfe, 61 (2),* 95-98.

Tondorf, G. (2004). Zur Einführung von Mindeststandards für Schuldfähigkeits- und Prognosegutachten durch den BGH. *Strafverteidiger, 24,* 279-283.

Tondorf, G. & Tondorf, B. (2005). *Psychologische und psychiatrische Sachverständige im Strafverfahren. Verteidigung bei Schuldfähigkeits- und Prognosebegutachtung.* Heidelberg: C.F. Müller.

Tondorf, G. & Tondorf, B. (2011). *Psychologische und psychiatrische Sachverständige im Strafverfahren. Verteidigung bei Schuldfähigkeits- und Prognosebegutachtung.* Heidelberg: C.F. Müller.

Tooby, J. & Vore, I. de. (1987). The reconstruction of hominid behavioral evolution through strategic modeling. In: Kinzey, W.G. (Ed., 2011). *The evolution of human behaviour: Primate models* (183-238). Albany: SUNY.

Tracy, P., Wolfgang, M. & Figlio, R. (1990). *Delinquency careers in two birth cohorts.* New York: Plenum.

Trull, T.J. & Widiger, T.A. (2013). Dimensional models of personality: the five-factor model and the DSM-5. *Dialogues in Clinical Neuroscience, 15 (2),* 135-146.

Trull, T.J., Widiger, T.A. & Burr, R. (2001). A structured interview for assessment of the Five-Factor Model of personality: facet-level relations to the Axis II personality disorders. *Journal of Personality, 69,* 175-198.

Urbaniok, F. (2002). Der Therapie-Risiko-Evaluations-Test (TRET) – Ansatzpunkte eines neuen Prognoseinstruments. *Werkstattschriften Forensische Psychiatrie und Psychotherapie, 9,* 101-136.

Urbaniok, F. (2007). *FOTRES – Forensisches Operationalisiertes Therapie-Risiko-Evaluations-System.* Oberhofen: Zytglogge.

Urbaniok, F. (2012). Persönlichkeitstäter, Situationstäter und Prognostische Syndrome als Konzepte für Risikobeurteilungen und Risikomanagement. In: Urbaniok, F., Endrass, J., Rossegger, A., Borchard, B. (Hrsg.), *Interventionen bei Gewalt- und Sexualstraftätern. Risk-Management, Methoden und Konzepte der forensischen Therapie* (27-33). Berlin: MWV.

Urbaniok, F. (2016). *FOTRES – Forensisches Operationalisiertes Therapie-Risiko-Evaluations-System. Diagnostik, Risikobeurteilung und Risikomanagement bei Straftätern.* Berlin: MWV.

Urbaniok, F., Endrass, J., Rossegger, A. & Noll, T. (2007). Violent and sexual offences: a validation of the predictive quality of the PCL:SV in Switzerland. *International Journal of Law and Psychiatry, 30 (2),* 147-152.

Urbaniok, F., Rinne, T., Held, L., Rossegger, A. & Endrass, J. (2008). Forensische Risikokalkulationen: Grundlegende methodische Aspekte zur Beurteilung der Anwendbarkeit und Validität verschiedener Verfahren. *Fortschr Neurol Psychiat, 76,* 470-477.

Uskul, A.K., Cross, S.E., Alozkan, C., Gercek-Swing, B., Ataca, B., Gunsoy, C. & Sunbay, Z. (2014). Emotional responses to honour situations in Turkey and the northern USA. *Cognition & Emotion, 28 (6)*, 1057-1075. [doi:10.10 80/02699931.2013.870133].

Uslucan, H.-H. (2011). Resilienzpotenziale bei Jugendlichen mit Migrationshintergrund. In: Zander, M. (Hrsg.), *Handbuch Resilienzförderung* (555-574). Wiesbaden: VS.

Uslucan, H.-H. (2012). Kriminogene Entwicklungsrisiken von Jugendlichen mit Zuwanderungsgeschichte und Möglichkeiten der Prävention und Intervention. *Forensische Psychiatrie, Psychologie, Kriminologie, 6 (2)*, 102-110. [doi:10.1007/s11757-012-0152-9].

Viljoen, J.L., Nicholls, T.L., Cruise, K.R., Desmarais, S.L. & Webster, C.D. (2010). *Short-term assessment of risk and treatability: Adolescent version (START:AV)*. Burnaby, BC: Simon Fraser University, Mental Health, Law, and Policy Institute.

Vogel, V. de; Ruiter, C. de; Boumann, Y.H.A., & Vries Robbé, M. de. (2009). *SAPROF. Structured assessment of protective factors for violence risk. Guidelines for the assessment of protective factors for violence risk.* Utrecht: Forum Educatief.

Vogel, V. de, Ruiter, C. de, Bouman, Y.H.A. & Vries Robbé, M. de. (2010). *SAPROF. Leitlinien für die Erfassung von protektiven Faktoren bei einem Risiko für gewalttätiges Verhalten.* Utrecht: Forum Educatief.

Vogel, V. de; Vries Robbé, M. de; Kalmthout, W. van & Place, C. (2014). *Female Additional Manual (FAM): Additional guidelines to the HCR-20V3 for assessing risk for violence in women.* Amsterdam: Van der HoevenKliniek.

Volbert, R. & Dahle, K.-P. (2010). *Forensisch-psychologische Diagnostik im Strafverfahren.* Göttingen: Hogrefe.

Volckart, B. (1991). *Maßregelvollzug.* Darmstadt: Luchterhand.

Volckart, B. (1997). *Praxis der Kriminalprognose.* München: Beck.

Volckart, B. (1999). Die rechtliche Beurteilung der Kriminalprognose. In: Vögele, W. (Hrsg.), *Wohin mit den Tätern? Strafvollzug – Psychiatrie – Führungsaufsicht.* Loccumer Protokolle 72/98 (160-169). Rehburg-Loccum: Evangelische Akademie Loccum.

Volckart, B. (2002). Zur Bedeutung der Basisrate in der Kriminalprognose: Was zum Teufel ist eine Basisrate? *Recht & Psychiatrie, 20 (2)*, 105-114.

Wall, T.D., Sellbom, M. & Goodwin, B.E. (2013). Examination of intelligence as a compensatory factor in non-criminal psychopathy in a non-incarcerated sample. *Journal of Psychopathology and Behavioral Assessment, 35 (4)*, 450-459.

Ward, T. & Maruna, S. (2007). *Rehabilitation. Beyond the risk paradigm.* London: Routledge.

Ward, T. & Stewart, C.A. (2003). The treatment of sex offenders: Risk management and good lives. *Professional Psychology: Research and Practice, 34 (4)*, 353-360. [doi:10.1037/0735-7028.34.4.353].

Warmuth, M. (1995). Die Prognose von Urlaub und Ausgang – ein Vergleich zwischen Maßregelpatienten und Strafgefangenen. *Recht & Psychiatrie, 13 (1)*, 15-19.

Watzlawick, P., Beavin, J.H. & Jackson, D.D. (1969). *Menschliche Kommunikation*. Bern, Stuttgart, Wien: Huber.

Weber, F. (1994). Die Entlassprognose im Maßregelvollzug. In: Steller, M., Dahle, P. & Basqué, M. (Hrsg.), *Straftäterbehandlung: Argumente für eine Revitalisierung in Forschung und Praxis* (93-101). Pfaffenweiler: Centaurus.

Weber, F. (1996). *Gefährlichkeitsprognosen im Maßregelvollzug*. Pfaffenweiler: Centaurus.

Webster, C.D. (1997). A guide for conducting risk assessments. In: Webster, C.D. & Jackson, M.A. (Eds.), *Impulsivity: Theory, assessment and treatment* (343-357). New York: Guilford.

Webster, C.D., Douglas, K.S., Eaves, D. & Hart, S.D. (1997). *HCR-20: Assessing risk for violence (Version 2)*. Vancouver, BC: Mental Health Law and Policy Institute, and Forensic Psychiatric Services Commission of British Columbia, Simon Fraser University.

Webster, C.D., Martin, M.-L., Brink, J., Nicholls, T.L. & Middleton, C. (2004). *Manual for the Short Term Assessment of Risk and Treatability (START). Version 1.0, Consultation edition*. Hamilton, ON: St. Joseph's Healthcare/ Port Coquitlam, BC: Forensic Psychiatric Services Commission.

Webster, C.D., Martin, M.-L., Brink, J., Nicholls, T.L. & Desmarais, S.L. (2015). *Beurteilung von zeitnahen Risiken und Behandelbarkeit mit dem START* (Übers.: Born, P., Schmidbauer, W. & Müller-Isberner, R.). Haina: Institut für Forensische Psychiatrie Haina e.V.

Weimar, R. (1996). *Psychologische Strukturen richterlicher Entscheidung. Schriften zur Rechtspsychologie, Bd. 2*. Bern: Stämpfli.

Welsh, J.L., Schmidt, F., McKinnon, L., Chattha, H.K. & Meyers, J.R. (2008). A comparative study of adolescent risk assessment instruments: predictive and incremental validity. *Assessment, 15 (1)*, 104-115.

Weltgesundheitsorganisation (2011). *Internationale Klassifikation psychischer Störungen. ICD-10. Kapitel V (F). Klinisch-diagnostische Leitlinien*. 8., überarb. Aufl. mit Änderungen entspr. ICD-10-GM 2011. Bern: Huber.

Wender, P. H. (1995). *Attention-deficit hyperactivity disorder in adults*. New York, Oxford: Oxford University Press.

Westen, D. & Muderrisoglu, S. (2006). Clinical assessment of pathological personality traits. *The American Journal of Psychiatry, 163 (7)*, 1285-1287.

Westhoff, K. & Kluck, M.L. (2014). *Psychologische Gutachten schreiben und beurteilen*. Berlin: Springer.

Widiger T.A, Trull, T.J., Clarkin, J.F., Sanderson, C. & Costa, P.T. jr. (1994). A description of theDSM-III-R and IV personality disorders with the five-factor model of personality. In P.T. Costa jr. & T.A. Widiger (Eds.), *Personality disorders and the five-factor model of personality* (pp. 41-56). Washington, DC: American Psychological Association.

Widiger, T.A, Costa, P.T. jr., McCrae, R.R. (2002). A proposal for Axis II: Diagnosing personality disorders using the five-factor model. In P.T. Costa jr. & T.A. Widiger (Eds.), *Personality disorders and the five-factor model of personality* (2nd ed., pp. 431-456). Washington, DC: American Psychological Association.

Widiger, T. A., Trull, T. J., Clarkin, J. F., Sanderson, C. & Costa, P. T. (jr.) (2002). A description of the DSM-IV personality disorders with the five-factor model of personality. In P.T. Costa jr. & T.A. Widiger (Eds.), *Personality disorders and the five-factor model of personality* (2nd ed., pp. 89-99). Washington, DC: American Psychological Association.

Wiederholt, l.C. (1989). Psychiatrisches Behandlungsprogramrn für Sexualtäter in der Justizvollzugsanstalt München. *Zeitschrift für Strafvollzug und Straffälligenhilfe, 38,* 231-237.

Wikipedia: *Ockhams Rasiermesser.* Web-Publ.: https://de.wikipedia.org/w/in dex.php?title=Ockhams_Rasiermesser&oldid=165100238. (Stand: 31.01. 2017).

Wilkinson, R.A., Stickrath, T.J., Ritchie-Matsumoto, P. & Parks, E. (Writer). (1997). *Supervision outcomes of interstate compact cases.* O. D. o. R. a. Correction (Producer).

Wille, R. & Beier, K.M. (1989). Castration in Germany. *Annals of Sex Research, 2,* 103-133.

Williams, E.N. & Morrow, S.L. (2009). Achieving trustworthiness in qualitative research: A pan-paradigmatic perspective. *Psychotherapy Research, 19 (4-5),* 576-582. [doi:10.1080/10503300802702113].

Willis, G., Ward, T. & Leveson, J. (2014). The Good Lives Model (GLM): An evaluation of GLM operationalization in North American treatment programs. *Sexual Abuse: A Journal of Research and Treatment, 26 (1),* 58-81.

Windzio, M., Simonson, J. & Pfeiffer, C. (2007). *Kriminalitätswahrnehmung und Punitivität in der Bevölkerung – Welche Rolle spielen die Massenmedien?* Hannover: kfn-Forschungsbericht Nr. 103. Online-Publ.: www. kfn.de/versions/kfn/assets/fb103.pdf (Stand: 31.01.2017).

Winkler, N., Kroh, M. & Spiess, M. (2006). *Entwicklung einer deutschen Kurzskala zur zweidimensionalen Messung von sozialer Erwünschtheit.* Discussion Papers 579. Berlin: DIW. Online-Publ.: http://www.diw. de/documents/publikationen/73/diw_01.c.44281.de/dp579.pdf (Stand: 31.01.2017).

Wischka, B. (2011). Tätertherapie braucht Erprobungsräume innerhalb und außerhalb der Mauern! *Kriminalpädagogische Praxis, 39 (47),* 37-48.

Wittgenstein, L. (1953). Philosophische Untersuchungen. In: Philipp, R. (Hrsg., 1990). *Tractatus logico-philosophicus. Philosophische Untersuchungen* (91-423). Leipzig: Reclam.

World Psychiatric Association (1996/2002). *Madrid declaration on ethical standards for psychiatric practice.* Approved by the General Assembly on August 25, 1996 and amended by the General Assembly in Yokohama, Japan, in August 2002. Online-Publ.: http://www.wpanet.org/detail.php?section_id=5&content_id=48 (Stand: 31.01.2017).

Worling, J.R. & Curwen, T. (2001). Estimate of Risk of Adolescent Sexual Offense Recidivism [Version 2.0: The ERASOR]. In: Calder, M.C. (Ed.), *Juveniles and children who sexually abuse: frameworks for assessment* (372-397). Lyme Regis: Russel.

Wu, J. (2016). Racial/ethnic discrimination and prosecution: A meta-analysis. *Criminal Justice and Behavior, 43 (4),* 437-458. [doi:10.1177/009385 4815628026].

Wulff, E. (2005). Nachwort: Der Sicherheitsdiskurs. In: Wulff, E. (Hrsg.), *Das Unglück der kleinen Giftmischerin und zehn weitere Geschichten aus der Forensik* (173-176). Bonn: Psychiatrie-Verlag.

Yalom, I.D. (1989. Theorie und Praxis der Gruppenpsychotherapie. München: Pfeiffer.

Yesavage, J.A., Benezech, M., Larrieu-Arguille, R., Bourgeois, M., Tanke, E., Rager, P., & Mills, M. (1986). Clinical reports. Recidivism of the criminally insane in France: a 22-year follow-up. *Journal of Clinical Psychiatry, 47 (9),* 465-466.

Yoon, D., Klein, V. & Briken, P. (2013). SAPROF – Structured Assessment of PROtective Factors in violence risk. In: M. Rettenberger & F. von Franqué (Hrsg.), *Handbuch kriminalprognostischer Verfahren* (301-310). Göttingen, Bern, Wien: Hogrefe.

Zapf, P.A. (2006). *Suicide Assessment Manual for Inmates (SAMI).* Burnaby, BC: Mental Health, Law, and Policy Institute, Simon Fraser University.

Ziegler, M., MacCann, C. & Roberts, R. (2012). *New perspectives on faking in personality assessment.* Oxford: University Press.

Zimbardo, P. (2007). *Der Luzifer-Effekt: Die Macht der Umstände und die Psychologie des Bösen.* Heidelberg: Spektrum.

Zimmerman, M. (1994). Diagnosing personality disorders: a review of issues and research methods. *Archives of General Psychiatry, 51,* 225-245.

Schlüsselwörter

Autorinnen und Autoren

Dr. **Michael Alex**
Ruhr-Universität Bochum
Lehrstuhl für Kriminologie
Massenbergstraße 11
D-44787 Bochum
michel.alex@rub.de
www.kriminologie.rub.de

Prof. Dr. **Anna Baumert**
Technische Universität München
School of Education und
Max-Planck-Institut zur Erforschung
von Gemeinschaftsgütern
Kurt-Schumacher-Straße 10
D-53113 Bonn
baumert@coll.mpg.de
www.coll.mpg.de/team/research/unit/
baumert

Prof. Dr. **Constanze Beierlein**
Hochschule Hamm-Lippstadt
Department Hamm 2
Interkulturelle Wirtschaftspsychologie
Marker Allee 76-78
D-59063 Hamm
constanze.beierlein@hshl.de
www.hshl.de/prof-dr-constanze-
beierlein

Prof. Dr. **Thomas Bliesener**
Kriminologisches Forschungsinstitut
Niedersachsen e.V.
Georg-August-Universität Göttingen
Lützerodestraße 9
D-30161 Hannover
thomas.bliesener@kfn.de
www.kfn.de

apl.-Prof. Dr. **Stephan Bongard**
Dipl.-Psych.
Goethe-Universität Frankfurt
Institut für Psychologie
Theodor-W.-Adorno-Platz 6
D-60323 Frankfurt am Main
bongard@psych.uni-frankfurt.de
www.dppd.uni-frankfurt.de

Dr. **Bernd Borchard**
Amt für Justizvollzug Kanton Zürich
Hohlstrasse 552
CH-8090 Zürich
bernd.borchard@ji.zh.ch

Johanna Marie Burkert (verh. Schröder)
M.Sc. Psychologie
Technische Braunschweig
Institut für Psychologie, Abteilung
für Entwicklungs-, Persönlichkeits-
und Forensische Psychologie (EPF)
Humboldtstraße 33
D-38106 Braunschweig
j.burkert@tu-braunschweig.de
www.tu-braunschweig.de/psychologie/
abt/epf/mitarbeiter/burkert

Prof. Dr. Klaus-Peter Dahle
Professor für Rechtspsychologie
Institut für Psychologie
Universität Hildesheim
Universitätsplatz 1
D-31141 Hildesheim

Monika Egli-Alge,
lic. phil. I
Fachpsychologin Psychotherapie FSP,
Fachpsychologin Rechtspsychologie
FSP, Zertifizierte Gutachterin SGRP
Geschäftsführerin forio AG
Zürcherstrasse 149
CH-8500 Frauenfeld
monika.egli-alge@forio.ch
www.forio.ch

Sonja Etzler
Dipl.-Psych.
Goethe-Universität Frankfurt
Theodor-W.-Adorno-Platz 6
D-60629 Frankfurt am Main
etzler@psych.uni-frankfurt.de
www.psychologie.uni-frankfurt.de/
50953336/10_Etzler

Elisa Ewald
M.Sc. Psychologie, PP/ VT
Stiftung Universität Hildesheim
Institut für Psychologie
Hochschulambulanz
Universitätsplatz 1
D-31141 Hildesheim
elisa.ewald@uni-hildesheim.de

Prof. Dr. Dirk Fabricius
Dickhardtstraße 41
D-12161 Berlin
fabricius@jur.uni-frankfurt.de
www.dfabricius.de

Prof. Dr. Thomas Feltes
Ruhr-Universität Bochum
Lehrstuhl für Kriminologie
Massenbergstraße 11
D-44787 Bochum
thomas.feltes@rub.de
www.kriminologie.rub.de

Dr. María Isabel Fontao
Universität Konstanz
Fachbereich Psychologie
AG Forensische Psychologie
Universitätsstraße 10
D-78464 Konstanz
maria.fontao@uni-konstanz.de

Fritjof von Franqué
Dipl.-Psych.
Universitätsklinikum
Hamburg-Eppendorf
Zentrum für Psychosoziale Medizin
Institut für Sexualforschung und
Forensische Psychiatrie
– Präventionsambulanz –
Martinistraße 32
D-2025 Hamburg
f.von-franque@uke.de
www.uke.de/kliniken-institute/
institute/institut-und-poliklinik-
f%C3%BCr-sexualforschung-und-
forensische-psychiatrie/index.html

Dr. Guido F. Gebauer
Dipl.-Psych.
Psychometrika GmbH
Oesterleystraße 1
D-30171 Hannover
gebauer@psychometrika.de
www.okpb.de

Annika Gnoth
Dipl.-Psych.
Psychotherapeutische Praxis
Schaffhauserstrasse 466
CH-8052 Zürich
info@psychotherapie-praxis-zuerich.ch
www.psychotherapie-praxis-zuerich.ch

Dr. Lutz Gretenkord
Dipl.-Psych.
Ernst-Lemmer-Straße 30
D-35041 Marburg
lutz.gretenkord@arcor.de
www.dr-lutz-gretenkord.de

Dr. Gregor Groß
JVA Straubing
Psychiatrische Abteilung
Äußere Passauer Straße 90
D-94315 Straubing
gregor.gross@jva-sr.bayern.de

Dr. Gernot Hahn
Dipl.-Soz.-Päd. (Univ.)
Klinikum am Europakanal Erlangen
Am Europakanal 71
D-91056 Erlangen
info@gernot-hahn.de
www.gernot-hahn.de

Philipp Hintze
Dipl.-Psych.
LWL-Zentrum für Forensische Psychia-
trie, Abteilung I: Aufnahme, Eingangs-
diagnostik und Suchtbehandlung
Eickelbornstraße 19
D-59556 Lippstadt
philipp.hintze@lwl.org

Prof. Dr. Daniela Hosser
Technische Braunschweig
Institut für Psychologie
Abteilung für Entwicklungs-,
Persönlichkeits- und Forensische
Psychologie (EPF)
Humboldtstraße 33
D-38106 Braunschweig
daniela.hosser@tu-braunschweig.de
www.tu-braunschweig.de/psychologie/
abt/epf/mitarbeiter/hosser

Ralf Kammerer
Dipl.-Soz.-Arb.
NEUSTART gemeinnützge GmbH
Kriegsstraß3 5a
D-76137 Karlsruhe
ralf.kammerer@neustart.org
www.neustart.org

Dr. Ulrich Kobbé
Dipl.-Psych.
iwifo-Institut
Postfach 300125
D-59543 Lippstadt
ulrich@kobbe.de
www.kobbe.de

Prof. Dr. Andrej König
Dipl.-Psych.
Fachhochschule Dortmund
Fachbereich Angewandte
Sozialwissenschaften
Emil-Figge-Straße 44
D-44227 Dortmund
andrej.koenig@fh-dortmund.de

Dr. Claudia Kurtz
Dipl.-Psych.
Psychotherapeutische Praxis
Tschaikowskistraße 2
D-14772 Brandenburg/Havel
claudia_kurtz@web.de

Prof. Dr. **Johannes Lohner**
Dipl.-Psych.
Hochschule für Angewandte
Wissenschaften Landshut
Am Lurzenhof 1
D-84036 Landshut
lohner@haw-landshut.de

Prof. Dr. **Elke van der Meer**
Humboldt-Universität zu Berlin
Berlin School of Mind and Brain
Rudower Chaussee 18
12489 Berlin
vdmeer@rz.hu-berlin.de
www.psychologie.hu-berlin.de/de/
mitarbeiter/4467

Dr. **Silvia Müller**
Dipl.-Psych., Dipl.-Päd.
Jugendanstalt Schleswig
Sozialtherapeutische Abteilung
Königswiller Weg 26
D-24837 Schleswig
silvia.mueller@jasl.landsh.de

Prof. Dr. **Norbert Nedopil**
Klinik und Poliklinik
für Psychiatrie und
Psychotherapie der Universität
München
Nussbaumstraße 7
D-80336 München
norbert.nedopil@med.uni-muenchen.de

Julia M. Pätzel
M.Sc. Psychologie
Imland Klinik Rendsburg
Abteilung für Psychiatrie
und Psychosomatik
Lilienstraße 20-28
D-24768 Rendsburg
juliapaetzel@gmx.de

Dr. **Willi Pecher**
Dipl.-Psych.
Justizvollzugsanstalt München
Sozialtherapeutische Abteilung
Gewaltdelikte
Stadelheimer Straße 12
D-81549 München
info@drpecher.de
www.drpecher.de

Prof. Dr. **Friedemann Pfäfflin**
Ulrichstraße 1
D-89077 Ulm
friedemann.pfaefflin@uni-ulm.de

Melanie Pracht
Soz.-Arb./Soz.-Päd. (B.A.)
Justizvollzugsanstalt Siegburg
Luisenstraße 90
D-53721 Siegburg
melanie.pracht@dbh-online.de

Dr. **Ulrich Rehder**
Institut für Tätertherapie
und Rückfallprävention e. V.
Am Strootbach 4
D-49809 Lingen (Ems)
rehder@iftr.info
https://iftr.info/

Priv.-Doz. Dr. habil.
Martin Rettenberger
Dipl.-Psych., M.A.
Kriminologische Zentralstelle
(KrimZ)
Viktoriastraße 35
D-65189 Wiesbaden
m.rettenberger@krimz.de
www.krimz.de

Prof. Dr. **Sonja Rohrmann**
Goethe-Universität Frankfurt
Theodor-W.-Adorno-Platz 6
D-60629 Frankfurt am Main
rohrmann@psych.uni-frankfurt.de
www.psychologie.uni-frankfurt.de/
50953120/10_leitung

Prof. Dr. **Thomas Ross**
Forensische Psychiatrie
und Psychotherapie
ZfP Reichenau
Feuersteinstraße 55
D-78479 Reichenau
thomas.ross@uni-ulm.de

Stefanie Schmidt
Dipl.-Psych.
Humboldt-Universität zu Berlin
Rudower Chaussee 18
D-12489 Berlin
st.schmidt@hu-berlin.de

Prof. Dr. **Dieter Seifert**
Alexianer Christophorus GmbH
Alexianerweg 60
D-48163 Münster
d.seifert@alexianer.de
www.alexianer.de

Rita Steffes-enn, M.A.
Zentrum für Kriminologie
& Polizeiforschung (ZKPF)
Postfach 1144
D-56755 Kaisersesch
steffes-enn@zkpf.de
www.zkpf.de

Dr. **Herbert Steinböck**
M.A. phil.
kbo-Isar-Amper-Klinikum München-Ost
Klinik für Forensische Psychiatrie und
Psychotherapie
Vockestraße 72
D-85540 Haar
herbert.steinboeck@kbo.de
www.kbo-iak.de

Dr. **Michael Stiels-Glenn**
M.A. Kriminologie
& Polizeiwissenschaften,
M.Sc. Integrative Therapie
Auf der Brede 12 A
D-48249 Dülmen
stiels.glenn@gmail.com

Priv.-Doz. Dr. **Susanne Stübner**
kbo-Isar-Amper-Klinikum München-Ost
Klinik für Forensische Psychiatrie
und Psychotherapie
Vockestraße 72
D-85540 Haar
susanne.stuebner@kbo.de

Norbert Nedopil (Hrsg.)

Die Psychiatrie und das Recht – Abgrenzung und Brückenschlag

Jubiläumsschrift zum vierzigjährigen Bestehen der Abteilung für Forensische Psychiatrie der Psychiatrischen Klinik der Universität München

360 Seiten, ISBN 978-3-89967-749-2, Preis: 30,-

eBook: 24,- € (www.ciando.com)

PABST SCIENCE PUBLISHERS
Eichengrund 28
D-49525 Lengerich
Tel. + + 49 (0) 5484-308
Fax + + 49 (0) 5484-550
pabst.publishers@t-online.de
www.psychologie-aktuell.com
www.pabst-publishers.de

Forensische Psychiatrie blickt als universitäres Spezialfach auf eine relativ kurze Geschichte zurück. Die Fragen, die an das Fach gestellt werden, haben demgegenüber eine lange Tradition. In dieser Tradition gab es immer ein Wechselspiel zwischen den Polen, die das Spannungsfeld ausmachen, in welchem die forensische Psychiatrie ihre Rolle zu finden trachtet: Auf der einen Seite die Justiz, die der psychiatrischen Beratung und Unterstützung bedarf, sich ihrer bedient und die Psychiatrie gelegentlich instrumentalisiert, um ihre gesellschaftlichen Ansprüche und normativen Bedürfnisse durchzusetzen; auf der anderen Seite die Psychiatrie, die mit ihren Erkenntnissen über die conditio humana und deren Störungen das Regelwerk der Justiz unterfüttert, hinterfragt und gelegentlich in Zweifel zieht. Dieses Spannungsfeld macht immer wieder Positionsbestimmungen und Reflexionen der eigenen Rolle erforderlich. Positionsbestimmungen können zur Abgrenzung bis hin zur Abwehr führen. Sie können aber auch dazu dienen, die Fundamente zu setzen, von denen die Brücke geschlagen wird zwischen den unterschiedlichen Aufgaben und Denkstilen von Psychiatrie und Recht. Je solider, verlässlicher und damit auch u. U. abgegrenzter das jeweilige Fundament ist, desto vertrauenswürdiger sollte der Brückenschlag sein.

Die Abteilung für Forensische Psychiatrie an der Psychiatrischen Klinik der Universität München hat sich in den vergangenen 40 Jahren darum bemüht, ein solides und verlässliches Fundament zu schaffen, ein Fundament, welches nicht ohne Ecken und Kanten ist, aber ein Fundament, welches einen vertrauenswürdigen Brückenschlag zu Klinik und Gerichten ermöglicht.

Dieser Jubiläumsband, der die Arbeit der Abteilung und die Positionsbestimmungen des Faches darstellt, die während der 40-Jahr-Feier von herausragenden Vertretern aus Justiz und Psychiatrie geleistet werden, soll hierfür ein Zeugnis sein.

232 Seiten, Hardcover,
ISBN 978-3-89967-951-9, Preis: 30,- €

eBook: ISBN 978-3-89967-952-6,
Preis: 20,- € (www.ciando.com)

PABST SCIENCE PUBLISHERS
Eichengrund 28
D-49525 Lengerich
Tel. + + 49 (0) 5484-308
Fax + + 49 (0) 5484-550
pabst.publishers@t-online.de
www.psychologie-aktuell.com
www.pabst-publishers.de

C. Cording & N. Nedopil (Hrsg.)

Psychiatrische Begutachtungen im Zivilrecht

Ein Handbuch für die Praxis

Zivilrechtliche Fragestellungen sind ein zentraler Bestandteil der Forensischen Psychiatrie. Begutachtungen zur Geschäfts-, Testier- und Delikts(un)fähigkeit, zur Betreuungsbedürftigkeit, zum Arztrecht und zu Haftpflichtfragen nehmen an Häufigkeit und Bedeutung immer mehr zu, und Fragestellungen wie die posthume Beurteilung der Testier(un)fähigkeit gehören zu den schwierigsten Gutachtensthemen überhaupt.

Im vorliegenden Handbuch werden alle wesentlichen psychiatrischen Gutachtensfragen des deutschen Zivilrechts in psychopathologischer wie in rechtlicher Hinsicht systematisch dargestellt; dazu werden zahlreiche praxisorientierte Tipps und Hilfestellungen gegeben – etwa zu den maßgeblichen Beurteilungskriterien, zur Technik der retrospektiven und posthumen Befundermittlung, zum Verfahrensrecht (FamFG und ZPO), zu den Fallstricken und Fehlerquellen, zur Abfassung des schriftlichen Gutachtens und zum Auftreten vor Gericht. Eigene Kapitel gelten den entsprechenden Regelungen in der Schweiz und in Österreich.

Das Lehrbuch wendet sich an alle, die mit zivilrechtlichen Gutachten zu tun haben, sei es als Gerichts- oder Privatgutachter, sei es als Rechtsanwälte, Notare, Richter, Rechtspfleger oder Beteiligte.

**136 Seiten, mit CD-ROM,
ISBN 978-3-95853-290-8, Preis: 30,- €**

eBook: ISBN 978-3-95853-291-5,
Preis: 15,- € (www.ciando.com)

PABST SCIENCE PUBLISHERS
Eichengrund 28
D-49525 Lengerich
Tel. + + 49 (0) 5484-308
Fax + + 49 (0) 5484-550
pabst.publishers@t-online.de
www.psychologie-aktuell.com
www.pabst-publishers.de

Claudia Kurtz

Meta-analytische Studie zur Prognose von kriminellen Rückfällen auf der Basis empirischer Daten

Psychologische bzw. psychiatrische Gutachten zur Prognose krimineller Rezidive werden immer häufiger angefordert. Zur Einordnung des Straftäters in eine bestimmte Risikogruppe stehen dem Gutachter, abgesehen von seinem psychologischen Fachwissen, an empirischen Hilfsmitteln nur psychologische Tests zur Verfügung.

Bisher fehlte eine Möglichkeit, das Rückfallrisiko einer einzelnen Person anhand des Vergleichs mit einer breiten (Rückfall)-Datenbasis möglichst ähnlicher Straftäter einzuschätzen. Diese Lücke schließt Claudia Kurtz mit der vorliegenden Arbeit: Die Metaanalyse führt das empirische Wissen über die Rückfallraten aus vielen Einzelstudien zusammen, so dass für Psychologen, Mediziner und Juristen die Daten auf dem besterreichbaren Evidenzniveau zur Verfügung stehen.

Mit Hilfe der Ergebnistabellen - zusätzlich auf einer CD bereitgestellt - kann ein konkreter Fall einer ihm am ehesten entsprechenden Delikt- und Tätergruppe zugeordnet und verglichen werden. Der für die jeweilige Gruppe berechnete Rückfallwert ist als empirisch basierte Entscheidungshilfe nutzbar. Zusätzlich analysiert die Autorin Effekte von Therapieprogrammen, des Tätermerkmals „Psychopathie" sowie unterschiedlicher Definitionen von Rückfallkriterien, um eventuelle Konfundierungen der Daten zu kontrollieren bzw. auszuschließen.

Claudia Kurtz analysiert darüber hinaus ein reichhaltiges Repertoire an methodischen Problemen, Fallstricken und Fehleinschätzungen. Die Studie und ihr Datenmaterial bieten Gutachtern eine relevante, zusätzliche Verbreiterung der evidenzbasierten Urteilsbasis.

Forensische Psychiatrie und Psychotherapie

24. Jahrgang 2017 | Heft 2

Herausgeber:
Prof. Dr. Klaus Hoffmann, Reichenau
(geschäftsführender Herausgeber)
Dr. Bernd Dimmek, Herne
Prof. Dr. Heinfried Duncker, Kassel
Prof. Dr. Reinhard Eher, Wien
Dr. hum.biol. Markus G. Feil, München
Prof. Dr. Michael Günter, Tübingen
Dr. Dirk Hesse, Moringen
Dr. Lutz-Peter Hiersemenzel, Solothurn
Dipl.-Psych. Tilman Kluttig, Reichenau
Prof. Dr. Thomas Ross, Reichenau

Redaktion:
Redaktion Forensische Psychiatrie und
Psychotherapie – Werkstattschriften
c/o Prof. Dr. Klaus Hoffmann
Zentrum für Psychiatrie Reichenau
Klinik für Forensische Psychiatrie und
Psychotherapie
Feursteinstr. 55
D-78479 Reichenau
E-Mail: k.hoffmann@zfp-reichenau.de

PABST SCIENCE PUBLISHERS
Eichengrund 28
D-49525 Lengerich
Tel. + + 49 (0) 5484-308
Fax + + 49 (0) 5484-550
pabst.publishers@t-online.de
www.psychologie-aktuell.com/pkv
www.pabst-publishers.de

Forensische Psychiatrie und Psychotherapie erscheint 3 x jährlich.

Bezugspreis im Abonnement:

• pro Jahrgang € 40,-

• für Studenten und Assistenten an wissenschaftlichen Instituten € 20,-

Bei Einzelbezug pro Heft € 15,-.

Alle Beträge incl. Versand und gesetzlicher Mehrwertsteuer.